Clous

La longueur des clous est indiquée par des chiffres compris entre 4 et 60, suivis de la lettre «d», qui signifie «penny».

Pour les travaux généraux de charpente et de réparation, utilisez des clous ordinaires ou des clous à boîtes. Les clous ordinaires sont les plus appropriés aux travaux de charpente, car dans ce type de travaux, la résistance est importante. Les clous à boîtes, dont le diamètre est inférieur à celui des clous ordinaires, sont plus faciles à enfoncer et ils risquent moins de fendre le bois. Utilisez des clous à boîtes pour les travaux légers et avec des matériaux minces.

La plupart des clous ordinaires et des clous à boîtes sont gommés ou enduits de vinyle, ce qui améliore leur résistance à l'arrachement.

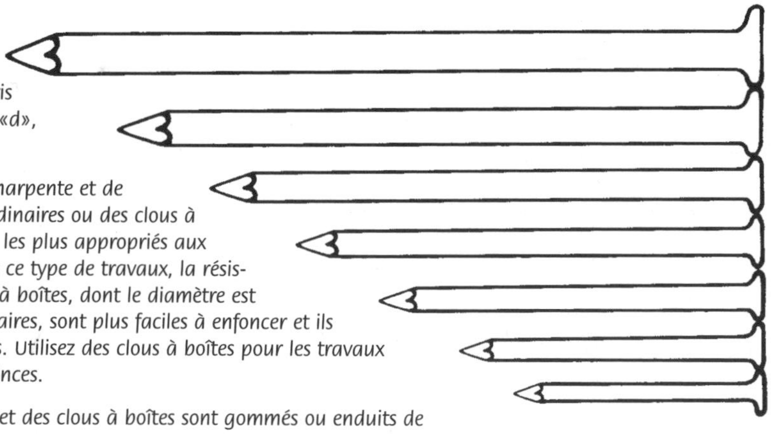

LB	MM	PO
20d	102 mm	4 po
16d	89 mm	3 ½ po
10d	76 mm	3 po
8d	64 mm	2 ½ po
6d	51 mm	2 po
5d	44 mm	1 ¾ po
4d	38 mm	1 ½ po

Dimensions du bois de sciage

NOMINALES - US	RÉELLES - US	MÉTRIQUES
1 × 2	¾ po × 1 ½ po	19 × 38 mm
1 × 3	¾ po × 2 ½ po	19 × 64 mm
1 × 4	¾ po × 3 ½ po	19 × 89 mm
1 × 5	¾ po × 4 ½ po	19 × 114 mm
1 × 6	¾ po × 5 ½ po	19 × 140 mm
1 × 7	¾ po × 6 ¼ po	19 × 159 mm
1 × 8	¾ po × 7 ¼ po	19 × 184 mm
1 × 10	¾ po × 9 ¼ po	19 × 235 mm
1 × 12	¾ po × 11 ¼ po	19 × 286 mm
1 ¼ × 4	1 po × 3 ½ po	25 × 89 mm
1 ¼ × 6	1 po × 5 ½ po	25 × 140 mm
1 ¼ × 8	1 po × 7 ¼ po	25 × 184 mm
1 ¼ × 10	1 po × 9 ¼ po	25 × 235 mm
1 ¼ × 12	1 po × 11 ¼ po	25 × 286 mm
1 ½ × 4	1 ¼ po × 3 ½ po	32 × 89 mm
1 ½ × 6	1 ¼ po × 5 ½ po	32 × 140 mm
1 ½ × 8	1 ¼ po × 7 ¼ po	32 × 184 mm
1 ½ × 10	1 ¼ po × 9 ¼ po	32 × 235 mm
1 ½ × 12	1 ¼ po × 11 ¼ po	32 × 286 mm
2 × 4	1 ½ po × 3 ½ po	38 × 89 mm
2 × 6	1 ½ po × 5 ½ po	38 × 140 mm
2 × 8	1 ½ po × 7 ¼ po	38 × 184 mm
2 × 10	1 ½ po × 9 ¼ po	38 × 235 mm
2 × 12	1 ½ po × 11 ¼ po	38 × 286 mm
3 × 6	2 ½ po × 5 ½ po	64 × 140 mm
4 × 4	3 ½ po × 3 ½ po	89 × 89 mm
4 × 6	3 ½ po × 5 ½ po	89 × 140 mm

Panneaux de contreplaqué en unités métriques

On trouve couramment dans le commerce des panneaux de contreplaqué dans les deux dimensions métriques suivantes: 1200 mm x 2400 mm et 1220 mm x 2400 mm, qui équivalent approximativement aux panneaux de 4 pi x 8 pi. On trouve des panneaux de revêtement «standard» et de revêtement «de choix» dans les épaisseurs normalisées, tandis que ceux en contreplaqué poncé sont vendus en épaisseurs spéciales.

QUALITÉ STANDARD		QUALITÉ PONCÉ	
7,5 mm	(5/16 po)	6 mm	(4/17 po)
9,5 mm	(3/8 po)	8 mm	(5/16 po)
12,5 mm	(1/2 po)	11 mm	(7/16 po)
15,5 mm	(5/8 po)	[illegible]	[illegible]
18,5 mm	(3/4 po)	[illegible]	[illegible]
20,5 mm	(13/16 po)	[illegible]	[illegible]
22,5 mm	(7/8 po)	21 mm	(13/16 po)
25,5 mm	(1 po)	24 mm	(15/16 po)

Directeur de la création: Tim Himsel
Directeur de la rédaction: Bryan Trandem
Rédacteur en chef: Jerri Farris
Éditrice en chef: Michelle Skudlarek
Rédacteur principal: Philip Schmidt
Rédacteurs: Nancy Baldrica, Paul Gorton, Tom Lemmer, Kathy Zaccaro
Réviseur: Tracy Stanley
Directeur artistique: Kevin Walton
Concepteur Mac principal: Kari Johnston
Concepteurs Mac: Lynne Beckedahl, Janet Rowe, Keith Sellers
Illustrateurs techniques: Jim Kehnie, Earl Slack, Rich Stromwall
Photographe technique: Keith Thompson
Éditeurs photographiques: Julie Caruso, Angela Hartwell, Kathy Zaccaro
Directrice des services de studio: Marcia Chambers
Chef de l'équipe de photographes: Chuck Nields
Photographe: Tate Carlson
Charpentier de l'atelier de décors: Dan Widerski
Directeur du service de production: Kim Gerber
Personnel de production: Laura Hokkanen, Helga Thielen

L'ouvrage original a été créé par l'équipe de Creative Publishing international, Inc., en collaboration avec Black & Decker®.
Black & Decker est une marque déposée de Black & Decker Corporation utilisée sous license.

Production de la version française

Coordonnatrice de l'édition: Linda Nantel
Coordonnatrice de la production: Martine Lavoie
Correctrice: Sylvie Tremblay
Infographie: Manon Léveillé

Pour en savoir davantage sur nos publications, visitez notre site: www.edhomme.com
Autres sites à visiter: www.edjour.com • www.edtypo.com
www.edvlb.com • www.edhexagone.com

Rédacteurs, directeurs artistiques, constructeurs de décors et photographes participants

Cy DeCosse, William B. Jones, Gary Branson, Bernice Maehren, John Riha, Paul Currie, Greg Breining, Tom Carpenter, Jim Huntley, Gary Sandin, Mark Johanson, Dick Sternberg, John Whitman, Anne Price-Gordon, Barbara Lund, Dianne Talmage, Diane Dreon, Carol Harvatin, Ron Bygness, Kristen Olson, Lori Holmberg, Greg Pluth, Rob Johnstone, Dan Cary, Tom Heck, Mark Biscan, Abby Gnagey, Joel Schmarje, Jon Simpson, Dave Mahoney, Andrew Sweet, Bill Nelson, Barbara Falk, Dave Schelitzche, Brad Springer, Lori Swanson, Daniel London, Jennifer Caliandro, John Hermansen, Geoffrey Kinsey, Phil Juntti, Tom Cooper, Earl Lindquist, Curtis Lund, Tom Rosch, Glenn Terry, Wayne Wendland, Patrick Kartes, John Nadeau, Mike Shaw, Mike Peterson, Troy Johnson, Jon Hegge, Jim Destiche, Christopher Wilson, Tony Kubat, Phil Aarrestad, Kim Bailey, Rex Irmen, John Lauenstein, Bill Lindner, Mark Macemon, Charles Nields, Mette Nielsen, Cathleen Shannon, Hugh Sherwood, Rudy Calin, Dave Brus, Paul Najlis, Mike Parker, Mark Scholtes, Mike Woodside, Rebecca Hawthorne, Paul Herda, Brad Parker, Susan Roth, Ned Scubic, Stewart Block, Mike Hehner, Doug Deutsche, Paul Markert, Steve Smith, Mary Firestone

DISTRIBUTEURS EXCLUSIFS:

• Pour le Canada et les États-Unis:
MESSAGERIES ADP*
955, rue Amherst
Montréal, Québec
H2L 3K4
Tél.: (514) 523-1182
Télécopieur: (514) 939-0406
* Filiale de Sogides ltée

• Pour la France et les autres pays:
VIVENDI UNIVERSAL PUBLISHING SERVICES
Immeuble Paryseine, 3, Allée de la Seine
94854 Ivry Cedex
Tél.: 01 49 59 11 89/91
Télécopieur: 01 49 59 11 96
Commandes: Tél.: 02 38 32 71 00
Télécopieur: 02 38 32 71 28

• Pour la Suisse:
VIVENDI UNIVERSAL PUBLISHING SERVICES SUISSE
Case postale 69 - 1701 Fribourg - Suisse
Tél.: (41-26) 460-80-60
Télécopieur: (41-26) 460-80-68
Internet: www.havas.ch
Email: office@havas.ch
DISTRIBUTION: OLF SA
Z.I. 3, Corminbœuf
Case postale 1061
CH-1701 FRIBOURG
Commandes: Tél.: (41-26) 467-53-33
Télécopieur: (41-26) 467-54-66

• Pour la Belgique et le Luxembourg:
VIVENDI UNIVERSAL PUBLISHING SERVICES BENELUX
Boulevard de l'Europe 117
B-1301 Wavre
Tél.: (010) 42-03-20
Télécopieur: (010) 41-20-24
http://www.vups.be
Email: info@vups.be

Gouvernement du Québec – Programme de crédit d'impôt pour l'édition de livres – Gestion SODEC.

L'Éditeur bénéficie du soutien de la Société de développement des entreprises culturelles du Québec pour son programme d'édition.

Nous reconnaissons l'aide financière du gouvernement du Canada par l'entremise du Programme d'aide au développement de l'industrie de l'édition (PADIÉ) pour nos activités d'édition.

Données de catalogage avant publication (Canada)

Vedette principale au titre:

Guide complet pour rénover sa maison: plus de 1700 photos couleurs et 250 projets étape par étape

Traduction de: The complete photo guide to home improvement.

1. Habitations – Réfection – Manuels d'amateurs.
2. Habitations – Réfection – Ouvrages illustrés.   I. Storme, Jean.
II. Vaillancourt, Jacques.   III. Black & Decker Corporation (Towson, Mar.).

TH4816.C5814   2002   643'.7   C2002-940447-9

GUIDE COMPLET
POUR RÉNOVER
SA
MAISON

Plus de **1700** photos couleurs et **250** projets étape par étape

Traduit de l'américain
par Jean Storme et Jacques Vaillancourt

LES ÉDITIONS DE
L'HOMME

TABLE DES MATIÈRES

INTRODUCTION 4

PLANIFICATION DES PROJETS 6

Apprendre à connaître sa maison 8

Codes du bâtiment et
    permis de construction 14

Planifier en appliquant les principes
    de la conception universelle 17

Travailler avec des plans 18

Obtenir l'aide de professionnels 20

Planifier une transformation 22

TECHNIQUES DE BASE 24

CHARPENTERIE BRUTE 26

Enlèvement des surfaces intérieures 27

Enlèvement des surfaces
    murales extérieures 32

Fabriquer des supports temporaires 36

Enlèvement des murs 41

Construction des murs de séparation 46

Charpentes métalliques 50

Encadrement des portes
    et des fenêtres 52

PLOMBERIE 62

Éléments de plomberie 62

Le tuyau de cuivre 70

Le tuyau de plastique 78

Le tuyau de fer galvanisé 82

Le tuyau de fonte 84

Installation d'une nouvelle plomberie 86

CÂBLAGE 94

Éléments de câblage 94

Planification d'un projet de câblage 104

Plans de circuit courants 108

Installation des boîtes électriques
    et des câbles 116

Installation des dispositifs électriques 124

Installation de câbles téléphoniques 132

Système de réseaux résidentiels 134

PROJETS DE RÉNOVATION

PORTES ET FENÊTRES 140

Comment choisir les portes
et les fenêtres 142
Installation d'une porte intérieure
montée 144
Enlèvement des portes et des fenêtres 146
Installation d'une porte d'entrée 148
Installation d'une porte de patio . . . . .152 .
Installation des fenêtres de
remplacement 158
Installation de nouvelles fenêtres 162
Installation d'une fenêtre en baie 166
Installation d'un lanterneau 176
Réparation des murs extérieurs 186

MURS ET PLAFONDS 190

Installation de la fibre de verre isolante 192
Insonorisation des murs et des plafonds 194
Installation et finition des plaques
de plâtre 196
Comment texturer les murs et
les plafonds 203
Installation des carreaux céramiques
de murs 204
Installation de lambris bouvetés 212
Panneautage d'un plafond 216
Installation d'un plafond suspendu 220
Installation de moulures intérieures 224

FINI DES PLANCHERS 232

Choisir un revêtement de sol 234
Préparation en vue de l'installation
d'un nouveau revêtement de sol 236
Enlèvement des revêtements de sol 238
Enlèvement de la sous-couche 242
Réparation des sous-planchers 244
Installation de la sous-couche 246
Installation de revêtements
de sol en vinyle .250
Installation d'un système de
réchauffage de plancher 260
Installation de carreaux céramiques
de planchers 264
Installation de revêtements de
sol en bois stratifié 272
Pose des moquettes 276

TRANSFORMATION DU
SOUS-SOL ET DU COMBLE ... 296

Planification du projet .298
Évaluation de votre sous-sol 298
Évaluation de votre comble 300
Escaliers 302
Traitement de l'humidité dans
les sous-sols 303
Planification de la charpente 306
Addition ou agrandissement des
fenêtres du sous-sol 308
Planification de l'installation des
systèmes 309
Conception d'un appartement situé
au sous-sol 312
Préparation des planchers du sous-sol 314
Construction des planchers du comble 318
Couvrir les murs de fondation 322
Charpente de soffites et de caissons 327
Construction de murs nains dans
un comble 330
Charpente des plafonds du comble 332
Isolation et ventilation des toits 334
Installation d'un foyer à gaz 336
Construction d'un bar 343
Addition d'étagères encastrées dans
les murs nains 350
Construction de boîtes d'éclairage 354

RÉNOVATION D'UNE
CUISINE......................... 358

Planification du projet 360
Détermination des besoins 360
Choix des éléments de la cuisine 362
Conception de la cuisine 364
La cuisine de conception universelle 368
Tuyautage d'une cuisine 372
Câblage d'une cuisine rénovée 384
Peinture des armoires 396
Garnissage des armoires 398
Installation de nouvelles armoires 400
Installation d'un dessus de
comptoir postformé 412

Construction d'un dessus de
comptoir en stratifié 416
Bords d'un dessus de comptoir
en bois 424
Construction d'un dessus de
comptoir en carreaux céramiques 426
Installation d'un évier de cuisine 432
Installation d'un robinet et d'un
dispositif d'évacuation d'évier 433
Installation d'un dispositif
d'épuration de l'eau 435
Installation d'un broyeur à déchets 436
Installation d'une hotte de cuisine 438

RÉNOVATION D'UNE
SALLE DE BAIN................. 442

Planification du projet 444
Évaluation des besoins 444
Conception de la salle de bain 446
La salle de bain de conception
universelle 448
Tuyautage d'un cabinet de toilette 452
Tuyautage d'une salle de bain principale 454
Tuyautage d'une salle de bain de sous-sol 462
Construction d'une douche 468
Installation d'une baignoire 471
Installation d'une baignoire à remous 476
Installation de robinets et de becs 482
Installation d'un meuble-lavabo et
d'un lavabo 484
Installation d'une toilette 488
Installation d'un ventilateur de salle
de bain 490
Installation de barres d'appui 494

Index 496

Le guide complet de l'amélioration des maisons

Les propriétaires ont depuis toujours tenté d'apporter des améliorations à leur maison, que ce soit pour augmenter la qualité des lieux de séjour, pour accroître la valeur de la maison, ou simplement pour changer quelque chose qui ne leur plaisait pas dans sa conception originale. Ceux qui effectuent eux-mêmes les travaux découvrent que les projets les plus compliqués peuvent être divisés en une série de tâches plus faciles à organiser. Ce livre peut vous aider à réaliser tous ces projets.

Dans la première section du livre, intitulée Planification des projets, on vous apprend à connaître les éléments fondamentaux de la structure et des installations mécaniques de votre maison, c'est-à-dire tous les éléments de la construction que vous devez connaître avant d'entamer n'importe quel travail. On vous parlera également des codes du bâtiment et des permis de construction. La loi exige des permis pour la plupart des projets, et les autorités veulent s'assurer que les travaux que vous effectuez et les matériaux que vous utilisez sont conformes aux exigences des codes du bâtiment locaux.

Dans la section suivante, intitulée Techniques de base, on explique en détail la menuiserie, la plomberie et le câblage électrique. Vous y trouverez de la documentation sur les systèmes particuliers, les outils, les matériaux et les techniques qu'il faut connaître pour réaliser les projets du livre. Vous apprendrez également à schématiser et à caractériser vos réseaux de plomberie et de fils électriques et à planifier un nouvel aménagement. Cette section constitue en outre un chapitre de référence général : lorsque la procédure à suivre dans un projet n'est pas exhaustive, consultez cette section pour trouver des réponses à vos questions.

Avant de vous plonger dans un projet, prenez le temps de vous assurer que les changements que vous envisagez amélioreront non seulement l'apparence de vos lieux de séjour, mais aussi leur convivialité, leur fonctionnalité. Autrement dit, les projets et les produits que vous choisissez doivent être pratiques et sûrs pour tous ceux qui séjournent chez vous. Cela demande que l'on planifie mûrement le projet et que l'on considère l'utilisation actuelle des lieux et les changements qui peuvent survenir ultérieurement. Pour vous aider à prendre vos décisions, nous avons inclus dans ce livre des conseils sur l'application des principes de la conception universelle. Si les principes de la conception traditionnelle constituent un bon point de départ, ceux de la conception universelle haussent d'un cran la planification et vous aident à aménager des lieux de séjour qui conviennent aux personnes de tous âges, toutes tailles et toutes capacités. La page 17 donne la liste des applications de conception universelle traitées dans ce livre.

Ce que vous trouverez dans ce livre

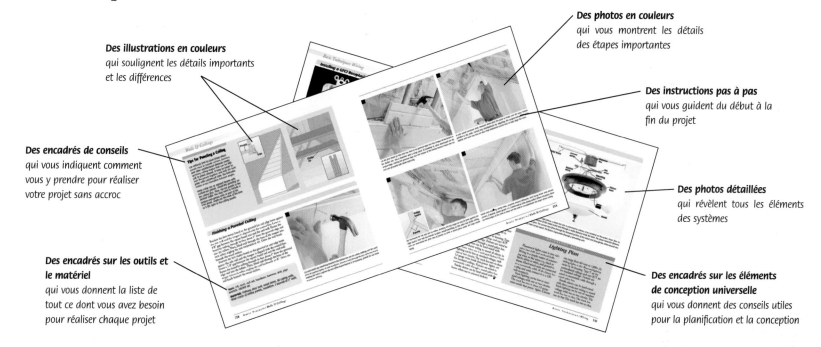

Des illustrations en couleurs
qui soulignent les détails importants et les différences

Des photos en couleurs
qui vous montrent les détails des étapes importantes

Des instructions pas à pas
qui vous guident du début à la fin du projet

Des encadrés de conseils
qui vous indiquent comment vous y prendre pour réaliser votre projet sans accroc

Des photos détaillées
qui révèlent tous les éléments des systèmes

Des encadrés sur les outils et le matériel
qui vous donnent la liste de tout ce dont vous avez besoin pour réaliser chaque projet

Des encadrés sur les éléments de conception universelle
qui vous donnent des conseils utiles pour la planification et la conception

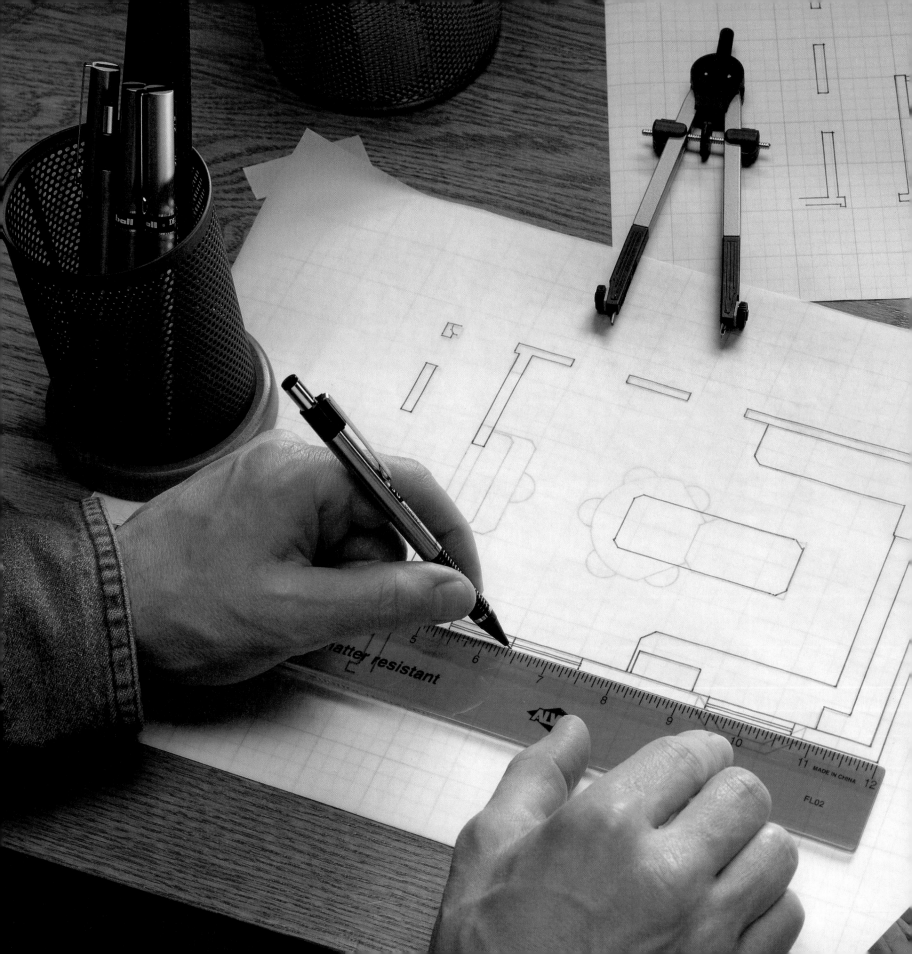

PLANIFICATION DES PROJETS

Apprendre à connaître sa maison 8

Codes du bâtiment et
  permis de construction 14

Planifier en appliquant les principes
  de la conception universelle 17

Travailler avec des plans 18

Obtenir l'aide de professionnels 20

Planifier une transformation 22

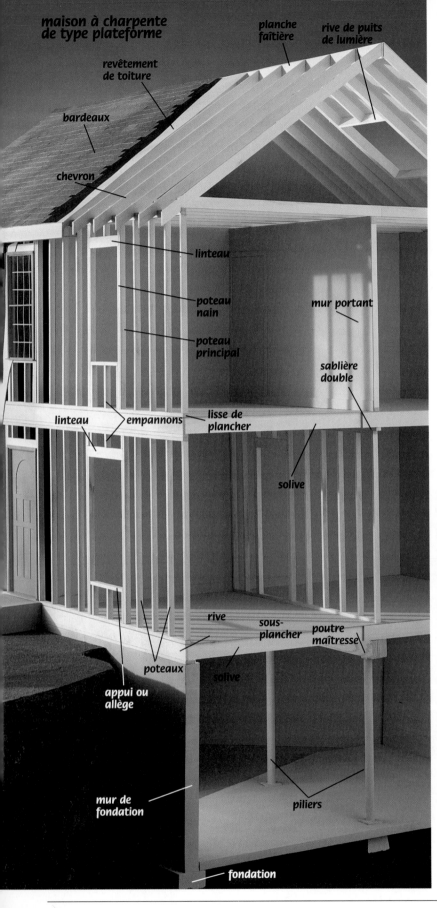

maison à charpente de type plateforme

planche faîtière

rive de puits de lumière

revêtement de toiture

bardeaux

chevron

linteau

poteau nain

poteau principal

mur portant

sablière double

linteau

empannons

lisse de plancher

solive

rive

sous-plancher

poutre maîtresse

poteaux

appui ou allège

solive

mur de fondation

piliers

fondation

Apprendre à connaître sa maison

La transformation de votre maison exige l'examen préalable de sa structure et de ses systèmes de plomberie, de câblage et de CVC (chauffage, ventilation, climatisation). Ainsi, avant d'enlever un mur, vous devez déterminer s'il s'agit d'un mur portant et vérifier s'il est traversé par des fils électriques ou des tuyaux. En connaissant la structure de votre maison et en schématisant ses systèmes, vous pourrez plus facilement déterminer la faisabilité d'un projet et estimer la quantité de travail qu'il représente.

Ossature de la maison

Une maison est constituée d'un ensemble de quatre systèmes qui forment son ossature : le toit, les murs, les planchers et la fondation. La plupart des maisons sont construites dans un des deux styles suivants : la maison à charpente de type à plateforme ou la maison à charpente de type à claire-voie. Le type de charpente détermine le genre de supports temporaires que vous devrez installer pendant que vous procéderez aux modifications de l'ossature et il détermine la complexité du projet. Si vous éprouvez des difficultés à déterminer le type d'ossature de votre maison,

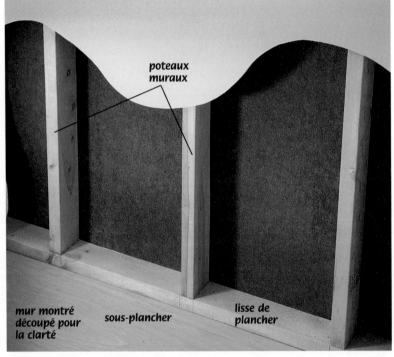

poteaux muraux

mur montré découpé pour la clarté

sous-plancher

lisse de plancher

L'ossature de type à plateforme (photos, à gauche et ci-dessus) est reconnaissable aux lisses de plancher et aux sablières des plafonds auxquelles sont fixés les poteaux muraux. Si vous n'avez pas accès aux parties non finies, enlevez un pan de surface murale, au bas d'un mur: cela vous permettra de déterminer le type de charpente de la maison.

planche faîtière

revêtement de toiture

chevrons

bardeaux

linteau

empannons

mur portant

poteaux

lisse de 1 po x 4 po

poteau principal

poteau nain

solive

sous-plancher

lisse

renforts

appui ou allège

blocs pare-feu

poutre maîtres

piliers

mur de fondation

fondation

consultez les plans d'origine – si vous les possédez – ou demandez l'avis d'un entrepreneur ou d'un inspecteur de maison privée agréé.

La charpente de type à plateforme est utilisée dans la plupart des maisons construites depuis 1930. On la reconnaît à la longueur des poteaux muraux qui ne dépassent pas un étage et vont de la lisse de plancher (ou du mur de fondation) à la sablière fixée aux solives supérieures. Les planchers forment des plateformes complètes qui s'étendent jusqu'au périmètre de la construction. Ce type de plateforme est facile à modifier, car la structure portante repose sur le plancher de chaque étage.

Dans la charpente de type à claire-voie, qui était couramment utilisée avant 1930, les poteaux muraux vont des murs de fondations à la structure du toit. L'encadrement du plancher du premier étage repose sur les murs de fondation; les planchers des deuxième et troisième étages reposent sur des lisses de 1 po x 4 po, encastrées dans des encoches pratiquées dans les poteaux muraux (voir l'illustration, page 10).

Quel que soit le type de charpente, l'ossature de la maison repose sur les murs de fondation et sur une poutre maîtresse placée au centre de la maison, et ceux-ci reposent à leur tour sur le sol entourant la fondation.

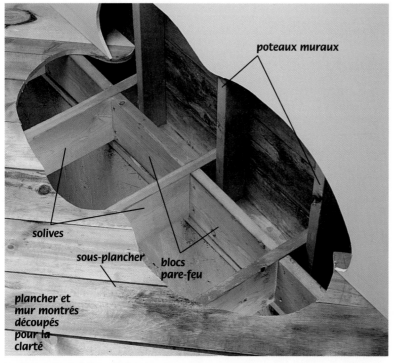

poteaux muraux

solives

sous-plancher

blocs pare-feu

plancher et mur montrés découpés pour la clarté

La charpente à claire-voie *(photos de droite et ci-dessus) se caractérise par ses poteaux muraux ininterrompus qui joignent le toit à la lisse de la fondation. Les entretoises de 2 po x, installées entre les solives de plancher (et de plafond), empêchent le feu de se propager par les cavités qui séparent les poteaux muraux.*

Charpente des planchers et des plafonds

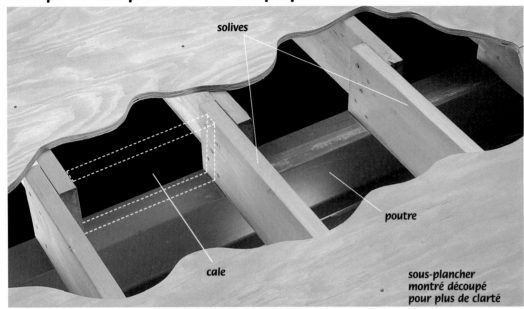

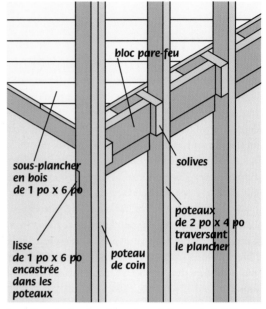

Les solives supportent la charge structurale des planchers et des plafonds. Leurs extrémités reposent sur les poutres, les fondations ou les murs portants ; elles sont toujours perpendiculaires à leurs supports. Les solives des planchers sont normalement fabriquées en bois de 2 po x 10 po au moins. Les solives des plafonds, qui ne supportent que la partie finie du plafond et parfois la charge placée dans un faible espace de stockage, sont fabriquées en bois de 2 po x 4 po minimum. On installe souvent des cales ou des croix de St-André entre les solives pour renforcer le support.

Les solives de plancher des maisons à charpente à claire-voie sont clouées aux côtés des poteaux muraux continus. Les solives des étages supérieurs reçoivent un support supplémentaire des lisses de 1 po x 6 po encastrées dans les poteaux. Des pare-feu massifs entre les solives assurent la protection contre le feu.

Charpente du toit

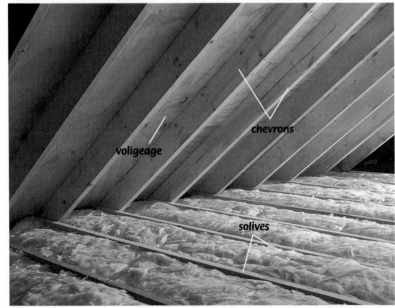

Les chevrons sont normalement fabriqués en bois, de 2 po x 6 po minimum et s'étendent des murs extérieurs au faîtage, c'est-à-dire au sommet du toit. Dans la plupart des toits à charpente de chevrons, les solives des plafonds relient les extrémités des chevrons opposés pour former une structure triangulaire ; la charpente peut également comprendre des liens de chevrons ou des entraits retroussés, destinés à la renforcer (voir page 301). Les chevrons sont habituellement espacés de 16 po ou de 24 po.

Les fermes sont des structures préfabriquées, en bois de 2 po x 4 po, fixées à l'aide de plaques métalliques ou d'attaches. Elles sont courantes dans les maisons construites après 1950. Les fermes standard comprennent des arbalétriers et un entrait, reliés entre eux par des contrefiches qui assurent la rigidité de la ferme. Les fermes doivent leur résistance à l'ensemble de leurs éléments ; elles ne peuvent donc être ni sectionnées ni modifiées.

Charpente murale

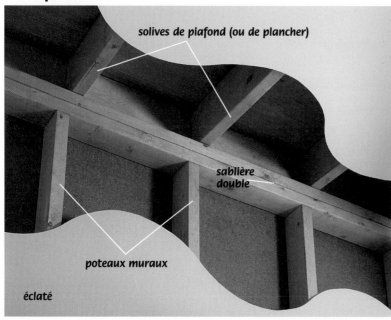

solives de plafond (ou de plancher)

sablière double

poteaux muraux

éclaté

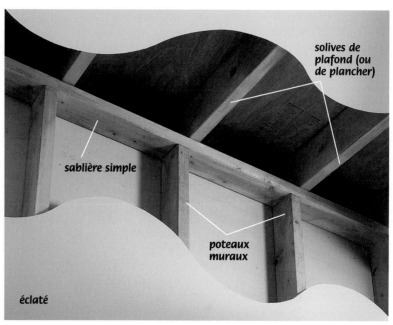

solives de plafond (ou de plancher)

sablière simple

poteaux muraux

éclaté

Comme leur nom l'indique, les murs porteurs supportent le poids de la maison. Dans les maisons à charpente du type à plateforme, les murs porteurs sont reconnaissables aux sablières doubles, formées de deux couches de bois de charpente. Les murs porteurs comprennent tous les murs extérieurs ainsi que les murs intérieurs élevés sur les poutres.

Les murs non porteurs, ou murs de séparation, sont des murs intérieurs qui ne supportent pas le poids de la maison. On les reconnaît à leur sablière simple, et ils peuvent être perpendiculaires aux solives de plancher et de plafond, mais ils ne se trouvent pas dans le plan vertical des poutres. Lorsqu'un mur intérieur est parallèle aux solives de plancher et de plafond, c'est toujours un mur de séparation.

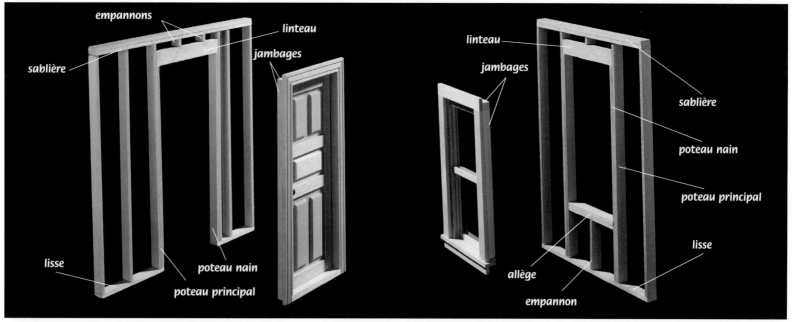

empannons

linteau

jambages

sablière

lisse

poteau nain

poteau principal

linteau

jambages

sablière

poteau nain

poteau principal

lisse

allège

empannon

Les charpentes des portes et des fenêtres, appelées ouvertures, ont des dimensions adaptées à celles de la porte ou de la fenêtre qu'elles doivent encadrer. Dans les murs portants, le poids qui surmonte l'ouverture est supporté par des empannons, qui s'appuient sur un linteau traversant l'ouverture. Le linteau est normalement constitué d'une couche de contreplaqué de ½ po, pris en sandwich entre deux morceaux de bois de 2 po x 4 po (voir page 52) ; certains entrepreneurs utilisent des linteaux surdimensionnés, qui permettent d'éliminer les empannons. Les linteaux des ouvertures des murs non porteurs sont parfois constitués d'un simple morceau de bois de 2 po x 4 po. Les extrémités du linteau reposent sur des poteaux nains qui vont jusqu'à la lisse, et il est cloué aux poteaux principaux. L'ouverture d'une fenêtre comporte une allège qui la délimite à sa partie inférieure.

Les installations de la maison

Connaître vos installations de plomberie, d'électricité et de chauffage et établir leurs plans constituent des étapes essentielles de la plupart des projets d'amélioration. Avant de couper dans un mur, un plafond ou un plancher, vous devez savoir ce que cache la surface. Et, si vous devez agrandir vos installations, vous devez trouver les endroits appropriés pour raccorder les nouvelles installations aux anciennes, ce qui vous permettra de prendre les meilleures décisions et aura un effet certain sur votre budget.

Commencez par dessiner le plan de chacune des trois installations principales. Utilisez les plans d'origine de votre maison ou dessinez de nouveaux plans pour chaque étage (voir pages 18 et 19). Les illustrations qui suivent montrent les principaux éléments d'une installation mécanique normale et indiquent comment les éléments secondaires sont raccordés aux éléments principaux.

Commencez votre investigation par le sous-sol, si la maison en a un. Autrement, commencez par la pièce où se trouvent les principales installations mécaniques ou la buanderie. Un vide sanitaire vous fournira également de précieux renseignements.

En partant des installations de base – le chauffe-eau, le tableau de distribution principal, ou l'appareil de chauffage –, suivez les tuyaux, les câbles ou les conduits qui courent entre les solives des planchers ou en dessous de celles-ci, et le long des murs. Notez en particulier les endroits où ces éléments montent verticalement à travers les murs jusqu'aux étages supérieurs. Notez également les points d'entrée des services dans la maison.

Plomberie

La plupart des appareils de plomberie d'une maison se trouvent près d'une conduite de 3 ou 4 po, de drainage, déchets, ventilation (DDV), appelée colonne principale ou colonne de chute, ou près d'une colonne DDV auxiliaire. La colonne principale va du plancher du sous-sol au toit et elle sert à la fois de drain et d'évent à de nombreux appareils.

Les conduites d'arrivée d'eau partent du compteur à eau et du chauffe-eau et se dirigent ensemble vers les différents appareils.

Le parcours des tuyaux de drainage qui fonctionnent par gravité doit respecter de strictes spécifications; c'est pourquoi il vaut mieux placer les nouveaux appareils près des drains et des évents existants. Par contre, les conduites d'arrivée, qui sont sous pression, peuvent emprunter n'importe quel parcours.

Suivez les étapes décrites aux pages 86 et 87 pour dresser le plan de votre installation de plomberie.

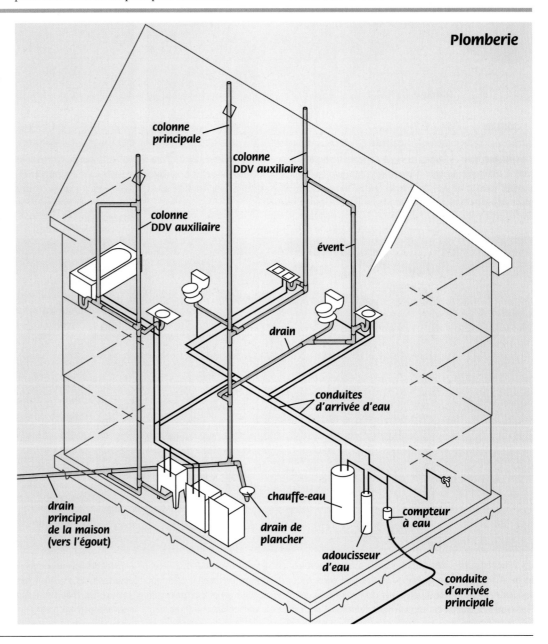

Électricité

L'installation électrique d'une maison est composée de nombreux circuits, qui partent tous du tableau de distribution principal et, dans certains cas, d'un tableau secondaire. Le conducteur électrique standard est mince et flexible et peut prendre virtuellement n'importe quelle configuration, ce qui d'une part, complique la tâche lorsqu'on essaie de suivre un circuit, mais par contre, facilite l'addition de nouveaux circuits.

Il est facile d'établir le plan de votre installation électrique; il vous suffit de mettre chaque disjoncteur sous tension et hors tension (ou d'enlever chaque fusible) et de découvrir ensuite les prises, les luminaires et les appareils qui ne fonctionnent pas. Pour établir un plan général de l'installation, il n'est pas nécessaire de localiser chaque conducteur, mais il faut noter chaque prise, luminaire, interrupteur et dispositif ou appareil câblé.

Voir à la page 104 comment établir le plan d'une installation électrique.

CVC

Dans une installation de chauffage à air pulsé, l'appareil de chauffage dirige l'air chaud vers un conduit d'arrivée principal, qui est relié aux conduits secondaires amenant l'air chaud dans les pièces. Les conduits secondaires qui desservent les étages supérieurs de la maison sont normalement installés verticalement, dans les cavités qui existent entre les murs et les poteaux muraux. Une deuxième installation de conduits ramène l'air froid vers l'appareil de chauffage.

Pour dresser le plan de l'installation de chauffage à air pulsé, suivez les conduits des registres d'arrivée et des grilles de retour d'air vers les conduits principaux au sous-sol. Voir aux pages 310 et 311 comment s'y prendre pour agrandir une installation de chauffage à air pulsé.

Le système de chauffage central (à eau chaude ou à vapeur) comprend un réseau de tuyaux qui acheminent l'eau chaude produite par la chaudière vers les éléments de chauffage: plinthes chauffantes, convecteurs ou radiateurs. Certains systèmes ont un tuyau relié à chaque appareil de chauffage, d'autres en ont deux.

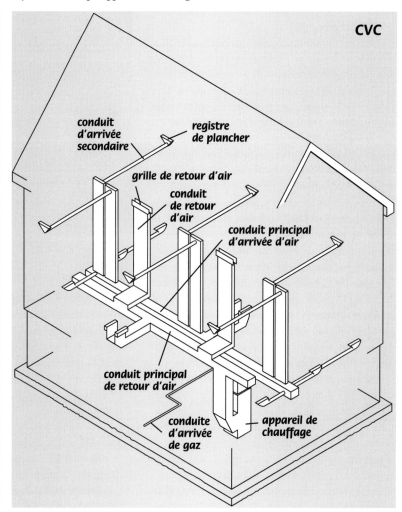

Électricité

tête de branchement

circuit de prises à disjoncteur de fuite à la terre

compteur électrique

circuit d'éclairage et de prises de courant standard

tableau de distribution

circuit spécialisé pour gros appareils

CVC

conduit d'arrivée secondaire

registre de plancher

grille de retour d'air

conduit de retour d'air

conduit principal d'arrivée d'air

conduit principal de retour d'air

conduite d'arrivée de gaz

appareil de chauffage

Codes du bâtiment et permis de construction

Tout projet de transformation qui comporte une modification de la structure de la maison ou de son installation mécanique, ou qui comporte un ajout doit faire l'objet d'une demande de permis de construction. On délivre ces permis pour assurer que le projet satisfait aux codes de construction locaux, qui fixent les normes des matériaux, les exigences de structure et les directives d'installation à respecter dans la réalisation du projet. En d'autres termes, les autorités veulent s'assurer de l'exécution correcte de votre travail (ou de celui de l'entrepreneur).

Les sujets dont il est question aux pages 15 et 16 – dimensions des pièces, sorties et ouvertures, lumière et ventilation, protection-incendie – nécessitent habituellement des permis généraux de construction. Si votre projet comprend des modifications importantes des installations de plomberie, d'électricité ou de CVC, vous devrez peut-être obtenir des permis séparés, auprès des différents services de l'administration.

Le permis de construction est une obligation légale et, ne pas s'y conformer, c'est encourir des amendes de l'autorité municipale et des problèmes avec les compagnies d'assurances. De plus, si vous essayez un jour de vendre votre maison, les travaux que vous avez effectués sans permis peuvent vous causer des problèmes.

La plupart des codes du bâtiment sont calqués sur les codes nationaux, comme le code national de l'électricité, mais ils sont adaptés aux conditions et à la législation locales. N'oubliez pas que les codes locaux prévalent toujours sur les codes nationaux. Faites toujours vérifier vos plans par votre service local de la construction avant de les adopter définitivement.

Avant d'émettre un permis, votre service local de la construction vous demandera de lui fournir les plans du projet et l'estimation du coût de celui-ci. Une fois vos plans approuvés, vous devrez payer les droits du permis, qui sont basés sur le coût du projet. Vous apprendrez également quelles inspections sont requises et quand vous devez en faire la demande.

Un permis de construction est normalement valide pendant 180 jours. Vous pouvez demander sa prolongation en soumettant une demande écrite justifiant la raison du retard.

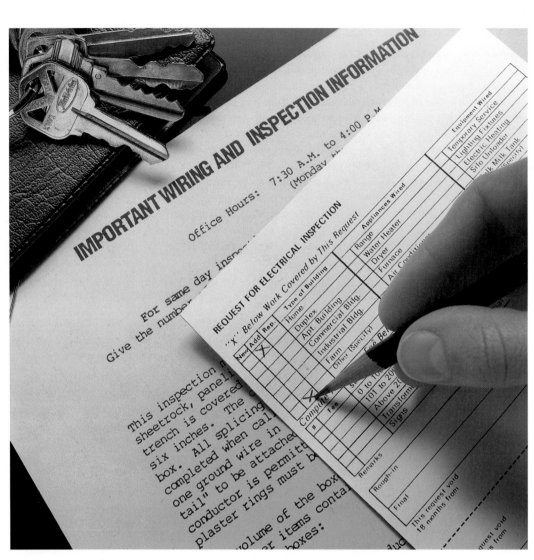

Voici quelques conseils qui vous aideront dans le processus d'obtention du permis :

- Pour obtenir un permis de construction, vous devez remplir un formulaire, délivré par votre service local de la construction, qui comprend une description du projet, l'adresse de la maison, sa description officielle et son usage, ainsi qu'une estimation du coût du projet.
- Le service de la construction peut exiger deux à quatre ensembles de documents de construction ou de plans de votre projet – y compris les plans d'étage et les élévations – aux fins d'inspection et d'approbation.
- L'inspecteur des bâtiments examinera les plans de construction et les signera ou il vous enverra un avis écrit d'approbation et d'autorisation de construire.

- Le directeur départemental de la construction conserve un ensemble des documents approuvés et il envoie un ensemble au demandeur; un autre ensemble doit être affiché sur le site jusqu'à la fin du projet.
- Certains permis sont délivrés par phase. Lorsque les travaux d'une phase sont terminés, le directeur départemental de la construction émet le permis d'entreprendre la phase suivante. Cependant, le directeur ne garantit jamais la délivrance de permis subséquents.
- Le directeur départemental de la construction inspecte tous les travaux pour s'assurer de leur conformité aux codes et aux permis.
- Votre projet n'est terminé que lorsque le directeur départemental de la construction a procédé à l'inspection finale du site et approuvé les travaux effectués.

Dimensions des pièces

- Les pièces habitables doivent avoir au moins 7 pi de largeur et 7 pi de profondeur.
- Les plafonds des pièces habitables, des corridors, des salles de bains, des cabinets de toilette, des salles de lavage et des sous-sols doivent avoir au moins 7 pi 6 po de hauteur entre le plancher fini et la partie inférieure du plafond.
- Les poutres et autres obstacles espacés de plus de 4 pi peuvent arriver 6 po plus bas que la hauteur minimale des plafonds.
- Dans les pièces non habitables, comme les sous-sols non finis, la hauteur minimale du plafond par rapport au plancher est de 6 pi 8 po, et celle des poutres et des conduits, de 6 pi 4 po.
- Dans les pièces habitables, on ne peut avoir plus de 50% de surface de plancher sous des plafonds inclinés qui ont moins de 7 pi 6 po de haut, et aucune partie de la surface de plancher ne peut se trouver sous un plafond de moins de 5 pi de hauteur.
- Le plancher fini ne fait pas partie de la surface de plancher mesurable s'il se trouve en dessous d'un plafond incliné ayant moins de 5 pi de hauteur ou sous un plafond horizontal ayant moins de 7 pi 6 po de hauteur.
- Une des pièces habitables de la maison doit avoir une surface de plancher brute d'au moins 120 pi^2. Les autres pièces habitables doivent avoir une surface de plancher brute d'au moins 70 pi^2.
- Les cuisines ne peuvent avoir une surface de plancher brute inférieure à 50 pi^2.
- Les corridors doivent avoir au moins 3 pi de largeur.

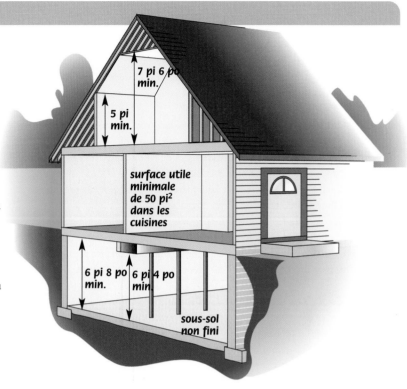

Sorties et ouvertures

- Les chambres à coucher des sous-sols habitables doivent avoir au moins une fenêtre de sortie ou une porte donnant sur l'extérieur pour l'évacuation en cas d'urgence. Les occupants doivent pouvoir ouvrir la sortie de l'intérieur, sans devoir utiliser une clé ou un outil.
- Toute fenêtre de sortie doit avoir une ouverture libre d'au moins 5,7 pi^2, une hauteur d'au moins 24 po et une largeur d'au moins 20 po.
- L'appui d'une fenêtre de sortie ne doit pas se trouver à plus de 44 po du plancher.
- Les fenêtres de sortie se trouvant sous le niveau du sol doivent être munies d'une caisse de soupirail. Si la caisse a plus de 44 po de profondeur, elle doit être munie d'un escalier ou d'une échelle permanents. Les marches peuvent s'avancer jusqu'à 6 po dans la caisse, mais il faut pouvoir les utiliser lorsque la fenêtre est entièrement ouverte. Elles doivent avoir au moins 12 po de largeur et être écartées du mur d'au moins 3 po. Les barreaux d'échelle doivent être espacés de moins de 18 po.
- Les écrans, les barres, les grilles et les couvercles des sorties d'urgence doivent s'ouvrir facilement et s'enlever de l'intérieur, sans clé ni outil.
- Les portes de sortie doivent avoir au moins 3 pi de largeur et 6 pi 8 po de hauteur. Elles doivent donner sur l'extérieur, et leur fonctionnement ne doit nécessiter aucune connaissance particulière et aucun outil spécial.
- Les descentes de cave peuvent servir de sorties de secours dans les sous-sols habitables, si elles donnent directement accès au sous-sol et si elles ont les dimensions requises pour des sorties de secours.

Éclairage naturel et ventilation

- La ventilation est assurée par les fenêtres, les portes, les persiennes et autres ouvertures approuvées, ou par des moyens mécaniques.
- Dans les pièces habitables, la surface des fenêtres doit être équivalente à 8 % au moins de la surface de plancher. La surface de la fenêtre ouvrante doit être équivalente à 4 % au moins de la surface de plancher de la pièce.
- Dans les salles de bains, la surface des fenêtres doit avoir au moins 3 pi^2, et la moitié de la fenêtre au moins doit pouvoir s'ouvrir.
- Il faut pouvoir ouvrir et manœuvrer les fenêtres de l'intérieur et elles doivent donner sur une rue, une allée, une cour ou un porche.
- La lumière artificielle peut remplacer la lumière d'une fenêtre si elle produit au moins 6,46 lux à une distance de 30 po du plancher.
- On peut remplacer les fenêtres mobiles par une ventilation mécanique. Dans les chambres à coucher, la ventilation doit fournir un débit d'air extérieur de 15 pi^3 par minute (pi^3/min), par occupant. Dans les chambres à coucher principales, le débit est basé sur deux occupants et dans les autres chambres à coucher, sur un occupant.
- Dans les salles de bain, le débit de renouvellement d'air intermittent doit atteindre 50 pi^3/min, et le débit continu, 20 pi^3/min. La ventilation de la salle de bain doit expulser l'air vers l'extérieur.

Photo : courtoisie de Andersen Windows, Inc.

Protection-incendie

- Tous les vides de construction et les espaces reliés entre eux, tels que les soffites, les plafonds suspendus et les plafonds à gorges, les limons, les espaces qui entourent les évents, les tuyaux, les conduits, les cheminées et les foyers doivent bloquer la propagation de l'incendie.
- Les murs extérieurs doivent être construits de manière à résister au feu pendant au moins une heure quand leurs deux côtés sont exposés à l'incendie.
- Il faut installer des matelas de fibre de verre, de laine minérale, ou d'autres matériaux approuvés entre les poteaux muraux et dans les cloisons, les plafonds et les planchers, à 10 pi d'intervalle, dans le plan vertical et dans le plan horizontal.
- La mousse isolante installée dans les murs intérieurs recouverts de plaque de plâtre de ½ po, ou d'autres matériaux approuvés, doit avoir un indice de propagation de la flamme de 75 ou moins et un indice de propagation de la fumée de 450 ou moins.
- Les autres isolants, tels que les parements, les pare-vapeur et le papier respirant doivent avoir un indice de propagation de la flamme de 25 ou moins, et un indice de propagation de la fumée de 450 ou moins.
- L'isolant en vrac, installé dans les écrans ou les supports, doit avoir un indice de propagation de la flamme de 25 ou moins, et un indice de propagation de la fumée de 450 ou moins.
- Les produits de finition des murs et des plafonds doit avoir un indice de propagation de la flamme de 200 ou moins, et un indice de propagation de la fumée, de 450 ou moins.
- Installer des détecteurs de fumée dans les chambres à coucher, dans les corridors à proximité des chambres à coucher et à chaque étage complet. Connecter les détecteurs de fumée de manière que l'activation de l'un d'entre eux déclenche toutes les alarmes.

Planifier en appliquant les principes de la conception universelle

La conception universelle s'adresse à tout le monde. La conception de la maison et des produits standard est basée sur la personne «moyenne» – c'est-à-dire l'homme adulte moyen – mais tout le monde n'entre pas dans cette catégorie. Certaines personnes sont petites, d'autres sont grandes; certaines d'entre elles marchent difficilement, d'autres marchent facilement mais se baissent difficilement. Les capacités physiques changent constamment, de même que la situation familiale. En incorporant des notions de conception universelle dans vos plans de transformation, vous créerez des lieux qui conviendront mieux à tous ceux qui vivent chez vous ou qui vous rendent visite, quels que soient leur taille, leur âge ou leurs capacités physiques.

La conception universelle n'est qu'une conception de bonne qualité, qui améliore la vie de tous les jours. Par exemple, de larges portes facilitent le passage d'une personne qui transporte un gros paquet de linge ou de quelqu'un qui se déplace en fauteuil roulant; un dessus de comptoir abaissé permet à un enfant d'aider ses parents à préparer le repas et permet à une personne qui se fatigue rapidement de s'asseoir pendant qu'elle cuisine. La conception universelle, qui consiste plus en un mode de pensée qu'en un ensemble de règles, peut s'appliquer partout dans la maison, qu'il s'agisse de l'agencement d'une pièce ou du choix d'un luminaire ou encore de la quincaillerie d'une porte. Dans tous les cas, la conception universelle favorise l'indépendance, par la création d'un milieu sûr et confortable.

On se lance souvent dans des projets de transformation pour adapter la maison aux changements qui surviennent dans la famille. Vous envisagez peut-être une transformation parce que vos parents âgés emménagent chez vous, ou que vos enfants ou vos petits-enfants, devenus adultes, viennent passer un certain temps

chez vous. Ou encore, vous décidez de préparer votre maison en vue de votre retraite. Considérer ses besoins du moment et ses besoins futurs fait partie des principes fondamentaux de la conception universelle, qui consiste à créer une maison durable, c'est-à-dire adaptée à ses occupants pendant toute leur vie. Dans une maison durable, vos parents peuvent vivre confortablement en votre compagnie et vous pouvez envisager de rester chez vous lorsque vous vieillirez. Grâce à sa conception universelle, votre maison rendra votre vie de tous les jours plus facile, en plus d'attirer une gamme étendue d'acheteurs potentiels le jour où vous déciderez de la vendre.

Les encadrés de conception universelle que vous trouverez dans ce livre sont remplis de renseignements qui vous aideront à mieux planifier vos travaux; vous trouverez facilement ces encadrés aux pages répertoriées ci-dessous. La plus grande partie de l'information fournie provient de spécialistes de la conception, de concepteurs de cuisines et de salles de bains, de physiothérapeutes, de constructeurs et de fabricants spécialisés, et d'organisations telles que la National Kitchen and Bath Association (NKBA). Certaines suggestions font partie des exigences de l'ADA (Americans with Disabilities Act) que respectent généralement les espaces publics, et dont la conception résidentielle s'inspire souvent. Assurez-vous que les moindres détails de votre projet répondent aux exigences des codes locaux.

Consultez un professionnel qualifié si vous désirez obtenir de plus amples informations sur la conception universelle. De nombreux concepteurs de cuisines et de salles de bains, constructeurs d'habitations et fabricants de produits se spécialisent dans la conception universelle. Vous trouverez une liste de ressources supplémentaires à la page 503.

Des charpentes assurant l'accessibilité 53
Câblage polyvalent 104
Hauteur des boîtes électriques 117
Des interrupteurs plus simples 126
Un éclairage convenant à toutes les périodes de la vie 131
Ajout de lignes téléphoniques :
    commodité et sécurité 132

Comment choisir les portes et les fenêtres 142
Planchers conçus pour un déplacement
    facile et sûr 235
Conception d'un appartement situé au sous-sol 312
La cuisine de conception universelle 368
La salle de bain de conception universelle 448
Installation de barres d'appui 494

Travailler avec des plans

Les plans sont indissociables de tout projet de transformation qui implique la construction, l'agrandissement, la modification, la réparation ou la démolition d'une installation importante de votre maison. On classe les plans de construction en deux catégories principales : les plans d'étage et les vues de face.

Le plan d'étage montre la pièce vue d'en haut ; il indique la dimension générale des pièces, l'agencement et la relation entre pièces voisines. Les vues de face montrent le profil d'un des murs de la pièce. On en fait de l'intérieur et de l'extérieur d'une maison et elles fournissent habituellement plus de détails architecturaux que les plans d'étage.

Les plans d'étage et les vues de face vous offrent un moyen de consigner les détails du projet relatifs à la structure et à l'installation mécanique, et de

planifier l'exécution des travaux qui les concernent. Ils permettent en outre au service local de la construction de vérifier si votre projet répond aux exigences des codes.

Avant de dessiner de nouveaux plans, consultez l'architecte de votre maison, son constructeur ou le service local de la construction. L'un d'entre eux possède souvent dans ses dossiers des copies des plans d'étage et des vues de face de votre maison. Si votre maison est un bâtiment historique, ses plans se trouvent peut-être dans un bureau des services du patrimoine ou dans la bibliothèque d'une université.

Si vous ne parvenez pas à obtenir une copie des plans de votre maison, vous pouvez toujours les dessiner vous-même. Ils vous fourniront une multitude de renseignements utiles. Grâce à eux, vous pourrez constater l'effet qu'auront les changements sur l'agencement de votre maison et découvrir l'impression qui s'en dégagera. Les plans vous aideront également à matérialiser vos idées, à établir la liste des matériaux nécessaires et à résoudre les problèmes de conception que pose le projet.

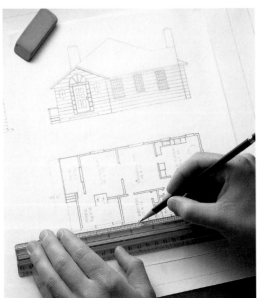

À l'aide des bleus *de votre maison, si vous en disposez, tracez les plans d'étage et les vues de face originaux sur du papier blanc. Notez l'échelle des bleus sur les plans que vous avez tracés et faites des photocopies de ceux-ci qui vous serviront à schématiser vos idées de transformation.*

Suivez les étapes de la page 19 pour dresser les plans d'étage et les vues de face. N'oubliez pas que vos plans évolueront parallèlement à vos idées ; considérez-les comme des ébauches tant que vous n'aurez pas arrêté tous les éléments de la conception. Lorsque votre programme de transformation répondra à toutes vos attentes, dessinez les plans d'étage et les vues de face définitifs de la maison transformée et soumettez-les au service local de la construction.

Créez les plans d'étage un à la fois. Commencez par mesurer, dans chaque pièce, la distance entre les murs. Reportez les dimensions mesurées sur du papier quadrillé, à l'échelle ¼ po = 1 pi. Nommez chaque pièce selon son usage et notez les dimensions hors-tout, comprenant l'épaisseur des murs que vous pouvez déterminer en mesurant la largeur des portes et des fenêtres entre les jambages, sans compter les encadrements. Ajoutez ensuite les indications suivantes sur les dessins :

- Les portes et les fenêtres, en montrant le sens d'ouverture des portes.
- Les escaliers et leur direction par rapport à chaque étage.
- Les accessoires permanents, tels que les appareils sanitaires, les principaux électroménagers, les dessus de comptoirs, les meubles encastrés et les foyers.
- Les accessoires en hauteur, tels que les poutres apparentes ou les armoires murales; utilisez des traits discontinus.
- Les éléments de plomberie, d'électricité et de CVC. Consacrez éventuellement un ensemble séparé de dessins à ces éléments mécaniques et aux lignes de services.
- Les dimensions hors-tout, mesurées de l'extérieur. Utilisez-les pour vérifier l'exactitude des dimensions intérieures relevées.

Créez les vues de face en utilisant la même échelle – ¼ po = 1 pi – et dessinez tout ce que vous apercevez sur chaque mur (chaque pièce a quatre vues de face).

Incluez les éléments suivants :
- La hauteur des plafonds et la hauteur des éléments importants, tels que les soffites et les poutres apparentes.
- Les portes, leur hauteur (du plancher au sommet de l'ouverture) et leur largeur.
- Les fenêtres, y compris la hauteur de leur appui et celle du sommet de l'ouverture, et leur largeur.
- Les garnitures et autres éléments décoratifs.

Lorsque vous aurez terminé les plans d'étage et les vues de face, utilisez ceux-ci pour faire les croquis des variantes de la transformation que vous envisagez. Utilisez du papier calque pour montrer les éléments cachés ou les changements proposés. Il est parfois utile de photographier également l'intérieur et l'extérieur de la maison. Soyez créatif et faites de nombreux croquis; le plan définitif de la transformation sera d'autant plus précis que vous aurez considéré un grand nombre de variantes. Lorsque vous avez arrêté vos plans de transformation, dessinez vos plans définitifs et dressez la liste du matériel que nécessite le projet.

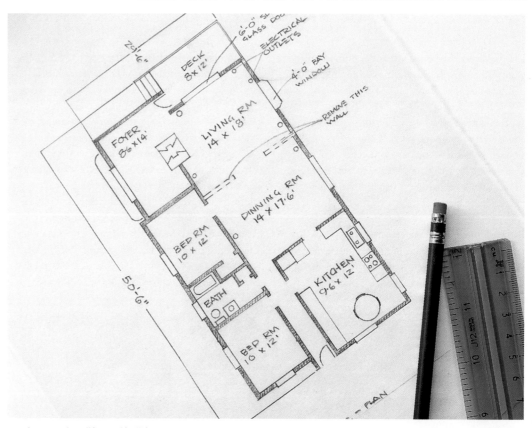

Dessinez un plan d'étage détaillé montrant la partie de la maison qui sera transformée, en indiquant les dimensions d'encombrement précises. Montrez l'emplacement des éléments existants et nouveaux: portes et fenêtres, câblage, appareils de plomberie.

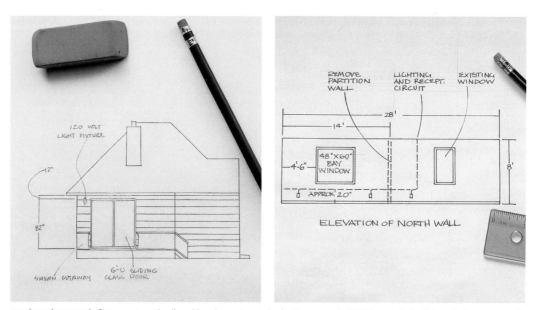

Dessinez des vues de face montrant la disposition des portes et des fenêtres, vues de l'intérieur et de l'extérieur de la maison. Indiquez les dimensions des portes et des fenêtres, la hauteur des plafonds et l'emplacement du câblage et des appareils de plomberie.

Obtenir l'aide de professionnels

Les bricoleurs engagent souvent des professionnels pour planifier ou exécuter les parties compliquées ou pointues du projet de transformation de leur maison. On peut trouver des gens de métier qui s'occupent de la planification, de la conception, de la gestion, de la construction ou des travaux de finition. Les professionnels de la transformation font généralement partie d'une des principales catégories suivantes : les professionnels de la conception, les entrepreneurs généraux et les sous-traitants.

Professionnels de la conception

Les professionnels de la conception vous aident pendant les phases de planification de votre projet. Ce sont des experts dans l'art de transformer des idées en

plans. Leurs services coûtent cher et vous avez intérêt à vous informer de leurs prix avant de faire appel à eux. Ils calculeront le plus souvent votre facture en se basant sur des taux horaires et ils y ajouteront un pourcentage du coût des matériaux ou du budget total.

Les *concepteurs de cuisines et de salles de bains* sont spécialisés dans la conception de deux des parties les plus importantes de votre maison. Ils peuvent vous aider à régler des détails ou faire fonction d'entrepreneurs généraux du projet. Recherchez leur agrément professionnel – comme la National Kitchen and Bath Association (NKBA) aux États-Unis – et, toujours aux États-Unis, les initiales CKD (Certified Kitchen Designer, concepteur de cuisines agréé), ou CBD (Certified Bath Designer, concepteur de salles de bains agréé).

Les *concepteurs d'intérieur* s'occupent de chacune des pièces en vue de donner un certain style à l'aménagement intérieur. Ils obtiennent parfois des tarifs moins élevés des entrepreneurs et des maisonneries.

Les *architectes* sont des professionnels diplômés qui conçoivent et dessinent des plans de construction détaillés d'habitations et d'immeubles. Leurs services coûtent cher, mais ils sont garantis et parfois indispensables lorsqu'on doit réaliser des projets de transformation importants.

Les *concepteurs de bâtiments* ressemblent aux architectes. Ce sont habituellement des experts de la conception et de la construction, mais ils ont moins d'expérience technique.

Les firmes de conception et de construction offrent les services de concepteurs et d'entrepreneurs généraux qui s'occupent d'un projet du début à la fin. Ces firmes facturent généralement des honoraires fixes à leurs clients.

Entrepreneurs généraux

Les entrepreneurs gèrent tous les aspects d'un projet de transformation. Ils engagent le personnel nécessaire et organisent, coordonnent et supervisent les activités de tous les hommes de métier qui exécutent les travaux. Les bons entrepreneurs facturent normalement leurs services sur la base d'un pourcentage du budget total, et beaucoup d'entre eux n'acceptent que les projets de construction importants.

Sous-traitants

Ces professionnels des différents corps de métiers vous fournissent les services dont vous avez besoin : menuisiers, plombiers, électriciens et spécialistes en CVC (chauffage, ventilation et climatisation). Vous pouvez les engager pour réaliser certaines parties du projet ou pour vous aider dans sa planification, ou encore pour vous aider à résoudre certains problèmes. La plupart des sous-traitants connaissent bien leur domaine, mais il est important de pouvoir consacrer le temps nécessaire à la recherche des gens dont vous avez besoin.

Trouver des entrepreneurs dignes de confiance

Pour trouver un entrepreneur qualifié, commencez par en parler à vos amis et aux membres de votre famille. Le bouche à oreille est un puissant moyen de recherche. Lorsqu'on vous recommande un entrepreneur,

demandez le type de travail que cette personne a fourni, si des problèmes ont surgi au cours des travaux, si le produit était satisfaisant et si le client engagerait de nouveau cet entrepreneur.

Vous trouverez également des entrepreneurs de qualité en vous adressant aux centres de conception de cuisines et de salles de bains, aux associations corporatives ou aux directeurs des cours à bois ou des maisonneries locales. Les pages jaunes, les salons de l'habitation et Internet peuvent également vous aider dans ce domaine. Choisissez de préférence un entrepreneur vivant près de chez vous, qui a au moins 5 ans d'expérience dans le type de projet que vous envisagez et qui possède les permis, les assurances et les certificats nécessaires.

Lorsque vous avez une liste des entrepreneurs potentiels, procédez par élimination à la suite d'entretiens téléphoniques. Dites-leur où vous habitez et ce que vous attendez d'eux. Demandez-leur si le projet les intéresse et organisez une rencontre chez vous lorsque l'un d'entre eux vous paraît être un bon candidat.

En rencontrant l'entrepreneur chez vous, vous aurez l'occasion de recueillir de précieux renseignements sur l'estimation des coûts ou sur les prix, sur les numéros de permis et sur les assurances, sur les fournisseurs et sur les références. Vous observerez également son comportement et découvrirez son style de travail. Demandez-lui quand il pourrait entamer les travaux, combien de personnes y travailleraient et qui s'occuperait des permis. Faites-lui part également des travaux que vous effectueriez vous-même.

Avant d'engager un entrepreneur, vérifiez ses références et demandez-lui s'il est possible de visiter un de ses projets en cours.

Lorsque vous avez choisi votre entrepreneur, rencontrez-le de nouveau en vue de prendre les dernières dispositions et de conclure le contrat.

Signature des contrats

Le contrat honnête est celui qui vous protège et qui protège votre entrepreneur. Il précise le travail à exécuter, les paiements à effectuer et les responsabilités de chacune des parties. Le contrat peut contenir de nombreux autres détails pertinents, mais il doit contenir les renseignements essentiels suivants :

- La description du travail à exécuter à l'adresse mentionnée et le travail que vous effectuerez vous-même.
- La liste des permis de construction requis et des personnes qui sont chargées de les obtenir.
- Les dates du début et de la fin du projet et les éventuelles raisons de retard plausibles.
- Les dispositions concernant l'inspection finale et les « éventuelles reprises ».
- Les sommes à payer et les dates des paiements (habituellement un acompte du tiers ou de la moitié de la somme due, un autre paiement au milieu du projet et les 15 derniers pour cent ou plus après votre inspection finale).
- Une clause relative aux demandes de modifications, stipulant les dispositions à prendre et le coût des changements effectués en cours d'exécution (on considère qu'une majoration de 10 à 15 % est raisonnable).
- Le nettoyage des lieux, et le responsable de l'enlèvement des déchets.

Planifier une transformation

La meilleure manière de préparer un projet de transformation consiste à établir un plan de construction. Celui-ci vous permet de voir du premier coup d'œil l'ensemble du projet à réaliser, il vous aide à découvrir les problèmes potentiels, vous donne une première idée du temps que prendra l'exécution du projet et fait ressortir l'ordre logique des étapes à franchir. Sans plan de construction, vous risquez de commettre des erreurs coûteuses, telles que recouvrir un mur avec des plaques de plâtre avant d'avoir inspecté les canalisations qu'il dissimule.

L'ordre des étapes générales qui suivent correspond à la séquence des étapes d'une construction normale. Votre plan peut s'en écarter de plusieurs manières, mais en réfléchissant à chacune de ces étapes, vous éprouverez moins de difficulté à élaborer un programme complet.

Contactez le service de la construction

Discutez de votre projet avec un représentant du service de la construction, cela vous évitera des surprises désagréables et coûteuses. Découvrez les codes du bâtiment de votre région et les conditions à remplir pour obtenir les permis nécessaires. Expliquez au représentant la partie des travaux que vous comptez exécuter vous-même. Dans certains États, les travaux de plomberie, d'électricité et de CVC sont réservés à des professionnels agréés. Renseignez-vous également sur le type de plans que vous devez dessiner pour obtenir les permis et vérifiez si vous devez recourir à un ingénieur pour effectuer certains calculs et dessiner certains plans.

Dessinez vos propres plans

Dessinez vos plans d'étage et vos vues de face (voir pages 18-19). Cette étape constitue la partie la plus importante du travail de conception relatif à votre projet; vous aurez peut-être besoin de l'aide d'un professionnel pendant cette phase (voir pages 20-21).

Obtenez les permis

Faites examiner vos plans définitifs par l'inspecteur du bâtiment et apportez les corrections nécessaires à l'obtention de tous les permis de construction. C'est également le moment de prévoir les inspections. Déterminez quels travaux doivent être inspectés et à quel moment l'inspection doit avoir lieu.

Engagez les entrepreneurs

Si vous devez engager des entrepreneurs pour vous aider à exécuter le projet, trouvez-les et engagez-les dès le début, car leur calendrier d'exécution déterminera le vôtre. Certains d'entre eux devront peut-être obtenir leurs propres permis du service de la construction. Pour éviter les problèmes, assurez-vous que les entrepreneurs connaissent exactement le travail pour lequel ils sont engagés et qu'ils savent quel travail vous exécuterez vous-même. Avant d'engager les entrepreneurs, vérifiez toujours leurs références et assurez-vous qu'ils ont leurs permis et qu'ils sont assurés. C'est également le moment de commander les matériaux et d'organiser leur livraison.

Apportez les principaux changements nécessaires à la charpente et aux installations mécaniques

Commencez les travaux de construction par les importantes modifications nécessaires de la charpente et des installations mécaniques. Déplacez les éléments mécaniques et modifiez le parcours des principales lignes de services. Avant d'installer la charpente, achevez la mise

Assurez-vous que tout est bien en place avant de fermer la charpente et de finir les murs et les plafonds. Si vous installez des plaques de plâtre, commencez par les plafonds et terminez par les murs. Posez les rubans adhésifs sur les joints des plaques de plâtre et lissez le tout. Procédez aux autres traitements de finition. Texturez la surface des plaques de plâtre, appliquez-y un apprêt, peignez-la si nécessaire. Si vous installez un plafond suspendu, faites-le après avoir terminé les murs.

Ajoutez les touches finales

Installez les portes, les moulures, les boiseries, les armoires et les étagères encastrées, et posez le revêtement de plancher. L'ordre dans lequel vos accomplirez ces tâches dépend des matériaux que vous utiliserez et des effets décoratifs que vous désirez obtenir.

Installez les nouveaux appareils sanitaires que vous avez choisis pour les salles de bains et achevez de placer les conduites de drainage et les raccords d'arrivée. Faites les connexions électriques et installez tous les luminaires, dispositifs et appareils électroménagers. Demandez à l'inspecteur des bâtiments de procéder à l'inspection finale des travaux.

en place des canalisations : ajoutez les conduits nécessaires, installez les drains sous les planchers, ou remplacez l'ancienne plomberie. Terminez l'installation de la nouvelle charpente. Pratiquez les ouvertures des fenêtres et des portes, et installez les fenêtres.

Achevez la mise en place des canalisations

Installez les conduites de drainage, déchets et ventilations (DDV), les conduites d'eau et d'arrivée du gaz. Installez les boîtes électriques et le câblage. Achevez la mise en place des conduits de CVC. Consignez les mesures des conduites et l'emplacement des fils, pour référence. Avant de fermer les murs, faites approuver votre travail par un inspecteur de la construction. Installez les luminaires qui doivent être placés en même temps que les canalisations (vous installerez les autres après avoir posé les surfaces murales).

Terminez la finition des murs et des plafonds

Après avoir fait inspecter votre travail, isolez les murs, les plafonds et les canalisations. Installez de la fibre de verre isolante comme pare-feu. Assurez-vous que les plaques de protection des conduites et des fils parcourant la charpente sont en place. Ajoutez les pare-vapeur aux endroits où le code local l'exige.

TECHNIQUES
DE BASE

Charpenterie brute **26**

Enlèvement des surfaces intérieures . **27**

**Enlèvement des surfaces murales
extérieures** **32**

Fabriquer des supports temporaires . **36**

Enlèvement des murs **41**

Construction des murs de séparation. **46**

Charpentes métalliques. **50**

**Encadrement des portes et
des fenêtres** **52**

Plomberie **62**

Éléments de plomberie **62**

Le tuyau de cuivre. **70**

Le tuyau de plastique **78**

Le tuyau de fer galvanisé **82**

Le tuyau de fonte **84**

**Installation d'une
nouvelle plomberie** **86**

Câblage **94**

Éléments de câblage **94**

**Planification d'un projet
de câblage** **104**

Plans de circuits courants. **108**

**Installation des boîtes électriques
et des câbles**. **116**

**Installation des dispositifs
électriques** **124**

**Installation des câbles
téléphoniques**. **132**

Système de réseaux résidentiels . . . **134**

Charpenterie brute

La charpenterie brute comprend les travaux de démolition et de construction de la charpente, qui modifient l'aspect de votre maison : l'enlèvement d'anciens murs, leur remplacement par de nouveaux, les agrandissements, l'aménagement d'ouvertures de portes ou de fenêtres. Pour les travaux de charpenterie de finition, tels que l'installation de panneaux et de garnitures, reportez-vous à la section Murs et plafonds de ce livre.

Beaucoup de projets de transformation commencent par la démolition, et la façon de procéder est toujours la même, qu'il s'agisse de huisserie de portes ou d'encadrements de fenêtres de murs extérieurs ou intérieurs. La première étape consiste à découvrir le type d'ossature de la maison (voir pages 8 à 11), car celui-ci détermine les étapes à suivre pour pratiquer une ouverture dans un mur ou pour enlever le mur au complet.

Après avoir inspecté les murs pour découvrir les installations mécaniques qu'il dissimule et après avoir changé le parcours des lignes de services dans la zone où s'effectue la transformation, vous pouvez enlever les surfaces murales intérieures (voir pages 27 à 31). Si vous remplacez d'anciennes portes et fenêtres, c'est le moment de les enlever également (voir pages 146-147). Au besoin, vous pouvez enlever du même coup les surfaces murales extérieures (voir pages 32 à 35), mais attendez avant d'enlever des éléments de la charpente.

La prochaine étape dépend de la nature du projet. Si vous enlevez un mur portant, si vous pratiquez une ouverture ou si vous en agrandissez une, vous devrez installer des supports temporaires qui soutiendront le plafond pendant l'exécution des travaux (voir pages 36 à 39). N'oubliez pas que tous les murs extérieurs sont des murs portants. Vous ne devez pas installer de supports temporaires à l'endroit des murs non portants (murs de séparation).

Les supports étant en place, vous pouvez effectuer en toute sécurité les travaux à la charpente.

Enlèvement des surfaces intérieures

Avant de démolir un mur au marteau ou à la scie à commande mécanique, vous devez savoir ce qu'il cache. Commencez par déterminer les éléments mécaniques qui se trouvent dans la zone de travail. Le déplacement des fils électriques, des tuyaux d'arrivée d'eau et des évents ne pose généralement aucun problème. Par contre, s'il s'agit d'une conduite de gaz, d'un tuyau de drainage ou d'une gaine de ventilation, vous devrez sans doute faire appel à un professionnel avant de passer à l'étape suivante.

Il convient aussi de situer tous les éléments de charpente qui se trouvent dans la zone de travail. Marquez les poteaux muraux, les sablières, les lisses et les étrésillons : cela guidera votre découpage et vous évitera les mauvaises surprises.

Lorsque vous êtes prêt à démolir le mur, préparez la zone de travail pour empêcher que la poussière ne se répande et pour éviter d'endommager les planchers et autres surfaces ; le découpage du plâtre ou des plaques de plâtre produit une poussière très fine qui peut facilement s'infiltrer dans les pièces voisines. Couvrez les entrées de porte (même si les portes sont fermées) et les ouvertures murales, à l'aide de feuilles de plastique. Collez également des feuilles de plastique sur les registres de CVC pour empêcher la poussière de circuler dans le système de ventilation. Protégez les planchers au moyen de carton ou de carton dur, de plastique ou de toile de peintre. Retirez soigneusement les garnitures qui se trouvent dans la zone de travail, en coupant les joints au moyen d'un couteau universel, pour ne pas endommager la finition.

Prenez la précaution de couper l'alimentation électrique des circuits se trouvant dans la zone de travail, et coupez l'arrivée principale d'eau si vous devez pratiquer des découpes à proximité de conduites d'eau.

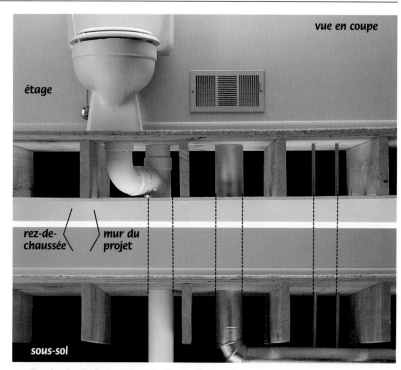

Localisez la plomberie, les gaines, les fils électriques et les tuyaux de gaz dissimulés dans le mur avant de découper celui-ci. Pour trouver les différentes conduites, examinez les zones se trouvant juste en dessous et au-dessus du mur du projet. Dans la plupart des cas, les lignes de services et les conduits traversent le mur verticalement, d'un plancher à l'autre. Les plans d'origine de votre maison vous indiqueront à quel endroit se trouvent la plupart des lignes de services.

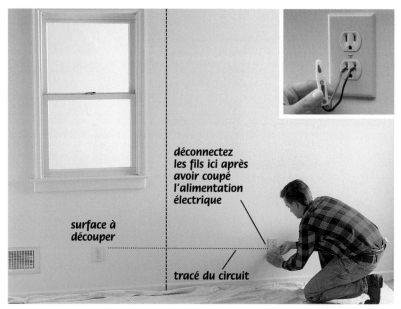

Débranchez les fils électriques avant de découper les murs. Suivez le tracé du circuit jusqu'à une prise ou un interrupteur se trouvant à l'extérieur de la zone à découper, coupez l'alimentation électrique et déconnectez les fils menant vers la zone à découper. Rebranchez l'alimentation électrique et vérifiez l'absence de courant dans la zone de travail à l'aide d'un vérificateur de tension (encadré) avant de découper les murs.

Localisez les éléments de charpente au moyen d'un localisateur de montants ou en sondant le mur pour trouver les endroits rendant un son plein. Vérifiez ces endroits en plantant des clous de finition dans le mur. Après avoir trouvé l'axe d'un montant, indiquez de part et d'autre les montants voisins qui se trouvent à 16 po de distance.

Enlèvement des plaques de plâtre

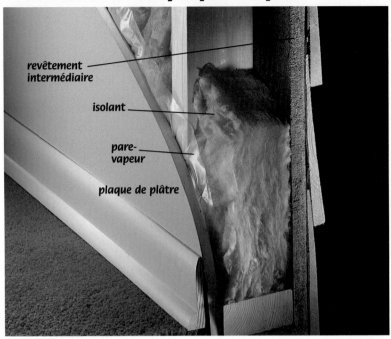

L'enlèvement des plaques de plâtre ne présente pas de difficulté. Il s'agit, dans la plupart des cas, de les découper le long de l'ouverture prévue et de les défoncer à l'intérieur de la découpe. N'oubliez pas que les joints des plaques de plâtre sont recouverts de ruban de papier et de plâtre. Pour bien séparer les panneaux, coupez dans l'axe du joint à l'aide d'un couteau universel (il est particulièrement important de pratiquer cette coupe aux coins des murs).

Enlevez une surface suffisamment grande de plaque de plâtre pour dégager l'espace nécessaire à l'installation de nouveaux éléments de charpente. Si vous devez encadrer une fenêtre ou une porte, enlevez les plaques de plâtre du plancher au plafond et, latéralement, jusqu'aux premiers poteaux muraux qui se trouvent de part et d'autre de l'ouverture brute prévue. Si les plaques de plâtre sont assujetties au moyen d'adhésif de construction, nettoyez les éléments de charpente en utilisant une râpe ou un vieux ciseau.

Avant de débuter, coupez l'alimentation électrique et vérifiez si le mur dissimule des fils électriques ou de la plomberie (voir page 27).

Outils : lunettes de protection, masque antipoussières, localisateur de montants, cordeau traceur, scie circulaire munie d'une lame de démolition, couteau universel, barre-levier, perceuse ou visseuse.

Un mur est normalement constitué d'une plaque de plâtre, d'un pare-vapeur, d'isolant et d'un revêtement intermédiaire. Les plaques de plâtre des habitations ont normalement entre $^3/_8$ et $^5/_8$ po d'épaisseur, l'épaisseur de $^1/_2$ po étant la plus courante pour les murs.

Conseils pour l'enlèvement des plaques de plâtre

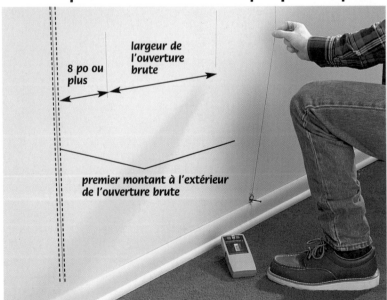

Marquez, sur le mur, la largeur de l'ouverture brute prévue et localisez les premiers montants de part et d'autre de l'ouverture. Si un de ces montants se trouve à plus de 8 po de l'ouverture brute, utilisez un cordeau traceur pour indiquer une ligne de coupe le long du bord intérieur du montant. Vous installerez là un montant supplémentaire qui servira de support à la nouvelle plaque de plâtre (voir page 197).

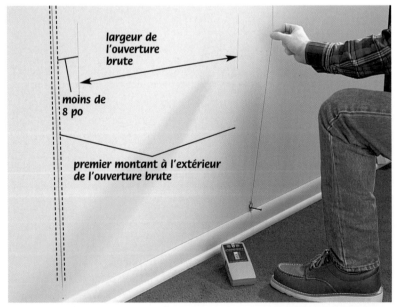

VARIANTE : si le premier montant se trouve à moins de 8 po de l'ouverture brute, vous ne disposerez pas de l'espace suffisant pour installer un montant supplémentaire. Utilisez un cordeau traceur pour indiquer une ligne de coupe le long de l'axe du montant. La partie apparente du montant servira à supporter la nouvelle plaque de plâtre.

Enlèvement des plaques de plâtre

Tracez les lignes de coupe (voir page 28). Réglez la scie circulaire à l'épaisseur de la plaque de plâtre et coupez ensuite celle-ci du plancher au plafond, le long des lignes de coupe. Utilisez un couteau universel pour terminer les coupes en haut et en bas ainsi que pour couper le ruban horizontal du joint existant entre le mur et le plafond. Portez toujours des lunettes de protection et un masque anti-poussières lorsque vous coupez des plaques de plâtre au moyen d'une scie circulaire.

Introduisez l'extrémité d'une barre-levier dans la fente, près du coin de l'ouverture. Basculez la barre-levier pour briser la plaque de plâtre et arrachez ensuite les morceaux. Évitez d'endommager la plaque de plâtre en dehors de l'ouverture brute prévue.

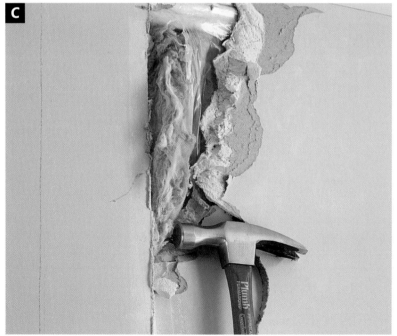

Tapez sur la plaque de plâtre avec le côté d'un marteau, puis écartez-la du mur à l'aide de la barre-levier ou à la main.

À l'aide d'une barre-levier ou d'une perceuse (ou d'une visseuse), retirez des éléments de charpente les clous, les vis et les fragments de plaque de plâtre. Enlevez également le pare-vapeur et l'isolant.

Enlèvement du plâtre

plâtre

lattis
en bois

Isolant

L'enlèvement du plâtre est une tâche qui fait de la poussière; il faut donc toujours porter des lunettes de protection et un masque antipoussières pendant le travail de démolition et utiliser des feuilles de plastique pour protéger le mobilier et bloquer les entrées de porte. Couvrez également les planchers, car le plâtre contient des particules de sable qui sont très abrasives lorsqu'on les écrase. Les murs en plâtre étant très fragiles, travaillez prudemment pour éviter de briser le plâtre en dehors de la surface à enlever.

Si le plâtre que vous enlevez couvre la plus grande partie de la surface du mur, pensez à enlever toute la surface intérieure de celui-ci. Il est plus facile de remplacer tout un mur au moyen de plaques de plâtre que d'essayer de colmater la surface autour de la zone de travail, et le résultat obtenu est de meilleure qualité.

Avant de commencer, coupez l'alimentation électrique et vérifiez si le mur dissimule des fils électriques ou de la plomberie (voir page 27).

Outils: lunettes de protection, masque antipoussières, gants de travail, cordeau traceur, règle rectifiée, couteau universel, scie alternative ou scie sauteuse, cisaille type aviation, barre-levier.

Matériel: ruban-cache, morceaux inutilisés de 2 po x 4 po.

Les murs en plâtre sont normalement constitués de trois couches: la surface en plâtre, le lattis en bois et l'isolant. Ces murs contiennent parfois une couche de treillis métallique, installée sur le lattis en bois (voir variante, page 31).

Enlèvement du plâtre

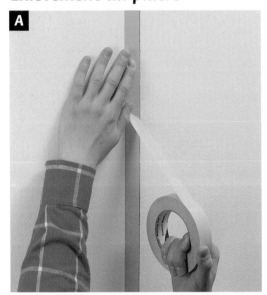

A

Marquez la surface du mur à enlever en suivant les instructions de la page 28. Appliquez une double couche de ruban-cache le long du bord extérieur de chaque ligne de coupe.

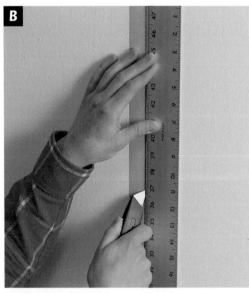

B

Entamez chaque ligne de coupe plusieurs fois avec un couteau universel, en utilisant une règle rectifiée comme guide. Les lignes doivent avoir au moins $\frac{1}{8}$ po de profondeur.

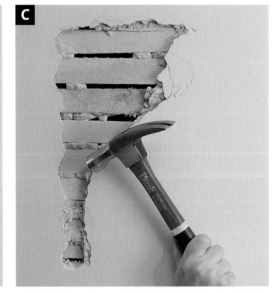

C

Brisez le plâtre en frappant légèrement le mur avec le côté d'un marteau, en commençant au sommet du mur, au milieu de l'ouverture prévue. Enlevez ainsi tout le plâtre – du plancher au plafond – jusqu'à 3 po des lignes de coupe.

Brisez le plâtre le long des bords, en tenant un morceau de bois inutilisé de 2 po x 4 po juste à l'intérieur des lignes de coupe et en tapant dessus avec un marteau. Servez-vous d'une barre-levier pour enlever le plâtre qui reste.

Au moyen d'une scie alternative ou d'une scie sauteuse, coupez au travers du lattis en bois, le long des bords du plâtre.

treillis métallique

VARIANTE: si le lattis en bois du mur est recouvert d'un treillis métallique, utilisez une cisaille type aviation pour couper le treillis le long des bords de l'ouverture. Portez des gants de travail épais pour plier les bords acérés du treillis, en les aplatissant contre le montant.

À l'aide d'une barre-levier, détachez le lattis des montants. Enlevez les clous restants ainsi que le pare-vapeur et l'isolant.

Enlèvement des surfaces murales extérieures

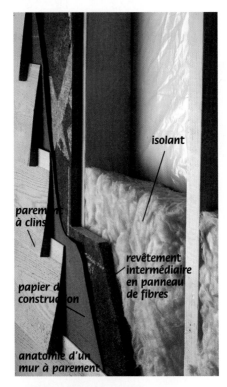

isolant

parement à clins

papier de construction

revêtement intermédiaire en panneau de fibres

anatomie d'un mur à parement

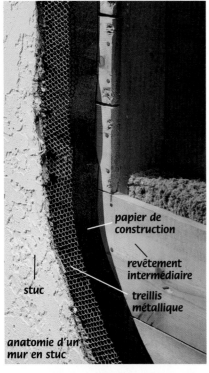

papier de construction

revêtement intermédiaire

stuc

treillis métallique

anatomie d'un mur en stuc

Pour créer ou agrandir une ouverture de porte ou de fenêtre dans un mur extérieur, vous devez enlever une partie de la surface extérieure du mur. Déterminez la meilleure méthode à utiliser en fonction du type de surface extérieure et du type de fenêtre ou de porte auxquels vous avez affaire.

S'il s'agit d'un parement en bois, vous pouvez le couper sur place ou en retirer des éléments complets pour exposer la surface à l'endroit de la future ouverture de porte ou de fenêtre. Si les portes et les fenêtres sont munies de moulures extérieures, vous pouvez poser l'unité à sa place, temporairement, tracer le contour de la moulure sur le parement en bois et couper ensuite celui-ci pour qu'il entoure parfaitement la moulure. Vous trouverez une description de cette méthode aux pages 148 et 149.

On peut aussi utiliser une autre méthode qui consiste à enlever la moulure extérieure de la porte ou de la fenêtre et à couper le parement à peu près au ras de l'ouverture brute encadrée. Une fois l'unité installée, fixez temporairement la moulure et tracez son contour sur le parement. Coupez le parement et fixez définitivement la moulure à l'encadrement de l'unité. Utilisez cette méthode pour installer une fenêtre avec des membrures de clouage, mais veillez à enlever suffisamment de parement, lors de la coupe initiale, pour disposer de la place nécessaire aux membrures de clouage.

S'il s'agit d'un parement en vinyle ou en métal, il faut retirer des lames complètes du parement pour exposer l'ouverture et ajuster ensuite ces lames, après avoir installé l'unité et la moulure extérieure. Avant de couper quoi que ce soit, vérifiez avec le fabricant du parement si toutes les pièces nécessaires se trouvent sur le marché.

S'il s'agit d'une surface extérieure en stuc, on peut la couper de manière que la moulure extérieure soit en retrait par rapport à la surface du mur, et en contact avec le revêtement intermédiaire. On peut aussi utiliser des attaches de maçonnerie (voir page 165) et installer l'unité avec la moulure, sur le stuc (voir les informations supplémentaires sur la construction en stuc aux pages 188 et 189).

Si vous installez une porte ou une fenêtre dans une nouvelle ouverture encadrée, n'enlevez pas la surface extérieure tant que l'encadrement n'est pas terminé. Coupez toujours l'alimentation électrique et déplacez les lignes de services avant de découper le mur. Pour protéger les cavités murales contre l'humidité, couvrez les ouvertures dès que vous avez enlevé la surface extérieure.

> **Outils :** *agrafeuse, barre-levier, outil à écarter, perceuse, cordeau traceur, scie circulaire, scie alternative, ciseau de maçon et marteau, lame de maçonnerie, mèche à maçonnerie, cisaille type aviation.*
>
> **Matériel :** *papier de construction, clous, planche de 1 po x 4 po.*

La moulure extérieure *des fenêtres et des portes à encadrement en bois est souvent fixée en usine. Pour l'enlever, écartez-la en appuyant avec une barre-levier le long de la partie extérieure de l'encadrement afin de ne pas abîmer les parties exposées des jambages et de la moulure.*

membrure de clouage

moulure extérieure

Les membrures de clouage *permettent de fixer la plupart des fenêtres en vinyle. Après l'installation, les membrures de clouage sont recouvertes d'une moulure extérieure pour maçonnerie, d'une moulure extérieure en bois de 1 po x 4 po, ou d'une moulure en profilé pour parement en vinyle ou en métal.*

Conseils pour enlever un parement

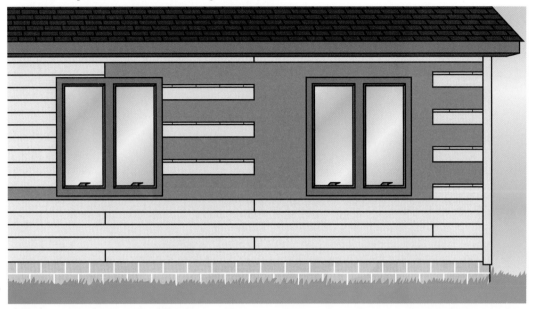

Enlevez des éléments complets du parement pour exposer la zone qui entoure une ouverture de porte ou de fenêtre. Les éléments de parement sont installés en quinconce, de manière que les joints des rangées successives ne coïncident pas. Numérotez les éléments de parement que vous enlevez; cela simplifiera leur réinstallation.

Insérez une pièce de papier de construction après avoir enlevé le parement. Détachez l'ancien papier de construction au-dessus de la zone à rapiécer, glissez la partie supérieure de la pièce en dessous et fixez-la au moyen d'agrafes. Utilisez de la colle de toiture pour boucher les petits trous ou les déchirures. Aucune partie du revêtement intermédiaire ne doit être exposée aux intempéries.

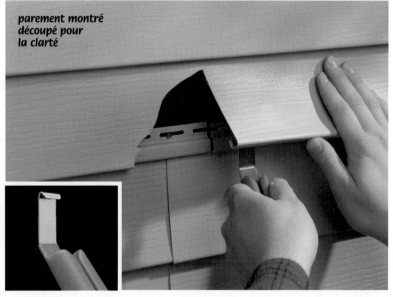

Pour enlever un élément de parement en bois, commencez par écarter l'élément qui se trouve au-dessus de l'élément à enlever, à l'aide d'une barre-levier plate insérée près des endroits des clous. À l'aide d'un marteau, rabattez l'élément pour découvrir les clous et enlevez-les. Insérez des intercalaires entre le revêtement intermédiaire et le parement, pour faciliter l'accès aux zones de travail. Utilisez une lame de scie à métaux ou une tranche à froid pour couper les clous récalcitrants.

Les éléments de parement en vinyle et en métal sont pourvus d'un bord de fixation profilé en J. Utilisez un outil à écarter (mortaise). Introduisez l'outil à écarter dans le joint de recouvrement le plus rapproché de la zone d'où il faut enlever un élément. Glissez l'outil à écarter sur le profilé en J, tirez légèrement vers l'extérieur pour que l'élément se détache de l'élément du dessous. Enlevez les clous du panneau et poussez le panneau vers le bas pour le déverrouiller. **ATTENTION:** pour éviter que l'élément de parement en métal ne se déforme, ne le courbez pas trop.

Découper un parement en bois

Pour découper un parement en bois en vue d'exposer une ouverture encadrée, commencez le travail à l'intérieur de la maison. Forez un trou dans chaque coin de l'ouverture encadrée et plantez des clous qui dépasseront du mur extérieur pour indiquer l'emplacement des quatre coins. Dans le cas d'une fenêtre arrondie, forez des trous le long du contour arrondi.

Passez à l'extérieur et mesurez la distance entre les clous pour vérifier l'exactitude des dimensions. Marquez les lignes de coupe à l'aide d'un cordeau traceur tendu entre les clous. Ensuite, repoussez les clous dans le mur.

Clouez une planche droite de 1 po x 4 po le long du bord intérieur de la ligne de coupe de droite. Noyez les têtes des clous à l'aide d'un chasse-clou pour qu'elles n'éraflent pas la semelle de la scie circulaire. Réglez la lame de la scie circulaire de manière qu'elle ne coupe que le parement.

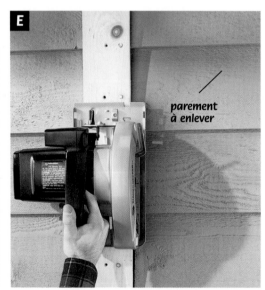

Posez la scie sur la planche de 1 po x 4 po et coupez le long de la ligne en vous servant du bord de la planche comme guide pour la scie. Arrêtez les coupes à 1 po des coins pour éviter de couper dans les éléments de charpente.

Déplacez la planche et effectuez les autres coupes. Pour la dernière coupe, placez la planche le long du bord extérieur de l'ouverture. Enfoncez les clous à moins de 1½ po du bord intérieur de la planche, car vous devrez enlever le parement se trouvant sous la planche à cet endroit pour y installer la moulure de la porte ou de la fenêtre.

Terminez les coupes dans les coins, au moyen d'une scie sauteuse, d'une scie alternative ou d'un ciseau. Enlevez la partie de mur découpée. Si vous le désirez, séparez les morceaux de parement du revêtement intermédiaire et conservez-les pour les utiliser ultérieurement.

Enlèvement du stuc

Forez des trous dans les coins et tracez les lignes de coupe au moyen d'un cordeau traceur (voir page 34). Tracez un deuxième contour, écarté du premier d'une distance égale à la largeur de la moulure de la porte ou de la fenêtre. Ainsi, la moulure extérieure s'ajustera parfaitement au revêtement intermédiaire du mur. À l'aide d'un ciseau de maçon et d'un marteau, entaillez la surface de stuc le long des lignes extérieures. Les entailles devraient avoir au moins 1/8 po de profondeur.

Coupez le stuc le long du contour extérieur, à l'aide d'une scie circulaire munie d'une lame à maçonnerie. Approfondissez les coupes en plusieurs passes, jusqu'à ce que la lame atteigne le treillis métallique, ce qui produira des étincelles. Arrêtez les coupes avant d'atteindre les coins pour éviter d'endommager le stuc en dehors des lignes de coupe; achevez les coupes au moyen d'un ciseau de maçon.

VARIANTE: si la fenêtre est arrondie, marquez le contour sur le stuc en utilisant un gabarit en carton. À l'aide d'une mèche à maçonnerie, forez une série de trous le long de l'arrondi. Achevez la coupe avec un ciseau de maçon.

Brisez le stuc avec un marteau de maçon ou une masse, de manière à découvrir le treillis métallique. Utilisez une cisaille type aviation pour couper à travers le treillis, le long de l'ouverture. Au moyen d'une barre-levier, écartez le treillis et le stuc qui y est attaché.

À l'aide d'une règle rectifiée, tracez le contour de l'ouverture brute sur le revêtement intermédiaire. Découpez le revêtement intermédiaire le long du bord intérieur des éléments de charpente, au moyen d'une scie circulaire ou d'une scie alternative. Enlevez la partie découpée du revêtement intermédiaire.

Fabriquer des supports temporaires

Si votre projet nécessite l'enlèvement de plus d'un poteau d'un mur portant, vous devez prévoir des supports temporaires avant de modifier la charpente. Consultez la page 11 pour découvrir facilement à quel type de murs vous avez affaire. Il existe différentes techniques pour fabriquer ces supports, selon que l'ossature de la maison est à plateforme ou à claire-voie.

On trouve l'**ossature à plateforme** dans la plupart des maisons construites après 1930. Pour fabriquer des supports temporaires pour une ossature à plateforme, utilisez des vérins hydrauliques (voir page 37) ou installez un mur temporaire de poteaux (voir page 38). Le mur de poteaux est préférable s'il faut laisser les supports en place pendant plusieurs jours.

Si les solives de plancher et de plafond sont parallèles au mur auquel vous travaillez, suivez la méthode décrite au bas de la page 38.

On trouve l'**ossature à claire-voie** dans de nombreuses maisons construites avant 1930. Pour fabriquer des supports temporaires pour une ossature à claire-voie, suivez la méthode décrite à la page 39. Le travail décrit comprend la construction d'une structure de support pour un mur extérieur, au rez-de-chaussée d'une maison à ossature à claire-voie.

Certains travaux d'amélioration nécessitent deux supports temporaires. Ainsi, lorsqu'on pratique une grande ouverture dans un mur portant intérieur ou qu'on l'enlève, il faut installer des supports temporaires de chaque côté de l'ouverture (voir page 42). **NOTE:** l'enlèvement de murs portants de plus de 12 pi doit être confié à des professionnels.

Les supports temporaires dans une maison à ossature à plateforme doivent supporter les solives de plafond, puisque la plateforme du plafond supporte la charge des planchers supérieurs. On reconnaît l'ossature à plateforme par la lisse à laquelle sont cloués les poteaux muraux.

Les supports temporaires dans une maison à ossature à claire-voie supportent les poteaux muraux, qui reçoivent la charge des étages supérieurs. La traverse temporaire de support, appelée *linteau*, est fixée aux poteaux muraux, au-dessus de l'ouverture prévue, et supportée par les poteaux muraux et les supports installés à proximité de l'ouverture. On reconnaît l'ossature à claire-voie aux longs poteaux muraux qui traversent le plancher pour s'appuyer sur une lisse reposant sur la fondation.

Outils: scie circulaire, vérins hydrauliques, niveau, perceuse avec mèche de ³/₁₆ po et foret à trois pointes, clé à rochet.

Matériel: longueurs de bois d'œuvre de 2 po x 4 po, clous 10d, vis tire-fond de ³/₈ po x 3 po et de ³/₈ po x 4 po, tissu, intercalaires biseautés en bois, longueurs de bois d'œuvre de 2 po x 8 po, vis à plaques de plâtre de 2 po, plaques de clouage.

Supporter une ossature à plateforme au moyen de vérins hydrauliques*

Mesurez la largeur de l'ouverture prévue et ajoutez 4 pi pour que le support temporaire dépasse largement la largeur de l'ouverture. Coupez trois morceaux de bois de 2 po x 4 po à la longueur appropriée. Constituez la sablière du support temporaire en clouant ensemble deux de ces morceaux, au moyen de clous 10d; le morceau de 2 po x 4 po restant servira de lisse. Placez la lisse temporaire sur le plancher, à 3 pi du mur, centrée sur l'ouverture prévue.

Placez les vérins hydrauliques sur la lisse temporaire, à 2 pi de ses extrémités (si l'ouverture a plus de 8 pi de large, utilisez trois vérins). Fabriquez un poteau pour chaque vérin, en clouant ensemble deux morceaux de bois de 2 po x 4 po. La longueur de ces poteaux doit être inférieure de 4 po à la distance entre le plafond et le dessus des vérins. Attachez les poteaux à la sablière, à 2 pi des extrémités, à l'aide de vis tire-fond de 3 po, à tête noyée.

direction des solives

Recouvrez le dessus de la sablière d'une épaisse couche de tissu pour protéger le plafond contre les coups et les fissures; soulevez le support pour le poser sur les vérins.

Réglez le support pour que les poteaux soient parfaitement d'aplomb et actionnez les vérins jusqu'à ce que la sablière commence juste à soulever le plafond. Ne levez pas trop les vérins: vous risqueriez d'endommager le plancher ou le plafond.

* solives perpendiculaires au mur

Supporter une ossature à plateforme au moyen d'un mur temporaire de poteaux*

solives

A Fabriquez un mur de poteaux en bois de 2 po x 4 po, qui est de 4 pi plus large que l'ouverture prévue et de 1 ³/₄ po plus court que la distance entre le plancher et le plafond. Faites en sorte que les centres des poteaux soient distants d'environ 16 po.

* solives perpendiculaires au mur

B Redressez le mur de poteaux et placez-le à 3 pi du mur, centré sur l'ouverture prévue.

C Glissez une sablière en bois de 2 po x 4 po entre le mur temporaire et le plafond. Assurez-vous que le mur temporaire est d'aplomb et enfoncez des intercalaires sous la sablière, tous les 12 po, jusqu'à ce que le mur temporaire soit fermement en place.

Comment supporter une ossature à plateforme (solives parallèles au mur)

sablière

support transversal

solives

lisse en bois de 2 po x 4 po

A Suivez les instructions de la page 37, mais fabriquez en outre deux supports transversaux de 4 pi de long formés chacun de deux morceaux de bois de 2 po x 4 po, cloués ensemble. Fixez ces supports transversaux à la double sablière, à 1 pi de ses extrémités, à l'aide de vis tire-fond à tête noyée.

B Placez une lisse en bois de 2 po x 4 po juste au-dessus d'une solive de plancher, et placez ensuite les vérins sur cette lisse. Pour chaque vérin, fabriquez un poteau (voir page 37, étape B) de 8 po plus court que la distance entre le vérin et le plafond. Clouez les poteaux à la sablière, à 2 pi de ses extrémités. Recouvrez les supports transversaux de tissu et installez la structure de support sur les vérins.

C Réglez la structure de support pour que les poteaux soient parfaitement d'aplomb et actionnez les vérins jusqu'à ce que les supports transversaux commencent juste à soulever le plafond. Ne relevez pas trop les vérins : vous risqueriez d'endommager le plancher ou le plafond.

Comment supporter une ossature à claire-voie

A

linteau

ouverture
prévue

B

plaque de clouage

Enlevez, du plancher au plafond, la surface murale qui entoure l'ouverture prévue (voir pages 27 à 31). Fabriquez un linteau temporaire en coupant une planche de 2 po x 8 po qui soit assez longue pour dépasser d'au moins 20 po de chaque côté de l'ouverture prévue. Centrez le linteau par rapport aux poteaux muraux, contre le plafond. Attachez provisoirement le linteau avec des vis de 2 po.

Coupez deux morceaux de bois de 2 po x 4 po assez longs pour qu'ils s'insèrent précisément entre le linteau et le plancher. Insérez-les aux extrémités du linteau et fixez-les au moyen de plaques de clouage et de clous 10d.

C

D

Forez deux trous de 3/16 po de diamètre à travers le linteau, dans chacun des poteaux qu'il rencontre. Fixez le linteau au moyen de vis tire-fond de 3/8 po de diamètre et de 4 po de long.

Enfoncez des intercalaires entre le bas de chaque support de 2 po x 4 po et le plancher, pour consolider la structure de support.

après

poutre double en
MicroLam®

poteau

poteau

intercalaires

intercalaires

bande de clouage

avant

Enlever un mur peut être un moyen pratique d'agrandir une pièce, de combiner deux pièces ou d'augmenter le séjour. Il faut toujours remplacer un mur portant par des poteaux et un linteau qui soutiendront la charge que le mur supporte. Vous devrez peut-être enlever la surface murale pour déterminer si le mur est portant. **NOTE:** l'enlèvement des murs portants de plus de 12 pi doit être confié à des professionnels.

Enlèvement des murs

Le fait d'abattre un de ses murs modifie complètement l'aspect d'une pièce. Le travail n'est pas compliqué, mais il demande d'importantes considérations structurales. Commencez par déterminer si le mur que vous comptez enlever est un mur porteur ou non (voir page 11). Vérifiez également si le mur dissimule des éléments mécaniques et s'il est possible de déplacer les lignes de services qu'il dissimule (voir page 27).

Si le mur est non porteur, vous pouvez simplement le démanteler, après avoir pris soin de déplacer les lignes de services qu'il dissimule. S'il est portant, vous devez installer de part et d'autre du mur – avant de l'enlever – des supports temporaires qui soutiendront les solives de plancher de l'étage supérieur (voir pages 36 à 39). Une fois le mur enlevé, vous pouvez installer une poutre permanente, ou sablière, à travers l'ouverture. La sablière type a 3 ½ po d'épaisseur – c'est-à-dire la même épaisseur que les charpentes murales normalisées – et elle est supportée à ses extrémités par deux poteaux constitués de deux longueurs de bois de 2 po x 4 po. On dissimule les poteaux dans les murs adjacents, mais la sablière demeure visible; cependant, si vous la recouvrez de plaques de plâtre, elle se confondra avec le plafond.

La dimension (épaisseur) de la sablière est très importante, vous devez la déterminer en fonction de sa portée, du matériau qui la constitue et du poids de la charge qu'elle doit supporter (c'est-à-dire du nombre d'étages qui la surmontent).

Dans le travail suivant, on vous indique comment enlever un mur et installer une sablière permanente, destinée à remplacer un mur portant dans une maison à ossature à plateforme. La procédure à suivre pour enlever un mur portant dans une maison à ossature à claire-voie est très différente et vous devez demander l'aide d'un professionnel pour exécuter ce type de travail.

Dimensions des sablières

Les dimensions de sablières recommandées ici ne conviennent qu'aux transformations comprenant un étage complet et un toit, au-dessus de l'ouverture. Ce tableau ne donne que des estimations préliminaires. Pour déterminer les dimensions réelles requises, adressez-vous à votre Service local de la construction.

Largeur de l'ouverture	Dimension et construction de la sablière
Jusqu'à 3 pi	Contreplaqué de ½ po entre deux 2 po x 4 po
3 pi à 4 pi	Contreplaqué de ½ po entre deux 2 po x 6 po
4 pi à 6 pi	Contreplaqué de ½ po entre deux 2 po x 8 po
6 pi à 7 pi	Contreplaqué de ½ po entre deux 2 po x 10 po
7 pi à 8 pi	Contreplaqué de ½ po entre deux 2 po x 12 po
8 pi à 12 pi	Voir matériaux des sablières, ci-dessous

Outils: lunettes de protection, masque antipoussières, localisateur de montants, cordeau traceur, scie circulaire équipée de lames de démolition et de lames standard, couteau universel, barre-levier, perceuse, scie alternative, vérins hydrauliques, clé à rochet, niveau.

Matériel (pour installer une sablière): bois scié de 2 po x, vis tire-fond de ⅜ po x 3 po, tissu, éléments de charpente en MicroLam®, clous ordinaires 10d, colle à bois.

Matériaux nécessaires pour construire une sablière

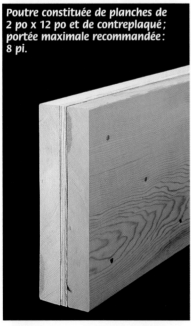

Poutre constituée de planches de 2 po x 12 po et de contreplaqué; portée maximale recommandée: 8 pi.

Poutre double de 9 ½ po en MicroLam; portée maximale recommandée: 10 pi. On fabrique les éléments d'ossature en MicroLam en collant les unes sur les autres de fines couches de bois lamellé.

Poutre double de 11 ⅜ po en MicroLam; portée maximale recommandée: 11 pi.

Poutre de 12 po en «Glue-lam» (lamellé collé); portée maximale recommandée: 12 pi. On fabrique les poutres en Glue-lam en collant ensemble des couches de bois de dimensions courantes.

Les poutres en bois servant de sablières peuvent être fabriquées de différentes façons. Elles sont plus résistantes et plus durables que celles en bois scié de dimensions courantes et, à dimensions égales, elles peuvent supporter des charges plus importantes. Consultez toujours votre inspecteur local du bâtiment ou un professionnel de la construction lorsque vous choisissez les matériaux et déterminez les dimensions d'une sablière.

Comment enlever un mur (ossature à plateforme)

Coupez l'alimentation électrique et l'arrivée d'eau dans la zone de travail. Préparez le lieu de travail. Enlevez ou déviez les fils électriques, les conduites d'eau et les gaines de ventilation éventuels. Enlevez le revêtement du mur (voir pages 27 à 31).

Enlevez le revêtement des murs adjacents jusqu'aux premiers poteaux permanents.

Déterminez si le mur est un mur portant ou non (voir page 11). S'il est portant, installez des supports temporaires de chaque côté du mur à enlever (voir pages 36 à 39).

Enlevez les poteaux en les coupant à mi-hauteur et en les séparant de la lisse et de la sablière.

Enlevez le poteau d'extrémité, de chaque côté du mur. Si le mur à enlever est un mur portant, retirez également les poteaux de clouage ou les étrésillons qui se trouvent dans les murs adjacents, derrière le mur à enlever.

F

G

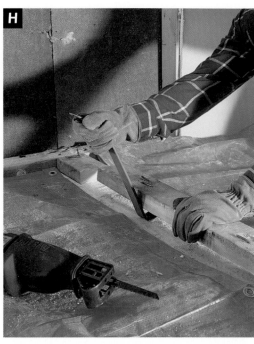

H

Sciez la sablière à deux endroits, séparés d'au moins 3 po. Au moyen d'un levier, retirez la partie sciée.

À l'aide d'un levier, enlevez les autres parties de la sablière.

Sciez une section de 3 po de large de la lisse et servez-vous d'un levier pour enlever l'ensemble de la lisse. Si le mur enlevé était un mur portant, installez une sablière permanente (voir pages 44-45).

Conseils pour enlever une section de mur

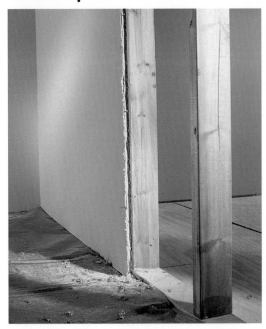

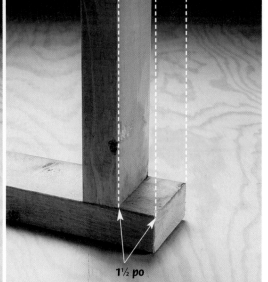

Lorsque vous enlevez le revêtement mural, exposez le mur jusqu'au premier poteau mural permanent que vous rencontrerez, de part et d'autre de l'ouverture.

Conservez une petite partie de la lisse exposée, elle servira de base aux poteaux. Si le mur est un mur portant, conservez 3 po de la lisse exposée: cela servira de base au double poteau en bois de 2 po x 4 po qui supportera la sablière permanente. Si le mur est un mur non portant, conservez 1 ½ po de lisse exposée: cela servira de base au poteau mural supplémentaire que vous allez installer. Enlevez la sablière sur toute la largeur de l'ouverture (voir Conseil, page 45).

Comment installer une sablière permanente (ossature à plateforme)

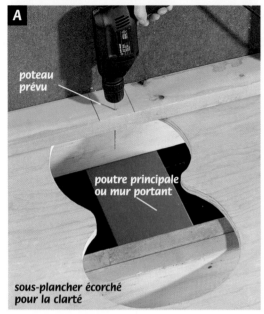

poteau prévu

poutre principale ou mur portant

sous-plancher écorché pour la clarté

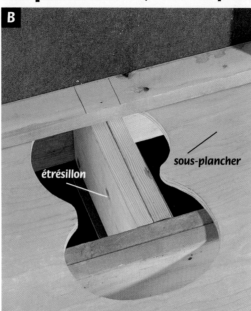

étrésillon

sous-plancher

Indiquez l'emplacement des supports prévus sur la lisse. Forez la lisse à cet endroit pour vérifier s'il y a bien une solive sous-jacente. Si ce n'est pas le cas, installez des étrésillons sous cet emplacement (étape B).

Si nécessaire, coupez et installez un double étrésillon de 2 po x entre les solives (vous devrez peut-être ouvrir un plafond fini pour atteindre cet endroit). Faites en sorte que l'étrésillon en bois ait les mêmes dimensions que celui des solives. Attachez l'étrésillon aux solives à l'aide de clous 10d.

Construisez une sablière dont la longueur est égale à celle du mur enlevé, additionnée de la largeur des piliers qui la supportent (voir les recommandations sur les sablières à la page 41). Dans le travail illustré, la sablière est constituée de deux longueurs de MicroLam® assemblées au moyen de clous 10d.

supports temporaires absents pour la clarté

première solive de plafond

Placez les extrémités de la sablière sur les lisses. Déterminez la longueur de chaque pilier en mesurant la distance entre le dessus de la sablière et le bas de la première solive de plafond se trouvant dans le mur.

Fabriquez les piliers en coupant des morceaux de bois de 2 po x 4 po à la longueur voulue et en les assemblant par paires à l'aide de colle et de clous 10d.

Mesurez l'épaisseur (A) et la largeur (B) de la sablière de chacun des murs adjacents et, à l'aide d'une scie alternative, faites une encoche (mortaise) dans le coin supérieur de chaque extrémité de la nouvelle sablière pour qu'elle contourne les sablières des murs adjacents.

Soulevez la sablière jusqu'aux solives du plafond et glissez les piliers sous ses extrémités. Si vous ne pouvez pas mettre la sablière à sa place, à cause d'un affaissement des solives du plafond, soulevez celles-ci en relevant les vérins des supports intermédiaires ou en introduisant des intercalaires sous ces supports (voir page 37).

Clouez en biais les piliers à la sablière, à l'aide de clous 10d.

Vérifiez à l'aide d'un niveau si chaque pilier est d'aplomb. Ajustez-le si nécessaire en le martelant à la base. Une fois que le pilier est d'aplomb, tracez une ligne de référence sur la lisse et clouez en biais chaque pilier à la lisse.

Coupez des bandes de clouage en bois de 2 po x 4 po et fixez-les, à l'aide de clous 10d, de part et d'autre de chaque pilier. Elles permettront d'installer les nouvelles plaques de plâtre.

Supports temporaires absents pour la clarté

Coupez des étrésillons et clouez-les en biais entre les poteaux permanents et les bandes de clouage. Enlevez les supports temporaires. Recouvrez le mur et la poutre de plaques de plâtre, en suivant les instructions données aux pages 196 à 202.

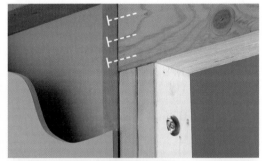

Vue écorchée du revêtement mural et des poteaux pour la clarté

CONSEIL : Lorsque vous enlevez une partie de mur, clouez à son extrémité, à l'aide de clous 10d, les poteaux muraux à la sablière (photo supérieure) et fixez les piliers aux poteaux muraux à l'aide de vis tire-fond à tête noyée (photo inférieure).

Construction des murs de séparation

L'ossature d'un mur de séparation est normalement constituée d'une sablière, d'une lisse et de poteaux de 2 po x 4 po dont les axes sont espacés de 16 po; elle peut contenir un encadrement de porte. Les murs de 2 po x 6 po offrent plus d'espace pour les tuyaux de grand diamètre (mortaise).

Les murs de séparation sont des murs non porteurs, utilisés pour isoler les différentes pièces de la maison. Les murs intérieurs porteurs sont toujours perpendiculaires aux solives de plancher, tandis que les murs de séparation peuvent être soit perpendiculaires, soit parallèles aux solives. Le mur de séparation type est construit en bois scié de 2 po x 4 po, mais il peut également être fait de poteaux en acier de 3 5/8 po (voir pages 50-51). On construit les ossatures des murs qui doivent contenir des tuyaux de grand diamètre au moyen de bois scié de 2 po x 6 po. Pour les murs du sous-sol qui reposent sur le béton, utilisez, pour les lisses, du bois scié, traité sous pression. Les murs de séparation ne doivent supporter que leur propre poids, mais il faut les installer au-dessus des solives ou les supporter au moyen d'étrésillons installés entre les olives.

Le travail illustré ici consiste à construire un mur de séparation sur place plutôt que de construire toute l'ossature sur le plancher pour la redresser ensuite, comme on le fait dans la construction d'une nouvelle maison. En le construisant sur place, on peut adapter l'ossature aux variations du niveau du plancher et du plafond, et cette méthode est habituellement plus facile à appliquer dans les projets de transformation.

Si le mur projeté comprend une porte ou d'autres ouvertures, consultez les pages 52 à 54 avant d'en entamer la construction. Vérifiez les exigences du code local du bâtiment concernant les pare-feu dans les murs de séparation. Et lorsque vous avez terminé l'ossature et l'installation préliminaire des canalisations, installez des plaques de protection aux endroits où les tuyaux et les fils traversent les éléments de charpente (voir page 196).

Outils: *cordeau traceur, scie circulaire, équerre de charpentier, équerre combinée, fil à plomb, marteau cloueur à poudre, fausse équerre.*

Matériel: *bois scié de 2 po x 4 po, bois scié de 2 po x pour étrésillons, clous ordinaires 16d et 8d, attaches pour béton, vis à plaques de plâtre.*

Conseils pour supporter les sablières

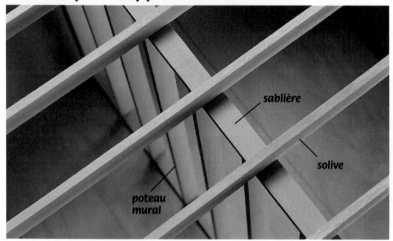

Si le nouveau mur est perpendiculaire aux solives du plafond ou du plancher supérieur, fixez la sablière directement au plafond et au plancher à l'aide de clous 16d.

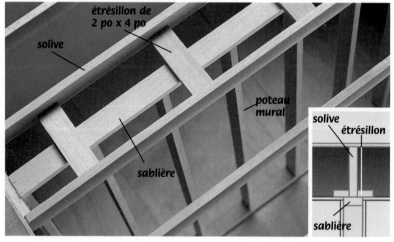

Si le nouveau mur est parallèle aux solives, mais dans un autre plan vertical, installez des étrésillons de 2 po x 4 po entre les solives, tous les 24 po. Les étrésillons supportent la sablière du nouveau mur et offrent un appui aux plaques de plâtre du plafond. Si le nouveau mur se trouve dans le même plan qu'une solive, installez un étrésillon de chaque côté du mur et fixez la sablière à la solive (mortaise).

Conseils pour supporter les lisses

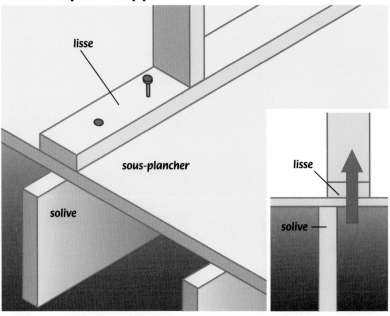

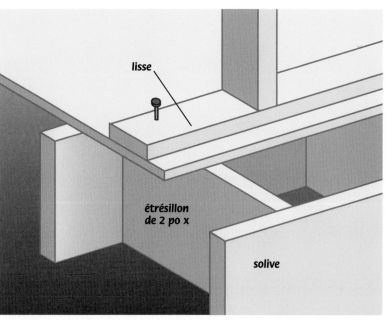

Si le nouveau mur se trouve au-dessus d'une solive située dans le même plan, installez la lisse directement au-dessus de la solive ou décentrée par rapport à celle-ci (mortaise), disposition qui vous permettra de planter des clous dans la solive et qui laissera la place nécessaire en dessous de la lisse pour loger les tuyaux ou les fils qui doivent monter dans le mur.

Si le nouveau mur doit se trouver entre deux solives parallèles, installez entre les deux solives des étrésillons de 2 po x 6 po ou plus, espacés de 24 po entre centres. Clouez la lisse à travers le sous-plancher, dans les étrésillons.

Comment construire la charpente d'un mur de séparation

Marquez, sur les solives du plafond, l'emplacement du bord de la sablière du nouveau mur et, à l'aide du cordeau traceur, tracez une ligne entre ces repères. Au moyen d'une équerre de charpentier, ou en prenant des mesures, assurez-vous que la ligne est perpendiculaire aux murs adjacents. Coupez deux morceaux de bois de 2 po x 4 po à la longueur voulue, pour constituer la sablière et la lisse.

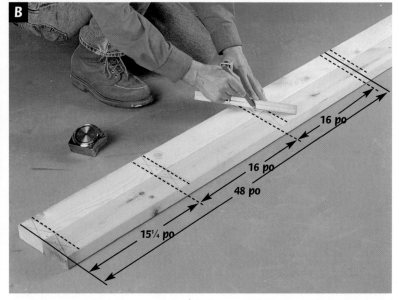

Placez les morceaux côte à côte. Mesurez, à partir d'une extrémité des morceaux, les distances qui sépareront les poteaux. Le premier poteau arrivera à 15 1/4 po de l'extrémité et tous les poteaux suivants seront espacés de 16 po entre centres. Par conséquent, la première plaque de plâtre de 4 pi x 8 pi couvrira le premier poteau et «s'arrêtera» au centre du quatrième poteau. Utilisez une équerre pour tracer le prolongement des marques à travers les deux lisses. Faites un «X» à l'emplacement de chaque poteau.

Suite à la page suivante

Comment construire la charpente d'un mur de séparation (suite)

Placez la sablière contre le plafond, en l'alignant sur le trait de craie et fixez-la en plantant deux clous 16d dans chaque solive. Commencez à une extrémité et assurez-vous tout en progressant que le bord de la sablière coïncide avec la ligne tracée à la craie.

Déterminez l'emplacement de la lisse en laissant pendre un fil à plomb du bord de la sablière, presque jusqu'au plancher. Lorsqu'il s'est immobilisé, marquez son emplacement sur le plancher. Répétez l'opération à l'autre extrémité de la sablière et marquez, au cordeau traceur, la ligne joignant les deux marques. Placez la lisse le long de la ligne tracée sur le plancher et utilisez le fil à plomb pour aligner les marques des poteaux entre la sablière et la lisse.

Fixez la lisse au plancher. Sur les planchers de béton, utilisez un marteau cloueur à poudre ou des vis de maçonnerie (voir pages 323-324) et enfoncez un clou ou une vis tous les 16 po. Sur les planchers de bois, utilisez des clous de 16d et enfoncez-les dans les solives sous-jacentes.

Mesurez la longueur de chaque poteau. Coupez chaque poteau pour qu'on puisse le serrer en place, mais pas au point de déformer les solives supérieures. Si un des poteaux que vous avez coupés est trop court, essayez de le placer ailleurs.

Fixez chaque poteau en plantant des clous en biais, à 60°, dans le côté du poteau et la sablière, puis dans le côté du poteau et la lisse. Aux extrémités, plantez deux clous 8d d'un côté du poteau, et un autre clou 8d au milieu de l'autre côté du poteau.

Conseils pour les coins des charpentes

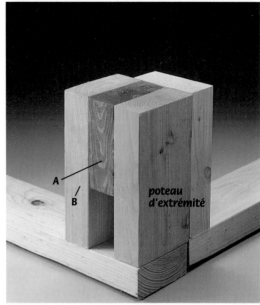

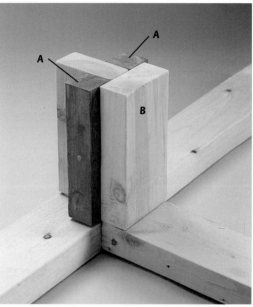

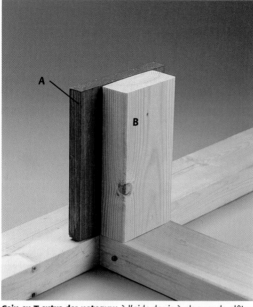

Coin en L : Clouez un intercalaire en bois scié de 2 po x 4 po (A) du côté intérieur du poteau d'extrémité. Clouez un poteau supplémentaire (B) contre l'intercalaire. Ce poteau présente une surface sur laquelle on peut attacher une plaque de plâtre dans le coin intérieur.

Coin en T rencontrant un poteau : fixez deux appuis (A) de part et d'autre du poteau du mur latéral (B). Ces appuis offrent une surface de clouage pour une plaque de plâtre.

Coin en T entre des poteaux : à l'aide de vis à plaques de plâtre, fixez un appui en bois scié de 1 po x 6 po (A) au poteau d'extrémité (B). Cet appui offre une surface de clouage pour une plaque de plâtre.

Charpente d'un mur de séparation dans un grenier

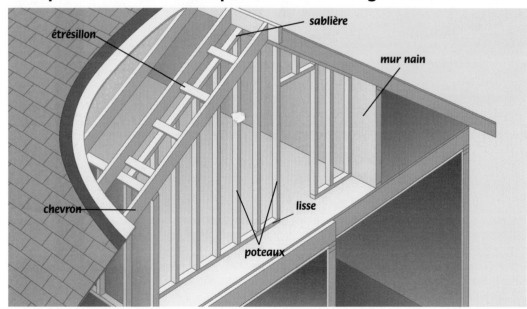

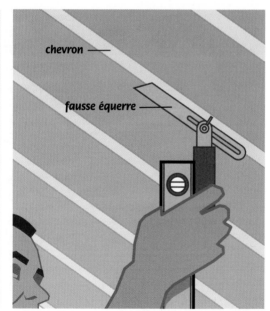

Les murs de séparation complets des greniers sont normalement parallèles aux chevrons et ils ont des sablières inclinées qui descendent de chaque côté jusqu'aux murs nains. Pour en construire un, coupez la lisse et les sablières et marquez l'emplacement des poteaux uniquement sur la lisse. Clouez les sablières en place et utilisez un fil à plomb pour fixer la lisse au bon endroit, comme dans le cas d'un mur ordinaire. Toujours à l'aide du fil à plomb, reportez les emplacements des poteaux et de la lisse sur les sablières. Pour déterminer l'angle de coupe des extrémités des poteaux, placez un niveau contre la sablière (ou contre un chevron) et tenez-le en position verticale. Placez ensuite le manche d'une fausse équerre le long du niveau et faites pivoter le bras de la fausse équerre jusqu'à ce qu'il soit bien contre la sablière. Reportez l'angle de la fausse équerre sur l'extrémité des poteaux et coupez ceux-ci à la bonne longueur.

Charpentes métalliques

En raison de l'augmentation du prix du bois et des avantages qu'offre l'acier, la charpente métallique remplace de plus en plus la charpente en bois dans la construction résidentielle. La charpente métallique est à l'épreuve du feu, elle résiste aux insectes et à toute forme de pourriture, et on peut l'utiliser presque partout où on utilisait auparavant le bois.

On trouve des éléments de charpente métallique de différentes largeurs et épaisseurs dans la plupart des maisonneries, les poteaux et profilés (sablières et lisses) les plus courants étant en acier d'épaisseur 25, destinés aux murs de séparation non portants et aux soffites. Si vous envisagez la construction d'un mur portant en acier, consultez un professionnel.

À quelques exceptions près, les méthodes d'installation et de charpenterie utilisées pour un mur de séparation à charpente métallique sont les mêmes que pour un mur de séparation à charpente en bois. Vous trouverez plus de détails sur les charpentes des murs de séparation à la page 46, et sur les charpentes de soffites aux pages 327 à 329.

Vous devez garder les points suivants à l'esprit lorsque vous effectuez des travaux en utilisant l'acier :

Les éléments de charpente métallique s'attachent à l'aide de vis et non de clous. Attachez les profilés en acier à l'ossature en bois existante en utilisant des vis à plaques de plâtre. Utilisez des pinces étaux en C pour tenir les profilés et les poteaux en place pendant que vous assemblez la charpente métallique au moyen de vis.

Une pression uniforme et une faible vitesse de la visseuse facilitent l'amorçage de la vis. Serrez les vis, mais sans excès, afin de ne pas arracher les filets. N'utilisez pas de vis à pointe de foret pour fixer des éléments en acier d'épaisseur 25, vous risquez de les faire foirer.

La plupart des poteaux en acier sont munis de découpes pour le passage des canalisations et des fils électriques. Comme ces découpes doivent demeurer alignées, coupez tous les poteaux à longueur en les mesurant à partir de la même extrémité.

Les arêtes des éléments de charpente métallique coupés à la main sont très acérées ; portez des gants de travail épais lorsque vous les manipulez.

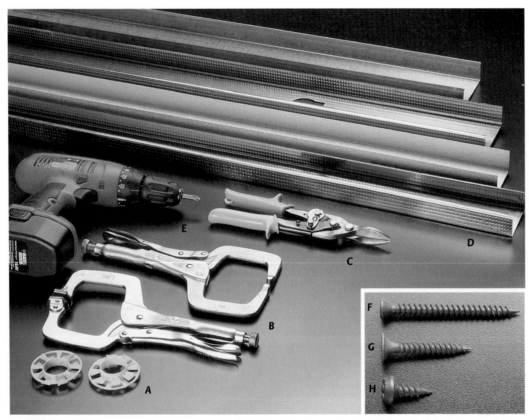

Les outils et le matériel utilisés en charpenterie métallique sont les suivants : les séparateurs (A), les pinces étaux en C (B), la cisaille type aviation (C), les profilés et les poteaux d'épaisseur 25 (D), la perceuse ou la visseuse (E). Utilisez des vis taraudeuses (encadré) pour attacher les éléments en acier. Pour installer les moulures et les cadres, utilisez des vis à tête taillée de type S (F). Pour fixer les plaques de plâtre, utilisez des vis à tête évasée de type S (G). Pour attacher ensemble les poteaux et les profilés, utilisez des vis de $^7/_{16}$ po de type S, à tête cylindrique bombée (appelée souvent vis à charpente) (H).

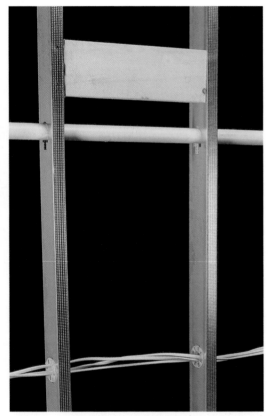

Passez les canalisations et les fils électriques à travers les découpes prévues dans les poteaux. Les codes du bâtiment exigent que l'on insère les tuyaux métalliques de plomberie et les câbles électriques dans des séparateurs en plastique logés dans chaque découpe. Installez les poteaux en les espaçant de 16 po entre centres et en veillant à aligner leurs découpes. Installez des entretoises en bois aux endroits prévus pour suspendre des accessoires décoratifs ou poser un lambris.

Conseils sur les charpentes métalliques

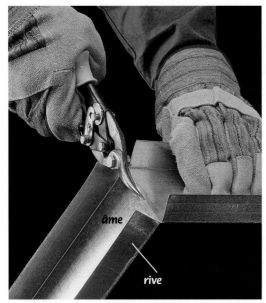

âme

rive

Coupez les profilés et les poteaux à la bonne longueur avec une cisaille type aviation. Commencez par découper les rives, puis pliez la partie à rejeter vers l'arrière et découpez l'âme.

Installez les poteaux en les maintenant fixés au profilé au moyen d'une pince étau en C. Enfoncez ensuite une vis à travers le profilé et le poteau. Enfoncez une vis en bas et en haut de chaque côté du poteau.

languette de fixation

Prévoyez des ouvertures de portes plus larges de 3 po et plus hautes de 1½ po qu'une ouverture normale et installez ensuite un encadrement en bois scié de 2 po x 4 po. Prenez du profilé en acier pour le linteau et confectionnez des languettes de fixation en coupant les rives et en pliant les extrémités du profilé vers le bas, à 90°.

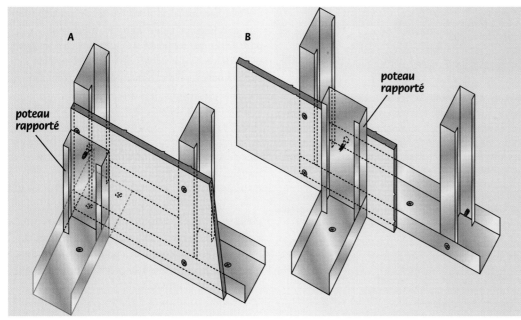

poteau rapporté

poteau rapporté

Construisez les coins en utilisant un poteau rapporté: on n'installe le poteau rapporté qu'après avoir posé le panneau mural. Pour former un coin en L (A), faites chevaucher les profilés. Découpez suffisamment la rive du premier profilé, d'un côté du poteau, pour que l'autre profilé et le panneau mural puissent chevaucher le premier profilé. Pour former un coin en T (B), laissez un espace suffisant entre les profilés pour pouvoir installer le panneau mural. Fixez chaque poteau rapporté au moyen de vis enfoncées dans le poteau et les profilés du mur adjacent, et dans le poteau s'il s'agit d'un coin en L. Enfoncez une vis à l'arrière du panneau mural, dans le poteau rapporté. S'il n'existe pas d'appui derrière le poteau rapporté, enfoncez les vis à 45° à travers les coins arrière du poteau rapporté, dans le panneau mural.

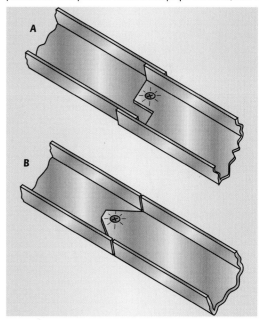

Pour assembler deux sections de profilés: joint à recouvrement (A) ou joint bout à bout (B). Pour un joint à recouvrement, pratiquez une découpe de 2 po à partir du centre de l'âme d'un des deux profilés. Glissez l'autre profilé dans la découpe et vissez les deux profilés ensemble. Pour un joint bout à bout, enlevez une partie des rives d'un des deux profilés et découpez en biseau la partie restante de l'âme pour pouvoir insérer ce profilé dans l'autre et les visser ensemble.

Encadrement des portes et des fenêtres

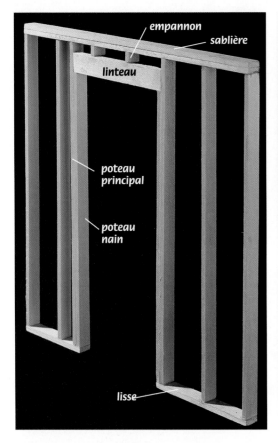

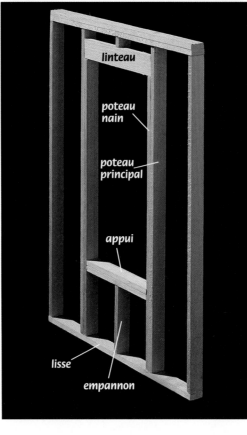

Dans les pages qui suivent, nous vous montrons comment construire des encadrements de portes dans de nouveaux murs de séparation et de nouveaux encadrements dans des murs extérieurs existants de maisons à ossature à plateforme et à ossature à claire-voie. Le travail d'encadrement de fenêtre s'applique aux maisons à ossature à plateforme ; si votre maison a une ossature à claire-voie, suivez les étapes A à I des pages 56 à 58, qui vous montrent comment installer le linteau de votre fenêtre (pour installer une fenêtre à l'étage, dans une maison à ossature à claire-voie, consultez un professionnel).

Étant donné que tous les murs extérieurs sont portants, les encadrements des portes et des fenêtres qu'ils comportent doivent être munis de linteaux qui doivent supporter la charge supérieure. Construisez les linteaux ordinaires des portes et des fenêtres – appelés aussi linteaux composés – en utilisant du bois scié de 2 po x et du contreplaqué. Consultez le tableau de la page 41 pour trouver la dimension de bois scié dont vous avez besoin pour fabriquer votre linteau.

Lorsque vous décidez de l'emplacement d'une fenêtre, n'oubliez pas que le bas d'une fenêtre de sortie doit se trouver à 44 po ou moins du plancher fini (voir page 15) et que les fenêtres descendant plus bas que 24 po doivent avoir un vitrage trempé. Consultez la page 53 pour connaître d'autres détails sur l'emplacement des portes et des fenêtres.

Dans tous nos travaux, les encadrements sont prévus pour des portes et des fenêtres montées, c'est-à-dire installées dans leurs montants. Pour planifier l'installation d'une porte ou d'une fenêtre, vous devez connaître les dimensions exactes des unités montées. Si vous n'avez pas l'unité sous la main, demandez au fabricant de vous fournir ses dimensions exactes. Lorsque vous installez l'encadrement d'une fenêtre, suivez les instructions du fabricant en ce qui a trait aux dimensions de l'ouverture brute. L'ouverture à prévoir doit normalement avoir 1 po de plus en largeur et $^1/_2$ po de plus en hauteur que la fenêtre réelle.

linteau composé

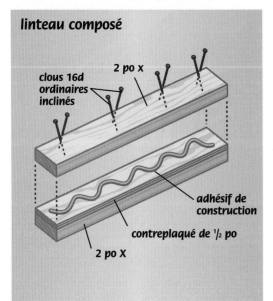

Dans les encadrements de portes (ci-dessus, à gauche), les poteaux principaux sont attachés à la lisse et à la sablière, et les poteaux nains soutiennent le linteau. Les empannons transmettent la charge de la sablière au linteau, et on les place de manière à respecter l'écartement des poteaux muraux. On appelle l'ouverture encadrée « ouverture brute ».

Dans les encadrements de fenêtres (ci-dessus), la disposition des poteaux principaux et des poteaux nains est la même, mais le bas de l'ouverture brute comprend un appui (souvent double).

Outils : scie circulaire, scie à main, niveau de 4 pi, barre-levier, scie alternative, tenaille, fil à plomb, équerre de charpentier.

Matériel : porte ou fenêtre ; bois scié de 2 po x ; clous ordinaires 16d, 10d et 8d ; contreplaqué de $^1/_2$ po et de $^3/_4$ po d'épaisseur ; adhésif de construction.

Des charpentes assurant l'accessibilité

Grâce à une bonne planification de votre travail, vous pourrez installer vos portes et vos fenêtres de manière qu'elles soient accessibles et faciles à utiliser. Assurez-vous que toutes les portes et toutes les fenêtres ont un dégagement suffisant et que les fenêtres se trouvent à une hauteur convenable pour les personnes de petite taille et celles qui se déplacent en fauteuil roulant. Voir aux pages 142 et 143 les conseils sur le choix des nouvelles portes, des nouvelles fenêtres et de leur quincaillerie.

• Prévoyez un dégagement de 48 po x 48 po devant chaque porte, comprenant un espace de 18 à 24 po de large entre le côté du loquet de la porte et le mur adjacent, pour permettre aux occupants de franchir aisément la porte.
• Entourez les ouvertures sans porte d'un cadre de 32 po de large minimum, et de préférence de 36 po.

• Prévoyez un dégagement de 30 po de profondeur x 48 po de largeur devant chaque fenêtre.
• Placez les appuis de fenêtre à une hauteur de 30 à 36 po du plancher, pour permettre aux enfants et aux personnes assises de regarder à l'extérieur.
• Ne placez pas les poignées des fenêtres qu'on peut ouvrir à de plus de 48 po du plancher.

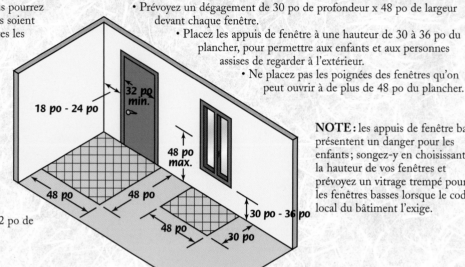

NOTE: les appuis de fenêtre bas présentent un danger pour les enfants; songez-y en choisissant la hauteur de vos fenêtres et prévoyez un vitrage trempé pour les fenêtres basses lorsque le code local du bâtiment l'exige.

Encadrer une ouverture de porte dans un mur de séparation (non porteur)

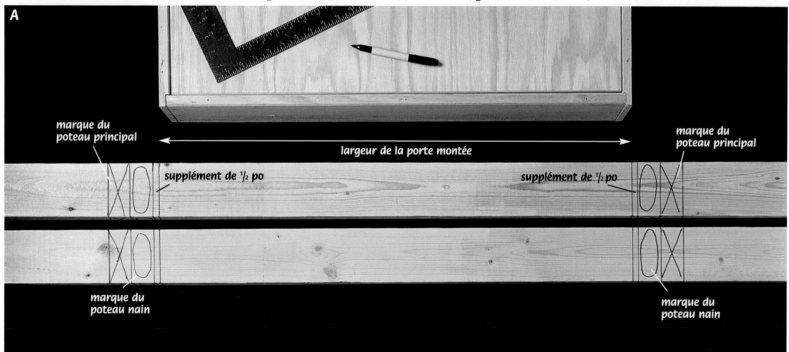

Mesurez à la base la largeur de la porte montée. Ajoutez 1 po à cette dimension pour obtenir la largeur de l'ouverture brute (c'est-à-dire la distance entre les poteaux nains). Vous disposez ainsi de ¹⁄₂ po de chaque côté de la porte pour ajuster l'encadrement pendant son installation. Marquez sur la sablière et sur la lisse les endroits où arrivent les poteaux principaux et les poteaux nains. Installez la lisse et la sablière en suivant les instructions données à la page 48.

Suite à la page suivante

Encadrer une ouverture de porte dans un mur de séparation (ossature à plateforme) (suite)

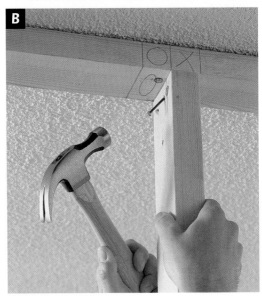

B

Après avoir installé la lisse et la sablière, coupez les poteaux principaux à la bonne longueur et clouez-les aux endroits des marques.

C

Mesurez la pleine hauteur de la porte montée et ajoutez-y ¹/₂ po pour obtenir la hauteur de l'ouverture brute. Mesurez à partir du plancher et marquez la hauteur de l'ouverture brute sur les poteaux principaux. Coupez un linteau dans un 2 po x 4 po à la longueur voulue et faites en sorte de l'introduire exactement entre les poteaux principaux. Placez-le à plat, la face inférieure coïncidant avec les deux marques faites sur les poteaux principaux, et fixez-le au moyen de clous 16d.

D

Coupez un empannon à la longueur voulue et installez-le au-dessus du linteau, à égale distance des poteaux principaux. Installez, si nécessaire, d'autres empannons afin de respecter la distance de 16 po entre les poteaux muraux.

E

Coupez les poteaux nains de manière qu'ils aient la longueur voulue pour entrer juste en dessous du linteau, contre les poteaux principaux. Fixez-les à l'aide de clous enfoncés verticalement, vers le bas, à travers le linteau, et plantez ensuite des clous 10d à travers les poteaux nains et les poteaux principaux, tous les 16 po.

F

Sciez la lisse de manière qu'elle vienne à ras des faces intérieures des poteaux nains. Enlevez la portion sciée de lisse. **NOTE**: si le mur doit être complété par des panneaux muraux, installez la porte après avoir installé les panneaux muraux.

Comment encadrer une ouverture de porte dans un mur extérieur (ossature à plateforme)

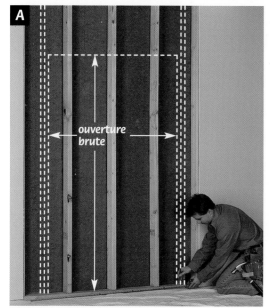

A

ouverture brute

Après avoir enlevé les surfaces murales intérieures (voir pages 27 à 31), marquez la largeur de l'ouverture brute sur la lisse (voir étape A, page 53). Indiquez les emplacements des poteaux principaux et des poteaux nains qui reposeront sur la lisse (utilisez autant que possible des poteaux principaux existants).

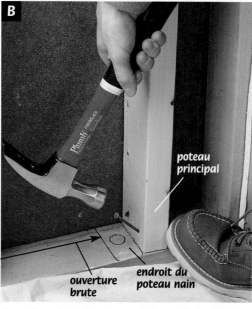

B

poteau principal

ouverture brute

endroit du poteau nain

Si vous devez ajouter des poteaux principaux, sciez-les à la bonne dimension pour qu'ils s'insèrent entre la lisse et la sablière. Placez-les au bon endroit et clouez-les à la lisse en plantant des clous 10d en biais.

C

À l'aide d'un niveau, vérifiez si les poteaux principaux sont d'aplomb et clouez-les à la sablière en plantant des clous 10d en biais.

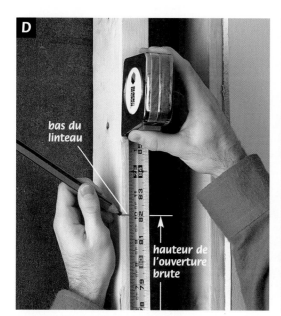

D

bas du linteau

hauteur de l'ouverture brute

Marquez la hauteur de l'ouverture sur un poteau principal, en la mesurant à partir du plancher. (voir étape C, page 54). Cette ligne indiquera la face inférieure du linteau.

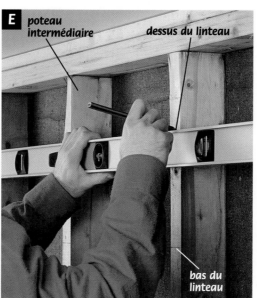

E

poteau intermédiaire

dessus du linteau

bas du linteau

Déterminez la dimension que doit avoir le linteau (voir page 41) et indiquez sur un poteau principal où arrivera le dessus du linteau. À l'aide d'un niveau, reportez cette hauteur sur tous les poteaux intermédiaires, jusqu'au poteau principal suivant.

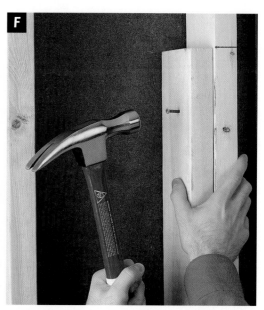

F

Sciez deux poteaux nains à la longueur voulue pour qu'ils atteignent les repères tracés sur les poteaux principaux. Clouez les poteaux nains aux poteaux principaux à l'aide de clous 10d, espacés de 12 po. **Construisez des supports temporaires** (voir pages 36 à 39) si vous enlevez plus d'un poteau mural.

Suite à la page suivante

Comment encadrer une ouverture de porte dans un mur extérieur (ossature à plateforme) (suite)

G empannon

dessus du linteau

Utilisez une scie circulaire pour entailler les poteaux intermédiaires à l'endroit des marques de dessus du linteau. (Ne sciez pas les poteaux principaux). Entaillez les poteaux 3 po plus bas que les premières entailles et achevez de les scier avec une scie à main. Puis, à l'aide d'une barre-levier, enlevez les morceaux sciés. Les morceaux de poteaux qui restent serviront d'empannons.

H

Préparez un linteau que vous installerez entre les poteaux principaux et qui reposera sur les poteaux nains. Fabriquez-le à l'aide de contreplaqué de ½ po d'épaisseur enserré de deux morceaux de bois de dimension courante de 2 po d'épaisseur (voir page 52). À l'aide de clous 10d, fixez le linteau aux poteaux nains, aux poteaux principaux et aux empannons.

I

À l'aide d'une scie alternative, coupez la lisse près de chaque poteau nain et enlevez le morceau de lisse en utilisant un levier. Utilisez une tenaille pour couper les clous ou les attaches qui dépassent. Lorsque vous êtes prêt à installer la porte, enlever la surface murale extérieure (voir pages 32 à 35).

Comment encadrer une ouverture de porte dans un mur extérieur (ossature à claire-voie)

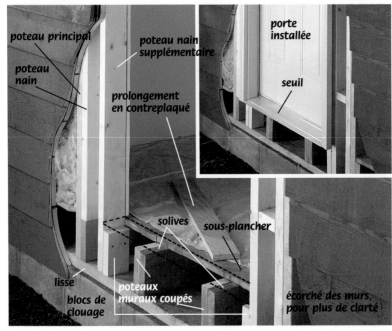

poteau principal

poteau nain

poteau nain supplémentaire

prolongement en contreplaqué

porte installée

seuil

solives

sous-plancher

lisse

blocs de clouage

poteaux muraux coupés

écorché des murs, pour plus de clarté

A

ouverture brute prévue

Lorsqu'on pratique une nouvelle ouverture de porte dans une maison à ossature à claire-voie, les poteaux se prolongent en dessous du sous-plancher, car ils reposent sur la lisse. Les poteaux nains reposent soit sur la lisse, soit sur le dessus des solives. Constituez le seuil de la porte en rallongeant le sous-plancher jusqu'à l'extrémité des solives, au moyen d'une planche en contreplaqué que vous fixerez sur des blocs de clouage

Enlevez le revêtement mural intérieur (voir pages 27 à 31). Choisissez deux poteaux existants qui vous serviront de poteaux principaux. La distance qui les sépare doit être de 3 po au moins supérieure à la largeur prévue de l'ouverture. Marquez la hauteur de l'ouverture sur un poteau principal, en la mesurant à partir du plancher (voir étape C, page 54).

dessus du linteau

hauteur de l'ouverture brute

Déterminez la dimension du linteau (voir page 41) et marquez sur un poteau principal l'endroit où arrivera le dessus du linteau. Utilisez un niveau pour reporter cette hauteur sur l'autre poteau principal.

À l'aide d'une scie alternative, découpez une ouverture dans le sous-plancher, entre les poteaux, et retirez les pare-feu qui se trouvent dans les cavités entre les poteaux. Ainsi, vous aurez accès à la lisse lorsque vous installerez les poteaux nains. Si vous devez enlever plus d'un poteau mural, **installez des supports temporaires** (voir pages 36 à 39).

dessus du linteau

Entaillez les poteaux à une hauteur correspondant au dessus du linteau. (Ne sciez pas les poteaux principaux). Faites deux entailles sur chaque poteau: la première, 3 po en dessous de la précédente et l'autre, à 6 po du plancher. Achevez de scier les poteaux avec une scie à main et dégagez les portions de 3 po de long en frappant dessus avec un marteau. Enlevez les poteaux avec un levier.

poteau principal

poteau nain

Sciez deux poteaux nains que vous installerez entre la lisse et la marque de l'ouverture tracée sur les poteaux principaux. Clouez les poteaux nains aux poteaux principaux, en utilisant des clous 10d, espacés de 12 po.

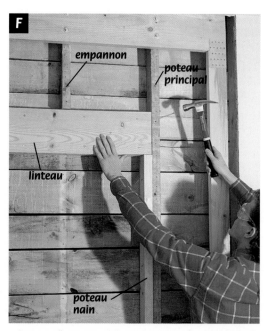

empannon

poteau principal

linteau

poteau nain

Préparez un linteau coupé dans un morceau de contreplaqué de ¹/₂ po d'épaisseur enserré de deux morceaux de bois de 2 po d'épaisseur: vous l'installerez entre les poteaux principaux de manière qu'il repose sur les poteaux nains (voir page 41). À l'aide de clous 10d, fixez le linteau aux poteaux nains, aux poteaux principaux et aux empannons. *Suite à la page suivante*

Comment encadrer une ouverture de porte dans un mur extérieur (ossature à claire-voie) (suite)

Mesurez la largeur de l'ouverture (voir étape A, page 53) et marquez-la sur le linteau. À l'aide d'un fil à plomb, reportez ces repères sur la lisse (mortaise).

Sciez et installez les poteaux supplémentaires nécessaires pour qu'ils forment les côtés de l'ouverture. Clouez ces poteaux nains en biais, au linteau et à la lisse, en utilisant des clous 10d. Vous devrez peut-être travailler du sous-sol pour effectuer cette opération.

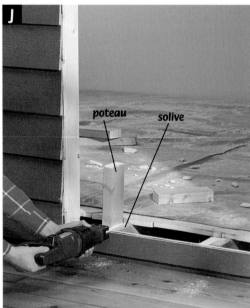

À l'aide de clous 10d, installez horizontalement entre les poteaux, de chaque côté de l'ouverture, des étrésillons en bois de 2 po x 4 po, à la hauteur des charnières et de la serrure de la nouvelle porte.

N'entreprenez pas cette étape si vous n'êtes pas prêt à installer la porte. Enlevez le revêtement mural extérieur en suivant les instructions des pages 32 à 35. À l'aide d'une scie alternative ou d'une scie à main, sciez les extrémités des poteaux exposés, au ras des solives de plancher.

Installez des blocs de clouage en bois de 2 po x 4 po contre les poteaux nains et les solives, au ras des solives de plancher. Remplacez les pare-feu qui ont été retirés précédemment. Recouvrez de contreplaqué la partie du sous-plancher située entre les poteaux nains : cette surface horizontale plane formera le seuil de la porte.

Comment encadrer l'ouverture d'une fenêtre

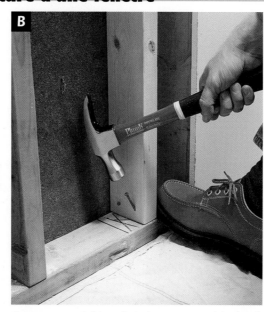

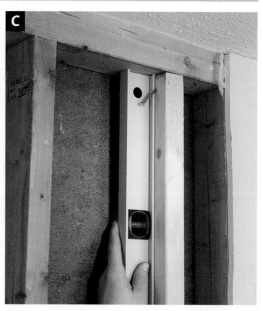

Préparez le lieu de travail et enlevez le revêtement mural intérieur (voir pages 27 à 31). Mesurez la largeur de l'ouverture et marquez-la sur la lisse (voir page 52). Marquez l'emplacement des poteaux principaux et des poteaux nains sur la lisse. Utilisez si possible les poteaux existants comme poteaux principaux.

Si vous ne pouvez le faire, calculez les mesures que doivent avoir les poteaux principaux et sciez les poteaux pour qu'ils s'insèrent entre la lisse et la sablière. Installez-les, puis clouez-les en biais à la lisse, en utilisant des clous 10d.

À l'aide d'un niveau, vérifiez si les poteaux principaux sont d'aplomb et clouez-les à la sablière, en utilisant des clous 10d.

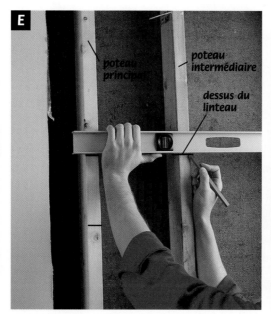

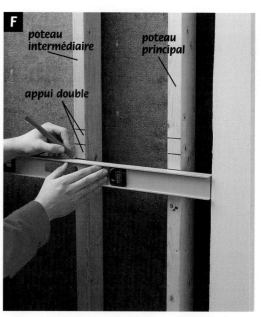

En la mesurant à partir du plancher, marquez la hauteur de l'ouverture brute sur un des poteaux principaux. Cette ligne indique le bas du linteau. Dans la plupart des cas, on recommande que la hauteur de l'ouverture brute soit de ¹/₂ po supérieure à la hauteur de l'encadrement de la fenêtre.

Mesurez à quelle hauteur arrivera le dessus du linteau accoté au poteau principal et faites une marque à cet endroit sur le poteau. La dimension du linteau dépend de la distance entre les poteaux principaux (voir page 41). À l'aide d'un niveau, reportez les lignes sur les poteaux intermédiaires, jusqu'à l'autre poteau principal.

À partir de la ligne du dessous du linteau, mesurez vers le bas les hauteurs des éléments de l'appui double et tracez les lignes correspondantes sur un poteau principal. Reportez ces lignes sur les poteaux intermédiaires, jusqu'à l'autre poteau principal. Si vous enlevez plus d'un poteau, **installez des supports temporaires** (voir pages 36 à 39).

Suite à la page suivante

Comment encadrer une ouverture de fenêtre (suite)

bas de la traverse inférieure

empannon

dessus du linteau

bas de la traverse inférieure

empannons

supports temporaires absents pour la clarté

Réglez une scie circulaire à la profondeur de coupe maximale et entaillez les poteaux intermédiaires à l'endroit des lignes indiquant la hauteur du bas de la traverse inférieure et celle du dessus du linteau. (Ne sciez pas les poteaux principaux). Sur chaque poteau, faites une entaille supplémentaire, 3 po au-dessus de la première. Finissez les coupes au moyen d'une scie à main.

Frappez sur les morceaux de poteaux de 3 po de long pour les enlever et, à l'aide d'un levier, retirez les parties des poteaux intermédiaires se trouvant à l'intérieur de l'ouverture. À l'aide d'une cisaille, coupez toutes les parties de clous qui dépassent. Les parties des anciens poteaux qui restent serviront d'empannons à la nouvelle fenêtre.

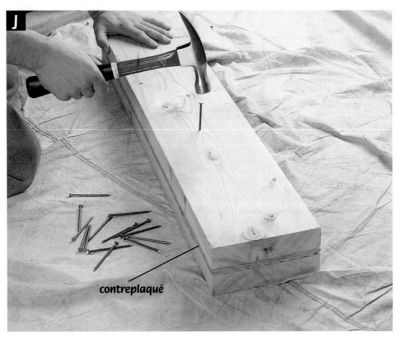

contreplaqué

Sciez deux poteaux nains pour qu'ils aient une longueur égale à la distance entre le dessus de la lisse et la marque du bas du linteau sur les poteaux principaux. Clouez les poteaux nains aux poteaux principaux, en plantant des clous 10d tous les 12 po. **NOTE**: dans une maison à ossature à claire-voie, les poteaux nains descendront jusqu'à la lisse, sous le plancher.

Fabriquez le linteau que vous devez installer entre les poteaux principaux et qui reposera sur les poteaux nains; pour ce faire, utilisez deux planches de bois scié de 2 po x enserrant du contreplaqué de ¹/₂ po (voir page 52).

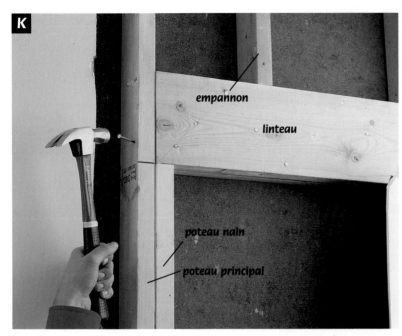

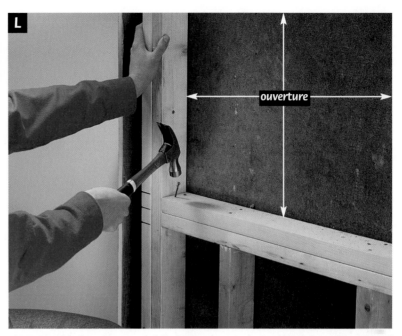

Placez le linteau sur les poteaux nains, en utilisant un marteau si nécessaire. À l'aide de clous 10d, fixez le linteau aux poteaux principaux, aux poteaux nains et aux empannons.

Clouez ensemble deux morceaux de bois d'œuvre de 2 po x 4 po, sciés à la bonne longueur, qui formeront la traverse inférieure reposant sur les empannons, entre les poteaux nains. Clouez la traverse aux poteaux nains et aux empannons en utilisant des clous 10d. Lorsque vous êtes prêt à installer la fenêtre, enlevez la surface murale extérieure (voir pages 32 à 35).

Variante pour les fenêtres arrondies

Faites le gabarit de la fenêtre qui vous aidera à dessiner l'ouverture sur le revêtement mural. Pour ce faire, tracez l'arrondi du cadre sur du carton, en y ajoutant ¹/₂ po, ce qui permettra d'effectuer les ajustements nécessaires du cadre dans l'ouverture. (Une rondelle métallique de ¹/₄ po x 1 ¹/₄ po est tout indiquée pour tracer ce contour.) Découpez le gabarit en suivant la ligne que vous avez tracée.

Collez le gabarit au revêtement mural, en accolant le sommet du gabarit au linteau. En vous basant sur le gabarit, installez des éléments d'ossature inclinés dans les coins de l'ouverture. Ces éléments doivent juste toucher le bord du gabarit. Tracez le contour du modèle sur le revêtement, il vous guidera lorsque vous découperez l'ouverture (voir pages 32 à 35).

Plomberie

Votre projet de rénovation pourrait nécessiter la pose d'une nouvelle tuyauterie, la dérivation de conduites existantes, voire le remplacement partiel d'une ancienne installation de plomberie.

La présente section porte sur l'installation de base (pages 62-63), sur les outils et le matériel requis dans les projets de plomberie (pages 64 à 69) et sur la manière de travailler avec ce matériel (pages 70 à 85). Vous y trouverez également des conseils sur la planification des nouvelles tuyauteries et sur la conformité au code de plomberie (pages 86 à 93).

Éléments de plomberie

Installation résidentielle

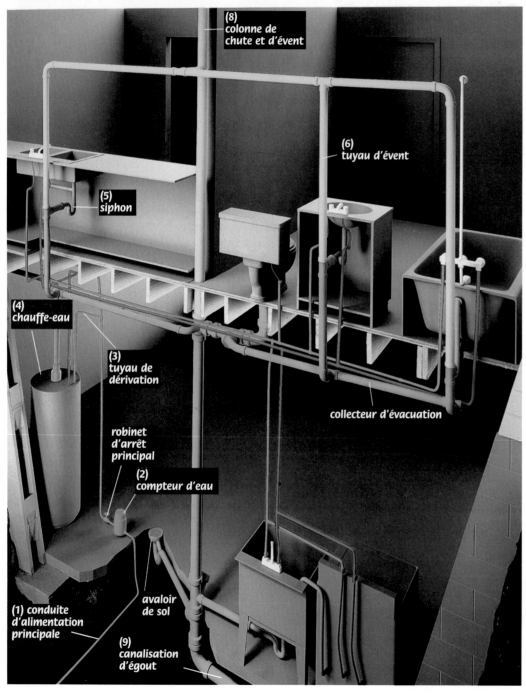

L'installation de plomberie résidentielle se divise généralement en trois éléments de base : un circuit d'alimentation en eau, des dispositifs et appareils, et un circuit d'évacuation. L'eau fraîche arrive dans la maison par une conduite d'eau principale (1) ; il se peut qu'elle traverse un compteur (2) qui en enregistre la consommation.

Près du point d'entrée de la conduite d'eau principale, un tuyau de dérivation (3) se dirige vers le chauffe-eau (4). À partir du chauffe-eau, la canalisation d'eau chaude court parallèlement à la canalisation d'eau froide pour alimenter en eau les appareils sanitaires et les dispositifs de la maison.

Les eaux usées de chaque appareil traversent un siphon (5) et rejoignent un circuit d'évacuation fonctionnant entièrement par gravité : elles descendent dans une série de tuyaux de grand diamètre, lesquels sont reliés à des tuyaux d'évent (6), qui laissent l'air entrer dans le circuit d'évacuation par l'intermédiaire d'un évent de colonne (7). Cet apport d'air prévient la création d'un vide qui ralentirait ou arrêterait l'évacuation des eaux usées.

Toutes les eaux usées finissent par aboutir dans la colonne de chute (8), raccordée à la canalisation d'égout (9). Cette dernière sort de la maison près de la fondation et se décharge soit dans une fosse septique, soit dans le réseau d'égout municipal. Les gaz d'égout montent dans la colonne d'évent et s'échappent de la maison.

Labels on image:
(7) évent de colonne
(8) colonne de chute et d'évent
(6) tuyau d'évent
(5) siphon
(4) chauffe-eau
(3) tuyau de dérivation
collecteur d'évacuation
robinet d'arrêt principal
(2) compteur d'eau
avaloir de sol
(1) conduite d'alimentation principale
(9) canalisation d'égout

Le circuit d'alimentation

Les tuyaux d'alimentation acheminent l'eau chaude et l'eau froide dans la tuyauterie de la maison. Avant 1950, ces tuyaux étaient souvent faits de fer galvanisé; dans les nouvelles maisons, ils sont en cuivre, bien que les tuyaux de plastique PVCC soient acceptés par de plus en plus de codes municipaux. Un projet de rénovation peut être une occasion idéale de remplacer de vieux tuyaux par des nouveaux, faits de matériaux plus durables.

Les tuyaux d'alimentation sont conçus pour résister aux fortes pressions du système d'alimentation en eau. Leur diamètre est petit – généralement de $\frac{1}{2}$ po à 1 po, et ils sont joints par de solides raccords étanches. Les tuyaux d'eau chaude et d'eau froide, qui courent parallèlement vers les appareils sanitaires et les dispositifs, sont généralement situés dans les cavités murales ou attachés sous les solives de plancher.

L'alimentation en eau est commandée par des robinets, installés sur la conduite principale, sur les canalisations secondaires et sur chacun des appareils de la maison.

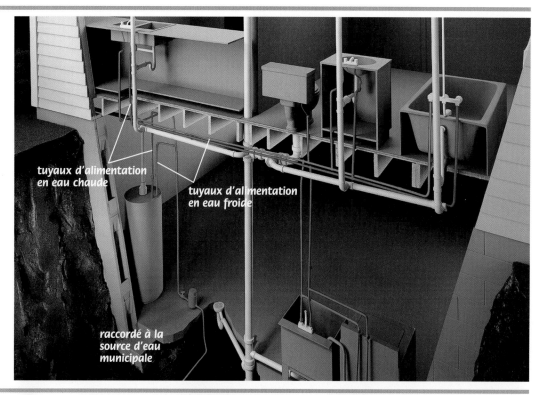

tuyaux d'alimentation en eau chaude

tuyaux d'alimentation en eau froide

raccordé à la source d'eau municipale

Le circuit d'évacuation

Le circuit d'évacuation chasse les eaux usées hors de la maison. C'est la gravité qui permet à ces eaux de s'écouler dans des tuyaux verticaux ou inclinés et de rejoindre le réseau d'égout municipal ou la fosse septique.

Faits de plastique ou de fonte, les tuyaux d'évacuation ont un diamètre (de 1 $\frac{1}{4}$ po à 4 po) plus grand que les tuyaux d'alimentation, afin d'assurer le bon écoulement des eaux usées. Dans les vieilles maisons, ils pourraient être en cuivre ou en plomb.

Tout orifice d'évacuation doit être muni d'un siphon, bout de tuyau courbe qui retient de l'eau stagnante, laquelle empêche les gaz d'égout de se dégager dans la maison. Chaque fois que de l'eau coule dans l'orifice d'évacuation, l'eau stagnante est chassée et remplacée.

Pour que les eaux usées circulent aisément, les tuyaux d'évacuation sont reliés à un circuit d'évent, composé d'un ou de plusieurs évents de colonne situés sur le toit, qui laisse entrer de l'air dans les tuyaux pour y réduire la pression. Si l'évent du circuit d'évacuation est inadéquat, l'évacuation des appareils sanitaires et la chasse des toilettes seront gênées, et des gaz d'égout pourraient refouler dans la maison.

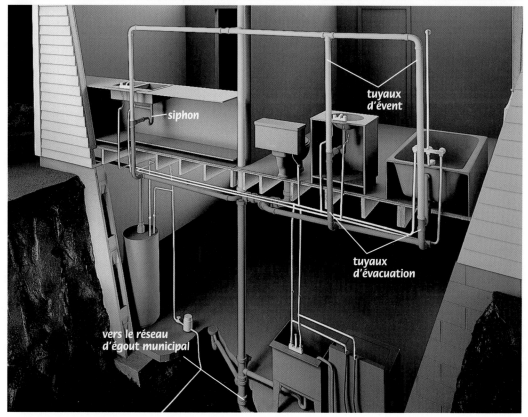

siphon

tuyaux d'évent

tuyaux d'évacuation

vers le réseau d'égout municipal

Outils et tuyaux

Savoir reconnaître les divers types de tuyaux est important durant le dépannage et essentiel lorsque vous devez acheter des fournitures ou faire des réparations. Les matériaux utilisés pour la plomberie résidentielle sont réglementés par des codes. Vérifiez donc la réglementation en vigueur dans votre région avant de faire vos achats.

La fonte est généralement privilégiée pour le circuit d'évacuation. Même s'il s'agit du type de tuyau le plus robuste, il est très lourd et quelque peu difficile à raccorder et à installer. L'épaisseur de sa paroi contribue à amortir le bruit inhérent aux systèmes d'égout.

Le tuyau de plastique est utilisé pour l'alimentation en eau lorsque le code le permet. Il est peu coûteux et facile à travailler; il ne rouille pas et possède des propriétés d'isolation. Le tuyau de plastique est offert en quatre versions, généralement identifiées par une abréviation: l'ABS et le PVC sont réservés aux circuits d'évacuation résidentiels, tandis que le PVCC convient aux conduites d'alimentation en eau, et que le PE ne sert que pour les tuyaux d'alimentation en eau extérieurs.

Le laiton et le laiton chromé (plus cher mais très beau) sont des matériaux durables utilisés pour les tuyaux d'évacuation, les robinets et les robinets d'arrêt.

Le fer galvanisé, qui convient aux circuits d'alimentation et d'évacuation, est rarement utilisé aujourd'hui parce qu'il rouille et qu'il est difficile à installer.

Le cuivre est considéré comme le meilleur matériau pour les conduites d'alimentation et pour certaines parties des circuits d'évacuation. Il résiste au tartre et favorise le passage de l'eau et la pression, en plus d'être léger et facile à installer. Toutefois, il coûte plus cher que le plastique.

Conseil

Lorsque des tuyaux de matériaux différents se touchent, un effet de galvanisation risque de provoquer une corrosion prématurée. Il faut donc choisir des supports faits du même métal que les tuyaux à soutenir. Des raccords spéciaux, dits raccords diélectriques, rendent possible le raccordement de tuyaux de métaux différents, tels ceux de cuivre et de laiton.

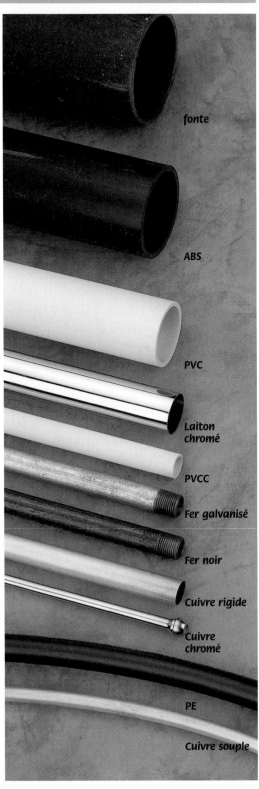

fonte

ABS

PVC

Laiton chromé

PVCC

Fer galvanisé

Fer noir

Cuivre rigide

Cuivre chromé

PE

Cuivre souple

Outils de plomberie: *Chalumeau au propane avec allumoir, pâte à braser et brasure sans plomb (A), clé à douille à cliquet et douilles (B), scie à métaux (C), coupe-tuyau (D), marteau à panne ronde (E), brosse métallique (F), maillet (G), lime (H), pince multiprise (I), clés à molette (J), clés à tuyau (K). Vous recourrez constamment à ces outils durant vos travaux de rénovation et de réparation. Vous pouvez louer les outils spécialisés ou électriques dont vous aurez besoin.*

Avantages et caractéristiques	Utilisations	Raccordements	Outils de coupe
La **fonte** est très solide mais difficile à couper et à raccorder. Si le code le permet, on recourra aux tuyaux de plastique pour les réparations et remplacements.	Colonne de chute	Raccord à emboîtement ou à colliers	Coupe-tuyau à chaîne ou scie à métaux
L'**ABS** (acrylonitrile-butadiène-styrène) a été le premier plastique rigide à être approuvé pour les systèmes d'égout domestiques. Certains codes en interdisent désormais l'utilisation dans les nouvelles installations.	Tuyaux d'évacuation et d'évent; siphons	Colle à solvant et raccord de plastique	Coupe-tuyau, scie à onglet ou scie à métaux
Le **PVC** (polychlorure de vinyle) est un plastique rigide moderne hautement résistant à la chaleur et aux produits chimiques. C'est le meilleur matériau pour les circuits d'évacuation.	Tuyaux d'évacuation et d'évent; siphons	Colle à solvant et raccord de plastique	Coupe-tuyau, scie à onglet ou scie à métaux
Le **laiton chromé** a un fini brillant attrayant; on l'utilise pour les siphons là où l'apparence compte.	Robinets et robinets d'arrêt; siphons chromés	Raccord à compression ou brasage	Coupe-tuyau, scie à métaux ou scie alternative
Le **PVCC** (chlorure de polyvinyle surchloré) est un plastique rigide dont la formule chimique lui permet de résister aux températures et pressions élevées des conduites d'alimentation. Les tuyaux et raccords de PVCC ne coûtent pas cher.	Tuyau d'alimentation en eau froide et en eau chaude	Colle à solvant et raccord de plastique, ou raccord à compression de plastique	Coupe-tuyau, scie à onglet ou scie à métaux
Le **fer galvanisé,** très solide, se corrode graduellement et est déconseillé dans les nouvelles installations. Vu qu'il est difficile à couper et à raccorder, mieux vaut confier les gros travaux à des spécialistes.	Tuyaux d'évacuation; tuyaux d'alimentation en eau froide et en eau chaude	Raccord fileté galvanisé	Scie à métaux ou scie alternative
Le **fer noir** ressemble beaucoup au fer galvanisé, sauf qu'il sert à la tuyauterie de gaz et non pas à celle d'eau. Les réparations doivent être confiées à des spécialistes.	Tuyaux de gaz	Raccord de fer noir fileté	Scie à métaux ou scie alternative
Le **cuivre rigide** est le meilleur matériau pour les tuyaux d'alimentation. Résistant à la corrosion, sa surface lisse facilite la circulation de l'eau. Les joints de cuivre brasés sont très durables.	Tuyau d'alimentation en eau froide et en eau chaude	Brasage ou raccord à compression	Coupe-tuyau, scie à métaux ou scie à découper
Le **cuivre chromé,** au fini brillant attrayant, est utilisé dans les endroits où l'apparence est importante. Durable, il est facile à courber et à raccorder.	Tuyaux d'alimentation des appareils sanitaires	Raccord à compression en laiton	Coupe-tuyau ou scie à métaux
Le **PE** (polyéthylène) est un plastique souple, noir ou bleuâtre, dont on se sert pour les conduites d'alimentation principales et pour les systèmes d'irrigation.	Tuyaux d'alimentation en eau froide (à l'extérieur)	Raccord en PVC rigide et colliers en acier inoxydable	Sécateur pour tuyaux de plastique ou scie à onglet
Le **tuyau de cuivre souple,** facile à façonner, peut résister à un léger gel sans se fissurer. Du fait qu'il s'adapte facilement aux angles, il requiert moins de raccords que le tuyau de cuivre rigide.	Tuyaux de gaz; tuyaux d'alimentation en eau froide et en eau chaude	Raccord à collet conique en laiton, raccord à compression ou brasage	Coupe-tuyau ou scie à onglet

Robinets et raccords

Utilisez toujours des raccords faits du même matériau que les tuyaux. Si des matériaux différents doivent être joints, utilisez un raccord de transition.

Les raccords sont offerts dans tous les formats, mais, qu'ils soient en plastique ou en métal, leurs formes sont standard. En règle générale, l'angle des raccords utilisés pour joindre les tuyaux du circuit d'évacuation est peu prononcé, afin que soit facilité l'écoulement des eaux usées. Du fait que l'eau circule sous pression dans les tuyaux d'alimentation, l'angle des raccords d'alimentation peut être plus prononcé, de manière à réduire l'encombrement dans les cavités murales.

Le *coude à 90°* permet de faire un angle droit dans une tuyauterie. Les coudes du circuit d'évacuation sont arrondis afin que les débris ne s'y accumulent pas. Les coudes à 22 ¹/₂°, à 45° et à 60° permettent de courber graduellement une tuyauterie.

Le *raccord en T* sert à joindre les branchements du circuit d'alimentation ou du circuit d'évacuation. Dans le circuit d'évacuation, on l'appelle parfois T d'évacuation ou T sanitaire.

Le *manchon* sert à unir deux tuyaux droits. On utilise des raccords de transition spéciaux (page ci-contre) pour joindre deux tuyaux faits de matériaux différents.

Une *réduction* sert à raccorder des tuyaux de diamètres différents; il existe des coudes et des raccords en T de réduction.

On se sert d'un *bouchon* pour fermer les bouts de tuyau inutilisés.

On utilise le *raccord en Y* pour joindre les tuyaux concourants du circuit d'évacuation.

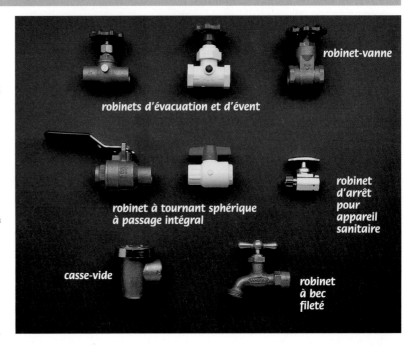

robinet-vanne

robinets d'évacuation et d'évent

robinet à tournant sphérique à passage intégral

robinet d'arrêt pour appareil sanitaire

casse-vide

robinet à bec fileté

Raccords standard

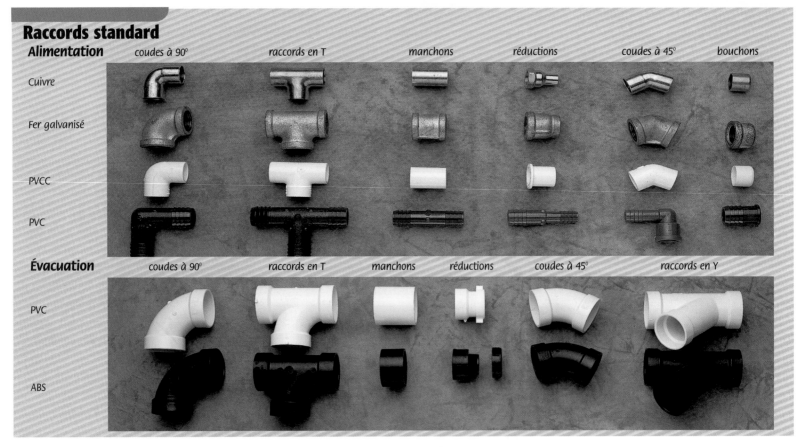

Alimentation	coudes à 90°	raccords en T	manchons	réductions	coudes à 45°	bouchons
Cuivre						
Fer galvanisé						
PVCC						
PVC						

Évacuation	coudes à 90°	raccords en T	manchons	réductions	coudes à 45°	raccords en Y
PVC						
ABS						

Utilisation des raccords de transition

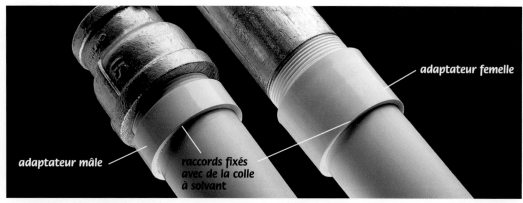

adaptateur femelle

adaptateur mâle

raccords fixés avec de la colle à solvant

Raccordez un tuyau de plastique à un tuyau de fonte au moyen d'un raccord à colliers. Des manchons de caoutchouc recouvrent l'extrémité des tuyaux pour assurer l'étanchéité du raccordement.

Raccordez un tuyau de plastique à un tuyau métallique fileté à l'aide d'adaptateurs mâle et femelle filetés. Fixez l'adaptateur au tuyau de plastique au moyen de colle à solvant. Enroulez du ruban d'étanchéité autour des filets ; vissez ensuite le tuyau métallique dans l'adaptateur.

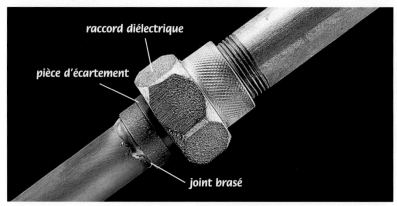

raccord diélectrique

pièce d'écartement

joint brasé

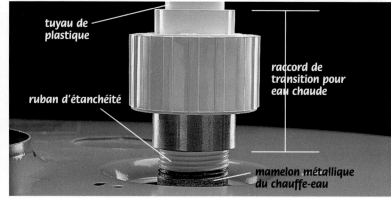

tuyau de plastique

raccord de transition pour eau chaude

ruban d'étanchéité

mamelon métallique du chauffe-eau

Raccordez un tuyau de cuivre à un tuyau de fer galvanisé au moyen d'un raccord diélectrique. Vissez le raccord au tuyau de fer, puis brasez-en l'autre extrémité sur le tuyau de cuivre. Le raccord diélectrique comporte une pièce d'écartement en plastique qui prévient la corrosion résultant de l'effet de galvanisation.

Raccordez un tuyau métallique d'eau chaude à un tuyau de plastique au moyen d'un raccord de transition pour eau chaude qui prévient les fuites causées par la différence entre les coefficients de dilatation des deux matériaux. Enroulez du ruban d'étanchéité autour des filets du tuyau métallique et vissez-y l'extrémité filetée du raccord. Fixez l'autre extrémité du raccord au tuyau de plastique avec de la colle à solvant.

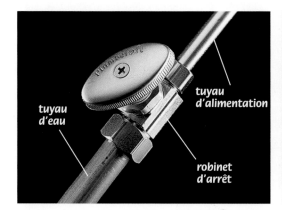

tuyau d'alimentation

tuyau d'eau

robinet d'arrêt

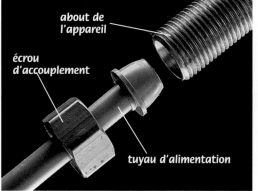

about de l'appareil

écrou d'accouplement

tuyau d'alimentation

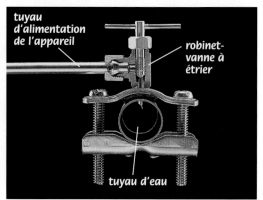

tuyau d'alimentation de l'appareil

robinet-vanne à étrier

tuyau d'eau

Raccordez un tuyau d'eau au tuyau d'alimentation de tout appareil à l'aide d'un robinet d'arrêt. Veillez à ce que le diamètre du robinet corresponde à celui du tuyau. Serrez bien le robinet et vérifiez-en l'étanchéité.

Raccordez un tuyau d'alimentation à l'about d'un appareil au moyen d'un écrou d'accouplement. Celui-ci pousse l'extrémité en cloche du tuyau sur l'about de l'appareil et crée un joint étanche.

Raccordez le tuyau d'alimentation d'un appareil à un tuyau d'eau en cuivre au moyen d'un robinet-vanne à étrier. On utilise souvent ce dernier (vu en coupe) pour raccorder la machine à glaçons d'un réfrigérateur.

Raccords de circuits d'évacuation

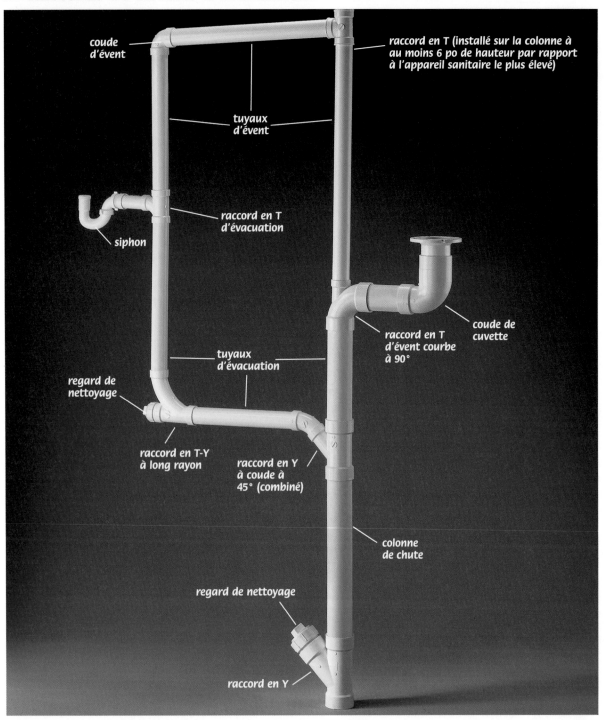

coude d'évent

raccord en T (installé sur la colonne à au moins 6 po de hauteur par rapport à l'appareil sanitaire le plus élevé)

tuyaux d'évent

raccord en T d'évacuation

siphon

coude de cuvette

raccord en T d'évent courbe à 90°

tuyaux d'évacuation

regard de nettoyage

raccord en T-Y à long rayon

raccord en Y à coude à 45° (combiné)

colonne de chute

regard de nettoyage

raccord en Y

*Ce **modèle de circuit d'évacuation et d'évent** indique l'orientation à donner aux raccords d'évacuation et d'évent d'une tuyauterie. Les changements de direction dans les tuyaux d'évent peuvent être abrupts, mais ceux des tuyaux d'évacuation doivent se faire à l'aide de raccords à long rayon de courbure. Les raccords servant à acheminer les eaux usées d'un tuyau vertical à un tuyau horizontal doivent présenter une courbure encore plus longue. Il se peut que le code de plomberie de votre localité exige l'installation d'un regard de nettoyage au point de rencontre des tuyaux d'évacuation verticaux et horizontaux.*

Les raccords du circuit d'évacuation se présentent sous diverses formes, selon le rôle qu'ils jouent dans le circuit. Chacun des raccords illustrés est offert dans une gamme de formats adaptés à vos besoins. Utilisez toujours des raccords faits du même matériau que vos tuyaux d'évacuation.

Évent : En règle générale, les raccords des tuyaux d'évent sont à rayon court, sans courbure. Il s'agit du raccord en T d'évent et du coude à 90° d'évent. On peut utiliser les raccords standard de tuyau d'évacuation pour raccorder les tuyaux d'évent.

Évacuation, de l'horizontale à la verticale : Pour raccorder un tuyau d'évacuation horizontal à un tuyau vertical, utilisez des raccords présentant une courbure prononcée. Les raccords standard utilisés à cette fin sont le raccord en T d'évacuation et le raccord à 90° d'évacuation. On peut également se servir d'un raccord en Y, ou d'un coude à 45° ou à 22 $\frac{1}{2}$°.

Évacuation, de la verticale à l'horizontale : Pour raccorder un tuyau d'évacuation vertical à un tuyau horizontal, utilisez des raccords présentant une courbure longue et peu prononcée. Les raccords couramment utilisés à cette fin sont le raccord en Y à coude à 45° (souvent appelé combiné) ainsi que le raccord en T-Y à long rayon.

Changement de direction d'un tuyau horizontal : Pour changer la direction d'un parcours horizontal, on se sert d'un raccord en Y, d'un coude à 45° ou à 22 $\frac{1}{2}$° et d'un coude à 90° à long rayon. Dans la mesure du possible, le changement de direction d'un tuyau d'évacuation horizontal doit se faire graduellement et suivre une courbe plutôt que de se faire à angle droit.

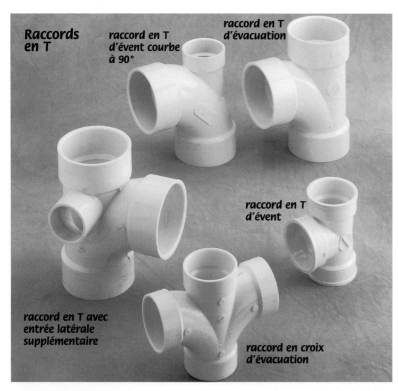

Raccords en T

raccord en T d'évent courbe à 90°

raccord en T d'évacuation

raccord en T d'évent

raccord en T avec entrée latérale supplémentaire

raccord en croix d'évacuation

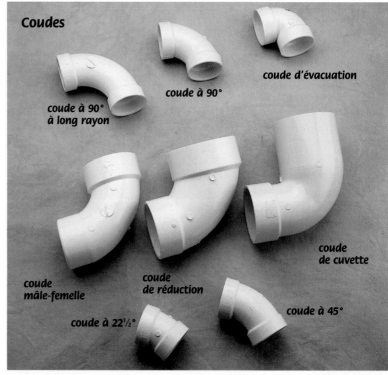

Coudes

coude à 90° à long rayon

coude à 90°

coude d'évacuation

coude de cuvette

coude mâle-femelle

coude de réduction

coude à 45°

coude à 22½°

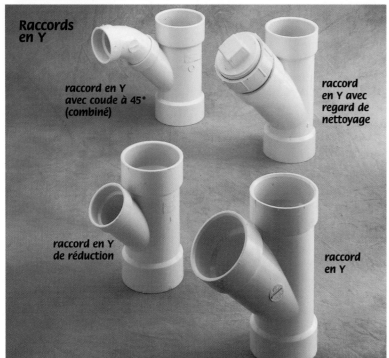

Raccords en Y

raccord en Y avec coude à 45° (combiné)

raccord en Y avec regard de nettoyage

raccord en Y de réduction

raccord en Y

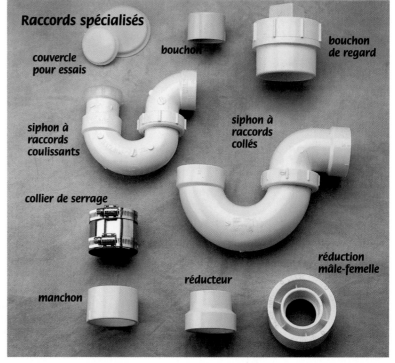

Raccords spécialisés

couvercle pour essais

bouchon

bouchon de regard

siphon à raccords coulissants

siphon à raccords collés

collier de serrage

réduction mâle-femelle

manchon

réducteur

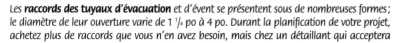

Les **raccords des tuyaux d'évacuation** et d'évent se présentent sous de nombreuses formes; le diamètre de leur ouverture varie de 1 ¹/₄ po à 4 po. Durant la planification de votre projet, achetez plus de raccords que vous n'en avez besoin, mais chez un détaillant qui acceptera de les reprendre. Il est beaucoup plus sensé de rendre au détaillant les matériaux non utilisés une fois le projet réalisé que d'interrompre le travail pour aller au magasin chaque fois qu'il vous manque un raccord.

Le tuyau de cuivre

Le cuivre est le matériau idéal pour les tuyaux d'alimentation en eau. Il résiste à la corrosion, et sa surface lisse favorise la circulation de l'eau. Les tuyaux de cuivre sont offerts en plusieurs diamètres, mais la plupart des circuits d'alimentation résidentiels sont faits de tuyaux de $^1/_2$ po ou de $^3/_4$ po. Ils peuvent être souples ou rigides.

Tous les codes municipaux autorisent l'utilisation du tuyau de cuivre rigide pour les circuits d'alimentation résidentiels. Il en existe trois types – M, L et K –, déterminés par l'épaisseur de la paroi. Le type M, mince et peu coûteux, est particulièrement avantageux pour vos travaux de plomberie.

Les codes imposent généralement l'utilisation du tuyau rigide de type L dans les plomberies commerciales. Du fait qu'il est solide et facile à braser, certains plombiers – ainsi que vous-même – pourraient le préférer aux autres même pour la plomberie résidentielle. Le type K, dont la paroi est la plus épaisse, est utilisé le plus souvent pour les conduites d'eau souterraines.

Le tuyau de cuivre souple est offert en deux types : L et K. Tous deux sont approuvés pour les circuits résidentiels d'alimentation en eau, bien que

le tuyau de cuivre souple de type L serve surtout aux canalisations de gaz. Du fait qu'il est souple et qu'il résiste au faible gel, le type L peut être installé dans les parties de la maison qui ne sont pas chauffées, tels les vides sanitaires. Le type K est utilisé pour les conduites d'eau souterraines.

Un troisième type de tuyau de cuivre, appelé DWV, est utilisé pour les circuits d'évacuation. Mais on s'en sert rarement, puisque la plupart des codes autorisent désormais pour ces systèmes l'utilisation des tuyaux de plastique, peu coûteux.

Le raccordement des tuyaux de cuivre se fait généralement au moyen de raccords brasés. Un raccord bien brasé est solide et fiable. On peut aussi se servir de raccords à compression, plus coûteux que les raccords brasés, mais faciles à réparer ou à remplacer. Le raccord à collet conique, réservé au tuyau de cuivre souple, est généralement utilisé dans les canalisations de gaz ; mieux vaut laisser des professionnels s'en servir.

Bon nombre de projets de rénovation requièrent que l'on démonte des joints pour prolonger des tuyaux de cuivre ou pour remplacer des tuyaux défectueux ; ce n'est pas une tâche difficile, mais vous devez travailler avec soin.

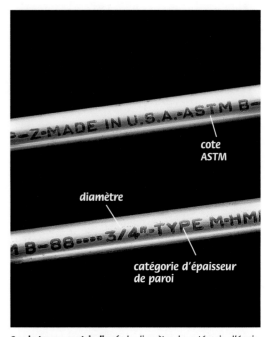

Sur le tuyau sont indiqués le diamètre, la catégorie d'épaisseur de la paroi et l'homologation de l'ASTM (American Society for Testing and Materials). Le tuyau de type M porte des lettres rouges, celui de type L des lettres bleues.

Conseils

Pour éviter que le tuyau plie, courbez-le à l'aide d'un ressort à cintrer convenant au diamètre extérieur du tuyau. En faisant tourner le ressort, glissez-le sur le tuyau. Courbez lentement le tuyau jusqu'à ce qu'il décrive l'angle voulu (jamais plus de 90°).

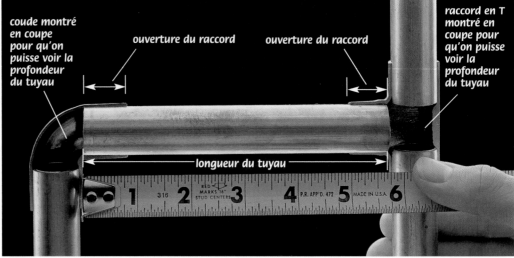

Pour déterminer la longueur du tuyau dont vous aurez besoin, mesurez la distance séparant le fond des ouvertures des raccords (montrés en coupe). Marquez le tuyau au crayon feutre.

Tuyaux et raccords de cuivre

Raccordement	Cuivre rigide			Cuivre souple		Commentaires
	Type M	Type L	Type K	Type L	Type K	
Raccord brasé	oui	oui	oui	oui	oui	Méthode de raccordement peu coûteuse, solide et fiable. Requiert une certaine habileté.
Raccord à compression	oui	non recommandé		oui	oui	Raccord facile à utiliser. Permet une réparation ou un remplacement facile des tuyaux ou appareils sanitaires. Plus coûteux que le raccord brasé. Convient surtout au cuivre souple.
Raccord à collet conique	non	non	non	oui	oui	Raccord réservé au tuyau de cuivre souple. Utilisé généralement dans les canalisations de gaz. Requiert une certaine habileté.

Démontage d'un joint brasé

A

Fermez le robinet d'alimentation principal (voir page 62); vidangez le circuit en ouvrant le robinet qui est situé le plus haut dans la maison ainsi que celui qui est situé le plus bas. Allumez un chalumeau au propane (voir page 74) et dirigez-en la flamme sur le raccord, jusqu'à ce que la brasure devienne luisante et qu'elle commence à fondre.

B

À l'aide d'une pince multiprise, détachez les tuyaux du raccord. Jetez les vieux raccords: on ne doit jamais les réutiliser.

C

Enlevez la vieille brasure en chauffant au chalumeau les extrémités des tuyaux. À l'aide d'un chiffon sec, essuyez rapidement et avec soin la brasure fondue. Attention! les tuyaux sont chauds.

D

Laissez refroidir les tuyaux. À l'aide d'un tissu d'émeri, polissez-en les extrémités jusqu'à atteindre le métal nu. Les résidus de brasure ou les bavures métalliques risquent de compromettre l'étanchéité d'un futur joint.

Coupe et brasage d'un tuyau de cuivre

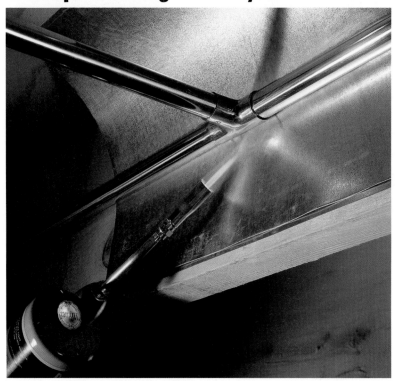

Le meilleur outil pour couper un tuyau de cuivre souple ou rigide reste le coupe-tuyau. Il exécute la coupe uniforme et droite essentielle à la création d'un joint étanche. Ébavurez l'ouverture du tuyau à l'aide d'un aléseur ou d'une lime ronde.

Vous pouvez aussi utiliser une scie à métaux pour couper un tuyau de cuivre ; celle-ci est pratique dans les endroits réduits où ne peut être introduit le coupe-tuyau. Puisque la scie est moins précise que le coupe-tuyau, efforcez-vous de faire une coupe uniforme et droite.

Pour que le joint soit étanche, il faut que tuyaux et raccords soient propres et secs. Avant de vous lancer, entraînez-vous en brasant de vieux bouts de tuyau. Protégez les surfaces combustibles avec deux tôles de calibre 26 ou avec un coussin absorbant la chaleur.

Pour braser un raccordement de tuyau, il suffit de chauffer au chalumeau au propane le raccord de laiton ou de cuivre jusqu'à ce qu'il soit juste assez chaud pour faire fondre la brasure. La brasure est aspirée par la chaleur dans l'espace situé entre le tuyau et le raccord, où elle crée un joint étanche. Un raccord surchauffé ou mal chauffé n'aspirera pas la brasure. C'est la pointe de la flamme intérieure du chalumeau qui dégage le plus de chaleur.

Outils : *coupe-tuyau à embout aléseur (ou scie à métaux et lime ronde), brosse métallique, brosse à décapant, chalumeau au propane, allumoir de soudeur (ou allumettes), clé à molette.*

Matériel : *Tuyau de cuivre, raccords de cuivre (ou robinet de laiton), tissu d'émeri, pâte à braser (décapant), tôle, brasure sans plomb, chiffon.*

*Avant de braser des tuyaux installés **protégez le bois** contre la chaleur du chalumeau. Utilisez deux tôles métalliques (18 po x 18 po) de calibre 26 disponibles dans les maisonneries.*

Conseils de brasage

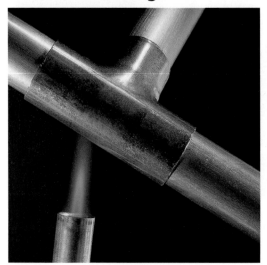

Soyez prudent durant le brasage du cuivre. *Laissez refroidir les tuyaux et les raccords avant d'y toucher.*

Gardez le joint sec *lorsque vous brasez un tuyau installé en bouchant celui-ci avec du pain. Le pain absorbera l'humidité qui risquerait de compromettre le brasage et de provoquer des piqûres. Il se désintégrera lorsque vous réalimenterez la tuyauterie.*

Prévenez les accidents *en refermant le chalumeau dès que vous avez fini de vous en servir. Assurez-vous que le robinet est complètement fermé.*

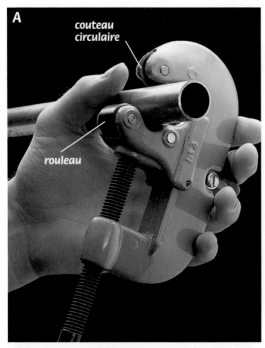

A

couteau circulaire

rouleau

Placez sur le tuyau le coupe-tuyau et serrez-en la vis de manière que les deux rouleaux s'appuient sur le tuyau et que le couteau circulaire se trouve sur la ligne tracée.

B

Faites tourner le coupe-tuyau d'un tour pour tracer une ligne droite continue autour du tuyau.

C

Faites tourner le coupe-tuyau dans le sens inverse. Tous les deux tours, resserrez un peu la vis, jusqu'à ce que la coupe soit exécutée.

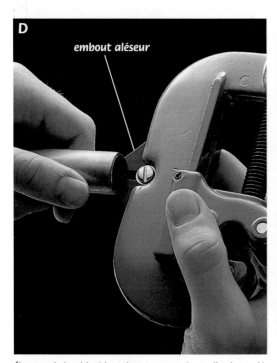

D

embout aléseur

Ébavurez le bord intérieur du tuyau coupé avec l'embout aléseur du coupe-tuyau ou avec une lime ronde.

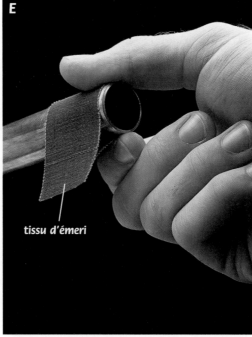

E

tissu d'émeri

Nettoyez l'extrémité du tuyau en le frottant avec le tissu d'émeri. Pour former un joint étanche avec la brasure, le tuyau doit être exempt de saleté et de graisse.

F

Nettoyez l'intérieur du raccord à l'aide d'une brosse métallique ou d'un tissu d'émeri.

Suite à la page suivante

Coupe d'un tuyau de cuivre souple ou rigide (suite)

Avec une brosse à décapant, appliquez une mince couche de pâte à braser (décapant) sur l'extrémité de chaque tuyau, sur environ 1 po.

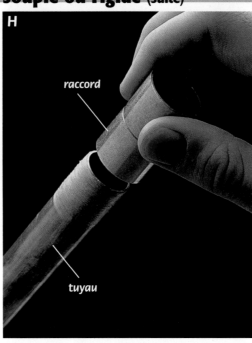

Assemblez chaque joint en insérant le tuyau dans le raccord, jusqu'au fond de celui-ci. Faites tourner le raccord pour étendre uniformément le décapant.

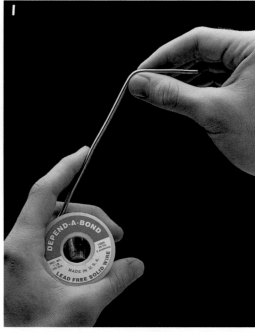

Déroulez de 8 po à 10 po de brasure. Repliez à un angle de 90° les deux premiers pouces.

Ouvrez le robinet du chalumeau et allumez la flamme à l'aide d'un allumoir ou d'une allumette.

Réglez le robinet du chalumeau jusqu'à ce que la flamme intérieure atteigne une longueur de 1 po à 2 po.

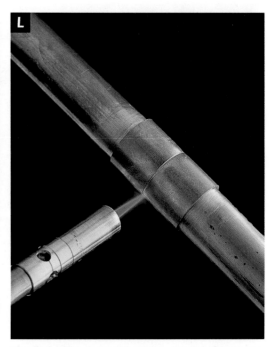

Chauffez le milieu du raccord avec la pointe de la flamme pendant 4 ou 5 secondes, jusqu'à ce que le décapant commence à grésiller.

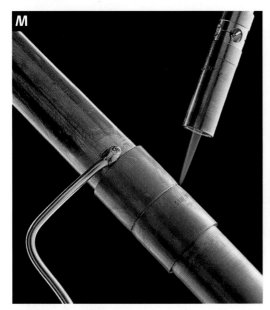

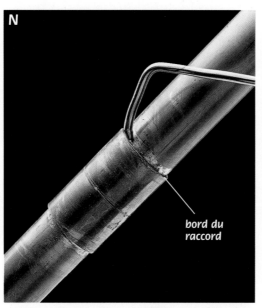

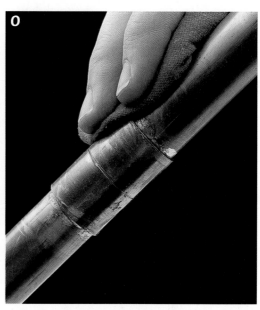

Chauffez l'autre côté du raccord pour distribuer uniformément la chaleur. Placez sur le tuyau le bout du fil à braser ; s'il fond, c'est que le joint peut être brasé.

Retirez le chalumeau ; poussez rapidement de ½ po à ¾ po de brasure dans chaque joint, en laissant l'action capillaire entraîner dans le joint la brasure fondue. Un joint bien brasé présentera un mince cordon de brasure sur le bord du raccord.

bord du raccord

Avec prudence, essuyez l'excédent de brasure avec un chiffon sec. (Le tuyau sera chaud.) Une fois tous les joints refroidis, réalimentez le tuyau et vérifiez-en l'étanchéité. Si le joint fuit, démontez-le, nettoyez le tuyau et le raccord, et reprenez le brasage.

Brasage d'un robinet de laiton

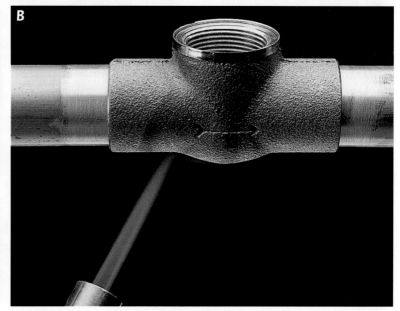

À l'aide d'une clé à molette, retirez la tige du robinet afin que la chaleur n'en endommage pas les pièces de caoutchouc ou de plastique. Préparez les tuyaux de cuivre (voir pages 73-74) et assemblez les joints.

Allumez le chalumeau au propane ; chauffez uniformément le corps du robinet en déplaçant la flamme. Concentrez la flamme sur le laiton, qui, plus dense que le cuivre, doit être chauffé plus longtemps que ce dernier pour que le joint aspire la brasure. Appliquez la brasure (étapes M à O ci-dessus). Laissez le métal refroidir avant de remonter le robinet.

Utilisation d'un raccord à compression

Lorsque le brasage est trop difficile ou dangereux à cause d'un espace trop réduit ou mal ventilé, mieux vaut opter pour le raccord à compression. En outre, il convient parfaitement aux raccordements qui devront plus tard être démontés. Vu qu'il est facile à démonter, on y recourt souvent pour l'installation des tuyaux d'alimentation et des robinets d'arrêt des appareils sanitaires.

Le raccord à compression est le plus souvent utilisé avec un tuyau de cuivre souple, lequel est assez mou pour assurer un contact parfait avec la bague de compression et, du coup, une bonne étanchéité. Il sert également au raccordement du tuyau de cuivre rigide de type M.

Lorsque vous mesurez le tuyau de cuivre souple qui sera joint au raccord à compression, tenez compte de la partie du tuyau qui entrera dans le raccord en ajoutant ½ po à la mesure. Comme c'est le cas pour tous les joints, la coupe doit être lisse et droite pour que soit assurée l'étanchéité. Découpez

le tuyau avec un coupe-tuyau ou avec une scie à métaux (voir page 73), et ébavurez-en les bords à l'aide d'un alésoir ou d'une lime ronde.

Les filets du raccord à compression sont faciles à fausser ; une fois le raccord monté, vérifiez-en l'étanchéité. Pour que les joints soient bien étanches, avant de monter le raccord, enduisez de pâte à joint les bagues de compression.

Outils : *crayon feutre, coupe-tuyau ou scie à métaux, clé pour lavabo, clés à molette.*

Matériel : *raccords à compression en laiton, pâte à joints.*

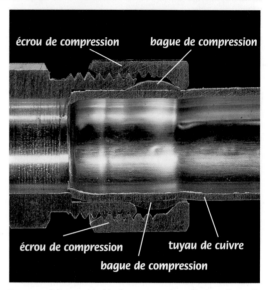

écrou de compression   bague de compression

écrou de compression   tuyau de cuivre
bague de compression

Le **raccord à compression** (vu en coupe) contient un écrou de compression qui pousse la bague de compression contre la paroi interne du raccord pour créer un joint étanche.

Jonction de deux tuyaux de cuivre à l'aide d'un raccord à compression

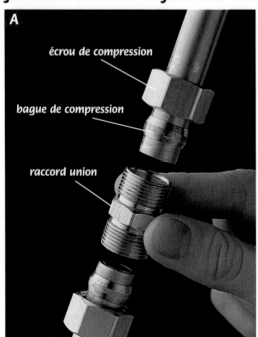

A

écrou de compression

bague de compression

raccord union

Glissez les écrous et les bagues de compression sur l'extrémité des tuyaux. Installez un raccord union entre les tuyaux.

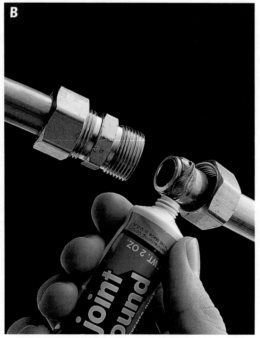

B

Appliquez une couche de pâte à joints sur les bagues de compression ; vissez les écrous de compression au raccord union fileté. Serrez les écrous à la main.

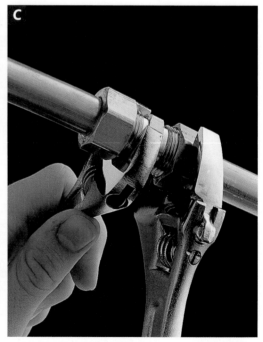

C

Saisissez le milieu du raccord union avec une clé à molette. Utilisez une autre clé pour serrer d'un tour complet chacun des écrous de compression. Réalimentez la tuyauterie. Si le raccord fuit, resserrez légèrement les écrous.

Installation de robinets d'arrêt et de tuyaux d'alimentation

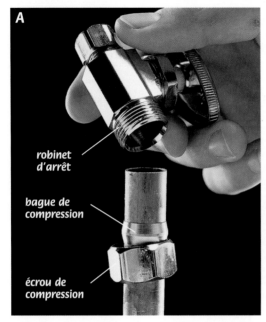

A

Glissez un écrou et une bague de compression sur le tuyau, les filets faisant face à l'extrémité de ce dernier. Installez le robinet d'arrêt sur le tuyau. Appliquez une couche de pâte à joints sur la bague de compression. Vissez l'écrou sur le robinet d'arrêt et serrez-le à l'aide d'une clé à molette.

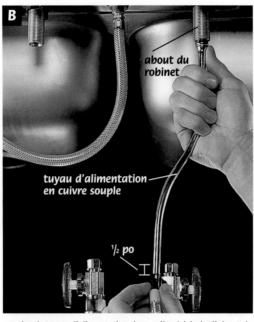

B

Courbez le tuyau d'alimentation de manière à joindre l'about du robinet et le robinet d'arrêt (voir page 70). Placez l'extrémité conique du tuyau dans l'about; marquez l'endroit où l'autre extrémité du tuyau devra être coupée, en tenant compte du $\frac{1}{2}$ po qui doit entrer dans le robinet. Coupez le tuyau (voir page 73).

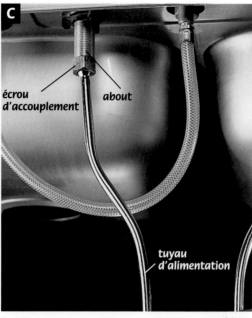

C

À l'aide d'un écrou d'accouplement, raccordez à l'about du robinet l'extrémité conique du tuyau. Serrez l'écrou avec une clé pour lavabo (voir page 482) ou une clé multiprise.

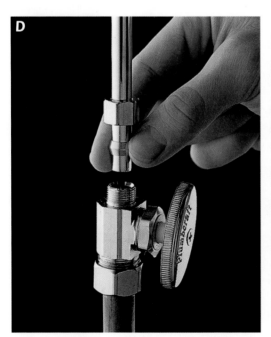

D

Pour raccorder le tuyau d'alimentation au robinet d'arrêt, glissez sur l'extrémité du tuyau un écrou de compression (filets face au robinet), puis une bague de compression.

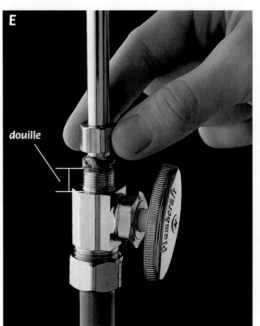

E

Insérez l'extrémité du tuyau dans le robinet, de manière qu'elle touche le fond de la douille du raccord. Appliquez une couche de pâte à joints sur la bague de compression, puis serrez l'écrou à la main.

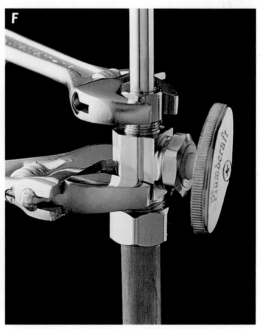

F

Serrez – pas trop – l'écrou de compression à l'aide de deux clés à molette. Réalimentez le circuit et vérifiez l'étanchéité du raccord. En cas de fuite, resserrez légèrement l'écrou.

Le tuyau de plastique

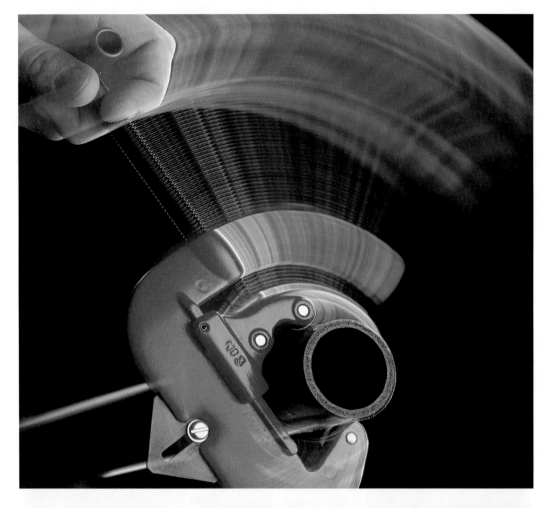

Les tuyaux et raccords de plastique sont populaires parce qu'ils sont légers, peu coûteux et faciles à utiliser. Leur utilisation dans la plomberie résidentielle est de plus en plus souvent autorisée par les codes.

Ces tuyaux sont offerts en plastique rigide et en plastique souple. L'ABS et le PVC sont utilisés pour le circuit d'évacuation. Le PVC résiste mieux que l'ABS aux produits chimiques et à la chaleur ; tous les codes en approuvent l'utilisation non souterraine. Cependant, certains codes imposent encore l'utilisation d'un tuyau en fonte pour les canalisations d'évacuation principales circulant sous des dalles de béton.

Le PE est souvent utilisé pour les canalisations d'eau froide souterraines, telles celles des systèmes d'arrosage.

On utilise le PVCC pour les tuyaux d'alimentation en eau chaude et en eau froide. Les tuyaux de plastique peuvent être joints à des tuyaux de fer ou de cuivre grâce à des raccords de transition, mais les plastiques différents ne doivent pas être accouplés.

Le plastique souple PB n'est plus considéré comme fiable et n'est plus facile à trouver. Si vos tuyaux ou raccords en PB ont besoin de réparations, consultez un plombier agréé.

Une exposition prolongée aux rayons du soleil finit par affaiblir les tuyaux de plastique. Il ne faut donc pas les installer ni les ranger dans un endroit constamment exposé à la lumière directe du soleil.

Utilisez le PVC ou l'ABS pour les siphons et les tuyaux d'évacuation, et le PVCC pour les tuyaux d'alimentation. Le diamètre intérieur des tuyaux d'évacuation en PVC ou en ABS mesure généralement de 1 ¼ po à 4 po, tandis que celui des tuyaux d'alimentation en PVCC mesure de ½ po à ¾ po. Pour les siphons et les tuyaux d'évacuation des éviers, choisissez un tuyau de PVC ou d'ABS sur lequel figure la cote DWV (circuit d'évacuation) de la NSF (National Sanitation Foundation). Pour l'alimentation en eau, choisissez un tuyau de PVCC sur lequel figure une cote PW (pression d'eau).

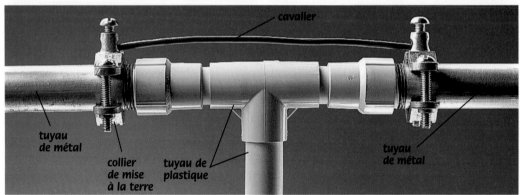

cavalier

tuyau
de métal

collier
de mise
à la terre

tuyau de
plastique

tuyau
de métal

L'installation électrique de votre maison est peut-être mise à la terre par le biais de la tuyauterie métallique. Si vous ajoutez des tuyaux de plastique à votre plomberie métallique, assurez-vous que la mise à la terre demeure intacte. Utilisez des colliers de mise à la terre et un cavalier, que vous trouverez dans une quincaillerie, pour contourner le tuyau de plastique et compléter le circuit de mise à la terre. Les colliers doivent être solidement attachés au métal nu, des deux côtés du tuyau de plastique.

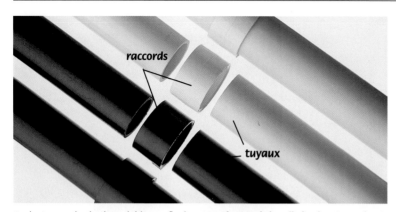

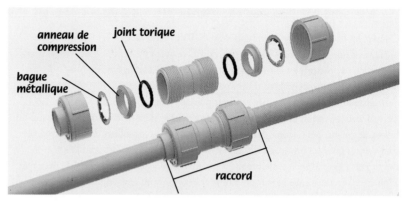

Sur les tuyaux de plastique rigides, on fixe les **raccords avec de la colle à solvant.** Le solvant dissout une fine couche de plastique et soude ainsi le raccord au tuyau.

Le **raccord à compression en plastique** (ou raccord express) sert à joindre les tuyaux de PVCC. Certains de ces raccords comprennent un joint torique en caoutchouc, plutôt qu'une bague de compression, qui assure l'étanchéité du joint.

Marques imprimées sur les tuyaux de plastique

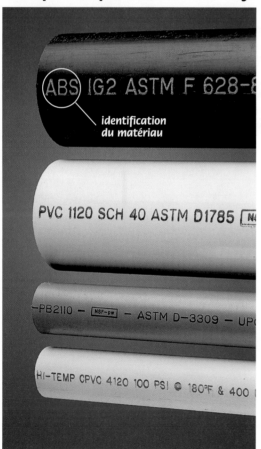

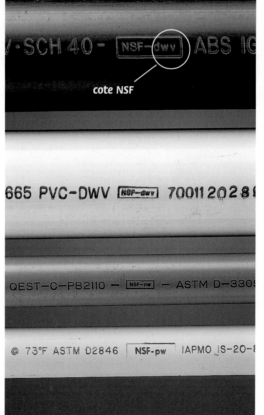

Identification du matériau: Utilisez le PVC ou l'ABS pour les siphons et les tuyaux d'évacuation, et le PVCC pour les tuyaux d'alimentation. Le PE est réservé à l'alimentation en eau froide à l'extérieur. Le PB, difficile à trouver, est interdit par de nombreux codes municipaux.

Cote NSF: Pour les siphons et les tuyaux d'évacuation des éviers, choisissez un tuyau de PVC ou d'ABS sur lequel figure la cote DWV (circuit d'évacuation) de la NSF. Pour l'alimentation en eau, choisissez un tuyau de PVCC sur lequel figure une cote PW (pression d'eau).

Diamètre du tuyau: Le diamètre intérieur des tuyaux de PVC ou d'ABS mesure généralement de 1 1/4 po à 4 po, tandis que celui des tuyaux d'alimentation en PVCC mesure de 1/2 po à 3/4 po.

Coupe et raccordement des tuyaux de plastique

Coupez les tuyaux de plastique rigides ABS, PVC ou PVCC à l'aide d'un coupe-tuyau ou d'une scie. Les tuyaux souples de PE peuvent être coupés avec un sécateur pour tuyau de plastique ou avec un couteau. Quel que soit le type de plastique, faites toujours une coupe bien droite pour assurer l'étanchéité des joints.

Il existe de nombreux types de raccords pour joindre les tuyaux de plastique. Le raccord à compression en plastique sert à joindre les tuyaux de plastique rigides aux tuyaux de cuivre. Les raccords cannelés en PVC rigides et les colliers d'acier inoxydable sont utilisés pour les tuyaux de PE. Les tuyaux de plastique rigides sont joints avec des raccords de plastique et de la colle à solvant conçue spécialement pour le matériau à joindre. Certaines colles à solvant «universelles» peuvent être utilisées sur tous les types de plastique. La colle à solvant durcit en 30 secondes environ; il vous faut donc vérifier le bon ajustement des tuyaux et des raccords avant de coller le premier joint. Pour obtenir de meilleurs résultats, vous devez amatir les surfaces de plastique à l'aide d'un tissu d'émeri et d'une couche d'apprêt liquide avant la réalisation du joint.

Les colles à solvant et les apprêts liquides sont toxiques et inflammables. Travaillez dans un endroit bien ventilé et rangez ces produits à l'écart de toute source de chaleur.

Outils: *sécateur pour tuyau de plastique (ou scie), crayon feutre, couteau universel.*

Matériel: *tuyaux et raccords de plastique, tissu d'émeri, vaseline, apprêt pour tuyau de plastique, colle à solvant, chiffons.*

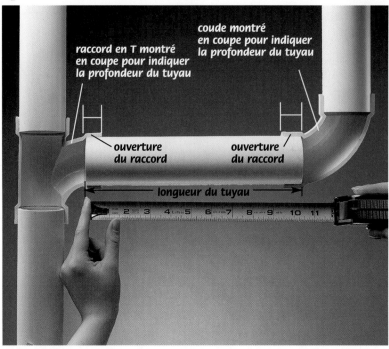

raccord en T montré en coupe pour indiquer la profondeur du tuyau

coude montré en coupe pour indiquer la profondeur du tuyau

ouverture du raccord

ouverture du raccord

longueur du tuyau

Déterminez la longueur du tuyau dont vous avez besoin en mesurant la distance séparant les fonds des ouvertures des deux raccords (montrés en coupe). Marquez le tuyau avec un crayon feutre.

Coupe d'un tuyau de plastique rigide

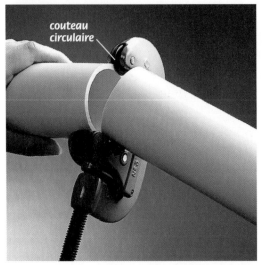

couteau circulaire

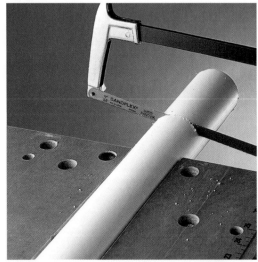

Coupe-tuyau: Serrez l'outil sur le tuyau, de manière que le couteau se trouve sur la ligne tracée avec le crayon feutre. Faites tourner l'outil autour du tuyau, en resserrant la vis tous les deux tours, jusqu'à ce que le tuyau soit coupé.

Scie à métaux: Fixez solidement le tuyau dans un étau; gardez la lame de la scie bien droite pendant que vous tranchez le tuyau. Conseil: Pour tracer une ligne bien droite sur la circonférence du tuyau, enroulez une feuille de papier autour de celui-ci et alignez les extrémités de la feuille. Tracez la ligne le long du bord de celle-ci.

Scie à onglet: Faites des coupes parfaitement droites sur tous les types de plastique à l'aide d'une scie électrique à onglet ou d'une boîte à onglets (voir page 226); dans ce dernier cas, utilisez une scie à métaux plutôt qu'une scie à dos.

Raccordement d'un tuyau de plastique rigide avec de la colle à solvant

A

Mesurez et coupez le tuyau à la bonne longueur; ébarbez-le à l'aide d'un couteau universel.

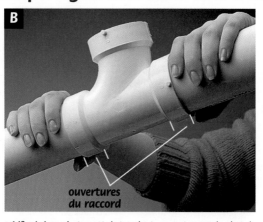

B

ouvertures du raccord

Vérifiez le bon ajustement de tous les tuyaux et raccords. L'extrémité du tuyau devrait s'appuyer contre le fond de l'ouverture du raccord.

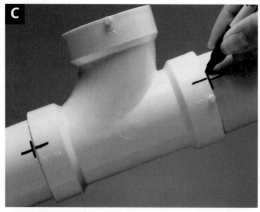

C

Sur le tuyau, faites des repères de profondeur et d'alignement avec un crayon feutre, puis détachez les pièces.

D

Nettoyez l'extrémité du tuyau et l'ouverture du raccord avec un tissu d'émeri.

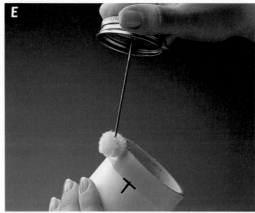

E

Appliquez une couche d'apprêt à plastique sur l'une des extrémités du tuyau.

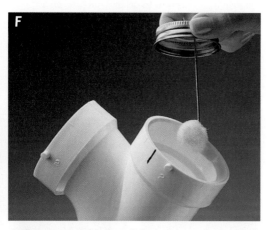

F

Appliquez une couche d'apprêt à plastique sur la paroi intérieure de l'ouverture du raccord.

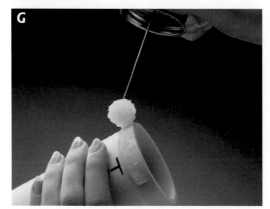

G

Appliquez une épaisse couche de colle à solvant sur l'extrémité du tuyau, et une fine couche sur la paroi intérieure de l'ouverture du raccord. Travaillez rapidement: la colle durcit en une trentaine de secondes.

H

Insérez rapidement le tuyau dans le raccord, en décalant d'environ 2 po les repères d'alignement. Poussez sur le tuyau jusqu'à ce qu'il s'appuie contre le fond de l'ouverture du raccord.

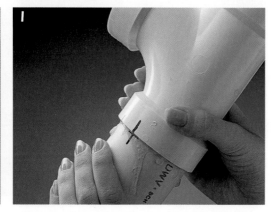

I

Faites tourner le tuyau jusqu'à ce que les repères d'alignement coïncident. Tenez fermement l'assemblage pendant une vingtaine de secondes. Essuyez l'excédent de colle avec un chiffon. Laissez le joint sécher pendant une demi-heure sans y toucher.

Le tuyau de fer galvanisé

On trouve souvent le tuyau de fer galvanisé dans les vieilles maisons, où il est utilisé pour l'alimentation en eau et pour les petites conduites d'évacuation. On le reconnaît à son zinguage qui lui donne une couleur argentée, et à ses raccords filetés.

Les tuyaux et les raccords de fer galvanisé finissent par rouiller avec le temps et doivent être remplacés. Une faible pression d'eau est peut-être le signe que de la corrosion s'est accumulée dans les tuyaux. Les obstructions se produisent généralement dans les coudes. N'essayez pas de nettoyer les tuyaux de fer galvanisé; remplacez-les.

On peut se procurer les tuyaux et les raccords de fer galvanisé dans la plupart des quincailleries et des maisonneries. Lorsque vous les achetez, précisez-en le diamètre intérieur. Des bouts de tuyaux filetés, appelés mamelons, sont offerts en longueurs de 1 po à 12 po. Si votre réparation requiert un tuyau plus long, demandez au quincaillier ou au commis du magasin de fournitures de plomberie de le couper à la longueur souhaitée et de le fileter.

Les vieilles tuyauteries en fer galvanisé sont parfois difficiles à réparer ou à remplacer. Lorsque les raccords rouillés se sont grippés, ce qui semblait être un petit travail peut rapidement devenir une longue corvée. Une fois un tuyau coupé, vous constaterez parfois que les tuyaux adjacents doivent aussi être remplacés. Si votre projet de rénovation doit modifier radicalement l'installation de plomberie, consultez un plombier; il pourrait être plus facile de remplacer les vieux tuyaux.

Lorsque vous démontez un parcours de tuyaux et de raccords, commencez à l'extrémité de celui-ci et détachez les pièces l'une après l'autre. Remplacer un bout de tuyau au milieu d'une tuyauterie peut devenir une tâche longue et fastidieuse. Cependant, un raccord à trois pièces, appelé raccord union, permet d'enlever un bout de tuyau ou un raccord sans devoir démonter toute la tuyauterie.

Pour enlever les tuyaux, servez-vous de deux clés : l'une sera fixe, l'autre mobile. Placez-les de manière que leurs mâchoires soient ouvertes dans des directions opposées, et déplacez les manches dans le sens de l'ouverture des mâchoires.

Ne confondez pas le fer galvanisé et le « fer noir », qui sont offerts dans des diamètres semblables et dont les raccords se ressemblent. Le fer noir est exclusivement destiné aux canalisations de gaz.

> **Outils :** scie alternative avec lame à métaux ou scie à métaux, brosse métallique, clés à tuyau, chalumeau au propane.
>
> **Matériel :** mamelons, bouchons, raccord union, pâte à joints, raccords de rechange (au besoin).

Conseils

Mesurez l'ancien tuyau avant de le remplacer. Ajoutez ¹/₂ po à chaque extrémité pour tenir compte des filets insérés dans le raccord. Servez-vous de cette mesure pour acheter les pièces.

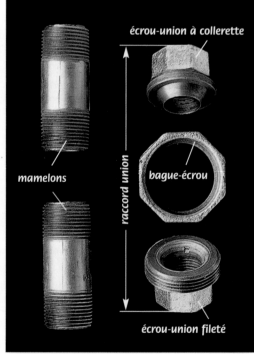

Utilisez un raccord union et deux mamelons filetés pour remplacer un vieux bout de tuyau. Une fois assemblés, le raccord union et les mamelons doivent avoir la même longueur que le bout de tuyau remplacé.

Remplacement d'un tronçon de tuyau en fer galvanisé

A

Coupez le tuyau de fer galvanisé à l'aide d'une scie alternative munie d'une lame à métaux ou à l'aide d'une scie à métaux.

B

Saisissez le raccord avec une clé à tuyau. Utilisez une autre clé pour dévisser le tuyau. Placez les clés de manière que leurs mâchoires s'ouvrent dans des directions opposées.

C

Enlevez les raccords rouillés à l'aide de deux clés à tuyau ; l'une servira à faire tourner le raccord, l'autre à immobiliser le tuyau. Nettoyez les filets avec une brosse métallique.

D

Chauffez pendant 5 à 10 secondes les raccords récalcitrants avec un chalumeau au propane pour en faciliter l'enlèvement. Protégez les matériaux combustibles à l'aide de deux tôles.

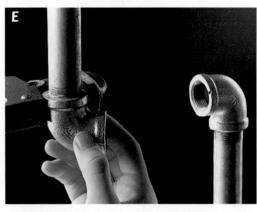

E

Appliquez uniformément de la pâte à joints sur les filets des tuyaux et des mamelons. Serrez les nouveaux raccords en vous servant de deux clés à tuyau. Laissez un écart de $\frac{1}{8}$ po par rapport à l'alignement.

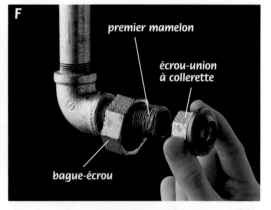

F

premier mamelon

écrou-union à collerette

bague-écrou

Vissez le premier mamelon dans le raccord ; serrez-le à l'aide d'une clé à tuyau. Glissez une bague-écrou sur le mamelon installé, puis vissez au mamelon l'écrou-union que vous serrez à l'aide d'une clé à tuyau.

G

deuxième mamelon

Vissez un deuxième mamelon sur l'autre raccord et serrez-le à l'aide d'une clé à tuyau.

H

écrou-union fileté

Vissez au deuxième mamelon l'écrou-union fileté et serrez-le. Alignez les tuyaux pour que la collerette de l'écrou-union puisse entrer dans l'écrou-union fileté.

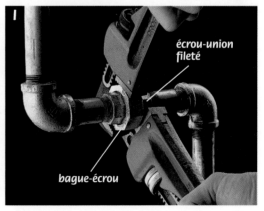

I

écrou-union fileté

bague-écrou

Terminez le raccordement en vissant la bague-écrou à l'écrou-union fileté. Serrez la bague-écrou.

Le tuyau de fonte

On installe rarement des tuyaux de fonte de nos jours, mais on les utilisait souvent autrefois dans les circuits d'évacuation. On reconnaît le tuyau de fonte à sa couleur foncée, à sa surface rugueuse et à son diamètre imposant, généralement de 3 po et plus.

On joint souvent les tuyaux de fonte à l'aide de raccords à emboîtement (étape A ci-dessous). Le bout droit d'un tuyau est alors enfoncé dans le bout évasé en tulipe de l'autre, et le joint est scellé avec un produit d'étanchéité (étoupe) et du plomb.

Il arrive que le raccord à emboîtement fuie et que les tuyaux rouillent. Dans ce cas, vous pouvez remplacer le raccord qui fuit par un tronçon de tuyau de plastique. Vous pouvez également joindre un nouveau tuyau d'évacuation à une colonne de chute en fonte à l'aide d'un raccord d'évacuation en plastique. Les principales étapes à franchir sont identiques dans les deux cas.

On se sert d'un raccord spécial à colliers pour joindre le nouveau tuyau de plastique à l'ancien tuyau de fonte. Le raccord à colliers est composé d'un manchon de néoprène, qui scelle le joint, et de colliers de serrage en acier inoxydable, qui tiennent

les tuyaux ensemble. Plusieurs types de ces raccords sont offerts sur le marché ; consultez votre code de plomberie pour déterminer lesquels sont approuvés dans votre localité.

C'est avec un outil de location, le coupe-tuyau à chaîne, que l'on coupe la fonte le plus facilement. Le mode d'emploi de cet outil varie selon le modèle ; vous suivrez donc les instructions fournies par le locateur. Sachez que si vous utilisez cet outil sur un vieux tuyau fragilisé, celui-ci peut se désagréger ou voler en éclats. Avant de procéder à la coupe, demandez à un expert d'inspecter le tuyau et de vous recommander la meilleure méthode à suivre.

La fonte est lourde : avant d'être coupé, le tuyau doit être soutenu de manière permanente de chaque côté de la ligne de coupe (voir photos à droite).

Outils : *craie, clé à molette, coupe-tuyau à chaîne, scie à métaux, clé à douille à cliquet.*

Matériel : *fixations de colonne montante ou supports à courroie, deux blocs de bois, vis à panneau mural de 2 ½ po, raccords à colliers, tuyau de plastique.*

supports
à courroie

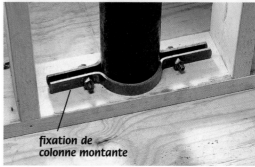

fixation de
colonne montante

Avant la coupe de la fonte, **installez un dispositif de soutien.** Veillez à ce qu'une conduite horizontale soit soutenue par des supports à courroie tous les 5 pi et à tous les raccordements (photo du haut), et à ce qu'une conduite verticale le soit à tous les étages et au-dessus de chaque coupe par des fixations de colonne montante (photo du bas).

Remplacement d'un tronçon de tuyau de fonte

A

raccord à
emboîtement

Sur le tuyau, tracez à la craie les lignes de coupe. Si vous remplacez un raccord à emboîtement, tracez ces lignes à au moins 6 po au-dessus et au-dessous du raccord.

B

Soutenez la partie inférieure du tuyau au moyen d'une fixation de colonne montante appuyée sur la sablière du mur ou sur le sol. Installez une fixation de colonne montante de 6 po à 12 po au-dessus de la partie de tuyau à remplacer. Fixez des cales aux poteaux avec des vis à panneau mural de 2 ½ po, de manière que la fixation de colonne repose sur le dessus des cales.

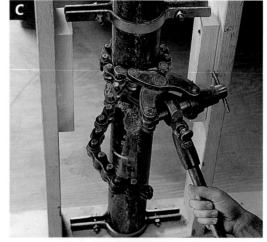

C

Enroulez la chaîne du coupe-tuyau autour du tuyau, en alignant les couteaux circulaires sur le trait de craie. En suivant les instructions du fabricant, serrez la chaîne puis faites céder le tuyau.

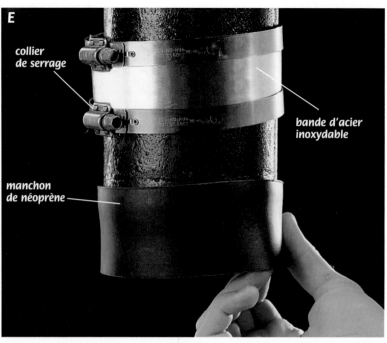

collier
de serrage

bande d'acier
inoxydable

manchon
de néoprène

Faites une seconde coupe, sur l'autre trait de craie, puis retirez le tronçon de tuyau coupé. Coupez un tronçon de tuyau de PVC ou d'ABS qui sera d'environ 1 po plus court que le tronçon de fonte enlevé (voir page 80).

Glissez sur chacune des extrémités du tuyau de fonte la bande d'acier et le manchon de néoprène d'un raccord à colliers. Assurez-vous que le tuyau de fonte repose bien sur la bague séparatrice moulée à l'intérieur du manchon (étape F).

bague
séparatrice

Repliez le bout de chaque manchon jusqu'à ce que la bague séparatrice moulée à l'intérieur soit visible. Placez le tuyau de plastique de manière qu'il soit aligné avec les tuyaux de fonte.

Dépliez le bout des manchons pour que ceux-ci recouvrent les extrémités du tuyau de plastique.

Glissez les bandes d'acier sur les manchons de néoprène. Serrez les colliers à l'aide d'une clé à douille à cliquet ou d'un tournevis.

Installation d'une nouvelle plomberie

Un grand projet de plomberie est une entreprise compliquée qui nécessite souvent des travaux de démolition et de menuiserie. Il se peut que la tuyauterie de la salle de bain ou celle de la cuisine soit hors service pendant plusieurs jours, le temps que vous acheviez votre travail; par conséquent, assurez-vous de pouvoir disposer d'autres locaux durant cette période.

Les projets de bricolage expliqués dans les pages suivantes font appel aux techniques de plomberie standard; mais vous devrez les adapter à vos besoins. Les diamètres de tuyaux et de raccords, la disposition des appareils sanitaires et la configuration des parcours de tuyau varient d'une maison à l'autre.

Avant d'entreprendre les travaux, tracez le plan détaillé de votre plomberie pour vous guider dans votre projet et pour être en mesure de demander les permis pertinents. Déterminez l'ampleur de votre projet et dressez un plan de travail, en tenant compte des dégagements réglementaires et de vos exigences de

confort. Bon nombre des exigences réglementaires sont précisées aux pages 88 à 92. Comme pour tout autre projet de construction, consultez toujours le code du bâtiment de votre localité avant de finaliser vos plans.

Pour que votre projet soit mené à bien sans retards inutiles, achetez beaucoup de tuyaux et de raccords – au moins le quart de plus que ce dont vous prévoyez avoir besoin. Si vous devez interrompre constamment votre travail pour aller acheter telle ou telle pièce manquante, vous serez vite irrité, et la réalisation de votre projet risque d'être retardée de plusieurs heures. Achetez tout votre matériel chez un fournisseur de bonne réputation, qui accepte les retours.

Dans le calendrier d'exécution de votre projet, tenez compte des inspections. Sachez si l'inspecteur exigera ou non un essai de pression sur la nouvelle tuyauterie; si l'essai est requis, faites votre propre essai à l'avance (voir page 93).

Plan de votre installation de plomberie

Un plan de votre plomberie vous permettra de vous familiariser avec sa configuration et pourra vous aider à planifier vos projets de rénovation.

Armé d'un bon plan, vous trouverez plus facilement l'endroit idéal où installer un nouvel appareil et serez en mesure de concevoir plus efficacement les nouveaux parcours de tuyaux. Le plan vous sera également utile dans les cas d'urgence, lorsque vous devrez repérer rapidement un tuyau qui a éclaté ou qui fuit.

Dressez un plan de plomberie pour chaque étage de la maison, en vous servant des plans d'origine de la maison ou de vos propres schémas (voir pages 18-19). Sur du papier calque, convertissez le tracé du périmètre de chaque étage, afin de pouvoir superposer les schémas et d'être en mesure de lire l'information indiquée sur les feuilles du dessous.

Vous pouvez dessiner les murs plus larges qu'ils ne le sont pour pouvoir y marquer tous les symboles de plomberie, mais les dimensions globales des pièces ainsi que les appareils sanitaires doivent rester à l'échelle. Vous trouverez le papier calque et le gabarit à tracer le symbole des appareils dans un magasin de matériel à dessin.

N'oubliez pas de dresser les plans du sous-sol et du grenier.

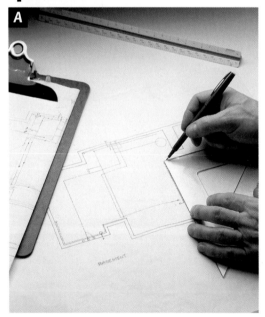

Dressez le plan de votre plomberie en utilisant un diagramme pour chaque étage de la maison, en commençant par le sous-sol. Indiquez l'emplacement du compteur d'eau de la canalisation d'alimentation principale. Si votre maison ne comporte pas de sous-sol, commencez votre plan au compteur d'eau ou au chauffe-eau.

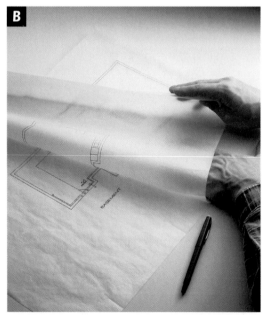

Sur du papier calque, tracez un plan pour chaque étage. Terminez le plan d'un étage, puis superposez-y le plan de l'étage suivant. Reportez l'emplacement des tuyaux qui courent d'un étage à l'autre.

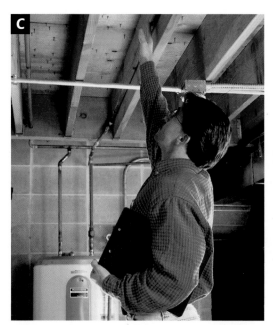

C

Repérez tous les parcours d'alimentation en eau en suivant le tuyau d'alimentation en eau froide relié au compteur d'eau. Suivez tous les tuyaux de dérivation d'alimentation en eau froide jusqu'à l'endroit où ils sont raccordés à un robinet, à un appareil ou à une colonne montant à l'étage supérieur.

D

Déterminez le chemin emprunté par les tuyaux d'alimentation verticaux en mesurant l'écart entre le mur extérieur et ces tuyaux; comparez cet écart avec celui qui sépare l'appareil de l'étage supérieur et le même mur. Si les mesures ne correspondent pas, c'est qu'il y a un déport caché le long du parcours.

E

Repérez tous les robinets installés sur les tuyaux d'alimentation et indiquez leur position sur le plan. Vous pourrez ainsi couper l'alimentation des tuyaux sur lesquels vous travaillez tout en laissant les autres alimentés. Servez-vous des symboles normalisés (tableau de droite) pour identifier les divers types de robinets (voir page 66).

F

Dressez le plan de tous les tuyaux d'évacuation et d'évent, en partant de la colonne de chute se trouvant dans le sous-sol. Prenez note des tuyaux d'évacuation horizontaux de tous les étages et des endroits où les tuyaux d'évacuation verticaux traversent les planchers. Indiquez aussi la position des colonnes d'évacuation secondaires (généralement des tuyaux verticaux de 2 po situés près de l'évier de service du sous-sol ou sous la cuisine).

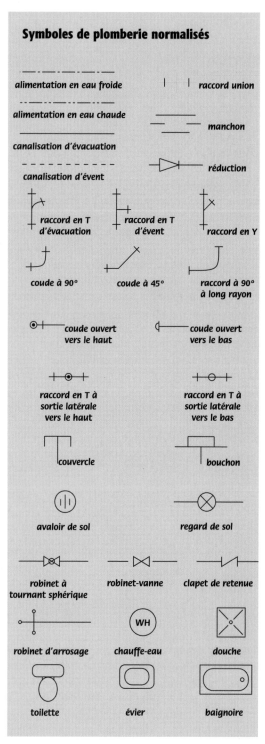

Symboles de plomberie normalisés

alimentation en eau froide	raccord union
alimentation en eau chaude	manchon
canalisation d'évacuation	réduction
canalisation d'évent	
raccord en T d'évacuation	raccord en T d'évent	raccord en Y
coude à 90°	coude à 45°	raccord à 90° à long rayon
coude ouvert vers le haut	coude ouvert vers le bas
raccord en T à sortie latérale vers le haut	raccord en T à sortie latérale vers le bas
couvercle	bouchon
avaloir de sol	regard de sol
robinet à tournant sphérique	robinet-vanne	clapet de retenue
robinet d'arrosage	chauffe-eau (WH)	douche
toilette	évier	baignoire

CONSEIL: Utilisez les symboles de plomberie normalisés pour indiquer sur votre plan les éléments de votre plomberie. Ils vous aideront, vous et l'inspecteur, à suivre les raccordements et les transitions.

Codes de plomberie et permis

Le code de plomberie, c'est l'ensemble des règlements dont les inspecteurs en bâtiment se servent pour évaluer les plans de vos projets et la qualité de votre travail. Les codes varient d'une province à l'autre, mais la plupart sont basés sur le *Code national de la plomberie*, publié par la Commission canadienne des codes du bâtiment et de prévention des incendies.

Ce code doit être adopté par une autorité compétente pour avoir force de loi. Il est soit adopté sans modifications comme règlement de construction d'une province, d'un territoire ou d'une municipalité, soit modifié pour être adapté aux besoins locaux.

Vous pouvez vous procurer le code dans une librairie. Cependant, il s'agit d'un ouvrage très technique, de lecture ardue. Il existe également des «guides», destinés aux bricoleurs, plus faciles à comprendre et contenant souvent de nombreuses photos.

Rappelez-vous que le code de votre province a toujours priorité sur le code national. Dans certains cas, les exigences du code provincial sont plus sévères. L'inspecteur en bâtiment de votre localité pourra vous renseigner sur la réglementation s'appliquant à votre projet.

Pour garantir la sécurité publique, votre collectivité exige que vous obteniez un permis pour la plupart de vos projets de plomberie. Lorsque vous demanderez votre permis municipal, le responsable du service voudra examiner trois plans de votre projet de plomberie : celui du terrain, celui du réseau d'alimentation en eau, ainsi que celui du réseau d'évacuation et d'évent. Si le responsable estime que votre projet répond aux exigences réglementaires, il vous délivrera un permis de plomberie, lequel constitue une autorisation légale d'entreprendre les travaux. Avant l'achèvement des travaux, l'inspecteur se rendra chez vous pour examiner l'installation.

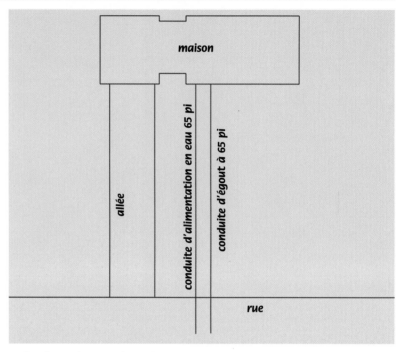

Le **plan du terrain** montre la position des conduites d'alimentation et d'égout par rapport au jardin et à la maison. Les distances séparant les fondations de la maison de la conduite d'alimentation en eau et de la conduite d'égout devraient y être indiquées.

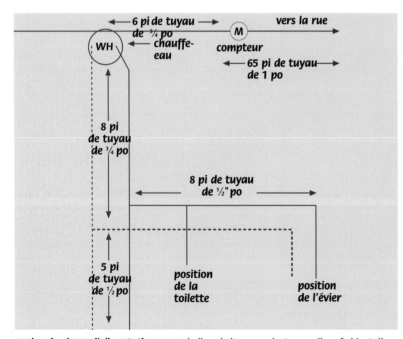

Le **plan du réseau d'alimentation en eau** indique la longueur des tuyaux d'eau froide et d'eau chaude ainsi que la position relative des appareils sanitaires. L'inspecteur s'en servira pour déterminer le diamètre requis pour les nouveaux tuyaux d'alimentation.

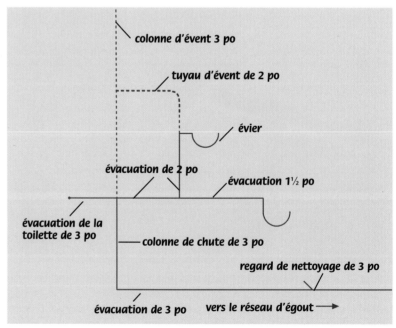

Le **plan du réseau d'évacuation et d'évent** représente les parcours des tuyaux d'évacuation et d'évent. Indiquez la longueur des tuyaux d'évacuation ainsi que les distances séparant les appareils sanitaires. L'inspecteur se servira de ce plan pour déterminer si vous avez ou non choisi des siphons, des tuyaux d'évacuation et des tuyaux d'évent de diamètre adéquat.

Diamètre des tuyaux de distribution d'eau

Appareil	Facteur d'alimentation	Diamètre du branchement arrivant au compteur d'eau	Diamètre du tuyau de distribution partant du compteur d'eau	Longueur maximale (pi) – total des facteurs d'alimentation					
				40	**60**	**80**	**100**	**150**	**200**
Toilette	3								
Lavabo	1								
Douche	2	¾ po	½ po	9	8	7	6	5	4
Baignoire	2								
Lave-vaisselle	2	¾ po	¾ po	27	23	19	17	14	11
Évier de cuisine	2	¾ po	1 po	44	40	36	33	28	23
Lave-linge	2								
Évier de service	2	1 po	1 po	60	47	41	36	30	25
Robinet d'arrosage extérieur	3	1 po	1¼ po	102	87	76	67	52	44

Les tuyaux de distribution d'eau sont les tuyaux principaux qui courent dans la maison à partir du compteur d'eau et auxquels sont branchés les tuyaux secondaires alimentant les divers appareils. Déterminez le diamètre des tuyaux de distribution en calculant la charge hydraulique totale exprimée en «facteurs d'alimentation» ainsi que la longueur totale des tuyaux d'alimentation, à partir du branchement situé près de la rue, en passant par le compteur d'eau, jusqu'à l'appareil le plus éloigné. Servez-vous ensuite du second tableau pour calculer le diamètre minimum des tuyaux de distribution d'eau. Sachez que le facteur d'alimentation dépend en partie du diamètre de la conduite acheminant l'eau vers le compteur.

Diamètre des tuyaux de dérivation et des tubes d'alimentation

Appareil	Diamètre minimum du tuyau de dérivation	Diamètre minimum du tube d'alimentation
Toilette	½ po	⅜ po
Lavabo	½ po	⅜ po
Douche	½ po	½ po
Baignoire	½ po	½ po
Lave-vaisselle	½ po	½ po
Évier de cuisine	½ po	½ po
Lave-linge	½ po	½ po
Évier de service	½ po	½ po
Robinet d'arrosage extérieur	¾ po	s.o.
Chauffe-eau	¾ po	s.o.

Les **tuyaux de dérivation** sont les tuyaux d'alimentation qui partent des tuyaux de distribution pour aboutir à chaque appareil. Les **tubes d'alimentation** sont les petits tuyaux de vinyle, de cuivre chromé ou de mailles qui relient les appareils aux tuyaux de dérivation. Choisissez le format des uns et des autres en vous basant sur le tableau ci-dessus.

Exigences relatives aux robinets

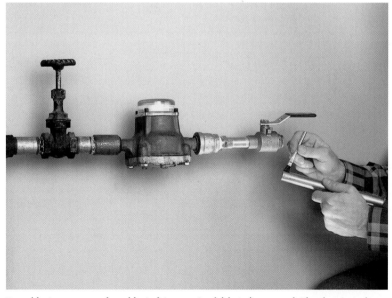

Des **robinets-vannes ou des robinets à tournant sphérique à passage intégral** sont requis aux endroits suivants: des deux côtés du compteur d'eau ainsi que sur les tuyaux d'entrée du chauffe-eau et de la chaudière. Chacun des appareils de la maison devrait être muni d'un robinet d'arrêt accessible, mais pas nécessairement à passage intégral. Chaque robinet d'arrosage extérieur doit être commandé par un robinet installé dans la maison.

Codes de plomberie et permis (suite)

Prévention des coups de bélier

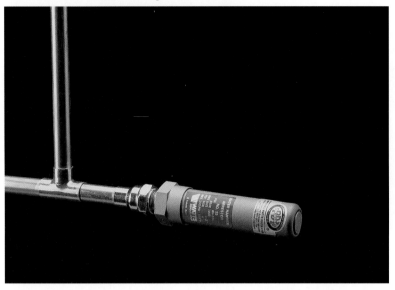

L'installation d'un **antibélier** pourrait être exigée par le code. Le coup de bélier se produit lorsqu'une vanne rapide, telle celle d'un lave-linge, fait vibrer un tuyau contre un élément de charpente. L'antibélier fonctionne comme un amortisseur de chocs et est muni d'une membrane interne étanche. Il se monte sur un raccord en T qu'il faut installer à proximité de l'appareil déclencheur.

Dispositif antisiphon

Un **casse-vide** doit être installé sur tous les robinets d'arrosage intérieurs ou extérieurs ainsi que sur tous les tuyaux de dérivation extérieurs qui sont enfouis. Il empêche l'eau contaminée d'être aspirée dans un tuyau d'alimentation dans le cas où la pression d'eau de la conduite principale d'alimentation tomberait brusquement.

Éléments de charpente : diamètre maximal des trous et profondeur maximale des entailles

Élément de charpente	Diamètre maximal des trous	Profondeur maximale des entailles
2 po × 4 po poteau porteur	$1^7/_{16}$ po	$^7/_8$ po
2 po × 4 po poteau non porteur	$2^1/_2$ po	$1^7/_{16}$ po
2 po × 6 po poteau porteur	$2^1/_4$ po	$1^3/_8$ po
2 po × 6 po poteau non porteur	$3^5/_{16}$ po	$2^3/_{16}$ po
2 po × 6 po solive	$1^1/_2$ po	$^7/_8$ po
2 po × 8 po solive	$2^3/_8$ po	$1^1/_4$ po
2 po × 10 po solive	$3^1/_{16}$ po	$1^1/_2$ po
2 po × 12 po solive	$3^3/_4$ po	$1^7/_8$ po

Ce tableau des éléments de charpente indique le diamètre maximal des trous et la profondeur maximale des entailles qui peuvent être faits dans les poteaux et solives durant l'installation des tuyaux. Si possible, préférez les entailles aux trous ; l'installation des tuyaux en sera facilitée. Si vous pratiquez un trou, laissez au moins $^5/_8$ po de bois entre le bord du poteau et le trou, et au moins 2 po entre le bord de la solive et le trou. On ne doit pas faire d'entaille sur le tiers médian de la longueur d'une solive, mais seulement sur l'un des tiers terminaux. Lorsque deux tuyaux traversent un poteau, ils doivent être placés l'un au-dessus de l'autre et non pas côte à côte. **NOTE :** Ce tableau est un outil général de référence ; les limites indiquées pourraient ne pas être conformes à tous les codes du bâtiment. Consultez le service des bâtiments de votre localité pour connaître la réglementation qui s'y applique.

Regards de nettoyage

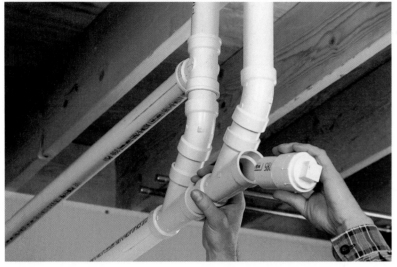

Les **regards de nettoyage** facilitent l'entretien de votre système d'évacuation. Dans la plupart des régions, le code requiert l'installation d'un regard à l'extrémité de chacun des tuyaux d'évacuation horizontaux. Sur les parcours horizontaux inaccessibles, l'installation d'un siphon amovible suffira.

Facteurs d'évacuation et diamètre des siphons

Appareil	Facteurs d'évacuation	Diamètre minimum du siphon
Douche	2	2 po
Lavabo	1	1¼ po
Baignoire	2	1½ po
Lave-vaisselle	2	1½ po
Évier de cuisine	2	1½ po
Évier de cuisine*	3	1½ po
Lave-linge	2	1½ po
Évier de service	2	1½ po
Avaloir de sol	1	2 po

*Évier équipé d'un broyeur à déchets

Le **diamètre minimum** d'un siphon est déterminé en fonction du facteur d'évacuation de l'appareil. Il s'agit d'une mesure attribuée par le code. Note : Le facteur d'évacuation d'un évier de cuisine équipé d'un broyeur est de 3 ; autrement, il est de 2.

Intervalle minimum des supports de tuyau

Type de tuyau	Intervalle vertical des supports	Intervalle horizontal des supports
Cuivre	6 pi	10 pi
ABS	4 pi	4 pi
PVCC	3 pi	3 pi
PVC	4 pi	4 pi
Fer galvanisé	12 pi	15 pi
Fonte	5 pi	15 pi

L'**intervalle minimum** entre les supports d'un tuyau est déterminé en fonction du type de tuyau et de son orientation dans la plomberie. N'utilisez que des supports et attaches faits du même matériau que le tuyau soutenu (ou d'un matériau compatible). Rappelez-vous que les intervalles du tableau sont des valeurs minimales ; beaucoup de plombiers installent les supports à des intervalles beaucoup plus courts.

Diamètre des tuyaux d'évacuation verticaux et horizontaux

Diamètre du tuyau	Nombre maximal de facteurs pour un tuyau d'évacuation horizontal	Nombre maximal de facteurs pour un tuyau d'évacuation vertical (colonne)
1¼ po	1	2
1½ po	3	4
2 po	6	10
2½ po	12	20
3 po	20	30
4 po	160	240

Le **diamètre d'un tuyau d'évacuation** est déterminé par la charge hydraulique que subit le tuyau et qui s'exprime en facteurs d'évacuation. Les tuyaux d'évacuation horizontaux dont le diamètre est inférieur à 3 po doivent décrire une pente de ¼ po par pied de course horizontale, en direction de la colonne de chute. Lorsque le diamètre est de 3 po ou plus, la pente doit être de ⅛ po par pied. **NOTE :** Le diamètre des tuyaux d'évacuation horizontaux ou verticaux d'une toilette doit être de 3 po au minimum.

Codes de plomberie et permis (suite)

Diamètre des tuyaux d'évent et distances critiques

Diamètre du tuyau d'évacuation de l'appareil	Diamètre minimum du tuyau d'évent	Distance maximum entre le siphon et l'évent
1¼ po	1¼ po	2½ pi
1½ po	1¼ po	3½ pi
2 po	1½ po	5 pi
3 po	2 po	6 pi
4 po	3 po	10 pi

Le format d'un **tuyau d'évent** correspond généralement au format immédiatement inférieur à celui du tuyau d'évacuation auquel il est raccordé. Le code exige que la distance séparant le siphon de l'évent soit comprise à l'intérieur d'une «distance critique» maximale, laquelle dépend du diamètre du tuyau d'évacuation de l'appareil. Servez-vous du tableau ci-dessus pour déterminer le diamètre minimum du tuyau d'évent ainsi que la distance critique maximale.

Orientation du tuyau d'évent

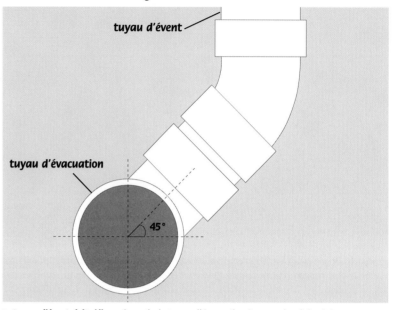

Le **tuyau d'évent doit s'élever** à partir du tuyau d'évacuation à un angle minimal de 45° par rapport à l'horizontale, afin que les eaux usées ne puissent entrer dans le tuyau d'évent et l'obstruer. À l'autre extrémité, un nouveau tuyau d'évent doit se raccorder à un tuyau d'évent existant ou à la colonne de chute à un point situé à au moins 6 po de hauteur par rapport à l'appareil le plus élevé qui s'évacue dans le réseau.

Évent mouillé

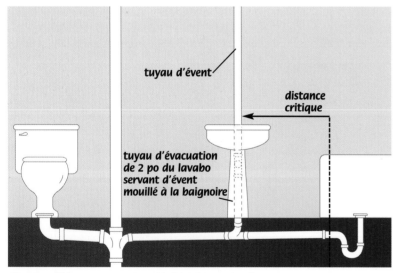

L'**évent mouillé** est un tuyau qui sert à la fois à l'évacuation d'un appareil et à l'évent d'un autre. Le diamètre de l'évent mouillé dépend du total des facteurs d'évacuation des appareils qui y sont reliés (voir pages 89 et 91): un évent mouillé de 3 po convient à un total de 12 facteurs d'évacuation, celui de 2 po à 4 facteurs, et celui de 1 ½ po à 1 facteur. **NOTE:** La distance séparant l'appareil muni d'un évent mouillé de l'évent mouillé lui-même ne doit pas être supérieure à la distance critique maximale.

Évent secondaire

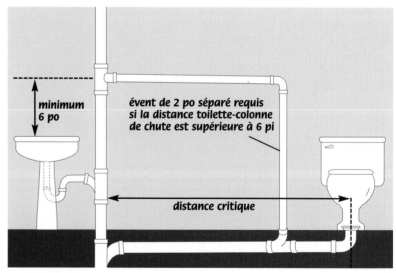

Les **appareils** doivent être munis d'un évent secondaire si la distance les séparant de la colonne de chute est supérieure à la distance critique maximale. Cet évent secondaire doit être raccordé à la colonne ou à un tuyau d'évent existant à un point situé à au moins 6 po de hauteur par rapport à l'appareil le plus élevé du réseau.

Essai d'étanchéité des nouveaux tuyaux

Lorsque l'inspecteur en bâtiment vient examiner votre nouvelle plomberie, il pourrait vous demander d'exécuter sous ses yeux un essai de pression sur canalisations d'évacuation et d'alimentation. L'inspection et l'essai doivent être effectués après l'installation de la plomberie, mais avant que les panneaux muraux ne cachent les tuyaux. Pour vous assurer que tout se déroulera bien, faites un essai à l'avance, de manière à pouvoir repérer et réparer toute fuite avant la visite de l'inspecteur.

On vérifie le réseau d'évacuation en bouchant les nouveaux tuyaux d'évacuation et d'évent, et en mettant le réseau sous pression d'air pour voir s'il fuit ou non. Aux points de raccordement des appareils, les tuyaux d'évacuation peuvent être scellés ou bouchés à l'aide de ballons destinés aux essais. Vous pouvez louer la pompe à air, le manomètre et les ballons.

En ce qui concerne les canalisations d'alimentation, l'essai est simple : ouvrez l'eau et vérifiez l'étanchéité des raccordements. Si vous repérez une fuite, vidangez les tuyaux et brasez de nouveau le joint non étanche.

Un **manomètre** et une **pompe à air** servent à l'essai d'étanchéité des canalisations d'évacuation. Il faut d'abord boucher tous les points de raccordement aux appareils ainsi qu'à la colonne de chute. Dans un raccord pour regard de nettoyage, insérez un ballon spécial (weenie) muni d'un manomètre et d'une valve de gonflage. Attachez une pompe à air à la valve et mettez les tuyaux à une pression de 5 lb/po². Le système sera considéré comme étanche par l'inspecteur s'il retient cette pression pendant 15 minutes.

Essai des nouveaux tuyaux d'évacuation

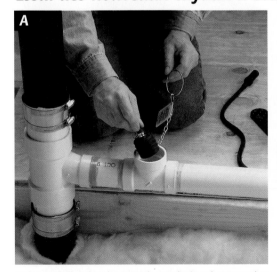

A

Insérez un ballon dans les raccords en T situés en haut et en bas de la nouvelle canalisation d'évacuation, de manière à obstruer complètement les tuyaux. **NOTE:** Pour l'essai, on se sert généralement des raccords en T ordinaires installés près de la base de la conduite d'évacuation et près du haut de la conduite d'évent. Pour l'évacuation de la toilette, utilisez un ballon de plus grande dimension que vous gonflerez avec une pompe à air.

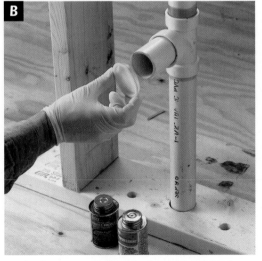

B

Bouchez les autres raccordements d'appareils à l'aide de couvercles d'essai et de colle à solvant. S'il y a perte de pression dans le circuit d'évacuation, vérifiez l'étanchéité de chaque raccordement en l'enduisant d'eau savonneuse. Si des bulles se forment, c'est que le joint fuit. Enlevez le raccord en le découpant et installez-en un nouveau, en utilisant des bouts de tuyau, des manchons et de la colle à solvant.

C

Après l'inspection réglementaire et l'approbation de la tuyauterie d'évacuation, retirez les ballons et refermez l'ouverture des raccords en T ayant servi à l'essai avec des couvercles et de la colle à solvant. Enlevez les couvercles d'essai à coups de marteau.

Câblage

Beaucoup de projets de rénovation requièrent l'exécution de travaux d'électricité. Bien entendu, vous pouvez confier ceux-ci à un électricien, mais, si vous comprenez les principes de base de votre installation électrique, vous pourrez réaliser vous-même bon nombre de ces travaux.

La présente section porte sur les éléments d'une installation électrique (pages 94 à 98), sur les outils et le matériel requis par les projets de câblage (pages 99 à 103), et sur la planification du projet (pages 104 à 107). Vous y trouverez également des conseils d'installation des dispositifs électriques ainsi que 15 plans de circuit (pages 108 à 115) illustrant les configurations de câblage courantes.

Éléments de câblage

Installation électrique résidentielle

Avant d'entreprendre un projet nécessitant des travaux d'électricité, assurez-vous de comprendre les principes de fonctionnement de votre installation électrique.

La *tête de branchement* (photo à droite) ancre les *fils de service* qui alimentent votre maison. Le courant de 240 V est acheminé par trois fils ; deux de ces fils transportent un courant de 120 V chacun, et le troisième est un fil neutre mis à la terre.

Le *compteur électrique* mesure la consommation d'électricité du foyer, exprimée en watts. Généralement fixé sur un mur extérieur de la maison, il est relié soit à la tête de branchement, soit aux câbles d'alimentation enfouis.

Le *tableau de distribution principal,* parfois appelé coffret de fusibles ou panneau de disjoncteurs, distribue le courant vers les circuits dérivés. Chaque fusible ou disjoncteur est conçu de manière à couper l'alimentation du circuit en cas de surcharge ou de court-circuit.

NOTE : Les fils arrivant à la tête de branchement, au compteur électrique et au tableau de distribution principal sont toujours sous tension, sauf si le fournisseur d'électricité interrompt l'alimentation. Ne tentez jamais d'inspecter ou de réparer ces dispositifs ; si vous pensez qu'ils sont défectueux, appelez le fournisseur d'électricité.

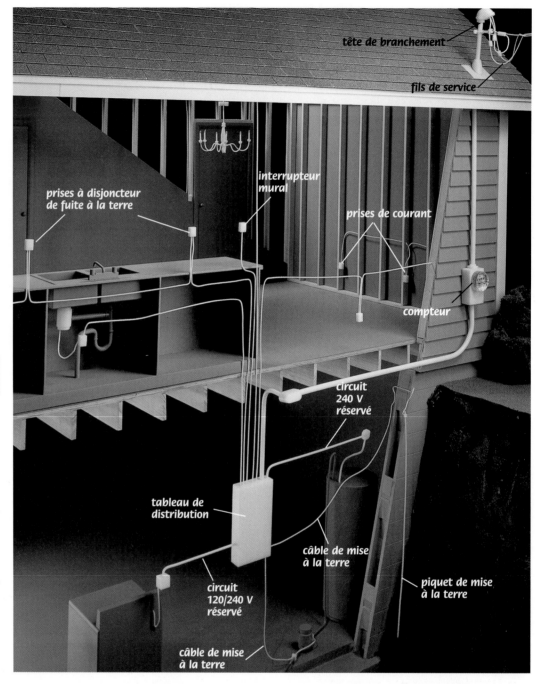

tête de branchement

fils de service

prises à disjoncteur de fuite à la terre

interrupteur mural

prises de courant

compteur

circuit 240 V réservé

tableau de distribution

câble de mise à la terre

piquet de mise à la terre

circuit 120/240 V réservé

câble de mise à la terre

Les *boîtes électriques* servent à enfermer les jonctions des fils. Le code canadien de l'électricité exige que toutes les jonctions de fils et épissures de câbles soient contenues dans une boîte électrique de plastique ou de métal.

La *prise de courant* permet le branchement d'un appareil. Les installations électriques effectuées après 1965 comportent surtout des prises de 125 V et 15 A à trois ouvertures.

L'*interrupteur* commande le passage du courant dans les fils alimentant les luminaires, appareils et prises. Les luminaires sont directement reliés aux circuits.

Le *câble de mise à la terre* relie l'installation électrique à la terre, par l'intermédiaire d'un tuyau d'eau métallique ou d'un piquet de mise à la terre. En cas de surcharge ou de court-circuit, il dirige sans danger l'excès de courant vers la terre.

Le circuit

Selon le *Petit Robert,* un *circuit* est une «suite ininterrompue de conducteurs électriques». L'électricité part du tableau de distribution, se propage dans le circuit, et revient ensuite à son point de départ. Pour que le circuit fonctionne correctement, cette suite doit rester ininterrompue.

Le courant part vers les appareils électriques en suivant des conducteurs sous tension et revient au tableau de distribution par les fils neutres. Il existe un code de couleurs pour ces deux types de fils : les fils sous tension sont rouges ou noirs ; les fils neutres sont blancs ou gris pâle.

La plupart des circuits comportent également un fil de cuivre nu ou à gaine verte pour la mise à la terre. Ce fil réduit les risques de choc électrique et, en cas de surcharge ou de court-circuit, dissipe l'excédent de courant.

La capacité d'un circuit est cotée en fonction de la quantité de courant que celui-ci peut transporter sans surchauffe. Si les appareils raccordés à un circuit requièrent plus de courant qu'il ne peut en transporter, un fusible grillera ou un disjoncteur se déclenchera automatiquement pour couper le circuit.

Généralement, un grand nombre d'interrupteurs, de prises de courant, de luminaires ou d'appareils sont reliés à chacun des circuits ; une mauvaise connexion quelque part dans ces appareils peut faire en sorte que l'électricité s'échappe des fils. La réduction de la résistance ainsi provoquée déclenche le fusible ou le disjoncteur, et l'électricité cesse de courir dans le circuit.

Après avoir traversé les appareils électriques, le courant retourne au tableau de distribution en suivant le fil neutre du circuit. Là, il rejoint un fil du circuit principal et quitte la maison le long du fil de service neutre qui le renvoie au transformateur attaché au poteau du fournisseur d'électricité.

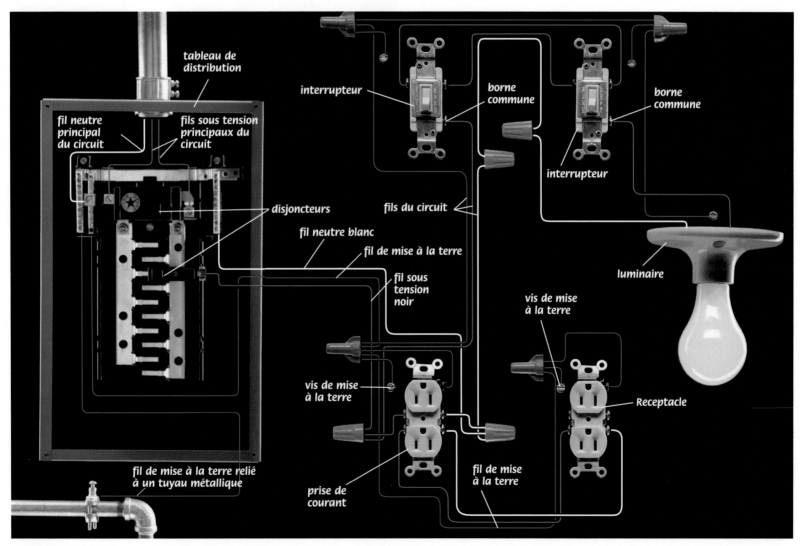

Les **circuits** transportant le courant dans la maison forment des boucles fermées. Le courant entre dans le circuit en suivant des conducteurs sous tension (illustrés en rouge) et revient au tableau de distribution par des fils neutres (blancs). Pour plus de sécurité, le circuit comporte également des fils de mise à la terre (verts).

Mise à la terre et polarisation

L'électricité cherche toujours à retourner à sa source et à former une boucle. Dans un câblage résidentiel, les fils neutres (généralement à gaine blanche) fournissent au courant cette voie de retour au tableau de distribution.

Durant vos travaux d'électricité, n'oubliez jamais que le courant cherche toujours la voie offrant la moindre résistance. Si vous touchez à un dispositif, outil ou appareil en état de court-circuit, le courant pourrait tenter de retourner à sa source en traversant votre corps.

Les fils de mise à la terre sont destinés à réduire ce risque au minimum en fournissant au courant une voie sûre et facile de retour à la source. Si vous touchez à un dispositif en état de court-circuit mais comportant un fil de mise à la terre correctement installé, le risque de choc électrique s'en trouve considérablement réduit.

Depuis 1920, la plupart des installations électriques comportent un autre élément de sécurité : des prises qui acceptent des fiches polarisées. Même s'il ne s'agit pas là d'une vraie méthode de mise à la terre, la polarisation fait en sorte que le courant circule dans les bons fils du circuit.

Durant les années 1940, on a installé dans beaucoup de maisons des câbles armés (parfois appelés câbles BX ou Greenfield). Ce type de câble est entouré d'une armature métallique qui, une fois raccordée à une boîte de jonction métallique, fournit au courant une véritable voie de mise à la terre vers le tableau de distribution.

Depuis 1965, la plupart des installations électriques recourent à un câble NM (à gaine non métallique), lequel contient un fil de cuivre nu ou à gaine verte qui sert de fil de mise à la terre des surcharges de courant. Ces circuits sont généralement munis de prises de courant à trois trous comportant une connexion directe au fil de mise à la terre. Cela protège les appareils, les outils et les personnes contre les courts-circuits.

Si une prise à deux trous est raccordée à une boîte mise à la terre, vous pouvez y brancher une fiche à trois broches en utilisant une fiche d'adaptation. Pour brancher cet adaptateur à la boîte mise à la terre, attachez le court fil ou la boucle de mise à la terre de l'adaptateur à la vis de montage de la plaque.

Une autre précaution consiste à utiliser des outils à double isolation ; ceux-ci sont munis de boîtiers en plastique non conducteur qui préviennent les chocs causés par les courts-circuits. Grâce à cette caractéristique, les outils à double isolation peuvent être utilisés sans danger avec les prises de courant à deux trous.

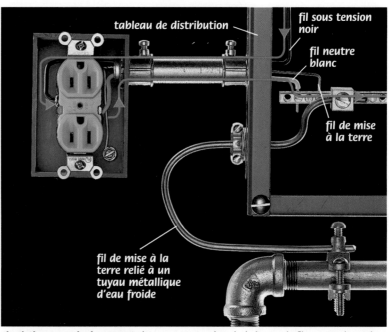

Circulation normale du courant : le courant entre dans la boîte par le fil sous tension noir et retourne au tableau de distribution par le fil neutre blanc. Toute surintensité est conduite vers la terre par le fil de mise à la terre attaché à une conduite d'eau métallique ou à un piquet de mise à la terre.

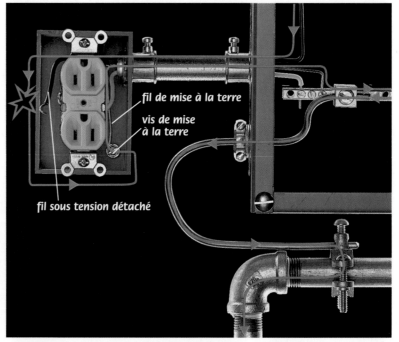

Court-circuit : Le courant est détourné à cause d'un fil détaché entrant en contact avec la boîte métallique. Le fil de mise à la terre capte le courant et le dirige de façon sécuritaire vers le tableau de distribution ; de là, il retourne à sa source le long d'un fil de service neutre ou bien se dissipe dans la terre grâce au dispositif de mise à la terre.

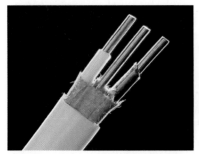

Le **câble NM (à gaine non métallique)** contient un fil de cuivre nu qui assure la mise à la terre.

Le **câble armé (BX ou Greenfield)** est muni d'une enveloppe métallique servant de voie de mise à la terre.

Tableaux de distribution

Le tableau de distribution à disjoncteurs fournissant 100 A ou davantage est courant dans les installations électriques réalisées à partir des années 1960. Il est généralement contenu dans un coffret métallique gris renfermant deux rangées de disjoncteurs. L'intensité nominale du tableau est indiquée en ampères sur le disjoncteur principal, situé au-dessus des deux rangées.

Le tableau de 100 A constitue aujourd'hui la norme minimale pour la construction de la plupart des nouvelles maisons. Il convient aux maisons de dimensions moyennes où l'on utilise jusqu'à trois gros appareils électriques. Les maisons plus grandes, ou celles où l'on utilise un plus grand nombre de gros appareils, requièrent un tableau de distribution de 150 A ou plus.

Si votre tableau de distribution principal ne comporte pas suffisamment de fentes libres pour les disjoncteurs des nouveaux circuits prévus, demandez à un électricien d'installer un tableau de distribution secondaire. Alimenté par un disjoncteur bipolaire logé dans le tableau principal, il distribuera le courant dans les nouveaux circuits.

Pour couper l'alimentation d'un circuit donné, placez à la position d'arrêt OFF le levier du disjoncteur correspondant. Pour couper le courant dans toute la maison, placez le levier du disjoncteur principal à la position d'arrêt OFF.

Le tableau de distribution de 60 A à fusibles, courant dans les installations datant d'entre 1950 et 1965, est généralement contenu dans un coffret métallique gris; il comprend quatre fusibles à culot ainsi qu'un ou deux blocs-fusibles pour fusibles à cartouche.

Ce type de tableau convient aux petites maisons (jusqu'à 1 100 pi^2) où l'on n'utilise qu'un seul gros appareil à 240 V. Bon nombre de propriétaires augmentent à 100 A la capacité de leur installation afin de pouvoir y ajouter des circuits.

Pour couper l'alimentation d'un circuit, dévissez avec précaution le fusible à culot correspondant, en ne touchant qu'à sa bordure isolée. Pour couper le courant dans toute la maison, saisissez la poignée du bloc-fusibles principal et tirez-le avec force pour le dégager. Pour couper l'alimentation du circuit du gros appareil, arrachez de la même manière le bloc-fusibles du circuit.

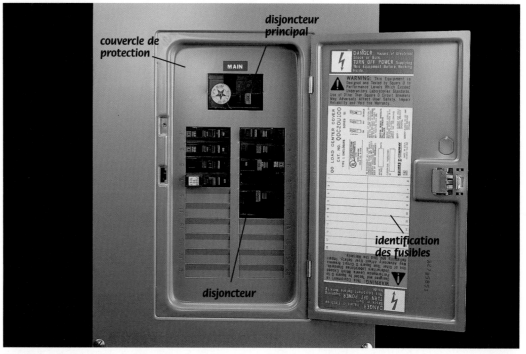

Un **tableau de distribution à disjoncteurs** de 100 A ou plus contient deux rangées de disjoncteurs individuels. La capacité du tableau est indiquée sur le disjoncteur principal.

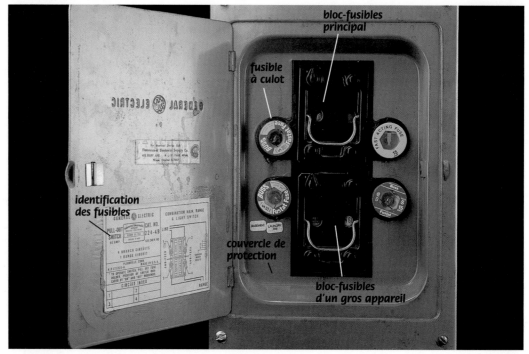

Un **tableau de distribution de 60 A à fusibles** contient quatre fusibles à culot, ainsi qu'un ou deux blocs-fusibles. Ce tableau convient aux petites maisons où l'on n'utilise qu'un seul gros appareil à 240 V.

Règles de sécurité

Avant de commencer le travail, coupez le courant au tableau de distribution. Mettez à la position OFF le disjoncteur du circuit sur lequel vous travaillez.

Sur le tableau de distribution, affichez un message pour que personne ne rétablisse le courant. Ne rétablissez le courant qu'une fois le travail fini.

Après avoir coupé le courant au tableau de distribution, servez-vous d'un vérificateur de tension pour vous assurer que la prise n'est plus alimentée.

Vérifiez la prise une deuxième fois : placez l'une des sondes du vérificateur sur une borne de laiton, et l'autre sur une borne argentée.

Le courant électrique impose ses propres règles. Si vous les respectez et prenez quelques précautions élémentaires, vous devriez être à l'abri du danger.

Avant de commencer, coupez le courant dans la zone de travail. Sur le tableau de distribution principal, retirez le fusible ou déclenchez le disjoncteur commandant l'alimentation du circuit concerné (photo A). Un plan d'identification des circuits (voir page 104) facilitera le repérage du fusible ou du disjoncteur à neutraliser. Affichez un message sur le tableau de distribution afin que personne ne rétablisse le courant durant votre travail (photo B).

Après avoir neutralisé le circuit, utilisez un vérificateur de tension pour confirmer que celui-ci n'est plus alimenté. Pour vous assurer qu'une prise n'est plus alimentée, insérez les sondes d'un vérificateur de tension dans les fentes de celle-ci (photo C). Si le voyant s'allume, c'est que le courant circule toujours dans la prise. Dans ce cas, retournez au tableau de distribution et coupez le bon circuit. Vérifiez toujours les deux moitiés de la prise d'une prise double.

Avant de toucher aux fils de la prise, assurez-vous de nouveau que celle-ci n'est plus alimentée. Retirez les vis de la plaque et sortez avec précaution la prise de la boîte. Faites l'essai sur une borne à vis de laiton et une borne à vis argentée (photo D). Si le voyant du vérificateur s'allume, retournez au tableau de distribution. Si les fils sont raccordés aux deux paires de bornes, faites l'essai sur les deux paires.

Dans le cas d'un luminaire, placez l'une des sondes du vérificateur sur la vis de mise à la terre, sur le fil de mise à la terre en cuivre nu ou sur la boîte métallique mise à la terre ; placez l'autre sonde sur le fil sous tension, puis sur le fil neutre. Dans le cas d'un interrupteur, placez l'une des sondes du vérificateur sur un élément mis à la terre, et l'autre sur chacune des bornes à vis de l'interrupteur.

Voici d'autres règles de sécurité élémentaires :

- Dans le tableau de distribution, utilisez les fusibles ou disjoncteurs qui conviennent. N'en installez jamais dont l'intensité nominale est supérieure à celle du circuit.
- Servez-vous d'outils à manche isolé.
- Ne touchez pas aux tuyaux, robinets ou appareils métalliques durant vos travaux d'électricité.
- Ne pratiquez pas de trous dans les murs ou plafonds sans avoir au préalable coupé l'alimentation électrique dans la zone.
- N'utilisez que des pièces et accessoires homologués par l'UL (la sécurité de ceux-ci a été vérifiée).

Outils et matériel nécessaires aux projets

Contrairement aux outils nécessaires à d'autres types de travaux, ceux que requerront vos petits travaux d'électricité sont simples, peu coûteux et faciles à trouver. L'ensemble illustré ci-dessous comprend tous les outils dont vous aurez besoin pour la plupart de vos travaux de rénovation.

Le *vérificateur de tension* (A) sert à vérifier si un fil, une prise, un luminaire ou un interrupteur est alimenté. Il comporte deux sondes reliées à un voyant. Lorsque les sondes sont utilisées sur un circuit alimenté, le voyant s'allume. Assurez-vous toujours que le voyant n'est pas brûlé en essayant le vérificateur sur une prise que vous savez alimentée.

Le *dénudeur de câble* (B) enlève la gaine non métallique des câbles NM, sans endommager l'isolant de chacun des fils du câble. Pour dénuder un câble, il suffit de serrer l'outil sur celui-ci pour en perforer la gaine de vinyle, puis de tirer l'outil le long du câble.

La *pince à usages multiples* (C) permet de couper câbles et fils, de calibrer les fils et de les dénuder. Elle sert également au sertissage de certaines attaches. Grâce à ses poignées isolées, vous pouvez travailler en toute sécurité sur des fils électriques.

La *pince à bec effilé* (D) sert à plier et à donner une forme au fil, plus particulièrement lorsque vous devez le boucler pour le raccorder à une borne. Certaines de ces pinces sont munies de tranchants pour couper le fil. Le bec effilé de la pince vous permettra de travailler dans des espaces réduits.

La *pince d'électricien* (E), aussi appelée pince universelle, est plus pratique que la pince à bec effilé pour couper et tirer les fils. Ses mâchoires épaisses, à angle droit, en font l'outil idéal lorsque l'on veut torsader des fils ensemble.

Les *tournevis d'électricien* (F) ont un manche gainé de caoutchouc ou de plastique pour réduire les risques de choc électrique. Vu la grande diversité des vis utilisées en électricité, mieux vaut disposer de plusieurs formats de tournevis à pointe cruciforme et à pointe plate.

Le *fil de tirage* (G), offert avec ou sans bobine, est utile pour tirer les câbles dans les murs finis. Il suffit d'introduire le mince ruban métallique dans le mur, d'y attacher le câble, puis de retirer le ruban, lequel entraînera alors le câble.

Le *couteau universel* (H) tranche bien la gaine non métallique des câbles NM et sert à bien d'autres travaux de coupe. Les lames, semblables à celles d'un rasoir, sont faciles à remplacer lorsqu'elles s'émoussent.

La *pince arrache-fusible* (I) sert à enlever les fusibles à cartouche du bloc-fusibles des vieux tableaux de distribution.

Le *vérificateur de continuité* (J), muni d'une pile, permet de déceler les courts-circuits et les circuits ouverts dans les interrupteurs, les douilles et les fusibles. Il peut vous aider à déterminer si un fusible doit être remplacé et vous indiquer la résistance de celui-ci.

Outils et matériel : boîtes électriques

Servez-vous du tableau ci-dessous pour choisir le type de boîte convenant à votre projet de câblage. Pour la plupart des câblages intérieurs effectués avec un câble NM, utilisez des boîtes de plastique, peu coûteuses, légères et faciles à installer.

Vous pouvez aussi vous servir de boîtes métalliques pour une installation intérieure de câble NM; certains électriciens les préfèrent, surtout lorsqu'elles doivent soutenir un luminaire lourd.

Si vous avez le choix, privilégiez les boîtes les plus profondes, qui facilitent le raccordement des fils. Si vous introduisez de force des fils dans une boîte trop petite, vous risquez d'endommager les fils et de briser leurs connexions, ce qui présente un risque d'incendie. Pour toute information au sujet du format de boîte qui convient le mieux à vos travaux, consultez l'inspecteur de votre localité.

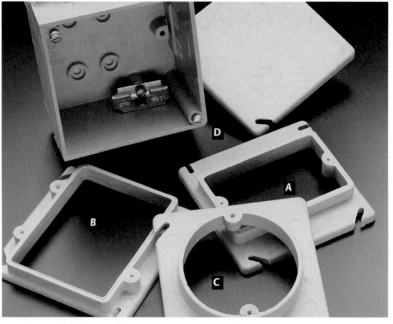

La **boîte de plastique carrée** de 4 po de côté et 3 po de profondeur fournit un espace amplement suffisant pour le raccordement des fils. Elle est munie de clous de montage qui en facilitent l'installation. Toute une gamme de plaques d'adaptation lui est destinée: pour dispositif unique (A), pour deux dispositifs (B), pour luminaire (C) et pour boîte de jonction (D). Vu les divers types de murs, ces plaques sont offertes en plusieurs épaisseurs.

Type de boîte	Utilisations habituelles
Plastique	câblage intérieur protégé, câble NM, non recommandée pour les luminaires et ventilateurs lourds
Métal	câblage intérieur exposé, tube protecteur métallique câblage intérieur protégé, câble NM
Aluminium moulé	câblage extérieur, tube protecteur métallique
Plastique PVC	câblage extérieur, tube protecteur en PVC câblage intérieur exposé, tube protecteur en PVC

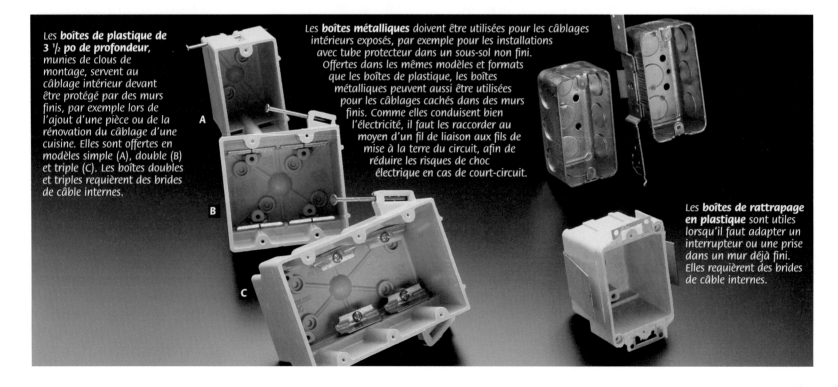

Les **boîtes de plastique de 3 ½ po de profondeur**, munies de clous de montage, servent au câblage intérieur devant être protégé par des murs finis, par exemple lors de l'ajout d'une pièce ou de la rénovation du câblage d'une cuisine. Elles sont offertes en modèles simple (A), double (B) et triple (C). Les boîtes doubles et triples requièrent des brides de câble internes.

Les **boîtes métalliques** doivent être utilisées pour les câblages intérieurs exposés, par exemple pour les installations avec tube protecteur dans un sous-sol non fini. Offertes dans les mêmes modèles et formats que les boîtes de plastique, les boîtes métalliques peuvent aussi être utilisées pour les câblages cachés dans des murs finis. Comme elles conduisent bien l'électricité, il faut les raccorder au moyen d'un fil de liaison aux fils de mise à la terre du circuit, afin de réduire les risques de choc électrique en cas de court-circuit.

Les **boîtes de rattrapage en plastique** sont utiles lorsqu'il faut adapter un interrupteur ou une prise dans un mur déjà fini. Elles requièrent des brides de câble internes.

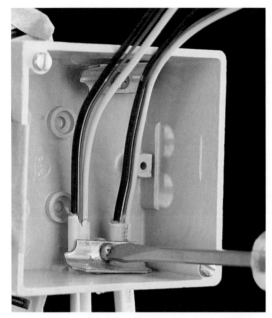

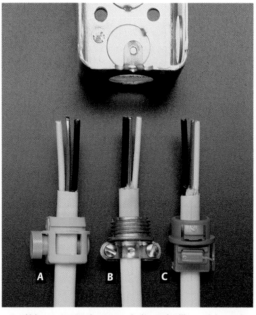

Les **boîtes de plastique de plus de 2 po sur 4 po** de même que toutes les boîtes de rattrapage doivent être munies de brides de câble internes. Une fois le câble installé dans la boîte, serrez la bride de manière qu'elle retienne solidement le câble, mais sans en endommager la gaine isolante.

Les **câbles entrant dans une boîte métallique** doivent être retenus par une bride. Plusieurs types de brides sont offerts, notamment les brides de plastique (A, C) et les brides métalliques filetées (B).

Les **boîtes métalliques doivent être mises à la terre.** Raccordez à la boîte les fils de mise à la terre du circuit à l'aide d'un fil de liaison à gaine verte et d'un serre-fils (photo ci-dessus), ou avec une agrafe de mise à la terre (voir page 120).

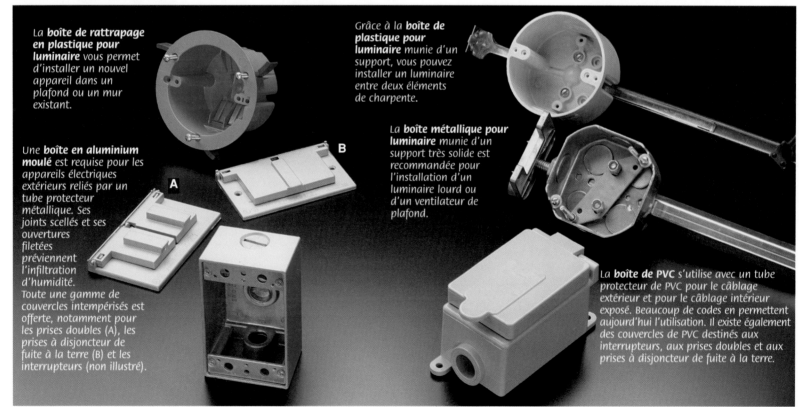

La **boîte de rattrapage en plastique pour luminaire** vous permet d'installer un nouvel appareil dans un plafond ou un mur existant.

Une **boîte en aluminium moulé** est requise pour les appareils électriques extérieurs reliés par un tube protecteur métallique. Ses joints scellés et ses ouvertures filetées préviennent l'infiltration d'humidité. Toute une gamme de couvercles intempérisés est offerte, notamment pour les prises doubles (A), les prises à disjoncteur de fuite à la terre (B) et les interrupteurs (non illustré).

Grâce à la **boîte de plastique pour luminaire** munie d'un support, vous pouvez installer un luminaire entre deux éléments de charpente.

La **boîte métallique pour luminaire** munie d'un support très solide est recommandée pour l'installation d'un luminaire lourd ou d'un ventilateur de plafond.

La **boîte de PVC** s'utilise avec un tube protecteur de PVC pour le câblage extérieur et pour le câblage intérieur exposé. Beaucoup de codes en permettent aujourd'hui l'utilisation. Il existe également des couvercles de PVC destinés aux interrupteurs, aux prises doubles et aux prises à disjoncteur de fuite à la terre.

Outils et matériel : fils et câbles

On trouve un grand nombre de fils et de câbles dans les maisonneries, mais quelques-uns seulement sont utilisés dans la plupart des projets de câblage. De nos jours, le fil est fait de cuivre. Chacun des fils d'un câble est isolé par une gaine de caoutchouc ou de plastique, dont la couleur indique s'il s'agit d'un fil sous tension (noir ou rouge), d'un fil neutre (blanc ou gris) ou d'un fil de mise à la terre (vert ou nu).

Autrefois, certains fils étaient faits d'aluminium ou d'aluminium enrobé d'une mince couche de cuivre (voir page 103). Le fil d'aluminium requiert des outils spéciaux qui sont réservés aux électriciens agréés.

Choisissez des fils électriques dont le calibre convient au courant admissible du circuit. Pour savoir quel type de fil utiliser, consultez le code de l'électricité.

La capacité nominale apparaît sur les autres éléments des circuits, tels les prises, les boîtes et les serre-fils. Vous aurez besoin de boîtes compatibles avec l'intensité du courant alimentant le circuit et de serre-fils conçus pour le calibre et le nombre de fils que vous relierez.

Le câble électrique porte une marque qui indique le calibre des fils contenus et le nombre de fils isolés. Tous les câbles comportent un fil de mise à la terre en cuivre nu.

Par exemple, un câble portant la marque « 12/2 W G » contient deux fils isolés de calibre 12 et un fil de mise à la terre.

Utilisez un câble NM lorsque le nouveau câblage est installé dans un mur. Son installation est facile lorsque les murs et les plafonds ne sont pas encore finis. Cependant, vous devrez parfois faire courir un câble dans un mur déjà fini. Ce travail, qui requiert une planification supplémentaire, sera moins difficile si vous vous faites aider (voir pages 121-122).

La nécessité croissante d'envoyer et de recevoir de l'information électronique a suscité une forte demande pour un câblage à basse tension et à haut rendement, capable de transférer, toujours plus rapidement, un grand volume de données. Le câble coaxial distribue des signaux audio-vidéo dans toute la maison. Le câble de catégorie 5, semblable au câble téléphonique, peut transmettre des données numériques six fois plus rapidement que ce dernier. Il peut donc fournir une connexion à haute vitesse entre le téléphone, l'ordinateur, le télécopieur et d'autres appareils.

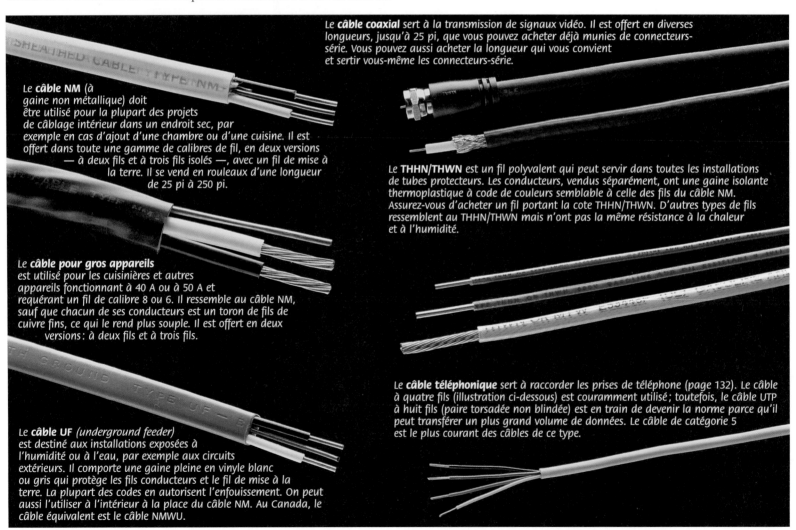

Le **câble coaxial** sert à la transmission de signaux vidéo. Il est offert en diverses longueurs, jusqu'à 25 pi, que vous pouvez acheter déjà munies de connecteurs-série. Vous pouvez aussi acheter la longueur qui vous convient et sertir vous-même les connecteurs-série.

Le **câble NM** (à gaine non métallique) doit être utilisé pour la plupart des projets de câblage intérieur dans un endroit sec, par exemple en cas d'ajout d'une chambre ou d'une cuisine. Il est offert dans toute une gamme de calibres de fil, en deux versions — à deux fils et à trois fils isolés —, avec un fil de mise à la terre. Il se vend en rouleaux d'une longueur de 25 pi à 250 pi.

Le **câble pour gros appareils** est utilisé pour les cuisinières et autres appareils fonctionnant à 40 A ou à 50 A et requérant un fil de calibre 8 ou 6. Il ressemble au câble NM, sauf que chacun de ses conducteurs est un toron de fils de cuivre fins, ce qui le rend plus souple. Il est offert en deux versions : à deux fils et à trois fils.

Le **THHN/THWN** est un fil polyvalent qui peut servir dans toutes les installations de tubes protecteurs. Les conducteurs, vendus séparément, ont une gaine isolante thermoplastique à code de couleurs semblable à celle des fils du câble NM. Assurez-vous d'acheter un fil portant la cote THHN/THWN. D'autres types de fils ressemblent au THHN/THWN mais n'ont pas la même résistance à la chaleur et à l'humidité.

Le **câble téléphonique** sert à raccorder les prises de téléphone (page 132). Le câble à quatre fils (illustration ci-dessous) est couramment utilisé ; toutefois, le câble UTP à huit fils (paire torsadée non blindée) est en train de devenir la norme parce qu'il peut transférer un plus grand volume de données. Le câble de catégorie 5 est le plus courant des câbles de ce type.

Le **câble UF** (underground feeder) est destiné aux installations exposées à l'humidité ou à l'eau, par exemple aux circuits extérieurs. Il comporte une gaine pleine en vinyle blanc ou gris qui protège les fils conducteurs et le fil de mise à la terre. La plupart des codes en autorisent l'enfouissement. On peut aussi l'utiliser à l'intérieur à la place du câble NM. Au Canada, le câble équivalent est le câble NMWU.

Fil d'aluminium

Le fil d'aluminium, très économique, a remplacé le fil de cuivre dans bon nombre d'installations électriques réalisées à la fin des années 1960 et au début des années 1970, lorsque le prix du cuivre était élevé. On reconnaît le fil d'aluminium à sa couleur argent et à la marque AL imprimée sur sa gaine. Une variante de ce fil comporte une âme d'aluminium enrobée d'une mince couche de cuivre.

Les câbles portant la marque AL ou CU-CLAD ainsi que les dispositifs marqués CU-CLAD ou CO/ALR contiennent des fils d'aluminium. Le câblage d'aluminium existant est considéré comme sécuritaire si les méthodes d'installation adéquates ont été suivies et si les fils ont été raccordés à des prises et des interrupteurs spécialement conçus pour être utilisés avec le fil d'aluminium. Si le câblage de votre maison est en aluminium, confiez-en la rénovation à un électricien agréé.

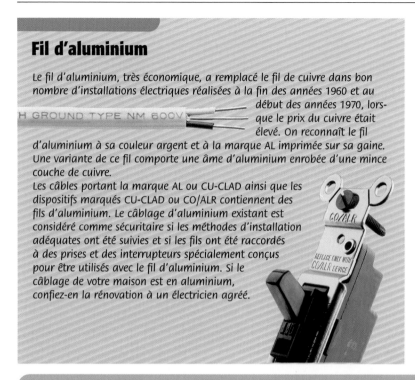

Calibre des fils

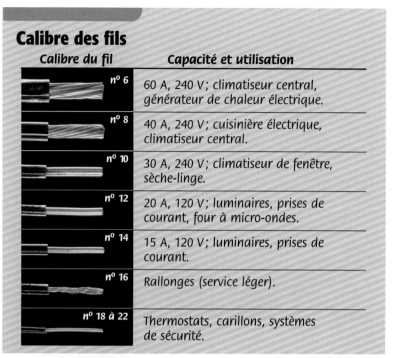

Calibre du fil	Capacité et utilisation
n° 6	60 A, 240 V; climatiseur central, générateur de chaleur électrique.
n° 8	40 A, 240 V; cuisinière électrique, climatiseur central.
n° 10	30 A, 240 V; climatiseur de fenêtre, sèche-linge.
n° 12	20 A, 120 V; luminaires, prises de courant, four à micro-ondes.
n° 14	15 A, 120 V; luminaires, prises de courant.
n° 16	Rallonges (service léger).
n° 18 à 22	Thermostats, carillons, systèmes de sécurité.

Identification des dispositifs électriques

Lisez les marques des dispositifs de remplacement pour vous assurer que ces derniers correspondent aux dispositifs d'origine. Les prises et les interrupteurs marqués «CU» ou «COPPER» sont destinés à être utilisés avec un fil de cuivre plein. Ceux marqués «CU-CLAD ONLY» sont réservés au fil d'aluminium enrobé de cuivre. Le code canadien de l'électricité interdit l'utilisation de dispositifs marqués «AL/CU», quel que soit le type de fil. La tension et l'intensité nominales des dispositifs standard sont de 125 V et 15 A. En ce qui concerne le remplacement des prises et des interrupteurs, les tensions nominales de 110 V, 120 V et 125 V sont considérées comme identiques. Le calibre du fil à utiliser est indiqué sur les dispositifs. Les dispositifs à tension standard des circuits de 20 A acceptent le fil de calibre 12, et ceux des circuits de 15 A le fil de calibre 14. Les marques «UL», «UND. LAB. INC. LIST» ou CSA indiquent que le dispositif répond aux normes de sécurité de l'organisme d'homologation.

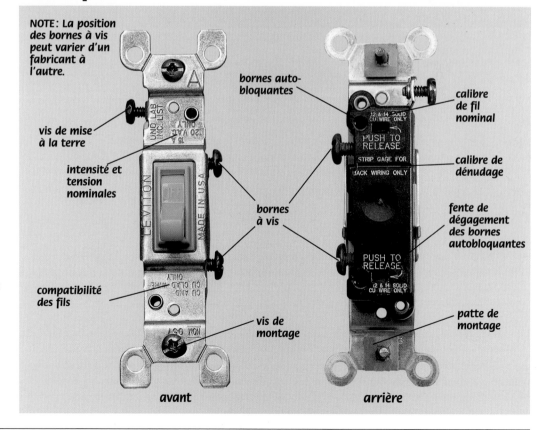

NOTE: La position des bornes à vis peut varier d'un fabricant à l'autre.

bornes auto-bloquantes

calibre de fil nominal

vis de mise à la terre

intensité et tension nominales

calibre de dénudage

bornes à vis

fente de dégagement des bornes autobloquantes

compatibilité des fils

vis de montage

patte de montage

avant

arrière

Planification d'un projet de câblage

Grâce à une planification soigneuse de votre projet de câblage, vous disposerez de tout le courant nécessaire à vos besoins actuels et futurs. Envisagez toutes les utilisations possibles qui seront faites de l'espace concerné par le projet en question et prévoyez une quantité de courant qui suffira aux charges de pointe. Par exemple, un seul circuit de 15 A sera amplement suffisant pour une nouvelle chambre. Mais si vous la convertissez plus tard en salle de divertissement familial, il lui faudra au moins deux circuits de 20 A.

Commencez par évaluer les charges électriques (voir page 106) pour vous assurer que la charge totale de votre installation actuelle et des futurs circuits ne sera pas supérieure à la capacité de votre branchement au réseau. Un expert peut vous recommander les mises à niveau nécessaires à l'amélioration de ce branchement et de la sécurité de votre installation électrique.

Un projet de câblage majeur peut ajouter une charge considérable à votre branchement électrique. Dans environ le quart des foyers, une amélioration du branchement au réseau est requise avant l'installation de tout nouveau câblage. Bon nombre de propriétaires devront faire remplacer un branchement de 60 A par un branchement de 150 A ou plus. C'est le travail d'un maître électricien, mais c'est une dépense judicieuse. Dans d'autres cas, le branchement est suffisant, mais le tableau de distribution, plein, ne peut contenir de disjoncteurs supplémentaires. Il faut alors installer un tableau secondaire pour les nouveaux circuits.

Ensuite, vous devez dessiner un schéma de câblage, obtenir un permis et vous préparer en vue des inspections réglementaires. Avant de vous délivrer un permis, l'inspecteur exigera de voir un schéma exact du câblage ainsi qu'une liste du matériel utilisé.

Câblage polyvalent

- Installez le plus de prises possible, surtout dans la cuisine et les aires de travail. Dotés d'un grand nombre de prises, le salon sera plus polyvalent, et les salles de travail seront organisées de manière plus rationnelle.
- Installez des interrupteurs tripolaires là où ils sont commodes, par exemple dans les chambres ou salons comportant plus d'une entrée.
- Prévoyez un éclairage suffisant dans toute la maison, pour aider les personnes qui ont de la difficulté à voir les marches d'un escalier ou les différences de niveau du sol.
- Prévoyez des éclairages de travail dans toutes les aires de lecture et d'autres activités.
- Songez à installer un interphone, très utile pour les personnes à mobilité réduite et pour les familles dont les membres vivent à des étages différents.

Dressez le plan de votre installation électrique

Vos travaux d'électricité seront plus faciles et plus sécuritaires si vous disposez d'un plan précis et à jour des circuits de votre maison. Le plan des circuits indique tous les appareils, luminaires, interrupteurs et prises branchés sur chacun des circuits. Il vous permet d'identifier chacun des disjoncteurs ou fusibles du tableau, afin que vous puissiez couper le courant du bon circuit lorsque des réparations sont nécessaires.

La méthode de préparation du plan la plus facile consiste à mettre sous tension les circuits un à un et à vérifier lesquels des appareils, luminaires et prises de courant sont alimentés. Commencez par tracer sur du papier quadrillé le plan de chaque pièce, des couloirs, du sous-sol, du grenier et de toutes les aires de service. (Vous pouvez aussi vous servir du plan bleu de votre maison, si vous en avez un.) Dessinez aussi le plan de l'extérieur de votre maison, celui du garage et de toute autre structure autonome câblée.

Sur chacun des dessins, indiquez la position de tous les dispositifs électriques: prises, luminaires, interrupteurs, électroménagers, carillons, thermostats, radiateurs, ventilateurs et climatiseurs; vous auriez avantage à utiliser les symboles normalisés (voir page 107).

Sur le tableau de distribution principal, étiquetez chacun des disjoncteurs ou fusibles à l'aide de ruban-cache. Coupez le courant de tous les circuits, puis réalimentez-les un à la fois. Prenez note de l'intensité nominale (en ampères) de chaque circuit.

Mettez en position de marche ON, un à la fois, tous les interrupteurs, luminaires et appareils de la maison pour repérer ceux qui sont alimentés par le circuit étudié. Étiquetez chacun de ceux-ci à l'aide d'un bout de ruban-cache sur lequel vous aurez inscrit le numéro et l'intensité nominale du circuit.

Vérifiez la mise sous tension des prises au moyen d'un vérificateur de tension. Vérifiez les deux moitiés, puisque celles-ci pourraient être alimentées par des circuits différents.

Pour vérifier la mise sous tension du générateur de chaleur et du chauffe-eau, réglez-en les thermostats à la température maximale. Dans le cas d'un climatiseur central, réglez le thermostat à la température minimale.

Sur la porte du tableau de distribution principal, collez le plan d'identification sommaire des circuits. Attachez au tableau les plans des circuits détaillés. Rétablissez le courant dans tous les circuits.

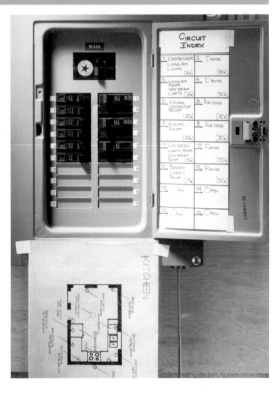

Consultez les codes

Vous devez obtenir un permis avant d'installer de nouveaux circuits, et votre travail doit être examiné par un inspecteur désigné.

Les inspecteurs se fondent principalement sur le code de l'électricité pour évaluer vos travaux de câblage, mais aussi sur le code du bâtiment et sur les normes en vigueur.

Dès le début de la planification des nouveaux circuits, rendez visite ou téléphonez à l'inspecteur en électricité de votre localité pour discuter de votre projet. Il représente l'autorité ultime en ce qui concerne les exigences réglementaires. Il pourra vous dire quels sont les règlements qui s'appliquent à votre projet, voire vous donner un dossier d'information résumant ces règlements. Même si leur horaire est chargé, la plupart des inspecteurs se feront un plaisir de répondre à vos questions et de vous aider à planifier des circuits bien conçus.

Lorsque vous demanderez un permis à l'inspecteur, il s'attendra peut-être que vous connaissiez les règles locales de même que certaines des exigences fondamentales du code de l'électricité. Certains des grands principes du code sont illustrés sur cette page.

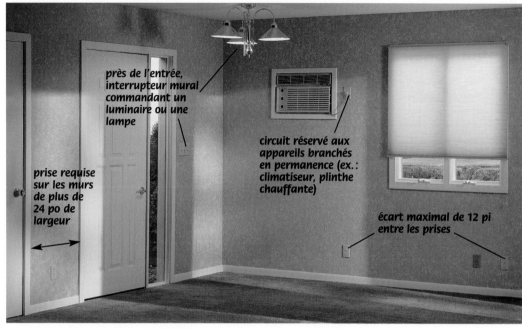

prise requise sur les murs de plus de 24 po de largeur

près de l'entrée, interrupteur mural commandant un luminaire ou une lampe

circuit réservé aux appareils branchés en permanence (ex.: climatiseur, plinthe chauffante)

écart maximal de 12 pi entre les prises

Exigences du code relatives aux aires habitables : *Les aires habitables requièrent au moins un circuit de base de 15 A ou 20 A pour les luminaires et les prises par tranche de 600 pi² de plancher. La cuisine et la salle de bain doivent être équipées d'un luminaire installé au plafond.*

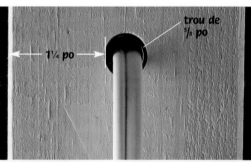

trou de ⁵⁄₈ po

1¼ po

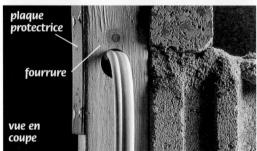

plaque protectrice

fourrure

vue en coupe

Les câbles doivent être protégés contre les clous et les vis par une épaisseur de bois d'au moins 1 ¼ po (en haut). Le câble qui traverse une fourrure de 2 po sur 2 po (en bas) doit être protégé par une plaque protectrice métallique.

Les prises de la cuisine et de la salle de bain doivent être des prises à disjoncteur de fuite à la terre; la même exigence s'applique à celles qui sont situées en plein air, dans un sous-sol non fini ou dans un vide sanitaire.

prise de 20 A

prise de 15 A

L'intensité nominale des prises et des autres dispositifs doit correspondre à celle du circuit. On commet souvent l'erreur d'installer des prises de 20 A (photo du haut) dans des circuits de 15 A, ce qui risque de causer une dangereuse surcharge du circuit.

Évaluez les charges électriques

L'évaluation de la charge électrique et de la capacité d'alimentation - pour chacun des circuits et pour toute l'installation électrique - est un élément essentiel de tout plan de câblage. Grâce à cette évaluation, vous saurez que la capacité des circuits convient à l'alimentation des dispositifs et appareils qui y sont branchés. Vous saurez également que la capacité de votre branchement au réseau permet l'alimentation de tous les circuits de votre installation.

La charge électrique de votre maison correspond à la quantité maximale d'électricité qui pourrait y être consommée à un moment donné. Vous aurez sans doute besoin de l'aide d'un électricien ou d'un inspecteur en électricité pour déterminer si votre branchement actuel suffira à alimenter les nouveaux circuits. Si votre installation comporte un vieux tableau de distribution de 60 A, il se pourrait que le service des bâtiments exige que vous mettiez à niveau votre branchement avant de modifier le câblage de votre maison.

Pour calculer la charge électrique et la capacité d'un circuit donné, commencez par déterminer la capacité de sécurité du circuit, puis calculez la charge électrique de tous les appareils et dispositifs qui y sont ou y seront branchés. Ce calcul vous aidera à planifier le nombre et le type des nouveaux circuits dont vous aurez besoin et à découvrir la cause des déclenchements fréquents du disjoncteur de certains circuits. Ces déclenchements fréquents peuvent être causés par un court-circuit ou par autre chose, mais, la plupart du temps, c'est que le circuit est tout simplement surchargé.

Déterminez la capacité de sécurité d'un circuit en multipliant la tension par l'intensité, pour obtenir la capacité totale, exprimée en watts. Multipliez ensuite cette capacité totale par 0,8 pour trouver la capacité de sécurité. Le tableau de droite indique les capacités de la plupart des circuits résidentiels. Si l'intensité nominale des circuits ne figure pas sur le sommaire d'identification du tableau de distribution principal, regardez sur le levier de chacun des disjoncteurs ou sur la bordure de chacun des fusibles. Pour ce qui est de la tension, sachez qu'elle est de 120 V pour tous les disjoncteurs unipolaires et fusibles à culot, et de 240 V pour les disjoncteurs bipolaires et fusibles à cartouche.

Pour calculer la charge d'un circuit donné, additionnez la puissance nominale (en watts) respective de tous les luminaires, appareils et lampes alimentés par le circuit. Dans le cas des appareils, le nombre de watts est indiqué sur la plaque signalétique ; dans celui des lampes et luminaires, il l'est sur l'ampoule. Si vous ignorez la puissance nominale d'un appareil, multipliez-en l'intensité par la tension du circuit (par exemple, un mélangeur de 4 A branché sur un circuit de 120 V consommera 480 W). Vous pouvez aussi obtenir ces valeurs en consultant le guide de l'utilisateur ou en téléphonant au fabricant.

Comparez ensuite la charge à la capacité de sécurité du circuit ; la première ne devrait pas être supérieure à la seconde. La surcharge d'un circuit provoquera le déclenchement du disjoncteur ou le grillage du fusible ; de plus, les surcharges fréquentes risquent d'endommager le câblage et de causer des courts-circuits. N'oubliez pas que la plupart des appareils installés en permanence - chauffe-eau, sécheuse et broyeur par exemple - requièrent leurs propres « circuits réservés ».

Conversion ampères/volts/watts

A × V	Capacité totale	Capacité de sécurité
15 A × 120 V =	1 800 W	1 440 W
20 A × 120 V =	2 400 W	1 920 W
25 A × 120 V =	3 000 W	2 400 W
30 A × 120 V =	3 600 W	2 880 W
20 A × 240 V =	4 800 W	3 840 W
30 A × 240 V =	7 200 W	5 760 W

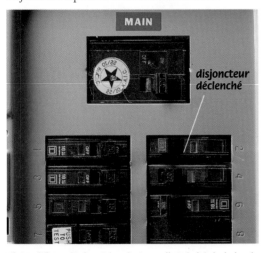

L'intensité nominale est imprimée sur l'extrémité du levier du disjoncteur. Les disjoncteurs unipolaires standard ont une tension de 120 V. Les disjoncteurs bipolaires (240 V), beaucoup plus larges que les unipolaires, peuvent avoir une intensité nominale de 20 A à 50 A.

L'intensité nominale d'un circuit, lorsque le tableau de distribution principal est ancien, peut être déterminée à l'aide de la marque imprimée sur les fusibles à culot ou à cartouche. Les circuits de 120 V comportent généralement des fusibles à culot (ci-dessus) ; ceux de 240 V ont des fusibles à cartouche contenus dans un bloc-fusibles.

La puissance nominale des appareils figure sur leur plaque signalétique. Si elle est indiquée en kilowatts, multipliez-la par 1 000 pour obtenir des watts. Si seul le nombre d'ampères y est indiqué, multipliez ce nombre par la tension - 120 V ou 240 V - pour obtenir le nombre de watts.

Dessinez un schéma de câblage

La préparation du schéma de câblage constitue la dernière étape de planification lorsqu'on veut installer un nouveau circuit. Un schéma détaillé vous aidera à obtenir le permis, à dresser votre liste du matériel, à aménager les circuits et à installer les câbles et les appareils. Servez-vous des plans de circuit des pages 108 à 115 pour planifier la configuration du câblage et les parcours de câbles.

Commencez par dessiner à l'échelle un schéma de l'espace que vous câblerez, en y indiquant les murs, les portes, les fenêtres, les tuyaux et les appareils, de même que les conduits de chauffage. Calculez la superficie du sol en multipliant la longueur de la pièce par sa largeur (ne tenez pas compte des placards ou aires de rangement) et indiquez le résultat sur le schéma.

En vous servant du tableau des symboles ci-dessous, indiquez l'emplacement de tous les interrupteurs, prises, luminaires et appareils installés en permanence. L'endroit où vous décidez d'installer ces dispositifs le long du parcours de câble détermine la manière dont ils seront câblés. Tracez les parcours de câbles entre ces dispositifs électriques, en indiquant le type et le calibre des câbles ainsi que l'intensité du circuit. Pour chaque circuit, servez-vous d'un crayon de couleur différente.

Enfin, indiquez la puissance des luminaires et des appareils installés en permanence, ainsi que le type et le format de chacune des boîtes électriques. Dressez une liste détaillée de tout le matériel dont vous aurez besoin.

Emportez avec vous le schéma et la liste du matériel lorsque vous irez demander un permis à l'inspecteur. N'installez jamais de nouveau câblage sans suivre la procédure établie pour la délivrance du permis et pour les inspections. Le permis ne coûte pas cher; grâce à lui, votre travail sera examiné par un inspecteur qualifié qui en garantira la sécurité.

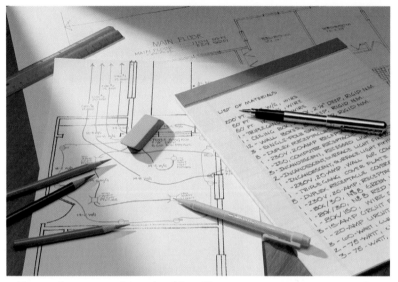

En examinant votre schéma de câblage, l'inspecteur vous posera peut-être des questions afin de déterminer si vous comprenez les principes de base du code et possédez les techniques élémentaires de câblage.

Vous obtiendrez peut-être l'autorisation d'effectuer une partie des travaux, peut-être tous. Dans certains cas, l'installation du câblage devra se faire sous la supervision d'un électricien. Cela signifie que vous devrez embaucher un électricien qui demandera lui-même le permis et vérifiera votre travail avant l'examen de l'inspecteur. L'électricien est alors tenu responsable de la qualité de votre travail.

Tableau des symboles électriques

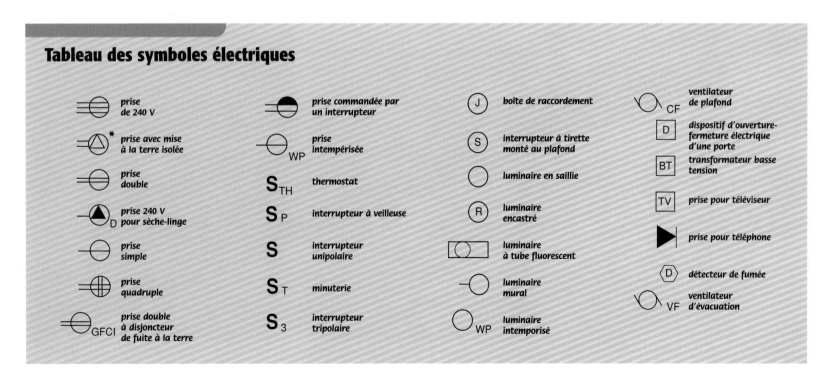

	prise de 240 V		prise commandée par un interrupteur	J	boîte de raccordement	CF	ventilateur de plafond
*	prise avec mise à la terre isolée	WP	prise intempérisée	S	interrupteur à tirette monté au plafond	D	dispositif d'ouverture-fermeture électrique d'une porte
	prise double	S_TH	thermostat		luminaire en saillie	BT	transformateur basse tension
D	prise 240 V pour sèche-linge	S_P	interrupteur à veilleuse	R	luminaire encastré	TV	prise pour téléviseur
	prise simple	S	interrupteur unipolaire		luminaire à tube fluorescent		prise pour téléphone
	prise quadruple	S_T	minuterie		luminaire mural	D	détecteur de fumée
GFCI	prise double à disjoncteur de fuite à la terre	S_3	interrupteur tripolaire	WP	luminaire intemporisé	VF	ventilateur d'évacuation

Plans de circuit courants

La position des interrupteurs et des appareils le long d'un circuit électrique varie selon le projet. Dès lors, la configuration des fils à l'intérieur d'une boîte électrique varie elle aussi, même lorsque les dispositifs sont les mêmes.

Les plans de circuit des pages suivantes illustrent les variantes de câblage les plus fréquentes pour les dispositifs électriques habituels. La plupart de vos nouveaux câblages ressembleront à un ou à plusieurs des exemples fournis. Repérez les exemples qui correspondent à votre situation et servez-vous de ces plans pour concevoir l'aménagement des circuits.

Les circuits de 120 V illustrés aux pages suivantes sont câblés en fonction d'une intensité de 15 A, avec un câble de calibre 14 et des prises de 15 A. Si vous installez un circuit de 20 A, utilisez plutôt un câble de calibre 12 et des prises d'une intensité nominale de 20 A.

Dans les configurations où un fil blanc sert de fil sous tension plutôt que de fil neutre, les deux extrémités du fil seront codées avec du ruban noir pour indiquer qu'il s'agit d'un fil sous tension. En outre, sur chacun des plans de circuit proposés, il y a une vis de mise à la terre. Cette vis est obligatoire dans toutes les boîtes métalliques, tandis que les boîtes électriques en plastique ne nécessitent pas de mise à la terre.

NOTE : Par souci de clarté, tous les conducteurs de mise à la terre sont illustrés en vert. En réalité, le fil de mise à la terre contenu dans un câble enveloppé est généralement en cuivre nu.

Le système de mise à la terre

Il se peut que plusieurs interrupteurs, prises, luminaires ou appareils soient raccordés à un seul circuit. Comme caractéristique de sécurité, la plupart des circuits comprennent un fil de mise à la terre en cuivre nu ou à gaine verte, tandis que bon nombre d'interrupteurs, de prises, de luminaires, de boîtes métalliques et d'appareils sont munis d'une vis de mise à la terre, verte, à laquelle le fil de mise à la terre du circuit doit être attaché.

Chacun des fils de mise à la terre conduit le courant en cas de court-circuit ou de surcharge. Cette mise à la terre réduit les risques d'incendie ainsi que le risque de décharge électrique pour les personnes, les électroménagers et les autres appareils.

À partir de chaque dispositif ou appareil électrique, le fil de mise à la terre court jusqu'à la barre omnibus de mise à la terre du tableau de distribution principal. De là, le fil sort de la maison et rejoint le piquet de mise à la terre, où toute surcharge de courant sera dissipée dans le sol sans danger.

Le système de mise à la terre constitue l'une des caractéristiques de sécurité principales de votre maison. N'oubliez pas de rebrancher les fils de mise à la terre après les travaux d'installation ou de réparation.

1. Prises doubles 120 V câblées en chaîne

Suivez ce plan pour relier les prises doubles dans un circuit de base pour luminaires et prises. La dernière des prises qui se trouvent le long du parcours de câble est raccordée comme la prise de droite sur l'illustration ci-dessous. Toutes les autres prises le sont comme la prise de gauche. Utilisez un câble à deux fils.

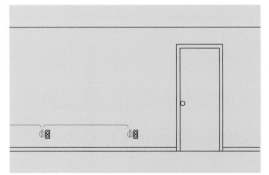

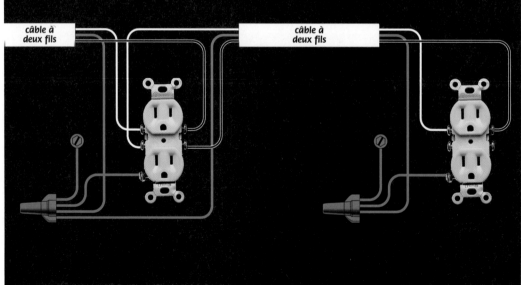

câble à deux fils

câble à deux fils

2. Prises à disjoncteur de fuite à la terre (protection d'un seul endroit)

Suivez ce plan lorsque les prises se situent à moins de 6 pi d'une source d'eau, dans une partie de la cuisine où le code exige l'installation de prises à disjoncteur de fuite à la terre ou dans la salle de bain. Pour prévenir le déclenchement accidentel de la prise à disjoncteur, causé par les surtensions normales, ne la raccordez qu'à la borne marquée LINE, afin qu'elle ne protège qu'un seul endroit et non pas les appareils situés du côté LOAD du circuit. Utilisez un câble à deux fils. Si la prise à disjoncteur doit protéger d'autres appareils, utilisez le plan de circuit n° 3.

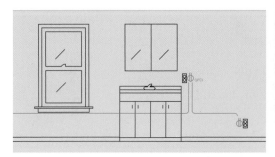

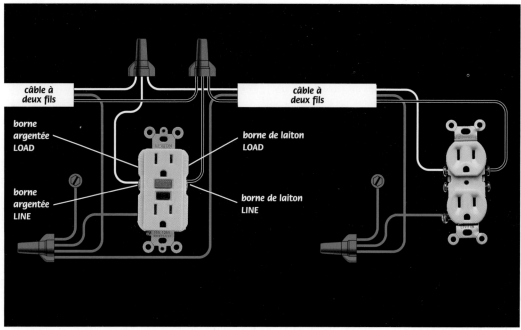

3. Prise à disjoncteur de fuite à la terre, interrupteur et luminaire
(câblage pour protection de plusieurs endroits)

Dans certains cas, dans celui d'un circuit extérieur par exemple, il est judicieux de raccorder la prise à disjoncteur de manière qu'elle protège également les fils et les appareils jusqu'à la fin du circuit. Les fils de la source de courant sont alors raccordés aux bornes marquées LINE; les fils en aval de la prise le sont aux bornes marquées LOAD. Utilisez un câble à deux fils.

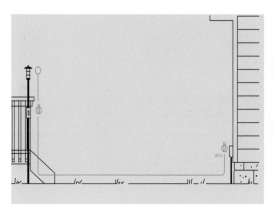

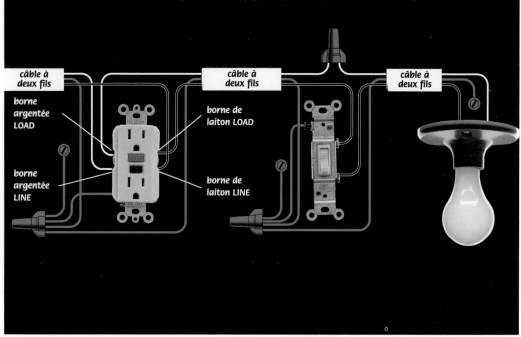

Suite à la page suivante

Plans de circuit courants *(suite)*

4. Interrupteur unipolaire et luminaire (luminaire situé à la fin du parcours de câble)

Suivez ce plan pour installer un luminaire dans un circuit de base des luminaires et prises. Il s'agit souvent de l'extension du circuit d'une série de prises de courant (plan de circuit nº 1). Utilisez un câble à deux fils.

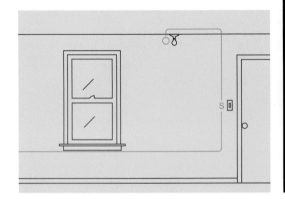

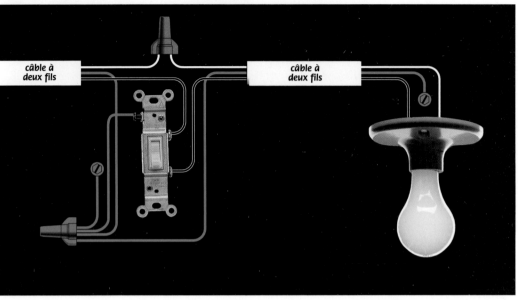

5. Interrupteur unipolaire et luminaire (interrupteur situé au début du parcours de câble)

Suivez ce plan pour prolonger un circuit au delà d'un luminaire commandé par un interrupteur, jusqu'à une ou plusieurs prises. Pour ajouter des prises au circuit, reportez-vous au plan de circuit nº 1. Utilisez un câble à deux fils et un câble à trois fils.

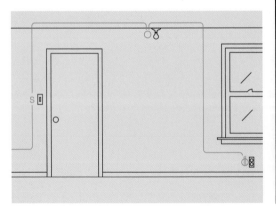

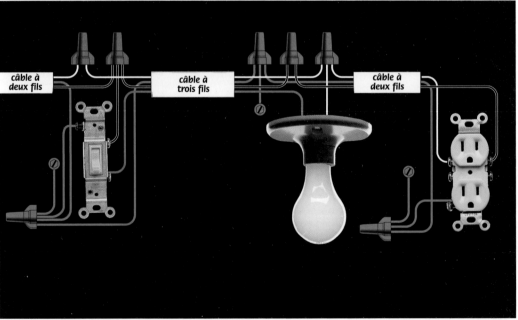

6. Prise fractionnée commandée par un interrupteur et prise double
(interrupteur situé au début du parcours de câble)

Cette configuration, qui permet de commander au moyen d'un interrupteur mural une lampe branchée dans une prise, est obligatoire dans les pièces qui ne sont pas équipées d'un luminaire au plafond commandé par un interrupteur. Seule la moitié inférieure de la première prise est commandée par l'interrupteur; sa moitié supérieure ainsi que toutes les prises du circuit sont toujours sous tension. Utilisez un câble à deux fils et un câble à trois fils.

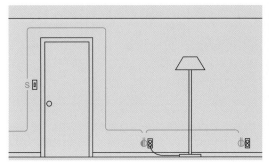

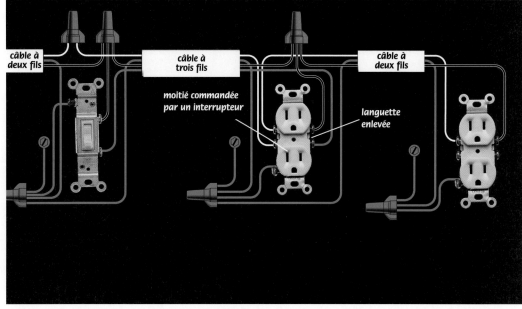

câble à deux fils

câble à trois fils

moitié commandée par un interrupteur

languette enlevée

câble à deux fils

7. Prise fractionnée commandée par un interrupteur, prise double
(prise fractionnée située au début du parcours de câble)

Recourez à cette variante du plan de circuit n° 6 lorsqu'il est plus pratique de situer la prise fractionnée au début du parcours de câble. Seule la moitié inférieure de la première prise est commandée par l'interrupteur; sa moitié supérieure ainsi que toutes les prises du circuit sont toujours sous tension. Utilisez un câble à deux fils.

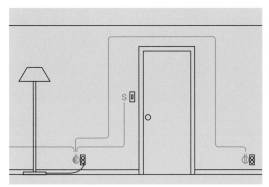

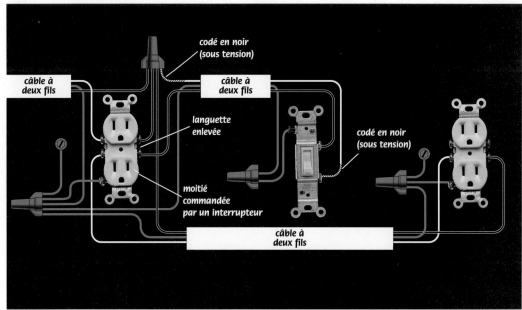

codé en noir (sous tension)

câble à deux fils

câble à deux fils

languette enlevée

codé en noir (sous tension)

moitié commandée par un interrupteur

câble à deux fils

Suite à la page suivante

Plans de circuit courants *(suite)*

8. Prise pour appareil de 240 V

Voici le plan d'un circuit réservé de 20 A, 240 V, comportant un câble à deux fils de calibre 12, comme l'exige le code pour un gros climatiseur de fenêtre. La prise peut être simple (illustrée) ou double. Le fil blanc et le fil noir du circuit, raccordés à un disjoncteur bipolaire, transmettent chacun un courant de 120 V à la prise. Le fil blanc est codé avec du ruban noir pour indiquer qu'il est sous tension.

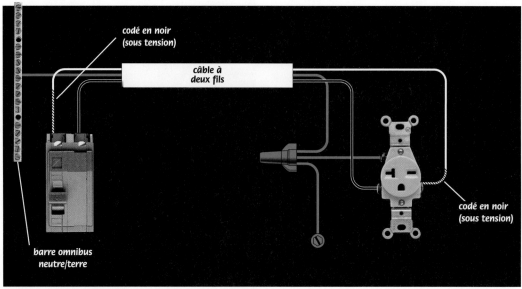

codé en noir
(sous tension)

câble à
deux fils

codé en noir
(sous tension)

barre omnibus
neutre/terre

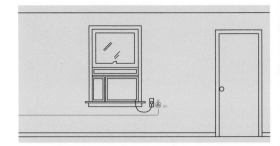

9. Double circuit de prises avec fil neutre partagé (circuits auxiliaires)

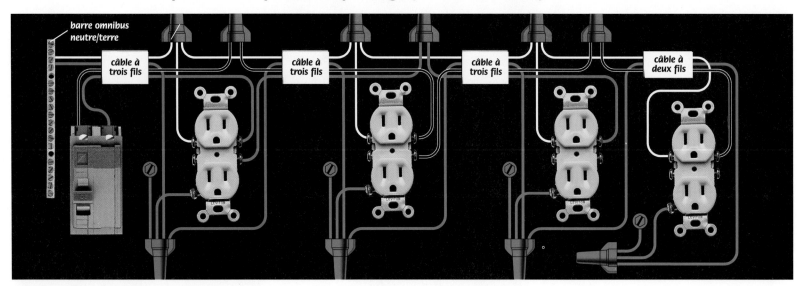

barre omnibus
neutre/terre

câble à
trois fils

câble à
trois fils

câble à
trois fils

câble à
deux fils

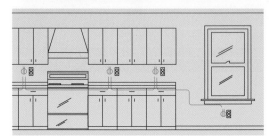

Voici le plan de deux circuits de 120 V réalisés avec un câble à trois fils relié à un disjoncteur bipolaire. Le fil noir sous tension alimente l'un des circuits, et le fil rouge l'autre. Le fil blanc neutre est partagé par les deux circuits. Lorsqu'on se sert de câbles à deux et à trois fils de calibre 12, et de prises à disjoncteur de fuite à la terre de 20 A, ce plan peut convenir aux deux circuits pour petits appareils qui sont requis dans la cuisine.

10. Plinthes chauffantes de 240 V et thermostat

Voici le plan typique d'une série de plinthes chauffantes de 240 V commandées par un thermostat mural. Toutes les plinthes sont raccordées de la manière indiquée ci-dessous, sauf la dernière, qui n'est raccordée qu'à un seul câble. Calculez la puissance totale de toutes les plinthes pour déterminer la capacité du circuit et le calibre des câbles (voir page 106). Utilisez un câble à deux fils.

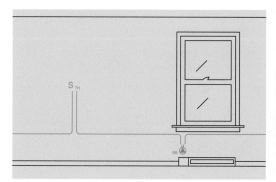

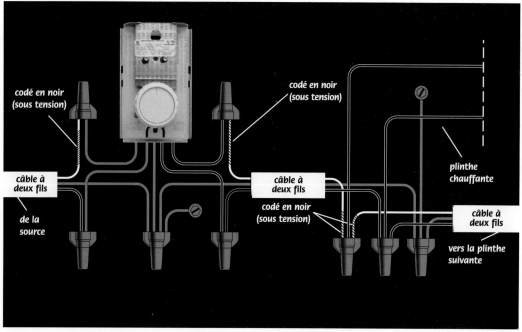

codé en noir
(sous tension)

codé en noir
(sous tension)

câble à
deux fils

câble à
deux fils

codé en noir
(sous tension)

de la
source

câble à
deux fils

plinthe
chauffante

vers la plinthe
suivante

11. Prise pour appareil de 120/240 V

Voici le plan d'un circuit réservé de 50 A, 120/240 V, réalisé avec un câble à trois fils de calibre 6, comme l'exige le code pour le branchement d'une grosse cuisinière. Le fil noir et le fil rouge du circuit, raccordés à un disjoncteur bipolaire du tableau de distribution, transmettent chacun un courant de 120 V aux bornes à vis de la prise. Le fil de circuit blanc attaché à la barre omnibus neutre du tableau de distribution est raccordé à la borne neutre de la prise.

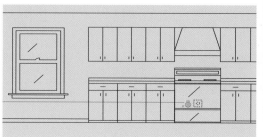

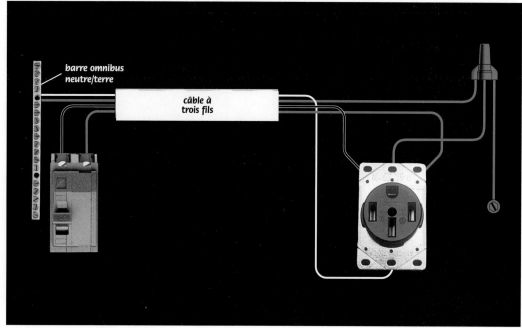

barre omnibus
neutre/terre

câble à
trois fils

Suite à la page suivante

Plans de circuit courants *(suite)*

12. Interrupteurs tripolaires et luminaire (luminaire situé entre les interrupteurs)

Ce câblage d'interrupteurs tripolaires permet de commander un luminaire à partir de deux endroits. Chaque interrupteur comporte une borne commune *(COMMON)* et deux bornes de liaison *(TRAVELER)*. Les fils du circuit raccordés aux bornes de liaison courent entre les deux interrupteurs, tandis que les fils sous tension raccordés aux bornes communes transmettent le courant de la source jusqu'au luminaire. Utilisez un câble à deux fils et un câble à trois fils.

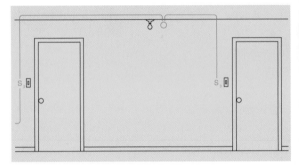

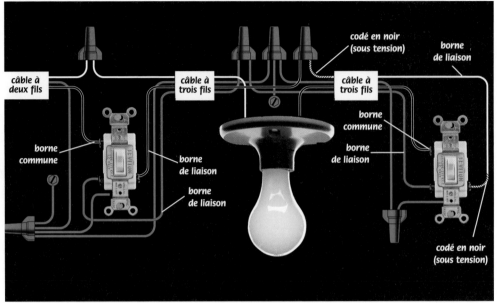

13. Interrupteurs tripolaires et luminaire (luminaire situé au début du parcours de câble)

Suivez cette variante du plan de circuit n° 12 lorsqu'il est plus pratique d'installer le luminaire en amont des interrupteurs sur le parcours de câble. Utilisez un câble à deux fils et un câble à trois fils.

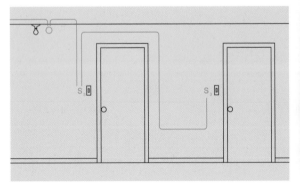

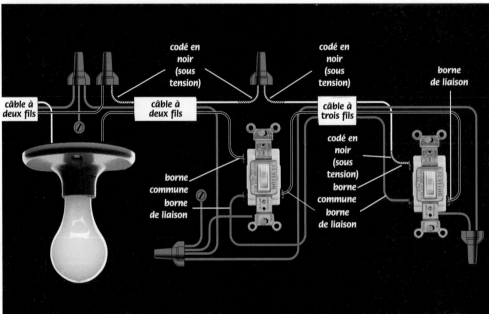

14. Interrupteurs tripolaires, luminaire et prise double

Suivez ce plan pour ajouter une prise à un câblage d'interrupteur tripolaire (plan de circuit n° 12). Utilisez un câble à deux fils et un câble à trois fils.

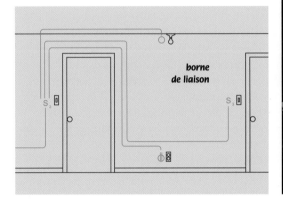

borne de liaison

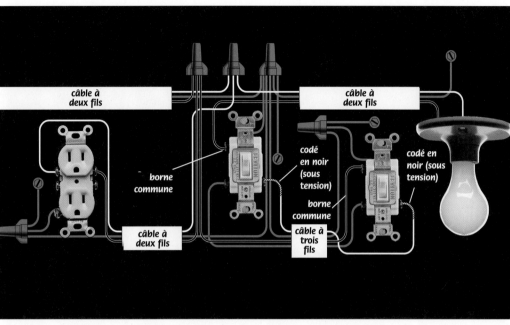

câble à deux fils

câble à deux fils

borne commune

codé en noir (sous tension)

borne commune

codé en noir (sous tension)

câble à deux fils

câble à trois fils

15. Interrupteur quadripolaire et luminaire (luminaire situé à la fin du parcours de câble)

Ce câblage d'interrupteur quadripolaire permet de commander un luminaire à partir de trois endroits. Deux câbles à trois fils entrent dans la boîte de l'interrupteur quadripolaire. Le fil blanc et le fil rouge de l'un des câbles sont raccordés aux deux bornes supérieures *(LINE 1)*, et ceux de l'autre le sont aux bornes inférieures *(LINE 2)*. Cette installation requiert des câbles à deux fils et à trois fils.

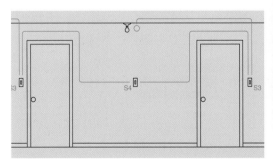

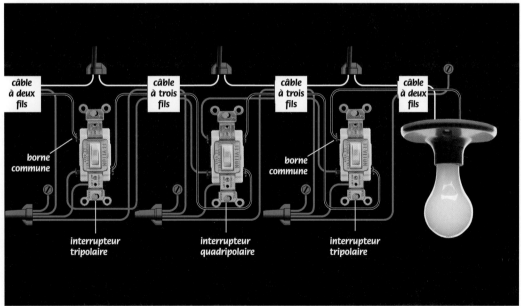

câble à deux fils

câble à trois fils

câble à trois fils

câble à deux fils

borne commune

borne commune

interrupteur tripolaire

interrupteur quadripolaire

interrupteur tripolaire

Installation des boîtes électriques et des câbles

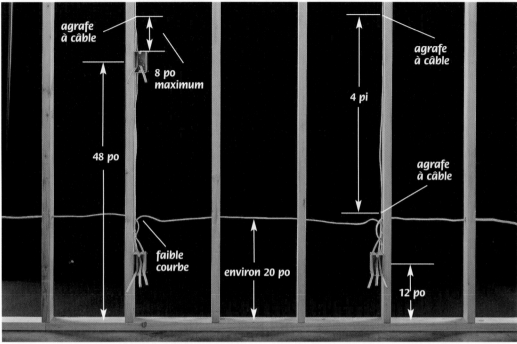

N'installez les boîtes électriques des prises, des interrupteurs et des appareils qu'une fois que votre plan de câblage aura été approuvé par l'inspecteur. Servez-vous de ce plan pour vous guider, et respectez les exigences du code relatives au positionnement des boîtes. Certains appareils électriques, tels les luminaires encastrés et les ventilateurs d'évacuation, ont des boîtes de raccordement intégrées. Installez-les en même temps que les autres boîtes électriques.

Après l'installation des boîtes, posez tous les parcours de câble NM. Commencez chaque nouveau circuit au tableau de distribution principal ou secondaire, puis acheminez le câble jusqu'à la première boîte électrique du circuit. Installez également les câbles entre les boîtes du même circuit. Prévoyez la première inspection dès que les câbles sont posés. Une fois le câblage approuvé, vous pouvez fermer les murs et installer les dispositifs électriques. Ensuite, demandez à un électricien d'effectuer le raccordement final au tableau de distribution principal ou secondaire.

Hauteurs prescrites pour les boîtes *électriques (à partir du centre de la boîte): 12 po du sol fini pour les boîtes pour prise dans une aire habitable, et 48 po dans le cas d'une boîte pour interrupteur; 10 po au-dessus du dosseret du lavabo pour une boîte de prise avec disjoncteur; de 48 po à 60 po pour les thermostats. Les boîtes doivent être installées dans des endroits faciles d'accès, généralement du côté de la porte où se situe le bouton de porte. Les câbles doivent être agrafés à 8 po maximum de la boîte, et à intervalles de 4 pi par la suite lorsqu'ils courent le long des poteaux. Ils ne doivent être ni déformés ni pliés, et on ne peut les installer en diagonale entre les éléments de charpente. Certains inspecteurs exigent que les câbles reliant les boîtes entre elles courent à environ 20 po du sol. Dans certains cas, les inspecteurs autoriseront des dérogations à ces mesures (voir Conception universelle, page ci-contre).*

Outils: *tournevis, perceuse, forets de $^5/_8$ po et 1 po, allonge de foret, pince à bec effilé, fil de tirage, dénudeur de câble, pince à usages multiples.*

Matériel: *boîtes électriques, câble NM, brides et agrafes à câble, lubrifiant de tirage, ruban-cache, ruban isolant, fils de liaison pour mise à la terre, serre-fils.*

Conseils pour l'installation des boîtes électriques

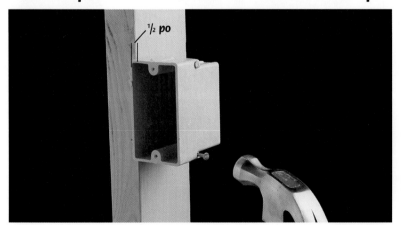

Placez la boîte sur le poteau *de manière que la face avant de celle-ci et le mur fini soient de niveau; si vous devez par exemple installer un panneau mural de $^1/_2$ po, la face avant de la boîte doit dépasser de $^1/_2$ po la face avant du poteau. Enfoncez ensuite les clous de montage pour retenir la boîte au poteau.*

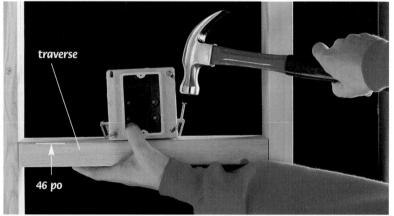

Pour installer une boîte d'interrupteur entre deux poteaux, *clouez d'abord entre ceux-ci une traverse dont la surface supérieure se trouvera à 46 po du sol. Placez la boîte sur la traverse de manière que la face avant de celle-ci et le mur fini soient de niveau, puis enfoncez les clous de montage dans la traverse.*

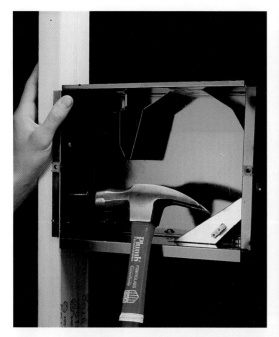

Les **appareils encastrés dans une cavité murale** (photo à l'extrême gauche) ont leur propre boîte de raccordement intégrée et ne nécessitent pas de boîte électrique. Parmi ces appareils, on compte le radiateur mural (illustration), le ventilateur d'évacuation des salles de bain et les luminaires encastrés. Installez les cadres de ces appareils en même temps que les autres boîtes électriques du circuit. Les appareils montés en saillie, tels les plinthes chauffantes et les luminaires à tubes fluorescents, possèdent également des boîtes de raccordement intégrées et ne nécessitent pas de boîte électrique.

À l'aide d'un marteau et d'un tournevis, **ouvrez une débouchure pour chacun des câbles** (photo à gauche). Ouvrez ces débouchures lorsque vous installez les boîtes ou au moment où vous raccordez les câbles aux boîtes. Placez la tête du tournevis sur la circonférence de la débouchure et donnez des coups de marteau pour faire sauter celle-ci. Faites ensuite tourner la tête du tournevis dans la débouchure pour en émousser les bords tranchants, lesquels pourraient endommager l'enveloppe de vinyle du câble.

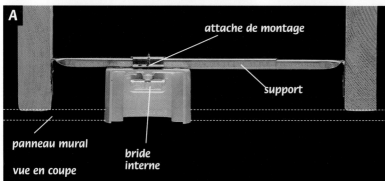

A attache de montage

support

panneau mural

vue en coupe

bride interne

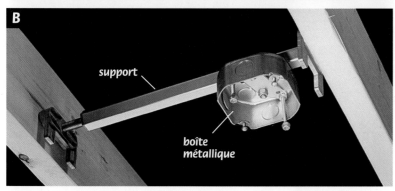

B

support

boîte métallique

Pour installer une boîte à luminaire entre deux solives, attachez-la à un support télescopique (photo A). Clouez les extrémités du support aux solives de manière que la face de la boîte et la surface du plafond fini soient de niveau. Faites glisser la boîte le long du support jusqu'à l'endroit souhaité, puis serrez les vis de montage. Servez-vous de brides de câble internes lorsque vous utilisez une boîte avec un support. **NOTE:** Dans le cas d'un ventilateur de plafond ou d'un luminaire lourd, utilisez une boîte métallique et un support solide destiné aux charges lourdes (photo B).

CONCEPTION UNIVERSELLE

Hauteur des boîtes électriques

L'observation de quelques principes permettra à chacun d'atteindre et d'utiliser les interrupteurs, les prises de courant et les thermostats.

- Prévoyez un dégagement de 30 po sur 48 po devant les tableaux électriques, les thermostats, les interphones et les tableaux de commande des systèmes de sécurité.
- Installez les interrupteurs d'éclairage et les interphones à une hauteur variant entre 40 po et 48 po du sol, de manière que les enfants et les utilisateurs assis puissent s'en servir.
- Planifiez bien la position des thermostats: ils doivent être à la portée d'un adulte en fauteuil roulant, mais hors de portée des enfants.
- Installez les prises de courant à une hauteur minimale de 18 po, même si une hauteur allant de 20 po à 40 po du sol peut être préférée pour faciliter la tâche des utilisateurs assis ou des personnes qui ont de la difficulté à se pencher.
- Planifiez bien la position des prises dans les cuisines et les salles de bain. Reportez-vous aux pages 368 à 371 et 447 à 451.

Installation d'un câble NM

A

1 ¼ po minimum

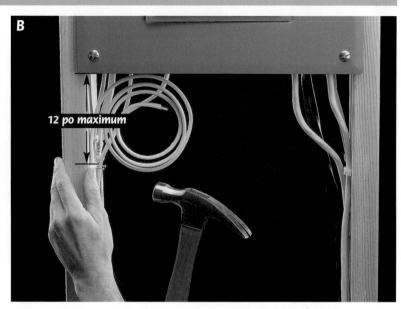

B

12 po maximum

Pratiquez dans les éléments de charpente des trous de ⅝ po destinés au passage des câbles. Pour vous faciliter la tâche, louez une perceuse à angle droit. Les trous doivent se trouver à au moins 1 ¼ po de la face avant de l'élément de charpente. Lorsque le câble doit décrire une courbe (étape C, ci-dessous), pratiquez des trous qui se rejoignent dans les deux éléments de charpente. Mesurez et coupez le câble, en laissant une longueur supplémentaire de 2 pi à l'extrémité qui sera raccordée au tableau de distribution, et de 1 pi à celle qui sera raccordée à la boîte électrique.

Agrafez l'une des extrémités du câble à 12 po maximum du tableau principal ou secondaire, en laissant une longueur supplémentaire de 2 pi de câble libre. Enroulez lâchement cet excédent de câble. Faites courir le câble jusqu'à la première boîte électrique. Si le câble court le long d'un élément de charpente, agrafez-le à des intervalles maximaux de 4 pi.

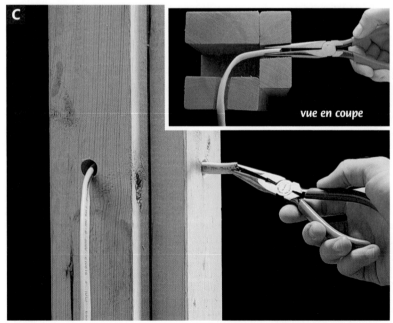

C

vue en coupe

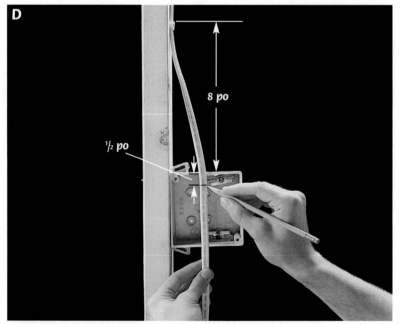

D

8 po

½ po

Dans les coins, courbez faiblement l'extrémité du câble et insérez-la dans l'un des trous. Faites sortir le câble par l'autre trou en le tirant à l'aide d'une pince à bec effilé (mortaise).

Agrafez le câble à un élément de charpente à 8 po maximum de la boîte électrique. Tendez le câble contre la face avant de la boîte en l'alignant sur la débouchure ; faites une marque sur l'enveloppe de celui-ci, à ½ po de l'autre côté du bord de la boîte. Dénudez le câble, à partir de cette marque jusqu'à l'extrémité, et tranchez l'excédent d'enveloppe (voir page 123). Insérez le câble dans la débouchure de la boîte. Au besoin, fixez le câble à l'aide d'une bride interne (voir page 101).

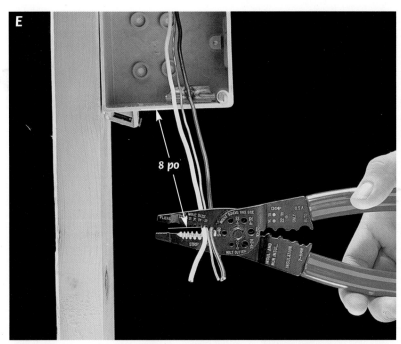

Une fois le câble entré dans la boîte, tranchez les fils en laissant 8 po de fil dépasser la partie avant de la boîte.

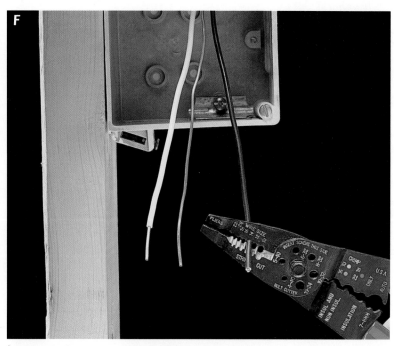

À l'aide de la pince à usages multiples, dénudez chacun des fils sur une longueur de ³/₄ po. Choisissez l'ouverture qui convient au calibre du fil et prenez garde de ne pas endommager le cuivre.

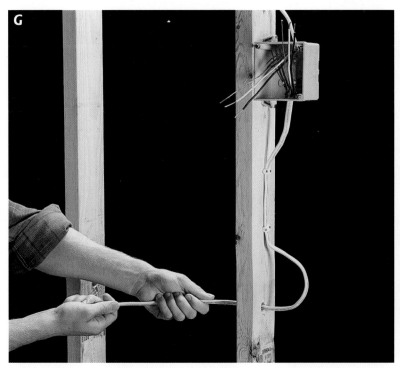

Continuez d'installer le circuit en faisant courir un câble entre les boîtes électriques. À chaque extrémité du câble, laissez 1 pi de trop.

Dans les boîtes métalliques et dans celles des appareils encastrés, ouvrez des débouchures et attachez les câbles avec des brides. À l'intérieur de l'appareil, enlevez l'enveloppe en n'en laissant qu'une longueur de ¹/₄ po. Coupez les fils de manière qu'il vous reste 8 po de longueur utile; dénudez chacun des fils sur une longueur de ³/₄ po.

Suite à la page suivante

Installation d'un câble NM (suite)

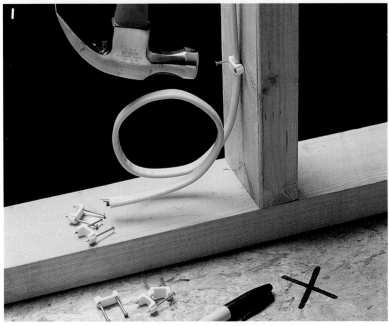

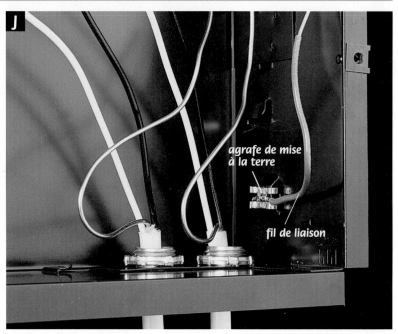

Dans le cas d'un appareil monté en saillie (plinthe chauffante, par exemple, ou luminaire à tubes fluorescents), agrafez le câble à un poteau situé près de l'appareil, en laissant une bonne longueur superflue de fil. Faites une marque sur le plancher afin de trouver plus facilement le câble si jamais il se trouvait accidentellement caché derrière un panneau mural.

Pour chacun des appareils encastrés et pour chacune des boîtes métalliques, raccordez au cadre métallique un fil de liaison de mise à la terre, à l'aide d'une agrafe de mise à la terre attachée au cadre (illustration) ou d'une vis verte de mise à la terre (voir page 101).

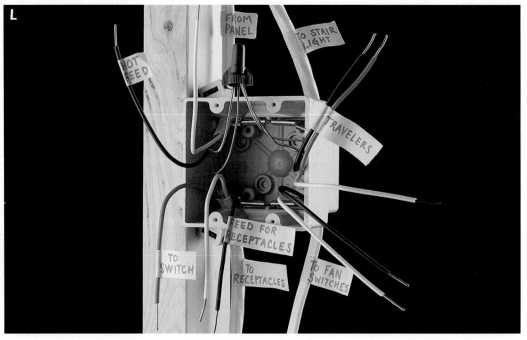

Dans toutes les boîtes électriques et tous les appareils encastrés, reliez les fils de mise à la terre au moyen d'un serre-fils.

Indiquez sur une étiquette la destination de chacun des câbles entrant dans la boîte. Lorsque la configuration du câblage de la boîte est complexe, étiquetez aussi chacun des fils pour faciliter le raccordement final. Une fois tous les câbles installés, votre travail peut être soumis au premier examen de l'inspecteur.

Installation d'un câble NM dans un mur fini

A

À partir de l'espace non fini situé sous le mur fini, cherchez un point de repère – comme un tuyau ou un câble électrique – vous indiquant l'endroit où se trouve le mur de l'étage supérieur. Choisissez un endroit pour le nouveau câble où il ne gênera pas les installations existantes. Pratiquez un trou de 1 po dans la cavité du poteau.

B

grenier

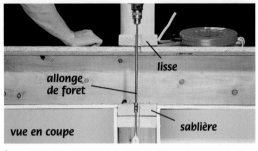

lisse

allonge de foret

sablière

vue en coupe

À partir de l'espace non fini situé au-dessus du mur fini, cherchez le dessus de la cavité du poteau en mesurant la même distance du point de repère choisi à l'étape A. Pratiquez un trou de 1 po dans la sablière, jusque dans la cavité du poteau, en vous servant d'une allonge de foret.

C

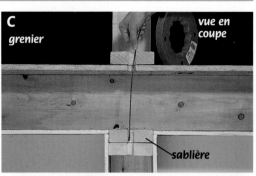

grenier · vue en coupe · sablière

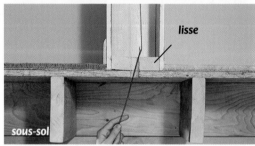

lisse · sous-sol

Faites passer un fil de tirage dans le trou de la sablière; faites-le tourner jusqu'à ce qu'il atteigne le fond de la cavité du poteau. À partir de l'espace non fini situé sous le mur fini, servez-vous d'un bout de fil rigide, dont vous aurez courbé l'extrémité, pour entraîner le fil de tirage dans le trou pratiqué dans la lisse.

D

Dénudez le câble NM sur 3 po. Insérez l'extrémité des fils dans la boucle du fil de tirage.

E

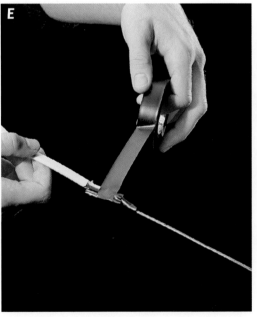

Repliez les fils sur le câble et attachez-les solidement à l'aide de ruban isolant. Appliquez un lubrifiant pour tirage de câble sur l'extrémité du fil qui est entourée de ruban (voir page 122).

F

vue en coupe

À partir de l'espace situé au-dessus du mur fini, tirez sur le fil pour faire monter le câble dans la cavité du poteau. Ce travail sera facilité si quelqu'un, en dessous du mur, pousse sur le câble pendant que vous tirez.

Suite à la page suivante

Installation d'un câble NM dans un mur fini (suite)

Conseils relatifs à l'installation d'un câble dans un mur fini

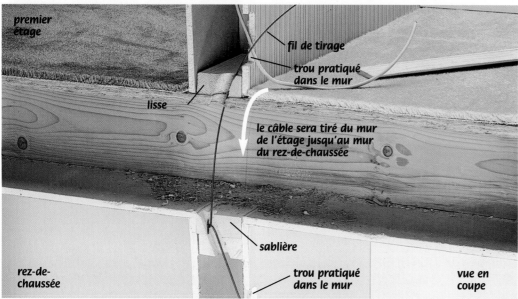

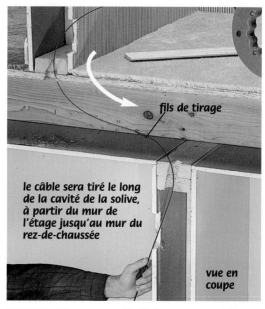

S'il n'y a pas d'espace accessible au-dessus et en dessous du mur, découpez des ouvertures dans les murs finis pour y faire passer le câble. Cette situation se produit souvent dans les maisons à étage, lorsqu'un câble doit courir d'un mur de l'étage à un mur du rez-de-chaussée. Découpez de petites ouvertures dans les murs, près de la sablière et près de la lisse, puis pratiquez de biais un trou de 1 po dans la sablière et dans la lisse. Faites passer un fil de tirage dans la cavité de la solive, entre les murs, et servez-vous-en pour faire passer le câble d'un mur à l'autre. Si les deux murs sont alignés l'un sur l'autre, vous pouvez attraper le fil de tirage à l'aide d'un petit bout de fil rigide.

VARIANTE : Si les murs sont décalés l'un par rapport à l'autre, utilisez un second fil de tirage. Après avoir fait passer le câble, bouchez les ouvertures des murs avec du plâtre à reboucher, ou avec des restes de panneau mural, du ruban et de l'enduit.

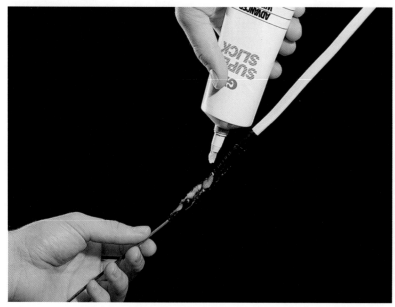

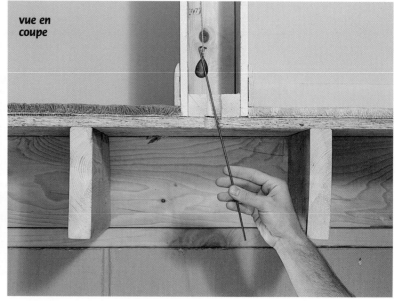

Appliquez du lubrifiant de tirage sur l'extrémité du fil de tirage entourée de ruban lorsque ce dernier doit traverser une courbe serrée. N'utilisez ni huile ni vaseline, de crainte qu'elles n'endommagent l'enveloppe thermoplastique du câble.

Si vous ne disposez pas d'un fil de tirage, servez-vous d'un cordeau muni d'un plomb ou d'une lourde rondelle. Faites descendre le cordeau dans la cavité du poteau, puis utilisez un bout de fil métallique rigide pour accrocher le cordeau et le tirer vers le bas.

Dénudage d'un câble NM et de fils

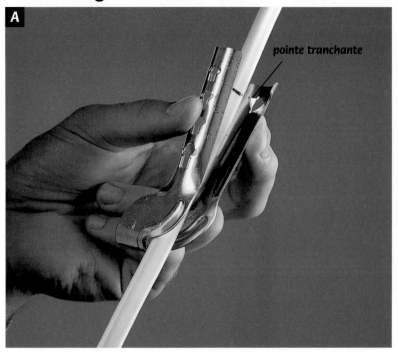

pointe tranchante

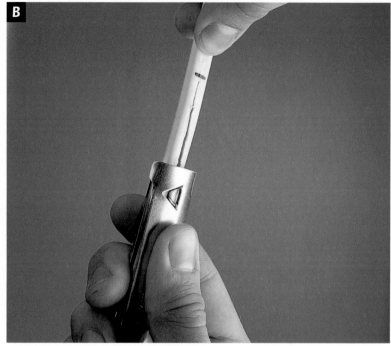

Mesurez et marquez le câble à environ 8 po ou 10 po de son extrémité. Enfilez le câble dans le dénudeur; serrez fermement l'outil pour que la pointe tranchante perce la gaine de plastique.

Saisissez le câble d'une main et, de l'autre, tirez le dénudeur jusqu'au bout du câble pour ouvrir la gaine.

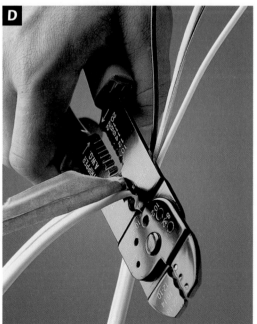

Repliez la gaine du câble ainsi que le ruban de papier de chacun des fils.

À l'aide de la mâchoire tranchante d'une pince à usages multiples, coupez la partie superflue de gaine et de papier.

Dénudez chaque fil en le faisant passer dans l'ouverture à dénuder correspondant au calibre de celui-ci. Prenez garde de ne pas érafler ni entailler le bout des fils.

Installation des dispositifs électriques

Parmi les dispositifs électriques résidentiels, on compte les interrupteurs, les prises de courant, les luminaires, les détecteurs de fumée ainsi que les appareils spéciaux branchés en permanence sur un circuit. La plupart sont faciles à installer; ils s'accompagnent souvent d'un mode d'emploi ou d'un code de couleurs qui simplifie le raccordement. Le câblage varie en fonction du type de dispositif, de sa position dans le circuit et du fabricant; toutefois, quelques règles générales s'appliquent à l'achat et à l'installation des dispositifs électriques.

Utilisez toujours des dispositifs dont l'intensité et la tension nominales correspondent à celles du circuit auquel ils seront branchés (voir page 103). Une différence dans les valeurs nominales peut entraîner une dangereuse surcharge des circuits.

Avant de commencer le travail (voir page 98), coupez le courant alimentant le circuit et ne le rétablissez qu'après avoir terminé. Lorsque vous travaillez sur de nouveaux circuits, installez les dispositifs avant de raccorder les circuits au tableau de distribution.

La plupart des dispositifs électriques sont raccordés aux fils du circuit à l'aide de bornes à vis, de bornes autobloquantes ou de fils de liaison, qui sont de petits fils intégrés au dispositif.

Servez-vous d'un *serre-fils* (à droite) pour raccorder les fils du circuit aux *fils de liaison,* ou pour raccorder des cavaliers. Les serre-fils sont offerts en divers formats et en couleurs différentes, qui facilitent l'identification des raccordements. Utilisez toujours le format de serre-fils qui convient au nombre et au calibre des fils à joindre (consultez le tableau figurant sur l'emballage).

Pour réaliser une connexion, coupez l'extrémité des fils à la même longueur; dénudez chacun d'eux sur environ $1/2$ po. Insérez les fils dans le serre-fils, puis faites tourner celui-ci dans le sens des aiguilles d'une montre (inutile de torsader les fils au préalable). Tirez doucement sur chacun des fils pour vous assurer qu'ils sont tous solidement retenus. Assurez-vous ensuite qu'aucune partie dénudée des fils ne dépasse du serre-fils.

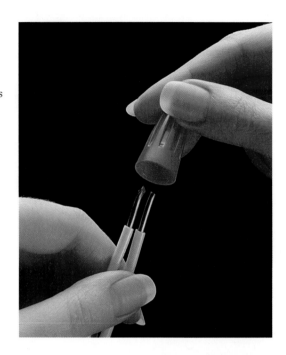

Raccordement des fils aux bornes à vis

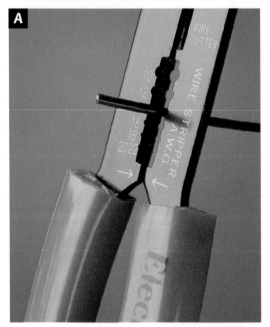

A

Avec une pince à usages multiples, dénudez l'extrémité de chaque fil sur environ $3/4$ po. Choisissez l'ouverture qui correspond au calibre du fil, pincez le fil et tirez fermement pour en enlever la gaine.

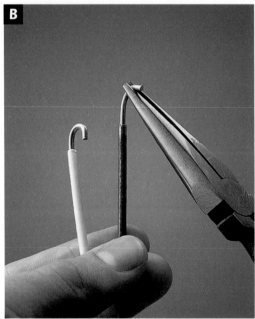

B

Avec une pince à bec effilé, formez une boucle en forme de C à l'extrémité du fil. Le fil doit être exempt de rayures et d'entailles.

C

Accrochez chaque fil autour de la borne à vis de manière qu'il forme une boucle dans le sens des aiguilles d'une montre. Serrez fermement les vis. La gaine devrait tout juste toucher à la tête de la vis. Ne raccordez jamais deux fils à la même borne à vis. Servez-vous plutôt d'un fil de liaison.

Raccordement des fils aux bornes autobloquantes

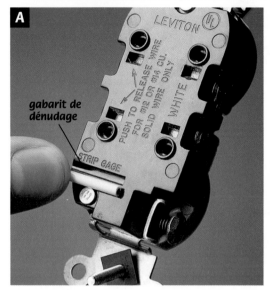

A

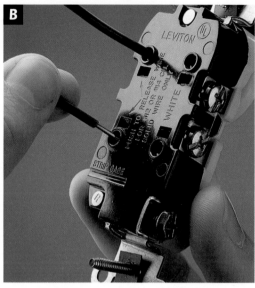

B

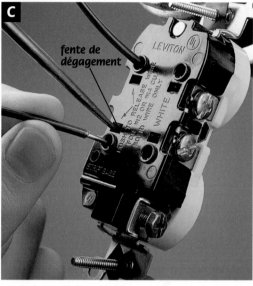

C

gabarit de dénudage

fente de dégagement

Mesurez la longueur de gaine à enlever de chaque fil, en vous servant du gabarit de dénudage situé à l'arrière de la prise ou de l'interrupteur. Dénudez les fils avec la pince à usages multiples (voir étape A, page 124). **NOTE :** N'utilisez jamais de bornes autobloquantes avec du fil d'aluminium.

Poussez fermement l'extrémité dénudée du fil dans la borne autobloquante située à l'arrière de la prise ou de l'interrupteur. Aucune partie dénudée du fil ne devrait être visible.

Pour retirer un fil d'une borne autobloquante, insérez un petit clou ou un tournevis dans la fente de dégagement située près du fil. Tirez le fil pour l'enlever.

Utilisation d'un fil de liaison

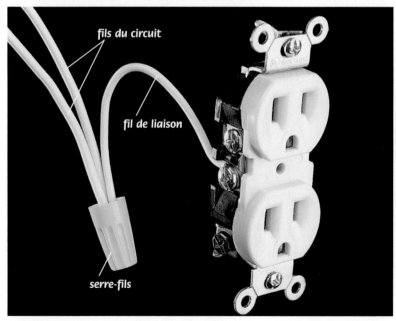

fils du circuit

fil de liaison

serre-fils

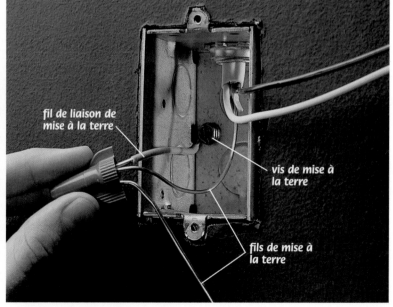

fil de liaison de mise à la terre

vis de mise à la terre

fils de mise à la terre

Raccordez deux fils ou davantage à une borne à vis unique à l'aide d'un fil de liaison. Il s'agit d'un court fil dont l'une des extrémités est raccordée à la borne à vis, et l'autre aux fils du circuit au moyen d'un serre-fils. Le fil de liaison peut également servir à allonger des fils de circuit trop courts. **NOTE :** Le fil de liaison doit être du même type et du même calibre que les fils du circuit.

Utilisez un fil de liaison de mise à la terre pour raccorder les fils de mise à la terre du circuit à une boîte métallique mise à la terre. Le fil de liaison de mise à la terre, à gaine verte, est vendu avec une vis de mise à la terre intégrée qu'il suffit de fixer sur la boîte métallique mise à la terre. Au moyen d'un serre-fils, joignez l'autre extrémité du fil de liaison aux fils de mise à la terre en cuivre nu.

Installation d'interrupteurs

Il existe trois types d'interrupteurs muraux : l'unipolaire, le tripolaire et le quadripolaire, tous illustrés ici. Pour déterminer le type d'interrupteur, il suffit d'en compter le nombre de bornes à vis. Les nouveaux interrupteurs sont souvent munis de bornes autobloquantes en plus des bornes à vis.

La plupart des interrupteurs comportent une borne de mise à la terre, reconnaissable à sa couleur verte. Lorsqu'on la raccorde aux fils de mise à la terre à l'aide d'un fil de liaison, cette borne fournit une protection supplémentaire contre les chocs. Si un interrupteur n'est pas muni d'une telle borne, il faut l'installer dans une boîte électrique métallique mise à la terre.

Il existe également des interrupteurs spéciaux, qui sont commodes et ajoutent à la sécurité de votre maison. Les plus courants sont le gradateur, l'interrupteur-prise et l'interrupteur à veilleuse. Parmi les types plus avancés, on compte l'interrupteur à détection de mouvement, dont le faisceau infrarouge détecte le mouvement et allume ou éteint un luminaire, de même que l'interrupteur programmable à commandes numériques, qui peut stocker jusqu'à quatre cycles d'ouverture-fermeture par jour.

CONCEPTION UNIVERSELLE

Des interrupteurs plus simples

L'interrupteur à levier traditionnel peut être difficile à utiliser si vous avez les bras chargés ou que votre dextérité est limitée. Selon les circonstances, songez à installer d'autres types d'interrupteurs :

- L'interrupteur à plaque basculante (à droite) est muni d'une large plaque dont il suffit de pousser l'un des côtés pour allumer ou éteindre un luminaire.
- L'interrupteur à éclairage intégré permet à l'utilisateur de le repérer facilement et peut même l'orienter dans l'obscurité.
- L'interrupteur commandé à distance permet à l'utilisateur de commander l'éclairage avant d'entrer dans une pièce ou après en être sorti.
- L'interrupteur à détection du mouvement et du son est facile à activer.
- La plaque d'une couleur qui contraste avec celle du mur rend l'interrupteur facile à repérer lorsque l'éclairage est faible.

Interrupteur unipolaire

L'interrupteur unipolaire est le plus répandu de tous les interrupteurs muraux. Son levier, généralement marqué ON/OFF, sert à commander d'un seul endroit un luminaire, un appareil ou une prise. Il comporte deux bornes à vis et, la plupart du temps, une vis de mise à la terre.

Dans un interrupteur unipolaire correctement câblé, un fil sous tension est attaché à chacune des deux bornes. Cependant, à l'intérieur de l'interrupteur, la couleur et le nombre de fils varieront selon la position de celui-ci dans le circuit.

Si deux câbles entrent dans la boîte, c'est que l'interrupteur est situé au milieu d'un circuit (photo A). Dans ce cas, les deux fils sous tension reliés à l'interrupteur sont noirs.

Si un seul câble entre dans la boîte, l'interrupteur se trouve à la fin d'un circuit (photo B). Dans ce type d'installation, l'un des fils sous tension est noir, et l'autre généralement blanc. Un fil blanc sous tension doit toujours être codé avec du ruban isolant noir ou de la peinture noire, pour que l'on sache qu'il est alimenté.

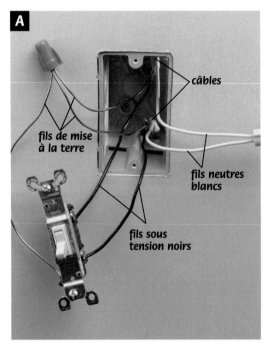

A

câbles

fils de mise à la terre

fils neutres blancs

fils sous tension noirs

Installation d'un interrupteur unipolaire au milieu d'un circuit.

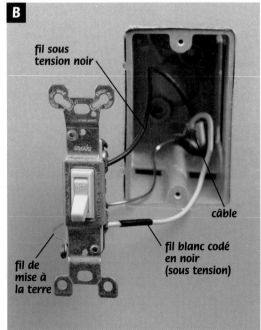

B

fil sous tension noir

câble

fil blanc codé en noir (sous tension)

fil de mise à la terre

Installation d'un interrupteur unipolaire à la fin d'un circuit.

Interrupteur tripolaire

Les interrupteurs tripolaires comportent trois bornes à vis et ne sont pas marqués ON/OFF. Toujours installés en paires, il commandent un luminaire à partir de deux endroits.

L'une des bornes de l'interrupteur tripolaire est plus foncée que les autres; c'est la *borne commune*, dont la position varie d'un fabricant à l'autre. Les deux autres bornes de couleur plus pâle, appelées *bornes de liaison*, sont interchangeables.

Si l'interrupteur est situé au milieu d'un circuit, deux câbles entrent dans la boîte : un câble à deux fils et un autre à trois fils (photo A). Le fil noir (sous tension) du câble à deux fils est relié à la borne commune, tandis que les fils noir et rouge du câble à trois fils le sont aux bornes de liaison.

Si l'interrupteur est situé à la fin d'un circuit, il ne comporte qu'un seul câble, à trois fils (photo B). Le fil blanc est codé en noir pour indiquer qu'il est sous tension.

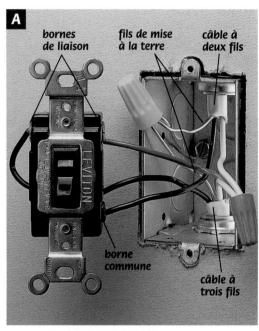

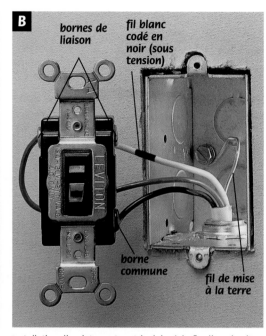

Installation d'un interrupteur tripolaire au milieu d'un circuit.   Installation d'un interrupteur tripolaire à la fin d'un circuit.

Interrupteur quadripolaire

Les interrupteurs quadripolaires comportent quatre bornes à vis et ne sont pas marqués ON/OFF. Ils s'installent toujours entre une paire d'interrupteurs tripolaires, afin qu'un luminaire puisse être commandé à partir de trois endroits ou davantage. On en trouve surtout dans les maisons où de grandes pièces renferment plusieurs aires habitables.

Dans une installation typique, deux câbles à trois fils sont raccordés à l'interrupteur quadripolaire. Dans la plupart des cas, les fils sous tension d'un câble sont reliés à la paire supérieure ou inférieure des bornes à vis, tandis que ceux de l'autre câble le sont à la paire restante.

Cependant, ces interrupteurs ne sont pas tous conçus de la même façon, et la configuration du câblage à l'intérieur de la boîte varie aussi. Étudiez toujours le schéma de câblage qui accompagne l'interrupteur. Un guide de câblage est imprimé au dos de certains interrupteurs.

Toutefois, pour que l'installation soit plus simple, les nouveaux interrupteurs quadripolaires comportent des bornes à vis en paires de couleurs différentes : l'une des paires est généralement en cuivre, et l'autre en laiton. Pour installer cet interrupteur, appariez fils et bornes selon leur couleur. Par exemple, si vous raccordez un fil rouge à l'une des bornes de laiton, raccordez aussi l'autre fil rouge à une borne de laiton.

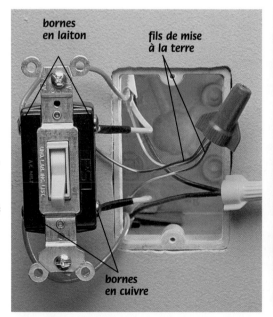

Quatre fils sont raccordés à un interrupteur quadripolaire. Les fils sous tension de l'un des deux câbles sont reliés à la paire de bornes supérieure, tandis que ceux de l'autre câble le sont à la paire de bornes inférieure.

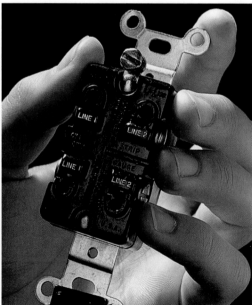

VARIANTE : Dans le cas de l'interrupteur illustré ci-dessus, deux fils de circuit de même couleur seront reliés aux bornes marquées LINE 1, et l'autre paire le sera aux bornes marquées LINE 2.

Installation des prises de courant

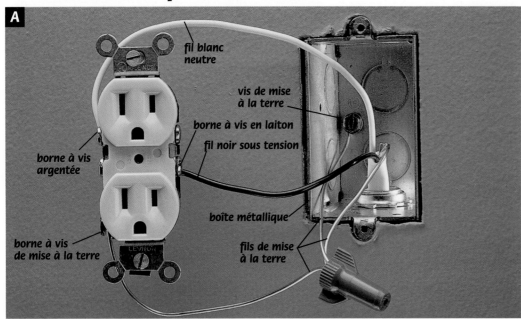

A

fil blanc neutre

vis de mise à la terre

borne à vis en laiton

fil noir sous tension

borne à vis argentée

boîte métallique

borne à vis de mise à la terre

fils de mise à la terre

Si un seul câble entre dans la boîte, c'est qu'il s'agit d'une prise terminale. Le fil noir sous tension y est attaché à une borne de laiton, et le fil blanc neutre à une borne argentée. Si la boîte est faite de métal, le fil de mise à la terre est raccordé, au moyen d'un fil de liaison, aux vis de mise à la terre de la prise et de la boîte. Dans une boîte de plastique, le fil de mise à la terre est directement raccordé à la borne de mise à la terre de la prise.

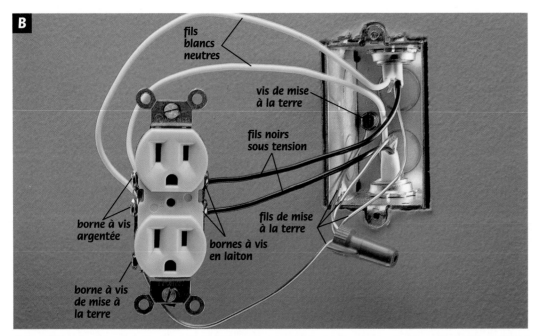

B

fils blancs neutres

vis de mise à la terre

fils noirs sous tension

borne à vis argentée

bornes à vis en laiton

fils de mise à la terre

borne à vis de mise à la terre

Si deux câbles entrent dans la boîte, c'est qu'il s'agit d'une prise intermédiaire. Les fils noirs sous tension y sont attachés aux bornes de laiton, et les fils blancs neutres aux bornes argentées. Le fil de mise à la terre est raccordé, au moyen d'un fil de liaison, aux vis de mise à la terre de la prise et de la boîte.

Une prise double standard peut recevoir deux fiches. Chacune des moitiés de la prise comporte une longue fente (neutre), une fente plus courte (sous tension) et un trou (mise à la terre) en forme de U, dans lesquels se logent les trois broches d'une fiche. Cette configuration garantit que la connexion sera polarisée et mise à la terre.

On peut câbler de plusieurs manières une prise double de 125 V. Les configurations les plus courantes sont illustrées sur ces pages.

Les prises sont câblées soit en tant que prises terminales, soit en tant que *prises intermédiaires*, configurations que l'on peut distinguer selon le nombre de câbles entrant dans la boîte de la prise. Le câblage de type terminal (photo A) ne comporte qu'un câble puisque le circuit se termine à la prise. Le câblage de type intermédiaire (photo B) en comporte deux, vu que le circuit continue à s'acheminer vers d'autres prises, interrupteurs ou appareils.

Dans une prise *à circuit divisé* (photo C), chacune des moitiés de la prise est reliée à un circuit séparé, de manière qu'on puisse y brancher deux appareils de forte puissance sans qu'un disjoncteur se déclenche ou qu'un fusible saute. Cette configuration est semblable à celle d'une prise commandée par un interrupteur. La plupart des codes requièrent qu'une prise commandée par interrupteur soit installée dans les pièces qui ne sont pas munies d'un luminaire intégré commandé par un interrupteur mural.

La prise à circuit divisé et la prise commandée par un interrupteur sont reliées à deux fils sous tension; soyez donc particulièrement prudent lorsque vous les réparez ou les remplacez. Assurez-vous que la languette de connexion unissant les deux bornes à vis sous tension a bien été enlevée.

On trouve fréquemment des *prises à deux fentes* (photo D) dans les vieilles maisons. Aucun fil de mise à la terre n'y est relié, mais la boîte peut être mise à la terre au moyen d'un câble armé ou d'un tube protecteur.

L'installation d'une prise *à disjoncteur de fuite à la terre* (voir page 130) est obligatoire dans les pièces où il peut y avoir de l'eau ainsi qu'à l'extérieur de la maison. Elle peut être câblée de manière à protéger une ou plusieurs prises d'un circuit unique.

La prise à circuit divisé est reliée à un fil noir sous tension, à un fil rouge sous tension, à un fil blanc neutre et à un fil nu de mise à la terre. Ce type de câblage est analogue à celui d'une prise commandée par un interrupteur.

Les fils sous tension sont raccordés aux bornes de laiton, et la languette de connexion joignant ces bornes a été enlevée. Le fil blanc est relié à une borne argentée, et la languette de connexion du côté neutre est intacte. Le fil de mise à la terre est raccordé, au moyen d'un fil de liaison, à la borne de mise à la terre de la prise et à celle de la boîte.

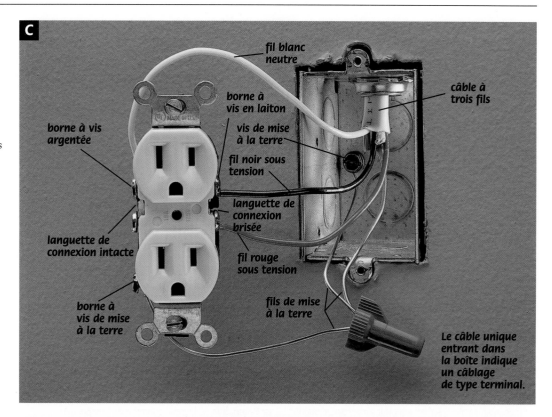

C

fil blanc neutre

borne à vis argentée

borne à vis en laiton

vis de mise à la terre

fil noir sous tension

câble à trois fils

languette de connexion brisée

languette de connexion intacte

fil rouge sous tension

borne à vis de mise à la terre

fils de mise à la terre

Le câble unique entrant dans la boîte indique un câblage de type terminal.

On trouve souvent des prises à deux fentes dans les vieilles maisons. Les fils noirs sous tension sont reliés aux bornes de laiton, et les fils blancs neutres sont raccordés, au moyen d'un fil de liaison, à une borne argentée.

Les prises à deux fentes peuvent être remplacées par des prises à trois trous, pourvu que la boîte métallique soit munie d'un dispositif de mise à la terre.

NOTE : Si votre projet de rénovation prévoit l'ajout de prises à un circuit qui comprend des prises à deux fentes, il se peut que le code vous oblige à remplacer ces dernières par des prises à trois trous standard. Consultez l'inspecteur en électricité de votre localité pour connaître les exigences pertinentes.

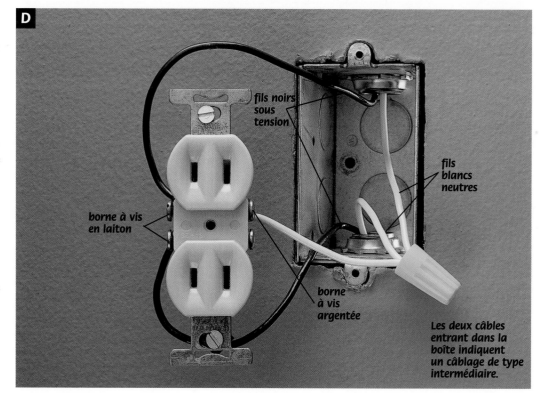

D

fils noirs sous tension

fils blancs neutres

borne à vis en laiton

borne à vis argentée

Les deux câbles entrant dans la boîte indiquent un câblage de type intermédiaire.

Installation d'une prise à disjoncteur de fuite à la terre

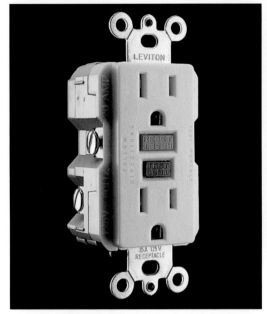

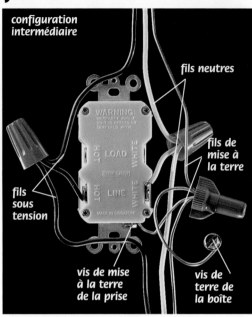

Une **prise à disjoncteur de fuite à la terre** est munie sur la face avant d'un bouton de réenclenchement *(RESET)* rouge et d'un bouton d'essai *(TEST)* noir. Vérifiez mensuellement la prise en appuyant sur le bouton noir; le bouton rouge devrait alors se soulever et couper le courant. Rétablissez-le en appuyant sur le bouton rouge.

Dans une **prise à disjoncteur câblée de manière à ne protéger qu'elle-même** (vue de l'arrière), les fils sous tension et neutre ne sont raccordés qu'aux bornes marquées *LINE*. Les fils de mise à la terre du circuit sont raccordés, au moyen d'un fil de liaison, à la vis de mise à la terre de la prise.

Une prise à disjoncteur de fuite à la terre protège l'utilisateur contre les décharges électriques pouvant être causées par un appareil défectueux, ou encore par une fiche ou un cordon usé ou mouillé. L'installation de ce type de prise est obligatoire dans les endroits où il peut y avoir de l'eau.

Cette prise coupe automatiquement l'électricité dès qu'il y a une fluctuation de courant. C'est pourquoi elle offre une protection même si elle n'est pas mise à la terre. Dans les circuits qui ne sont pas mis à la terre, elle peut donc remplacer une vieille prise double.

La prise à disjoncteur de fuite à la terre peut être câblée de manière à ne protéger qu'elle-même (type terminal), ou de manière à protéger tous les dispositifs installés en aval jusqu'à la fin du circuit (type intermédiaire). Toutefois, cette prise ne peut protéger les appareils installés entre elle et le tableau de distribution principal.

Vu l'extrême sensibilité de la prise à disjoncteur de fuite à la terre, elle est le plus efficace dans une installation de type terminal; raccordée à un grand nombre de dispositifs, elle est sujette aux déclenchements intempestifs. Pour le câblage de type intermédiaire, demandez conseil à un électricien.

Installation d'une prise à disjoncteur de type terminal

A

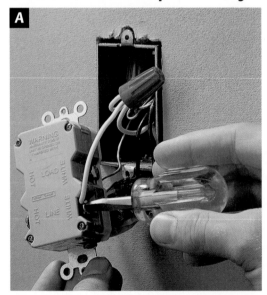

Coupez le courant au tableau de distribution principal. Enlevez la plaque et les vis de montage. À l'aide d'un fil de liaison et d'un serre-fils, joignez les fils neutres blancs; raccordez le fil de liaison à la borne marquée *WHITE LINE* de la prise à disjoncteur.

B

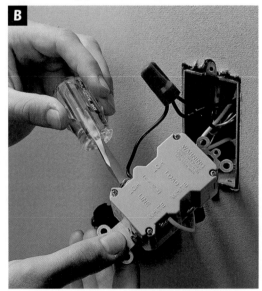

Au moyen d'un serre-fils, joignez les fils noirs sous tension à un fil de liaison et attachez celui-ci à la borne marquée *HOT LINE* de la prise à disjoncteur.

C

Attachez le fil de mise à la terre à la borne verte de terre de la prise à disjoncteur. Installez la prise dans la boîte et posez le couvercle. Rétablissez le courant; vérifiez le fonctionnement de la prise en suivant les instructions du fabricant.

Installation de luminaires et de détecteurs de fumée

Les luminaires et les détecteurs de fumée fonctionnent généralement sous une tension de 120 V. Souvent, tous les luminaires d'une pièce et du couloir adjacent sont alimentés par le même circuit.

La plupart des luminaires sont vendus avec leur propre câblage interne; pour les brancher, il suffit donc d'en raccorder les fils de liaison aux fils du circuit. Le luminaire doit être attaché au moyen d'une traverse à une boîte électrique correctement fixée à la charpente.

Dans un projet de rénovation, les nouveaux détecteurs de fumée doivent être branchés sur un circuit électrique (et non pas être alimentés par une pile). Toutefois, certains codes exigent que tous les détecteurs ainsi branchés soient également munis d'une pile de secours. Les détecteurs directement branchés au circuit doivent l'être en série, de manière que le déclenchement de l'un entraîne le déclenchement de tous les autres.

Pour brancher en série les détecteurs de fumée, reliez-les avec un câble à trois fils; le fil rouge du câble servira à raccorder les fils de déclenchement des appareils.

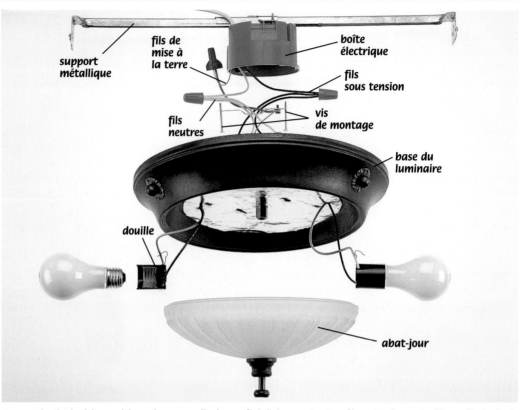

Dans un luminaire à lampe à incandescence ordinaire, un fil de liaison neutre et un fil sous tension sont reliés aux fils du circuit au moyen de serre-fils. La boîte électrique du luminaire doit être directement fixée à un élément de charpente, ou à un support métallique installé entre deux éléments de charpente.

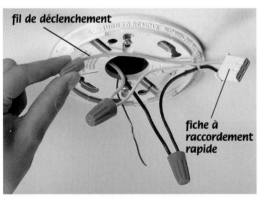

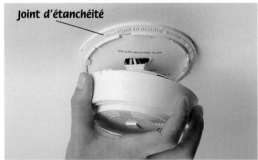

Les **détecteurs de fumée** destinés à être branchés directement sur le circuit sont munis d'un fil de déclenchement servant au raccordement en série de plusieurs appareils. Certains modèles sont équipés de fiches à raccordement rapide facilitant le branchement au boîtier de l'appareil.

CONCEPTION UNIVERSELLE

Un éclairage convenant à toutes les périodes de la vie

Un plan d'éclairage de type universel prévoit l'installation de luminaires qui fournissent le degré d'éclairage approprié et qui exigent peu d'effort et peu d'entretien de la part de l'utilisateur. Répartissez judicieusement les sources d'éclairage installées au plafond, sur les murs et dans les aires de travail, de manière à créer un milieu sécuritaire, plus particulièrement pour les malvoyants.

- Choisissez des luminaires dont l'ampoule se remplace facilement. Certains sont munis de cordons escamotables qui permettent de les abaisser lorsqu'il faut remplacer l'ampoule.
- Privilégiez les luminaires munis de deux ampoules; ainsi, si l'une brûle, vous disposerez quand même d'une source d'éclairage.
- Achetez au besoin des luminaires à minuterie, ou des luminaires activés par la voix ou le mouvement. Ainsi, l'utilisateur n'aura pas besoin de trouver l'interrupteur pour les allumer. (Assurez-vous que les réglages sont faciles à effectuer.)

- Achetez des luminaires fonctionnant au toucher, qui ne requièrent pas de mouvements précis de la main pour s'allumer.
- Installez une source d'éclairage de secours dans toutes les pièces.
- Songez à utiliser des luminaires à lampes fluorescentes lorsque celles-ci conviennent. Elles durent plus longtemps et consomment moins que les lampes à incandescence. Les nouveaux fluorescents sont offerts en couleurs agréables à l'œil.

Installation de câbles téléphoniques

La compagnie de téléphone est propriétaire du câblage qui fournit le service téléphonique à votre résidence jusqu'à la *prise de démarcation*, et elle en assure l'entretien. En aval de ce point, vous êtes maître du câblage et des prises; vous pouvez étendre ou modifier votre système téléphonique en fonction de vos besoins, par exemple remplacer vos anciennes prises par de nouvelles prises modulaires, ou installer une *boîte de jonction*, qui permet l'ajout de lignes téléphoniques. (Si l'amélioration de votre système téléphonique va au delà de l'ajout de lignes, songez à installer un système de réseaux résidentiels; reportez-vous aux pages 134 à 139.)

Une installation téléphonique récente comporte une boîte de jonction, de laquelle partent les divers câbles alimentant les prises téléphoniques de toute votre maison. Cette méthode de câblage, parfois appelée *câblage autonome*, offre un avantage: si l'une des prises est endommagée, les autres continuent de fonctionner. Si votre installation comporte une boîte de jonction, vous pouvez aisément ajouter une nouvelle prise en en reliant les fils à cette boîte; si elle n'en comporte pas, il est facile d'en installer une.

Les anciennes installations téléphoniques ont un *câblage en boucle*: toutes les prises de la maison sont reliées à un même câble. Ces vieilles installations comportent probablement d'anciennes prises dans lesquelles on ne peut brancher les fiches modulaires modernes. Une façon simple de mettre à niveau une vieille installation consiste à installer de nouvelles prises qui peuvent servir de boîtes de jonction pour l'ajout de lignes.

Les bornes d'une prise téléphonique obéissent à un code de couleurs correspondant aux couleurs des quatre principaux fils d'un câble téléphonique standard; cependant, les codes de couleurs peuvent varier. Le tableau ci-dessous énumère les raccordements les plus courants.

Les câbles téléphoniques fonctionnent sous basse tension et présentent peu de risques de choc électrique. Comme précaution supplémentaire, vous seriez bien avisé de débrancher de la prise de démarcation le câble de service.

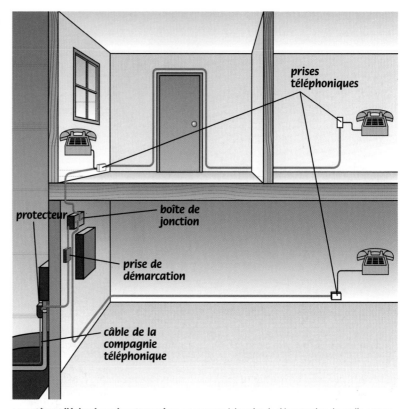

Le système téléphonique de votre maison commence à la prise de démarcation, laquelle est raccordée au câble de la compagnie de téléphone. Les lignes peuvent partir d'une boîte de jonction ou d'une prise modulaire.

La borne rouge accepte:	La borne verte accepte:
- un fil rouge	- un fil vert
- un fil bleu	- un fil blanc à bande bleue
- un fil bleu à bande blanche	**La borne noire accepte:**
La borne jaune accepte:	- un fil noir
- un fil jaune	- un fil blanc à bande orange
- un fil orange	**Note:** S'il y a des fils de trop dans le cordon (généralement un vert et un blanc), poussez-les dans la prise sans les raccorder.
- un fil orange à bande blanche	

Outils: *Pince à sertir, coupe-fil.*

Matériel: *Prise téléphonique modulaire, boîte de jonction.*

Ajout de lignes téléphoniques: commodité et sécurité

Les membres de votre famille trouveront pratique la présence d'au moins une ligne téléphonique dans chaque pièce, et ils se sentiront davantage en sécurité.

Un téléphone est particulièrement utile dans la salle de bain, car le sol y est fréquemment glissant, et les chutes y sont fréquentes. Une personne qui se sera blessée en tombant et qui est seule à la maison pourra obtenir de l'aide par téléphone.

Vos invités apprécieront la commodité et la sécurité que fournit un poste téléphonique installé dans les quartiers que vous leur aurez réservé. Ces quartiers étant souvent utilisés à d'autres fins, un poste téléphonique les rendra encore plus polyvalents.

N'oubliez pas que certaines personnes ont de la difficulté à appuyer sur les petites touches des appareils standard; songez à installer des appareils à larges touches.

Installation d'une prise modulaire

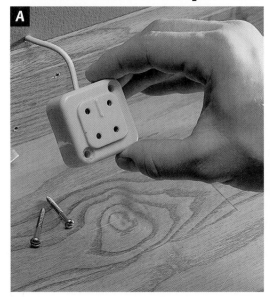

A

Si possible, débranchez le cordon de la prise. Dévissez la prise du mur (vous devrez peut-être en enlever le couvercle). Tirez doucement sur la prise pour l'éloigner du mur.

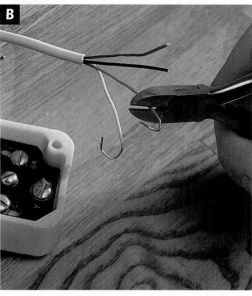

B

Détachez des bornes chacun des fils de la prise. Avec un coupe-fil, coupez l'extrémité nue des fils.

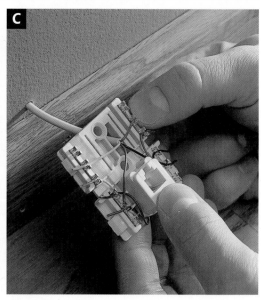

C

Faites passer le câble par l'arrière de la nouvelle prise. Faites entrer chacun des fils de couleur dans la fente métallique libre du bloc de bornes qui contient déjà un fil de même couleur. Fixez la prise au mur; installez-en le couvercle.

Installation d'une boîte de jonction

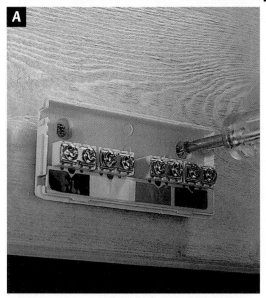

A

Choisissez pour la boîte un endroit (mur ou élément de charpente) proche de la prise de démarcation. Fixez la boîte avec des vis.

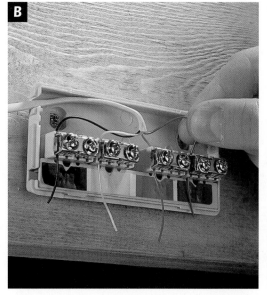

B

Dénudez sur une longueur de 1 po chacun des quatre fils intérieurs d'un câble téléphonique standard et, dans la prise de démarcation, attachez chacun à la borne de couleur correspondante. Faites courir le câble téléphonique en l'agrafant à intervalles de 2 pi, jusqu'à la boîte de jonction. Dans celle-ci, attachez chaque fil à la borne de couleur correspondante.

C

Raccordez aux bornes à fente de la boîte de jonction les câbles de chaque ajout au système. Vérifiez si les lignes téléphoniques fonctionnent bien, puis installez le couvercle de la boîte de jonction.

Système de réseaux résidentiels

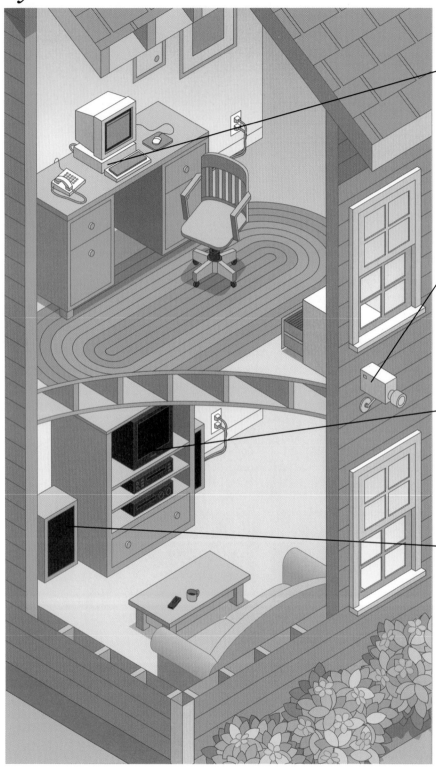

La **prise voix-données (RJ45)** peut recevoir tous les formats de fiches de télécommunications à broches, dont celles des lignes standard de téléphone et de transmission de données, ainsi que les fiches multilignes de transmission de données informatiques d'un bureau personnel.

Les **accessoires,** telles les caméras de télévision en circuit fermé, permettent au propriétaire d'adapter son réseau à ses besoins particuliers.

Le **connecteur-série** sert au branchement des lignes de réception et de distribution des signaux de télévision et de ceux provenant d'un magnétoscope, d'un lecteur de DVD ou d'une caméra de télévision en circuit fermé.

Des **prises audio** ou un système de haut-parleurs encastrés peuvent être reliés à un cinéma maison ou servir à créer une chaîne audio dont le volume peut être commandé dans chaque pièce.

Le **système de réseaux résidentiels** vous permet de recevoir et de distribuer dans toute la maison des signaux de transmission de la voix, des données et des images. L'utilisateur accède aux réseaux à certains points d'entrée qui contiennent des prises et des connecteurs dans lesquels on branche directement téléphones, ordinateurs, téléviseurs, magnétoscopes, lecteurs de DFVD, chaînes audio et autres appareils électroniques.

Photos : courtoisie de Pass & Seymour/egrand

Système de réseaux résidentiels

La capacité d'envoyer et de recevoir électroniquement de l'information est devenue essentielle dans la vie quotidienne. On trouve dans beaucoup de maisons l'accès à Internet, le service téléphonique multiligne, la télévision par câble ou par satellite, le réseau d'ordinateurs personnels et le système de sécurité. Avec la croissance rapide de nos besoins en télécommunications, il nous faut trouver un moyen plus efficace, plus rapide et plus commode de gérer ces systèmes distincts.

Un système de réseaux résidentiels rassemble ces différents éléments en un seul endroit. Il fournit une voie de transmission de l'information électronique plutôt que de l'électricité. Tout comme les circuits de l'installation électrique partent du tableau de distribution principal et distribuent l'électricité dans toutes les pièces de la maison, le système de réseaux résidentiels comporte un centre de distribution et des câbles spécialisés qui transmettent les signaux voix, vidéo et audio ainsi que les données informatiques là où vous en avez besoin.

Le *centre de distribution* (photo A) constitue le noyau du système de réseaux. Il est installé dans le sous-sol ou dans un placard de service. Tous les câbles de service (téléphone, Internet, télévision par câble ou satellite) provenant de l'extérieur de la maison sont reliés au centre de distribution, de même que les câbles transportant les signaux audio et vidéo produits par la chaîne audiovisuelle de la maison. Le centre de distribution contient divers *modules de distribution* (photo B) dont chacun est conçu pour la transmission de signaux particuliers de la voix, des données et des images (VDI). Certains modules sont alimentés par une prise de courant montée à l'intérieur du centre de distribution et peuvent ainsi transmettre un signal puissant à de multiples prises. À partir des modules, *des câbles et des fils à haut rendement* (photo C) se rendent dans les différentes pièces, où ils sont reliés à des prises spécialisées (photo D). Il s'agit de *prises multimédias,* qui contiennent en fait une série de prises et de connecteurs permettant le branchement des fiches normalisées d'appareils divers, notamment celles des appareils audio et vidéo, des ordinateurs et des téléphones.

Beaucoup de maisonneries offrent les composants, le matériel et les outils spécialisés requis pour l'installation d'un système de réseaux résidentiels. Vous pouvez vous procurer un système complet ou un système partiel auquel vous ajouterez des éléments au fil des ans. Vous trouverez dans les pages suivantes un aperçu de la planification et de l'installation d'un système de réseaux résidentiels de base.

Le **centre de distribution** renferme les modules, les connexions de câbles et de fils ainsi que le bloc d'alimentation électrique de tout le système. Un couvercle de plastique (médaillon) protège le contenu du centre et donne accès aux modules et aux connexions, ce qui rend aisée la reconfiguration des prises ou la modification du système.

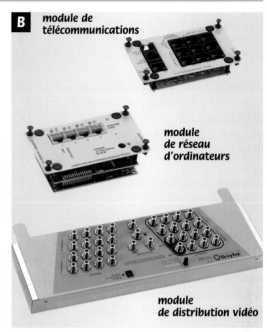

Les **modules de distribution** sont des dispositifs d'interface qui servent à maintenir et à augmenter la puissance du signal qui sera acheminé dans tout le système. Ils peuvent également distribuer les signaux produits dans la maison, par exemple ceux de caméras de surveillance, ou acheminer dans n'importe quelle pièce les signaux d'une chaîne audio, d'un lecteur de DVD ou d'un magnétoscope.

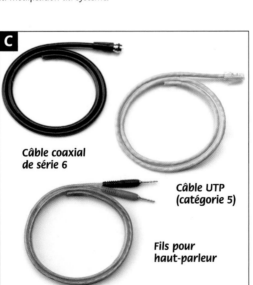

Les **câbles et les fils à haut rendement** transportent les signaux entre les modules, les prises et le matériel. Le câble coaxial de série 6 distribue les signaux audio et vidéo, tandis que le câble de catégorie 5 transporte la voix et les données, et que les fils pour haut-parleur de première qualité acheminent les signaux audio dans tout le système.

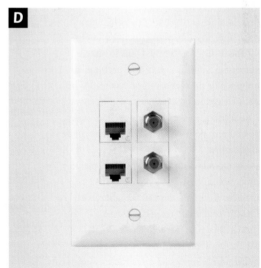

Les **prises multimédias** peuvent être adaptées aux besoins particuliers dans chaque pièce. Elles contiennent une série de prises et de connecteurs (voir page 134) permettant le branchement et l'utilisation immédiate des appareils électroniques. Par souci de commodité, on peut installer les prises multimédias à proximité des prises de courants.

Planification d'un système de réseaux résidentiels

L'installation d'un système de réseaux résidentiels est à la portée de n'importe quel propriétaire. Même s'il est beaucoup plus facile d'installer les câbles et les fils durant la construction d'une maison, avant la finition des murs, le rattrapage ne présente pas de problèmes insolubles si vous planifiez avec soin la composition du système et déterminez l'endroit idéal où installer chaque composant, et si vous dressez méticuleusement le plan des parcours de câbles et de fils.

En règle générale, mieux vaut installer plus de câbles et de prises multimédias que vous prévoyez en utiliser (dans quelques années, vous pourriez transformer en bureau personnel la chambre d'un adolescent).

Il faut évidemment installer des prises multimédias dans la salle de séjour, le bureau personnel et la salle de détente ou de récréation. Mais si vous en installez aussi dans la cuisine, la salle de bain, la buanderie et la salle de service, ou à proximité des gros appareils électroménagers, vous préparerez votre maison pour de futures possibilités de domotique.

Dans certaines pièces, particulièrement dans la salle de détente et dans le bureau personnel, installez plusieurs prises multimédias à divers endroits. Dans le bureau personnel, vous trouverez fort pratique la présence de nombreuses prises voix-données pour l'accès Internet de votre ordinateur. Placez ces prises multimédias près des prises de courant, pour faciliter le branchement de l'ordinateur.

Un croquis de l'installation et un plan de câblage vous aideront à déterminer le meilleur chemin à faire suivre aux câbles. Les câbles d'un système de réseaux s'installent de la même manière que les câbles électriques (voir pages 116 à 122). Pour maximiser le rendement des câbles, choisissez les parcours qui comptent le moins de courbes et d'angles.

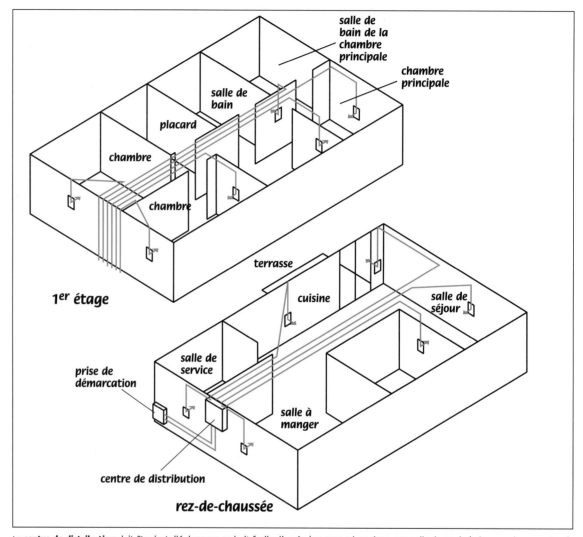

Le **centre de distribution** doit être installé dans un endroit facile d'accès (au sous-sol ou dans une salle de service), à peu près au centre de la maison, et à proximité de la prise de démarcation. Cette facilité d'accès simplifiera non seulement l'installation initiale, mais aussi les modifications ultérieures apportées au système. Vu la situation centrale du cœur du système, il est moins probable que la longueur des câbles excédera le maximum recommandé pour les parcours (295 pi).

Code du bâtiment

Vu la nécessité croissante de mettre en réseau les appareils utilisés pour le travail ou le divertissement à domicile, des normes ont été établies par la Telecommunications Industry Association (TIA) et par l'Electronic Industry Alliance (EIA), de concert avec la Federal Communications Commission (FTC), aux États-Unis, et Industrie Canada, au Canada. Ces normes constituent de plus en plus souvent les exigences réglementaires d'installation des systèmes de réseaux.

Consultez l'inspecteur en bâtiment de votre localité pour connaître les exigences actuelles s'appliquant à ce nouveau type de câblage résidentiel.

Préparation des prises multimédias

Dans une nouvelle construction, utilisez un support double format pour installer la prise multimédia à côté d'une prise de courant existante. Placez le support sur la prise de courant et fixez-le au poteau à l'aide de vis. Installez ensuite la boîte de la nouvelle prise. Dans le cas d'une prise simple, utilisez une boîte double standard ou une boîte à dos concave (photo de droite), afin que les câbles et les fils ne soient pas endommagés par pliage ou torsion. Montez les boîtes à 12 po du sol, en prenant la mesure au centre de la boîte.

Dans le cas des installations de rattrapage, utilisez une boîte de rattrapage en plastique (double ou à dos concave). Découpez dans le mur une ouverture et insérez-y la boîte, puis serrez les vis de montage jusqu'à ce que les pattes s'appuient solidement contre l'arrière du panneau mural (mortaise). Acheminez les fils jusqu'aux boîtes (voir page 138), en laissant au moins 12 po de jeu à chaque boîte.

Montage du centre de distribution

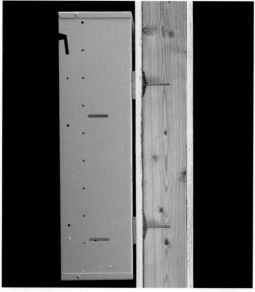

Montez le centre de distribution à au moins 48 po du sol, à un endroit facile d'accès. Beaucoup de ces dispositifs peuvent être encastrés entre des poteaux dont l'écart de centre à centre est de 16 po.

Le centre de distribution peut également être monté en saillie sur un mur fini, ou encore fixé sur un support de bois. Laissez un écart d'au moins 1/4 po entre le dispositif et le mur pour permettre l'installation des modules et la fixation des pièces d'attache.

Installez une prise double réservée de 15 A, 120 V, non commandée par un interrupteur, soit dans le centre de distribution même, soit à 60 po maximum de celui-ci. Un transformateur servira à alimenter les modules qui doivent l'être.

Acheminement des câbles et des fils

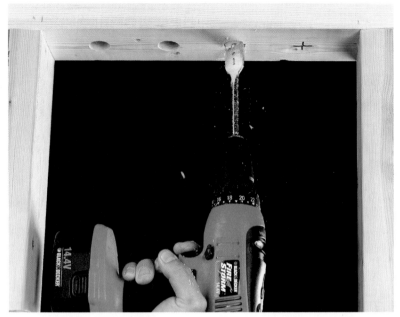

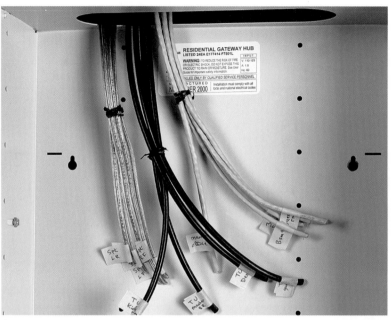

Pratiquez des trous dans la sablière, au-dessus du centre de distribution, pour acheminer les fils vers l'enceinte. Lorsque les câbles de réseau courent sur une bonne distance le long des câbles électriques, laissez entre eux un écart d'au moins 6 po. Amenez jusqu'au centre de distribution les câbles reliés aux boîtes des prises. Lisez dans les pages 118 à 122 les conseils relatifs à l'installation des câbles dans des murs finis et des murs non finis.

Étiquetez chacun des parcours de câbles arrivant au centre de distribution et aux prises des pièces. Au centre de distribution, coupez les câbles de manière qu'ils pendent et arrivent à la partie inférieure du centre de distribution. Indiquez sur l'étiquette la pièce et l'endroit de la pièce où se trouve l'autre extrémité du câble ainsi que le nom du module auquel sera raccordé le câble. À l'autre extrémité du câble, attachez une étiquette indiquant le nom du module auquel il sera raccordé.

Sertissage des fiches et des connecteurs-série

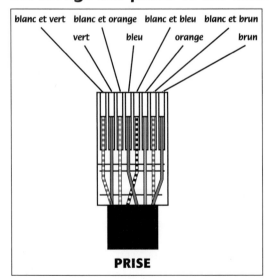

blanc et vert blanc et orange blanc et bleu blanc et brun

vert bleu orange brun

PRISE

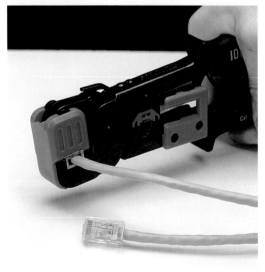

Le **câble de catégorie 5** sert à la transmission de la voix et des données. Il contient quatre paires torsadées de fils obéissant à un code de couleur. Pour sertir une fiche RJ45 (photo de droite), détordez les fils et placez-les dans la fiche, dans l'ordre indiqué sur le tableau de répartition des fils fourni par le fabricant.

Installez les fiches à l'aide d'une pince à sertir. Assurez-vous que chacun des fils est placé au bon endroit dans la fiche et que $\frac{1}{2}$ po d'isolant y pénètre. Fixez les fils à l'aide d'une pince à sertir.

Utilisez un connecteur-série pour raccorder un câble coaxial à une borne vidéo. Glissez le connecteur-série sur l'extrémité dénudée du câble et fixez-le à l'aide d'une pince à sertir les connecteurs-série.

Raccordement des prises

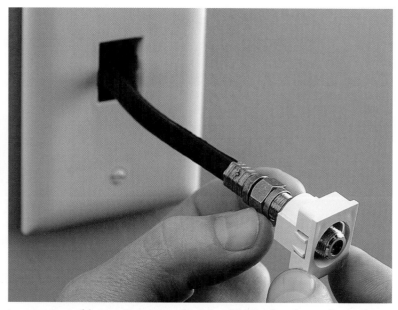

Les **prises RJ45** servent à raccorder au réseau les téléphones et les dispositifs de transmission des données. Le câblage de ces prises obéit à une norme universelle de configuration des fils et des contacts (norme T568A), ce qui permet à la prise de recevoir n'importe quel format de fiche de télécommunications. La partie arrière de la prise RJ45 comporte un code de couleurs qui simplifie l'installation. Servez-vous d'un outil d'insertion des fils pour raccorder ceux-ci à la prise, puis enclenchez la prise dans la plaque (mortaise).

Les **connecteurs-série** permettent de recevoir ou de redistribuer dans chaque pièce les signaux provenant d'une antenne, d'un câblodistributeur ou d'un satellite, en plus des signaux internes transmis par un lecteur de DVD, un magnétoscope ou une caméra de télévision en circuit fermé. Le connecteur-série du câble coaxial est fileté; il se visse dans la borne de la prise.

Raccordement final

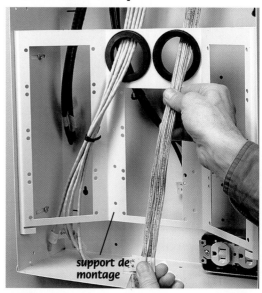

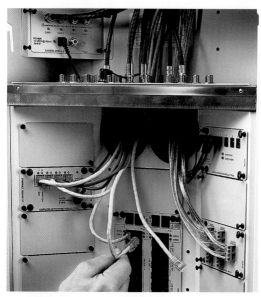

Installez un support de montage dans le centre de distribution (au besoin) pour retenir les divers modules. Déterminez l'endroit où se trouvera chaque module et acheminez-y les câbles correspondant à chacun.

Fixez les modules à l'aide de chevilles ou de vis. Installez le module de distribution électrique qui alimentera les modules nécessitant du courant. Le module de distribution électrique est raccordé à un transformateur, lequel est branché dans la prise du centre de distribution.

Raccordez les câbles aux modules, en vous fiant aux étiquettes. Raccordez les câbles de service et les câbles de signaux internes aux ports d'ENTRÉE, et ceux qui se dirigent vers des prises à des ports de SORTIE. Vérifiez le bon fonctionnement du système de réseau, puis fixez le couvercle du centre de distribution.

PORTES ET FENÊTRES

Comment choisir les portes et
les fenêtres 142

Installation d'une porte
intérieure montée 144

Enlèvement des portes et
des fenêtres. 146

Installation d'une porte
d'entrée 148

Installation d'une porte de patio. 152

Installation des fenêtres
de remplacement. 158

Installation de nouvelles fenêtres 162

Installation d'une fenêtre en baie 166

Installation d'un lanterneau 176

Réparations des murs extérieurs. 186

Comment choisir les portes et les fenêtres

Les portes et les fenêtres remplissent des fonctions essentielles dans une maison, et il ne faut les acheter qu'après avoir examiné soigneusement les différentes possibilités qui s'offrent (la conception de certaines d'entre elles est loin d'être «universelle»). Les poignées de porte à levier et les pênes coulissants sont de bons exemples de conception universelle : ils facilitent l'ouverture d'une porte par une personne qui porte des bagages ou qui manque de dextérité.

La quincaillerie a, elle aussi, son importance, car elle est différente selon qu'elle est posée sur une porte qui sert de passage ou sur une porte qui sert de barrière. C'est le plus souvent le type de porte et de fenêtre que vous choisissez qui dicte le type de quincaillerie que vous y installerez ; dans les pages qui suivent, nous passerons en revue les principaux types de quincaillerie. En règle générale, on installe la quincaillerie à une hauteur de 44 à 48 po, ce qui la rend accessible aux personnes de toutes tailles.

Comme c'est le cas pour les portes, ce sont vos idées de décoration qui détermineront le style de fenêtre que vous choisirez ; tenez compte de votre situation familiale avant d'acheter. Pensez à la taille et à la force de ceux qui utiliseront les fenêtres et n'oubliez pas que tous les utilisateurs doivent pouvoir atteindre ces accessoires.

Portes à charnières

L'ouverture d'une porte à charnières nécessite un espace libre de la largeur de la porte, plus un espace libre de 18 à 24 po de large du côté de la serrure, pour permettre le passage aisé des personnes (voir page 53). Considérez le sens de l'ouverture de la porte, l'espace de battement disponible et déterminez si l'ouverture de la porte risque d'interrompre le passage dans un couloir, par exemple.

De nombreux spécialistes recommandent que les portes de salle de bains s'ouvrent vers l'extérieur ; ainsi, si une personne tombe dans la salle de bain, elle ne risque pas de bloquer la porte.

Choisissez des seuils d'entrée très bas ou des portes sans seuil. La hauteur du seuil ne devrait pas dépasser $\frac{1}{4}$ po s'il est coupé d'équerre et $\frac{1}{2}$ po s'il est biseauté.

Quincaillerie de porte à charnières

Choisissez des poignées à levier ; elles sont plus faciles à manœuvrer que les boutons ou les poignées à tirer et ne requièrent pas un geste aussi précis de la main sur la poignée. Il existe toutes sortes de verrous. Pour les serrures extérieures, l'idéal est un dispositif de sûreté sans

Photos : courtoisie de Kwikset.

Les serrures commandées à distance et autres dispositifs sans clé améliorent la sécurité des portes d'entrée et facilitent l'utilisation de celles-ci.

Photos : courtoisie de Stanley.

charnière contre-coudées

Les charnières contre-coudées augmentent le dégagement des ouvertures des portes ; on les installe comme des charnières ordinaires.

Les poignées de porte à levier facilitent la manœuvre des portes.

clé qui élimine la désagréable tâche de chercher ses clés par temps froid. Pour les serrures intérieures, on préfère généralement les pênes coulissants aux pênes standard dormants, car ils sont plus faciles à manœuvrer. Évitez les serrures à chaîne, difficiles à utiliser.

Portes va-et-vient

Une porte va-et-vient sans serrure doit pouvoir battre dans les deux sens. Ces portes offrent une solution intéressante lorsqu'un verrou ou une serrure ne sont pas nécessaires. Comme dans le cas de la porte à charnières standard, tenez compte de l'espace d'ouverture

de la porte et vérifiez qu'elle n'interrompe pas le passage.

Portes coulissantes vitrées

Les portes coulissantes présentent plusieurs inconvénients. Celles qui sont vitrées sont dangereuses parce qu'on peut les croire ouvertes quand elles ne le sont pas. Elles sont parfois difficiles à manœuvrer par une personne assise et, avec le temps la saleté s'accumule dans les glissières, ce qui les rend plus difficiles à ouvrir. De plus, les seuils des portes coulissantes sont normalement hauts et créent un obstacle difficile à franchir par les personnes qui se déplacent avec une marchette ou en fauteuil roulant.

Portes coulissantes encloisonnées

La porte coulissante encloisonnée constitue parfois la meilleure solution de remplacement à une porte à charnières ou à une porte coulissante. Elle permet d'épargner de l'espace, ne comporte pas de seuil, et on peut l'équiper d'accessoires faciles à utiliser. La porte coulissante encloisonnée exige une charpente et, comme elle glisse dans le mur, l'ouverture brute nécessaire à son installation est en gros deux fois aussi large que l'ouverture brute d'une porte ordinaire. On peut faire fabriquer une porte coulissante encloisonnée sur mesure ou l'acheter montée (voir l'illustration de droite).

La quincaillerie dissimulée ordinaire des portes coulissantes encloisonnées est difficile à utiliser et il vaut mieux installer des poignées en D, à 1 ½ po du bord extérieur de la porte (afin de laisser un espace suffisant pour les doigts lorsque la porte est fermée). Il faut également prévoir une butée à l'arrière de la charpente, placée de telle manière que, lorsque la porte est ouverte, la poignée en D se trouve à 1 ½ po de la charpente (pour la même raison que plus haut) (voir l'encadré à droite). N'oubliez pas que cette conception diminue la largeur de l'ouverture de la porte de 3 po. Il existe une autre solution qui consiste à tailler dans le mur des encoches qui dissimulent les poignées en D, de manière que la porte arrive au ras de l'encadrement lorsqu'elle est complètement ouverte.

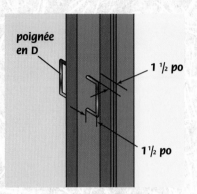

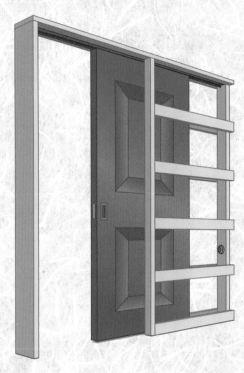

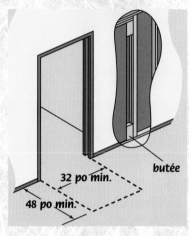

On trouve dans le commerce des portes coulissantes encloisonnées montées, qui s'installent dans des ouvertures à encadrement. Montez des poignées en D de 1 ½ po ou des poignées à levier, en laissant 1 ½ po de jeu. Assurez-vous que les portes ont une ouverture libre d'au moins 32 po et une zone d'approche de 48 po de profondeur.

Les verrous à simple levier et les dispositifs à ouverture automatique facilitent le fonctionnement des fenêtres à battants.

Fenêtres à battants

Les fenêtres à battants possèdent de nombreuses caractéristiques intéressantes. Les modèles bien construits sont faciles à utiliser et sont souvent munis de verrous en tandem ou de dispositifs de verrouillage à simple levier. Malheureusement, il n'est pas possible d'y installer des climatiseurs.

Fenêtres coulissantes

La qualité des fenêtres coulissantes s'est fortement améliorée depuis quelques années. Certains fabricants produisent des modèles munis de mécanismes de glissement de première qualité et de quincaillerie coudée. On peut y installer des climatiseurs.

Quincaillerie de fenêtre

Le type de fenêtre que vous choisirez déterminera la quincaillerie qui l'accompagnera, mais gardez les principes suivants à l'esprit.

Les verrous en tandem, qui font fonctionner simultanément plusieurs serrures d'une fenêtre existent en option sur certains modèles; ils facilitent considérablement l'utilisation de la fenêtre. Choisissez autant que possible de grandes poignées ou des dispositifs d'ouverture automatique. Dans les autres types de quincaillerie, recherchez les adaptateurs qui facilitent la manœuvre des fenêtres.

Fenêtres à guillotine

Les fenêtres à guillotine ont l'avantage d'être répandues et abordables, et on peut y installer un climatiseur ou une moustiquaire. Les modèles de bonne qualité sont faciles à manœuvrer et sont souvent munis de dispositifs commodes, comme le dispositif de basculement permettant de les nettoyer facilement de l'intérieur.

Installation d'une porte intérieure montée

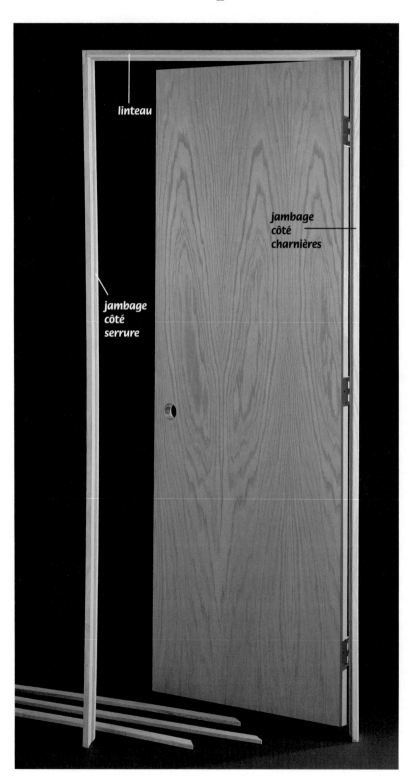

Les portes montées sont fournies en une pièce, la porte étant fixée en usine à son encadrement, par les charnières. Elles sont pour la plupart maintenues fermées pendant le transport, grâce à quelques clous traversant le jambage côté serrure et plantés dans le bord de la porte. Il faut donc enlever ces clous avant d'installer la porte.

Lors de l'installation, il faut veiller à ce que la porte soit verticale et il faut que le jambage côté charnières soit fixé en premier lieu. Vous pourrez ensuite régler la position du linteau et du jambage côté serrure en vérifiant l'espace laissé entre la porte fermée et le jambage.

Les portes montées standard ont des jambages de 4 ½ po d'épaisseur et elles sont fabriquées pour s'adapter à des murs construits en 2 po x 4 po et recouverts de plaques de plâtre de ½ po d'épaisseur. Si vos murs sont plus épais, vous pouvez commander une porte spécialement fabriquée pour cette épaisseur ou vous pouvez donner plus d'épaisseur aux jambages d'une porte standard.

Outils : *niveau de 4 pi, chasse-clou, scie à main.*

Matériel : *porte montée, intercalaires en bois, clous à boiserie 8d.*

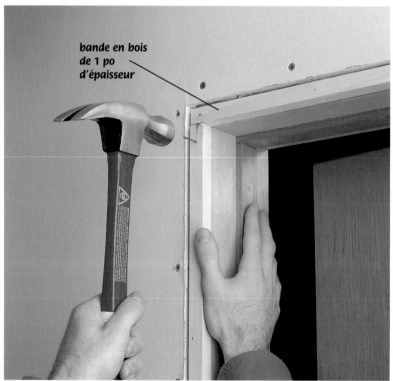

CONSEIL : *si les poteaux de vos murs sont faits de 2 po x 6 po, vous devrez donner plus d'épaisseur aux jambages en y fixant des bandes en bois de 1 po d'épaisseur, après avoir installé la porte. Utilisez pour ce travail de la colle et des clous de boiserie 4d.*

Comment installer une porte d'intérieur toute montée

Glissez la porte dans son ouverture de manière que les bords des jambages arrivent au ras de la surface des murs et que l'ensemble de l'unité soit centré. Utilisez un niveau pour vérifier que le jambage côté charnières est d'aplomb.

Enfoncez près de chaque charnière – en commençant près de la charnière supérieure – une paire d'intercalaires, un dans chaque sens, dans l'espace entre l'embrasure et le jambage côté charnières, jusqu'à ce qu'ils serrent. Vérifiez si le jambage côté charnières est toujours vertical et s'il ne s'incurve pas.

Fixez le jambage côté charnières en enfonçant des clous de boiserie 8d à travers le jambage et les intercalaires, dans le poteau nain. N'enfoncez pas les clous ailleurs que dans les intercalaires.

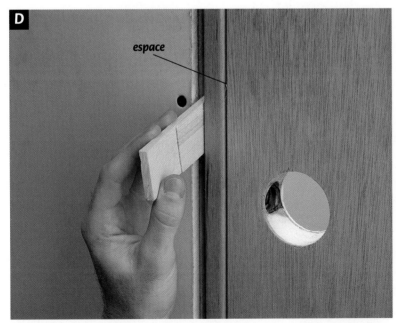

espace

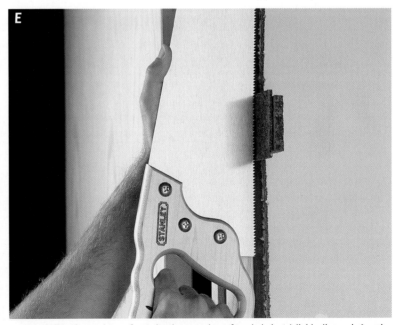

Enfoncez deux intercalaires entre l'embrasure et le jambage côté serrure, en les alignant approximativement sur ceux du jambage côté charnières. La porte étant fermée, réglez les intercalaires pour laisser un espace de $1/16$ à $1/8$ po entre le bord de la porte et le jambage. Enfoncez des clous de boiserie 8d dans l'embrasure, à travers le jambage et les intercalaires, d'une part, et à travers le linteau et les intercalaires, d'autre part.

Au moyen d'un chasse-clou, enfoncez les clous sous la surface du bois et à l'aide d'une scie à main, sciez les intercalaires au ras de la surface des murs. Tenez la scie verticalement pour éviter d'endommager les jambages ou le mur. Finissez la porte et installez la serrure en suivant les instructions du fabricant. Voir pages 230 et 231 comment on installe les moulures autour de la porte.

ruban-cache pour empêcher les vitres d'éclater.

Enlèvement des portes et des fenêtres

Si vos travaux de rénovation vous obligent à enlever des portes et des fenêtres, ne commencez ce travail qu'après avoir terminé les travaux de préparation et après avoir enlevé les garnitures et les revêtements des murs intérieurs. Comme vous devrez fermer dès que possible les ouvertures pratiquées dans les murs, assurez-vous de disposer de tous les outils nécessaires, du bois d'ossature et des nouvelles portes et fenêtres avant d'entreprendre les dernières étapes de la démolition. Soyez prêt à effectuer le travail le plus rapidement possible.

On utilise les mêmes principes de base pour enlever les portes que pour enlever les fenêtres. Il est souvent possible de les récupérer pour les revendre ou les utiliser ailleurs : vous avez donc intérêt à les enlever soigneusement.

Outils : couteau universel, levier plat, tournevis, scie alternative.

Matériel : contreplaqué en feuilles, ruban-cache, vis.

CONSEIL : si vous ne pouvez remplir immédiatement les ouvertures, recouvrez-les de panneaux de contreplaqué que vous visserez aux éléments d'ossature. Pour prévenir les dommages dus à l'humidité, agrafez des feuilles de plastique autour des ouvertures.

Comment enlever les portes

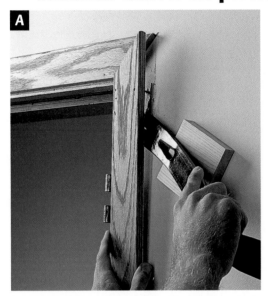

A

À l'aide d'un levier et d'un marteau, enlevez prudemment la garniture intérieure de la porte. Conservez-la pour la replacer lorsque vous aurez installé la nouvelle porte.

B

À l'aide d'un couteau universel, coupez le calfeutrage entre le parement extérieur et la moulure de l'encadrement de porte.

C

À l'aide d'un levier plat, enlevez les clous à boiserie qui fixent les jambages de porte à l'encadrement. Cisaillez les clous récalcitrants au moyen d'une scie alternative (voir étape B, ci-dessous). Enlevez la porte de l'embrasure.

Comment enlever les fenêtres

A

À l'aide d'un levier, enlevez la garniture intérieure autour de l'encadrement de la fenêtre. S'il s'agit d'une fenêtre à guillotine munie de contrepoids, enlevez les contrepoids en coupant les cordons et en retirant les contrepoids de leur logement, au bas des jambages.

B

À l'aide d'une scie alternative, coupez les clous qui fixent la fenêtre aux éléments d'ossature. Collez du ruban-cache sur le vitrage pour éviter qu'il n'éclate et enlevez la fenêtre de l'ouverture.

bande de clouage

VARIANTE : si les fenêtres et les portes sont attachées au moyen de bandes de clouage, coupez le parement ou le chambranle ou écartez ceux-ci à l'aide d'un levier, puis enlevez les clous de montage qui fixent l'unité au revêtement. Voir aux pages 32 à 35 les détails supplémentaires concernant l'enlèvement des parements.

Installation d'une porte d'entrée

On trouve dans le commerce des portes d'entrée montées, de tous les styles, mais les principes d'installation sont les mêmes pour toutes ces portes. Comme ces portes sont très lourdes – certaines d'entre elles pèsent plusieurs centaines de livres – n'essayez pas de les installer tout seul, faites-vous aider.

Pour accélérer le travail, enlevez le revêtement mural intérieur (voir pages 28 à 31) et préparez l'encadrement (voir pages 55 à 58) à l'avance.

Dans le travail ci-dessous, on installe la nouvelle porte dans son encadrement et on marque le parement à couper à l'endroit de la porte. Voir aux pages 32 à 35 comment procéder pour découper ou enlever les surfaces murales extérieures avant d'installer une nouvelle porte ou fenêtre.

Avant d'installer la porte, vérifiez si vous disposez de toute la quincaillerie nécessaire. Protégez la porte contre les intempéries au moyen de peinture ou de teinture et en ajoutant éventuellement une avant-porte.

Outils : cisaille type aviation, niveau de 4 pi, scie circulaire, ciseau à bois, chasse-clou, pistolet à calfeutrer, agrafeuse, perceuse, scie à main.

Matériel : porte d'entrée montée, intercalaires biseautés en bois, papier de construction, rebord, pâte à calfeutrer peinturable à base de silicone, fibre de verre isolante, clous à boiserie 10d galvanisés.

Comment installer une porte d'entrée

A Déballez la porte d'entrée, mais n'enlevez pas les pièces qui la maintiennent fermée.

B Essayez la porte en la centrant dans l'ouverture. Vérifiez si elle est d'aplomb. Apportez les corrections nécessaires en insérant des intercalaires en dessous du jambage, jusqu'à ce que la porte soit d'aplomb et de niveau.

C Tracez sur le bardage le contour de la moulure d'encadrement. Ensuite, enlevez la porte et mettez-la sur le côté.

moulure d'encadrement

D

À l'aide d'une scie circulaire, sciez le parement le long du contour tracé, jusqu'au revêtement mural. Si nécessaire, utilisez un morceau de bois scié de 1 po x 4 po comme base, pour guider la scie (voir pages 34-35). Arrêtez-vous juste avant les coins afin de ne pas abîmer le parement qui va rester en place.

E

Achevez de couper le parement dans les coins en utilisant un ciseau à bois bien affûté.

F

Coupez des bandes de papier de construction de 8 po de large et glissez-les entre le parement et le revêtement, au-dessus et sur les côtés de l'ouverture, afin de protéger les éléments d'ossature de l'humidité. Pliez les bandes de papier autour des éléments d'ossature et agrafez-les.

G

rebord

Pour ajouter une protection contre l'humidité, coupez un rebord de la largeur de l'ouverture et glissez-le entre le parement et le papier de construction, au-dessus de l'ouverture. Ne le clouez pas.

H

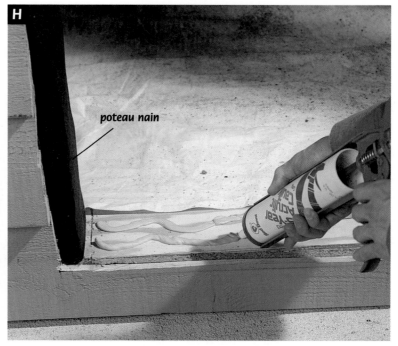

poteau nain

Appliquez plusieurs épais cordons de pâte à calfeutrer à base de silicone sur la base de l'ouverture. Appliquez-en également sur le papier de construction qui recouvre les bords avant (extérieurs) des poteaux nains et du linteau.

Suite à la page suivante

Comment installer une porte d'entrée (suite)

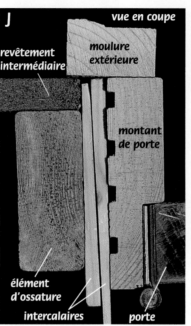

J vue en coupe

revêtement intermédiaire — moulure extérieure

montant de porte

élément d'ossature — intercalaires — porte

Centrez la porte dans l'ouverture et pressez fermement le chambranle contre le revêtement intermédiaire. Demandez à un aide de tenir la porte immobile pendant que vous la clouez en place.

De l'intérieur, assemblez par paires des intercalaires biseautés, pour former des cales plates (voir photo de gauche) et introduisez-les dans les espaces entre les montants de la porte et les éléments d'ossature. Introduisez-les à l'endroit de la serrure, aux endroits des charnières, ainsi que tous les 12 po.

Vérifiez si la porte est d'aplomb. Si ce n'est pas le cas, réglez les intercalaires pour la mettre d'aplomb et de niveau. Ensuite, remplissez de fibre de verre isolante les espaces libres entre le jambage et les éléments d'ossature.

De l'extérieur, à l'endroit de chaque paire d'intercalaires, enfoncez des clous à boiserie 10d dans les éléments d'ossature, à travers le jambage de la porte. Si vous le jugez nécessaire, forez des avant-trous pour éviter les fissures. À l'aide d'un chasse-clou, enfoncez les têtes des clous sous la surface du bois.

Enlevez les pièces installées par le fabricant pour maintenir la porte fermée et faites pivoter la porte sur ses gongs pour vous assurer qu'elle fonctionne correctement.

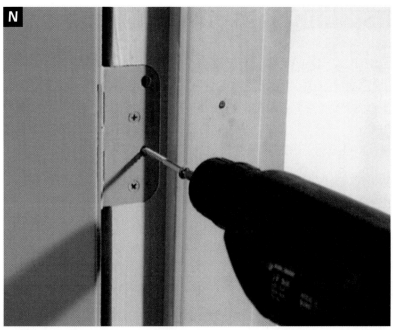

Enlevez deux des vis qui fixent la charnière supérieure et remplacez-les par de longues vis d'ancrage (habituellement fournies par le fabricant). Ces vis renforceront l'installation en pénétrant dans les éléments d'ossature.

Fixez le chambranle aux éléments d'ossature à l'aide de clous 10d galvanisés, plantés tous les 12 po. À l'aide d'un chasse-clou, plantez les têtes des clous sous la surface du bois.

Réglez le seuil de la porte pour qu'il forme un joint étanche, en suivant les instructions du fabricant. Prenez garde de ne pas arracher les vis de réglage.

À l'aide d'une scie à main ou d'un couteau universel, coupez les intercalaires au ras des éléments d'ossature.

Appliquez de la pâte à calfeutrer à base de silicone tout autour de la porte. Si vous comptez peindre l'encadrement, remplissez de pâte à calfeutrer au latex les trous des têtes de clous. Finissez la porte et installez la serrure en suivant les instructions du fabricant.

Installation d'une porte de patio

Achetez une porte de patio dont les panneaux sont déjà enchâssés dans un cadre assemblé ; elles sont plus faciles à installer. Évitez autant que possible les portes de patio vendues en kit, dont l'assemblage est compliqué.

Les portes de patio ont des traverses et des appuis très longs, qui peuvent facilement gauchir ou se courber. Pour éviter cet inconvénient, installez soigneusement la porte de patio, et veillez à ce qu'elle soit d'aplomb et de niveau, et solidement attachée aux éléments d'ossature. Vous éviterez le gauchissement des montants causé par l'humidité si vous renouvelez chaque année la pâte à calfeutrer et si vous faites les retouches de peinture qui s'imposent.

Dans le travail ci-dessous, on installe la nouvelle porte dans son encadrement et on marque le parement à couper à l'endroit de la porte. Voir aux pages 32 à 35 comment procéder pour découper ou enlever les surfaces murales extérieures avant d'installer une nouvelle porte ou fenêtre.

Outils : levier plat, niveau de 4 pi, scie circulaire, ciseau à bois, agrafeuse, pistolet à calfeutrer, perceuse, scie à main, chasse-clou.

Matériel : porte de patio, intercalaires biseautés, rebord, papier de construction, pâte à calfeutrer peinturable à base de silicone, clous à boiserie 10d (galvanisés et ordinaires), vis à bois de 3 po, fibre de verre isolante, barre de seuil.

Les moustiquaires : si elles ne sont pas fournies avec la porte, on peut les commander chez la plupart des fabricants de portes de patio. Elles sont munies de galets montés sur ressorts qui roulent sur un mince rail situé du côté extérieur du seuil de la porte de patio.

Conseils pour installer les portes de patio coulissantes

rail inférieur

Retirez les lourds panneaux vitrés si vous devez installer la porte de patio sans aide ; vous les replacerez après avoir logé le cadre dans l'ouverture et l'avoir cloué dans les coins opposés. Pour enlever et remettre les panneaux, retirez le rail d'arrêt qui se trouve le long de la traverse supérieure de la porte.

Réglez les galets inférieurs lorsque l'installation est terminée. Enlevez la cache de la vis de réglage qui se trouve du côté intérieur du rail inférieur. Tournez la vis par petits coups jusqu'à ce que les galets roulent facilement sur le rail lorsque vous ouvrez ou fermez la porte.

Conseils pour installer les portes de patio de style français

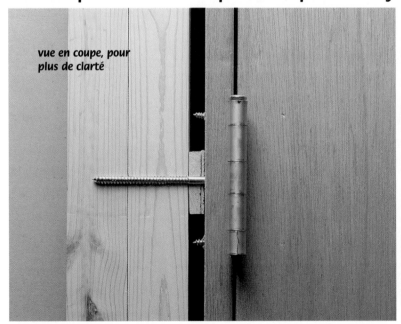

vue en coupe, pour plus de clarté

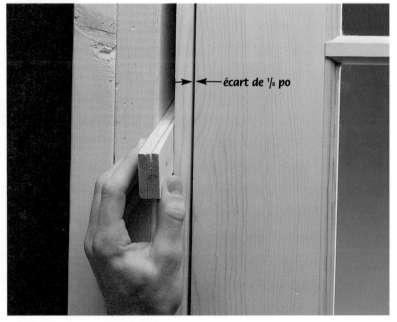

← écart de ⅛ po

Consolidez les charnières en remplaçant la vis de montage centrale de chaque charnière par une vis à bois de 3 po. Ces longues vis traverseront les montants et s'enfonceront profondément dans les éléments d'ossature.

Maintenez un écart constant de ⅛ po entre la porte, les montants et la traverse, pour que la porte glisse facilement, sans caler. Vérifiez fréquemment cet écart pendant que vous installez les intercalaires autour de la porte. Pour plus de détails sur les intercalaires et la fixation des portes d'entrée à charnières, consultez les pages 150 et 151.

Comment installer une porte de patio

Préparez le lieu de travail, enlevez le revêtement mural intérieur (voir pages 27 à 31) et encadrez l'ouverture prévue pour la porte de patio (voir pages 52 à 58). Enlevez le revêtement mural extérieur recouvrant l'intérieur de l'ouverture (voir pages 32 à 35).

Essayez la porte en la centrant dans l'ouverture. Vérifiez si elle est d'aplomb et, si vous le jugez nécessaire, introduisez des intercalaires sous le montant le plus bas, jusqu'à ce que la porte soit d'aplomb et de niveau. Demandez à un aide de tenir la porte en place pendant que vous l'ajustez.

Tracez le contour du chambranle sur le parement et enlevez la porte.

À l'aide d'une scie circulaire, sciez le bardage le long du contour, jusqu'au revêtement mural. Si nécessaire, utilisez un morceau de bois scié de 1 po x 4 po comme base, pour guider la scie (voir pages 34 et 35). Arrêtez-vous juste avant les coins pour ne pas endommager le parement qui doit rester en place. Coupez le parement dans les coins à l'aide d'un ciseau à bois bien affûté.

Pour créer une barrière supplémentaire contre l'humidité, coupez un morceau de rebord, de la largeur de l'ouverture, et glissez-le entre le parement et le papier de construction existant, au-dessus de l'ouverture. Ne le clouez pas.

Coupez des bandes de papier de construction de 8 po de large et glissez-les entre le parement et le revêtement. Pliez les bandes de papier autour des éléments d'ossature et agrafez-les en place.

Appliquez plusieurs épais cordons de pâte à calfeutrer à base de silicone sur le sous-plancher, au bas de l'ouverture de la porte.

Appliquez de la pâte à base de silicone sur le bord avant des éléments d'ossature, là où le parement rencontre le papier de construction.

Centrez la porte de patio dans l'ouverture de manière que le chambranle accote fermement au revêtement mural. Demandez à un aide de tenir la porte de l'extérieur pendant que vous placez les intercalaires, et clouez la porte en place.

Vérifiez si le seuil de la porte est de niveau et, si ce n'est pas le cas, insérez des intercalaires sous le montant le plus bas pour ajuster la porte.

Suite à la page suivante

Comment installer une porte de patio (suite)

S'il subsiste des espaces entre le seuil et le sous-plancher, introduisez-y des intercalaires enduits de pâte à calfeutrer, tous les 6 po. Les intercalaires doivent serrer en place, sans courber le seuil. Essuyez immédiatement l'excédent de pâte.

Insérez des paires d'intercalaires biseautés formant des intercalaires à faces parallèles (voir page 150) tous les 12 po, dans les espaces entre les montants et les poteaux nains. Pour les portes coulissantes, placez des intercalaires derrière la gâche de la serrure.

Insérez des intercalaires tous les 12 po, dans les espaces entre la traverse supérieure et le linteau.

De l'extérieur, enfoncez des clous à boiserie 10d, tous les 12 po, à travers le chambranle dans les éléments d'ossature. À l'aide d'un chasse-clou, enfoncez les têtes des clous sous la surface du bois.

De l'intérieur, enfoncez des clous à boiserie 10d à travers les montants de la porte, dans les éléments d'ossature, à l'emplacement de chaque intercalaire. À l'aide d'un chasse-clou, enfoncez les têtes des clous sous la surface du bois.

Enlevez une des vis et sciez les intercalaires au ras du bloc d'arrêt qui se trouve au centre du seuil. Remplacez la vis par une vis à bois de 3 po, enfoncée dans le sous-plancher, pour consolider l'installation.

À l'aide d'une scie à main ou d'un couteau universel, sciez ou coupez les intercalaires au ras des éléments d'ossature. Remplissez de fibre de verre isolante les espaces libres autour des montants de la porte et en dessous du seuil.

Renforcez et scellez le bord du seuil en installant sous celui-ci une barre de seuil, contre le mur. Forez des avant-trous et fixez la barre de seuil à l'aide de clous à boiserie 10d.

Assurez-vous que le rebord s'appuie contre la moulure extérieure, avant d'appliquer de la pâte à calfeutrer à base de silicone le long de la partie supérieure du rebord et le long des côtés du chambranle. Si l'endroit doit être peint, remplissez de pâte à calfeutrer peinturable à base de silicone tous les trous laissés par les têtes des clous.

Calfeutrez complètement le pourtour de la barre de seuil, en enfonçant avec le doigt la pâte à calfeutrer dans les fissures. Peignez la barre de seuil dès que la pâte à calfeutrer est sèche. Finissez la porte et installez la serrure en suivant les instructions du fabricant. Suivez les instructions des pages 196 à 203 pour la finition des murs, et les instructions des pages 230 et 231 pour la garniture de l'intérieur de la porte.

Installation des fenêtres de remplacement

Si vous envisagez de remplacer d'anciennes fenêtres à guillotine, à un ou deux châssis, par de nouvelles, utilisez des trousses de châssis de remplacement. Grâce à elles, vous disposerez de fenêtres éconergétiques, sans entretien, qui ne vous obligeront pas à changer l'apparence extérieure de votre maison ou à grever votre budget.

Au lieu de remplacer complètement une fenêtre, c'est-à-dire de remplacer toute la fenêtre et son encadrement, ou de remplacer une fenêtre dans son logement, c'est-à-dire d'installer une unité complète dans l'encadrement existant, on remplace les châssis tout en conservant les montants de la fenêtre, ce qui évite de modifier quoi que ce soit aux murs et aux garnitures, à l'intérieur comme à l'extérieur. Avec la trousse de remplacement, il vous suffit d'enlever les anciens arrêts de la fenêtre et les châssis, et d'installer de nouvelles moulures de montants en vinyle, et des châssis en vinyle ou en bois. De plus, tout le travail peut s'effectuer de l'intérieur de la maison.

La plupart des trousses de remplacement de châssis offrent des dispositifs de basculement et d'autres caractéristiques modernes. Ces ensembles existent en vinyle, en aluminium ou en bois de construction, ils offrent un choix de couleurs et de vitrages, et se caractérisent par leur efficacité énergétique, leur sécurité et leur isolation acoustique.

La plupart des fabricants de trousses de châssis de remplacement s'en tiennent à des châssis qui correspondent aux dimensions de leurs propres fenêtres, mais vous pouvez également commander des trousses de châssis fabriquées sur mesure. Il est essentiel que vos nouvelles fenêtres s'ajustent parfaitement dans leur logement. Lorsque vous prenez les dimensions de vos fenêtres existantes, tenez compte des conseils donnés à la page 159 et, lorsque vous aurez reçu vos nouvelles fenêtres, suivez les instructions du fabricant pour les ajuster aux ouvertures.

Outils : fausse équerre à seuil, levier plat, ciseaux, tournevis, chasse-clou.

Matériel : trousse de remplacement de châssis, fibre de verre isolante, clous pour toiture galvanisés de 1 po, clous de finition, produits de finition du bois.

Photo : courtoisie de Marvin Windows and Doors.

Remplacez vos vieilles fenêtres non étanches par des éléments prélevés dans des trousses de châssis de remplacement à haute efficacité énergétique. Vous trouverez dans le commerce des fenêtres de différents styles, adaptées à vos anciennes fenêtres, ou qui ajouteront un élément décoratif à votre intérieur. Dans la plupart des trousses, les surfaces intérieures des fenêtres sont naturelles ou peintes et les trousses offrent un choix de finis pour les surfaces extérieures.

Conseils pour prendre les mesures

linteau

fausse équerre
à appui

Mesurez la largeur de la fenêtre existante au sommet, au milieu et à la base de l'encadrement. Conservez la plus petite mesure et soustrayez-en ³/₈ po. Mesurez la hauteur de la fenêtre existante entre le linteau et le point où le bord extérieur du châssis inférieur touche l'appui. Retranchez ³/₈ po de cette mesure. **NOTE:** les spécifications du fabricant concernant la prise des dimensions de la fenêtre peuvent être différentes.

Utilisez une fausse équerre à appui pour mesurer l'inclinaison de l'appui de la fenêtre; ainsi, vous serez sûr que le châssis de la trousse s'appuiera parfaitement contre l'encadrement. Vérifiez également si l'appui, le linteau et les montants latéraux sont droits et, suivant le cas, mettez-les de niveau ou d'aplomb. Mesurez les diagonales: si elles sont égales, l'encadrement est d'équerre. Dans le cas contraire, renseignez-vous auprès du fabricant des trousses d'encadrement: l'installation de la plupart des châssis des trousses permet une certaine variation des dimensions de la fenêtre.

Installation d'une trousse de remplacement de châssis

A

B

À l'aide d'un couteau à mastiquer ou d'un levier plat, enlevez soigneusement les arrêts intérieurs des montants latéraux. Conservez-les pour les réinstaller ultérieurement.

Abaissez le châssis inférieur et coupez le cordon qui supporte les poids, de chaque côté du châssis. Laissez tomber les poids et les bouts de cordon dans leurs cavités murales.

Photos: courtoisie de Marvin Windows and Doors.

Suite à la page suivante

Installation d'une trousse de remplacement de châssis (suite)

Soulevez le châssis inférieur et enlevez-le. Enlevez les moulures de rencontre du linteau et des montants latéraux (ce sont les bandes de bois qui séparent le châssis supérieur du châssis inférieur). Coupez les cordons du châssis supérieur et soulevez celui-ci pour l'enlever. Dégagez les poulies des cordons. Retirez si possible les poids de leur cavité et remplissez ensuite ces cavités de fibre de verre isolante. Réparez les parties des montants latéraux qui sont pourries ou endommagées.

Placez les supports des moulures de montants et fixez-les aux montants au moyen de clous pour toiture de 1 po. Placez un support à environ 4 po du linteau, et un autre à 4 po de l'appui. Laissez un espace de $1/16$ po entre l'arrêt et le support de la moulure de montant. Installez les autres supports en les espaçant régulièrement le long des montants.

Placez les joints ou coupe-froid fournis avec les moulures de montants. Installez soigneusement chaque moulure de montant contre ses supports et poussez-la en place. Une fois les moulures installées, placez la nouvelle moulure de rencontre dans la rainure du linteau existant et fixez-la au moyen de petits clous de finition. Installez un arrêt de châssis en vinyle dans la rainure intérieure, au sommet de chaque moulure de montant. Ces arrêts bloqueront l'ouverture du châssis inférieur à la bonne hauteur.

Réglez les dispositifs de contrôle des châssis en utilisant un tournevis ordinaire. Glissez-le dans la fente du dispositif, tenez-le fermement et faites glisser le dispositif vers le bas jusqu'à ce qu'il se trouve à environ 9 po de l'appui; donnez ensuite un tour de tournevis pour verrouiller le dispositif et éviter qu'il ne remonte sous l'effet de son ressort. N'ôtez pas le tournevis de la fente du dispositif avant d'avoir verrouillé celui-ci. Installez les quatre dispositifs dans les rainures de châssis.

Photos : courtoisie de Marvin Windows and Doors.

Installez le châssis supérieur entre les moulures des montants. Placez le pivot d'un côté du châssis, dans la rainure du châssis extérieur. Basculez le châssis et placez l'autre pivot dans la rainure se trouvant de l'autre côté. Assurez-vous que les pivots sont placés au-dessus des dispositifs de contrôle du châssis. Tenez le châssis horizontalement et basculez-le vers le haut; enfoncez ensuite les moulures de montants des deux côtés et placez le châssis en position verticale, entre les moulures de montants. Faites ensuite glisser le châssis vers le bas jusqu'à ce que les pivots entrent en contact avec les dispositifs de verrouillage en fin de course, ce qui activera les dispositifs de contrôle.

Installez le châssis inférieur entre les moulures de montants, en le plaçant dans les rainures du châssis intérieur. Après l'avoir amené en position verticale, glissez-le vers le bas jusqu'à ce qu'il active les dispositifs de contrôle. Ouvrez et fermez les deux châssis pour vérifier leur bon fonctionnement.

Réinstallez les arrêts que vous avez enlevés à l'étape A. Fixez-les avec des clous de finition, en utilisant les anciens trous des clous, ou en enfonçant les clous dans de nouveaux avant-trous que vous aurez forés.

Vérifiez si le châssis inférieur bascule correctement, sans être gêné par les arrêts. Enlevez les étiquettes et nettoyez les vitres. Peignez ou vernissez les nouveaux châssis.

Portes et fenêtres

Installation de nouvelles fenêtres

linteau

support d'angle

intercalaires

jambages

appui double

isolant

empannons

poteau nain

poteau principal

Le travail consiste à installer une nouvelle fenêtre dans une ouverture encadrée, à la mettre de niveau et d'aplomb et à marquer ensuite le parement extérieur pour le découper aux dimensions qui correspondent à celles de la moulure extérieure de la fenêtre. Pour plus d'informations sur le découpage et l'enlèvement des surfaces murales extérieures, consultez les pages 32 à 35. Si les murs de votre maison sont en maçonnerie ou si vous installez des fenêtres peintes à l'avance avec de la peinture à base de polymère, vous déciderez peut-être de fixer votre fenêtre à l'aide d'attaches de maçonnerie plutôt qu'à l'aide de clous (voir page 165).

On doit souvent commander les fenêtres sur mesure plusieurs semaines à l'avance. Vous gagnerez du temps en préparant l'encadrement intérieur en attendant que la fenêtre vous soit livrée. Mais, avant de préparer l'encadrement, assurez-vous des dimensions exactes de la fenêtre. Avant de toucher au revêtement mural extérieur, attendez d'avoir reçu la fenêtre et ses accessoires et d'être prêt à les installer. Si vous installez une nouvelle fenêtre dans une ouverture existante, enlevez l'ancienne fenêtre (voir pages 146-147) et modifiez l'encadrement si nécessaire.

Outils : *niveau, levier, scie alternative, scie circulaire, ciseau à bois, agrafeuse, chasse-clou, scie à main, pistolet à calfeutrer.*

Matériel : *fenêtre, blocs de bois (si nécessaire), intercalaires, papier de construction, rebord, clous à boiserie galvanisés ordinaires 10d, clous à boiserie 8d, fibre de verre isolante, pâte à calfeutrer à base de silicone*

Comment installer une nouvelle fenêtre

A

meneau

Enlevez le revêtement mural extérieur en suivant les instructions données aux pages 32 à 35, et essayez ensuite la fenêtre, en la centrant dans l'ouverture. Supportez-la au moyen de blocs de bois et d'intercalaires placés sous la traverse de base. Vérifiez si la fenêtre est d'aplomb et de niveau et faites les ajustements nécessaires, le cas échéant.

B

Tracez le contour du chambranle sur le bardage. Enlevez la fenêtre après avoir tracé le contour.

C

Coupez le bardage jusqu'au revêtement, en suivant le contour. S'il s'agit d'une fenêtre arrondie, utilisez une scie alternative en l'inclinant à peine. Dans le cas de coupes droites, utilisez une scie circulaire. Utilisez un morceau de bois scié de 1 po x 4 po comme base pour la scie (voir pages 34-35). Achevez les coupes dans les coins à l'aide d'un ciseau bien affûté.

D

Coupez des bandes de papier de construction de 8 po de large et glissez-les entre le parement et le revêtement, tout autour de l'ouverture de la fenêtre. Pliez le papier autour des éléments d'ossature et agrafez-le.

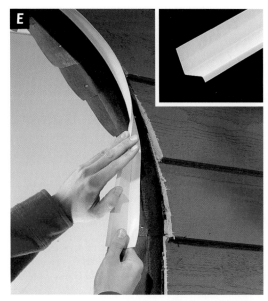

E

Coupez une longueur de rebord que vous installerez au-dessus de la fenêtre en le glissant entre le bardage et le papier de construction. Si la fenêtre est arrondie, utilisez un rebord flexible en vinyle; dans le cas de fenêtres rectangulaires, utilisez un rebord en métal rigide (mortaise).

F

Introduisez la fenêtre dans l'ouverture et pressez fermement le chambranle contre le revêtement. Vérifiez si la fenêtre est de niveau.

G

Si la fenêtre est parfaitement de niveau, clouez les coins inférieurs du chambranle, en utilisant des clous 10d. Dans le cas contraire, ne clouez que le coin le plus haut, et demandez à un aide d'enfoncer un intercalaire sous le coin le plus bas de la fenêtre, à l'intérieur de la maison, jusqu'à ce que la fenêtre soit de niveau. Ensuite, de l'extérieur, enfoncez des clous 10d dans le chambranle et les éléments d'ossature, près des autres coins de la fenêtre.

Suite à la page suivante

Comment installer une fenêtre (suite)

Formez des intercalaires à faces parallèles à l'aide de paires d'intercalaires biseautés. De l'intérieur, introduisez les intercalaires dans les espaces vides entre les jambages et les éléments d'ossature, en les espaçant de 12 po. Si la fenêtre est arrondie, placez également des intercalaires entre les supports d'angle et le jambage courbe.

Réglez les intercalaires pour qu'ils serrent sans déformer les jambages. Sur les fenêtres multiples, assurez-vous de placer des intercalaires sous le meneau.

À l'aide d'une règle rectifiée, vérifiez si les jambages ne sont pas courbés et, le cas échéant, apportez les corrections nécessaires en réglant les intercalaires. Ouvrez et fermez la fenêtre pour vous assurer qu'elle fonctionne correctement.

À l'endroit des intercalaires, forez un avant-trou et enfoncez un clou de boiserie 8d à travers le jambage et les intercalaires. Prenez garde de ne pas endommager la fenêtre. À l'aide d'un chasse-clou, enfoncez les têtes des clous sous la surface du bois.

Remplissez de fibre de verre isolante les espaces vides entre les jambages et les éléments d'ossature. Portez des gants pour manipuler cet isolant.

Coupez les intercalaires au ras des éléments d'ossature, avec une scie à main ou un couteau universel.

De l'extérieur, enfoncez tous les 12 po des clous à boiserie galvanisés 10d, à travers le chambranle et les éléments d'ossature. À l'aide d'un chasse-clou, enfoncez toutes les têtes des clous sous la surface du bois.

Appliquez de la pâte à base de silicone tout autour de la fenêtre. Remplissez de pâte les trous des têtes de clous. En suivant les instructions, achevez la finition des murs (voir pages 196 à 203) et des moulures intérieures de la fenêtre (voir pages 230-231).

Variante d'installation: les attaches de maçonnerie

Utilisez des attaches de maçonnerie lorsque vous ne pouvez pas clouer le chambranle d'une fenêtre parce qu'il s'appuie sur des briques ou de la maçonnerie. Les attaches de maçonnerie entrent dans des rainures prévues à la surface des chambranles de fenêtres (ci-dessus, à gauche), et on les fixe à l'aide de vis appropriées. Après avoir placé la fenêtre dans l'ouverture, on plie les attaches de maçonnerie autour des éléments d'ossature et on les fixe à l'aide de vis appropriées

(ci-dessus, à droite). **NOTE:** on peut également utiliser les attaches de maçonnerie lorsqu'on a affaire à des parements en déclin, si l'on veut éviter de clouer dans la surface du chambranle. De même, on peut installer avec des attaches de maçonnerie les fenêtres peintes à l'avance avec de la peinture à base de polymère; on évite ainsi de pratiquer des trous dans le chambranle.

Installation d'une fenêtre en baie

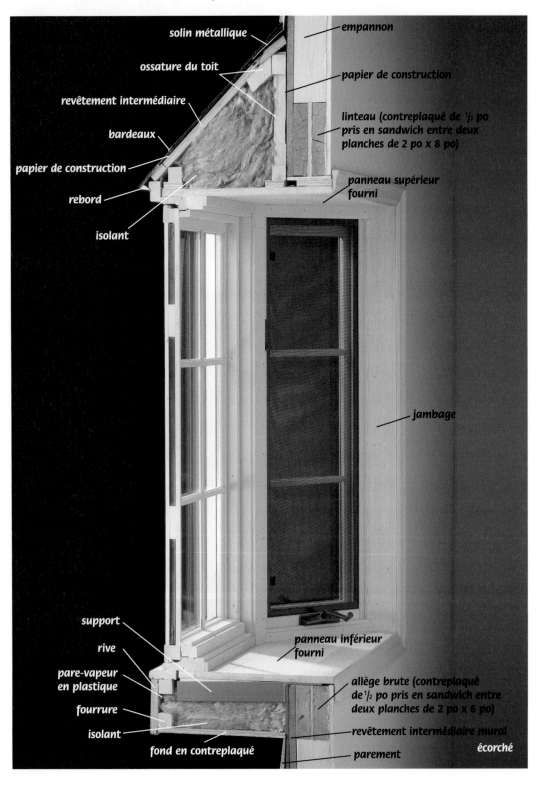

solin métallique

empannon

ossature du toit

papier de construction

revêtement intermédiaire

linteau (contreplaqué de ½ po pris en sandwich entre deux planches de 2 po x 8 po)

bardeaux

papier de construction

panneau supérieur fourni

rebord

isolant

jambage

support

rive

panneau inférieur fourni

pare-vapeur en plastique

allège brute (contreplaqué de ½ po pris en sandwich entre deux planches de 2 po x 6 po)

fourrure

isolant

revêtement intermédiaire mural

fond en contreplaqué

parement

écorché

Les fenêtres en baie modernes sont vendues assemblées, ce qui facilite leur installation, bien que celle-ci demande quand même quelques jours. Les fenêtres en baie sont encombrantes et lourdes, et il faut utiliser des techniques spéciales pour les installer. Vous aurez besoin d'au moins un aide et vous devrez essayer d'effectuer les travaux par beau temps. Vous accélérerez les travaux si vous achetez des accessoires de fenêtres en baie préfabriqués (voir page 167).

Une grande fenêtre en baie pèse plusieurs centaines de livres. Il faut donc l'ancrer solidement aux éléments de l'ossature murale et la supporter au moyen d'entretoises fixées aux éléments d'ossature, sous la fenêtre. Certains fabricants de fenêtres fournissent des câbles de support qui peuvent remplacer les supports métalliques.

Avant d'acheter une fenêtre en baie, vérifiez les exigences du code local auprès du service de construction local. Les codes exigent souvent, pour des raisons de sécurité, que les grandes fenêtres et les fenêtres en baie basses soient munies de vitrages en verre trempé.

Outils : *règle rectifiée, scie circulaire, ciseau à bois, levier plat, perceuse, niveau, chasse-clou, agrafeuse, cisaille type aviation, couteau à toiture, pistolet à calfeutrer, couteau universel, fausse équerre.*

Matériel : *fenêtre en baie, trousse d'ossature de toit préfabriquée, supports métalliques, bois scié de 2 po x, clous ordinaires galvanisés 16d, clous de boiserie galvanisés 16d et 8d, vis ordinaires galvanisées de 2 po et de 3 po, clous de boiseries 16d, intercalaires biseautés en bois, papier de construction, fibre de verre isolante, polyéthylène en feuille de 6 millièmes de po d'épaisseur, rebord, clous pour toiture de 1 po, solins à gradins, bardeaux, solin, bitume de collage, bois scié de 2 po x 2 po, rive de 5½ po, moulure de fenêtre, contreplaqué de ¾ po pour usage extérieur, pâte à calfeutrer peinturable à base de silicone.*

Conseils pour l'installation d'une fenêtre en baie

Utilisez des accessoires préfabriqués qui facilitent l'installation d'une fenêtre en baie. L'ossature de toit (A) est fournie complète, avec le revêtement intermédiaire (B), les solins (C) et les solins à gradins (D), et vous pouvez la commander spécialement dans la plupart des maisonneries. Vous devrez préciser les dimensions exactes de votre fenêtre et la pente du toit. Vous pouvez choisir une couverture de toit économique en utilisant du papier de construction et des bardeaux, ou commander une couverture en cuivre ou en aluminium. Vous pouvez commander les supports métalliques (E) et les rives (F) dans la maisonnerie de votre choix si ces accessoires ne sont pas fournis avec la fenêtre. Prévoyez deux supports pour les fenêtres en baie ayant une largeur de 5 pi ou moins et trois supports pour les fenêtres en baie plus larges. On recouvre les rives d'aluminium ou de vinyle et on les ajuste au moyen d'une scie circulaire ou d'une scie à onglets, à commande mécanique.

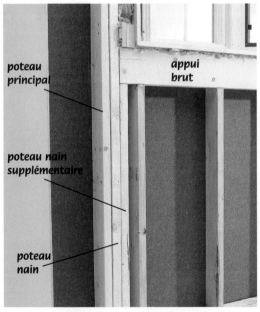

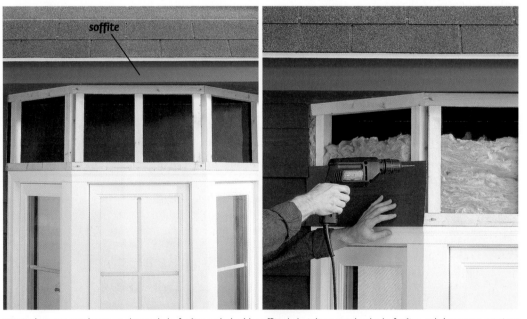

Construisez un encadrement de fenêtre semblable à celui d'une fenêtre standard (voir pages 59 à 61), mais utilisez un appui fabriqué à l'aide de contreplaqué de ½ po, pris en sandwich entre deux planches de 2 po x 6 po (voir page 52). Installez des poteaux nains supplémentaires en dessous des extrémités de l'appui pour le renforcer et l'aider à supporter le poids de la fenêtre en baie.

Construisez une enveloppe au-dessus de la fenêtre en baie si le soffite de la toiture surplombe la fenêtre. Fabriquez une ossature en bois scié de 2 po x 2 po (ci-dessus, à gauche) en respectant les angles de la fenêtre en baie, et fixez solidement cette ossature au mur et au soffite. Installez un pare-vapeur et de l'isolant (voir page 171) et achevez l'enveloppe avec le même type de revêtement que celui du parement de la maison.

Comment installer une fenêtre en baie

A

Préparez les lieux, enlevez la surface murale intérieure (voir pages 27 à 31) et encadrez l'ouverture brute. Enlevez la surface extérieure en suivant les instructions données aux pages 32 à 35. Marquez, pour l'enlever, la section du parement se trouvant directement en dessous de l'ouverture : sa largeur doit être la même que celle de la fenêtre et sa hauteur doit être égale à celle de la rive.

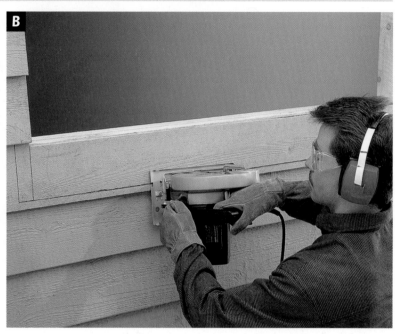

B

Réglez la lame de la scie circulaire de manière à n'entamer que le parement et sciez celui-ci le long de la ligne que vous avez tracée. Arrêtez-vous juste avant les coins pour ne pas endommager le parement en dehors du contour tracé. Achevez la coupe dans les coins au moyen d'un ciseau bien affûté. Enlevez la section de parement se trouvant à l'intérieur du contour.

C

Placez les supports le long de l'appui brut, là où la baie de la fenêtre sera la plus profonde et au-dessus des endroits où se trouvent des empannons. Ajoutez des empannons à l'endroit des supports, si nécessaire. Tracez les contours des supports sur le dessus de l'appui. À l'aide d'un ciseau ou d'une scie circulaire, taillez dans l'appui des encoches d'une profondeur égale à l'épaisseur du bras supérieur des supports.

D

Glissez les supports, en les poussant vers le bas, entre le parement et le revêtement mural intermédiaire. Vous pouvez éventuellement agrandir l'espace en écartant légèrement le parement du revêtement intermédiaire à l'aide d'un levier plat. **NOTE:** si le revêtement extérieur est en stuc, vous devrez y tailler des encoches ajustées aux supports que vous devez installer.

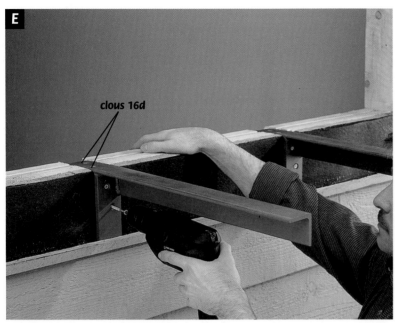

E

clous 16d

Fixez les supports à l'appui brut au moyen de clous ordinaires galvanisés 16d. Pour éviter toute torsion des supports, fixez-les également par leur branche verticale à l'appui brut, au moyen de vis ordinaires de 3 po.

F

Soulevez la fenêtre en baie, placez-la sur les supports et glissez-la dans l'ouverture brute. Centrez-la dans l'ouverture.

G

Vérifiez si la fenêtre est de niveau. Si ce n'est pas le cas, enfoncez des intercalaires sous le côté le plus bas de la fenêtre pour la mettre de niveau. Supportez temporairement l'extrémité inférieure de la fenêtre au moyen de morceaux de bois scié de 2 po x 4 po, pour éviter qu'elle ne bouge sur les supports.

H

revêtement intermédiaire

Placez l'ossature du toit sur la fenêtre, et fixez temporairement le revêtement à sa place. Tracez, sur le parement, le contour de la fenêtre et celui du toit, en laissant un espace d'environ $1/2$ po le long du toit, en prévision de l'emplacement des solins et des bardeaux.

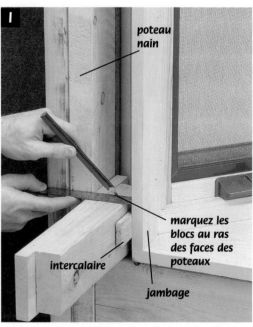

I

poteau nain

marquez les blocs au ras des faces des poteaux

intercalaire

jambage

Si l'espace entre les jambages et les poteaux nains est plus large que 1 po, placez des blocs de bois dans cet espace vide – en laissant toutefois un petit espace dans lequel vous pourrez enfoncer des intercalaires en bois – et marquez-les au ras des poteaux pour les scier (si l'espace a moins de 1 po de large, il n'est pas nécessaire de prévoir des blocs). Enlevez la fenêtre et attachez des blocs semblables le long des poteaux, tous les 12 po.

Suite à la page suivante

Comment installer une fenêtre en baie (suite)

À l'aide d'une scie circulaire, découpez le parement jusqu'au revêtement intermédiaire, en suivant la ligne du contour. Utilisez éventuellement un morceau de bois scié de 1 po x 4 po comme guide pour la scie (voir pages 34-35). Arrêtez la scie juste avant les coins et achevez ceux-ci au moyen d'un ciseau à bois. Enlevez le parement scié. Écartez légèrement le parement du revêtement intermédiaire, le long du contour du toit, cela facilitera l'installation du solin métallique. À l'aide de bandes de papier de construction de 8 po de large, recouvrez le revêtement intermédiaire mis à nu (voir l'étape D, page 163).

Placez la fenêtre sur les supports et glissez-la dans l'ouverture brute, jusqu'à ce que ses moulures extérieures appuient fermement contre le revêtement intermédiaire. Introduisez des intercalaires en bois entre les extrémités extérieures des supports métalliques et le panneau inférieur de la fenêtre (mortaise). Vérifiez si la fenêtre est de niveau et ajustez les intercalaires en conséquence.

Fixez la fenêtre en plantant des clous de boiserie galvanisés 16d à travers la moulure extérieure, dans l'encadrement. Espacez les clous de 12 po et utilisez un chasse-clou pour enfoncer les têtes des clous sous la surface du bois. Si nécessaire, forez des avant-trous pour éviter que le bois ne se fende.

Enfoncez des intercalaires en bois dans les espaces entre les jambages et les étrésillons ou les poteaux nains, et entre le panneau supérieur et le linteau, en les espaçant de 12 po. Remplissez de fibre isolante lâche les vides autour de la fenêtre. À l'endroit de chaque intercalaire, plantez un clou de boiserie 16d à travers le jambage et l'intercalaire, dans l'encadrement. Au moyen d'une scie à main ou d'un couteau universel, coupez les intercalaires au ras de l'encadrement. Utilisez un chasse-clou pour enfoncer les têtes des clous sous la surface du bois. Si nécessaire, forez des avant-trous pour éviter que le bois ne se fende.

Placez sur la fenêtre une feuille de plastique qui servira de pare-vapeur et agrafez-la. À l'aide d'un couteau universel, découpez-en les bords en suivant le contour du panneau supérieur de la fenêtre.

Enlevez les morceaux de revêtement intermédiaire placés temporairement sur l'ossature du toit et installez l'ossature sur la fenêtre. Au moyen de vis ordinaires de 3 po, fixez l'ossature à la fenêtre et au mur, à l'endroit des poteaux.

Remplissez de fibre de verre isolante lâche l'espace vide, à l'intérieur de l'ossature. À l'aide de vis ordinaires de 2 po, fixez le revêtement intermédiaire à l'ossature du toit.

En commençant par le bas, placez du papier de construction bitumé sur le revêtement intermédiaire du toit et agrafez-le en veillant à ce que chaque bande de papier de construction chevauche d'au moins 5 po la bande qui la précède.

Coupez les rebords au moyen d'une cisaille type aviation et fixez-les avec des clous pour toiture, le long du bord du revêtement intermédiaire du toit.

Suite à la page suivante

Comment installer une fenêtre en baie (suite)

Coupez et ajustez un morceau de solin à gradins de chaque côté de l'ossature du toit. Placez le solin pour qu'il chevauche le rebord de ¼ po. Les solins préviennent les dommages causés par l'eau.

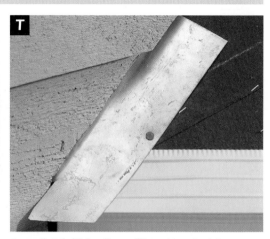

Coupez l'extrémité du solin parallèlement au rebord et, au moyen de clous pour toiture, fixez le solin au revêtement intermédiaire.

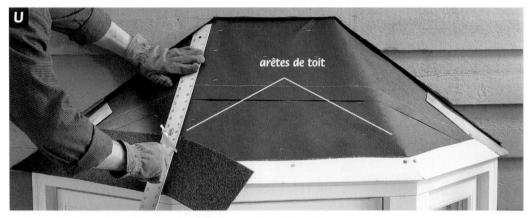

Coupez des bardeaux en bandes de 6 po de large pour la rangée de départ. Fixez les bardeaux de cette rangée au moyen de clous pour toiture, de manière qu'ils dépassent le rebord d'environ ½ po. Utilisez une règle rectifiée et un couteau à toiture pour couper les bardeaux le long des arêtes de toit.

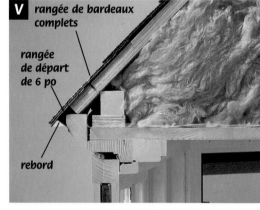

Clouez une rangée complète de bardeaux au-dessus de la rangée de départ, en alignant le bord inférieur des bardeaux sur les bords inférieurs des bardeaux de la rangée de départ. Assurez-vous que les encoches des bardeaux entiers sont bien décalées.

Installez un autre morceau de solin à gradins de chaque côté du toit, en le faisant chevaucher le premier morceau sur environ 5 po.

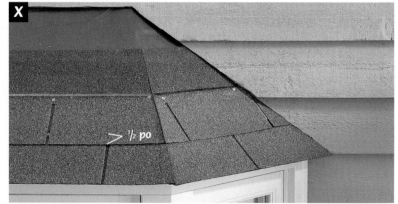

Coupez et installez une autre rangée de bardeaux entiers dont les bords inférieurs chevauchent de ½ po le dessus des encoches de la rangée précédente. Fixez-les au moyen de clous plantés juste au-dessus des encoches.

Y

Poursuivez l'installation des solins à gradins et des bardeaux jusqu'au sommet du toit. Pliez les derniers morceaux de solin à gradins à l'endroit des arêtes de toit.

Z

Après avoir complètement recouvert le revêtement intermédiaire de bardeaux, installez le solin supérieur. Coupez-le et pliez-le à l'endroit des arêtes de toit, puis fixez-le avec des clous pour toiture. Fixez la dernière rangée de bardeaux sur le solin supérieur.

AA

Déterminez la hauteur que doit avoir la dernière rangée de bardeaux en mesurant la distance entre l'extrémité supérieure du toit et un point situé $1/2$ po plus bas que le dessus de l'encoche des bardeaux de la dernière rangée installée. Coupez les bardeaux à cette dimension.

BB

Installez les bardeaux de la dernière rangée en déposant un épais cordon de bitume de collage. N'utilisez pas de clous. Appuyez fermement sur les bardeaux pour qu'ils adhèrent bien.

CC

Fabriquez le faîtage en coupant des sections de bardeaux de 1 pi de long. Utilisez un couteau à toiture pour biseauter les coins supérieurs de chaque morceau, de manière qu'ils soient plus étroits en haut qu'en bas.

DD

Installez le faîtage sur les arêtes de toit, en débutant par le bas. Coupez les bords des morceaux inférieurs pour qu'ils épousent le contour du toit. Conservez le même chevauchement pour les différentes couches de bardeaux constituant le faîtage. *Suite à la page suivante*

Comment installer une fenêtre en baie (suite)

Au sommet des arêtes de toit, coupez les bardeaux avec un couteau à toiture, au ras du mur. Collez les bardeaux avec du bitume de collage, n'utilisez pas de clous.

Pliez la feuille de plastique autour du bord inférieur de la fenêtre pour qu'elle serve de pare-vapeur, et agrafez-la. Coupez le plastique qui dépasse.

Coupez le cadre de la rive qui longera le bord inférieur de la fenêtre, en dessous de celle-ci et, à l'aide de vis ordinaires galvanisées de 3 po, fixez ce cadre 1 po en retrait du bord inférieur de la fenêtre.

Coupez les planches de la rive pour qu'elles épousent la partie inférieure de la fenêtre en baie ; biseautez les extrémités des planches pour pouvoir les ajuster et essayez-les.

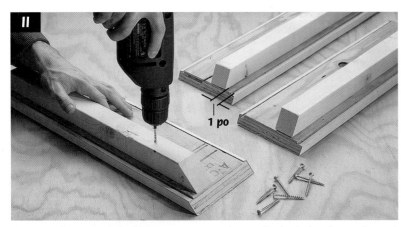

II

Coupez une fourrure en bois scié de 2 po x 2 po pour chaque planche de rive. Biseautez les extrémités de ces fourrures suivant les mêmes angles que les planches de rive. À l'aide de vis ordinaires galvanisées de 2 po, fixez les fourrures à l'arrière des planches de rive, à 1 po des bords inférieurs.

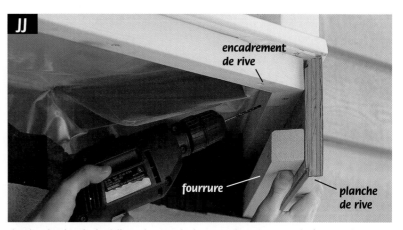

JJ

Fixez les planches de rive à l'encadrement de rive. Forez des avant-trous de 1/8 po tous les 6 po, à l'arrière de l'encadrement de rive et dans les planches de rive; fixez ensuite les planches de rive au moyen de vis ordinaires galvanisées de 2 po.

KK

Prenez les dimensions de l'espace vide à l'intérieur des planches de rive, en utilisant une fausse équerre pour reproduire les angles. Dans un morceau de contreplaqué de 3/4 po pour usage extérieur, découpez un fond à ces dimensions.

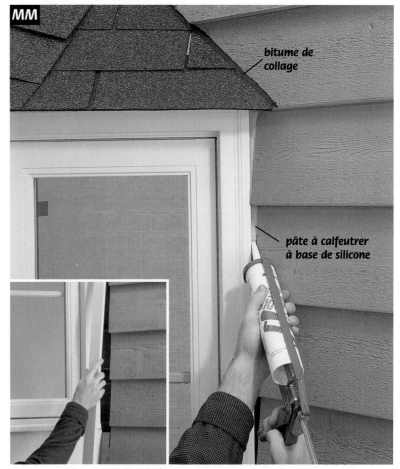

MM

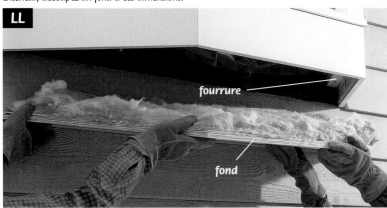

LL

Déposez de la fibre de verre isolante sur le fond, placez celui-ci contre les fourrures et fixez-le à l'aide de vis ordinaires galvanisées de 2 po, enfoncées tous les 6 po dans les fourrures.

Au moyen de clous de boiserie galvanisés 8d, installez les éventuelles garnitures additionnelles (mortaise), recommandées par le fabricant. À l'aide de bitume de collage, assurez l'étanchéité du toit à ses extrémités, et calfeutrez le reste du pourtour de la fenêtre au moyen de pâte à calfeutrer à base de silicone. Consultez les pages 196 à 203 pour la finition des murs, et les pages 230 et 231 pour l'installation des garnitures à l'intérieur de la fenêtre en baie.

Installation d'un lanterneau

Selon le modèle de lanterneau que vous choisirez et selon l'endroit où vous l'installerez, ce lanterneau pourra vous offrir de la chaleur en hiver, une ventilation rafraîchissante en été et, en toutes saisons, la vue du ciel ou de la cime des arbres qui entourent votre maison. Et il laissera entrer la lumière naturelle.

Les dimensions du lanterneau et son emplacement ont énormément d'importance, car celui-ci laisse pénétrer une grande quantité de lumière. Si le lanterneau est trop grand, la pièce sera rapidement surchauffée, surtout sous les combles. Il en va de même si vous installez un trop grand nombre de lanterneaux dans une même pièce. Pour cette raison, il vaut toujours mieux que le lanterneau ne soit pas exposé au plein soleil. Vous pouvez également éviter la surchauffe par d'autres moyens : choisir un lanterneau au vitrage teinté ou à faible coefficient d'apport par rayonnement solaire (entre 0,30 et 0,50), ou simplement garnir le lanterneau d'un store que vous pouvez baisser pendant les heures les plus chaudes de la journée.

Vous pouvez également choisir un lanterneau ouvrant qui permet d'évacuer l'air chaud en ventilant la pièce. Dans les combles finis, les lanterneaux ouvrants favorisent l'aspiration de l'air plus frais provenant des étages inférieurs. De plus, certains d'entre eux peuvent s'ouvrir suffisamment pour servir de fenêtres d'évacuation, facteur qu'il ne faut pas négliger lors de l'installation éventuelle d'un lanterneau sous des combles finis.

Lorsqu'on installe un lanterneau sous des combles non finis, il faut construire un puits qui canalisera directement la lumière vers la pièce située en dessous. Les pages 182 à 185 expliquent comment installer un puits de lanterneau.

Pour installer un lanterneau dans une pièce finie, il faut tenir compte d'autres facteurs, à commencer par la surface du plafond qu'il faut découper pour mettre les chevrons à nu. Les pages 27 à 31 indiquent comment s'y prendre pour enlever les surfaces des murs et des plafonds.

L'ossature d'un lanterneau ressemble à celle d'une fenêtre ordinaire (voir page 52). Elle comporte un linteau et un seuil, comme l'encadrement d'une fenêtre, mais elle possède des chevrons principaux plutôt que des poteaux principaux, et l'ouverture brute est délimitée sur les côtés par des solives d'enchevêtrure plutôt que par des jambages. Les instructions du fabricant indiquent les dimensions que doit avoir l'ouverture brute pour recevoir le lanterneau que vous avez choisi.

Photo : courtoisie de Velux-America, Inc.

Si l'ossature de la toiture de votre maison est constituée de chevrons, comme c'est le plus souvent le cas, vous pouvez sans risque en couper un ou deux pour autant que vous supportiez en permanence les parties restantes en suivant les étapes décrites ci-après. Si l'installation du lanterneau vous oblige à toucher à plus de deux chevrons ou si la couverture est constituée de matériaux lourds, comme les tuiles en terre cuite ou en ardoise, consultez un architecte ou un ingénieur avant de vous lancer dans ce projet.

Les lanterneaux de bonne qualité fabriqués aujourd'hui ne fuient généralement pas, mais l'étanchéité d'un lanterneau dépend essentiellement de son installation. Suivez les instructions du fabricant et installez soigneusement les solins, car ils dureront beaucoup plus longtemps que n'importe quel produit de scellement.

Outils : *niveau de 4 pi, scie circulaire, perceuse, équerre combinée, scie alternative, levier plat, cordeau traceur, agrafeuse, pistolet à calfeutrer, couteau universel, cisaille de ferblantier, fil à plomb, scie sauteuse, outils pour plaques de plâtre.*

Matériel : *bois scié de 2 po x; clous ordinaires 16d et 10d; bois scié de 1 po x 4 po; papier de construction; bitume de collage; solins pour lanterneaux; clous pour toiture de 2 po, 1 1/4 po et 3/4 po; clous de finition; fibre de verre isolante; ficelle; polyéthylène en feuille de 6 millièmes de po; plaques de plâtre de 1/2 po; vis à plaques de plâtre; produits de finition.*

Comment installer un lanterneau

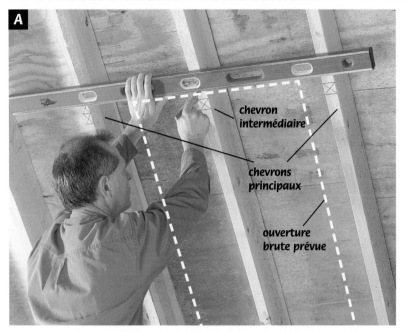

A

chevron intermédiaire

chevrons principaux

ouverture brute prévue

Prenez comme chevrons principaux les deux chevrons situés de part et d'autre de l'ouverture brute prévue. Après avoir pris les mesures nécessaires, marquez les endroits où le double linteau et le double seuil appuieront contre les chevrons principaux. Ensuite, à l'aide d'un niveau tenant lieu de règle rectifiée, reportez les marques sur le chevron intermédiaire.

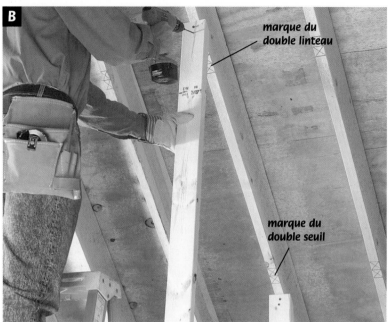

B

marque du double linteau

marque du double seuil

Supportez le chevron intermédiaire en installant deux morceaux de bois scié de 2 po x 4 po entre le chevron et le plancher. Placez respectivement les supports juste au-dessus et juste en dessous des marques du linteau et du seuil. Attachez-les provisoirement au chevron et au plancher (ou aux solives) au moyen de vis.

C

chevron frère

Renforcez chaque chevron principal en clouant un chevron « frère » sur sa face extérieure. Coupez les chevrons frères dans du bois scié de même dimension et de même longueur que les chevrons principaux. Posez les chevrons frères en place, contre leur chevron principal et clouez-les au moyen de clous ordinaires 10d, plantés par paire tous les 12 po.

D

À l'aide d'une équerre combinée, reportez les marques du linteau et du seuil sur les côtés du chevron intermédiaire et coupez le chevron le long des lignes extrêmes, avec une scie alternative. N'entamez pas le revêtement intermédiaire de la toiture. Enlevez soigneusement la section coupée, en vous aidant d'un levier plat. Les parties restantes du chevron intermédiaire serviront d'empannons.

Suite à la page suivante

Comment installer un lanterneau (suite)

Fabriquez le double linteau et le double seuil pour qu'ils s'insèrent parfaitement entre les chevrons principaux; pour ce faire, utilisez des morceaux de bois scié de 2 po x et de même section que les chevrons. Clouez-les par paires, au moyen de clous 10d, plantés deux par deux, tous les 6 po.

Installez le linteau et le seuil, en les fixant aux chevrons principaux et aux empannons au moyen de clous ordinaires 16d. Assurez-vous que les extrémités du linteau et du seuil sont alignées sur les marques correspondantes faites sur les chevrons principaux.

Si le lanterneau est plus étroit que la distance séparant les deux chevrons principaux, marquez l'emplacement des solives d'enchevêtrure après avoir pris les mesures nécessaires: ces solives doivent être centrées sur l'ouverture et espacées conformément aux instructions du fabricant. Coupez les solives d'enchevêtrure dans des morceaux de bois scié de 2 po x, de la même dimension que ceux utilisés pour le reste de l'encadrement, et clouez-les en place au moyen de clous ordinaires 10d. Enlevez les supports en bois scié de 2 po x 4 po.

Indiquez la découpe de l'ouverture à pratiquer dans la toiture en enfonçant des vis à travers le revêtement intermédiaire, dans chaque coin de l'encadrement. Ensuite, clouez provisoirement des planches inutilisées à travers l'ouverture pour empêcher la découpe de la toiture de tomber à terre et de causer des dommages.

Sur le toit, mesurez la distance entre les vis pour vous assurer que les dimensions de l'ouverture sont exactes. À l'aide d'un cordeau traceur, marquez les lignes qui joignent les vis et délimitent l'ouverture brute. Ensuite, enlevez les vis.

Clouez provisoirement un morceau de bois scié de 1 po x 4 po sur le toit, en l'alignant sur le bord intérieur d'une des lignes de craie. Assurez-vous que les têtes de clous ne dépassent pas de la surface du morceau de bois.

À l'aide d'une scie circulaire munie d'une lame usagée ou d'une lame de rénovation, coupez à travers les bardeaux et le revêtement, le long de la ligne, en posant le pied de la scie sur le morceau de bois de 1 po x 4 po et en utilisant le bord de la planche comme guide. Déplacez le morceau de 1 po x 4 po et recommencez l'opération pour chacune des lignes. Enlevez la partie de toiture découpée.

À l'aide d'un levier plat, enlevez les bardeaux qui entourent l'ouverture de manière à mettre à nu au moins 9 po de papier de couverture tout autour de l'ouverture. Enlevez des bardeaux entiers plutôt que de les couper.

Suite à la page suivante

Comment installer un lanterneau (suite)

Coupez des bandes de papier de construction et glissez-les entre les bardeaux et le papier de construction existant. Pliez le papier pour qu'il recouvre les faces des montants de l'encadrement et agrafez-le.

Étalez une couche de bitume de collage de 5 po de large autour de l'ouverture pratiquée dans le toit. Placez le lanterneau dans l'ouverture de manière que sa bride de clouage repose sur le toit. Ajustez le lanterneau pour qu'il soit d'équerre dans l'ouverture.

Tous les 6 po, plantez des clous galvanisés pour toiture de 2 po, à travers la bride de clouage et le revêtement intermédiaire, dans l'encadrement. **NOTE:** si votre lanterneau est muni de supports en L au lieu d'une bride de clouage, suivez les instructions du fabricant.

Placez des bardeaux jusqu'au bord inférieur du lanterneau. Fixez les bardeaux au moyen de clous pour toiture de 1 1/4 po, enfoncés juste en dessous de la bande adhésive des bardeaux. Si nécessaire, coupez les bardeaux avec un couteau universel pour qu'ils arrivent au ras du bord inférieur du lanterneau.

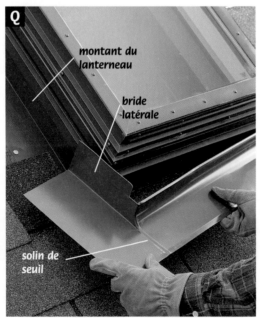

Étendez du bitume de collage sur la face inférieure du solin de seuil et placez le solin autour de la partie inférieure du lanterneau. Fixez le solin à l'aide de clous galvanisés pour toiture de 3/4 po, enfoncés à travers la bride latérale verticale (près du dessus du solin), dans les montants du lanterneau.

Étendez du bitume de collage en dessous d'un morceau de solin à gradins et glissez-le sous le rebord, d'un côté du lanterneau. Le solin à gradins doit chevaucher sur 5 po de long le solin de seuil. Appuyez sur le solin à gradins pour le faire adhérer et répétez l'opération de l'autre côté du lanterneau.

S

Installez la rangée suivante de bardeaux, de chaque côté du lanterneau, en respectant la disposition des bardeaux existants. Enfoncez un clou pour toiture de 1 ¼ po à travers chaque bardeau et solin à gradins, dans le revêtement intermédiaire. Plantez des clous supplémentaires juste au-dessus des encoches des bardeaux.

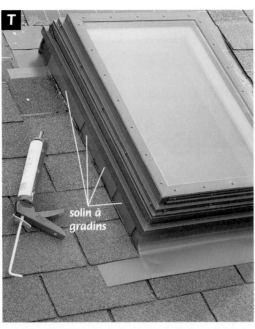

T

Continuez d'installer alternativement un solin à gradins et des bardeaux, en utilisant du bitume de collage et des clous pour toiture. Chaque morceau de solin doit recouvrir le morceau précédant d'au moins 5 po.

U

Au sommet du lanterneau, coupez et pliez le dernier morceau de solin à gradins de chaque côté, de manière que la bride verticale entoure le coin du lanterneau. Installez la rangée suivante de bardeaux.

V

Étendez du bitume de collage sous le solin de linteau pour qu'il adhère au toit. Placez le solin contre le dessus du lanterneau de manière que la bride verticale vienne sous le rebord et la bride horizontale, sous les bardeaux se trouvant au-dessus du lanterneau.

W

Installez les derniers bardeaux, en les coupant si nécessaire, pour qu'ils aient la bonne dimension. Fixez les bardeaux au moyen de clous pour toiture, plantés juste au-dessus des encoches.

X

Déposez un cordon continu de bitume de collage le long du joint, entre les bardeaux et le lanterneau. Finissez l'intérieur de l'ouverture comme vous le désirez.

Comment construire un puits de lanterneau

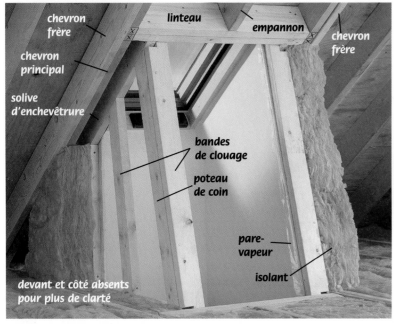

chevron frère
linteau
empannon
chevron frère
chevron principal
solive d'enchevêtrure
bandes de clouage
poteau de coin
pare-vapeur
isolant
devant et côté absents pour plus de clarté

A

Le puits de lanterneau est constitué de morceaux de bois scié de 2 po x 4 po et de plaques de plâtre, et il comprend un pare-vapeur et de la fibre de verre isolante. Vous pouvez construire un puits de lanterneau dont les quatre parois sont verticales ou un puits incliné dont l'encadrement est plus long en bas qu'en haut et dont une ou plusieurs parois sont inclinées. Comme son ouverture est plus grande, le puits incliné laisse pénétrer plus de lumière directe que le puits vertical.

Enlevez l'isolant recouvrant l'endroit prévu pour le puits ; coupez l'alimentation électrique des circuits à cet endroit et déplacez-les si nécessaire. À l'aide d'un fil à plomb, indiquez des points de repère sur la surface du plafond, à la verticale des coins intérieurs de l'encadrement du lanterneau.

B

marque du fil à plomb

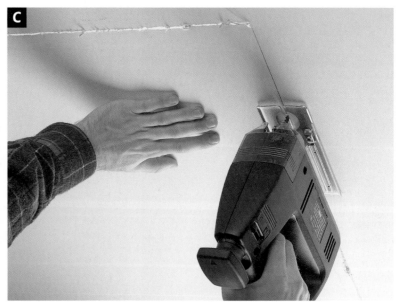

C

Si vous installez un lanterneau vertical, utilisez les marques obtenues avec le fil à plomb à l'étape A : elles déterminent les coins de l'ouverture à pratiquer dans le plafond ; plantez un clou de finition à travers la surface du plafond, à l'endroit de chaque marque. Si vous installez un puits incliné, reportez les mesures nécessaires à partir des marques du fil à plomb et faites de nouvelles marques qui indiqueront les quatre coins de l'ouverture du puits incliné ; enfoncez des clous de finition à ces endroits.

Dans la pièce située en dessous des combles, tracez les lignes de coupe, découpez l'ouverture et enlevez la partie découpée du plafond (voir pages 27 à 31).

Prenez comme solives principales les premières solives qui se trouvent de part et d'autre de l'ouverture pratiquée dans le plafond. Après avoir pris les mesures nécessaires, marquez les endroits où le double linteau et le double seuil s'inséreront entre les solives principales et où les bords extérieurs du linteau et du seuil rencontreront la solive intermédiaire éventuelle.

Si vous devez enlever une section de la solive intermédiaire, renforcez les solives principales en clouant, sur leurs faces extérieures, des solives «sœurs» de même longueur, au moyen de clous 10d. Voir les pages 318 et 319 pour les informations concernant l'installation des solives sœurs.

Installez des supports provisoires en dessous de la zone des travaux, de manière à soutenir la solive intermédiaire des deux côtés de l'ouverture (voir pages 36 à 39). À l'aide d'une équerre combinée, tracez les lignes de coupe sur les côtés de la solive intermédiaire et utilisez une scie alternative pour couper la section de solive intermédiaire à enlever. Pour ce faire, utilisez un levier plat en prenant garde de ne pas abîmer la surface du plafond.

À l'aide de bois scié de 2 po x, de même section que les solives, fabriquez le double linteau et le double seuil de manière qu'ils s'insèrent parfaitement entre les solives principales.

Suite à la page suivante

Comment construire un puits de lanterneau (suite)

H

empannon

I

solives d'enchevêtrure

Installez le double linteau et le double seuil, en les fixant aux solives principales et aux empannons au moyen de clous 10d. Les bords intérieurs du linteau et du seuil doivent être alignés sur les bords de l'ouverture pratiquée dans le plafond.

Achevez l'ouverture dans le plafond en coupant et en fixant les éventuelles solives d'enchevêtrure le long des côtés de l'ouverture du plafond, entre le linteau et le seuil. À l'aide de clous 10d plantés en biais, attachez les solives d'enchevêtrure au linteau et au seuil.

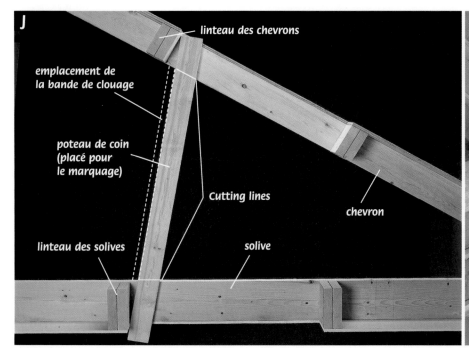

J

linteau des chevrons

emplacement de la bande de clouage

poteau de coin (placé pour le marquage)

Cutting lines

chevron

linteau des solives

solive

Installez les poteaux de coins du puits de lanterneau. Pour connaître les mesures des poteaux, commencez par prendre un morceau de bois scié de 2 po x 4 po assez long pour atteindre le sommet et la base du puits. Tenez-le contre l'intérieur de l'ouverture encadrée, de manière qu'il arrive au ras du sommet du linteau des chevrons et contre le bas du linteau des solives (photo de gauche). Tracez les lignes de coupe à l'intersection de ce morceau de bois de 2 po x 4 po et du dessus de la solive, ou de la solive d'enchevêtrure et du dessous du chevron ou du chevron d'enchevêtrure (photo de droite). Coupez le morceau de 2 po x 4 po le long des lignes de coupe et, à l'aide de clous 10d plantés en biais, fixez les poteaux de coin qui joignent la partie supérieure à la partie inférieure de l'ossature du puits.

Fixez une bande de clouage en bois scié de 2 po x 4 po à l'extérieur de chaque poteau de coin pour pouvoir y fixer une plaque de plâtre. Taillez une encoche aux extrémités de ces bandes de clouage pour pouvoir les introduire à l'endroit des solives d'enchevêtrure; elles ne doivent pas s'insérer parfaitement à ces endroits.

Installez des bandes de clouage supplémentaires entre les poteaux de coins si ceux-ci sont distants de plus de 24 po. Biseautez les extrémités supérieures des bandes de clouage pour qu'elles arrivent contre les solives d'enchevêtrure des chevrons.

Enveloppez le puits du lanterneau de fibre de verre isolante et maintenez celle-ci en place à l'aide de ficelle.

De l'intérieur du puits, placez un pare-vapeur en polyéthylène en feuille de 6 millièmes de po d'épaisseur sur l'isolant et agrafez-le.

Finissez l'intérieur du puits de lanterneau avec des plaques de plâtre (voir pages 196 à 202). Conseil: le puits réfléchira mieux la lumière si vous recouvrez l'intérieur d'une peinture semi-brillante, de couleur pâle.

Réparation des murs extérieurs

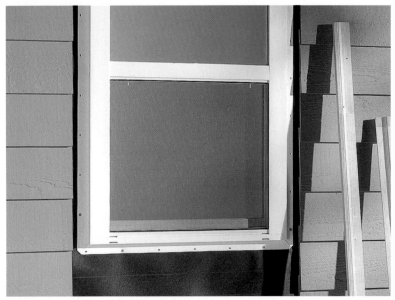

Dans la rénovation, il faut souvent réparer des surfaces murales extérieures; et la clé du succès, dans ces travaux, c'est de reproduire le travail original. Ce faisant, vous pourrez plus facilement déterminer la meilleure méthode d'installation et noyer la réparation dans la surface qui l'entoure.

Lorsque vous réparez un parement, il est important de décaler les joints verticaux d'une rangée à l'autre. Si vous avez installé une fenêtre ou une porte dans une ouverture existante, il vous faudra peut-être enlever certains éléments du parement existant avant d'en installer de nouveaux, de manière à pouvoir décaler les joints pour que la réparation passe inaperçue (voir page de droite).

S'il s'agit de réparer un parement en bois, vous trouverez assez facilement des éléments identiques dans les cours à bois. Vous éprouverez peut-être plus de difficulté dans le cas des parements en vinyle et en métal: donc, vous avez intérêt à consulter le fabricant de vos parements avant de modifier les surfaces existantes. Vous devez également trouver les garnitures appropriées si vous voulez que la réparation ait belle allure et qu'elle soit efficace contre les intempéries.

Si vous réparez un mur en stuc (voir pages 188-189), exercez-vous d'abord sur des matériaux inutilisés, car il n'est pas toujours facile de reproduire une texture de stuc.

Le fenêtres et les portes à brides de clouage doivent être entourées de garnitures en bois ou en métal qu'on achète le plus souvent séparément. Après avoir installé la fenêtre, tenez les éléments de garniture en place et tracez le contour de la garniture sur le parement. Coupez le parement pour que la garniture entoure parfaitement la fenêtre. La fenêtre montrée ici a été installée dans une ancienne ouverture de porte et il faudra réparer la surface murale sous la fenêtre au moyen de revêtement intermédiaire, de papier de construction et d'éléments de parement.

Outils: scie circulaire, levier plat, cisaille type aviation, truelle, grattoir, balayette.

Matériel: revêtement intermédiaire pour murs extérieurs, papier de construction, parement, clous de parement 6d, pâte peinturable à base de silicone, mélange de stuc, colorant (facultatif), treillis métallique autofourrure, flacon pulvérisateur.

Conseils pour installer un parement de vinyle

Coupez le panneau de vinyle à l'aide d'une scie circulaire, d'une cisaille de type aviation ou d'un couteau universel. Munissez la scie circulaire d'une lame à contreplaqué (à petites dents) montée à l'envers, c'est-à-dire les dents pointant vers le bas. Avancez lentement en appliquant les techniques de coupe habituelles. **NOTE:** ne coupez aucun matériau autre que le vinyle avec une lame montée à l'envers. Si vous coupez le panneau avec un couteau universel, faites un trait de coupe sur la surface en vous servant d'une équerre de charpentier comme guide et cassez le panneau d'un coup sec le long du trait de coupe.

Fixez les panneaux de parement de manière à leur permettre de se dilater et de se contracter suivant les variations de température. Accrochez le bord inférieur à la bande de clouage du panneau précédent, en utilisant, si nécessaire, un outil à écarter (voir page 33). Tenez le panneau à plat contre le revêtement intermédiaire, sans le tirer vers le haut et plantez des clous au centre des rainures de clouage, en laissant environ $1/32$ po entre la tête des clous et le panneau. Commencez par le centre du panneau et suivez les instructions du fabricant.

Comment réparer un parement de bois

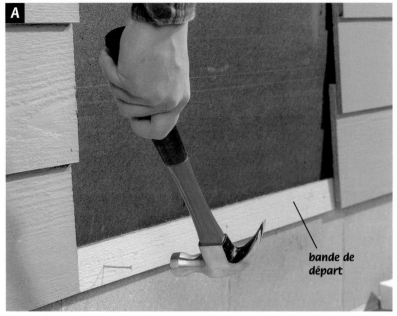

Recouvrez la zone réparée de revêtement intermédiaire et de papier de construction, si nécessaire. Si la rangée de panneaux de parement inférieure manque, clouez au bas de la zone réparée une bande de départ, coupée dans un morceau de panneau, avec des clous de parement 6d. Laissez un espace de 1/4 po aux joints pour la dilatation de la bande de départ.

Servez-vous d'un levier plat pour enlever des longueurs de parement à clins des deux côtés de la zone réparée, de manière à pouvoir décaler les joints d'une rangée à l'autre, et dissimuler le mieux possible la réparation.

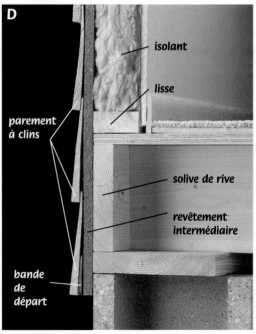

Coupez un morceau de panneau de la même longueur que la bande départ et placez-le sur celle-ci. Prévoyez un espace de 1/4 po à chaque extrémité et fixez le panneau avec des clous de parement 6d, plantés deux par deux à l'endroit de chaque poteau.

Coupez et installez les rangées successives de parement, en ne les clouant que près du sommet du panneau, à l'endroit des poteaux. Progressez de bas en haut, afin de créer le chevauchement approprié.

Remplissez les joints verticaux entre les panneaux de pâte à calfeutrer peinturable à base de silicone. Repeignez toute la surface murale dès que la pâte à calfeutrer est sèche, afin de protéger le nouveau parement contre les intempéries.

Comment réparer les murs en stuc

Ingrédients pour une couche de fond et pour une couche brune de stuc

3 parties de sable

2 parties de ciment Portland

1 partie de ciment de maçonnerie

eau

Ingrédients pour une couche de finition de stuc

1 partie de chaux

3 parties de sable

6 parties de ciment blanc

colorant (si nécessaire)

eau

Pour les petits travaux, utilisez du stuc prémélangé que vous trouverez dans les maisonneries. Pour obtenir de meilleurs résultats, appliquez deux ou trois couches et laissez complètement sécher le stuc entre les couches. Vous pouvez également utiliser du stuc prémélangé si vous devez réparer de plus grandes surfaces, mais cela vous coûtera plus cher que si vous mélangez les ingrédients vous-même.

Pour les travaux plus importants, mélangez le stuc sec avec de l'eau, en suivant les instructions du fabricant, ou utilisez les ingrédients figurant sur les listes fournies ci-dessus. On obtient normalement un stuc fini après avoir appliqué deux ou trois couches, suivant le cas (voir ci-dessous). Les mélanges préparés pour la couche de fond et la couche brune doivent être juste assez humides pour conserver la forme qu'on leur donne lorsqu'on les presse dans la main (mortaise). La couche de finition doit contenir un peu plus d'eau que les autres. Si la couche de finition doit être colorée, faites des essais préalables, en ajoutant au stuc les quantités spécifiées de colorant et en laissant sécher les lots d'essai pendant une heure au moins, pour avoir une idée précise de la couleur finale.

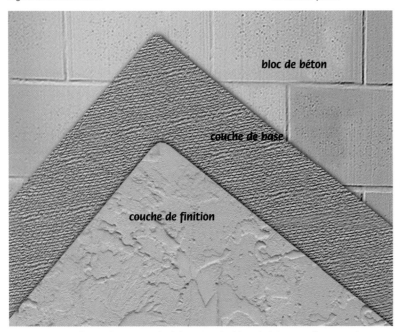

bloc de béton

couche de base

couche de finition

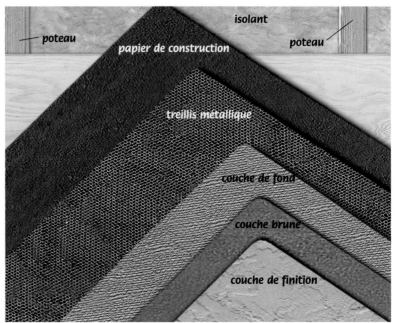

isolant

poteau

papier de construction

poteau

treillis métallique

couche de fond

couche brune

couche de finition

Lorsque vous appliquez du stuc sur des briques ou des blocs de béton, appliquez-en deux couches : une couche de base de ³/₈ po d'épaisseur et une couche de finition de ¹/₄ po d'épaisseur (photo de gauche). N'appliquez pas le stuc directement sur la surface d'un bloc de béton peint. Si vous avez affaire à une construction à ossature en bois ou à une surface de panneaux isolants, commencez par recouvrir l'endroit de papier de construction et de treillis métallique. Appliquez ensuite trois couches de stuc : une couche de fond (de ³/₈ à ¹/₂ po d'épaisseur), une cou-

che brune (de ³/₈ po d'épaisseur) et une couche de finition (de ¹/₈ po d'épaisseur) (photo de droite). La couche de fond posée sur des murs de maçonnerie et sur des murs à ossature en bois doit être « grattée », c'est-à-dire qu'il faut, à l'aide d'un grattoir, rayer le stuc partiellement sec. Vous pouvez fabriquer votre propre grattoir en plantant une rangée de clous de 1¹/₂ po dans un morceau de bois scié de 1 po x 2 po. Les rainures permettent à la deuxième couche de mieux adhérer à la première.

Comment appliquer du stuc sur un mur à ossature en bois

Recouvrez, si nécessaire, la zone réparée de revêtement intermédiaire et de papier de construction. À l'aide d'une cisaille type aviation, coupez du treillis métallique autofourrure et attachez-le au revêtement intermédiaire au moyen de clous pour toiture de 1 1/2 po, plantés tous les 6 po dans les poteaux muraux. Faites chevaucher les morceaux de treillis sur 2 po. **NOTE:** si la réparation descend jusqu'à la base du mur, attachez-y un arrêt métallique qui empêchera le stuc de se répandre.

Mélangez un lot de stuc qui servira à la couche de fond (voir page 188). À l'aide d'une truelle, appliquez une couche de stuc de 3/8 po d'épaisseur sur le treillis. Enfoncez le stuc dans le treillis, pour combler tous les vides et recouvrez complètement le treillis. Laissez sécher le stuc jusqu'à ce que l'empreinte d'un pouce reste marquée et utilisez ensuite un grattoir pour rainurer toute la surface. Laissez sécher le stuc pendant deux jours, en pulvérisant de l'eau sur la surface à intervalles de quelques heures afin que le stuc sèche uniformément.

Mélangez un lot de stuc pour préparer la couche brune (voir page 188) et appliquez une couche de stuc de 3/8 po ou jusqu'à ce qu'elle arrive à 1/4 ou 1/8 po de la surface qui l'entoure. Laissez sécher la couche pendant deux jours, en la mouillant comme indiqué précédemment.

Mélangez le stuc de la couche de finition (voir page 188). Humectez la surface à réparer et appliquez la couche de finition jusqu'à ce qu'elle affleure la surface originale. La texture de la couche de finition montrée ici a été obtenue en appliquant le stuc par petits coups de balayette et en aplanissant ensuite la surface avec une truelle. Humectez périodiquement la surface réparée pendant une semaine. Laissez-la sécher encore plusieurs jours avant de la peindre.

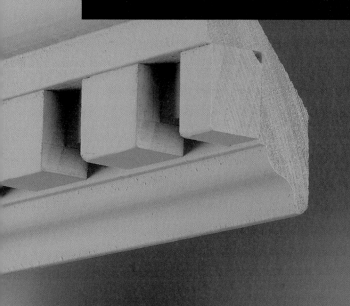

MURS ET PLAFONDS

**Installation de la fibre
de verre isolante** **192**

**Insonorisation des murs
et des plafonds** **194**

**Installation et finition
des plaques de plâtre** **196**

**Comment texturer les murs
et les plafonds.** **203**

**Installation des carreaux céramiques
de murs** **204**

Installation de lambris bouvetés **212**

Panneautage d'un plafond. **216**

Installation d'un plafond suspendu. . . **220**

**Installation de moulures
intérieures** **224**

Installation de la fibre de verre isolante

Avant d'isoler vos murs, vos plafonds ou vos planchers (et même avant d'acheter l'isolant), renseignez-vous auprès du Service de la construction local sur deux points : la *valeur R* et les *pare-vapeur* requis. Les emballages des isolants mentionnent tous la valeur R de l'isolant, c'est-à-dire l'efficacité avec laquelle l'isolant conserve la chaleur à l'intérieur, le froid à l'extérieur, et vice versa. L'isolant est d'autant plus efficace que sa valeur R est élevée, et sa valeur R augmente avec l'épaisseur. Le Service de la construction vous indiquera la valeur R que doivent avoir vos murs, vos plafonds et vos planchers, et il vous informera si vous devez faire inspecter le travail d'isolation avant de couvrir l'isolant.

On trouve différents types de pare-vapeur dans le commerce, mais ils ont tous la même fonction : empêcher la vapeur d'eau présente dans l'air chaud intérieur de franchir les surfaces des murs et des plafonds et de pénétrer dans l'ossature où elle risque d'entrer en contact avec les surfaces froides extérieures et de se condenser. Cette condensation accélère la formation de moisissure et le pourrissement de l'ossature et de l'isolant. Les pare-vapeur sont nécessaires sous la plupart des climats, et on les installe normalement du côté «chaud en hiver» des murs extérieurs et des plafonds, entre l'isolant et le matériau de finition intérieur.

L'isolant à recouvrement de papier ou de feuil et l'isolant enveloppé possèdent leur propre pare-vapeur, mais il n'y a pas de pare-vapeur plus efficace qu'une couche continue de polyéthylène en feuille de 6 millièmes de po d'épaisseur, agrafée aux membres de l'ossature, sur un isolant non revêtu. Si vous décidez d'utiliser de l'isolant revêtu, sachez qu'il présente quelques inconvénients : le papier se déchire facilement et le revêtement complique le découpage autour des obstacles. De plus, si vous coupez un matelas d'isolant pour réduire sa largeur en vue de l'introduire dans un endroit étroit, vous perdez le bord de revêtement – et donc le pare-vapeur – d'un côté du matelas. La plupart des revêtements sont inflammables et doivent être recouverts de plaques de plâtre ou d'un autre matériau de finition approuvé, même dans les endroits non finis comme les pièces de rangement. Une autre solution consiste à utiliser un isolant muni d'un revêtement en feuil résistant au feu, approuvé.

Lorsque vous installez l'isolant, assurez-vous qu'aucun espace ne subsiste entre l'isolant et la charpente, autour des obstacles, ou entre les morceaux d'isolant. L'idée est de créer une «enveloppe thermique» continue qui empêche l'air intérieur d'entrer en contact avec la température extérieure.

Outils : *couteau universel, agrafeuse.*

Matériel : *fibre de verre isolante, polyéthylène en feuilles de 6 millièmes de po, agrafes, ruban adhésif d'emballage.*

La fibre de verre isolante *est vendue sous forme de matelas dont la largeur standard est égale à celle de l'espace mural entre deux poteaux, ou sous forme de longs rouleaux. On trouve ainsi le revêtement de papier kraft ou de feuil (A), qui sert de pare-vapeur (certains feuils résistent au feu) ; les matelas enveloppés de plastique (B) ; les matelas de haute densité (pour chevrons) (C) ; et les rouleaux et matelas standard, non revêtus (D). Les largeurs standard conviennent aux ossatures dont les axes des montants sont espacés de 16 ou 24 po.*

La fibre de verre sera beaucoup moins désagréable à manipuler si vous vous habillez adéquatement. Portez des pantalons, une chemise à longues manches, des gants, des lunettes de sécurité et un masque respiratoire de bonne qualité. Prenez une douche dès que vous avez fini de travailler.

Conseils pour l'installation de la fibre de verre isolante

Ne comprimez jamais l'isolant pour l'introduire dans un espace étroit. Utilisez plutôt un couteau universel pour couper le matelas à une largeur supérieure d'environ ¼ po à la largeur de l'espace à remplir. Pour ce faire, tenez le matelas en place et servez-vous du poteau mural comme règle rectifiée et comme surface de coupe.

Isolez les tuyaux, les fils et les boîtes électriques en séparant l'épaisseur du matelas en deux et en glissant la moitié arrière derrière l'obstacle et la moitié avant devant celui-ci. Coupez la moitié avant pour que l'isolant s'ajuste parfaitement autour des boîtes électriques.

Utilisez des déchets d'isolant pour remplir les espaces entourant les montants des portes et des fenêtres. Remplissez les cavités de fibre de verre lâche, sans la comprimer. Remplissez les espaces étroits avec de la mousse isolante expansible à vaporiser, en suivant les instructions du fabricant.

Conseils pour l'installation de pare-vapeur supplémentaires

bord de revêtement

Constituez un pare-vapeur à l'aide d'isolant revêtu en encastrant les bords de l'isolant de manière que les bords du revêtement affleurent les arêtes des éléments de la charpente. Assurez-vous que les bords du revêtement sont bien à plat, qu'ils ne présentent ni plis ni espaces vides et agrafez-les aux côtés des membres de la charpente tous les 8 po. Éliminez les espaces ou les déchirures du revêtement au moyen de ruban adhésif d'emballage ou de ruban adhésif de construction, fourni par le fabricant.

Installez un pare-vapeur en polyéthylène en couvrant complètement le mur ou le plafond de feuilles de polyéthylène qui se chevauchent d'au moins 12 po et que vous laissez dépasser de quelques pouces sur tout le périmètre. Agrafez les feuilles à la charpente et découpez-les soigneusement autour des obstacles. Rendez étanches les contours des boîtes électriques et des autres pénétrations au moyen de ruban adhésif d'emballage. Vous couperez le polyéthylène qui dépasse autour du plafond et du plancher lorsque vous aurez fini d'installer le revêtement de surface.

Insonorisation des murs et des plafonds

Une des plus fréquentes raisons de rénover une maison, c'est le désir d'installer une pièce qui isolera son occupant de l'activité journalière du ménage et du bruit. Si vous rêvez d'une pièce où lire tranquillement, ou encore d'un bureau ou d'un cinéma maison, vous apprécierez d'autant plus cette pièce qu'elle sera bien insonorisée.

La construction des murs et des plafonds est régie par l'indice de transmission acoustique («STC», de l'anglais Sound Transmission Class). Plus l'indice est élevé, plus l'endroit est insonorisé. Ainsi, le verbe haut s'entend à travers un mur dont l'indice se situe entre 30 et 35 STC; à 42 STC, le verbe haut se réduit à un murmure; et à 50 STC, on ne l'entend plus.

Les méthodes de construction standard donnent un indice de 32 STC, mais en installant les matériaux appropriés, vous pouvez améliorer l'insonorisation pour que l'indice atteigne jusqu'à 48 STC.

Les principaux matériaux utilisés pour l'insonorisation comprennent la fibre de verre isolante, les carreaux insonorisants, les panneaux insonorisants, les plaques de plâtre de $5/8$ po et les profilés résistants, en acier, appelés aussi profilés acoustiques, qui servent à ancrer les plaques de plâtre aux murs et aux plafonds tout en réduisant la transmission du bruit par l'absorption des vibrations.

En plus d'utiliser des matériaux appropriés dans la construction de vos murs et de vos plafonds, vous devez sceller les passages d'air entre les pièces. L'air transporte le son, et le moindre passage d'air entre deux pièces peut réduire à néant tous vos efforts d'insonorisation. Bloquez le passage de l'air en calfeutrant les espaces qui entourent les boîtes électriques et les autres pénétrations, une fois que les matériaux de finition sont installés. Scellez également le bas et le haut des murs, et le contour des jambages des portes. Installez des bas de porte pour empêcher l'air de passer sous les portes.

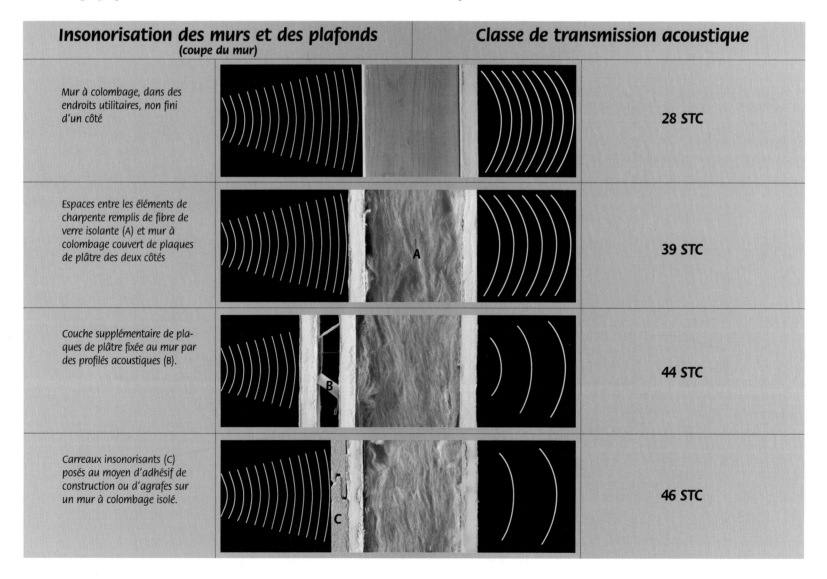

Insonorisation des murs et des plafonds (coupe du mur)	Classe de transmission acoustique
Mur à colombage, dans des endroits utilitaires, non fini d'un côté	28 STC
Espaces entre les éléments de charpente remplis de fibre de verre isolante (A) et mur à colombage couvert de plaques de plâtre des deux côtés	39 STC
Couche supplémentaire de plaques de plâtre fixée au mur par des profilés acoustiques (B).	44 STC
Carreaux insonorisants (C) posés au moyen d'adhésif de construction ou d'agrafes sur un mur à colombage isolé.	46 STC

Comment insonoriser les nouveaux murs

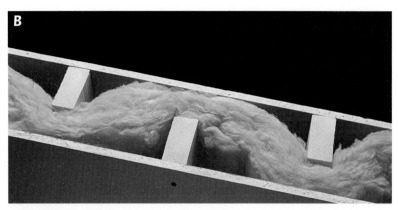

Construisez les murs en installant des sablières et des semelles en bois d'œuvre de 2 po x 6 po. Placez des poteaux de 2 po x 4 po tous les 12 po, en les alignant alternativement sur chacun des bords de la sablière et de la semelle.

Insérez entre les poteaux de 2 po x 4 po de la fibre de verre en matelas, sans revêtement, de 3 1/2 po d'épaisseur. Recouvert de plaques de plâtre de 1/2 po, ce mur aura un indice de transmission acoustique de 48 STC.

Comment insonoriser les murs et les plafonds existants

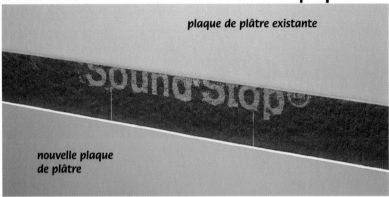

plaque de plâtre existante

nouvelle plaque de plâtre

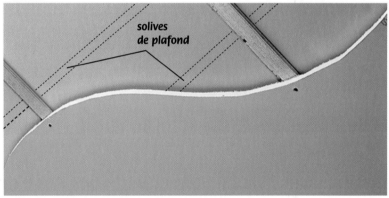

solives de plafond

Installez un panneau insonorisant de 1/2 **po** sur une épaisseur de plaque de plâtre existante, en utilisant des vis à plaques de plâtre de 1 1/2 po. À l'aide d'adhésif de construction, collez une plaque de plâtre de 1/2 po sur le panneau insonorisant. Ce système aura un indice de transmission acoustique de 46 STC.

Vissez des profilés résistants, en acier, sur le plafond ou sur le mur, en les espaçant de 24 po entre centres et en les plaçant perpendiculairement à la charpente existante. À l'aide de vis à plaques de plâtre de 1 po, fixez des plaques de plâtre de 5/8 po aux profilés. Ce système aura un indice de transmission acoustique de 44 STC.

Supprimez les passages d'air

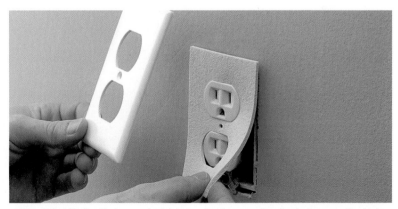

Calfeutrez les espaces vides entre le mur et le plancher pour empêcher l'air de passer d'une pièce à l'autre. S'il s'agit d'une charpente neuve, calfeutrez également les espaces le long du sous-plancher. Si les murs sont finis, enlevez les quarts-de-rond et injectez de la mousse expansible en dessous des plinthes. Bouchez également le dessous des encadrements de portes.

Utilisez de la pâte à calfeutrer ou des joints en néoprène pour boucher les trous pratiqués dans les surfaces murales, tels que les découpes des boîtes électriques. Replacez les plaques d'interrupteur sur les joints en néoprène.

Installation et finition des plaques de plâtre

Les plaques de plâtre sont normalement vendues en feuilles de 4 pi x 8 pi et de 4 pi x 12 pi dont l'épaisseur varie entre $\frac{1}{4}$ po et $\frac{3}{4}$ po. Les plaques de plâtre ont les longs bords biseautés, de sorte que deux plaques accolées forment un joint légèrement renfoncé qu'il est facile de recouvrir de ruban de papier et de pâte à joints. La finition des panneaux aboutés est difficile à réaliser parfaitement; il est donc préférable d'éviter, si possible, ce type de joint. Pour réduire au minimum le nombre de joints à finir, utilisez les plus longs panneaux que vous pouvez manipuler sans risques; assurez-vous que vous arriverez à les placer à l'endroit voulu.

Utilisez des plaques de plâtre de $\frac{1}{2}$ po – ou de $\frac{5}{8}$ po – au plafond. Les plaques plus minces sont plus faciles à installer, mais celles de $\frac{5}{8}$ po isolent mieux du bruit et risquent moins de s'affaisser avec le temps. Sur les murs, utilisez des plaques de plâtre de $\frac{1}{2}$ po. Commencez par installer les plaques au plafond et terminez par les murs, en appuyant les plaques des murs contre celles du plafond pour mieux les soutenir.

Si vous êtes inexpérimenté dans la finition des revêtements en plaques de plâtre, commencez la finition dans un endroit dissimulé et prenez le temps nécessaire pour réussir des joints plats et lisses, car la peinture ne dissimule pas les imperfections.

Outils : *équerre à plaques de plâtre, couteau universel, scie sauteuse, compas à découper les plaques de plâtre, cordeau traceur, levier à plaques de plâtre (loué), perceuse ou visseuse, niveau de 4 pi, couteaux à plaques de plâtre de 4 po, 6 po, 10 po et 12 po, ponceuse à manche.*

Matériel : *plaques de plâtre, vis à plaques de plâtre de 1 $\frac{1}{4}$ po, pâte à plaques de plâtre, ruban à joints, baguette d'angle, papier de verre.*

Conseils pour l'installation et la finition des plaques de plâtre

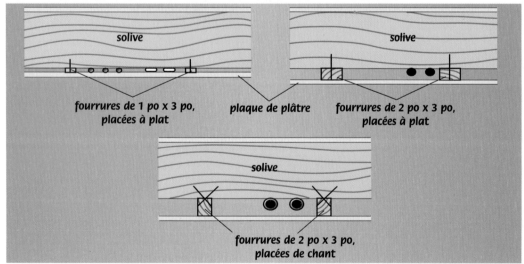

solive

solive

fourrures de 1 po x 3 po, placées à plat

plaque de plâtre

fourrures de 2 po x 3 po, placées à plat

solive

fourrures de 2 po x 3 po, placées de chant

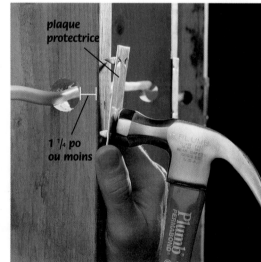

plaque protectrice

1 $\frac{1}{4}$ po ou moins

Attachez des fourrures à la charpente aux endroits où les lignes de service et autres obstacles dépassent de la charpente. Ces fourrures fourniront des surfaces plates sur lesquelles vous pourrez fixer les plaques de plâtre. Utilisez des fourrures de 1 po x 3 po ou 2 po x 3 po et fixez-les perpendiculairement à la charpente au moyen de vis à plaques de plâtre. Espacez-les de 16 po ou de 24 po entre axes pour qu'elles puissent servir de supports aux bords des plaques de plâtre. **NOTE :** isolez les tuyaux d'eau froide avant d'installer les plaques de plâtre pour éviter que la condensation ne tache les surfaces.

Fixez des plaques protectrices aux endroits où des fils ou des tuyaux traversent des éléments de la charpente à moins de 1 $\frac{1}{4}$ po du bord. Ces plaques empêcheront les vis à plaques de plâtre d'endommager les fils ou les tuyaux.

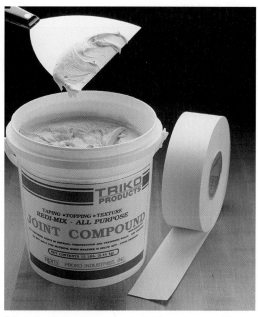

Marquez l'emplacement des poteaux et des autres éléments de charpente sur le plancher; ainsi, vous saurez où fixer les attaches pendant l'installation.

Ajoutez des appuis en bois d'œuvre de 1 po x ou de 2 po x aux endroits nécessaires, pour soutenir les bords des plaques de plâtre.

Évitez d'avoir à mélanger la pâte à joints, c'est une tâche sale et qui risque de produire des grumeaux: pour tirer des joints ou effectuer des travaux de finition, utilisez de la pâte mélangée, prête à l'emploi, et du ruban à plaques de plâtre.

Comment découper les plaques de plâtre : les coupes droites

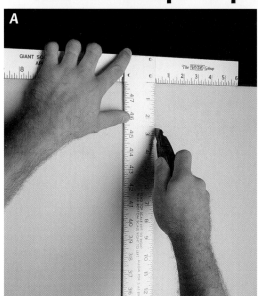

A

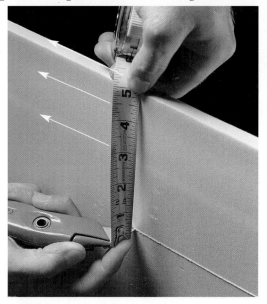

B

Pour couper une plaque de plâtre, placez-la verticalement, de manière que le côté lisse soit visible. Mesurez la longueur désirée et marquez-la sur le côté visible; ensuite, placez une équerre à plaques de plâtre à l'endroit de la marque, tenez l'équerre en place avec une main et un pied et, à l'aide d'un couteau universel, coupez à travers le papier de la plaque de plâtre.

VARIANTE: pour effectuer les coupes horizontales, sortez la longueur désirée du mètre à ruban et appuyez la lame du couteau universel contre le rebord métallique, à l'extrémité du mètre à ruban. En tenant fermement le couteau universel d'une main et le mètre à ruban de l'autre, déplacez les deux mains le long du bord de la plaque, pour couper la couche de papier de la plaque.

Pliez des deux mains la partie entamée pour casser l'âme en plâtre de la plaque. Pliez vers l'arrière la partie rejetée et, à l'aide du couteau universel, coupez l'épaisseur de papier pour séparer les deux parties.

Comment découper les plaques de plâtre : les encoches

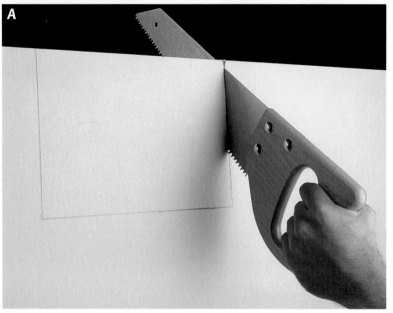

Pour pratiquer de grandes entailles ou effectuer de longues coupes droites, utilisez une scie à plaques de plâtre. Ces scies sont également très utiles pour découper une ouverture de porte ou de fenêtre dans une plaque installée. Sciez les petits côtés de l'encoche, jusqu'au fond de celle-ci.

Découpez le côté restant de l'encoche avec un couteau universel. Cassez l'âme de la plaque d'un coup sec donné vers l'arrière et, à l'aide du couteau universel, coupez le papier de la face arrière.

Comment découper les plaques de plâtre : les ouvertures

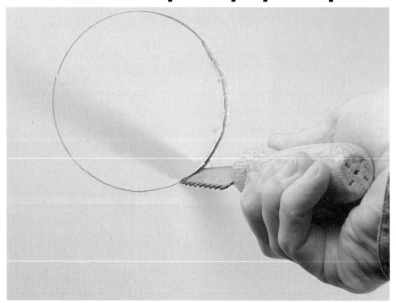

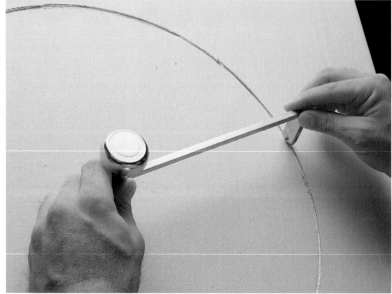

Utilisez une petite scie à plaques de plâtre pour découper une petite ouverture dans une plaque de plâtre. Cette scie a une extrémité pointue qui permet de l'enfoncer dans la plaque pour amorcer la coupe.

Pour des ouvertures circulaires nettes, utilisez un compas à découper les plaques de plâtre. Marquez le centre et placez la pointe du compas sur la marque. Enfoncez la pointe et faites tourner le compas pour rainurer la surface en traversant la couche de papier. Enfoncez un clou au centre pour marquer l'autre face de la plaque et répétez l'opération de rainurage en traversant la couche de papier de la deuxième face. Dégagez l'ouverture d'un coup de marteau donné sur la première face.

Comment installer les plaques de plâtre au plafond

Tracez une ligne repère à une distance de 48 ¹/₈ po, de la sablière du mur adjacent. Faites une marque à 48 ¹/₈ po sur les solives (ou les chevrons) les plus écartées (écartés) et marquez toutes les solives intermédiaires à l'aide d'un cordeau traceur. La ligne du cordeau traceur doit être perpendiculaire aux solives. Utilisez cette ligne repère pour aligner la première rangée de plaques de plâtre et pour mesurer les endroits où pratiquer les découpes.

Mesurez la distance qui sépare les solives extrêmes pour vous assurer que le bord de la première plaque se trouvera bien au centre d'une de ces solives. Si ce n'est pas le cas, coupez une partie de la plaque du côté où elle touche le mur, de manière qu'elle se termine au centre de la solive suivante. Placez la plaque de plâtre sur un lève-plaques loué et levez-la jusqu'à ce qu'elle touche les solives.

Placez la plaque de manière que son long bord coïncide avec les traits de la ligne repère et que son petit bord coïncide avec l'axe de la solive extrême. Enfoncez une vis à plaques de plâtre de 1 ¹/₄ po (voir page 200) tous les 8 po, le long des petits côtés de la plaque et tous les 12 po le long des grands côtés (consultez les codes du bâtiment de votre région pour connaître les exigences de fixation).

Après avoir installé la première rangée de plaques de plâtre, installez la deuxième rangée, en commençant par une demi-feuille, ainsi les joints bout à bout des plaques seront décalés d'une rangée à l'autre.

Comment installer les plaques de plâtre des murs

Arrangez-vous pour que les joints des plaques de plâtre ne coïncident pas avec les coins des portes ou des fenêtres, car à ces endroits, ils ont tendance à céder, créant ainsi des bosses qui gênent l'installation des moulures entourant les portes ou les fenêtres.

lève-plaques

À moins que les plaques de plâtre ne soient suffisamment grandes pour couvrir toute la largeur du mur, placez-les verticalement. Utilisez un levier à plaques de plâtre pour soulever les plaques de plâtre jusqu'à ce qu'elles appuient fermement contre le plafond. Mettez la première plaque d'aplomb au moyen d'un niveau de 4 pi, en vous assurant qu'elle se termine au centre d'un poteau.

Ancrez les plaques de plâtre en enfonçant dans les membres de l'ossature des vis à plaques de plâtre de 1¼ po, espacées de 8 po le long des bords et de 12 po ailleurs. Les têtes des vis doivent se trouver juste sous la surface de la plaque de plâtre. Pour les travaux importants, le meilleur outil est la visseuse à plaques de plâtre (montrée ici) munie d'un dispositif permettant de régler la profondeur à laquelle on enfonce la vis. On peut également se procurer le dispositif et le monter sur des perceuses standard.

CONSEIL

Avec leur tête évasée, les vis à plaques de plâtre sont conçues pour créer une dépression à la surface de la plaque sans déchirer le papier. Les dispositifs de fixation des plaques de plâtre doivent toujours se trouver en retrait de la surface avant de recevoir le mélange de finition. Mais il ne faut pas trop les enfoncer, pour qu'elles ne déchirent pas le papier, ce qui les rendrait inutiles. Lorsque cela se produit, il faut enfoncer une autre vis à environ 2 po de distance de la première.

Quand vous appliquez la première couche de mélange de finition, ayez un tournevis sous la main pour pouvoir enfoncer les vis si nécessaire.

Comment tirer les joints des plaques de plâtre

A À l'aide d'un couteau à plaques de plâtre de 4 po ou de 6 po, appliquez une mince couche de pâte à joints sur le joint. Pour charger le couteau, trempez-le dans un plateau contenant de la pâte à joints.

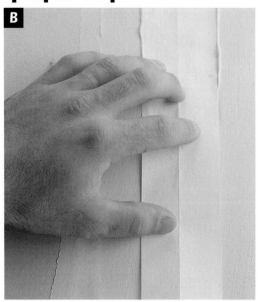

B En le centrant sur le joint, pressez immédiatement le ruban à plaques de plâtre pour qu'il s'enfonce dans la pâte. Lissez le joint avec le couteau et essuyez l'excédent de pâte. Laissez complètement sécher la pâte.

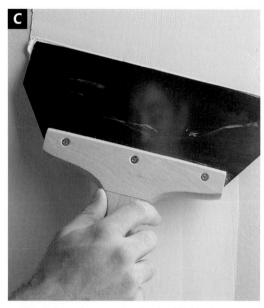

C Appliquez deux minces couches de pâte à l'aide d'un couteau à plaques de plâtre de 10 po ou de 12 po. Laissez la première couche sécher et se contracter jusqu'au lendemain avant d'appliquer la deuxième couche, et attendez que celle-ci soit complètement durcie avant de la polir (voir page 202).

Comment finir les coins intérieurs

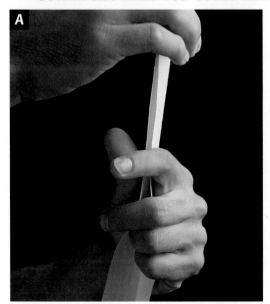

A Pliez une bande de ruban de papier à plaques de plâtre en deux en la pinçant entre le pouce et l'index et en l'étirant. À l'aide d'un couteau à plaques de plâtre de 4 po ou de 6 po, appliquez une mince couche de pâte à plaques de plâtre sur les deux côtés du coin intérieur.

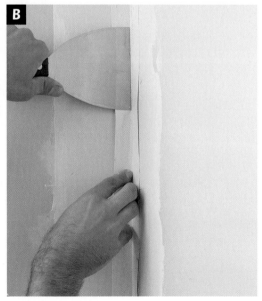

B Placez l'extrémité du ruban plié au sommet du joint et utilisez le couteau pour appuyer sur le ruban et l'enfoncer dans la pâte humide. Lissez les deux côtés du coin pour aplatir le ruban, et ôtez l'excédent de pâte.

C Appliquez une deuxième couche de pâte sur un côté du coin à la fois. Lorsque le premier côté du coin est sec, passez à l'autre et lorsque celui-ci est sec, appliquez la couche finale. Polissez la dernière couche (voir page 202).

Comment finir les coins extérieurs

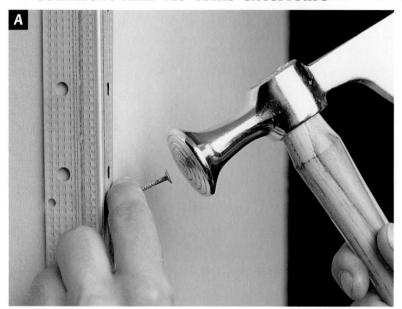

A

Placez une baguette d'angle sur le coin extérieur du mur en vous assurant qu'elle est bien centrée. Fixez-la à l'aide de clous ou de vis de 1 ¼ po pour plaques de plâtre, espacés de 8 po.

B

À l'aide d'un couteau à plaques de plâtre de 6 po ou de 10 po, couvrez successivement la baguette de coin de trois couches de pâte à plaques de plâtre, en laissant sécher et se contracter chaque couche jusqu'au lendemain. Lissez la dernière couche au moyen d'une ponceuse.

Comment couvrir les têtes des clous

Couvrez les têtes des clous ou des vis en appliquant trois couches de pâte à joints à l'aide d'un couteau à plaques de plâtre de 4 po ou de 6 po. Laissez sécher chaque couche jusqu'au lendemain avant d'appliquer la couche suivante.

Comment polir le travail fini

Poncez légèrement les joints lorsque la pâte à plaques de plâtre est sèche. Utilisez une ponceuse à manche et du papier de verre pour plaques de plâtre ou une éponge à polir. Portez un masque respiratoire et des lunettes de sécurité quand vous poncez les joints.

Comment texturer les murs et les plafonds

Si l'on est tant soit peu créatif, on peut reconstituer presque n'importe quelle texture au moyen de peinture texturée ou de pâte à plaques de plâtre diluée. On trouve des peintures texturées de différentes consistances, et certaines d'entre elles contiennent des additifs tels que du sable et des grains de polystyrène, qui créent des effets particuliers. Avec les produits en aérosol et les pistolets à pompe manuelle, on peut facilement créer des textures modernes sans utiliser d'équipement spécial de pulvérisation. Vous pouvez laisser une peinture texturée telle quelle ou la recouvrir d'une couche de peinture d'une autre couleur. Comme c'est le cas pour les autres peintures, les peintures texturées ne font pas disparaître toutes les taches, et il vaut mieux appliquer un apprêt sur la surface avant de la peindre.

Exercez-vous à créer des textures sur du carton ou sur une plaque de plâtre – utilisez différents outils, ou même vos mains, et essayez différentes épaisseurs – jusqu'à ce que vous obteniez le résultat désiré. Quel que soit le motif que vous avez choisi, appliquez franchement la peinture; si l'application est hésitante, cela se remarque immédiatement. D'ailleurs, tant que la peinture n'est pas sèche, vous pouvez toujours l'enlever.

Les outils et le matériel utilisés pour créer des motifs texturés comprennent la peinture à pulvériser (A), la pâte à plaques de plâtre tout usage (B), la peinture à texturer (C), le rouleau à texturer (D), le petit balai (E), le couteau à plaques de plâtre (F), l'éponge (G) et la truelle (H).

Conseils pour appliquer une peinture texturée

Créez un motif en tourbillon à l'aide d'un petit balai. Appliquez la peinture texturée au moyen d'un rouleau et, à l'aide d'un petit balai, créez le motif désiré.

Passez une truelle ou un couteau à plaques de plâtre sur la surface de la peinture texturée partiellement sèche pour imiter le motif du brocart.

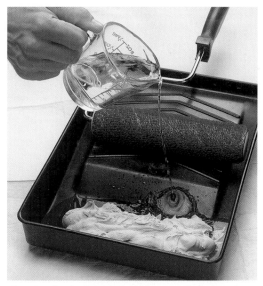

Diluez la pâte à plaques de plâtre et appliquez-la avec un rouleau à texturer ou un autre outil.

Installation des carreaux céramiques de murs

Le carreau céramique de mur est l'un des matériaux de surface les plus durables pour recouvrir les murs et les plafonds. On l'utilise beaucoup dans les salles de bain et les autres endroits humides parce qu'il est pratiquement étanche à l'eau et facile à nettoyer. Cependant, lorsqu'on prépare la surface à carreler d'une salle de bain ou d'une douche, il faut utiliser les matériaux appropriés si l'on veut protéger les murs contre les dégâts causés par l'eau au cas où celle-ci traverserait la surface carrelée.

Dans les endroits fort humides, installez les carreaux sur des panneaux en fibragglo-ciment. Ces panneaux, qui sont faits de ciment et de fibre de verre, se vissent à l'ossature murale, exactement comme s'il s'agissait de plaques de plâtre. Avant d'installer les carreaux, veillez à poser le ruban approprié et à finir les joints des panneaux. Utilisez du mortier à prise rapide (voir page 265) comme adhésif pour fixer les carreaux sur des panneaux de fibragglo-ciment.

NOTE: dans certains endroits, les codes du bâtiment exigent l'installation, entre les éléments d'ossature et les panneaux de fibragglo-ciment, d'une membrane imperméable en feutre asphalté (en rouleaux) ou en feuilles de polyéthylène; vérifiez les exigences de votre code local et suivez les recommandations du fabricant de carreaux.

Lorsque les murs et les plafonds sont peu exposés à une atmosphère humide, vous pouvez installer vos carreaux sur des plaques de plâtre ordinaires, ou utiliser des plaques de plâtre résistant à l'eau pour vous prémunir, à tout hasard, contre les dommages causés par l'humidité. Les adhésifs au mastic de latex, prémélangés, conviennent généralement aux carreaux installés sur les murs dans des endroits secs. Lorsque vous choisissez des carreaux, n'oubliez pas que ceux qui mesurent au moins 4 po x 6 po sont plus faciles à installer que les petits carreaux, car ils exigent moins de coupes et couvrent une plus grande surface. Ils présenteront donc moins de joints de coulis à nettoyer et à entretenir. Vérifiez si le choix de bordures, de carreaux spéciaux et d'accessoires en céramique qu'on vous offre répond à vos besoins.

La plupart des carreaux de murs sont conçus pour être réunis par des joints de coulis étroits (moins de 1/8 po de largeur) faits de coulis sans sable. Les joints de coulis de plus de 1/8 po de large doivent être remplis de coulis à plancher contenant du sable. Les coulis dureront plus longtemps s'ils contiennent un élément d'addition au latex. Pour empêcher le coulis de se tacher, recouvrez-le d'un produit de scellement, une première fois lorsqu'il est complètement sec, et ensuite une fois par an.

Outils: outils à couper les carreaux (voir pages 266-267), marqueur, mètre à ruban, niveau de charpentier, truelle à encoches, scie au carbure, perceuse et embouts de maçonnerie, serre-joints, taloche à coulis, éponge, petit pinceau, pistolet à calfeutrer, couteau universel, panneaux de fibragglo-ciment, outil à rainurer, scie sauteuse, tournevis, marteau, couteau à plaques de plâtre.

Matériel: morceau droit de bois scié de 1 po x 2 po, mortier pour carreaux avec additif au latex, carreaux céramiques de murs, carreaux céramiques de bordures (le cas échéant), coulis à carreaux avec additif au latex, pâte à calfeutrer les baignoires et les carreaux, produit de scellement de coulis alcalin, carton, ruban de fibre de verre pour plaques de plâtre, vis et clous pour plaques de plâtre, baguette de coin pour plaques de plâtre, pâte à joint de plaques de plâtre.

Les carreaux posés aux deux extrémités d'un même mur doivent avoir la même largeur.

Agencement modifié pour que la rangée de carreaux contrastants ne soit pas interrompue par l'armoire à pharmacie.

Les carreaux posés aux deux extrémités d'un même mur doivent avoir la même largeur.

Les rangées de carreaux taillés doivent se trouver près du sommet ou de la base de la zone carrelée, pour être moins visibles.

Les carreaux surmontant la baignoire doivent avoir leur pleine grandeur ou presque.

L'agencement est la clé du succès dans un projet de carrelage. Dans ce projet, on s'est arrangé pour que les carreaux surmontant directement la surface la plus visible (la baignoire en l'occurrence) aient presque leur pleine grandeur. Pour ce faire, on a recoupé les carreaux de la deuxième rangée à partir du plancher. La deuxième rangée, moins haute, permet aussi de ne pas interrompre la rangée de carreaux contrastants qui passe juste sous l'armoire à pharmacie. Coupez les carreaux dans les coins pour qu'ils aient la même largeur, afin que la pièce conserve sa symétrie.

Conseils pour l'installation de carreaux céramiques de murs

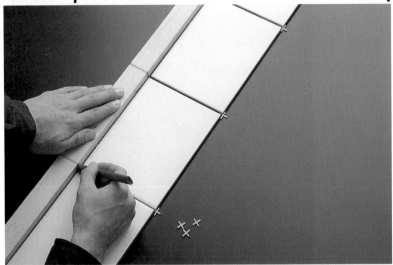

Faites un patron pour marquer l'agencement des carreaux sur les murs. Si les carreaux sont carrés, placez-en une rangée (et des séparateurs en plastique si vous compter en utiliser) suivant le modèle choisi, sur une surface plate. Marquez sur un morceau droit de bois scié de 1 po x 2 po les repères qui indiquent les joints entre les carreaux. Marquez également les repères correspondant aux carreaux taillés ou aux carreaux contrastants. Si les carreaux sont rectangulaires ou s'ils ont une forme spéciale, préparez des lattes séparées pour leur agencement vertical et leur agencement horizontal.

Choisissez des matériaux résistant à l'eau pour soutenir les carreaux. La plaque de plâtre résistant à l'eau (A) est en gypse, et sa surface est étanche. Ne l'utilisez que dans les endroits modérément humides ou secs. Le panneau de fibragglo-ciment (B) est rigide, a une âme en ciment et une surface en fibre de verre. Comme l'eau ne peut pas endommager le panneau de fibragglo-ciment, il est le matériau le plus indiqué pour supporter les carreaux de salles de bains.

Comment installer les panneaux de fibragglo-ciment

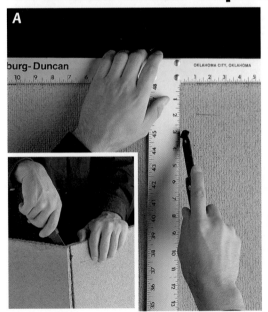

Coupez le panneau de fibragglo-ciment à l'aide d'un outil spécial ou d'un couteau universel, en traversant la couche de fibre de verre maillée de sa surface. Cassez le panneau en donnant un coup sec le long de la ligne de coupe et coupez ensuite la surface arrière (mortaise).

Placez les panneaux contre les poteaux muraux, la face brute vers l'avant. Fixez les panneaux au moyen de vis à bordage galvanisées de 1 ½ po. Si nécessaire, forez des avant-trous le long des bords du panneau pour éviter qu'ils s'effritent. Laissez un espace de ⅛ po entre les panneaux et un espace de ¼ po le long du périmètre. Enfoncez les vis tous les 6 po.

Couvrez tous les joints de ruban à plaques de plâtre en fibre de verre maillée. À l'aide d'un couteau à plaques de plâtre, appliquez du mortier à prise rapide, en remplissant les espaces entre les panneaux et en étalant une mince couche sur le ruban. Laissez sécher le ruban pendant deux jours avant de poser les carreaux.

Comment organiser l'installation de carreaux céramiques de murs

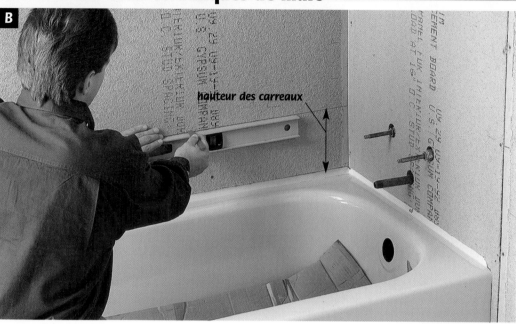

Marquez sur le mur l'emplacement prévu des armoires, des armoires murales, des accessoires encastrés et des accessoires muraux en céramique, tels que les porte-savons et les supports de brosses à dents ou les porte-serviettes.

Trouvez la ligne horizontale la plus visible dans la salle de bain (habituellement le bord supérieur de la baignoire). Marquez un point à une distance de cette ligne égale à la hauteur d'un carreau céramique (si la baignoire n'est pas de niveau, prenez la mesure à partir du point le plus bas du bord). Tracez une ligne horizontale qui part de ce point et fait le tour de la pièce. Cette ligne représente la ligne de coulis d'une rangée de carreaux, qui servira de référence lorsqu'on fera le plan d'ensemble des carreaux.

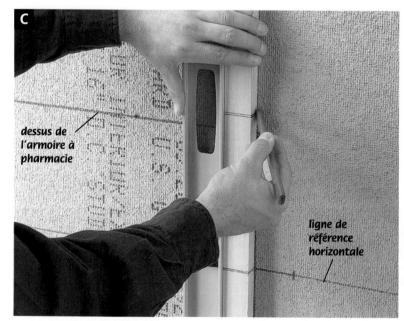

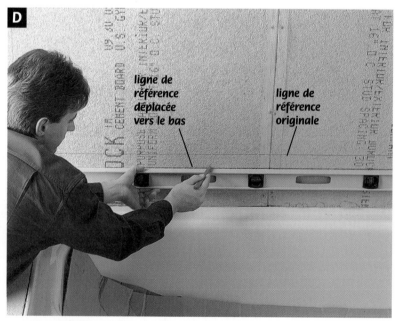

Utilisez le patron pour déterminer comment les carreaux seront disposés par rapport à d'autres objets de la pièce, comme les dessus de comptoirs, les encadrements de fenêtres et de portes, et les armoires murales. Tenez le patron perpendiculairement à la ligne de référence, une marque de joint touchant cette ligne; marquez les endroits des autres joints de coulis.

Si le patron montre que des joints de coulis n'arrivent pas aux bons endroits, déplacez en conséquence la ligne horizontale de référence. Dans la salle de bain montrée ici, en abaissant la ligne de référence on a pu éviter d'interrompre la rangée de carreaux contrastants qui fait le tour de la pièce en la faisant passer juste sous l'armoire à pharmacie (voir la photo, page 204).

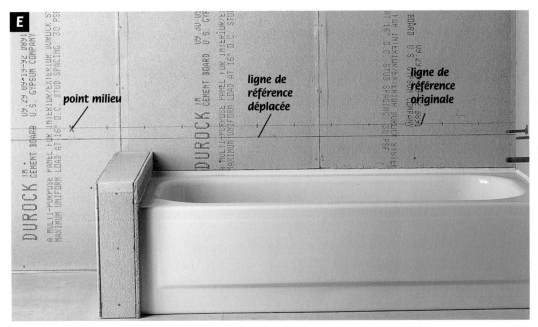

Marquez sur chaque mur un point indiquant le milieu de la ligne de référence originale. À l'aide du patron, marquez des traits de chaque côté de ce point, pour indiquer où se trouveront les joints de coulis verticaux. Si, en arrivant dans les coins, vous constatez que la largeur du dernier carreau est inférieure à un demi-carreau, modifiez le plan d'ensemble en suivant les indications de la prochaine étape.

Modifiez l'agencement des joints verticaux en déplaçant le point du milieu (étape E) d'un demi-carreau dans un sens ou dans l'autre. Marquez le nouveau point du « milieu » sur la ligne de référence déplacée. À l'aide d'un niveau, tracez une ligne verticale de référence allant du plancher au plafond.

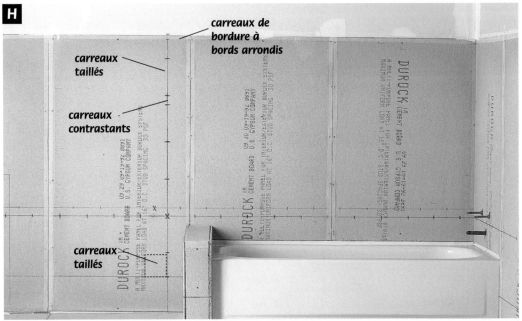

À l'aide du patron, mesurez une distance égale à la hauteur d'un carreau plus ¹⁄₈ po, depuis le plancher, le long de la ligne verticale de référence, et marquez un point sur le mur à cet endroit. Tracez sur le mur une ligne de référence de niveau passant par ce point.

Tracez à partir du point d'intersection des lignes de référence verticale et horizontale les lignes de référence qui indiquent les autres joints de coulis. Tracez également les lignes de référence des carreaux de bordure ou des carreaux contrastants. S'il n'y a pas moyen d'éviter une rangée de carreaux taillés, placez-la près du plancher, entre la première et la troisième rangée, ou en haut, près des carreaux de bordure. Prolongez les lignes de référence horizontales jusqu'aux murs adjacents qui doivent être carrelés et répétez les étapes E à H pour tous les autres murs à carreler.

Comment installer des carreaux céramiques de murs

Tracez le plan d'agencement (voir pages 206-207) et commencez par installer la deuxième rangée de carreaux au-dessus du plancher. Si le plan indique que ces carreaux doivent être taillés, marquez-les et taillez en une fois tous les carreaux de la rangée.

Faites des coupes droites au moyen d'un coupe-carreaux. Placez le carreau face en haut sur le coupe-carreaux, un des bords longeant le guide. Réglez le coupe-carreaux à la largeur voulue et rainurez le carreau en tirant fermement la molette à travers tout le carreau. Cassez le carreau d'un coup sec donné le long de la rainure, comme l'indique le fabricant de l'outil.

Préparez un peu de mortier à prise rapide contenant un additif au latex. (Certains mortiers contiennent un additif mélangé par le fabricant, d'autres doivent être mélangés à un additif par l'utilisateur). Étendez le mortier préparé sur le premier carreau, au moyen d'une truelle à encoches de ¹/₄ po.

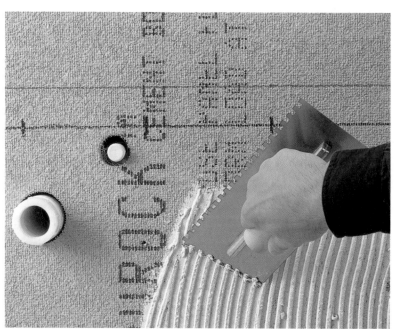

VARIANTE: étendez de l'adhésif sur une petite section du mur et pressez les carreaux dans la couche d'adhésif. Les adhésifs à couche mince sèchent rapidement; vous devez donc travailler vite si vous appliquez cette méthode.

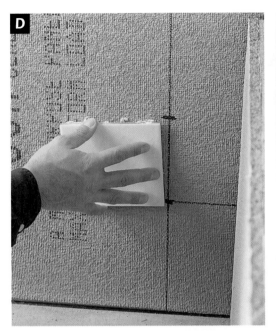

Commencez près du centre du mur et, en faisant pivoter légèrement le carreau, appliquez-le contre le mur en l'alignant exactement sur les lignes de référence horizontale et verticale. Si vous posez des carreaux taillés, placez autant que possible les bords coupés aux endroits moins visibles.

Poursuivez l'installation des carreaux, du milieu du mur vers ses extrémités, suivant un schéma pyramidal. Alignez toujours les carreaux sur les lignes de référence. Si les bords des carreaux n'ont pas de barre d'espacement, placez des séparateurs en plastique dans les coins des joints, pour obtenir des joints réguliers (mortaise). La rangée inférieure de carreaux doit être installée en dernier lieu. Pour couper les carreaux à placer dans les coins intérieurs, voir page 210.

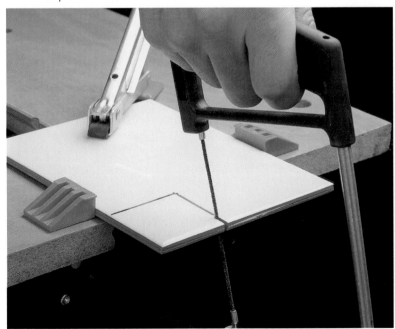

CONSEIL : pour faire des découpes au contour rectiligne ou curviligne dans un carreau, attachez-le sur une surface plate et coupez-le au moyen d'une scie à carbure (scie spéciale munie d'une lame abrasive conçue pour couper les carreaux).

CONSEIL : pour faire des trous dans les carreaux en vue du passage de la plomberie, tracez le contour du trou sur le carreau et, à l'aide d'un embout à carreaux céramiques, forez des trous le long de ce contour. Cassez ensuite la partie intérieure en donnant de légers coups de marteau sur la surface. Les arêtes vives du trou seront dissimulées par les plaques de protection des accessoires de plomberie (appelées écussons ou rosaces).

Suite à la page suivante

Comment installer des carreaux céramiques de murs (suite)

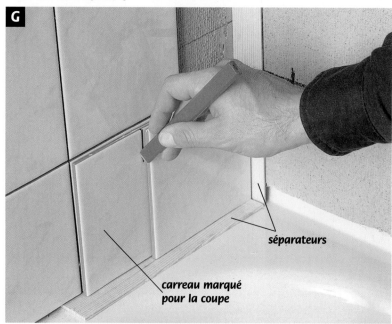

séparateurs

carreau marqué
pour la coupe

Chaque fois qu'une petite section de carreaux est installée, aplanissez la surface des carreaux en y posant un morceau inutilisé de bois scié de 2 po x 4 po enveloppé de tissu à tapis et en le frappant légèrement avec un maillet. Vous enfoncerez ainsi solidement les carreaux dans l'adhésif et obtiendrez une surface uniformément plate.

Pour marquer les carreaux en vue d'effectuer des coupes droites, commencez par coller des séparateurs de ⅛ po contre les surfaces se trouvant sous le chant du carreau à couper et sur le côté de celui-ci. Placez le carreau à couper sur le dernier carreau entier installé, et placez un troisième carreau sur le carreau à couper, de manière à ce que ses bords s'accotent aux séparateurs. Suivez le bord du troisième carreau pour tracer la ligne de coupe sur le carreau à couper.

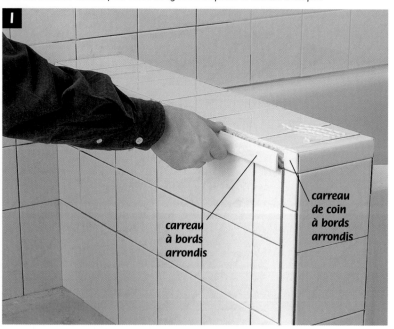

carreau
à bords
arrondis

carreau
de coin
à bords
arrondis

Installez les carreaux de bordure, tels que les carreaux à bords arrondis montrés ici. Essuyez l'excédent de mortier le long des bords supérieurs des carreaux de bordure.

Pour couvrir les arêtes vives des carreaux, utilisez des carreaux à bords arrondis et des carreaux de coin à bords arrondis (munis de deux bords arrondis adjacents).

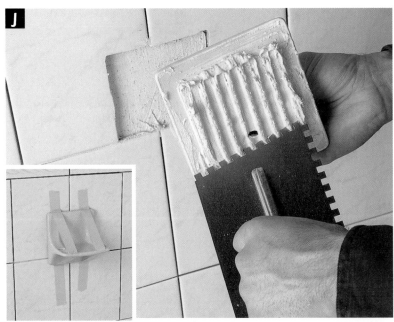

Installez les accessoires encastrés en céramique, en appliquant du mortier à séchage rapide au dos de l'accessoire et en le pressant ensuite à sa place. Utilisez du ruban-cache pour maintenir l'accessoire en place pendant que l'adhésif sèche (mortaise).

Laissez l'adhésif sécher complètement (12 à 24 heures) ; préparez ensuite un mélange de coulis contenant un additif au latex. Posez le coulis à l'aide d'une taloche à coulis en caoutchouc, en effectuant un mouvement de balayage pour enfoncer profondément le coulis dans les joints (voir page 270). N'appliquez pas de coulis dans les joints qui entourent la baignoire et qui longent le plancher, ni dans les coins de la pièce. Ces endroits serviront de joints de dilatation et vous les calfeutrerez plus tard.

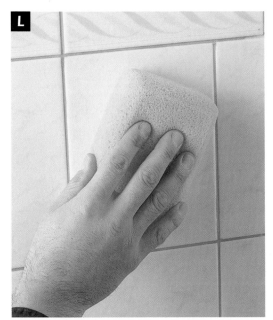

Frottez diagonalement les carreaux avec une éponge à coulis humide, que vous rincerez de temps en temps dans de l'eau froide. Ne frottez qu'une fois chaque endroit, sinon vous risquez d'enlever le coulis des joints. Laissez sécher le coulis pendant environ 4 heures puis, à l'aide d'un linge doux, polissez la surface des carreaux et enlevez le film de coulis qui reste.

Lorsque le coulis est complètement sec, utilisez un petit pinceau en mousse pour appliquer un produit de scellement sur les joints de coulis, en suivant les instructions du fabricant. Évitez de déposer le produit de scellement sur la surface des carreaux et essuyez immédiatement tout excédent de produit.

Remplissez la baignoire d'eau avant de déposer le cordon de scellement à base de silicone dans les joints de dilatation le long de la baignoire, le long du plancher et dans les coins de la pièce. Polissez les carreaux à l'aide d'un linge doux et sec lorsque le cordon de scellement est sec.

Installation de lambris bouvetés

Le terme de lambrissage, englobe virtuellement tous les traitements spéciaux réservés aux trois ou quatre pieds inférieurs des murs intérieurs. Le modèle représenté ici, qui utilise des panneaux bouvetés, est couramment utilisé pour décorer une pièce.

Les panneaux bouvetés sont normalement fabriqués en pin, en sapin ou dans d'autres bois mous, et ils ont ¼ po à ¾ po d'épaisseur. Chaque panneau est muni d'une languette d'un côté et d'une rainure de l'autre, et il est taillé en biseau ou garni d'une bordure décorative de chaque côté et au milieu.

Il existe deux méthodes pour installer les panneaux des lambris. Si le panneau est mince, on peut le coller à la plaque de plâtre finie, au moyen d'adhésif de construction ou d'adhésif pour panneaux, appliqué à la truelle. On peut également le clouer au mur ; et, si le panneau est plus épais, il faut toujours le clouer.

Si on utilise des clous, il faut installer un support, ce qui n'est pas compliqué et peut se faire de différentes façons. Une méthode consiste à fixer des panneaux de contreplaqué sur les poteaux muraux et à couvrir le reste du mur de plaques de plâtre de même épaisseur. Vous pouvez aussi vous contenter d'installer des entretoises de 2 po x 4 po entre les poteaux avant d'installer les plaques de plâtre. Si le mur est fini avec des plaques de plâtre, découpez des bandes horizontales dans les plaques de plâtre et clouez des bandes de contreplaqué de ½ po d'épaisseur, directement sur les poteaux.

Une fois que le lambris est installé, vous pouvez le garnir d'une moulure appelée *cimaise*. Lorsqu'on l'installe à la hauteur des meubles se trouvant dans la pièce, l'ensemble produit une impression de symétrie visuelle. Cela permet aussi à la cimaise de jouer le rôle de cimaise de fauteuils, protégeant la partie inférieure des murs contre les dommages.

On peut peindre ou teindre les lambris. On peut appliquer les teintures à l'huile, avant ou après l'installation, puisque la plus grande partie de la teinture sera absorbée par le bois et ne gênera pas l'agencement des joints bouvetés. Si vous comptez teindre le bois, choisissez une essence à gros grain. Si vous comptez le peindre, le peuplier constitue un bon choix, car il présente peu de nœuds, et son grain est très uniforme. Si vous peignez le lambris, choisissez une peinture au latex ; elle résistera à la fissuration lorsque les joints se dilateront et se contracteront selon les conditions ambiantes.

Le lambrissage augmente normalement l'épaisseur du mur, ce qui peut occasionner des problèmes là où le lambris rencontre d'autres garnitures telles que les encadrements de portes et de fenêtres, ou les plinthes. Avant d'installer un lambris, faites le tour de la pièce avec un morceau du lambris et un morceau de la cimaise que vous comptez installer et placez ces morceaux contre les garnitures existantes. Pour que l'ensemble soit attrayant, vous devrez peut-être installer des moulures supplémentaires (voir page 215) ou décider de remplacer certaines moulures existantes par des moulures assorties à celles du lambris.

Outils: *niveau de 4 pi, scie circulaire, scie sauteuse, perceuse, chasse-clou, compas, scie à onglets manuelle ou à commande mécanique.*

Matériel: *panneaux bouvetés, clous de finition 4d et 6d, plinthe et cimaise, produits de finition du bois.*

Conseils pour l'installation des lambris

Conditionnez les planches en les empilant dans la pièce où elles seront installées. Séparez-les par des intercalaires, pour que l'air puisse circuler entre elles et qu'elles puissent s'adapter aux conditions de température et d'humidité ambiantes. Attendez 72 heures avant d'appliquer un produit de teinture ou de scellement sur les deux côtés et les extrémités de chaque planche.

Si vous installez un panneau épais, vous devrez attacher, aux boîtes des prises et des interrupteurs, une extension vers l'intérieur. Montez les extensions en suivant les instructions du fabricant; assurez-vous que la boîte de l'interrupteur ou la prise affleure le panneau du lambris. Servez-vous d'une scie sauteuse pour faire les découpes.

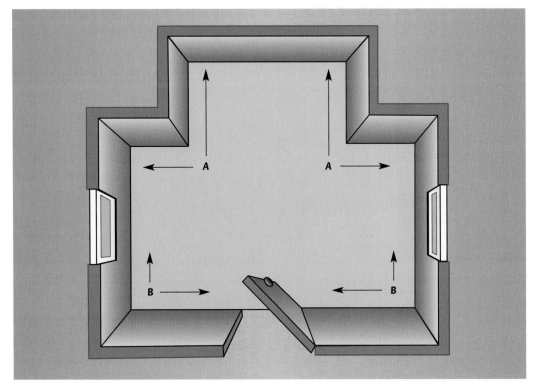

Commencez l'installation dans les coins. Installez d'abord le lambris aux coins extérieurs (A) et progressez vers les coins intérieurs. Aux coins, vous pouvez soit biseauter les panneaux pour former un joint fini, soit les abouter et couvrir le joint d'une moulure de coin. Si des parties de la pièce ne présentent pas de coins extérieurs, commencez par les coins intérieurs (B) et progressez vers les encadrements des portes et des fenêtres.

Pour planifier l'ensemble, calculez le nombre de panneaux nécessaires pour couvrir chaque mur en vous servant de la dimension du pas des panneaux (voir page 217). Mesurez la longueur du mur et divisez-la par le pas. Lors de ce calcul, n'oubliez pas qu'on enlève les languettes des panneaux de coin.

Si le total de panneaux calculé d'un mur comprend une portion de panneau inférieure à la moitié de sa largeur, palliez cet inconvénient en réduisant la largeur du premier panneau (et du dernier, si nécessaire).

Comment lambrisser les coins extérieurs

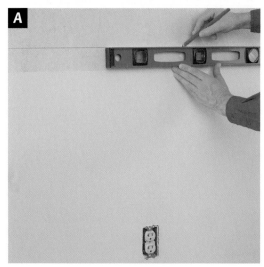

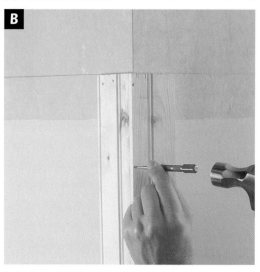

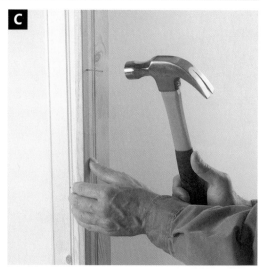

Avant d'entamer les travaux, coupez l'électricité alimentant les circuits de cet endroit de la maison. Ensuite, retirez les moulures des plinthes et les plaques des prises de courant. Tracez une ligne de niveau sur les murs pour indiquer la limite supérieure du lambris. Laissez un espace de ¼ po entre les plinthes et le plancher, pour permettre la dilatation du lambris.

Coupez une paire de panneaux dont les largeurs correspondent au calcul effectué lors du processus de préparation. **NOTE**: si le coin n'est pas d'aplomb, vous devrez peut-être découper longitudinalement un des panneaux – ou les deux – pour qu'ils forment un coin d'aplomb. Clouez les panneaux en place en enfonçant des clous dans les côtés faces, puis consolidez le joint au moyen de clous de finition 6d. Forez des avant-trous pour éviter de fendre le bois. Terminez à l'aide d'un chasse-clou.

Si les panneaux de coin sont aboutés plutôt que biseautés, clouez un morceau de moulure de coin à l'aide de clous de finition 6d. Installez les autres panneaux sur les deux murs adjacents (étapes E et F, page 215).

Comment lambrisser les coins intérieurs

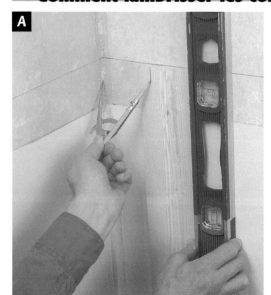

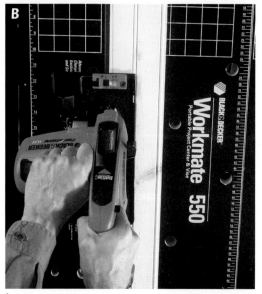

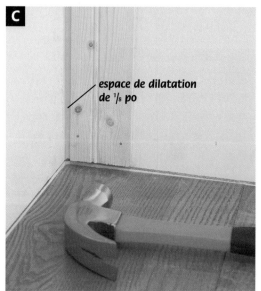

espace de dilatation de ⅛ po

Si le coin n'est pas d'aplomb, marquez et découpez longitudinalement le premier panneau: tenez le panneau d'aplomb, placez la pointe sèche d'un compas dans le coin intérieur et tracez une ligne sur le panneau, en abaissant le compas le long de l'arête du coin intérieur. Gardez à l'esprit la largeur du panneau, déterminée par le plan d'ensemble.

À l'aide d'une scie circulaire, coupez le panneau le long de la ligne. Si le coin est d'aplomb, découpez le premier panneau à la largeur indiquée, conformément à votre plan d'ensemble. Si vous placez le côté languette dans le coin, enlevez au moins la languette du premier panneau.

Tenez le premier panneau dans le coin, en laissant un espace de dilatation de ⅛ po. Assurez-vous que le panneau est d'aplomb et enfoncez des clous de finition 6d au centre du panneau. Forez des avant-trous pour éviter de fendre le bois. Placez les clous inférieurs et supérieurs de sorte qu'ils soient dissimulés lorsque vous réinstallerez la plinthe et la cimaise.

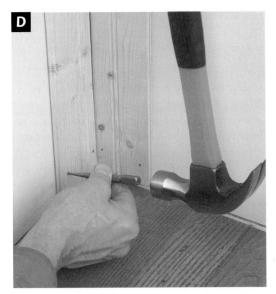
D

Découpez (si nécessaire) et installez un deuxième panneau dans le coin. Placez-le contre le premier et vérifiez s'il est d'aplomb, puis clouez-le à sa place.

E

Installez les panneaux suivants en les collant, en les clouant au centre ou par clouage dissimulé. Laissez un espace de dilatation de $\frac{1}{16}$ po à chaque joint. Utilisez un niveau pour vérifier l'aplomb après avoir installé trois panneaux. Si le lambris n'est plus vertical, ajustez le quatrième panneau de manière à corriger la situation.

F

Marquez le dernier panneau pour qu'il s'ajuste parfaitement. Si vous avez atteint l'encadrement d'une porte, coupez le panneau pour qu'il affleure l'encadrement (enlevez au moins la languette). Si vous avez atteint un coin intérieur, vérifiez s'il est d'aplomb. Si ce n'est pas le cas, tracez une ligne comme à l'étape A et recoupez le panneau pour qu'il s'ajuste parfaitement. Achevez le travail avec un chasse-clou.

Comment parachever le lambrissage

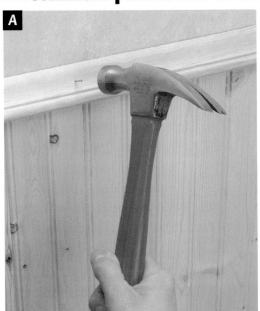
A

Coupez et ajustez la cimaise (voir pages 224 à 227) qui recouvrira le lambris et fixez-la aux poteaux ou aux étrésillons muraux à l'aide de clous de finition 4d. Achevez le travail avec un chasse-clou.

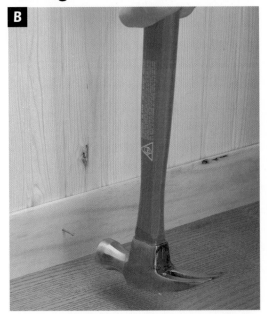
B

Coupez les plinthes qui recouvriront le lambris et fixez-les aux poteaux muraux à l'aide de clous de finition 6d. Si vous comptez installer une moulure de base, laissez un petit espace entre la plinthe et le plancher.

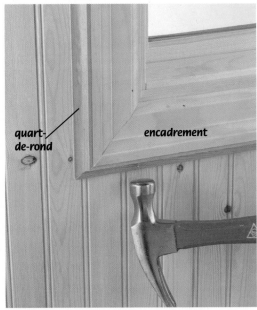

quart-de-rond

encadrement

CONSEIL: lorsqu'il s'agit d'une fenêtre à encadrement, installez le lambris jusqu'à ce qu'il arrive à l'encadrement, sur les côtés et en bas de la fenêtre, et installez ensuite un quart-de-rond ou une autre moulure pour finir les bords de l'encadrement.

Panneautage d'un plafond

Le panneautage bouveté crée une ambiance chaude et attrayante, en particulier lorsque les plafonds sont inclinés. Les panneaux en pin sont les plus couramment utilisés, mais n'importe quelle essence de panneaux bouvetés peut convenir. Les panneaux ont normalement une épaisseur de ³/₈ po à ³/₄ po, et on les fixe directement aux solives et aux chevrons du plafond. La plupart des codes du bâtiment exigent l'installation d'un pare-feu en plaques de plâtre derrière les panneaux de plafond s'ils ont une épaisseur inférieure à ¹/₄ po.

Compte tenu des déchets, il faut ajouter 15 % à la quantité de matériaux calculée pour couvrir le plafond. Comme la languette de la plupart des pièces glisse dans la rainure de la pièce adjacente, le calcul de la surface à couvrir doit être basé sur la surface exposée des panneaux (le pas) lorsqu'ils sont installés.

On attache les panneaux bouvetés aux chevrons à l'aide de clous de plancher ou de clous de finition. Les clous de plancher tiennent mieux parce que leur tige est spiralée, mais leur tête est généralement plus grosse que celle des clous de finition. Plantez autant que possible les clous à la base de la languette et dans l'ossature ; cette méthode est appelée clouage dissimulé parce que les têtes des clous sont cachées par le panneau suivant. Seuls les panneaux des endroits qui nécessitent un plus grand support, comme la première et la dernière rangée doivent être fixés à l'aide de clous plantés dans le côté face du panneau. C'est avec une scie à onglets composée (voir page 226) que vous effectuerez les coupes les plus nettes. Cette scie est particulièrement utile si le plafond présente peu d'angles droits.

Pour réussir le panneautage d'une surface, il faut absolument en faire un dessin préalable. Commencez par prendre les mesures, afin de déterminer la quantité de panneaux nécessaire (en tenant compte du pas des panneaux). Si le dernier panneau doit avoir moins de 2 po de large, réduisez la largeur du premier, ou *panneau de départ*, en le sciant longitudinalement du côté adjacent au mur.

Si l'arête du sommet du plafond n'est pas parallèle à l'arête du mur (de départ), vous devez rectifier l'alignement en sciant longitudinalement le panneau de départ suivant un angle tel que son bord supérieur et tous les panneaux qui suivent soient parallèles à l'arête, au sommet.

Outils : *cordeau traceur, scie à onglets composée, scie circulaire, perceuse, chasse-clou.*

Matériel : *panneaux bouvetés, clous de planchers spiralés de 1 ³/₄ po, moulures décoratives.*

Panneautage d'un plafond

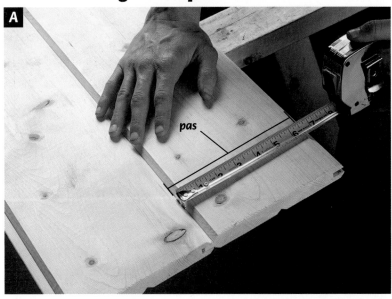

Pour préparer l'agencement des panneaux, commencez par mesurer le pas des panneaux. Emboîtez deux pièces et mesurez la largeur de la surface exposée. Calculez le nombre de panneaux nécessaires pour couvrir un côté du plafond en divisant la distance entre l'arête supérieure du mur et l'arête supérieure du plafond par le pas des panneaux.

Utilisez la mesure obtenue à l'étape A pour tracer une ligne indiquant le bord supérieur de la première rangée: aux deux extrémités du plafond, mesurez, depuis l'arête supérieure du plafond, une distance égale et tracez les traits qui correspondront au bord supérieur (languette) des panneaux de départ. À l'aide du cordeau traceur, tirez une ligne qui joint les deux traits.

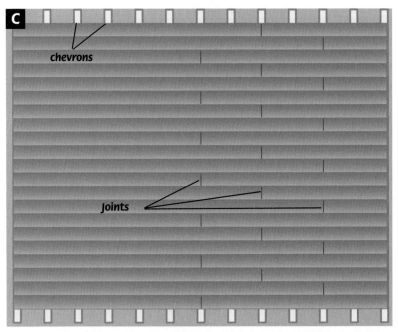

Si les panneaux sont plus courts que la surface à couvrir, prévoyez les emplacements des joints. Décalez les joints selon un schéma qui se répète tous les trois panneaux, vous les dissimulerez mieux. N'oubliez pas que chaque joint doit tomber au milieu d'un chevron. Pour obtenir un plus bel effet, choisissez des panneaux ayant une couleur et un grain semblables pour chaque rangée.

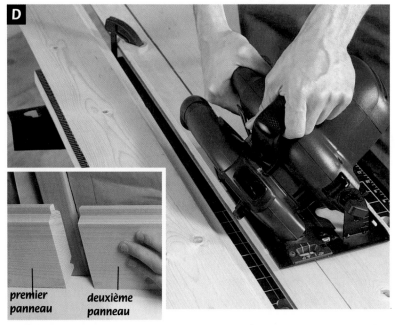

Sciez longitudinalement le premier panneau à la bonne largeur au moyen d'une scie circulaire, en éliminant le côté inférieur du panneau (côté rainure). Si la première rangée comporte des joints, coupez les panneaux à la longueur voulue, en les biseautant à 30°, uniquement du côté du joint. Vous formerez ainsi des joints biseautés (mortaise), qui se remarqueront moins que les joints aboutés. Si le panneau est aussi long que le plafond, coupez les deux extrémités à angle droit.

Suite à la page suivante

Panneautage d'un plafond (suite)

Installez le panneau de départ en plaçant sa rainure contre le mur de côté, de manière que sa languette soit alignée sur la ligne de contrôle. Laissez un espace de ¹/₈ po entre le bord à angle droit du panneau et le mur. Fixez le panneau en enfonçant des clous à travers le côté face, dans les chevrons, à environ 1 po du bord rainuré. Enfoncez ensuite des clous inclinés à 45° vers l'arrière, dans chaque chevron, à la base de la languette. À l'aide d'un chasse-clou, enfoncez les têtes des clous sous la surface.

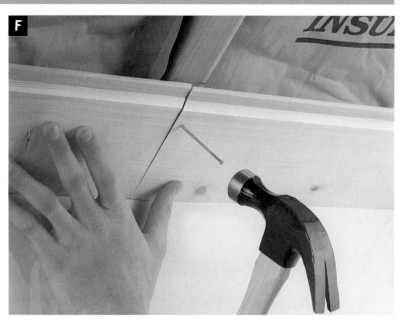

Coupez et installez un à un les autres panneaux de la première rangée, en veillant à l'ajustage des joints biseautés. À l'endroit de chaque joint biseauté, plantez deux clous dans le côté face du panneau supérieur, de biais, de manière qu'il s'enfonce dans l'extrémité du panneau précédent. Si nécessaire, forez des avant-trous pour éviter que le bois ne se fende.

Coupez le premier panneau de la deuxième rangée et installez-le en glissant sa rainure sur la languette du panneau de la première rangée. Utilisez un marteau et un morceau de panneau inutilisé pour bien enfoncer le panneau en le tapotant sur toute sa longueur. Fixez la deuxième rangée de panneaux par clouage dissimulé seulement.

À mesure que vous installez les rangées successives, mesurez les distances entre l'arête supérieure du plafond et le bord des panneaux, pour vous assurer que les panneaux sont bien parallèles à cette arête. Corrigez tout défaut d'alignement en ajustant légèrement le joint languette-rainure d'une rangée à l'autre. Vous pouvez également tracer d'autres lignes de contrôle pour vous faciliter l'alignement des rangées.

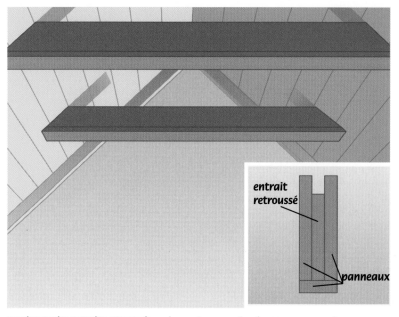

Coupez longitudinalement les panneaux de la dernière rangée à la largeur voulue et biseautez leur bord supérieur pour qu'ils s'appliquent bien contre la poutre faîtière. Clouez les panneaux en place, perpendiculairement. Installez les panneaux de l'autre côté du plafond et coupez les panneaux de la dernière rangée pour qu'ils forment un joint serré au sommet (mortaise).

Installez les moulures de garniture le long des murs, sur les joints autour des obstacles et le long des coins intérieurs et extérieurs, si nécessaire (les moulures de qualité de 1 po x 2 po font très bien l'affaire le long des murs). Biseautez, à l'arrière, les moulures du bord inférieur des panneaux pour qu'elles épousent la pente du plafond.

Conseils pour le panneautage d'un plafond

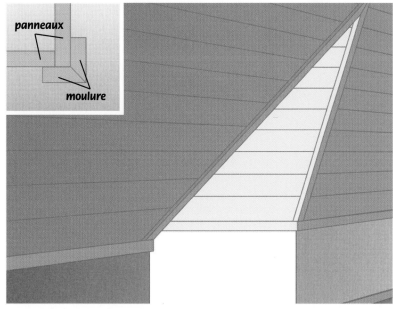

Installez les moulures décoratives qui dissimuleront les joints le long des coins extérieurs. Les lucarnes et les autres éléments architecturaux créent des angles de plafonds qui compliquent le travail. Il est souvent plus facile de placer les panneaux bout à bout et de dissimuler ensuite les joints avec des moulures faites sur mesure. De plus, la moulure crée souvent une transition agréable entre les angles.

Enveloppez les entraits retroussés ou les poutres exposées de panneaux coupés sur mesure. Commencez par installer le panneautage du plafond, puis coupez des panneaux à la largeur désirée. Prévoyez éventuellement une moulure à joint bouveté. Biseautez les extrémités des éléments de moulure pour qu'elles s'ajustent parfaitement aux panneaux du plafond.

Installation d'un plafond suspendu

Les plafonds suspendus présentent certains avantages par rapport aux plafonds ordinaires finis avec des plaques de plâtre, par exemple. En effet, comme on peut enlever les panneaux qui les composent, presque tout ce qu'ils cachent – plomberie, vannes, câblage, etc. – est facilement accessible. Les plafonds suspendus camouflent également les inégalités entre les solives.

Par contre, ils ont le désavantage d'occuper beaucoup de place. Un plafond suspendu doit normalement pendre 4 po plus bas que l'obstacle le plus bas qu'il cache pour qu'on puisse insérer et retirer, le cas échéant, ses panneaux. Si vous optez pour la solution d'un plafond suspendu, commencez par déterminer la hauteur qu'aura le plafond fini et vérifiez si les codes du bâtiment locaux comportent des prescriptions particulières concernant la hauteur minimale des plafonds.

Le plafond suspendu est constitué d'une structure quadrillée de supports légers en métal qui sont pendus à des fils attachés aux solives ou au plafond existants. Le quadrillage est fait de poutrelles principales en T,

de profilés transversaux (tés), et de cornières murales. On remplit les ouvertures de la structure à l'aide de panneaux de plafonds qui reposent sur les brides des éléments de la structure. Les panneaux de plafonds ont 2 pi x 2 pi ou 2 pi x 4 pi. Il en existe un grand choix dans le commerce : panneaux isolés, carreaux acoustiques qui amortissent le son, panneaux diffuseurs de lumière utilisés avec des accessoires d'éclairage fluorescent. Les systèmes à armature métallique sont en général plus solides que ceux en plastique.

Commencez par déterminer la disposition des panneaux en vous basant sur la largeur et la longueur de la pièce. Vous devrez peut-être recouper certains panneaux pour les adapter aux dimensions de la pièce. Placez les panneaux partiels aux extrémités opposées de la pièce, cela donnera un aspect plus fini à votre ouvrage (comme dans l'installation de carreaux céramiques). Le plafond suspendu doit également être parfaitement de niveau. Il existe un outil économique mais efficace pour tracer une ligne de niveau tout

autour d'une pièce : le niveau à bulle. Vous pouvez en fabriquer un en achetant les extrémités graduées (vendues dans les quincailleries et les maisonneries) que vous reliez simplement par un morceau de boyau d'arrosage.

Les plafonds suspendus peuvent servir à cacher les éléments mécaniques, mais il vaut mieux construire des soffites autour des obstacles bas tels que les poutres et les gros conduits (voir pages 327 à 329). Parachevez les soffites avec des plaques de plâtre et des cornières murales.

Outils : *niveau à bulle, cordeau traceur, perceuse, visseuse à œilletons, cisaille type aviation, ficelle de maçon, serre-tôle automatique, pinces à bec effilé, règle rectifiée, couteau universel.*

Matériel : *nécessaire à plafond suspendu (ossature), vis à œilleton, fil de suspension, panneaux de plafond, vis à plaques de plâtre ou vis de maçonnerie de 1 ½ po.*

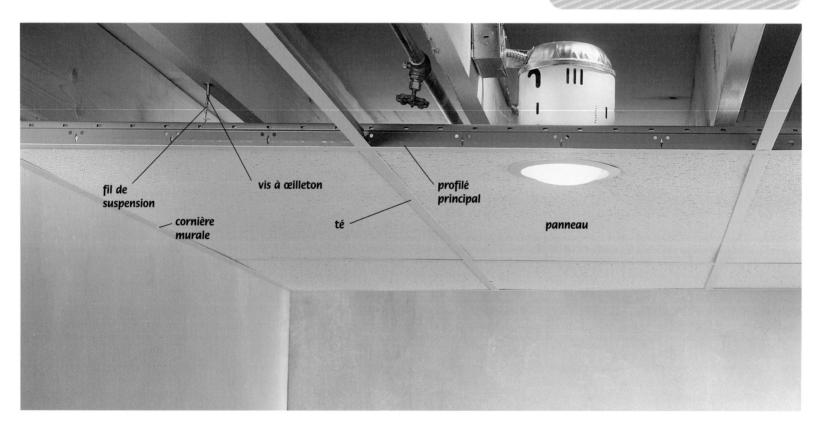

fil de suspension

vis à œilleton

profilé principal

cornière murale

té

panneau

Conseils pour installer un plafond suspendu

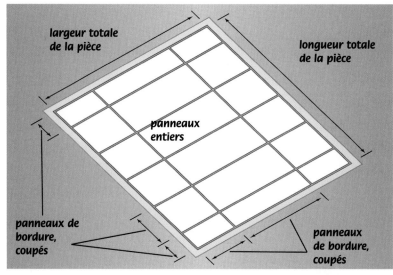

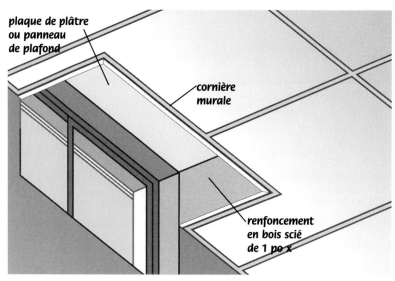

Dessinez la disposition du plafond suspendu sur une feuille de papier, en vous basant sur les dimensions exactes de la pièce. Placez les pièces recoupées aux extrémités opposées de la pièce et veillez à ce qu'elles soient de même longueur et de même largeur (évitez les morceaux dont la largeur est inférieure à 1/2 panneau). N'oubliez pas de prévoir les accessoires sur votre plan ; leur emplacement doit être adapté au quadrillage du plafond.

Ménagez un renfoncement permettant d'ouvrir les fenêtre à auvents si le plafond suspendu de votre soubassement est bas. Fixez des morceaux de bois scié de 1 po x, de largeur appropriée, aux solives ou aux étrésillons. Installez des morceaux de plaque de plâtre (ou un morceau de panneau de plafond suspendu coupé aux dimensions voulues) aux solives, dans le renfoncement.

Comment installer un plafond suspendu

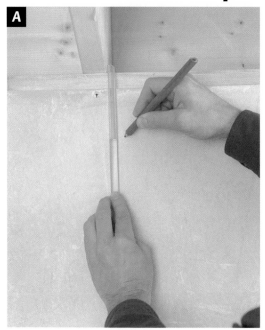

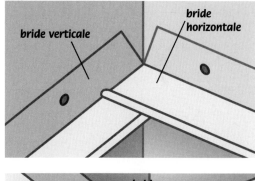

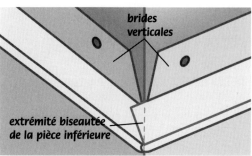

Marquez sur un mur la hauteur qu'aura le plafond suspendu déduction faite de la hauteur de la cornière murale. À l'aide d'un niveau à bulle, reproduisez cette marque aux extrémités de chaque mur et utilisez un cordeau traceur pour joindre les marques par des lignes horizontales. La ligne continue formée représente le bord de la cornière murale du plafond suspendu.

Fixez les cornières murales aux poteaux des murs, en plaçant le bord de la cornière au ras de la ligne tracée à la craie. Utilisez des vis à plaques de plâtre de 1 1/2 po (ou des clous de maçonnerie courts, enfoncés dans les joints de mortier). Coupez les cornières avec une cisaille type aviation.

CONSEIL : Dans les coins intérieurs (photo du haut), coupez les brides verticales légèrement en biseau et faites chevaucher les brides horizontales. Aux coins extérieurs (photo du bas), biseautez une des brides horizontales et faites ensuite chevaucher les deux brides horizontales.

Suite à la page suivante

Comment installer un plafond suspendu (suite)

C

Marquez l'emplacement de chaque profilé principal sur les cornières murales, aux extrémités de la pièce. N'oubliez pas que les profilés principaux sont parallèles entre eux et perpendiculaires aux solives de plafond. Utilisez de la fine corde à linge et des serre-tôles automatiques pour guider chaque profilé principal (mortaise). Accrochez les serre-tôles aux brides inférieures des cornières murales opposées et tendez bien les cordes.

D

À l'aide d'une visseuse à œilletons, installez des vis à œilleton pour pendre les profilés principaux. Forez des avant-trous et vissez les œilletons dans les solives, tous les 4 pi, en les plaçant juste au-dessus des cordes guides. Attachez un fil support aux vis à œilleton en passant une extrémité du fil dans l'œilleton et en l'enroulant sur elle-même au moins trois fois. Coupez le morceau de fil qui dépasse et laissez pendre le fil, qui doit arriver au moins 5 po plus bas que la corde guide.

E

trou de suspension
âme
bride

Mesurez la distance entre le bas de la bride d'un profilé principal et le trou de suspension situé dans son âme (mortaise). Servez-vous de cette mesure pour plier à l'avance chaque fil de suspension. Mesurez la distance à partir de la corde guide et faites un coude dans le fil au moyen d'une pince.

F

En vous fiant à votre dessin, marquez l'emplacement du premier té sur les cornières murales, à une extrémité de la pièce. Installez, comme précédemment, une corde guide et un serre-tôle automatique. Cette corde doit être perpendiculaire aux cordes guides installées pour les profilés principaux.

G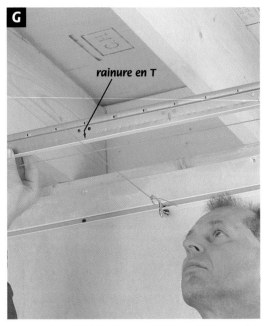

rainure en T

Coupez chaque profilé principal à une extrémité, de manière qu'une rainure en T de l'âme du profilé soit alignée sur la corde guide du té et que l'extrémité du profilé principal repose sur toute la largeur de la bride de la cornière murale. Installez le profilé principal pour vérifier l'alignement de la rainure en T sur la corde.

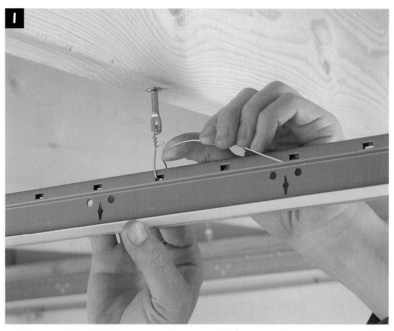

H

Coupez chaque profilé principal à l'autre extrémité, pour qu'il repose sur la cornière murale opposée. Si les profilés sont trop courts, attachez-les par paires (les extrémités doivent être reliées par des attaches mâle-femelle). Vérifiez l'alignement des rainures en T sur les cordes guides.

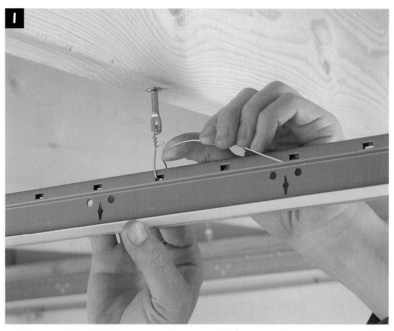

I

Installez les profilés principaux en posant leurs extrémités sur les cornières murales et en passant des fils de suspension dans les trous des âmes. Les fils doivent être aussi verticaux que possible. Enroulez chaque fil trois fois sur lui-même et assurez-vous que les brides des profilés principaux sont au niveau de leurs cordes guides. Installez également un fil de suspension près de chaque attache de deux profilés principaux.

J

Attachez les tés aux profilés principaux en glissant les ergots de leurs extrémités dans les encoches des profilés. Alignez la première rangée de tés au moyen de la corde guide ; installez les autres rangées à 4 pi d'intervalle les unes des autres. Dans le cas des panneaux de 2 pi x 2 pi, installez également des tés transversaux de 2 pi entre les milieux des tés de 4 pi. Ensuite, coupez et installez les tés des bords en plaçant leurs extrémités sur les cornières murales. Retirez toutes les cordes guides et les serre-tôles automatiques.

K

Commencez par placer les panneaux entiers du plafond suspendu dans le quadrillage et installez ensuite les panneaux de bordure. Soulevez chaque panneau en l'inclinant et placez-le de manière qu'il repose sur les brides de la structure. En cas de besoin, ajustez les panneaux par les ouvertures adjacentes. Pour couper les panneaux partiels aux dimensions voulues, placez-les face vers le haut et utilisez une équerre et un couteau universel bien aiguisé (mortaise).

Installation de moulures intérieures

On entend par moulures intérieures toutes les moulures et pièces contrastantes décoratives qui habillent un mur ou un plafond, dissimulent les espaces vides et les joints entre les surfaces, ou recouvrent les bords des encadrements de portes et de fenêtres. L'installation de la plupart des moulures comprend les mêmes coupes de base et techniques de fixation, quels que soient le type, le matériau ou le style de la moulure.

Les conseils des pages 225 à 227 vous aideront à planifier l'installation de plinthes et de moulures de plafond des types standard, à les couper et à les fixer. Les pages 228 et 229 vous montrent comment installer les grosses moulures couronnées, et le projet décrit aux pages 230 et 231 montre les techniques utilisées pour installer les encadrements de portes et de fenêtres. Quel que soit le type de moulure que vous installez, vous devez réfléchir à toutes les étapes du travail et concevoir un plan d'installation. Bien fait, ce plan vous permettra de réduire le nombre de coupes compliquées à effectuer et de prévoir leur camouflage dans les endroits cachés.

On utilise de nombreuses essences de bois ainsi que des matériaux synthétiques (polymères) pour fabriquer les moulures. Les moulures en bois offrent une plus grande variété de styles, mais les moulures synthétiques sont plus légères et plus faciles à installer, ce qui les rend de plus en plus attrayantes pour ceux qui envisagent l'achat de grosses moulures couronnées, très travaillées. Si vous avez l'intention de peindre une moulure en bois, choisissez-la à joint par entures multiples. Ces moulures sont moins coûteuses que celles en bois massif et elles présentent un aspect très uniforme quand elles sont peintes.

Pour éviter les problèmes dus à la contraction du bois après l'installation, entreposez les moulures pendant plusieurs jours dans la pièce où elles seront installées et appliquez-leur ensuite une couche d'apprêt ou de produit de scellement sur toutes les faces. Laissez sécher complètement les moulures avant de commencer les travaux. Vous pouvez également décider de peindre ou de teindre les moulures avant de les installer.

Fixez les moulures en bois au moyen de clous de finition, à petite tête qui s'enfoncent sous la surface à l'aide d'un chasse-clou (voir page 227). La taille des clous utilisés pour fixer les moulures intérieures dépend de l'épaisseur de la moulure et de l'épaisseur la surface murale, mais on utilise dans la plupart des cas des clous 6d ou plus petits. Ils doivent être suffisamment longs pour s'enfoncer d'au moins ³/₄ po dans l'ossature; les moulures plus lourdes nécessitent des clous ayant une meilleure résistance à l'arrachement. Utilisez des vis de finition pour fixer les moulures aux poteaux en acier (voir page 50). Après avoir installé les moulures et noyé toutes les têtes de clous, remplissez de bois plastique les trous des têtes des clous et faites les retouches nécessaires avec de la peinture ou de la teinture.

Conseils pour la planification d'un projet de plinthes et de moulures de plafond

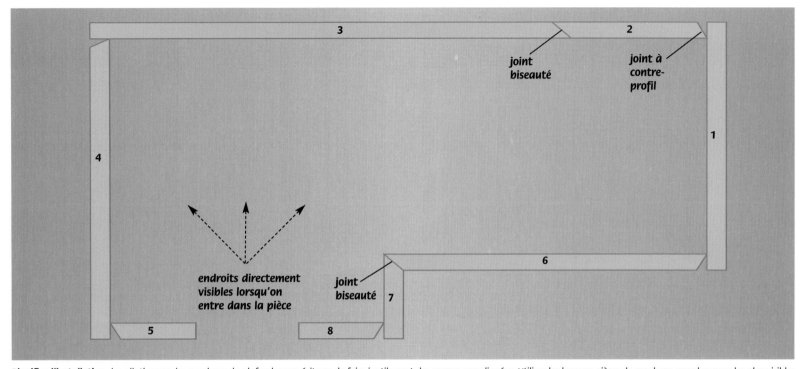

Planifiez l'installation des plinthes ou des moulures de plafond : vous éviterez de faire inutilement des coupes compliquées. Utilisez les longues pièces de moulures pour les murs les plus visibles et réservez les courtes pour les endroits plus dissimulés. Si c'est possible, agencez les joints de manière qu'ils ne se trouvent pas dans la ligne de vision lorsqu'on entre dans la pièce.

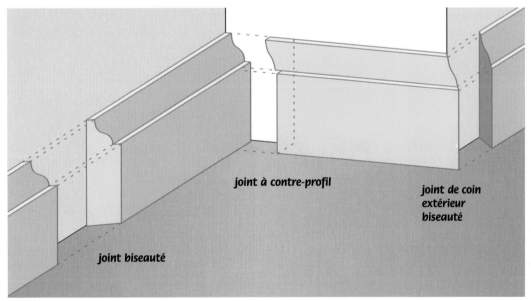

L'illustration ci-dessus montre les principaux joints des moulures : le joint biseauté ou en sifflet (voir pages 217-218), qui unit deux moulures bout à bout, le long d'un mur ; le joint à contre-profil, qui unit deux moulures travaillées dans les coins intérieurs, la première moulure étant appuyée dans le coin et la seconde étant coupée pour s'appliquer sur la face de la première (voir page 227) ; les joints biseautés à 45° ou à onglet, qui unissent deux moulures perpendiculaires. Pour mesurer et ajuster précisément les joints à onglet, faites un modèle en coupant en biseau deux extrémités de morceaux de moulures non utilisées et placez le modèle contre les murs d'un coin extérieur pour vérifier leur assemblage.

Marquez l'emplacement de chaque poteau mural dans la zone de travail. Faites des traits de crayon légers, directement sur les murs ou le plafond, ou posez du ruban-cache sur lequel vous ferez les marques. Assurez-vous que les marques sont visibles lorsque la moulure est à sa pace. Utilisez un détecteur de poteaux, si nécessaire.

Outils pour couper les moulures

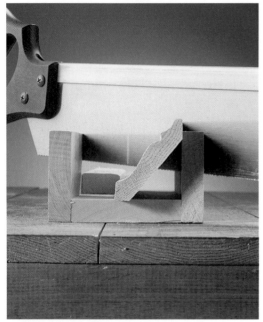

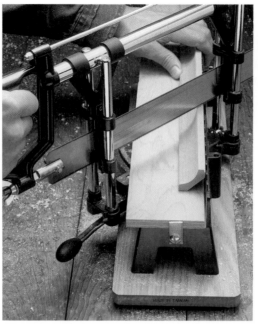

Une boîte à onglets rudimentaire, en bois ou en métal, et une scie à dosseret, sont les outils les plus simples pour effectuer des coupes nettes dans les moulures, mais on ne les utilise normalement que pour faire des coupes à 45° ou à 90°. La scie à dosseret est une scie manuelle courte, à dos rigide, dont la lame de scie reste droite pendant la coupe. Pour couper des moulures couronnées, voir ci-dessous.

Les boîtes à onglets pivotantes permettent de choisir l'angle de coupe désiré et de verrouiller la lame dans la position désirée pendant la coupe. Certaines de ces boîtes sont équipées d'une scie spéciale, d'autres sont munies de dispositifs permettant de monter n'importe quelle scie à dosseret sur la boîte.

Les scies à onglets à commande mécanique sont utilisées pour effectuer des coupes très précises. Leur base pivote et se verrouille en position, et leur grande lame effectue des coupes nettes avec un minimum d'éclats. Les scies à onglets standard sont montées verticalement, tandis que les scies à onglets composées (voir ci-dessous) basculent pour effectuer simultanément des coupes en biseau et en onglet.

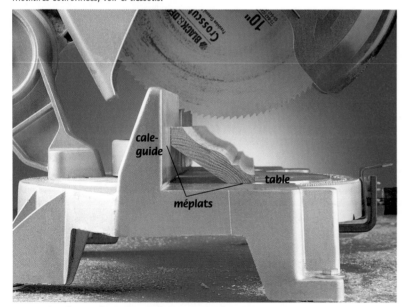

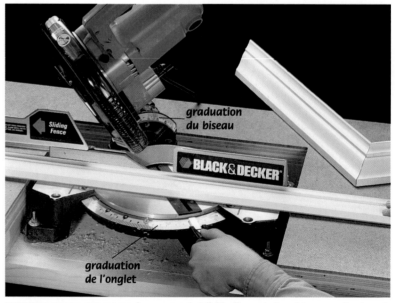

Pour couper les moulures couronnées au moyen d'une boîte à onglets ou d'une scie à onglets standard, placez la moulure à l'envers, de manière que les méplats, derrière la moulure, appuient respectivement sur la table de la scie et sur sa cale-guide (imaginez que la table est le plafond et que la cale-guide est le mur).

VARIANTE: pour couper une moulure couronnée à l'aide d'une scie à onglets composée, placez la moulure à plat sur la table de la scie et réglez les angles de l'onglet et du biseau. Pour les joints de coins extérieurs, les réglages standard sont de 33° (onglet) et de 31,62° (biseau). Sur la plupart des graduations des scies, la marque de ces réglages est accentuée pour faciliter leur repérage.

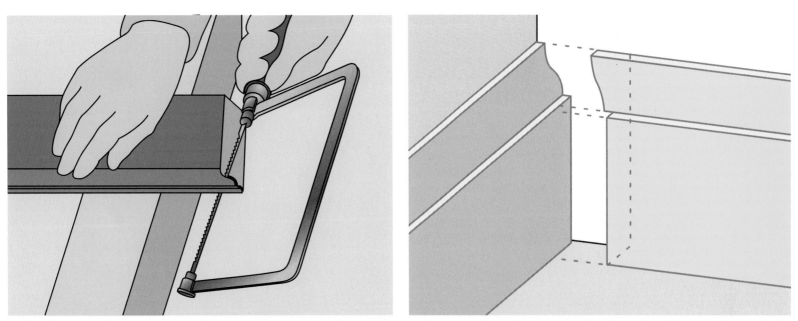

Les joints à contre-profil forment des coins intérieurs impeccables lorsqu'on installe des moulures travaillées. Coupez l'extrémité de la moulure à 45°, de manière qu'elle soit plus longue à l'arrière qu'à l'avant. Sciez ensuite la face avant de la moulure, de manière qu'elle épouse parfaitement le contour de la moulure adjacente, en inclinant légèrement la scie vers l'arrière pour créer une arête vive le long du contour. Essayez de joindre cette moulure et un morceau de moulure non utilisé. Les pièces doivent s'assembler parfaitement. Apportez les petits ajustements nécessaires au contour, à l'aide de papier de verre ou en utilisant un couteau universel.

Conseils pour clouer les moulures

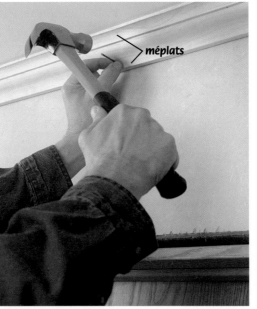

Le chasse-clou vous permet d'enfoncer les clous de finition sous la surface de la moulure. Forez un avant-trou dans la moulure, enfoncez le clou avec un marteau jusqu'à proximité de la surface et enfoncez-le ensuite légèrement sous la surface en utilisant un chasse-clou. Il existe différentes tailles de chasse-clous; choisissez-en un dont la pointe est légèrement plus petite que la tête du clou.

Placez les moulures couronnées de manière que les méplats soient en contact avec le mur et le plafond. Forez des avant-trous et plantez des clous de finition à travers les méplats de la moulure, aux endroits des poteaux muraux et des solives de plafond. **NOTE:** pour éviter que le bois se fende, décalez verticalement les clous les uns par rapport aux autres.

Fixez les plinthes au moyen de deux clous enfoncés à l'endroit de chaque poteau mural: l'un dans le poteau, l'autre dans la lisse. Forez des avant-trous et plantez les clous à au moins $1/2$ po des bords. Décalez verticalement les clous les uns par rapport aux autres. Si vous avez décidé d'installer un quart-de-rond, laissez un petit espace entre la plinthe et le plancher.

Comment installer des moulures couronnées en polymère

On trouve une grande variété de styles de moulures ornées monopièces, en polymère, faciles à installer et à entretenir. Elles sont aussi faciles à couper que celles en pin, et on peut les coller dans la plupart des cas. En outre, contrairement aux moulures en bois, celles en polystyrène ou en polyuréthane ne pourrissent pas, ne se dilatent pas, ne se contractent pas et se réparent aisément à l'aide de reboucheur à base de vinyle.

Vous pouvez acheter des moulures en polymère revêtues d'un apprêt, prêtes à être peintes, ou vous pouvez y appliquer vous-même une teinture épaisse non pénétrante ou un gel. La plupart de ces moulures sont vendues en longueurs de 12 pi et sont monopièces. Il existe également dans le commerce des blocs d'angle, qui éliminent les coupes difficiles dans les coins intérieurs et aux coins extérieurs, ainsi que des moulures déformables qui peuvent épouser des surfaces courbes.

Le coût des moulures simples en polymère est semblable à celui des moulures en pin, mais les moulures ornées en polymère sont généralement moins coûteuses que leur équivalent en bois multipièces.

Outils : *perceuse et fraises coniques, scie à onglets à commande mécanique ou boîte à onglets et scie à fine denture, pistolet à calfeutrer, couteau à mastiquer.*

Matériel : *moulures couronnées, clous de finition, papier de verre 150, chiffon, essence minérale, adhésif à polymère, vis à plaques de plâtre de 2 po, reboucheur à base de vinyle, pâte à calfeutrer peinturable au latex.*

Organisez l'agencement des moulures en mesurant les murs de la pièce et en marquant légèrement au crayon l'emplacement des joints. En prévision des déchets, ajoutez 12 à 24 po à la longueur de chaque moulure qui part d'un coin ou qui se termine dans un coin. Évitez autant que possible les morceaux de moulures de moins de 36 po de longueur, car les moulures courtes sont plus difficiles à ajuster.

Tenez une section de la moulure contre le mur et le plafond, dans sa position définitive. Faites des légers traits au crayon, tous les 12 po, le long du bord inférieur de la moulure. Enlevez la moulure et enfoncez partiellement un clou de finition à l'endroit de chaque trait. Les clous tiendront la moulure en place pendant que l'adhésif séchera. Si la surface du mur est en plâtre, forez des avant-trous pour les clous.

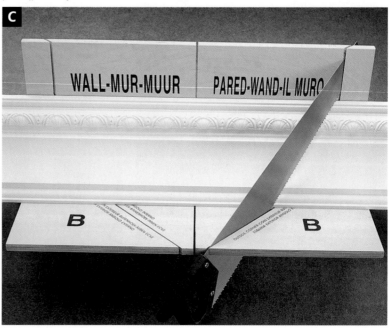

Pour couper la moulure du premier coin en biseau, placez la moulure à l'envers dans la boîte à onglets, le méplat du côté du plafond (voir page 226) contre la table et le méplat du côté du mur contre la cale-guide. Faites la coupe à 45°.

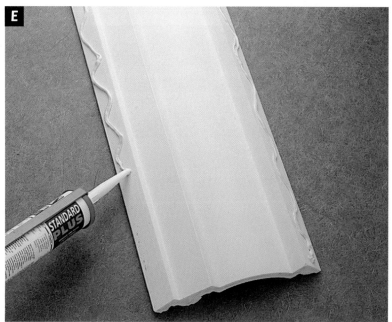

Vérifiez les extrémités non coupées de chaque moulure avant de l'installer. Assurez-vous de pouvoir abouter parfaitement les moulures adjacentes. Coupez les extrémités d'équerre à 90°, à l'aide d'une scie à onglets à commande mécanique ou d'une boîte à onglets et d'une scie manuelle.

Poncez légèrement les méplats de la moulure avec du papier de verre 150. Humectez un chiffon d'essence minérale et essuyez la poussière du ponçage. Déposez un mince cordon d'adhésif à polymère (recommandé ou fourni par le fabricant) sur toute la longueur de chaque méplat.

Installez la moulure à sa place, l'extrémité biseautée appuyée contre le mur du coin et le bord inférieur reposant sur les clous de finition. Appuyez sur les méplats pour assurer une bonne adhérence. À l'extrémité de chaque section de moulure, forez un avant-trou fraisé à travers les méplats, et dans le mur et le plafond. Enfoncez des vis à plaques de pâtre de 2 po dans les avant-trous.

Coupez, poncez et collez la section de moulure suivante. Appliquez un cordon d'adhésif sur l'extrémité de la moulure installée, à l'endroit où elle entrera en contact avec la nouvelle moulure. Installez la nouvelle section et fixez ses extrémités avec des vis, en vous assurant que les joints sont parfaitement ajustés. Installez les sections de moulures restantes et laissez sécher l'adhésif.

Enlevez soigneusement les clous de finition et remplissez les trous des clous de reboucheur à base de vinyle. Remplissez les trous des vis dans la moulure et les espaces des joints avec de la pâte à calfeutrer peinturable au latex ou un bouche-pores, et essuyez l'excédent avec un chiffon humide ou le doigt mouillé. Lissez la pâte à calfeutrer à l'endroit des trous, pour que la surface soit uniforme.

Installation des encadrements de portes et de fenêtres

Les encadrements sont les moulures décoratives qui dissimulent les espaces vides entourant les jambages des portes et les montants des fenêtres. Vous trouverez dans le commerce des encadrements de tous les styles, fabriqués dans une grande variété de matériaux, comprenant le pin, des bois durs, et des matériaux synthétiques.

En général, il est plus facile de peindre les murs avant d'installer les encadrements. Vous pouvez également économiser du temps en appliquant la peinture ou la teinture de votre choix sur l'encadrement avant de le couper et de l'installer.

Pour obtenir des coupes en biseau formant des joints parfaits, utilisez de préférence une scie à onglets à commande mécanique si vous en possédez une; sinon, contentez-vous d'une boîte à onglets et d'une scie manuelle (voir page 226).

Outils: : règle rectifiée, scie à onglets à commande mécanique ou boîte à onglets et scie à dosseret, perceuse, chasse-clou.

Matériel: encadrement, clous de finition 6d et 4d, pâte de bois.

A

Sur chaque jambage, tracez une ligne indiquant le bord intérieur de l'encadrement. On trace généralement cette ligne à ¹/₈ po du bord du jambage, mais vous pouvez placer votre encadrement plus en retrait si vous le désirez, pour autant que vous utilisiez la même distance pour tous les jambages. À l'aide d'une règle rectifiée, faites les traits de repère juste dans les coins des jambages ou tout le long de ceux-ci.

B

Placez une moulure d'encadrement le long d'un côté du jambage, pour qu'elle se trouve au ras de la ligne tracée à l'étape A. Au sommet et à la base de la moulure, marquez les points d'intersection des lignes verticales et horizontales. (S'il s'agit de portes, ne les marquez qu'au sommet).

C

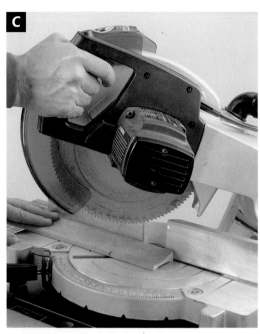

Coupez les extrémités de la moulure à 45°. Mesurez et coupez l'autre moulure verticale en utilisant la même méthode.

D

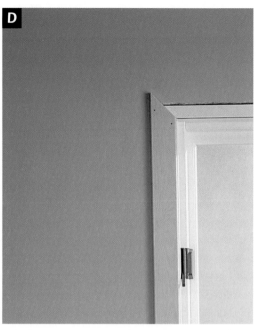

Forez des avant-trous, espacés de 12 po, pour éviter que le bois ne se fende, et fixez les encadrements verticaux au moyen de clous de finition 4d, plantés à travers les encadrements, dans les jambages. N'enfoncez pas encore les clous jusqu'au ras de l'encadrement.

E

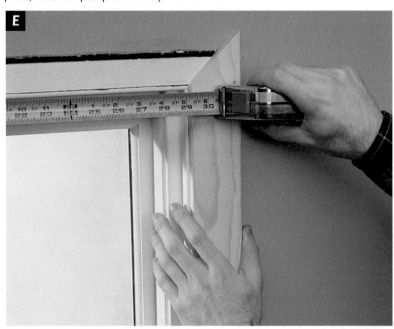

Mesurez la distance entre les moulures de côté et coupez les moulures supérieure et inférieure en biseau, à 45° pour pouvoir les ajuster parfaitement aux moulures de côté. Si l'ajustement n'est pas parfait, déplacez légèrement les moulures ou faites de nouvelles coupes. Lorsque toutes les moulures sont parfaitement ajustées, forez des avant-trous et fixez l'encadrement aux jambages avec des clous de finition 4d, espacés de 12 à 16 po. Plantez ensuite des clous de finition 6d à travers l'encadrement, près du bord et dans l'ossature murale.

F

Consolidez les joints des coins en forant des avant-trous et en enfonçant un clou 4d dans chaque coin, comme le montre l'illustration. À l'aide d'un chasse-clou, enfoncez toutes les têtes de clous sous la surface du bois et remplissez de bois en pâte les trous formés.

FINI
DES PLANCHERS

Choisir un revêtement de sol 234

Préparation en vue de l'installation
  d'un nouveau revêtement de sol . . . 236

Enlèvement des revêtements de sol . . 238

Enlèvement de la sous-couche 242

Réparation des sous-planchers 244

Installation de la sous-couche 246

Installation de revêtements de sol
  en vinyle 250

Installation d'un système
  de réchauffage de plancher 260

Installation de carreaux céramiques
  de planchers 264

Installation de revêtements de sol
  en bois stratifié 272

Pose des moquettes 276

Choisir un revêtement de sol

Revêtements de sol en vinyle

Le revêtement de sol en vinyle, appelé également revêtement de sol résilient est un matériau polyvalent, qu'on peut installer n'importe où, bien qu'il soit le plus souvent utilisé pour les salles de bains et les cuisines. Le revêtement de vinyle se vend en feuilles ou en carreaux dont les épaisseurs varient entre $1/16$ po et $1/8$ po. On trouve le vinyle en feuilles sous forme de rouleaux de 6 pi ou de 12 pi, et il est muni d'un renfort en feutre ou en PVC, en prévision de son installation. Le carreau de vinyle a normalement 12 po de côté et l'envers peut être autocollant.

L'installation de ces revêtements est facile : sur le plancher, on colle les feuilles de vinyle à dos en feutre en suivant la méthode d'encollage complet, c'est-à-dire que toute la surface du plancher à revêtir est couverte d'adhésif. Les feuilles de vinyle munies d'un renfort en PVC ne sont collées que sur les bords (méthode à encollage périphérique). Les carreaux sont plus faciles à installer, mais comme les revêtements de carreaux comprennent de nombreux joints, ils ne sont pas indiqués dans les endroits fort humides. Tous les revêtements en vinyle doivent être installés sur une sous-couche lisse.

Les feuilles de vinyle se vendent à la verge carrée tandis que les carreaux se vendent au pied carré. Leur coût est comparable à celui de la moquette, mais il est inférieur à celui des carreaux céramiques et à celui des revêtements en bois dur. Les prix varient en fonction de la teneur en vinyle des produits, de leur épaisseur et de la complexité de leur motif.

Carreaux céramiques

Le carreau céramique est un revêtement de sol dur, durable, polyvalent qu'on trouve dans toutes sortes de dimensions, de modèles et de couleurs. Il convient particulièrement aux endroits à forte circulation et aux endroits très humides. On l'utilise fréquemment dans les salles de bains, les vestibules et les cuisines.

Les carreaux céramiques courants comprennent le carreau de carrière non vernis, le carreau vernissé et le carreau mosaïque de porcelaine. En dehors de la céramique, il existe également des carreaux en pierres naturelles telles que le marbre, l'ardoise et le granit.

Le carreau céramique coûte généralement plus cher que les autres types de revêtements de sol, et les carreaux de pierre naturelle sont les plus chers. Le carreau céramique est plus long à installer que tous les autres produits, mais il offre un maximum de possibilités en matière de décoration.

La préparation du sol est d'une importance capitale dans la réussite de l'installation des carreaux céramiques. Dans les endroits humides, tels que les salles de bains, il faut installer les carreaux sur une sous-couche, constituée de panneaux de fibragglo-ciment fixés au sous-plancher. Tous les planchers qui supportent des carreaux céramiques doivent être rigides et plats, pour éviter que les carreaux ne se fissurent. On installe les carreaux suivant un quadrillage et on les colle aux planchers au moyen de mortier à prise rapide. On remplit les espaces qui les séparent de coulis, qu'il faut enduire régulièrement de produit de scellement si l'on veut éviter qu'il se tache.

Bois dur

Les planchers en bois dur sont durables et résilients, et ils ont un aspect chaud et élégant. Ils résistent bien au passage, et on les utilise fréquemment dans les salles à manger, les salons et les vestibules.

Le revêtement de sol en bois dur le plus répandu est constitué de lames en bois massif, mais un nombre croissant d'autres produits à support en contreplaqué ou en lamellés synthétiques (appelés également bois stratifié), qui conviennent bien à la rénovation, font leur apparition sur le marché. Les essences les plus couramment utilisées sont le chêne et l'érable, et on les trouve sous forme de lames minces, de planches larges et de carreaux de parquet. La plupart de ces produits s'assemblent par rainure et languette, ce qui donne des surfaces résistantes et plates.

Le revêtement en bois dur coûte généralement un peu plus cher que celui en carreaux céramiques, et les produits stratifiés sont normalement moins chers que le bois dur massif. La plupart des revêtements de sol en bois dur s'installent directement sur un sous-plancher, parfois sur un revêtement de sol en vinyle. L'installation des revêtements en *bois stratifié* est aisée ; on peut les coller ou les clouer, ou encore en faire des revêtements «flottants» reposant sur un coussin de mousse. Les carreaux de parquet sont normalement collés. Les lames en bois dur doivent être clouées, travail qu'il faut confier à des professionnels.

Moquette

La moquette est un revêtement de sol doux et souple, que l'on choisit pour le confort plutôt que pour la durabilité. C'est un revêtement de sol très prisé pour les chambres à coucher, les salles familiales et les couloirs.

On fabrique les moquettes avec des fibres synthétiques ou naturelles qui adhèrent à un treillis et on les vend habituellement en rouleaux de 12 pi de large. Certaines moquettes ont un support matelassé, prêt à être collé sans thibaude ou bandes.

Les deux principaux types de moquettes sont la moquette à poil bouclé, qui crée une impression de surface texturée en raison de ses boucles non coupées, et la moquette à poil coupé, qui a une apparence plus uniforme en raison de ses fibres coupées. Une même moquette contient parfois les deux types de fibres. Les prix des moquettes sont semblables aux prix des revêtements en vinyle, mais ils varient en fonction de la densité et de la nature des fibres. Les moquettes en laine coûtent normalement plus cher que celles en fibres synthétiques.

L'installation des moquettes se fait sans difficulté, à condition de disposer de certains outils et de maîtriser certaines techniques. Il faut commencer par installer les bandes à griffes, puis il faut couper les morceaux de moquette et les assembler, et finalement les fixer aux bandes à griffes.

CONCEPTION UNIVERSELLE

Planchers conçus pour un déplacement facile et sûr

Choisir un revêtement de sol qui convient à tout le monde, c'est accepter de faire des compromis. La moquette diminue le bruit et est plus sûre en cas d'accident, mais le revêtement en bois dur convient mieux au mouvement des fauteuils roulants. Voici quelques principes à retenir lorsque vous pèserez le pour et le contre des différents choix :

- Si les revêtements de sol ont des épaisseurs différentes, cela créera des dénivellations importantes d'une pièce à l'autre. Essayez de conserver le même niveau de plancher partout et, lorsqu'il n'y a pas moyen de le faire, utilisez des raccords qui assurent un passage en douceur.
- Les revêtements en bois naturel et en vinyle épais mat offrent probablement la meilleure adhérence.
- Les carreaux légèrement rugueux conviennent mieux aux fauteuils roulants que les carreaux lisses. Évitez les larges joints de coulis, quel que soit le type de carreaux utilisé.

- Les revêtements antidérapants conviennent particulièrement aux salles de bains et aux cuisines. Renseignez-vous auprès du vendeur sur le coefficient de frottement des revêtements (il ne devrait pas être inférieur à 0,6).
- Les moquettes à poils courts ($\frac{1}{4}$ po à $\frac{1}{2}$ po) risquent moins de faire trébucher les gens et conviennent mieux aux fauteuils roulants que les moquettes à poils longs.
- Les moquettes à renfort matelassé peuvent réduire les ondulations et les traînées causées par les fauteuils roulants (voir pages 276-277).
- Les petits tapis présentent des risques s'ils ne sont pas attachés au plancher.

Préparation en vue de l'installation d'un nouveau revêtement de sol

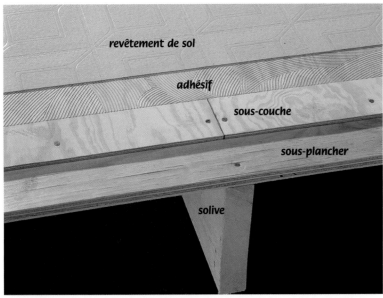

revêtement de sol

adhésif

sous-couche

sous-plancher

solive

Le plancher à ossature en bois comprend généralement plusieurs couches. Sa structure est formée de solives – éléments de charpente de 2 po x 10 po, ou plus grands – et d'un sous-plancher, en contreplaqué ou en panneaux de 1 po x, cloués ou vissés aux solives. On installe les revêtements de sol sur une sous-couche (voir page 246) ou directement sur le sous-plancher.

Pour préparer l'installation d'un nouveau revêtement de sol, vous devez commencer par évaluer l'état de l'ancien revêtement et déterminer comment il a été installé. A-t-on collé le revêtement en feuilles de vinyle suivant la méthode d'encollage complet ou d'encollage périphérique? Votre moquette est-elle collée ou accrochée? Ensuite, vous devez évaluer l'état du revêtement. Est-il bien attaché? Est-il abîmé ou fissuré? Et finalement, vous devez connaître la hauteur du plancher existant par rapport aux surfaces qui l'entourent.

Il est souvent possible d'installer le nouveau revêtement de sol sur l'ancien. Mais si ce dernier n'est pas en bon état ou s'il n'est pas lisse, il faut effectuer certains travaux de préparation. Il suffit parfois d'une simple opération comme l'application d'un produit à aplanir (voir page 246), mais la préparation est souvent plus compliquée et peut nécessiter l'enlèvement et le remplacement de la sous-couche, ou la réparation par endroits du sous-plancher. Ne prenez pas de raccourcis, sous peine de vous retrouver avec un plancher de qualité inférieure.

Avertissement: les revêtements de sol fabriqués avant 1986 peuvent contenir des fibres d'amiante qui, lorsqu'on les aspire, risquent de provoquer de sérieuses complications pulmonaires. La méthode recommandée lorsqu'on a affaire à un revêtement de sol contenant de l'amiante, c'est de le couvrir d'une sous-couche et, s'il faut l'enlever, de s'adresser à un entrepreneur agréé dans l'élimination des poussières d'amiante.

Conseils pour évaluer les revêtements de sol

Commencez par déterminer le nombre et le type de revêtements qui ont déjà été installés sur votre plancher. Un nombre important de revêtements et de sous-couches risquent d'imposer des contraintes trop importantes aux solives et d'entraîner finalement la perte du nouveau revêtement. Vous pouvez facilement vérifier l'ancien revêtement en enlevant un évent de plancher.

Mesurez les ouvertures des appareils ménagers encastrés ou installés sous des comptoirs pour vous assurer que leur installation ne posera pas de problèmes une fois que la nouvelle sous-couche et le nouveau revêtement seront en place. Servez-vous d'échantillons de la nouvelle sous-couche et du nouveau revêtement pour faire cette vérification.

Vérifiez si certains carreaux ne sont pas décollés (photo du haut), ce qui pourrait signifier une défaillance généralisée de l'adhésif. Si les carreaux se soulèvent facilement à plusieurs endroits, envisagez sérieusement d'enlever tout le revêtement. Si des fissures apparaissent autour des carreaux (photo du bas), c'est signe que le revêtement de sol bouge et que l'adhésif s'est sans doute détérioré.

Guide d'évaluation rapide du revêtement de sol existant

La préparation de l'installation d'un nouveau revêtement de sol peut être ou une tâche simple, ou un travail long et ardu, selon l'état dans lequel se trouve le plancher existant et selon le nouveau revêtement que vous avez choisi.

Dans les descriptions suivantes, on a résumé les étapes de préparation pour les différents types de revêtements de sol existants. Dans certains cas, vous pourrez choisir entre différentes sortes de préparations. Examinez-les soigneusement et choisissez la méthode qui répond le mieux à vos besoins, vous éviterez ainsi de gaspiller votre temps à accomplir des tâches inutiles. N'oubliez pas que le but du travail est de préparer une surface pour qu'elle soit en bon état, lisse et plane.

Ancien revêtement résilient (vinyle)

Option 1 : votre revêtement de sol résilient peut supporter la plupart des nouveaux revêtements, c'est-à-dire les revêtements résilients, ceux en bois dur et les moquettes, mais à condition toutefois que sa surface soit suffisamment lisse et en bon état. Inspectez le revêtement existant dans le but de déceler les joints défaits, les déchirures, les éclats, les bulles d'air et les endroits où l'adhérence est défectueuse. Si ces endroits représentent moins de 30 % de la surface totale, vous pouvez enlever le revêtement à ces endroits, niveler le plancher au moyen d'un produit à aplanir, puis couvrir tout le plancher de ce produit et le laisser sécher, avant de poser le nouveau revêtement de sol.

Option 2 : si vous doutez de l'état du revêtement de sol résilient d'origine, vous pouvez installer la nouvelle sous-couche sur l'ancienne surface, après avoir réparé les endroits visiblement décollés.

Option 3 : si vous installez des carreaux céramiques ou si la surface existante est en très mauvais état, enlevez l'ancien revêtement avant d'installer le nouveau. Si l'ancien revêtement adhérait par encollage complet, il vous sera probablement plus facile d'enlever d'un même coup la sous-couche et le revêtement. Si vous enlevez l'ancienne sous-couche, vous devez en installer une nouvelle avant de poser le nouveau revêtement de sol.

Anciens carreaux céramiques

Option 1 : si la surface existante de carreaux céramiques est suffisamment solide, elle peut normalement supporter directement le nouveau revêtement. Inspectez les carreaux et les joints pour déceler les fissures et les carreaux décollés. Enlevez tout ce qui est décollé et remplissez ces endroits de produit à aplanir. Si vous comptez installer un revêtement résilient, appliquez le produit à aplanir sur toute la surface des carreaux céramiques avant de poser le nouveau revêtement. Si vous posez de nouveaux carreaux céramiques sur les anciens, utilisez du mortier à prise rapide pour obtenir une meilleure adhérence.

Option 2 : si plus de 10 % des carreaux sont décollés, enlevez tout l'ancien revêtement avant d'installer le nouveau. Si les carreaux sont difficiles à séparer de la sous-couche, enlevez le tout et installez ensuite une nouvelle sous-couche.

Ancien revêtement de sol en bois dur

Option 1 : si vous avez l'intention d'installer de la moquette, il est possible de la poser directement sur le plancher de bois dur existant, à condition qu'il soit cloué ou collé. Inspectez-le et clouez-le au sous-plancher, avec des clous de plancher spiralés dans les endroits où il est détaché; enlevez ensuite le bois pourri et remplissez les vides de produit à aplanir, avant d'installer la moquette.

Option 2 : si vous avez l'intention d'installer un revêtement résilient ou des carreaux céramiques sur des lames en bois dur clouées ou collées, vous pouvez fixer la nouvelle sous-couche au revêtement en bois dur existant avant d'installer le nouveau revêtement de sol.

Option 3 : si le plancher existant est en bois ou en lamellé « flottant » posé sur une sous-couche à thibaude en mousse, enlevez-le complètement avant de poser un nouveau revêtement de sol, quel qu'il soit.

Sous-couche et sous-plancher

La sous-couche doit être lisse, solide et horizontale pour que l'installation du revêtement de sol soit durable. Si ce n'est pas le cas, enlevez-la et installez-en une nouvelle avant de poser le nouveau revêtement de sol.

Avant d'installer une nouvelle sous-couche, vérifiez si le sous-plancher ne présente pas d'éclats, de nœuds ouverts, de renfoncements ou de lames défaites. Vissez le plancher aux endroits où il est détaché et remplissez les fissures et les renfoncements de produit à aplanir. Enlevez et remplacez, le cas échéant, les parties du sous-plancher qui ont été endommagées par l'eau.

Ancienne moquette

Il faut toujours enlever l'ancienne moquette avant d'installer un nouveau revêtement de sol. Dans le cas d'une moquette traditionnelle, coupez-la simplement en morceaux, puis enlevez la thibaude et les bandes à griffes si elles sont endommagées. Dans le cas de la moquette collée avec un envers en mousse, arrachez-la en utilisant un grattoir de plancher et en employant les mêmes techniques que pour enlever un revêtement résilient en feuilles à encollage complet (voir page 239).

Enlèvement des revêtements de sol

Lorsqu'on enlève les anciens revêtements de sol, il faut absolument effectuer un travail achevé et soigné pour que l'installation du nouveau revêtement soit satisfaisante.

La difficulté de l'enlèvement d'un revêtement de sol dépend du type de revêtement auquel on a affaire et de la méthode qui a été utilisée pour l'installer. Il est généralement assez simple d'enlever les moquettes et le vinyle à encollage périmétrique, mais il en va tout autrement des revêtements en feuilles de vinyle à encollage complet, qui sont parfois difficiles à retirer, et des carreaux céramiques, dont l'enlèvement demande beaucoup de travail.

Pour tous ces travaux, assurez-vous que les lames de vos outils sont bien affûtées et évitez d'endommager la sous-couche si vous avez l'intention de la réutiliser. Par contre, si vous la remplacez, vous avez probablement avantage à l'ôter en même temps que le revêtement de sol (voir pages 242-243).

Outils : *grattoir de plancher, couteau universel, flacon à pulvériser, couteau à plaques de plâtre, aspirateur à eaux et poussières, pistolet chauffant, masse, couteau de maçon, levier plat, tenailles.*

Matériel : *détergent à vaisselle*

Utilisez un grattoir de plancher *pour enlever les morceaux de revêtement résilient et pour gratter l'adhésif ou les morceaux de support résiduels. Son long manche fait fonction de levier et procure la force nécessaire au travail, et il est ergonomique. Il vous permettra d'enlever la plus grande partie du revêtement de sol, mais vous devrez achever le travail avec d'autres outils.*

Comment enlever le vinyle en feuilles

Ôtez les plinthes si nécessaire. À l'aide d'un couteau universel, découpez l'ancien revêtement en bandes d'environ 1 pi de large.

Arrachez-en la plus grande partie possible à la main, en agrippant les bandes près du plancher pour éviter de les déchirer.

Si vous sentez de la résistance, coupez des bandes plus étroites, d'environ 5 po de large. Commencez près du mur et arrachez la plus grande partie possible des bandes de revêtement restantes. Si l'envers du revêtement reste partiellement collé, aspergez-le, sous la surface décollée, d'une solution aqueuse de détergent à vaisselle, pour faciliter la séparation du vinyle et de l'envers. Utilisez un couteau à plaques de plâtre pour enlever les morceaux qui restent collés.

Grattez le reste du revêtement avec un grattoir de plancher. Aspergez l'envers du matériau avec la solution de détergent pour le décoller, si nécessaire. Balayez le plancher pour enlever les débris, puis terminez le nettoyage avec un aspirateur à eaux et poussières. **CONSEIL**: remplissez l'aspirateur d'environ 1 po d'eau (pour éviter la poussière).

Comment enlever les carreaux de vinyle

Ôtez les plinthes, si nécessaire. Commencez le travail à l'endroit d'un joint décollé et enlevez les carreaux au moyen d'un grattoir de plancher à long manche. Ramollissez l'adhésif des carreaux récalcitrants à l'aide d'un pistolet chauffant et, à l'aide d'un couteau à plaques de plâtre, soulevez les carreaux et grattez l'adhésif attaché au plancher.

Grattez le reste de l'adhésif ou l'envers du matériau avec un grattoir de plancher, après avoir humidifié le plancher avec une solution aqueuse de détergent.

Comment enlever les carreaux céramiques

Enlevez les plinthes si nécessaire. Détachez les carreaux en utilisant une masse et un ciseau de maçon. Commencez autant que possible dans un joint où le coulis s'effrite. Soyez prudent lorsque vous travaillez autour d'accessoires fragiles tels que les brides des drains.

Si vous avez l'intention de réutiliser la sous-couche, débarrassez-la des restes d'adhésif au moyen d'un grattoir de plancher. Vous devrez peut-être achever ce travail à l'aide d'une ponceuse munie d'une courroie à grains grossiers.

Comment enlever les moquettes

À l'aide d'un couteau universel, découpez la moquette le long des bandes de seuil pour la dégager. Enlevez les bandes de seuil au moyen d'un levier plat.

Découpez la moquette en morceaux suffisamment petits pour pouvoir les arracher facilement. Enroulez-les, sortez la vieille moquette de la pièce et détachez ensuite la thibaude. **NOTE:** la thibaude est souvent agrafée au plancher et se séparera en morceaux lorsque vous voudrez l'enrouler.

À l'aide de tenailles ou de pinces, enlevez les agrafes du plancher. **CONSEIL:** si vous avez l'intention de poser une nouvelle moquette, conservez les bandes à griffes si elles sont en bon état.

VARIANTE: pour enlever une moquette collée, commencez par la découper en bandes à l'aide d'un couteau universel, puis arrachez-en la plus grande partie possible. À l'aide d'un grattoir de plancher, grattez les restes de coussin et d'adhésif.

Enlevez en une fois le revêtement de sol et la sous-couche. *C'est la méthode la plus efficace lorsque le revêtement de sol est collé à la sous-couche.*

Enlèvement de la sous-couche

Les entrepreneurs enlèvent souvent en une fois la sous-couche et le revêtement avant d'installer le nouveau revêtement. Ainsi, ils économisent du temps et ils peuvent installer une nouvelle sous-couche parfaitement adaptée au nouveau revêtement de sol. Les bricoleurs qui utilisent cette technique doivent s'arranger pour découper le revêtement de sol en morceaux faciles à manipuler.

Avertissement : cette méthode libère des particules de revêtement de sol dans l'atmosphère : assurez-vous que le revêtement que vous enlevez ne contient pas d'amiante (voir page 236).

Outils : *lunettes de sécurité, gants, scie circulaire munie d'une lame à pointe de carbure, levier plat, scie alternative, ciseau à bois.*

CONSEIL : *examinez le mode de fixation de la sous-couche au sous-plancher. À l'aide d'un tournevis, dégagez les têtes des dispositifs de fixation. Si ce sont des vis, il vous faudra enlever le revêtement de sol pour pouvoir dévisser la sous-couche.*

Enlèvement de la sous-couche

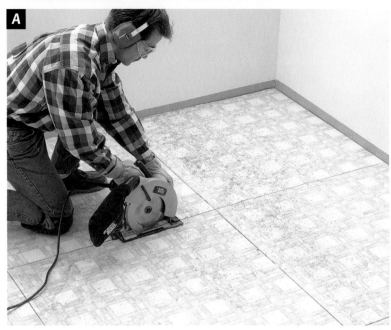

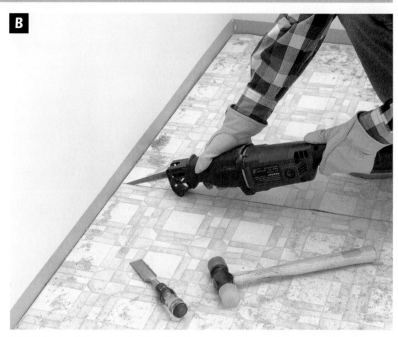

Enlevez les plinthes si nécessaire. Réglez la profondeur de coupe d'une scie circulaire pour qu'elle corresponde à l'épaisseur combinée du revêtement et de la sous-couche (voir page 236). Munissez la scie d'une lame à pointes de carbure et découpez le revêtement et la sous-couche en sections d'environ 3 pi². Assurez-vous de porter des lunettes de sécurité et des gants.

Achevez le travail avec une scie alternative lorsque vous arrivez près des murs. Tenez la scie de manière que la lame soit légèrement inclinée par rapport au plancher et essayez de ne pas abîmer les murs ou les armoires. Prenez garde de ne pas dépasser la sous-couche. Utilisez un ciseau à bois pour achever le travail près des armoires.

Séparez la sous-couche du sous-plancher au moyen d'un levier et d'un marteau. Débarrassez-vous immédiatement de chaque section enlevée, en prenant garde aux clous qui dépassent.

VARIANTE: si votre revêtement est en carreaux céramiques collés sur une sous-couche en contre-plaqué, utilisez un maillet et un ciseau de maçon pour casser les carreaux le long de la ligne de coupe, avant de les découper en morceaux avec la scie circulaire.

Avant d'installer une nouvelle sous-couche et un nouveau revêtement de sol, *rattachez aux solives les parties desserrées du sous-plancher, à l'aide de vis de 2 po.*

Réparation des sous-planchers

Bien fixé, le sous-plancher prévient les mouvements et les craquements du plancher et garantit la durabilité du nouveau revêtement de sol. Après avoir enlevé l'ancienne sous-couche, inspectez le sous-plancher pour découvrir d'éventuels joints desserrés, les possibles dommages causés par l'humidité, les fissures et autres défectuosités. Si le sous-plancher est fabriqué en bois de construction plutôt qu'en contreplaqué, vous pouvez réparer les endroits abîmés au moyen de contreplaqué; si la pièce de contreplaqué n'atteint pas la hauteur du sous-plancher, faites affleurer sa surface en la recouvrant d'une couche de produit à aplanir.

Outils: truelle, niveau, équerre de charpentier, perceuse, scie circulaire, tire-clou, ciseau à bois.

Matériel: vis de 2 po, produit à aplanir, contreplaqué, bois scié de 2 po x 4 po, clous ordinaires 10d.

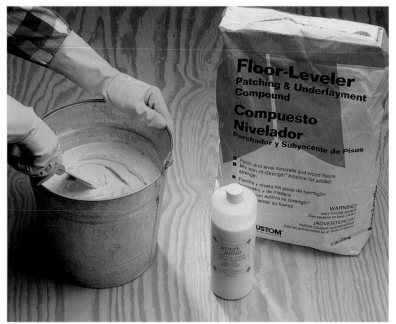

Utilisez un produit à aplanir *pour remplir les creux et les parties basses des sous-planchers en contreplaqué. Mélangez le produit avec un additif acrylique ou au latex, en suivant les instructions du fabricant.*

Application du produit à aplanir

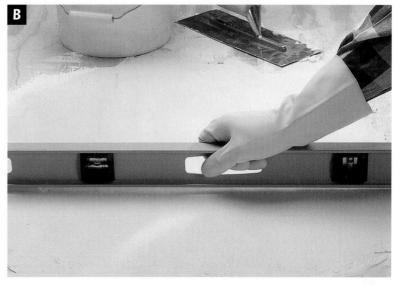

Mélangez le produit à aplanir conformément aux instructions du fabricant et étalez-le sur le sous-plancher, à l'aide d'une truelle. Étendez de minces couches successives, pour éviter tout excès.

À l'aide d'un niveau, vérifiez si la surface réparée est au même niveau que la surface qui l'entoure; ajoutez du produit à aplanir si nécessaire. Laissez sécher le produit et éliminez toute aspérité avec le bord de la truelle, ou poncez la surface, si nécessaire.

Remplacement d'une section de sous-plancher

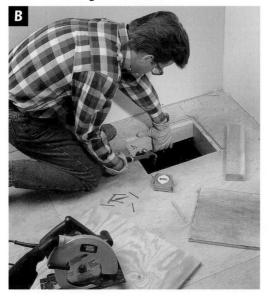

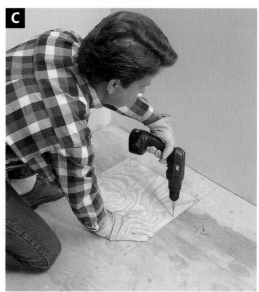

Découpez les parties du sous-plancher qui sont endommagées. Tracez un rectangle sur le sous-plancher, autour de la partie endommagée, en utilisant une équerre de charpentier et en veillant à ce que deux côtés du rectangle soient centrés sur des solives du plancher. À l'aide d'un tire-clou, ôtez tous les clous se trouvant sur les lignes de coupe. Réglez la profondeur de coupe de la scie circulaire en fonction de l'épaisseur du sous-plancher et découpez le rectangle. Près des murs, achevez le travail à l'aide d'un ciseau.

Sortez la partie abîmée et consolidez l'endroit en clouant deux blocs en bois de 2 po x 4 po entre les solives, de manière que leur face supérieure soit centrée sous les bords de la découpe pratiquée dans le sous-plancher. Si possible, clouez les blocs «d'extrémité», en travaillant en dessous des solives. Sinon, enfoncez des clous 10d en biais.

Mesurez le trou et découpez la pièce de remplacement, en utilisant du contreplaqué de la même épaisseur que celle du sous-plancher d'origine. Fixez la pièce de remplacement aux solives et aux cales, à l'aide de vis de 2 po, espacées d'environ 5 po.

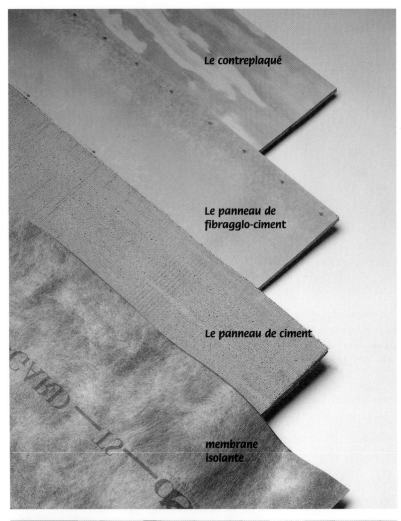

Le contreplaqué

Le panneau de
fibragglo-ciment

Le panneau de ciment

membrane
isolante

Le produit à aplanir *ressemble à du mortier, et on l'utilise pour préparer un revêtement de sol rési-*
lient ou de carreaux céramiques qui adhère bien, en vue de l'utiliser comme sous-couche. Mélangez
le produit en suivant les instructions du fabricant et étalez-en une mince couche sur le plancher, au
moyen d'un aplanissoir. Essuyez l'excès de produit en vous assurant que tous les creux sont bien
remplis. Travaillez rapidement, car le produit commence à sécher après 10 minutes. Lorsque le pro-
duit est sec, grattez les aspérités avec une truelle.

Installation de la sous-couche

Le type de sous-couche de remplacement que vous installerez dépendra en partie
du revêtement de sol que vous aurez choisi. Ainsi, les planchers en carreaux céramiques ou en pierre naturelle demandent une sous-couche qui résiste à l'humidité,
comme celle en panneaux de ciment. Pour les planchers en vinyle, utilisez un
contreplaqué de qualité, car les fabricants de revêtements annulent leur garantie
s'ils ont été installés sur une sous-couche de qualité médiocre. Les planchers en
lames de bois massif ou recouverts de moquette ne requièrent aucune sous-couche, et
on les installe souvent directement sur un sous-plancher en contreplaqué. Si vous
comptez utiliser votre ancien revêtement de sol comme sous-couche, appliquez-lui
une couche de produit à aplanir (voir ci-dessous, à gauche).

Lorsque vous installez une nouvelle sous-couche, attachez-la fermement partout au sous-plancher, même en dessous des appareils électroménagers mobiles.
Découpez-la pour qu'elle épouse les contours de la pièce. Aux endroits des encadrements de portes et autres moulures, vous pouvez entailler ces garnitures pour
pouvoir y glisser la sous-couche.

Le contreplaqué est généralement utilisé comme sous-couche pour les revêtements en carreaux de vinyle ou de céramique. Pour le vinyle, utilisez du
contreplaqué extérieur AC de ¼ po (dont un côté au moins est parfaitement lisse).
Les revêtements de sol en bois, comme le parquet, peuvent être installés sur du
contreplaqué extérieur de moindre qualité. Pour les carreaux céramiques, utilisez du
contreplaqué AC de ½ po.

Le panneau de fibragglo-ciment est une sous-couche mince, de haute densité,
utilisée sous les carreaux céramiques ou de vinyle lorsque la hauteur du plancher
l'exige. (Pour son installation, suivez les recommandations fournies pour le panneau de ciment, page 248).

Le panneau de ciment n'est utilisé que sous les carreaux céramiques (ou la
pierre). Sa stabilité dimensionnelle, même sous l'effet de l'humidité, en fait la
meilleure sous-couche dans les endroits humides comme les salles de bains.

La membrane isolante sert à protéger les carreaux céramiques contre les mouvements qui peuvent survenir lorsqu'un plancher en béton se fissure. On l'utilise
surtout lorsqu'on prélève des bandes de membrane pour réparer des fissures, mais
on peut également en recouvrir toute la surface d'un plancher. La membrane isolante existe aussi sous la forme d'un liquide qu'il suffit de déverser sur la surface
du plancher.

Outils : perceuse, scie circulaire, couteau à plaques de plâtre, ponceuse à
commande mécanique, truelle à encoches de ¼ po, règle rectifiée, couteau
universel, scie sauteuse à lame de carbure, truelle à encoches de ⅛ po, rouleau
de plancher.

Matériel : sous-couche, vis de 1 po, produit à aplanir, additif au latex, mortier
à prise rapide, vis galvanisées de 1½ po, ruban à plaques de plâtre en fibre de
verre maillée.

Installation d'une sous-couche en contreplaqué

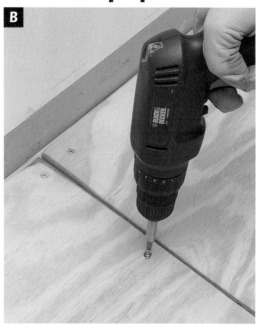

Commencez par installer une feuille entière de contreplaqué le long du mur le plus long, en vous assurant que les joints de la sous-couche ne seront pas alignés sur ceux du sous-plancher. Fixez le contreplaqué au sous-plancher au moyen de vis de 1 po, enfoncées tous les 6 po le long des bords, et tous les 8 po dans le reste de la feuille.

Continuez d'attacher les feuilles de contreplaqué au sous-plancher, en enfonçant légèrement les têtes des vis sous la surface de la sous-couche. Laissez un joint de dilatation de ¹/₄ po le long des murs et entre les feuilles. Décalez les joints d'une rangée à l'autre.

Utilisez une scie circulaire ou une scie sauteuse pour pratiquer des entailles dans les feuilles de contreplaqué de manière qu'elles épousent les contours du plancher existant aux entrées de porte ; attachez ces feuilles au sous-plancher.

Mélangez un additif à base de latex ou de résine acrylique à du reboucheur de planchers, en suivant les instructions du fabricant et, à l'aide d'un couteau à plaques de plâtre, étalez le mélange sur les joints et les têtes des vis.

Laissez sécher le reboucheur et poncez ensuite ces endroits au moyen d'une ponceuse à commande mécanique.

Installation de panneaux de ciment

Mélangez du mortier à prise rapide (voir page 265) en suivant les instructions du fabricant. Commencez par le mur le plus long et, à l'aide d'une truelle à encoches de ¹/₄ po, étendez le mortier sur le sous-plancher dans un mouvement en forme de huit. Étendez le mortier nécessaire à l'installation d'un panneau à la fois. Placez le panneau sur le mortier, le côté rugueux vers le haut, en vous assurant que les bords du panneau sont décalés par rapport aux joints du sous-plancher.

Fixez le panneau de ciment au sous-plancher, en utilisant des vis galvanisées de 1¹/₂ po, enfoncées tous les 6 po le long des bords, et tous les 8 po sur le reste du panneau. Enfoncez les têtes jusqu'au ras de la surface. Continuez d'installer les panneaux le long des murs après avoir étalé du mortier. **OPTION**: si vous installez une sous-couche en fibragglo-ciment, utilisez une truelle à encoches de ³/₁₆ po pour étaler le mortier et forez des avant-trous pour toutes les vis.

Coupez les panneaux de ciment aux endroits voulus, en laissant un espace vide de ¹/₈ po à tous les joints, et de ¹/₄ po le long du périmètre de la pièce. Afin d'effectuer des coupes droites, utilisez un couteau universel pour tracer une rainure à travers la couche de fibre maillée et cassez ensuite le panneau en donnant un coup sec le long de cette ligne.

Pour découper des ouvertures, des encoches ou des formes irrégulières, utilisez une scie sauteuse munie d'une lame au carbure. Continuez d'installer les panneaux de ciment jusqu'à ce que le plancher soit entièrement recouvert.

Placez du ruban à plaques de plâtre en fibre de verre maillée sur les joints. À l'aide d'un couteau à plaques de plâtre, appliquez une mince couche de mortier à prise rapide sur les joints, de manière à remplir les espaces vides entre les panneaux et à étendre une mince couche de mortier sur le ruban. Laissez sécher le mortier pendant deux jours avant de commencer à installer les carreaux.

Installation d'une membrane isolante

Nettoyez à fond le sous-plancher et appliquez ensuite une mince couche de mortier à prise rapide (voir page 265) à l'aide d'une truelle à encoches de ⅛ po. Commencez le long d'un mur là où le plancher est aussi large que la membrane et qu'il a entre 8 et 10 pi de long. **NOTE:** pour certaines membranes, il faut utiliser un autre produit que le mortier. Lisez sur l'étiquette les instructions fournies par le fabricant.

Déroulez la membrane sur la couche de mortier. Coupez-la au ras des murs à l'aide d'une règle rectifiée et d'un couteau universel.

En partant du centre de la membrane, égalisez la surface en poussant un lourd rouleau à plancher (loué dans un centre de location) vers les bords de la membrane. Cette opération permet d'évacuer l'air emprisonné sous la membrane et d'exsuder l'excès d'adhésif.

Répétez les trois premières étapes ci-dessus, en coupant la membrane aux endroits voulus, le long des murs et autour des obstacles, jusqu'à ce que le plancher soit entièrement couvert de la membrane. Ne faites pas chevaucher les joints, mais assurez-vous qu'ils sont serrés. Laissez sécher le mortier pendant deux jours avant d'installer les carreaux.

Installation de revêtements de sol en vinyle

Le revêtement de sol en vinyle se vend en feuilles ou en carreaux. Le vinyle en feuilles est vendu en rouleaux de 6 pi ou de 12 pi de large. Quant aux carreaux de vinyle, ils ont le plus souvent 12 po de côté, bien que certains fabricants produisent des carreaux de 9 po de côté et des bordures étroites de 2 pi de long.

Le vinyle en feuilles convient bien aux salles de bains, aux cuisines et aux autres endroits humides, car il présente peu de joints au travers desquels l'eau peut s'infiltrer; dans les petites pièces, on peut même installer du vinyle en feuilles ne présentant aucun joint. Les carreaux de vinyle conviennent mieux aux endroits secs, là où les nombreux joints d'un plancher ne sont pas un inconvénient.

La qualité des revêtements résilients est très variable et dépend principalement de la quantité de vinyle contenue dans le matériau. Les revêtements entièrement en vinyle sont les meilleurs et les plus chers. L'épaisseur du revêtement donne aussi une bonne indication de sa qualité; les matériaux plus épais contiennent plus de vinyle et sont pour cette raison plus durables.

Le point le plus important, dans l'installation du vinyle en feuilles, c'est d'arriver à créer une sous-couche dont la surface soit presque parfaite. Il faut aussi découper le matériau pour qu'il s'ajuste parfaitement au contour de la pièce. La meilleure façon d'assurer la précision des coupes, c'est de créer un patron (voir page 251). Lorsque vous manipulez du vinyle en feuilles, n'oubliez pas que ce produit – surtout s'il possède un renfort en feutre – peut facilement faire un faux pli ou se déchirer si vous ne prenez pas assez de précautions.

Assurez-vous d'utiliser l'adhésif recommandé pour le vinyle en feuilles que vous installez. Nombreux sont les fabricants qui exigent qu'on utilise leur adhésif pour coller leurs produits de revêtement de sol, et qui annulent leur garantie si l'on ne suit pas scrupuleusement leurs instructions. Appliquez légèrement l'adhésif, au moyen d'une truelle à encoches de ⅛ po ou de ¼ po.

Votre revêtement en carreaux de vinyle aura belle allure si vous tracez soigneusement les lignes qui le délimitent.

Lorsque cette tâche est terminée, l'installation proprement dite est relativement aisée, surtout si vous installez des carreaux autocollants. Cependant, avant d'adopter un agencement de carreaux, faites-en l'essai afin de déceler les éventuels problèmes.

Vérifiez si les carreaux ont un motif ou s'ils présentent des caractéristiques directionnelles particulières. Certains carreaux ont une surface grenée, et on peut soit orienter toujours le grain dans la même direction, soit faire faire un quart de tour aux carreaux voisins de manière à alterner le grain d'un carreau à l'autre (voir page 257).

Outils: *couteau universel, équerre de charpentier, compas, ciseaux, crayon feutre, couteau à linoléum, règle rectifiée, truelle à encoches en V de ¼ po, rouleau en J, agrafeuse, rouleau à planchers, cordeau traceur, pistolet chauffant, truelle à encoches en V de ¹⁄₁₆ po.*

Matériel: *revêtement de sol en vinyle, ruban-cache, papier épais de boucherie ou papier d'emballage brun, ruban adhésif entoilé.*

Le vinyle en feuilles *est soit à encollage complet, soit à encollage périphérique. La feuille de vinyle à encollage complet est munie d'un renfort en feutre et papier, et on l'installe au moyen d'un adhésif que l'on étend préalablement sur le plancher. Le revêtement à encollage complet adhère solidement au plancher et ne risque pas de se détacher, mais il est plus difficile à installer et exige une sous-couche parfaitement lisse et propre.*

Le revêtement à encollage périphérique, qui se reconnaît à son renfort en PVC lisse et blanc, s'installe directement sur la sous-couche à laquelle il adhère grâce à un adhésif déposé uniquement le long des bords et des joints. Il est plus facile à installer et s'accommode de certains petits défauts dans la sous-couche.

Le carreau résilient *est soit autocollant, soit sans adhésif. Le carreau autocollant est muni au dos d'une couche d'adhésif, protégée par une pellicule de papier ciré qu'il suffit de décoller lorsqu'on installe le carreau. Quant au carreau sans adhésif, il adhère grâce à l'adhésif qu'on étend sur la sous-couche avant de l'y installer.*

Le carreau autocollant est plus facile à installer que le carreau sans adhésif, mais le collage est moins fiable. N'utilisez pas d'adhésif supplémentaire avec les carreaux autocollants.

Comment faire un gabarit de coupe

Pour tracer le gabarit, placez des feuilles de papier épais de boucherie ou de papier d'emballage brun à plat le long des murs, à ⅛ po de ceux-ci. À l'aide d'un couteau universel, découpez des ouvertures triangulaires dans le papier. Fixez le gabarit au plancher en collant du ruban-cache dans les ouvertures.

Suivez la configuration de la pièce. Faites chevaucher d'environ 2 po les bords des feuilles de papier adjacentes, et attachez-les au fur et à mesure avec du ruban-cache.

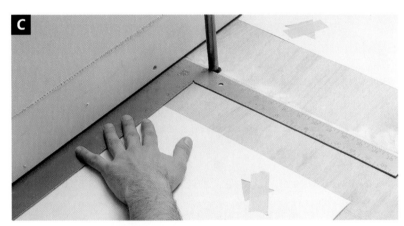

Ajustez le gabarit autour d'un tuyau en attachant le papier de chaque côté. Mesurez la distance entre le mur et l'axe du tuyau et soustrayez ⅛ po.

Reproduisez cette distance sur une autre feuille de papier. À l'aide d'un compas, dessinez la section du tuyau sur cette feuille et découpez-la suivant le tracé avec des ciseaux ou un couteau universel. Coupez une fente du bord du papier jusqu'au trou.

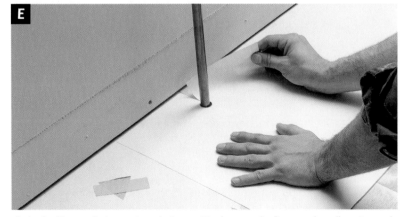

Ajustez la découpe du trou autour du tuyau. Attachez ce gabarit au papier adjacent avec du ruban-cache.

Lorsque vous avez terminé, enroulez le gabarit ou pliez-le lâchement pour pouvoir le transporter.

Installation de vinyle en feuilles à encollage périphérique

Déroulez le revêtement sur une grande surface propre et horizontale. Pour éviter les faux plis, le fabricant fournit le vinyle en feuilles enroulé, motif vers l'extérieur. Déroulez la feuille et placez le motif en haut pour le traçage.

Si l'installation comprend plusieurs feuilles, faites-les chevaucher de 2 po au moins, en faisant coïncider les lignes des motifs ou les faux joints de coulis. Quand les motifs coïncident parfaitement, attachez-les avec du ruban adhésif entoilé.

Attachez le gabarit en papier sur la feuille en vinyle au moyen de ruban-cache. Tracez le contour sur le revêtement à l'aide d'un stylo-feutre à encre effaçable.

Enlevez le gabarit. Découpez la feuille de vinyle suivant le contour, au moyen d'un couteau à linoléum acéré ou d'un couteau universel muni d'une lame neuve. Utilisez une règle rectifiée pour faire les longues coupes.

Découpez les trous aux endroits des tuyaux et des autres obstacles. Coupez ensuite une fente allant de chaque trou vers le bord le plus rapproché du revêtement, en suivant autant que possible les lignes des motifs.

Enroulez lâchement le revêtement et transportez-le dans la pièce où vous allez l'installer. Ne le pliez pas. Déroulez-le et posez-le soigneusement, en faisant glisser les bords sous les encadrements des portes.

Si l'installation comprend plusieurs feuilles, procédez au découpage des joints. Appuyez fermement une règle rectifiée sur le revêtement et coupez à travers les deux couches de revêtement, en suivant les lignes des motifs.

Enlevez les déchets de revêtement. Le motif doit être ininterrompu à l'endroit du joint.

Suite à la page suivante

Installation de vinyle en feuilles à encollage périphérique (suite)

Repliez le bord des deux feuilles. Utilisez un couteau à plaques de plâtre ou une truelle dentelée de ¼ po pour appliquer une bande de 3 po de large d'adhésif tout usage pour revêtements de sol sur la sous-couche ou sur l'ancien revêtement, à l'endroit des futurs joints.

Posez les bords du joint sur l'adhésif. Appuyez – avec vos doigts si nécessaire – sur le revêtement pour rapprocher les bords et fermer le joint. Ensuite, passez sur le joint un rouleau en J ou un rouleau à joints de plaques de plâtre.

Appliquez de l'adhésif autour des tuyaux, des obstacles et tout autour de la pièce. Pressez le revêtement sur l'adhésif à l'aide du rouleau, pour le faire adhérer fermement.

Si vous posez le revêtement sur une sous-couche en bois, fixez les bords extérieurs de la feuille au plancher au moyen d'agrafes de ⅜ po plantées tous les 3 po. Assurez-vous que les plinthes couvriront les agrafes.

Installation de vinyle en feuilles à encollage complet

Découpez le vinyle (voir pages 252-253, étapes A à E) et installez-le en place dans la pièce, en glissant les bords de la feuille sous les encadrements des portes.

Repliez une moitié du revêtement sur l'autre et appliquez une couche d'adhésif pour revêtements de sol sur la sous-couche ou l'ancien revêtement, au moyen d'une truelle dentelée de ¼ po. Dépliez le revêtement pour qu'il entre en contact avec l'adhésif.

Pour augmenter l'adhérence et éliminer les poches d'air, passez un lourd rouleau à plancher (loué dans un centre de location) sur le revêtement. Commencez au centre de la pièce et progressez vers les murs. Repliez la section non collée du revêtement sur l'autre, appliquez l'adhésif, dépliez-la de la même manière que la première et passez le rouleau. Utilisez un chiffon humide pour essuyer l'excédent d'adhésif.

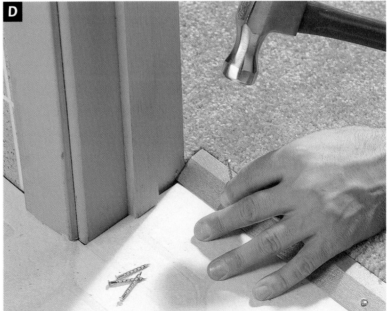

Mesurez, coupez et installez les seuils métalliques des portes sur le bord du revêtement en vinyle et clouez chacun d'eux en place.

Tracé des lignes de référence perpendiculaires en vue de l'installation des carreaux

A

Mesurez deux côtés opposés de la pièce et marquez leur milieu. Joignez ces points d'un trait (X) au moyen d'un cordeau traceur: c'est une première ligne de référence.

B

Mesurez la ligne de référence et marquez le milieu. De ce point, à l'aide d'une équerre de charpentier, tracez le début d'une deuxième ligne de référence (Y) et achevez-la au moyen du cordeau traceur.

C

Vérifiez la perpendicularité des deux lignes en utilisant la méthode du «triangle 3-4-5». Du centre, mesurez 3 pi sur la ligne X et marquez l'endroit d'un point. De la même manière, mesurez 4 pi sur la ligne Y et marquez l'endroit d'un point.

D

Mesurez la distance entre les deux points. Si les lignes de référence sont perpendiculaires, cette distance mesure exactement 5 pi. Si ce n'est pas le cas, corrigez les lignes de référence pour qu'elles soient perpendiculaires.

Installation de carreaux autocollants

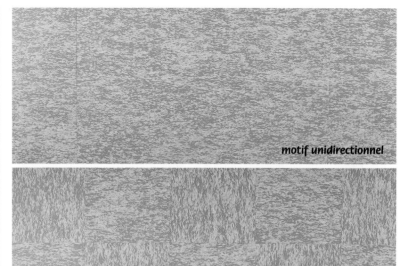

motif unidirectionnel

motif en damier

Tracez les lignes de référence perpendiculaires (voir page 256) pour faire le schéma d'agencement des carreaux en commençant par les carreaux le long des deux lignes de référence. Si vous voulez déplacer des carreaux pour respecter la symétrie ou pour réduire le nombre de découpes, tracez de nouvelles lignes d'installation, parallèles aux lignes de référence initiales. Assurez-vous que ces nouvelles lignes sont perpendiculaires. Pour éviter toute confusion, utilisez une craie de couleur différente pour tracer les nouvelles lignes.

CONSEIL : Vérifiez si les carreaux présentent des caractéristiques directionnelles particulières, telles que l'orientation du grain du vinyle. Vous pouvez choisir d'installer les carreaux suivant un modèle unidirectionnel et orienter le grain dans la même direction (photo du haut), ou faire faire un quart de tour à chaque nouveau carreau de manière à créer une impression de damier (photo du bas).

Détachez la pellicule en papier d'un carreau et installez celui-ci dans un des coins formés par l'intersection des deux lignes d'installation. Installez trois carreaux ou plus le long de chaque ligne d'installation, dans ce quadrant. Pressez la surface de chaque carreau installé pour qu'il adhère bien à la sous-couche.

Ensuite, commencez à installer des carreaux à l'intérieur du quadrant, en formant des joints serrés. Achevez d'installer les carreaux entiers du premier quadrant et passez ensuite à un des quadrants adjacents. Installez de nouveau des carreaux le long des lignes d'installation, puis remplissez l'intérieur du quadrant.

Suite à la page suivante

Installation de carreaux autocollants (suite)

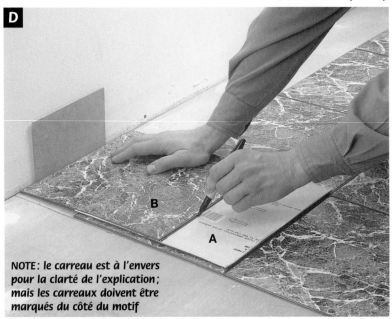

NOTE: le carreau est à l'envers pour la clarté de l'explication ; mais les carreaux doivent être marqués du côté du motif

Pour couper un carreau qui arrive contre un mur, commencez par le placer (A) à l'envers sur le dernier carreau entier. Posez un intercalaire de ¹/₈ po d'épaisseur contre le mur et placez un carreau (B) contre l'intercalaire, sur le carreau à couper. C'est la partie découverte du carreau à couper qui sera installée. Tracez la ligne de coupe le long du bord de ce carreau (B).

CONSEIL : pour marquer les carreaux entourant les coins extérieurs, tracez un gabarit en carton qui correspond à la surface à couvrir, en prévoyant un espace libre de ¹/₈ po le long des murs. Découpez le gabarit, vérifiez s'il s'ajuste à l'ouverture et reproduisez son contour sur un carreau.

Coupez le carreau à l'aide d'un couteau universel et d'une règle rectifiée. Tenez la règle fermement le long des lignes de coupe pour que la découpe soit bien droite. Si le carreau est épais, vous pouvez également le couper avec un coupe-carreaux (voir page 266).

CONSEIL : pour effectuer des coupes curvilignes dans un carreau en vinyle épais et rigide, commencez par chauffer le dos du carreau à l'aide d'un pistolet de chauffage et coupez-le ensuite tant qu'il est chaud.

Installez les carreaux coupés contre les murs. **CONSEIL**: pour gagner du temps, coupez tous les carreaux à l'avance, mais mesurez, à différents endroits, la distance entre le mur et les carreaux installés pour vous assurer que cette distance ne varie pas de plus de ½ po. Continuez d'installer les carreaux dans les autres quadrants jusqu'à ce que tout le plancher de la pièce soit recouvert. Vérifiez l'installation du plancher entier, en appuyant sur les carreaux pour améliorer leur adhérence. Installez un seuil métallique là où le nouveau revêtement en rencontre un ancien (voir

Installation des carreaux sans adhésif

Tracez les lignes de référence perpendiculaires (voir page 256) et placez les carreaux en vue d'établir l'agencement final (voir étape A, page 257). Appliquez l'adhésif autour de l'intersection des lignes d'installation, à l'aide d'une truelle dentelée à encoches en V de ¹/₁₆ po. Tenez la truelle à 45° et étendez uniformément l'adhésif sur la surface.

Étendez de l'adhésif dans trois des quadrants de la zone d'installation. Laissez-le prendre, conformément aux instructions du fabricant, et installez ensuite les carreaux, en commençant à l'intersection des lignes d'installation. (Vous pouvez vous agenouiller sur les carreaux déjà installés pour poursuivre l'installation). Lorsque les trois quadrants son complètement recouverts de carreaux, étendez de l'adhésif sur le dernier quadrant et installez les carreaux restants.

Installation d'un système de réchauffage de plancher

Le carreau céramique est un excellent revêtement de sol, mais il a un gros inconvénient: il est froid, ce qui est particulièrement désagréable lorsqu'on est pieds nus. Vous pouvez facilement remédier à cette situation en installant un système de réchauffage de plancher.

Un système de réchauffage de plancher comprend normalement un ou plusieurs matelas minces contenant des résistances électriques qui chauffent lorsqu'elles sont traversées par un courant électrique, tout comme une couverture chauffante. On installe ces matelas sous le carrelage et on les connecte à un circuit de 120 V à disjoncteur de mise à la terre. Un thermostat contrôle la température du plancher, et une minuterie met automatiquement le système sous tension et hors tension. Le système de réchauffage de plancher consomme très peu de courant et ne sert qu'à réchauffer le plancher; on ne l'utilise généralement pas comme source de chaleur unique dans une pièce.

Le système montré ici comprend deux matelas de toile plastique munis l'un et l'autre de leurs fils conducteurs, reliés directement au thermostat. Les matelas reposent sur un plancher de béton et sont recouverts d'adhésif à prise rapide et de carreaux céramiques. Si votre sous-plancher est en bois, installez des panneaux de fibragglo-ciment (voir page 248) avant de poser les matelas.

Étape importante de l'installation: tester à plusieurs reprises la résistance du système pour s'assurer que les fils chauffants n'ont pas été endommagés pendant le transport ou l'installation.

L'alimentation électrique d'un système de réchauffage de plancher dépend de sa taille. Un petit système peut être connecté à un circuit à disjoncteur de mise à la terre existant, mais un système important devra posséder son propre circuit; vérifiez auprès du fabricant quelles sont les exigences à respecter dans le cas de votre installation. La section «Câblage» de ce livre vous aidera à installer les boîtes électriques et les câbles du circuit électrique, et à effectuer les principales connexions. Si vous installez un nouveau circuit, vous devrez probablement demander à un électricien de réaliser la connexion au tableau de distribution.

Pour commander un système de réchauffage de plancher, communiquez avec le fabricant ou son représentant. Dans la plupart des cas, vous pourrez leur envoyer les plans de votre projet et ils vous proposeront un système fait sur mesure.

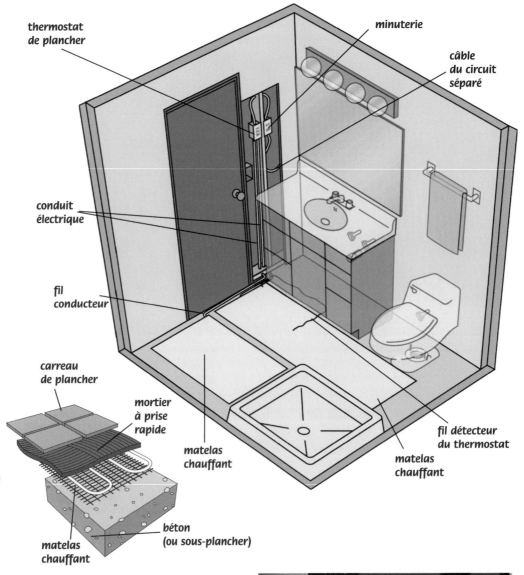

thermostat de plancher

minuterie

câble du circuit séparé

conduit électrique

fil conducteur

carreau de plancher

mortier à prise rapide

matelas chauffant

matelas chauffant

fil détecteur du thermostat

matelas chauffant

béton (ou sous-plancher)

Outils: *multimètre, perceuse, fil à plomb, ciseau à bois, coupe-tube, outil tout usage, aspirateur, cordeau traceur, meuleuse, pistolet colleur, fil de tirage, cisaille type aviation, truelle à encoches carrées de $3/8$ po x $1/4$ po, outils de carrelage (voir page 265).*

Matériel: *système de réchauffage de plancher, boîte électrique double de $2\frac{1}{2}$ po x 4 po avec adaptateur de couvercle de 4 po, boîte électrique simple de $2\frac{1}{2}$ po de profondeur, conduit électrique à paroi mince de $1/2$ po de diamètre, colliers à vis de serrage, câble NM de calibre 12, serre-câbles, ruban double face, ruban isolant, serre-câbles isolés, capuchons de connexion, produits de carrelage (voir page 264).*

Les systèmes de réchauffage de plancher *doivent faire partie d'un circuit ayant une intensité de courant adéquate et muni d'un disjoncteur de fuite à la terre (que le fabricant intègre parfois au système). Les petits systèmes peuvent être reliés à un circuit existant, mais les systèmes plus importants requièrent souvent un circuit séparé. Conformez-vous aux prescriptions des codes locaux de l'électricité et du bâtiment qui s'appliquent à votre cas.*

Installation d'un système de réchauffage de plancher

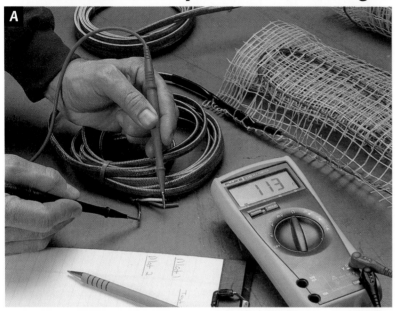

Vérifiez la résistance électrique (en Ohms) de chaque matelas chauffant à l'aide d'un multimètre. Notez les lectures et comparez-les à celles relevées en usine par le fabricant. Les vôtres doivent tomber dans les limites acceptables, déterminées par le fabricant. Si ce n'est pas le cas, le matelas a été endommagé et il ne faut pas l'installer ; renseignez-vous auprès du fabricant.

Installez les boîtes électriques du thermostat et de la minuterie dans un endroit accessible. Ôtez la surface murale pour exposer la charpente. Placez les boîtes à environ 60 po du plancher, en vous assurant que les fils conducteurs des matelas chauffants atteignent la boîte double. Montez la boîte électrique double de 2¹/₂ po de profondeur x 4 po de large (du thermostat) sur le poteau mural le plus rapproché de l'endroit choisi, et la boîte électrique simple (de la minuterie) de l'autre côté du même poteau.

À l'aide d'un fil à plomb, marquez sur la lisse les points qui se trouvent à la verticale des deux pastilles défonçables de la boîte du thermostat. À chacun de ces points, forez un trou de ¹/₂ po de diamètre, dans le côté horizontal de la lisse, et forez ensuite, le plus près possible du plancher, deux autres trous, horizontaux et perpendiculaires aux premiers, qui les rencontrent. Ces trous serviront au passage des conducteurs et du fil détecteur du thermostat. Nettoyez les trous avec un ciseau à bois pour faciliter le passage.

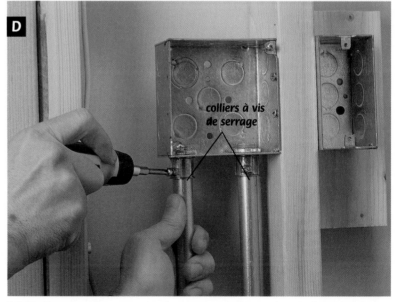

colliers à vis de serrage

À l'aide d'un coupe-tube, coupez deux longueurs de conduit électrique de ¹/₂ po à paroi mince que vous installerez entre la boîte du thermostat et la lisse. Enfoncez l'extrémité inférieure de chaque conduit d'environ ¹/₄ po dans la lisse et fixez l'extrémité supérieure à la boîte du thermostat, au moyen de colliers à vis de serrage. **NOTE**: si vous installez trois matelas ou plus, utilisez plutôt un conduit de ³/₄ po de diamètre.

Suite à la page suivante

Installation d'un système de réchauffage de plancher (suite)

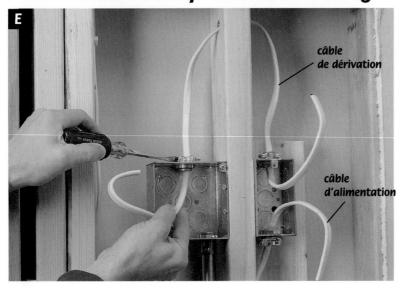

câble
de dérivation

câble
d'alimentation

Installez un câble électrique NM (non métallique) de calibre 12, qui va du tableau de distribution (alimentation de courant) à la boîte de la minuterie. Attachez le câble à la boîte au moyen d'un collier de serrage, en laissant dépasser de la boîte un bout de câble de 8 po de long. Forez au centre du poteau mural un trou de 5/8 po, environ 12 po au-dessus des boîtes. Installez un bout de câble de dérivation allant de la boîte de la minuterie à la boîte du thermostat, en l'attachant de part et d'autre au moyen de colliers de serrage. Le câble de dérivation ne doit pas être tendu en traversant le poteau.

2 po minimum

Passez soigneusement le plancher à l'aspirateur. Faites le schéma d'agencement des carreaux céramiques et tracez les lignes de référence en vue de leur installation (voir pages 256-257). Étendez les matelas chauffants sur le plancher, en plaçant les fils conducteurs le plus près possible des boîtes électriques. Gardez les matelas à une distance de 3 po à 6 po des murs, des douches, des baignoires et des bords de toilette. Vous pouvez les placer dans les retraits d'un meuble-lavabo, mais pas en dessous ni sur les joints de dilatation de la dalle de béton. Rapprochez les bords des matelas, mais ne les laissez pas se chevaucher: les fils chauffants de chaque matelas doivent se trouver à au moins 2 po de ceux du matelas voisin.

Vérifiez si les fils conducteurs atteignent bien la boîte du thermostat. Attachez ensuite les matelas au plancher au moyen de bandes de ruban double face, espacées de 2 pi. Assurez-vous que les matelas sont bien à plat et ne présentent ni ondulations ni plis. Appuyez fermement sur les matelas pour qu'ils adhèrent au ruban.

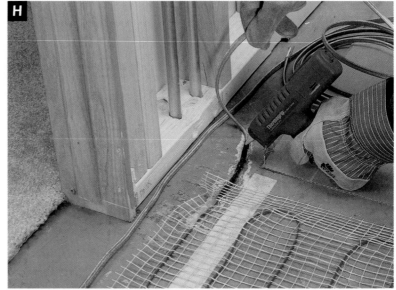

À l'aide d'une meuleuse ou d'une tranche à froid et d'un marteau, creusez des renfoncements entre les conduits électriques et les fils chauffants des matelas pour pouvoir y enfoncer les fils de connexion. Ces fils isolés sont trop gros pour reposer simplement sous les carreaux, il faut donc les enfoncer dans le plancher et faire en sorte qu'ils arrivent à 1/8 po de la surface. Débarrassez le plancher de tous les débris et fixez les fils de connexion dans le renfoncement prévu au moyen d'un cordon de colle chaude.

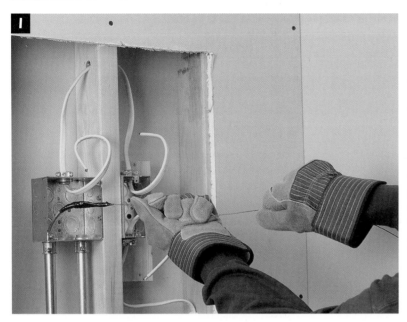

Faites passer un fil de tirage dans le conduit, de haut en bas et, à l'aide de ruban isolant, atta-chez les fils conducteurs des matelas à son extrémité. Tirez le fil de tirage à travers le conduit, vers le haut, et détachez les fils conducteurs du fil de tirage; attachez les fils conducteurs à la boîte au moyen de serre-câbles isolés. Utilisez une cisaille type aviation ou une cisaille de ferblantier pour couper l'excédent des fils conducteurs qui ne doivent dépasser les serre-câbles que de 8 po.

Introduisez le fil détecteur de chaleur dans le conduit restant et insérez-le à travers les mailles du matelas le plus proche. Déposez des points de colle chaude pour que le fil détecteur adhère au matelas, entre les fils de résistance bleus, et que son extrémité se trouve à une distance de 6 po à 12 po du bord du matelas. Testez la résistance des matelas chauffants à l'aide d'un multimètre (voir étape A, page 261), ce qui vous permettra de vérifier s'ils fonctionnent. Notez le résultat de la lecture.

Installez les carreaux céramiques en suivant les instructions données aux pages 264 à 271. Utilisez un mortier à prise rapide comme adhésif et étendez-le soigneusement sur le plancher et les mate-las, à l'aide d'une truelle à encoches carrées de $^3/_8$ po x $^1/_4$ po. Vérifiez régulièrement la résistance des matelas pendant cette installation. Si un matelas est endommagé, enlevez le mortier qui le recouvre et entrez en contact avec le fabricant. Lorsque l'installation est terminée, vérifiez une der-nière fois la résistance des matelas et notez les lectures relevées.

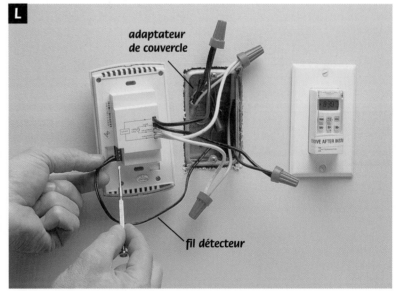

adaptateur
de couvercle

fil détecteur

Placez un adaptateur de couvercle sur la boîte du thermostat et refermez l'ouverture pratiquée dans le mur avec un morceau de plaque de plâtre (voir pages 196 à 202). Achevez les connexions du thermostat et de la minuterie en suivant les instructions du fabricant. Attachez le fil détecteur à la connexion de la vis de serrage du thermostat. Collez les étiquettes de câblage du fabricant sur la boîte du thermostat et le tableau de distribution. Montez le thermostat et la minuterie. Achevez la connexion du circuit au tableau de distribution ou à la connexion de dérivation. Tes-tez le système après avoir laissé complètement sécher les matériaux du revêtement de sol.

Installation de carreaux céramiques de planchers

Le revêtement de sol en carreaux céramiques doit être durable et antidérapant. Choisissez des carreaux qui sont soit texturés, soit très légèrement vernissés – pour qu'ils soient antidérapants – et qui sont classés dans les groupes de résistance 3, 4, ou 5. Le carreau céramique de plancher doit être vernissé pour assurer une protection contre les taches. Si vous choisissez un carreau non vernissé, vous devrez le sceller correctement après l'avoir installé. Les coulis standard doivent également être protégés contre les taches. Mélangez votre coulis avec un additif au latex et appliquez un produit de scellement pour coulis après avoir laissé sécher ce dernier. Par la suite, appliquez ce produit une fois par an.

Pour réussir l'installation des carreaux, il faut soigneusement préparer le plancher et utiliser la bonne combinaison de matériaux. La meilleure sous-couche à poser sur un sous-plancher en bois est la sous-couche en panneaux de ciment (ou en panneaux de fibragglo-ciment, qui sont plus minces), car elle est stable et résiste à l'humidité (voir pages 246 et 248). Cependant, dans une pièce qui n'est pas exposée à l'humidité, la sous-couche en contreplaqué convient parfaitement. L'adhésif pour carreaux céramiques le plus répandu est le mortier à prise rapide, qui se vend sous forme de poudre sèche à mélanger avec de l'eau. Les adhésifs organiques prémélangés ne sont pas recommandés pour les planchers.

Les premières étapes de l'installation des carreaux céramiques sont les mêmes que celles de l'installation des carreaux en vinyle : tracer des lignes d'installation perpendiculaires et poser les carreaux pour déterminer leur meilleur agencement (voir pages 256-257). Si vous avez l'intention d'installer des carreaux de bordure, réfléchissez à leur installation pendant que vous organisez l'agencement des carreaux de plancher. Certains carreaux de bordure sont posés de chant sur le plancher, leur bord arrondi affleurant les carreaux du plancher; d'autres sont posés sur les carreaux de plancher, après que ceux-ci ont été installés et jointoyés (voir page 271).

Les matériaux de bordure et de finition en carreaux céramiques comprennent les carreaux de bordure (A), qu'on installe autour de la pièce, et les carreaux à bords arrondis (B), qu'on installe dans les entrées de portes et dans les autres endroits de transition. Les seuils de portes (C) sont fabriqués en matériaux synthétiques ou en matériaux naturels tels que le marbre, et ils ont une épaisseur allant de ¹/₄ po à ³/₄ po pour convenir aux différentes épaisseurs de planchers. Les seuils fabriqués avec des minéraux massifs sont les plus durables. Si le seuil en céramique est trop long pour la largeur de la porte, coupez-le à la longueur voulue au moyen d'une scie sauteuse ou d'une scie circulaire munies de lames au carbure.

Outils : cordeau traceur, truelle à encoches carrées de ¹/₄ po, maillet en caoutchouc, outils de carrelage (voir pages 266-267), pince à bec effilé, couteau universel, aplanissoir à coulis, éponge à coulis, chiffon à polir, pinceau en mousse.

Matériel : carreaux, mortier à prise rapide, séparateurs de carreaux, bois scié de 2 po x 4 po, matériau de seuil, coulis, additif au latex (mortier et coulis), produit de scellement pour coulis, pâte à calfeutrer à base de silicone.

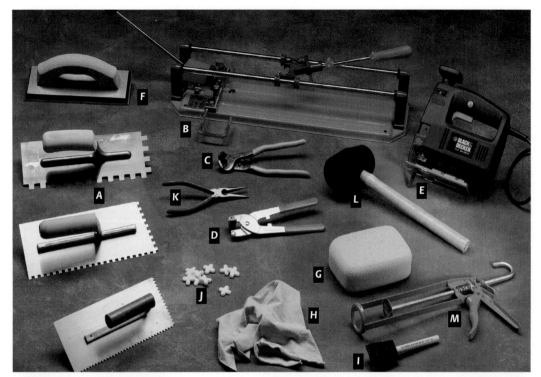

Les outils de carrelage comprennent les outils à étendre l'adhésif, les outils de coupe et les outils de jointoiement. Les truelles à encoches (A) pour étaler le mortier peuvent avoir des encoches de différentes formes et de différentes dimensions; la dimension de l'encoche doit être proportionnelle à la dimension du carreau à installer. Les outils de coupe comprennent le coupe-carreaux (B), la pince coupante (C), le coupe-carreaux à main (D) et la scie sauteuse à lame au carbure (E). Les outils de jointoiement comprennent l'aplanissoir en caoutchouc (F), l'éponge à coulis (G), le chiffon à polir (H) et le pinceau en mousse (I) pour appliquer le produit de scellement du coulis. Les autres outils de carrelage comprennent les séparateurs (J) de différentes dimensions pour créer des joints de coulis de différentes largeurs, la pince à bec effilé (K), dont on se sert pour enlever les séparateurs, le maillet en caoutchouc (L), qui permet d'enfoncer les carreaux dans le mortier, et le pistolet à calfeutrer (M).

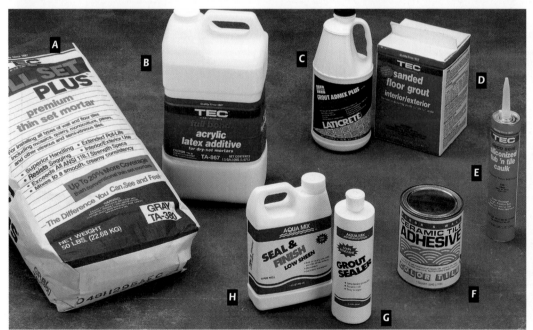

Les produits de carrelage comprennent les adhésifs, les coulis et les produits de scellement. Le mortier à prise rapide (A), l'adhésif le plus répandu, est souvent renforcé par un additif au latex (B). On peut ajouter un additif (C) au coulis pour carreaux (D) afin de l'assouplir et d'augmenter sa durabilité. Le coulis remplit les espaces séparant les carreaux, et on peut assortir ses couleurs à celles des carreaux. La pâte à calfeutrer à base de silicone (E) doit remplacer le coulis dans les endroits où les carreaux rencontrent une autre surface, comme une baignoire. On utilise l'adhésif murs-carreaux (F) pour installer les carreaux de bordure. Le produit de scellement pour coulis (G) et le produit de scellement pour carreaux poreux (H) protègent les matériaux contre les taches et facilitent leur entretien.

Le mortier à prise rapide: on le prépare en ajoutant de l'eau, petit à petit, à une poudre sèche et en brassant le mélange jusqu'à ce qu'il ait une consistance crémeuse. Certains mortiers en poudre contiennent un additif au latex, d'autres pas; il faut alors ajouter à la poudre un additif liquide au latex, au moment de la préparation du mortier.

Comment couper des carreaux céramiques : le coupe-carreaux

A

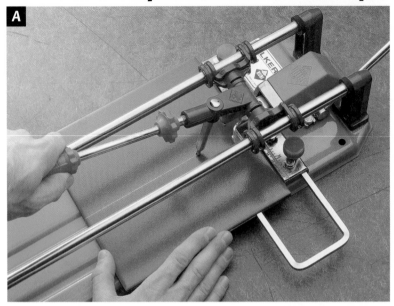

B

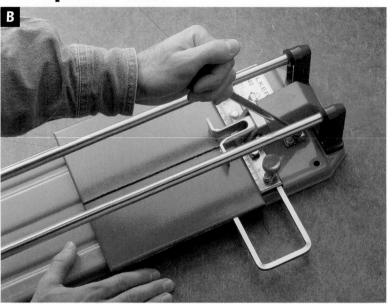

Tracez une ligne de coupe sur le carreau à l'aide d'un crayon ; placez ensuite le carreau dans le coupe-carreaux de manière que la molette soit directement sur la ligne. En pesant fermement sur la poignée de la molette vers le bas, faites rouler la molette sur la surface du carreau pour la rayer. La coupe sera nette si vous ne rayez le carreau qu'une fois.

Cassez le carreau le long de la rayure, en suivant les instructions du fabricant. Habituellement, on casse le carreau en abaissant brusquement un levier du coupe-carreaux..

Comment couper des carreaux céramiques : les scies à commande mécanique

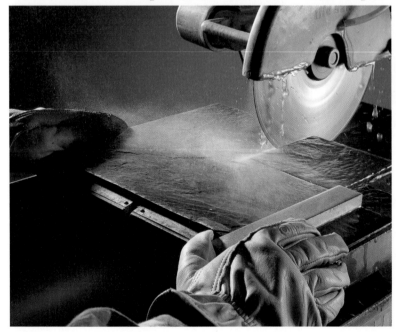

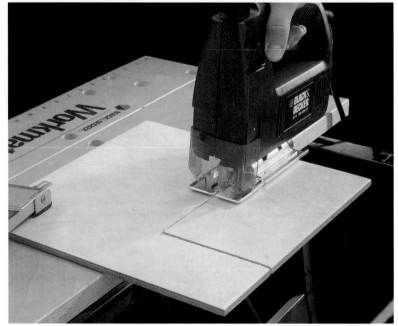

Les scies à carreaux (appelées aussi « scies à eau » parce qu'elles utilisent de l'eau pour refroidir les lames et les carreaux) servent surtout à couper les carreaux en pierre naturelle. Elles sont également utiles lorsqu'il faut faire rapidement des encoches dans toutes sortes de carreaux durs. Vous pouvez louer des scies à eau chez les marchands de carreaux et dans les centres de location.

Pour découper d'équerre des encoches, fixez le carreau sur une table porte-pièce et effectuez les coupes à l'aide d'une scie sauteuse munie d'une lame au carbure de tungstène. Si vous devez effectuer plusieurs encoches, la scie à eau est plus efficace. Vous pouvez également utiliser une scie au carbure (à main) pour faire ces découpes (voir page 209).

Comment couper des carreaux céramiques : le chantournage

A

Tracez une ligne de coupe courbe sur la surface du carreau et rayez le carreau en suivant cette ligne avec la molette d'un coupe-carreaux à main. Faites plusieurs rayures parallèles, distantes l'une de l'autre de ¼ po maximum, dans la partie à rejeter du carreau.

B

À l'aide d'une pince coupante à carreaux, coupez la partie rayée du carreau. **CONSEIL**: pour découper des ouvertures circulaires au milieu d'un carreau (étape G, page 269), commencez par rayer et casser le carreau de manière à diviser le futur trou en deux, en utilisant la méthode de la coupe droite; utilisez ensuite la méthode de la coupe courbe pour enlever le matériau à rejeter de chaque côté de la moitié du futur trou. Pour découper un trou dans un carreau plein, voir ci-dessous.

Comment couper des carreaux céramiques : les coupes spéciales

Pour couper une mosaïque de carreaux céramiques, utilisez un coupe-carreaux pour rayer les carreaux de la rangée à couper. Coupez la partie excédentaire de la feuille de mosaïque à l'aide d'un couteau universel et servez-vous ensuite d'un coupe-carreaux à main pour casser les carreaux, un à un. **NOTE**: utilisez une pince coupante à carreaux pour couper les parties étroites des carreaux après les avoir rayés.

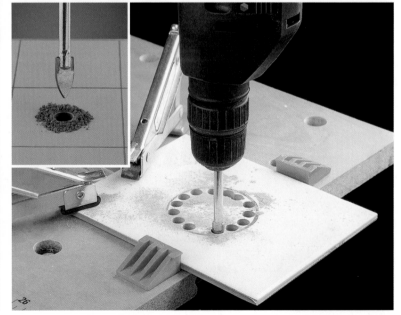

Découpez les trous des raccordements de plomberie et des autres obstacles en traçant le contour de ces ouvertures sur le carreau et en forant le carreau le long du contour, à l'aide d'un embout à carreaux céramiques (mortaise). Avec un marteau, frappez légèrement sur le morceau à rejeter. Les arêtes vives du trou seront couvertes par les plaques de protection des accessoires de plomberie (appelées «écussons» ou «rosaces»).

Installation des carreaux céramiques de plancher

Tracez les lignes de référence et établissez le schéma d'agencement des carreaux (voir pages 256-257). Préparez un lot de mortier à prise rapide et, à l'aide d'une truelle à encoches carrées de ¼ po, étendez uniformément le mortier le long des lignes d'installation d'un quadrant. Créez des sillons dans le mortier au moyen du bord dentelé de la truelle. **NOTE:** si vous devez installer des carreaux de grande taille ou de surface inégale, utilisez plutôt une truelle ayant des encoches de ⅜ po ou plus.

Placez le premier carreau dans le coin du quadrant, à l'intersection des lignes d'installation. **CONSEIL:** si le carreau a 8 po de côté ou plus, faites-le osciller légèrement autour de son centre en le pressant dans le mortier pour lui donner sa position finale.

À l'aide d'un maillet souple en caoutchouc, martelez légèrement la partie centrale de chaque carreau pour l'enfoncer uniformément dans le mortier.

VARIANTE: si vous installez des feuilles de carreaux mosaïques, utilisez une truelle à encoches en V de 3/16 po pour étendre le mortier, et un aplanissoir à coulis pour enfoncer les feuilles dans le mortier. Appuyez légèrement pour éviter de produire une surface inégale.

Placez des séparateurs en plastique aux coins du carreau pour garder un écartement constant entre les carreaux. **NOTE:** dans le cas de feuilles de carreaux mosaïques, placez entre elles des séparateurs dont la dimension correspond à l'écartement des carreaux de la feuille.

Placez les carreaux adjacents le long des lignes d'installation et pressez-les dans le mortier. Assurez-vous qu'ils appuient bien contre les séparateurs. Pour qu'ils soient tous au même niveau, posez un morceau droit de bois scié de 2 po x 4 po sur plusieurs carreaux à la fois et martelez-le avec un maillet en caoutchouc. Posez les carreaux sur le reste de la surface couverte de mortier. Répétez les étapes A à E, en travaillant toujours par petites sections, jusqu'à ce que vous atteigniez les murs ou des obstacles.

Prenez les mesures nécessaires et tracez la ligne de coupe sur chaque carreau que vous allez poser le long des murs ou dans les coins (voir page 258). Coupez les carreaux le long des lignes de coupe. Appliquez une couche de mortier à prise rapide directement au dos des carreaux coupés, plutôt que sur le plancher, en vous servant du bord denté de la truelle pour tracer des sillons dans le mortier. Posez les carreaux.

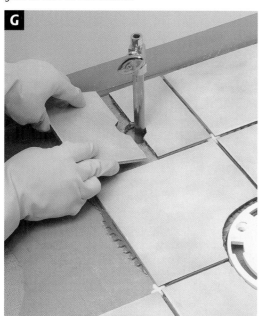

Prenez les mesures nécessaires, tracez, coupez et installez les carreaux qui doivent entourer ou contourner des obstacles tels que les tuyaux ou les drains de toilette.

À l'aide d'une pince à bec effilé, ôtez les séparateurs avant que le mortier ne durcisse. **CONSEIL**: inspectez les joints entre les carreaux et utilisez un couteau universel ou un petit tournevis pour faire disparaître les aspérités de mortier qui risquaient de transparaître à travers le coulis. Installez les carreaux dans les autres quadrants, en remplissant ceux-ci un par un.

Installez le seuil de chaque entrée de porte. Enfoncez le seuil dans une couche de mortier à prise rapide, de manière qu'il affleure les carreaux. Conservez le même espace entre le seuil et les carreaux qu'entre les carreaux eux-mêmes. Laissez sécher le mortier pendant au moins 24 heures.

Suite à la page suivante

Installation des carreaux céramiques de plancher (suite)

J

K

Préparez une petite quantité de coulis à plancher, en suivant les instructions du fabricant. **CONSEIL :** si les carreaux ne sont pas vernissés ou s'ils sont en pierre naturelle, ajoutez un additif contenant un agent anticollant, afin que le coulis n'adhère pas à la surface du carreau. Commencez dans un coin, en versant le coulis sur un carreau. À l'aide d'un aplanissoir en caoutchouc, étalez le coulis vers l'extérieur, en appuyant fermement sur l'aplanissoir pour remplir tous les joints et en vous éloignant du coin. Pour obtenir les meilleurs résultats, inclinez l'aplanissoir à 60° par rapport au plancher et effectuez des mouvements en forme de huit.

Enlevez l'excédent de coulis de la surface, au moyen de l'aplanissoir. Frottez les joints en diagonale, en tenant l'aplanissoir presque verticalement. Continuez d'appliquer du coulis et d'enlever l'excédent jusqu'à ce que les joints d'environ 25 pi^2 de la surface du plancher soient remplis de coulis.

L

M

Passez une éponge humide sur les carreaux, en diagonale, pour ôter l'excédent de coulis, et progressez de 2 pi^2 à la fois. Rincez l'éponge entre les passages. Ne passez qu'une fois sur chaque surface, pour éviter d'enlever le coulis des joints. Répétez les étapes J à L pour appliquer du coulis sur le reste du plancher. Laissez sécher le coulis pendant 4 heures environ, puis essuyez la surface avec un linge doux et sec pour enlever le mince film de coulis qui peut subsister.

Quand le coulis est complètement sec (vérifiez les instructions du fabricant à ce sujet), appliquez, sur tous les joints, un produit de scellement pour coulis, à l'aide d'un petit pinceau en mousse ou d'une brosse de pouce. Évitez de déposer du produit sur les carreaux et essuyez immédiatement tout excédent de produit de scellement.

Installation des carreaux de garniture

A

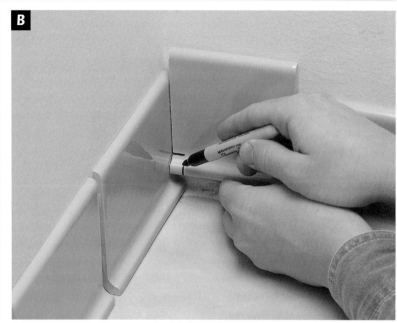

B

Placez les carreaux de garniture de manière à déterminer leur écartement (les lignes de coulis des carreaux de garniture ne coïncident pas nécessairement avec celles des carreaux du plancher). Aux coins extérieurs, utilisez des carreaux à bords arrondis et tracez les lignes de coupe nécessaires sur les carreaux de garniture.

Laissez un espace vide de ¹/₈ po entre les carreaux, dans les coins, pour la dilatation, et tracez le contour des encoches à tailler pour pouvoir ajuster les carreaux aux endroits où les bords se rencontrent. Utilisez une scie sauteuse munie d'une lame au carbure de tungstène pour chantourner les carreaux.

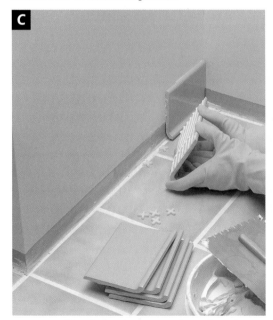

C

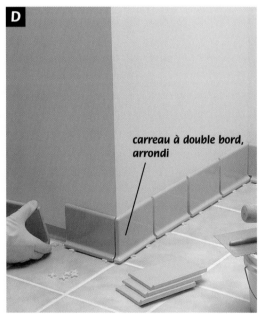

D

carreau à double bord, arrondi

E

Commencez l'installation des carreaux de garniture dans un coin intérieur. À l'aide d'une truelle dentelée, appliquez de l'adhésif murs-carreaux au dos de chaque carreau. Glissez des séparateurs de ¹/₈ po sous les carreaux afin de laisser un joint de dilatation à cet endroit. Posez les carreaux en les appuyant fermement contre le mur.

Aux coins extérieurs, placez un carreau à double bord qui est arrondi d'un côté, pour cacher le bord du carreau adjacent.

Après avoir laissé sécher l'adhésif, déposez du coulis dans les joints verticaux séparant les carreaux et le long des bords supérieurs des carreaux, en formant une ligne continue de coulis. Et après avoir laissé sécher le coulis, remplissez de pâte à calfeutrer à base de silicone le joint de dilatation laissé à la base des carreaux.

Installation de revêtements de sol en bois stratifié

Les revêtements de sol en bois ont un attrait indéniable, mais les revêtements traditionnels en bois dur, massif, coûtent cher, et leur installation est compliquée. Il existe heureusement toute une panoplie de produits en bois stratifié, conçus pour pouvoir être installés par un simple bricoleur. Ces produits sont aussi résistants, durables et attrayants que les revêtements traditionnels et offrent même quelques avantages supplémentaires.

Les revêtements en bois stratifié sont de deux types: les stratifiés de bois et les stratifiés de plastique. Les deux types sont conçus et préfinis pour résister aux chocs, aux rayages, aux taches et à la décoloration. Ils sont faciles à nettoyer et ne doivent jamais être poncés ou cirés.

Les stratifiés de bois sont constitués de plusieurs couches de bois massif (comme le contreplaqué) dont la couche supérieure est en authentique bois de placage. On les vend en lames ou en planches de 3 ou de 5 plis qui s'assemblent par rainure et languette. Leur fini en polyuréthane ou en résine acrylique est résistant et protège le plancher, bien que la plupart d'entre eux puissent être poncés et remis à neuf.

Les stratifiés de bois s'installent de plusieurs façons: on peut les clouer à un sous-plancher en bois, les coller, ou constituer un «parquet flottant» c'est-à-dire posé sur un sous-plancher ou un revêtement de sol existant. Le plancher flottant est formé d'une couche de mousse posée sur le sous-plancher et qui sert de support. Les lames ou les planches sont collées ensemble pour former une couche massive qui «flotte» sur la couche de mousse.

Les revêtements de sol en stratifiés de plastique sont formés de panneaux durs ou de panneaux de fibres sur lesquels on a imprimé une image photographique de bois ou de pierre, ou encore une couleur ou un motif. Ces produits se présentent sous la forme de carreaux, de lames, de planches et de pièces de garniture et de transition spéciales qu'on assemble par rainure et languette. Les stratifiés de plastique sont généralement plus minces que les stratifiés de bois, ce qui diminue la hauteur du plancher. Il faut également retenir que certains stratifiés de plastique ne sont pas recommandés dans les endroits humides.

Les carreaux de stratifiés de plastique se collent; les panneaux et les lames se collent ou s'installent comme un parquet flottant. Pendant l'installation, on utilise souvent des courroies de serrage pour resserrer les joints (vérifiez auprès du fabricant).

Le parquet est un autre revêtement de sol en bois stratifié. Il est souvent constitué de carrés de 12 po de côté, de bois massif ou formés de petites lames assemblées. On installe le parquet avec un adhésif, de la même manière qu'on installe les carreaux de vinyle (voir pages 256 à 259).

Outils: *cordeau traceur, scie circulaire, guide de coupe, scie à chantourner ou scie sauteuse, scie à onglets à commande mécanique (facultatif), truelle à encoches de $\frac{1}{8}$ po, barre à outil pour revêtements de sol en bois dur (facultatif), maillet, rouleau à planchers.*

Matériel: *revêtement de sol, adhésif pour plancher, colle à bois, carton, support de mousse, ciseaux, ruban-cache, morceaux de contreplaqué de $\frac{1}{2}$ po non utilisés.*

panneau de fibres

contreplaqué

parquet

Les matériaux pour revêtements en bois stratifié *comprennent: le panneau de fibres recouvert d'une couche de stratifié synthétique qui imite l'aspect de la fibre du bois (à gauche), le contreplaqué recouvert d'une mince couche de placage en bois dur (au centre) et le carreau de parquet constitué d'un assemblage de lames de bois dur, formant un motif décoratif (à droite).*

Conseils pour couper un revêtement de sol en bois

Entamez toujours les planches par le dos pour éviter de faire sauter des éclats de la surface supérieure. Pour installer la dernière lame le long d'un mur, mesurez la distance entre le mur et le bord de la dernière lame installée et soustrayez $\frac{1}{2}$ po pour la dilatation du bois. Marquez la ligne de coupe d'un trait de craie sur la planche.

Placez une autre planche à côté de celle que vous sciez, pour que le pied de la scie soit stable. Fixez également un guide de coupe sur les planches, à la bonne distance de la ligne de coupe pour que la coupe soit droite.

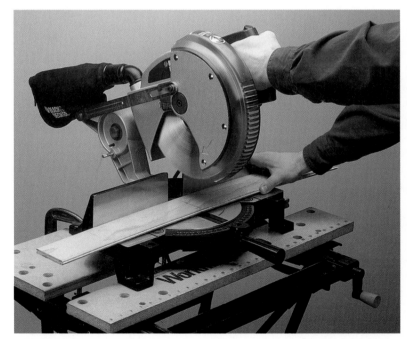

Faites les coupes transversales avec une scie à onglets à commande mécanique. Gardez la face supérieure de la pièce tournée vers le haut, pour éviter les éclats. Lorsque vous effectuez des coupes transversales avec une scie circulaire, placez le côté fini de la planche tourné vers le bas.

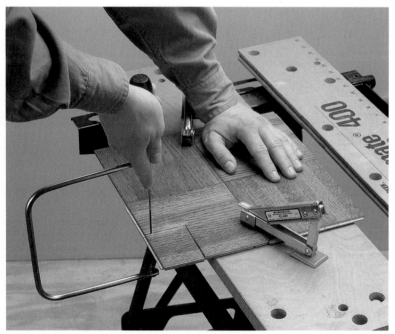

Utilisez une scie à chantourner ou une scie sauteuse pour effectuer des coupes courbes et des entailles. Si vous utilisez une scie sauteuse, le côté fini du revêtement doit être orienté vers le bas, si la lame de scie coupe vers le haut, et vice versa.

Installation des revêtements de sol en lames de parquet collés

A

B

C

Tracez une ligne d'installation à l'aide d'un cordeau traceur, à environ 30 po du mur le plus long. Travaillez en vous agenouillant du côté de la ligne le plus rapproché du mur.

Appliquez de l'adhésif de plancher de l'autre côté de la ligne d'installation, à l'aide d'une truelle dentelée de ⅛ po, en suivant les instructions du fabricant. Ne couvrez qu'une surface limitée, car vous devez pouvoir installer le revêtement et le rouler dans les 3 heures qui suivent (voir étape H).

Appliquez de la colle à bois dans la rainure de l'extrémité de la lame que vous installez. La colle aidera les joints des extrémités à demeurer serrés; n'appliquez pas de colle sur les côtés des lames.

D

E

Installez la première rangée de lames en veillant à ce que le bord des languettes soit dans le même plan vertical que la ligne d'installation. Assurez-vous que les extrémités sont bien jointives et essuyez immédiatement tout excédent de colle. Laissez un espace de ½ po le long de chacun des murs pour permettre au bois de se dilater. Cet espace sera caché par la plinthe et le quart-de-rond.

Pour installer les rangées de lames suivantes, insérez d'abord la languette de chaque lame dans la rainure de la rangée de lames précédente et posez ensuite la lame dans l'adhésif. Puis, faites glisser légèrement la lame pour que son extrémité et celle de la lame adjacente soient jointives. Veillez à décaler les joints d'extrémité d'une rangée à l'autre. **CONSEIL:** le long des murs, vous pouvez utiliser un marteau et une barre à outil pour revêtements en bois dur pour rendre la dernière lame et la précédente bien jointives (mortaise).

F

Après avoir installé trois ou quatre rangées de lames, frappez à l'aide d'un maillet et d'un morceau de lame inutilisé sur la tranche des lames de la dernière rangée, pour que les lames joignent bien. Tous les joints doivent être serrés.

G

Utilisez un gabarit en carton pour ajuster les lames dans les endroits dont le contour est irrégulier. Découpez le carton aux dimensions requises et laissez un espace de $^1/_2$ po le long des murs, pour permettre au plancher de se dilater. Tracez le contour du gabarit sur une lame et coupez la lame avec une scie sauteuse.

H

Continuez de poser les lames sur la section du plancher couverte de colle et terminez chaque section en passant un lourd rouleau à plancher (loué dans un centre de location) sur la surface, pour que le plancher adhère bien à la sous-couche. Terminez cette tâche dans les 3 heures qui suivent la pose de l'adhésif. Installez les autres sections du revêtement.

Installation d'un plancher flottant en bois

A

Déroulez la sous-couche en mousse recommandée par le fabricant. Découpez-la en bandes pour couvrir l'ensemble du plancher, et arrangez les bandes pour qu'elles se touchent sans se chevaucher. Joignez-les à l'aide de ruban-cache.

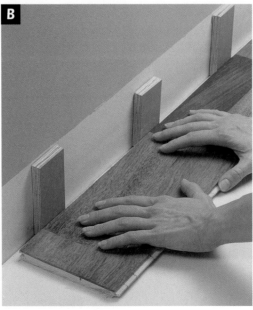

B

Découpez des séparateurs en contreplaqué de $^1/_2$ po d'épaisseur et placez-les tous les 8 po, le long du plus long mur. Posez la première rangée de lames, rainures contre séparateurs. Laissez les séparateurs en place jusqu'à la fin de l'installation.

C

Joignez les lames en collant les bords rainurés et les extrémités. Achevez l'installation en suivant la même méthode que celle utilisée pour les revêtements collés (étapes E à G).

Pose des moquettes

Au début, vous vous direz probablement que la pose d'une moquette doit prendre beaucoup de temps, mais lorsque vous serez habitué aux techniques et aux outils spéciaux, le travail vous paraîtra beaucoup plus facile à exécuter. Pour obtenir les meilleurs résultats, commencez par lire entièrement cette section (voir pages 276 à 295).

Pour réussir la pose des moquettes, il faut élaborer soigneusement un plan d'ensemble et organiser les tâches qu'il comprend. Ainsi, dans les grandes pièces où vous devrez sans doute assembler plusieurs morceaux de moquette, vous n'aurez plus qu'à suivre votre plan d'ensemble pour disposer les morceaux de manière que les joints soient invisibles ou se trouvent dans des endroits où il y a peu de passage.

Dans la plupart des cas, il faut tendre la moquette à l'aide d'outils spéciaux, et progresser suivant une séquence d'opérations soigneusement planifiée. Si vous êtes novice dans le domaine, familiarisez-vous avec les différentes techniques des joints, apprenez à tendre la moquette et à la découper en vous exerçant sur des morceaux non utilisés avant de commencer l'installation.

Au début des travaux, demandez l'aide de quelqu'un pour transporter les gros rouleaux de moquette, les placer et les découper. Une fois la moquette grossièrement en place, vous pourrez facilement achever seul le travail.

Si vous devez poser une moquette dans une pièce plus étroite que la largeur de la moquette, la tâche sera plus facile si vous déroulez la moquette dans un endroit dégagé – le sous-sol ou l'allée – et si vous la pliez ensuite lâchement dans le sens de la longueur pour la transporter à l'endroit voulu.

Assurez-vous d'utiliser la thibaude qui convient à la moquette que vous allez poser et conforme à l'usage que vous en ferez, et fixez-la en suivant les recommandations du fabricant. (La thibaude que vous recevez gratuitement avec la moquette n'est pas nécessairement celle que recommande le fabricant). Vérifiez, sur l'étiquette de la moquette, les renseignements concernant la garantie et les recommandations relatives à la thibaude à utiliser).

Dans le projet de pose d'une moquette, décrit dans les pages suivantes, on utilise une moquette standard. La pose d'une moquette à dossier en mousse est quelque peu différente : elle est coupée et jointe comme une moquette standard, mais on ne la tend pas et elle ne requiert pas de bandes à griffes. On la pose suivant la méthode à encollage complet (voir page 255).

Installation d'une moquette : aperçu des différentes étapes

Installez les raccords dans les entrées de porte et aux endroits où la moquette rencontre d'autres revêtements de sol (voir pages 284-285).

Installez, le long du contour de la pièce, des bandes à griffes qui serviront à attacher la moquette, puis déroulez la thibaude, coupez-la aux dimensions voulues et agrafez-la au plancher (voir pages 286-287).

Déroulez la moquette et coupez-la grossièrement pour qu'elle entre dans la pièce. Là où c'est nécessaire, joignez deux morceaux de moquette à l'aide de ruban thermocollant pour joints (voir pages 288 à 291).

Utilisez un tendeur à levier et un coup de genou pour tendre la moquette et l'attacher aux bandes à griffes; coupez ensuite l'excédent de moquette le long des bords (voir pages 292 à 294).

Estimation et achat d'une moquette

Choisir une moquette, ce n'est pas seulement choisir une couleur et un motif. Le matériau joue aussi un rôle important, car il détermine sa durabilité: pour les zones à fort passage telles que les vestibules, choisissez une moquette en fibres de première qualité: elle s'usera moins rapidement.

Le mode de fabrication de la moquette – c'est-à-dire la manière dont les fibres sont attachées au dossier – influence son aspect et sa durabilité. Votre décision peut

également être influencée par la largeur de moquette disponible, car un rouleau dont la largeur vous permet de couvrir toute la pièce vous épargnera un joint. Lorsque les joints sont inévitables, calculez la surface complète à couvrir et ajoutez 20% pour les joints et les bordures.

Le type de moquette que vous choisissez déterminera le type de thibaude que vous utiliserez: vérifiez toujours les étiquettes des échantillons de moquette pour

connaître les recommandations du fabricant à ce sujet. Les propriétés de la moquette et celles de la thibaude se conjuguent pour former un système de revêtement de sol plus ou moins approprié; il paraît donc logique d'utiliser une thibaude de la meilleure qualité. En plus de rendre votre moquette plus confortable sous le pied, la thibaude rend le plancher plus silencieux et plus chaud. Une thibaude de première qualité prolongera la vie de votre moquette.

Les étiquettes *apposées au dos des échantillons vous apprennent habituellement la composition de la fibre, les largeurs disponibles (normalement 12 et 15 pi), les traitements anti-taches et les autres produits de finition à appliquer, ainsi que les détails de la garantie.*

Les thibaudes *sont fabriquées dans différents matériaux: la mousse d'uréthane collée (A), le caoutchouc spongieux (B), la mousse dense greffée (C), l'uréthane dense (D). La thibaude en uréthane collée convient aux endroits à faible passage, l'uréthane dense et la mousse dense greffée conviennent mieux aux endroits à fort passage. En général, les moquettes en velours coupé, en velours bouclé et en velours bouclé à longs poils donnent de meilleurs résultats avec des thibaudes denses ou collées, en uréthane ou en caoutchouc, de moins de ⁷/₁₆ po d'épaisseur. Pour les moquettes berbères et autres moquettes à dossier raide, utilisez une thibaude en mousse d'uréthane collée ou en caoutchouc spongieux de ³/₈ po. La qualité des thibaudes en mousse est fonction de leur densité: plus elles sont denses, meilleures elles sont. Celle des thibaudes en caoutchouc est fonction de leur poids: plus elles sont lourdes, meilleures elles sont.*

Conseils pour évaluer les moquettes

Lorsque vous choisissez une moquette, considérez la composition de la fibre et choisissez les matériaux dont les caractéristiques répondent aux besoins de votre application.

Type de fibres	Caractéristiques
Nylon	Facile à nettoyer, durable, résiste bien aux taches; se décolore parfois sous l'effet de la lumière directe du soleil.
Polyester	Excellente résistance aux taches, très souple lorsque le poil est coupé long; ne se décolore pas au soleil.
Oléfine	Ne se tache pas, ne se décolore pas; résiste à l'humidité et ne se charge pas d'électricité statique; ni aussi souple que le nylon, ni aussi douce que le polyester.
Acrylique	Aspect et douceur au toucher semblables à ceux de la laine, bonne résistance à l'humidité; moins durable que les autres fibres synthétiques.
Laine	Fibre luxueuse d'aspect et agréable au toucher, bonne durabilité, chaude; plus coûteuse et moins résistante aux taches que les fibres synthétiques.

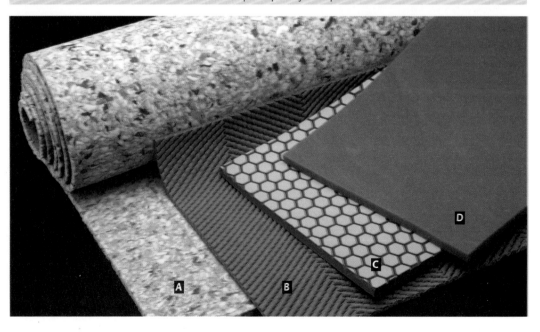

Production des moquettes

La surface supérieure d'une moquette, appelée «velours», est constituée de boucles de fil poussées à travers un matériau de support. Les boucles sont soit laissées intactes, soit coupées par le fabricant, selon l'effet désiré. La plupart des moquettes vendues aujourd'hui sont fabriquées en fibre synthétique telle que le nylon, le polyester et l'oléfine, même si la moquette en laine naturelle a toujours la cote.

Pour juger de la qualité d'une moquette, utilisez la règle empirique qui consiste à examiner la densité du velours. Une moquette qui comprend un grand nombre de fibres par unité de surface résistera mieux à l'écrasement, refoulera mieux les taches et la saleté et sera plus durable qu'une moquette dont le velours est moins dense.

Par **moquette à dos collé**, on entend qu'un dossier en mousse est collé à la moquette, ce qui élimine le besoin d'utiliser une thibaude. Cette moquette est facile à installer puisqu'il ne faut ni la tendre, ni l'attacher; on la fixe au plancher avec de l'adhésif tout usage, un peu comme s'il s'agissait de feuilles de vinyle à encollage complet. La moquette à dos collé coûte habituellement moins cher que la moquette traditionnelle, mais elle est généralement de moins bonne qualité.

La **moquette à velours bouclé** a un aspect texturé, ce qui est dû aux extrémités arrondies des boucles de fil non coupées qui ont été poussées à travers le dossier. La distribution des boucles est soit laissée au hasard, soit arrangée suivant un dessin déterminé, comme l'arête de poisson. La moquette à velours bouclé est idéale pour les zones à fort passage, car les boucles résistent à l'écrasement.

Parmi les velours de tous les types de moquettes, c'est la **moquette à velours coupé** qui a le velours le plus dense. Le velours est coupé de manière que la couleur demeure uniforme quelle que soit la direction dans laquelle on brosse les poils. Ce type de moquette convient bien aux séjours.

La **moquette à velours coupé saxe**, appelée aussi peluche, est fabriquée pour mieux résister à l'écrasement et au tassement que les velours des autres moquettes. Le poil est coupé en biseau, ce qui donne à la moquette un aspect moucheté.

à dos collé

velours bouclé

velours coupé

velours coupé saxe

Examinez le dossier de la moquette, ou «trame». Si la trame est serrée (à gauche), cela signifie généralement que la moquette sera plus durable et résistera mieux à la saleté que si la trame est plus lâche (à droite).

Estimation et achat des moquettes (suite)

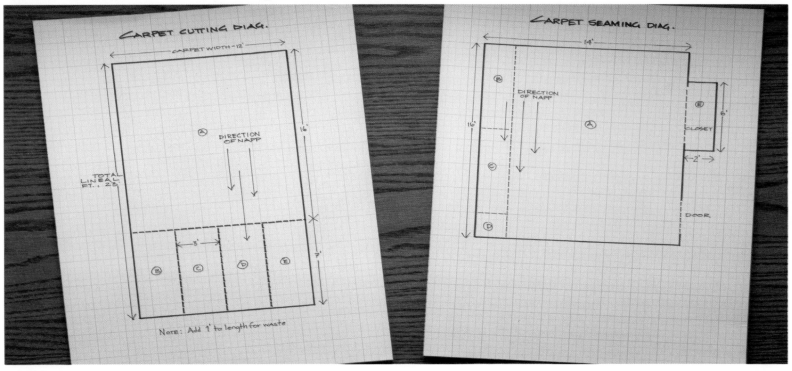

Faites deux dessins: un à l'échelle du rouleau de moquette du fabricant et un autre représentant le plancher à recouvrir. À l'aide de ces dessins, prévoyez les coupes à réaliser et l'agencement des morceaux de moquette. Dans les grandes pièces, vous installerez le plus souvent un grand morceau de moquette de la largeur du rouleau offert par le fabricant et plusieurs morceaux plus petits, que vous joindrez définitivement au premier morceau. Tenez compte des conseils qui suivent lorsque vous concevrez le plan d'ensemble; souvenez-vous que les morceaux de moquette doivent être surdimensionnés pour que vous puissiez les joindre très précisément et découper soigneusement leurs bords. Une fois terminés, vos dessins vous indiqueront la longueur de moquette dont vous avez besoin.

inclinaison du poil s'éloignant de l'observateur

poil incliné vers l'observateur

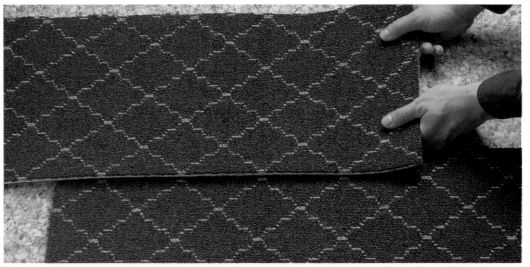

Gardez le poil incliné dans la même direction. Le poil des moquettes est généralement incliné, ce qui modifie l'aspect de la moquette selon l'angle d'observation, à cause de la réflexion de la lumière par la surface. Placez les morceaux de manière que le poil des morceaux joints soit toujours incliné dans la même direction.

N'interrompez pas le motif lorsque vous joignez deux morceaux de moquettes. Comme il faut absolument respecter ce principe, l'installation des moquettes à motif produit toujours plus de déchets. Par exemple, si le motif d'une moquette se répète tous les 18 po, il faut prévoir 18 po de moquette supplémentaire si l'on veut que le motif ne soit pas interrompu au joint. Les échantillons de moquette indiquent les mesures à considérer pour que le motif se répète sans interruption.

Ajoutez 3 po à chaque bord de joint lorsque vous estimez la longueur de moquette dont vous aurez besoin. Cette longueur supplémentaire vous permettra de couper des bords droits aux joints.

Ajoutez 6 po à chaque bord longeant un mur. Vous enlèverez cet excédent lorsque vous couperez la moquette aux dimensions exactes de la pièce.

Prévoyez un morceau de moquette séparé pour couvrir le plancher des placards et joignez-le à la moquette recouvrant le plancher de la pièce.

marche

contremarche

Pour estimer la dimension de moquette requise pour un escalier, additionnez les mesures des marches et des contremarches. Mesurez ensuite la largeur de l'escalier pour savoir combien de bandes vous devrez découper dans le rouleau fourni par le fabricant. Par exemple, si l'escalier a 3 pi de large, vous pourrez, en tenant compte des déchets, couper trois bandes dans un rouleau de 12 pi de large. Plutôt que de joindre les bandes de l'escalier bout à bout, prévoyez d'installer les bandes de manière qu'elles se rejoignent dans le fond des marches (voir page 294). Mais, si c'est possible, recouvrez tout l'escalier au moyen d'une seule bande de moquette.

Outils et matériel d'installation des moquettes

Pour installer une moquette, vous avez besoin de certains outils spéciaux tels que le coup de genou et le tendeur à levier. Vous trouverez ces outils dans la plupart des centres de location et chez les marchands de moquette.

Le coup de genou et le tendeur à levier servent à tendre une moquette avant de l'attacher aux bandes à griffes, installées le long des murs de la pièce.

Le tendeur à levier est l'outil le plus efficace des deux, et vous devriez l'utiliser pour tendre la plus grande partie possible de la moquette. Le coup de genou doit plutôt servir à tendre la moquette dans les endroits que vous ne pouvez atteindre avec le tendeur à levier, comme les placards.

Pour bien installer une moquette, il faut la tendre en suivant une séquence logique d'opérations. Commencez par attacher la moquette dans une entrée de porte ou dans un coin et, à l'aide du tendeur à levier et du coup de genou, tendez la moquette en vous éloignant de l'endroit où elle est attachée et en vous dirigeant vers les murs opposés.

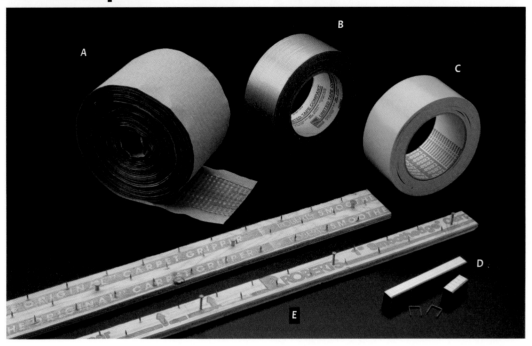

Le matériel d'installation comprend le ruban de joint à colle chaude (A), utilisé pour joindre les morceaux de moquette ; le ruban adhésif entoilé (B), utilisé pour joindre les morceaux de thibaude ; le ruban double face (C), utilisé pour attacher une thibaude à un plancher de béton ; les agrafes (D), qui permettent d'attacher la thibaude à la sous-couche ; les bandes à griffes (E), qui servent à retenir les bords de la moquette tendue.

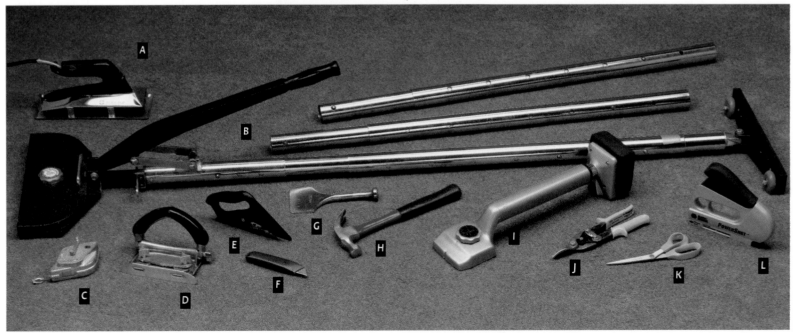

Les outils d'installation comprennent le fer à joints (A), le tendeur à levier et ses rallonges (B), le cordeau traceur (C), le rognoir (D), le couteau à suivre les rangs de la trame (E), le couteau universel (F), l'outil pour marche d'escalier (G), le marteau (H), le coup de genou (I), la cisaille type aviation (J), les ciseaux (K) et l'agrafeuse (L).

Comment utiliser un coup de genou

Le coup de genou (et le tendeur à levier) sont munis de dents qui agrippent la trame de la moquette pour la tendre. Réglez la profondeur des dents en tournant le bouton sur la tête du coup de genou. Les dents doivent s'enfoncer suffisamment pour agripper la trame sans pénétrer dans la thibaude.

Placez la tête du coup de genou à quelques pouces du mur pour éviter de déloger les bandes à griffes, et frappez fermement du genou le coussin de l'outil, pour tendre la moquette. Accrochez la moquette aux bandes à griffes pour la maintenir en place.

Comment utiliser un tendeur à levier

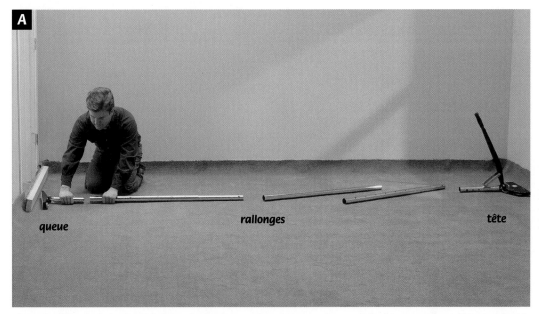

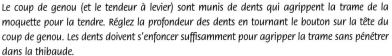

Alignez les éléments du tendeur à levier sur le plancher, en plaçant la queue à un endroit où la moquette est déjà attachée et la tête juste devant le mur opposé. Assemblez les rallonges en les faisant coulisser de manière que la queue repose contre le mur ou le bloc de départ et que la tête se trouve à environ 5 po du mur opposé.

Réglez les dents de la tête de l'outil pour qu'elles agrippent la moquette (voir étape A, ci-dessus). Pour tendre la moquette, abaissez le levier placé sur la tête de l'outil. Ce mouvement devrait faire avancer la moquette d'environ 2 po.

Installation des raccords de moquette

Les entrées de porte et autres endroits de raccordement demandent un traitement spécial lors de l'installation de la moquette. Le matériel et les techniques de raccordement sont nombreux et dépendent de la hauteur et de la nature du revêtement de sol de la surface voisine (voir photos, à droite).

Pour raccorder une moquette à un plancher qui se trouve au même niveau que la base de la moquette, ou plus bas, fixez au plancher une latte de fixation de tapis en métal et attachez la moquette à l'intérieur de la latte. On utilise souvent ce raccord là où une moquette rencontre un plancher en vinyle ou carrelé. On trouve les lattes de fixation de tapis dans des longueurs qui correspondent aux largeurs standard des portes ou en bandes plus longues.

Pour raccorder une moquette à un plancher qui est plus haut que la base de la moquette, utilisez des bandes à griffes, comme si le plancher voisin était un mur. On utilise fréquemment ce type de raccord là où la moquette rencontre un plancher en bois dur.

Pour raccorder une moquette à une autre moquette de même hauteur, joignez les deux morceaux au moyen de ruban de joint à colle chaude (voir pages 290-291).

Pour raccorder deux moquettes de hauteur et de texture différentes dans une entrée de porte, installez des bandes à griffes et un seuil de porte en bois dur. Les seuils sont prêts à installer et ils sont munis de trous forés à l'avance pour recevoir des vis.

Outils: *scie à métaux, marqueur, couteau universel, coup de genou, outil pour marche d'escalier, règle rectifiée.*

Matériel: *matériaux de raccordement, bloc de bois.*

latte de fixation de tapis, en métal

bande à griffes et coincement

ruban à joint à colle chaude

seuil en bois dur

Comment faire des raccords avec des lattes de fixation de tapis en métal

Mesurez une latte de fixation de tapis, coupez-la à la bonne longueur et clouez-la en place. Dans les entrées de porte, le côté plié vers le haut doit se trouver dans le plan axial de la porte lorsque celle-ci est fermée. Pour installer ce type de latte sur du béton, voir page 286.

Déroulez, coupez et raccordez la moquette. Pliez-la à l'endroit du raccordement et marquez-la au crayon pour la couper : le bord de la moquette doit arriver à une distance de $1/8$ po à $1/4$ po du bord plié de la latte, de manière qu'on puisse la tendre pour l'introduire dans le pli de métal.

À l'aide d'un coup de genou, tendez la moquette pour qu'elle s'engage bien dans le pli de la latte. Appuyez la moquette sur les pointes au moyen d'un outil pour marche d'escalier. Ensuite, repliez le bord de la latte sur la moquette, vers le bas, en la frappant à l'aide d'un marteau et d'un bloc de bois.

Comment faire des raccords avec des bandes à griffes

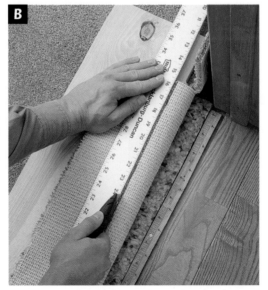

Installez une bande à griffes, en laissant un espace équivalant aux $2/3$ de l'épaisseur de la moquette, pour pouvoir ajuster les bords. Déroulez, coupez et raccordez la moquette. Marquez les bords de la moquette, à $1/8$ po environ au-delà du point où elle rencontre le plancher voisin.

À l'aide d'une règle rectifiée et d'un couteau universel, coupez l'excédent de moquette. Tendez la moquette vers la bande au moyen d'un coup de genou et enfoncez-la ensuite dans les griffes de la bande.

À l'aide d'un outil pour marche d'escalier, coincez le bord de la moquette dans l'interstice entre la bande à griffes et le plancher voisin.

Installation des thibaudes et des bandes à griffes

La méthode la plus facile pour attacher une moquette consiste à installer des bandes à griffes tout autour de la pièce et, une fois ces bandes installées, à dérouler la thibaude qui servira de support à la moquette.

Les bandes à griffes standard de ³/₄ po de large conviennent à l'installation de la plupart des moquettes. Pour les moquettes reposant sur du béton, utilisez des bandes à griffes plus larges, qui s'attachent à l'aide de clous de maçonnerie. Soyez prudent en manipulant les bandes à griffes, car leurs pointes acérées sont dangereuses. Aux endroits où la moquette rencontre une entrée de porte ou un autre type de revêtement de sol, installez les raccords appropriés (voir pages 284-285).

Installez des bandes à griffes près des murs, en laissant un espace équivalant environ aux ²/₃ de l'épaisseur de la moquette. Assurez-vous que les pointes inclinées des bandes à griffes sont dirigées vers les murs. Coupez la thibaude et installez-la pour qu'elle arrive juste contre les bandes. Les thibaudes ont souvent un côté lisse. Pour des renseignements sur le choix d'une thibaude, voir page 278.

Outils: cisaille type aviation, couteau universel, agrafeuse.

Matériel: bandes à griffes, clous, thibaude, ruban entoilé.

Installation des bandes à griffes

Commencez par clouer les bandes à griffes au plancher, dans un coin, en conservant un petit espace vide entre les bandes et les murs (voir photo, haut de la page). Utilisez un morceau non utilisé de contreplaqué ou de carton comme séparateur.

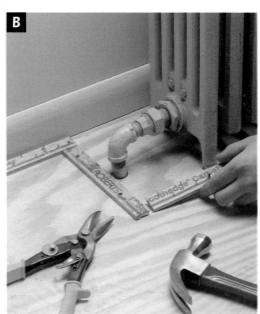

À l'aide d'une cisaille type aviation, coupez les bandes à griffes autour des radiateurs, des encadrements de portes et des autres obstacles.

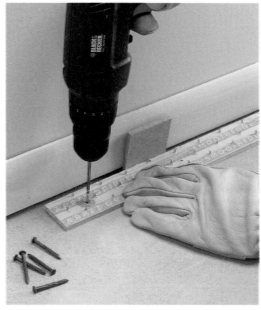

VARIANTE: sur un plancher en béton, utilisez des bandes à griffes plus larges. Forez des avant-trous à travers les bandes, dans le plancher, avec un embout de maçonnerie et attachez ensuite les bandes en plantant des clous de maçonnerie cannelés de 1¹/₂ po.

Installation d'une thibaude

Déroulez suffisamment de thibaude pour recouvrir tout le plancher. Assurez-vous que les bandes sont jointives aux raccords. Si un côté de la thibaude est plus lisse que l'autre, placez-le vers le haut, il vous sera ainsi plus facile de faire glisser la moquette en place lors de l'installation.

À l'aide d'un couteau universel, coupez l'excédent de thibaude le long des bords. La thibaude doit toucher les bandes à griffes sans les recouvrir.

Collez les joints avec du ruban entoilé et agrafez ensuite la thibaude au plancher, tous les 12 po.

VARIANTE: pour fixer une thibaude à un plancher en béton, collez du ruban double face le long des bandes à griffes, le long des joints, et en «X» à travers le plancher.

Comment couper une moquette et faire les raccords

A

Placez le rouleau de moquette contre un mur, l'extrémité libre remontant d'environ 6 po sur le mur, et déroulez la moquette jusqu'à ce qu'elle atteigne le mur opposé.

B

Le long du mur opposé, marquez un trait sur le dos de la moquette, à chaque bord, environ 6 po plus loin que le point de contact de la moquette avec le mur. Tirez sur la moquette pour l'écarter du mur, afin que les marques soient visibles.

C

Joignez les deux marques par une ligne tracée sur le dos de la moquette. Placez un morceau de contreplaqué non utilisé en dessous de la partie à couper pour protéger le reste de la moquette et la thibaude pendant la coupe. Coupez la moquette le long de la ligne, en utilisant une règle rectifiée et un couteau universel.

VARIANTE: Si vous voulez éviter de couper les boucles d'une moquette à velours bouclé, coupez la moquette placée à l'endroit, à l'aide d'un couteau à suivre les rangs de la trame (voir page 282). Commencez par plier la moquette le long de la ligne de coupe pour séparer les poils (photo de gauche) et former un sillon le long de cette ligne de séparation. Puis, placez la moquette à plat et coupez-la dans le poil, le long de la ligne de séparation. Progressez lentement pour que la coupe soit droite et nette.

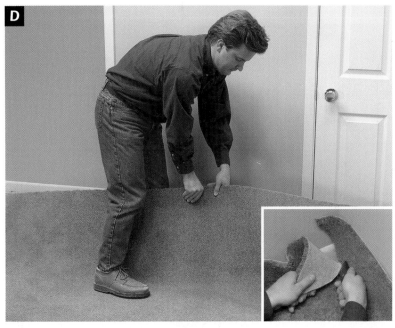

Près des murs, relevez le bord de la moquette entre vos jambes et poussez-la du pied jusqu'à ce qu'elle remonte d'environ 6 po le long du mur et qu'elle lui soit parallèle. Dans les coins, éliminez les ondulations en entaillant la moquette en biais, avec un couteau universel, pour pouvoir l'aplatir. Soyez prudent: faites des entailles de quelques pouces seulement, afin de ne pas couper dans la partie utile de la moquette.

Suivez votre plan de raccordement (voir pages 280-281) pour mesurer et couper les morceaux de moquette qui vous permettront d'achever l'installation. N'oubliez pas de prévoir, pour chacun d'eux, un surplus de 6 po le long de chaque mur et de 3 po à chaque bord pour pouvoir les raccorder. Posez les morceaux à leur place en vous assurant que leur poil est toujours dirigé dans la même direction.

Enroulez le grand morceau de moquette du côté qui sera raccordé et, à l'aide d'un cordeau traceur, tracez une ligne droite représentant le bord du raccord, à environ 2 po du bord du rouleau. Arrêtez la ligne à 1 1/2 pi environ de chaque extrémité de la moquette, là où elle ondule à cause des murs.

Placez un morceau de bois inutilisé sous la ligne de coupe, pour protéger la moquette pendant la coupe. À l'aide d'une règle rectifiée et d'un couteau universel, coupez soigneusement la moquette le long de la ligne de craie. Pour terminer la coupe jusqu'aux bords de la moquette, repliez chaque bord suivant un angle suffisant pour qu'il repose à plat et prolongez la coupe suivant la ligne de craie à l'aide d'une règle rectifiée et d'un couteau universel.

Suite à la page suivante

Comment couper une moquette et faire les raccords (suite)

H Coupez les bords droits des raccords des plus petits morceaux de moquette qui doivent être assemblés. Ne coupez pas les bords qui seront raccordés au morceau de moquette principal avant d'avoir assemblé les petits morceaux.

OPTION: déposez un cordon continu de colle à joint le long des bords coupés du dossier, à l'endroit des joints, pour que la moquette ne s'effiloche pas.

I Branchez le fer à joints et, pendant qu'il chauffe, mesurez et coupez des morceaux de ruban à joints à colle chaude pour tous les joints. Commencez par assembler les petits morceaux de moquette pour former un grand morceau. Centrez le ruban sous le joint, adhésif vers le haut.

J Posez le fer à joints sous la moquette, à l'extrémité du ruban, jusqu'à ce que l'adhésif devienne liquide, c'est-à-dire pendant environ 30 secondes. Déplacez ensuite le fer sur le ruban, en chauffant 12 po de ruban à la fois et en laissant retomber la moquette sur l'adhésif chaud, derrière le fer. Posez des poids à l'extrémité du joint pour tenir les morceaux en place.

K Appuyez les bords de la moquette l'un contre l'autre dans l'adhésif ramolli, derrière le fer. Séparez les poils de la moquette avec les doigts, pour que les fibres ne s'engluent pas dans la colle et que les deux bords soient bien jointifs; ensuite, placez une planche lestée sur le joint, pour qu'il reste plat pendant que l'adhésif sèche.

VARIANTE: pour éviter qu'il ne se forme des espaces aux joints d'une moquette à velours bouclé, utilisez un coup de genou pour pousser légèrement les bords de la moquette l'un contre l'autre pendant que l'adhésif est encore chaud.

Continuez d'assembler les petits morceaux de moquette. Quand l'adhésif est sec, retournez les morceaux assemblés et coupez un nouveau bord de raccordement comme dans les étapes F et G (voir page 289). Réchauffez le ruban à l'extrémité de chaque joint et enlevez-en environ 1 ¹/₂ po pour qu'il ne recouvre pas le ruban adhésif du morceau principal.

Utilisez du ruban à joints à colle chaude pour attacher les morceaux assemblés au morceau principal, en répétant les étapes I à K.

Si vous installez de la moquette dans un placard, coupez un morceau d'appoint et attachez-le au morceau principal de la moquette au moyen de ruban à joints à colle chaude, en utilisant la technique expliquée plus haut.

CONSEIL : aux endroits des radiateurs, des tuyaux et des autres obstacles, entaillez la moquette. Commencez par découper une fente allant du bord de la moquette à l'obstacle et faites ensuite les découpes transversales nécessaires pour que la moquette contourne l'obstacle.

CONSEIL : pour poser une moquette qui contourne un mur de séparation, aux endroits où les bords du mur ou l'encadrement de porte rencontrent le plancher, coupez la moquette en diagonale, en partant du centre du bord remonté et en descendant vers les points de rencontre des arêtes du mur avec le plancher.

Comment tendre et attacher une moquette

Avant de tendre la moquette assemblée, lisez cette section au complet et adoptez la même séquence d'opérations pour tendre votre moquette. Commencez par attacher la moquette au seuil d'une entrée de porte, en utilisant les raccords appropriés (voir pages 284-285).

Si l'entrée de porte se trouve près d'un coin, utilisez un coup de genou pour attacher la moquette aux bandes à griffes, entre la porte et le coin. Attachez également quelques pieds de moquette le long du mur adjacent, en avançant vers le coin.

2 po × 4 po

Queue

Utilisez un tendeur à levier pour étirer la moquette vers le mur opposé à la porte, en supportant la queue du tendeur à l'aide d'un morceau de bois scié de 2 po x 4 po, placé en travers de l'entrée de porte. Attachez la moquette aux bandes à griffes au moyen d'un outil pour marche d'escalier ou de la tête d'un marteau (mortaise). En laissant la queue du tendeur à sa place et en déplaçant seulement la tête de celui-ci, continuez à tendre et à attacher la moquette le long du mur, en vous dirigeant vers le coin le plus rapproché et à raison de 12 à 24 po à la fois.

Le tendeur à levier toujours étendu entre l'entrée de porte et le mur opposé, attachez la moquette aux bandes à griffes, le long du mur le plus rapproché, en utilisant le coup de genou et en commençant près du coin le plus rapproché de la queue du tendeur. Ne relâchez le tendeur que s'il se trouve dans votre chemin.

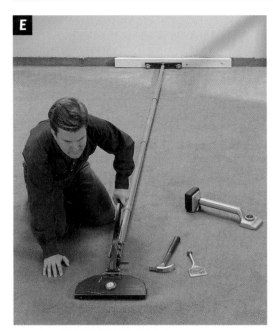

Replacez le tendeur de manière que sa queue appuie contre le centre du mur auquel vous venez d'attacher la moquette (étape D). Tendez et attachez la moquette le long du mur opposé, en partant du centre et en progressant vers un coin. **NOTE**: si un des murs adjacents contient un placard, progressez vers le mur, pas vers le placard.

À l'aide d'un coup de genou, tendez et attachez la moquette dans le placard (le cas échéant). Tendez et attachez tout d'abord la moquette contre le mur arrière, puis contre les murs de côté. Après avoir tendu et attaché la moquette dans le placard, utilisez le coup de genou pour attacher la moquette le long des murs à côté du placard. Ne relâchez le tendeur que s'il se trouve dans votre chemin.

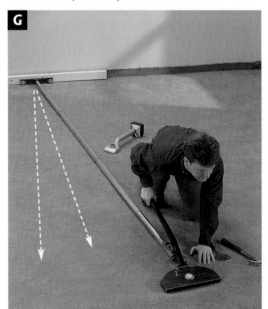

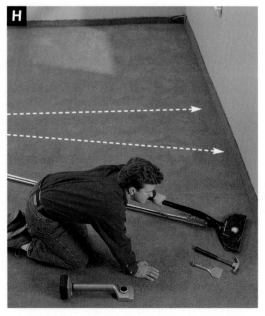

Replacez la tête du tendeur au centre du mur et terminez d'attacher la moquette le long de ce mur, en vous dirigeant vers l'autre coin de la pièce.

Placez le tendeur pour pouvoir attacher la moquette le long du dernier mur de la pièce, en partant du centre et en progressant vers les coins. Le bloc support de la queue doit se trouver contre le mur opposé.

CONSEIL: repérez les évents de planchers se trouvant sous la moquette et découpez des ouvertures à l'aide d'un couteau universel à ces endroits, en commençant au centre de l'évent. Il est important de ne faire ces découpes qu'après avoir tendu la moquette.

Suite à la page suivante

Comment tendre et attacher une moquette (suite)

Utilisez un rognoir pour couper l'excédent de moquette le long des murs. Pour achever le travail dans les coins, utilisez un couteau universel.

À l'aide d'un marteau et d'un outil pour marche d'escalier, enfoncez les bords coupés de la moquette dans les interstices entre les bandes à griffes et les murs.

Pose de la moquette sur un escalier

Si c'est possible, recouvrez l'escalier avec de la moquette d'un seul tenant. Si vous devez utiliser plusieurs morceaux, posez-les de manière qu'ils se rencontrent au fond d'une marche. Arrangez-vous pour ne pas avoir de joints au beau milieu d'une marche ou d'une contremarche.

Dans ce projet-ci, on a affaire à un escalier encloisonné. Si l'escalier est ouvert, rabattez les bords de la moquette et fixez-les à l'aide de clous de tapis.

Prenez les dimensions de votre escalier pour déterminer la surface de moquette nécessaire (voir page 281) et coupez-la à la bonne dimension (voir page 288).

> **Outils:** règle rectifiée, couteau universel, cisaille type aviation, agrafeuse, outil pour marche d'escalier, coup de genou.
>
> **Matériel:** moquette, thibaude, bandes à griffes, clous de tapis.

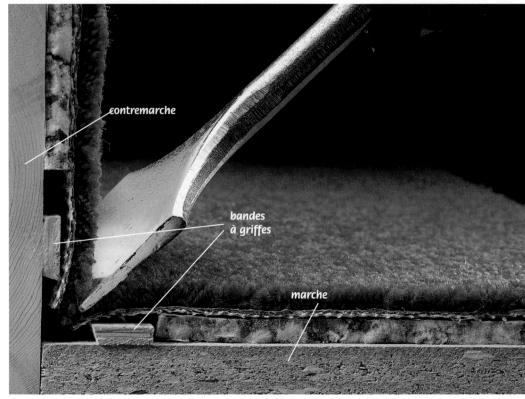

contremarche

bandes à griffes

marche

Sur les escaliers, fixez des bandes à griffes sur les marches et sur les contremarches. Lorsqu'on doit poser deux ou plusieurs morceaux de moquette, ceux-ci doivent se rencontrer au fond de la marche (à l'endroit où celle-ci rencontre la contremarche).

A Fixez des bandes à griffes sur les marches et les contremarches. Sur les contremarches, placez les bandes à 1 po environ au-dessus des marches; sur les marches, placez les bandes à environ ³/₄ po des contremarches. Assurez-vous que les pointes des bandes sont inclinées vers le fond de la marche. Sur la contremarche inférieure, laissez un espace égal aux ²/₃ de l'épaisseur de la moquette.

B Pour chaque marche, coupez un morceau de thibaude dont la longueur soit égale à la largeur de la marche et qui soit assez large pour couvrir la marche et quelques pouces de sa contremarche. Agrafez la thibaude à sa place.

C Placez la moquette sur l'escalier, le poil dirigé vers le bas. Attachez le bord inférieur à l'aide d'un outil pour marche d'escalier, en enfonçant l'extrémité de la moquette entre la bande à griffes et le plancher.

D À l'aide d'un coup de genou et d'un outil pour marche d'escalier, tendez la moquette vers la bande à griffes de la première marche et attachez-la. Commencez au centre de la marche et alternez ensuite les coups de genou de part et d'autre, jusqu'à ce que la moquette soit complètement attachée à la marche.

E À l'aide d'un marteau et d'un outil pour marche d'escalier, coincez fermement la moquette dans le fond de la marche. Répétez l'opération pour chaque marche.

F Lorsque deux morceaux de moquette se rencontrent, commencez par attacher le bord du morceau supérieur, puis tendez et attachez le morceau inférieur.

TRANSFORMATION DU
ƒOUS-SOL ET DU COMBLE

Planification du projet **298**

    Évaluation de votre sous-sol. **298**

    Évaluation de votre comble **300**

    Escaliers. **302**

    Traitement de l'humidité
        dans les sous-sols **303**

    Planification de la charpente **306**

    Addition ou agrandissement des
        fenêtres du sous-sol **308**

    Planification de l'installation
        des systèmes **309**

    Conception d'un appartement
        situé au sous-sol **312**

**Préparation des planchers
    du sous-sol** **314**

**Construction des planchers
    du comble** **318**

Couvrir les murs de fondation **322**

Charpente de soffites et de caissons. . **327**

**Construction de murs nains
    dans un comble** **330**

Charpente des plafonds du comble. . . **332**

Isolation et ventilation des toits **334**

Installation d'un foyer à gaz **336**

Construction d'un bar. **343**

**Addition d'étagères encastrées
    dans les murs nains** **350**

Construction de boîtes d'éclairage . . . **354**

Planification du projet

À première vue, la plupart des combles et des sous-sols semblent se prêter à des travaux d'aménagement, mais ces travaux ne sont pas toujours réalisables: certains de ces endroits sont trop exigus, ou les plafonds sont trop bas, ou les risques d'inondation rendent le projet trop hasardeux. Dans certains cas, l'aménagement doit être précédé de travaux de préparation coûteux. Par conséquent, avant de penser sérieusement à aménager ces endroits, examinez la situation en vue de découvrir ce qui vous attend et les changements qui seront nécessaires.

Le meilleur moyen d'étudier le projet d'aménagement de votre comble ou de votre sous-sol, c'est de consulter le code du bâtiment local. Vous y trouverez les exigences à respecter dans votre région en ce qui concerne l'aménagement des séjours, et ce code régira tous les aspects de votre projet. Le code donne toutes les précisions utiles, de la hauteur libre minimale à respecter, au nombre de prises de courant que vous devez installer. Vous trouverez probablement une copie du code dans votre librairie locale, mais il vaut souvent mieux s'enquérir des exigences auprès des fonctionnaires du Service de la construction.

Cette section vous aidera tout d'abord à étudier les possibilités qu'offre votre sous-sol ou votre comble, puis à commencer la planification du projet de transformation. Vous pouvez réaliser vous-même la majeure partie de cette tâche; et pour le reste, vous pouvez faire appel à des professionnels. Si l'étude du projet d'aménagement du comble ou du sous-sol est positive, demandez à un architecte, un ingénieur ou un entrepreneur en bâtiments d'examiner l'endroit et les éléments qui seront touchés par le projet.

Vous pouvez utiliser les plans d'origine de la maison pour trouver les données sur sa structure et situer les canalisations. Si vous ne possédez pas ces plans, adressez-vous au constructeur de votre maison ou à la municipalité, qui vous en fournira un exemplaire.

Évaluation de votre sous-sol

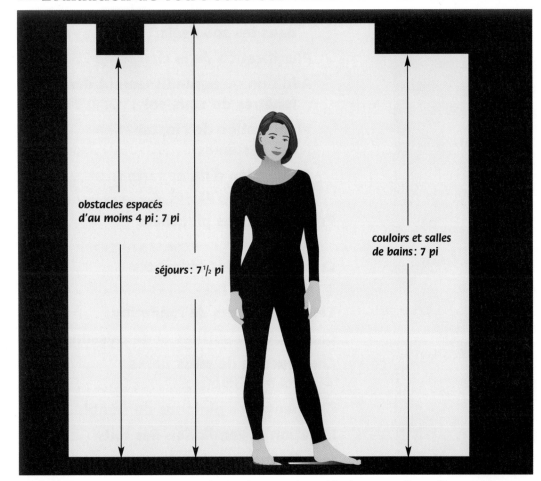

obstacles espacés d'au moins 4 pi: 7 pi

séjours: 7 ½ pi

couloirs et salles de bains: 7 pi

La hauteur libre des sous-sols est souvent restreinte par des poutres, des conduits, des tuyaux et d'autres éléments. La figure montre les hauteurs de plafond normales: 7 ½ pi dans les salles de séjour; 7 pi dans les salles de bains et les couloirs; 7 pi dans le cas des obstacles espacés d'au moins 4 pi.

Deux facteurs peuvent mettre fin à tout projet d'aménagement d'un sous-sol: la hauteur libre insuffisante et l'humidité. Commencez votre examen en mesurant la distance entre le plancher du sous-sol et le bas des solives du plancher du rez-de-chaussée. La plupart des codes du bâtiment exigent que le plafond fini des salles de séjour ait une hauteur minimale de 7 ½ pi, mesurée du plancher fini à la partie la plus basse du plafond fini. Toutefois, on admet généralement que certains obstacles tels que des poutres, des soffites et des tuyaux (espacés d'au moins 4 pi entre leurs axes) arrivent 6 po plus bas que cette hauteur. Les plafonds des couloirs et des salles de bains doivent avoir normalement une hauteur minimale de 7 pi.

S'il est presque impensable d'exhausser le plafond d'un sous-sol, on peut parfois contourner les difficultés que posent les exigences du code en déplaçant les conduits et les tuyaux ou en dissimulant les poutres et autres obstacles dans les murs ou les placards ou en les sortant de l'espace de séjour. Certains codes autorisent une hauteur de plafond inférieure dans certains cas, une salle de jeu, par exemple. Si la hauteur libre pose problème, parlez-en aux représentants du Service de la construction local avant de renoncer à votre rêve.

Si votre sous-sol satisfait aux exigences de la hauteur libre, passez au point suivant: l'humidité. Vous trouverez une étude complète du sujet dans la section Traitement de l'humidité dans les sous-sols, aux pages 303 à 305. N'oubliez pas que vous devrez régler les problèmes d'humidité avant d'entamer les travaux d'aménagement.

Le déplacement des canalisations de service et des installations mécaniques fait rapidement grimper le coût d'un projet; vous devez donc examiner soigneusement les possibilités qui s'offrent.

Les solives et autres membres de l'ossature qui sont affaiblis ou trop petits doivent être renforcés ou remplacés.

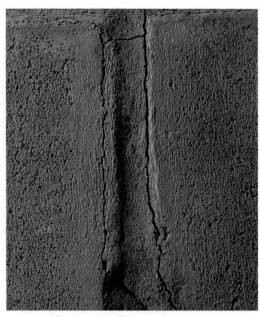

On peut sceller les petites fissures telles que celles-ci dans les murs de maçonnerie et les planchers, et les oublier par la suite, tandis que les fissures importantes sont le signe de sérieux problèmes de structure.

Un sous-sol bien construit constitue une excellente structure de base pour les travaux d'aménagement, mais avant de couvrir les murs, le plancher et le plafond, vérifiez s'il ne recèle aucun problème latent. Inspectez minutieusement la maçonnerie. Des lézardes peuvent indiquer un mouvement de sol autour de la fondation; des murs bombés ou qui ne sont plus d'aplomb sont le signe d'une structure trop faible. Les petites fissures impliquent souvent un problème d'humidité plutôt que de structure, mais il faut les colmater pour éviter qu'elles ne se propagent. Adressez-vous à un ingénieur ou à un entrepreneur en fondations si vous avez besoin d'aide pour résoudre vos problèmes. Si votre maison est ancienne, les solives du plancher du rez-de-chaussée s'affaissent peut-être ou certains poteaux ou poutres en bois peuvent être pourris; tout élément de charpente défectueux doit être renforcé ou remplacé.

Vous devez également examiner les installations mécaniques situées au sous-sol. L'emplacement du chauffe-eau, des tuyaux, des fils électriques, des boîtes électriques, de la chaudière et des conduits peuvent influer considérablement sur le coût de votre projet et sur les difficultés de sa réalisation. Pourrez-vous contourner certains obstacles ou faudra-t-il déplacer ces éléments? La hauteur libre est-elle suffisante pour vous permettre d'installer un plafond et faire en sorte que les éléments mécaniques demeurent accessibles? Ou allez-vous devoir déplacer les tuyaux et les conduits pour augmenter la hauteur libre? Les électriciens et les entrepreneurs en CVC peuvent vous aider à évaluer vos installations et vous suggérer des modifications.

En plus d'être souvent des endroits sombres et effrayants, les sous-sols non finis peuvent contenir des éléments toxiques. Le radon, un gaz radioactif existant à l'état naturel, incolore et inodore, fait partie des éléments qu'on rencontre couramment. Il paraît que l'exposition prolongée à des doses élevées de radon peut causer le cancer des poumons. Aux États-Unis, l'Environmental Protection Agency (voir page 503) distribue gratuitement des publications qui peuvent vous aider à déceler la présence de radon dans l'atmosphère et à réduire sa présence dans votre maison. Vous pouvez commencer par effectuer un test à «court terme» en utilisant une trousse vendue dans les quincailleries ou les maisonneries. Recherchez la mention «Répond aux exigences de l'EPA» pour être sûr que la trousse vous fournira des renseignements exacts. N'oubliez pas que les tests à court terme ne sont pas aussi valables que des tests professionnels, réalisés sur une plus longue période. Si votre test révèle une teneur élevée en radon, adressez-vous à un spécialiste en la matière.

L'amiante présente dans l'isolation, qu'on a fréquemment utilisée dans les vieilles maisons pour isoler les conduits et les tuyaux de chauffage, fait partie des autres dangers que peuvent receler les sous-sols. Dans la plupart des cas, on peut laisser cet isolant en place s'il est en bon état et s'il est à l'abri d'éventuels dommages. Si vous craignez que cet isolant constitue un danger, entrez en contact avec un entrepreneur spécialisé dans l'élimination de l'amiante, qui examinera la situation et enlèvera éventuellement l'isolant en toute sécurité.

Vérifiez les dispositions des codes locaux concernant les sorties des sous-sols finis; la plupart d'entre eux exigent deux sorties. L'escalier constitue normalement la première, la seconde pouvant être une porte qui donne sur l'extérieur, une fenêtre de secours (voir page 15), ou une descente de cave de type «bulkhead» (un escalier extérieur et une trappe). Chaque chambre à coucher doit également comprendre une fenêtre de secours ou une porte d'évacuation.

Les escaliers doivent eux aussi répondre aux exigences des codes. Si le vôtre n'est pas conforme, vous devrez probablement le faire reconstruire. Reportez-vous à la page 302 pour avoir un aperçu des exigences à respecter pour les escaliers.

Finalement, si vous avez l'intention d'aménager le sous-sol d'une nouvelle maison, demandez au constructeur combien de temps vous devrez attendre avant de pouvoir réaliser votre projet. Les murs et les planchers coulés en béton doivent avoir le temps de sécher avant qu'on les recouvre. Vous devrez peut-être attendre deux ans – selon les endroits – si vous ne voulez courir aucun risque.

Évaluation de votre comble

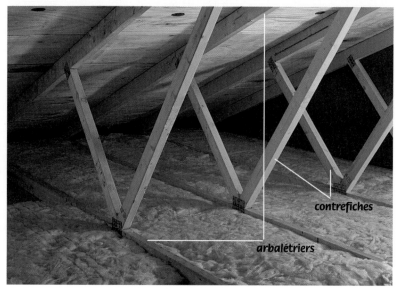

La charpente de chevrons *laisse plus d'espace libre parce que les chevrons supportent la plus grande partie du poids de la toiture.*

Les fermes *sont constituées d'un assemblage d'arbalétriers, d'entraits et de contrefiches, qui occupent la majeure partie de l'espace du comble.*

Commencez l'évaluation de votre comble par une rapide inspection de la charpente. Si le toit est supporté par des chevrons, vous pouvez sauter ce test et passer au suivant. S'il est supporté par des fermes, trouvez d'autres moyens d'augmenter l'espace de séjour dans votre maison. Les éléments des fermes laissent peu d'espace libre dans le comble et il est exclus de les modifier.

L'étape suivante consiste à vérifier la hauteur libre et la surface de plancher. La plupart des codes du bâtiment exigent une hauteur libre de 7½ pi au-dessus de plus de 50 % de la surface de plancher « utilisable »; et on entend par « surface de plancher utilisable » la surface du plancher distante de 5 pi ou plus du plafond. N'oubliez pas que ces hauteurs minimales s'appliquent à des espaces finis, c'est-à-dire après l'installation des revêtements du plancher et du plafond. D'autres

facteurs tels que le renforcement de la charpente du plancher et l'augmentation de l'épaisseur des chevrons ou de l'isolation peuvent intervenir dans le calcul de la hauteur libre du comble.

Vous constaterez peut-être que certains supports du comble renforcent le toit, mais limitent l'espace utilisable. Le entraits retroussés (voir page 301) sont des planches horizontales qui joignent deux chevrons opposés dans le tiers supérieur de leur portée, les empêchant d'être soulevés par grand vent. On peut parfois les relever de quelques pouces, mais on ne peut pas les enlever. Les liens de chevrons joignent les chevrons dans le tiers inférieur de leur portée, pour les empêcher de s'écarter. Dans la plupart des combles, c'est le plafond ou les solives de plancher qui jouent le rôle de liens de chevrons. Les pannes sont des planches horizontales, perpendiculaires aux chevrons et supportées par des arbalétriers. Ces systèmes raccourcissent la portée des chevrons, ce qui permet d'utiliser des chevrons de moindre section. Vous serez peut-être autorisé à remplacer les pannes et les arbalétriers par des murs nains. Si vous croyez devoir modifier ou déplacer un système de support, soumettez le problème à un architecte ou un ingénieur.

Les chevrons mêmes doivent aussi subir un examen méticuleux. Inspectez-les afin de déceler toute trace de contraintes ou de dommages tels que les fissures, l'affaissement ou l'infestation par les insectes. La présence de parties foncées indique des fuites dans la toiture. Si vous découvrez une fuite et que la couverture du toit a dépassé sa durée de vie, faites-la réparer ou remplacer avant d'entreprendre des travaux de finition dans le comble. Et même si les chevrons paraissent en bon état, ils peuvent être trop faibles pour supporter le poids supplémentaire des maté-

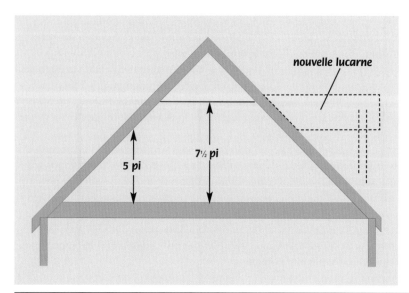

Les salles de séjour *doivent avoir une surface totale minimale de 70 pi² et mesurer au moins 7 pi dans chaque direction. Pour répondre aux exigences des codes en matière de hauteur libre, il faut que 50 % de la surface utile du plancher ait une hauteur minimale de 7½ pi. Vous pouvez augmenter la surface du plancher et la hauteur libre en ajoutant des fenêtres formant saillie, appelées lucarnes. En plus d'augmenter la surface de plancher, les lucarnes donnent de la lumière au comble et améliorent sa ventilation.*

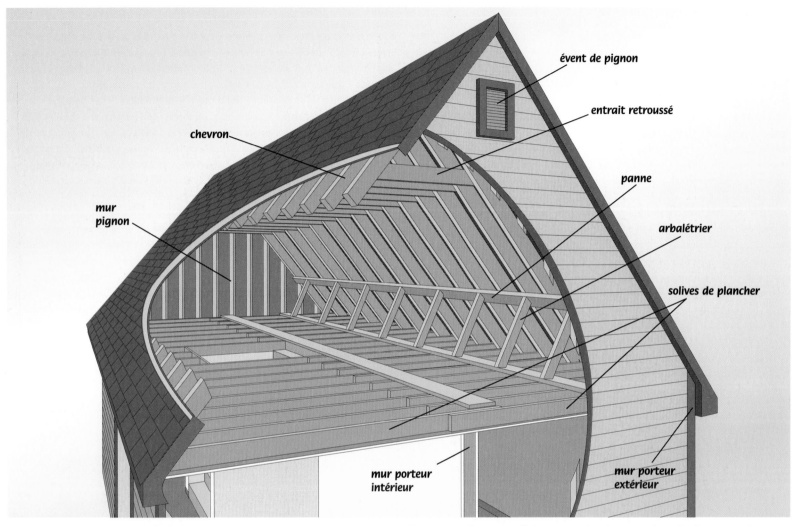

évent de pignon

entrait retroussé

chevron

panne

mur
pignon

arbalétrier

solives de plancher

mur porteur
intérieur

mur porteur
extérieur

riaux de finition. Les chevrons de faible section peuvent également créer un problème s'ils n'offrent pas suffisamment d'espace pour l'isolation.

À ce stade, il est bon de faire vérifier la structure du comble par un professionnel, c'est-à-dire les chevrons et tous les éléments de charpente à partir du plancher. Dans certains cas, aménager un comble revient à ajouter un étage à la maison, et la structure de la maison doit pouvoir le supporter. La plupart du temps, le plancher d'un comble est construit en fonction de la charpente du plafond de l'étage du dessous et n'est donc pas conçu pour supporter le poids d'un espace de séjour. Vous pouvez renforcer le plancher du comble à l'aide de solives supplémentaires, appelées solives sœurs, ou en installant de nouvelles solives entre les solives existantes.

Le support du comble est assuré par les murs porteurs, situés en dessous et, finalement, par la fondation. Si ces éléments ne peuvent supporter le poids du comble, il faut les renforcer, ce qui peut être soit relativement simple – si l'on renforce les murs à l'aide de panneaux de contreplaqué, par exemple – soit très compliqué, s'il faut ajouter des poteaux et des poutres, ou renforcer la fondation.

En plus d'étudier ces questions de structure, vous devez également considérer certaines exigences des codes lorsque vous inspectez les combles de votre maison.

Si vous avez l'intention d'ajouter une chambre à coucher, elle devra posséder au moins une sortie donnant sur l'extérieur, qui peut être une porte donnant sur un escalier extérieur, ou une fenêtre de secours (voir page 15). La plupart des codes stipulent des valeurs minimales en matière de ventilation et d'éclairage naturel. Vous devrez donc peut-être envisager l'addition de fenêtres ou de lanterneaux.

L'accès au comble constitue une des principales dépenses de finition : vous devrez construire un escalier permanent d'au moins 36 po de large et prévoir un palier de 36 po de côté à la base et au sommet de celui-ci. Il s'agit là d'un élément important de la planification parce que l'addition d'un escalier influe sur l'agencement du comble, sur la circulation à cet étage et sur l'agencement des pièces à l'étage du dessous. La page 302 donne d'autres renseignements sur les normes à respecter lors de la construction d'un escalier.

Pour terminer, faites l'inventaire des installations mécaniques du comble. Il est relativement facile de déplacer les éléments de la plomberie et les fils électriques, mais il faut soigneusement planifier d'autres travaux tels que l'installation d'un foyer, par exemple. C'est le moment de faire inspecter votre cheminée par un agent des services d'incendie et d'obtenir les spécifications du code du bâtiment relatives à une charpente entourant une cheminée.

Escaliers

Le comble ou le sous-sol finis doivent être accessibles en toute sécurité, mais l'escalier que vous avez l'habitude d'utiliser ne répond pas nécessairement aux exigences du code du bâtiment concernant les espaces finis. Aussi, si vous devez prévoir un nouvel escalier, il faut en planifier soigneusement la construction et trouver l'endroit idéal pour l'installer.

La plupart des codes du bâtiment stipulent que les escaliers doivent avoir une largeur minimale de 36 po et une hauteur libre minimale de 6 pi 8 po. Chaque marche doit avoir une profondeur minimale de 10 po et, chaque contremarche, une hauteur maximale de 7 3/4 po. Les escaliers doivent être éclairés, de préférence par des luminaires commandés par des interrupteurs tripolaires.

La rampe, obligatoire si l'escalier a deux marches ou plus, est un élément important. Elle doit être fixée à une distance de 34 à 38 po au-dessus des marches, avoir un diamètre compris entre 1 1/2 po et 2 po et être écartée d'au moins 1 1/2 po du mur. Au bas de l'escalier, la rampe doit aboutir dans le mur et être coudée, ou se terminer par un appui. La rampe doit courir d'un point situé à la verticale de la marche inférieure à un point situé à la verticale de la marche supérieure.

Pour améliorer l'accessibilité du comble ou du sous-sol finis, il est recommandé d'installer deux rampes – une de chaque côté de l'escalier – et de les prolonger aux deux extrémités par des sections horizontales, de 12 po au-delà de la marche supérieure, et de 12 po, plus la profondeur d'une marche, au-delà de la marche inférieure. Si vous disposez d'un espace suffisant, vous pouvez construire un escalier dont les marches sont plus profondes et les contremarches moins hautes, ce qui en facilitera l'utilisation par des personnes physiquement handicapées.

N'oubliez pas de tenir compte des travaux de finition lors de la conception de l'escalier. Les marches doivent être aussi uniformes que possible et la hauteur des contremarches ne doit pas varier de plus de 3/8 po. L'installation d'un carrelage ou d'un sous-plancher épais arrivant contre la première contremarche en diminuera la hauteur, ce qui créera une situation dangereuse, non conforme aux exigences des codes. Il est possible de modifier en conséquence les plans d'un nouvel escalier, mais un escalier existant n'offre pas la même latitude.

Lorsque vous concevez un nouvel escalier, tenez compte de l'effet qu'il aura sur les lieux qui l'entourent et de la circulation qu'il entraînera sur les deux planchers. Un escalier droit, standard, occupera environ 50 pi² d'espace de plancher à l'étage inférieur, et 35 à 40 pi² à l'étage supérieur. Comme les escaliers en L et en U tournent respectivement à 90° et 180°, ils permettent de gagner de l'espace. Les escaliers à marches gironnées sont des escaliers en L dont le changement de direction est produit par la disposition des marches en quartier tournant plutôt que par un palier, ce qui permet de donner une inclinaison plus prononcée à l'escalier dans un endroit exigu.

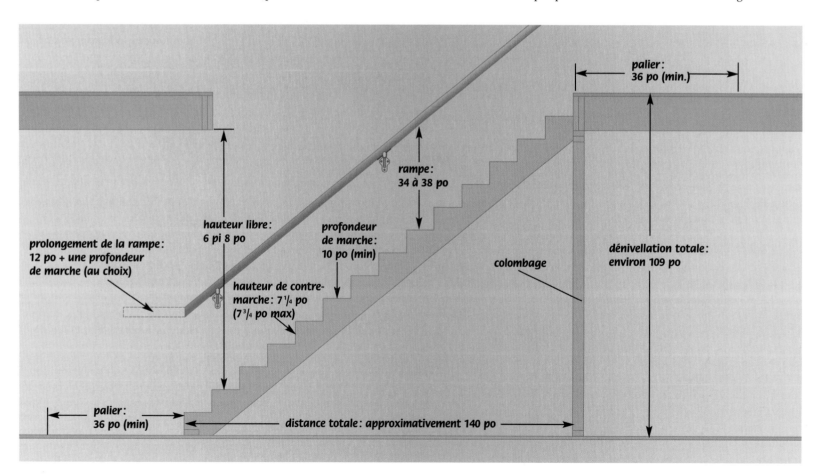

Traitement de l'humidité dans les sous-sols

La présence d'humidité dans le sous-sol peut anéantir toutes vos velléités de créer un espace de séjour. Avec le temps, l'humidité, même présente en petite quantité, peut entraîner le pourrissement de la charpente, ramollir les plaques de plâtre et favoriser la formation de moisissure. Il est heureusement possible de résoudre la plupart des problèmes dus à l'humidité, mais avant de vous lancer dans votre projet, vous devrez attendre de voir si les travaux entrepris à cette fin portent des fruits. Pour être certain que votre sous-sol demeure sec à longueur d'année, vous devrez peut-être attendre un an ou plus après l'achèvement de la maison pour entreprendre les travaux, mais le temps et les sommes qui sont en jeu justifient cette attente.

L'humidité se manifeste sous deux formes dans les sous-sols : la condensation et l'infiltration. La condensation, c'est la transformation en eau de la vapeur d'eau présente dans l'air qui entre en contact avec des surfaces froides. Les sources habituelles de vapeur d'eau sont l'air humide extérieur, les électroménagers mal ventilés, les murs humides et les petites quantités d'eau provenant du béton. L'infiltration n'est rien d'autre que la pénétration d'eau dans le sous-sol soit par les anfractuosités de la fondation, soit par lixiviation, à travers la maçonnerie. Les infiltrations sont souvent dues à un drainage extérieur inefficace de l'eau de pluie, ou de l'eau souterraine entourant la fondation ou provenant d'un relèvement du niveau de la nappe phréatique.

Si la présence d'humidité dans votre sous-sol vous a causé des problèmes par le passé, vous savez probablement quand survient cette situation, mais vous ne savez probablement pas quelle en est la raison. Même si votre sous-sol est sec depuis longtemps, inspectez-le en vue de découvrir d'éventuels problèmes d'humidité. Les signes habituels d'humidité sont les suivants : peinture qui s'écaille, dépôts blanchâtres sur la maçonnerie, taches de moisissure, ressuage des fenêtres et des tuyaux, pieds rouillés des électroménagers, bois qui pourrit près du plancher, carreaux de plancher qui gondolent ou se soulèvent, odeur de moisissure.

Si vous avez décelé un problème d'humidité, essayez d'en déterminer la cause. Faites un premier test pour déterminer s'il s'agit de condensation ou d'infiltration : pour ce faire, étalez un morceau carré de plastique ou de feuil d'aluminium sur le plancher et un autre sur un des murs extérieurs de la fondation. Collez les quatre côtés de chaque morceau à l'aide de ruban-cache. Examinez les morceaux deux jours plus tard. Si l'humidité s'est déposée sur la surface du morceau, vous avez probablement affaire à un problème de condensation ; si l'humidité s'est déposée en dessous du morceau, vous avez sans doute un problème d'infiltration.

Pour réduire la condensation, faites marcher un déshumidificateur dans la partie la plus humide du sous-sol. Isolez les tuyaux d'eau froide pour empêcher l'égouttement de l'eau qui se condense sur leurs parois et assurez-vous que les vapeurs du séchoir et des autres électroménagers sont évacuées à l'extérieur. Une installation centrale d'air climatisé dans le sous-sol peut réduire la quantité de vapeur d'eau à cet endroit pendant les mois chauds et humides.

Les vides sanitaires favorisent également la formation de condensation lorsque l'air chaud et humide de l'extérieur pénètre par les évents et rencontre l'air plus froid de l'intérieur. La ventilation des vides sanitaires fait l'objet d'un éternel débat, et il n'existe pas de méthode s'appliquant à tous les climats. La meilleure solution consiste à demander conseil au Service local de la construction ou à un entrepreneur de l'endroit expérimenté.

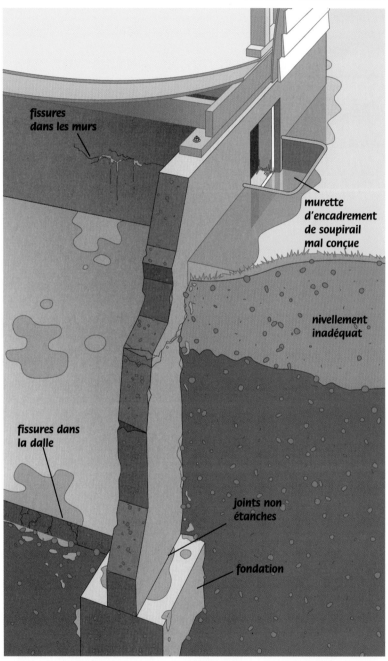

Les causes les plus courantes d'humidité dans le sous-sol sont le nivellement inadéquat du terrain entourant la fondation, les systèmes de gouttières défectueux ou inappropriés, l'humidité et la condensation, les fissures dans les murs de fondation, le manque d'étanchéité des joints entre les éléments de la structure, et les murettes d'encadrement de soupirail mal conçues. Les problèmes plus importants proviennent de larges fissures dans la fondation, de tuiles de drainage manquantes ou endommagées, du niveau élevé de la nappe phréatique ou de ruissellements souterrains. Ils sont d'ailleurs souvent causés par une combinaison de plusieurs de ces facteurs.

Suite à la page suivante

Traitement de l'humidité dans les sous-sols (suite)

Les solutions aux problèmes d'infiltration sont variées; elles peuvent aller de simples travaux à la portée des bricoleurs, aux ouvrages coûteux réservés aux professionnels, qui requièrent parfois des travaux d'excavation et de fondation. Comme il est souvent difficile de déterminer la cause d'une infiltration d'eau, il est bon de tenter d'apporter différentes solutions au problème avant de demander l'intervention d'un professionnel. Commencez par vérifier la pente du terrain qui entoure la maison. Les six premiers pieds du sol qui entourent la fondation doivent avoir une pente descendante de 1 po par pied, lorsqu'on s'éloigne de la

fondation, et de ³/₄ po par pied ensuite. Utilisez un niveau, une longue planche et un mètre à ruban pour vérifier cette pente et corrigez-la si nécessaire en relevant le niveau du sol autour de la fondation, pour améliorer le drainage.

Ensuite, vérifiez les descentes pluviales et les gouttières. Dégagez les gouttières et bouchez les trous éventuels. Assurez-vous que les gouttières ont une pente d'environ ¹/₁₆ po par pied vers les descentes pluviales. Il est également très important de les prolonger et d'installer des blocs parapluie pour que l'eau pluviale du toit ne pénètre dans le sol qu'à 8 pi minimum de la fondation.

Les murettes d'encadrement de soupirail favorisent les infiltrations d'eau dans les sous-sols, et la meilleure façon de garder ces endroits secs est de les couvrir de gaines amovibles en plastique. Si vous préférez garder l'endroit ouvert, ajoutez une couche de gravier et un drain au fond de l'ouverture, et ôtez régulièrement les débris humides qui s'y accumulent. Vous trouverez d'autres détails sur les murettes d'encadrement de soupirail à la page 308.

gouttière: pente de ¹/₁₆ po par pi vers la descente pluviale

descente pluviale

pente: descendante, de 1 po par pi jusqu'à 6 pi de la fondation

prolongement de la descente pluviale

bloc parapluie

Pour déceler la présence de condensation ou d'infiltration, *(ci-dessus) collez un morceau carré de feuil d'aluminium sur le plancher ou sur le mur. La présence d'humidité sur le feuil est un signe de condensation; la présence d'humidité en dessous du feuil est un signe d'infiltration.*

Améliorez votre système de gouttières et la pente du sol entourant la fondation *(à gauche) pour empêcher l'eau de pluie et la neige fondante d'inonder votre sous-sol. Enlevez les détritus des gouttières et maintenez-les en bon état. Assurez-vous qu'il existe au moins une descente pluviale tous les 50 pi d'avant-toit et prolongez la tuyauterie de la descente pluviale jusqu'à 8 pi de la fondation. Relevez le niveau du sol contre la fondation pour que la pente du sol éloigne l'eau de la maison.*

Pour arrêter les infiltrations d'eau dans le sous-sol, colmatez les fissures dans les murs et le plancher de la fondation. Utilisez un produit de scellement pour maçonnerie lorsque les fissures ont moins de 1/4 po de large et du ciment hydraulique pour les fissures plus larges. On peut aussi réduire l'humidité du sous-sol en appliquant, sur toute la surface murale, un revêtement intérieur, un hydrofuge pour maçonnerie, par exemple. Cependant, il faut savoir qu'en scellant la fondation de l'intérieur pour empêcher l'apparition occasionnelle d'humidité, on ne résout pas le problème en profondeur, quoi que prétende le fabricant du produit.

Si ces mesures simples ne corrigent pas la situation dans votre sous-sol, vous devrez prendre d'autres mesures, plus radicales. Pour résoudre les problèmes sérieux d'humidité, on a habituellement recours au drainage de la fondation ou à un puisard. Les drains de fondation, qu'on installe tout autour de la fondation, éloignent l'eau de la fondation. On utilise cette solution conjointement à l'application d'un hydrofuge sur les murs de la fondation. Dans le cas des puisards, on utilise un tuyau de drainage, installé en dessous de la dalle de la fondation, qui recueille l'eau et l'amène dans un puisard, d'où elle est aspirée par une pompe électrique pour être refoulée à l'extérieur. Enfin, dans le cas où l'infiltration d'eau dans le sous-sol n'est due qu'à un excès d'eau superficielle, on résout généralement le problème en installant un drain de surface.

Vérifiez si un de ces systèmes a été installé lors de la construction de votre maison. Il se peut que votre drain de fondation soit bouché par de la boue ou qu'il ait été endommagé par des racines d'arbres. Si on a prévu, dans le plancher de votre sous-sol, un puisard sans pompe ni tuyau d'évacuation, vous devrez peut-être en installer. (Sachez qu'il peut exister un règlement précisant où la pompe de drainage doit refouler l'eau).

L'installation d'un nouveau système de drainage coûte cher, et les travaux d'installation doivent être faits correctement. Pour ajouter un système de puisard, il faut démolir le plancher de béton le long du périmètre du sous-sol, creuser une tranchée et poser un drain perforé sur un lit de gravier, puis, après avoir installé le puisard, il faut réparer le plancher avec du béton. Installer un drain de fondation est une tâche encore plus compliquée. Il faut creuser le sol jusqu'au bas de la fondation, installer du gravier et un tuyau de drainage, et recouvrir les murs de fondation d'un hydrofuge. C'est pourquoi on n'envisage cette solution qu'en dernier recours.

Remplissez les fissures de la fondation avec un hydrofuge pour maçonnerie ou du ciment hydraulique: cela contribuera à réduire les petites infiltrations et empêchera la propagation des fissures.

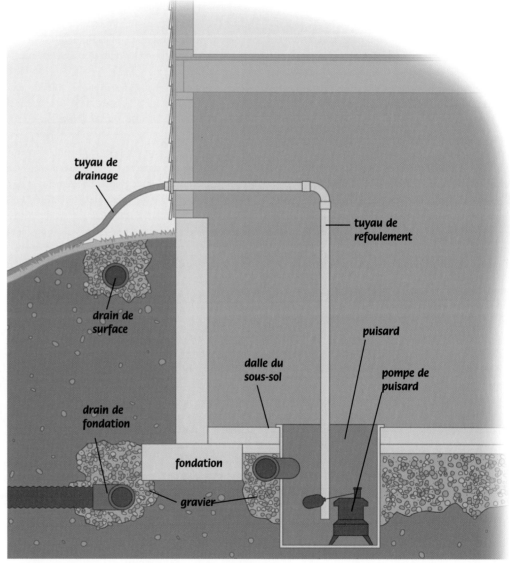

Les systèmes de drainage des fondations sont conçus pour recueillir l'eau qui s'accumule autour des fondations et l'évacuer à l'extérieur. Les systèmes de puisard recueillent l'eau se trouvant sous la dalle de fondation et la dirige vers un puisard d'où une pompe l'aspire dès qu'elle atteint un certain niveau pour l'évacuer vers l'extérieur. Le drain de surface évacue l'eau se trouvant près de la surface du sol, contre la fondation.

Planification de la charpente

Pour déterminer l'emplacement des nouveaux murs intérieurs de votre sous-sol, commencez par examiner l'endroit non fini. Considérez tous les obstacles tels que l'équipement mécanique et les conduites de service, les colonnes, les cheminées et l'ossature du toit. Déterminez quels éléments doivent être entourés de murs, dissimulés dans un mur, cachés par un soffite ou un caisson, ou, éventuellement, déplacés.

La technique suivante vous aidera à démarrer: faites le tracé des «murs» grandeur nature sur le plancher du sous-sol, à l'aide de craie (ou de ruban-cache s'il s'agit du plancher du comble, en bois). Vous pourrez ainsi visualiser les pièces prévues et vous faire une meilleure idée de leurs dimensions respectives. Terminez l'agencement à la craie et déplacez-vous ensuite d'une pièce à l'autre, pour vérifier si l'agencement des pièces permet de circuler aisément.

Lorsque vous dressez le plan des pièces, n'oubliez pas que la plupart des codes du bâtiment exigent que les pièces de séjour aient au moins 70 pi² de surface de plancher et mesurent au moins 7 pi dans toutes les directions. Vous trouverez, à la page 15, d'autres dispositions des codes concernant les dimensions minimales à donner aux pièces. N'oubliez pas d'inclure dans vos plans les nouvelles fenêtres ou les fenêtres agrandies. Cette remarque est particulièrement importante dans le cas des sous-sols où l'addition ou l'agrandissement d'une fenêtre entraînent souvent des travaux considérables (voir page 308).

L'étape suivante consiste à dessiner les plans du plancher (voir pages 18-19). Prenez les dimensions de la surface de plancher de votre sous-sol ou de votre comble, convertissez-les à l'échelle des plans et reportez-les sur du papier quadrillé. Ajoutez les obstacles, les fenêtres, les portes et les autres accessoires fixes. Lorsque tout est en place, étudiez les différents agencements possibles. Si les plans d'origine de la maison sont en votre possession, tracez les plans du plancher sur du papier calque dont vous vous servirez pour figurer les différents agencements.

Réussir l'agencement d'un sous-sol ou d'un comble demande du temps et exige beaucoup de créativité pour trouver les solutions aux problèmes qui se posent. Pour vous aider à trouver des idées de transformation, nous avons imaginé les dessins «avant et après» l'aménagement, à la page 307; consultez-les et inspirez-vous-en. Ce plancher ne ressemble peut-être pas à celui de votre sous-sol, mais il contient la plupart des éléments et des obstacles courants que l'on trouve dans un projet d'aménagement. Il vous montre également que si on place les murs aux bons endroits, on peut transformer un endroit non fini en plusieurs lieux de séjour agréables tout en tenant compte des installations mécaniques.

Dessinez l'agencement des murs avec de la craie, sur le plancher de votre sous-sol. Utilisez différentes couleurs de craie pour représenter les portes, les fenêtres et les soffites de plafond.

Dissimulation des éléments mécaniques

Les appareils fonctionnant au gaz naturel – les appareils de chauffage, les chauffe-eau, les chaudières – ont besoin d'air de combustion et d'un espace suffisant pour permettre l'entretien. Lorsque vous disposez les murs qui entoureront des installations mécaniques, suivez le code local du bâtiment et les recommandations du fabricant de chaque appareil.

La figure indique les espaces libres normalisés minimaux à prévoir autour des appareils. Un appareil de chauffage doit se trouver à 3 po minimum des murs de côté et arrière, et l'espace dégagé doit être d'au moins 12 po plus large que l'appareil. L'avant de l'appareil (où se trouve la chambre de combustion) doit être à 6 po minimum de tout obstacle, comme une porte fermée. L'ouverture des portes donnant dans la pièce contenant les installations mécaniques doit avoir au moins 24 po de large.

Les chauffe-eau doivent normalement se trouver à une distance de 1 à 3 po des cloisons arrière et latérales, et il faut également ménager, devant l'appareil, un espace de travail profond d'au moins 30 po.

Suivant les dimensions de la pièce et les appareils qu'elle contient, il faut prévoir des évents qui assureront une combustion et une ventilation adéquates. L'air de combustion est souvent fourni par des portes-persiennes, des évents muraux, ou des conduits qui aspirent l'air à l'extérieur; consultez le code local du bâtiment et les fabricants des appareils pour connaître leurs recommandations à ce sujet.

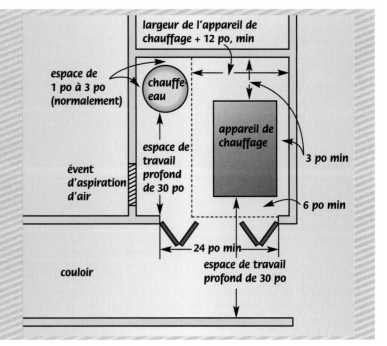

Agencement des sous-sols : avant et après

Avant : ce sous-sol standard avait trois fenêtres utilitaires le long des murs d'extrémité et des colonnes plantées parallèlement au long mur latéral. Un chauffe-eau et un appareil de chauffage occupaient une partie de l'espace central, et un puisard se trouvait dans un coin. Le projet consistait à transformer ce sous-sol pour créer une grande pièce de séjour, un bureau, une salle de bains, une salle de billard et une salle de rangement.

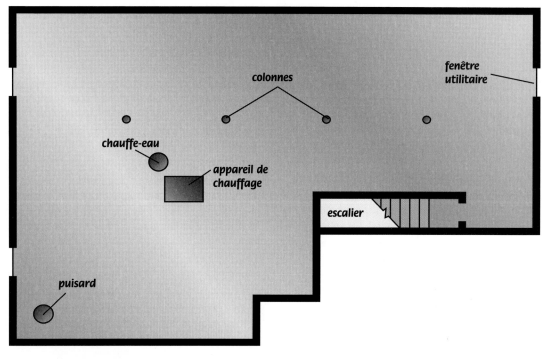

- fenêtre utilitaire
- colonnes
- chauffe-eau
- appareil de chauffage
- escalier
- puisard

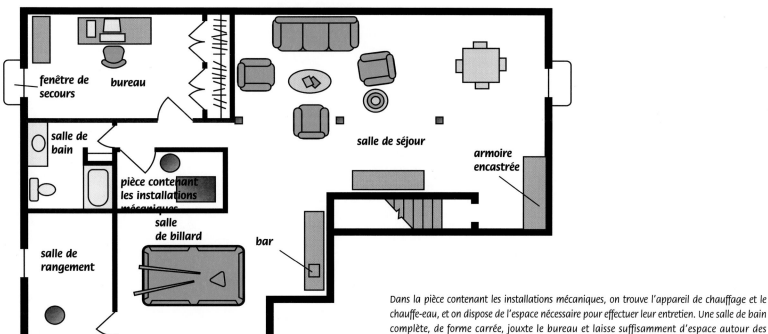

- fenêtre de secours
- bureau
- salle de bain
- pièce contenant les installations mécaniques
- salle de rangement
- salle de billard
- bar
- salle de séjour
- armoire encastrée

Après : plusieurs murs, d'un côté du sous-sol, délimitent de nouvelles pièces. Pour mieux éclairer le bureau, on a agrandi la fenêtre existante et on a installé une fenêtre de secours, ce qui permet d'utiliser également le bureau comme chambre à coucher. On a également installé une plus grande fenêtre et une murette d'encadrement de soupirail à l'autre extrémité du sous-sol pour améliorer l'éclairage et la vue de la salle de séjour. On a dissimulé une des colonnes dans le mur du bureau et entouré les trois autres d'enveloppes en bois décoratif.

Dans la pièce contenant les installations mécaniques, on trouve l'appareil de chauffage et le chauffe-eau, et on dispose de l'espace nécessaire pour effectuer leur entretien. Une salle de bain complète, de forme carrée, jouxte le bureau et laisse suffisamment d'espace autour des différents accessoires. La salle de billard occupe une place bien délimitée, où le jeu ne risque pas de déranger l'activité des occupants de la salle de séjour. Le bar est facilement accessible à la fois de la salle de séjour et de la salle de billard. L'escalier n'a dû subir qu'une légère modification pour être conforme au code : l'addition d'une rampe. L'armoire encastrée, située au bas de l'escalier, sert de rangement et ajoute une note décorative à l'entrée du sous-sol.

Addition ou agrandissement des fenêtres du sous-sol

On envisage souvent, dans les projets d'aménagement des sous-sols, d'ajouter des fenêtres ou d'agrandir les fenêtres existantes, que ce soit dans le but d'éclairer davantage cette partie de la maison ou de la pourvoir de sorties de secours. Mais, si l'on considère les effets que ces transformations peuvent avoir sur la structure du bâtiment (sans tenir compte de la main-d'œuvre qu'elles requièrent), il vaut parfois mieux confier ces travaux à des professionnels.

Pour entailler la fondation ou un mur porteur à ossature mural à poteaux d'un sous-sol donnant sur l'extérieur, il faut ajouter un nouveau linteau en bois ou en acier, au-dessus de l'ouverture, qui supportera le poids de la maison à cet endroit. Dans les sous-sols standard, l'addition ou l'agrandissement d'une fenêtre entraîne également le creusage et l'installation d'une murette d'encadrement de soupirail. Tous ces travaux doivent être approuvés par l'inspecteur des bâtiments qui vérifiera si ceux-ci ne risquent pas de compromettre la résistance du mur.

Créer une nouvelle ouverture dans un sous-sol à ossature en bois se compare à aménager un encadrement dans n'importe quel mur porteur. Dans le cas de fondations en béton coulé, il faut casser le béton pour y pratiquer l'ouverture. On entoure ensuite les bords intérieurs de l'ouverture d'un encadrement en bois traité sous pression, qui constituera l'ouverture brute de la nouvelle fenêtre.

La construction de murettes d'encadrement de soupirail doit être mûrement réfléchie. Dans certains cas, la seule utilité de ces murettes est de permettre une évacuation facile en cas d'urgence mais, si l'on veut tirer le maximum de profit de ces nouvelles fenêtres, il faut concevoir les murettes de manière qu'elles laissent pénétrer beaucoup de lumière. On adopte généralement les valeurs minimales suivantes : une murette doit avoir au minimum 6 po de plus en largeur que l'ouverture de la fenêtre et elle doit s'écarter d'au moins 18 po du mur de fondation. De plus, elle doit s'enfoncer dans le sol 8 po plus bas que le seuil de la fenêtre et dépasser de 4 po le niveau du sol.

Les murettes d'encadrement de soupirail doivent s'enfoncer dans le sol 8 po plus bas que l'encadrement de la fenêtre et dépasser de 4 po le niveau du sol. La cavité creusée devant une fenêtre d'évacuation doit avoir au moins 36 po de large, s'écarter d'au moins 36 po du mur de fondation et, si elle a plus de 44 po de profondeur, être munie d'une échelle permanente ou d'un autre moyen d'évacuation. Le fond de la cavité doit être couvert d'une couche de gravier de 6 po d'épaisseur pour empêcher l'eau de s'accumuler près de la fenêtre. On peut améliorer le drainage en plaçant, dans la cavité, une couche de gravier continue descendant jusqu'au drain de la fondation ou un drain débouchant à l'air libre.

C'est le code local du bâtiment qui fixe les dimensions minimales des murettes d'évacuation. Normalement, elles doivent couvrir une surface d'au moins 9 pi ca, avoir une largeur minimale de 36 po et s'écarter d'au moins 36 po du mur de fondation. Toute murette de plus de 44 po de profondeur doit être munie d'une échelle permanente ou de marches, qui ne gênent pas le fonctionnement de la fenêtre.

Le drainage des murettes d'encadrement de soupirail est un autre facteur important dont il faut tenir compte, surtout lorsqu'elles ne sont pas couvertes. Une murette doit contenir une couche de gravier d'au moins 6 po d'épaisseur, distante d'au moins 3 po de l'encadrement de la fenêtre. Les murettes découvertes doivent contenir un tuyau de drainage ou une couche continue de gravier menant au drain de la fondation ou à tout autre système de drainage entourant les fondations. En couvrant les murettes de bâches en plastique transparent, on les protège contre les intempéries et on empêche les enfants et les animaux d'y tomber. Les couvercles installés sur les murettes doivent être articulés ou faciles à enlever de l'intérieur.

Photo : courtoisie de The Bilco Company.

Les fenêtres d'évacuation des sous-sols nécessitent de grandes cavités qui doivent être conformes aux exigences des codes. Un des côtés de la murette préfabriquée montrée ici est muni de marches qui servent d'escalier d'évacuation.

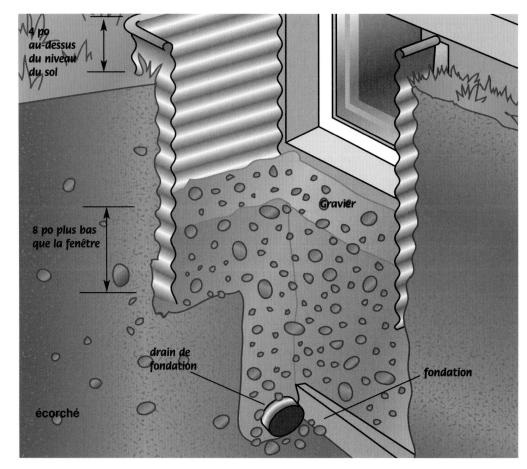

4 po au-dessus du niveau du sol

8 po plus bas que la fenêtre

Gravier

drain de fondation

fondation

écorché

Planification de l'installation des systèmes

L'addition des éléments de plomberie, de l'installation électrique et de l'installation de CVC constitue un des aspects les plus délicats de la transformation d'un sous-sol ou d'un comble. Si les systèmes existants peuvent supporter les charges supplémentaires, vous pouvez les étendre en ajoutant des installations qui fourniront les services nécessaires à cet endroit, mais il est parfois difficile d'établir les branchements ou de trouver assez de place pour tout installer.

Pour déterminer les besoins de l'endroit à transformer, commencez par dresser le plan de l'installation des accessoires et des sorties, dans chaque future pièce, et dessinez les plans d'ensemble des pièces. Consultez ensuite le code local du bâtiment pour connaître les systèmes qu'il faut installer, les dimensions minimales des pièces et les espaces à prévoir autour des accessoires.

Une fois que vous avez établi le plan général des systèmes pour toutes les nouvelles pièces, adressez-vous aux entrepreneurs appropriés pour qu'ils examinent les plans et les comparent aux systèmes existants. Ils vérifieront la capacité de chaque système pour déterminer s'il peut supporter la charge supplémentaire. Ainsi, si votre tableau de distribution électrique est presque saturé, vous devrez sans doute installer un tableau secondaire qui alimentera les nouvelles pièces en électricité.

Les entrepreneurs vous aideront également à résoudre les difficultés de l'étape suivante: comment installer les nouveaux tuyaux, fils, conduits, etc., qui achemineront les services vers les nouvelles pièces? Cette étape peut s'avérer compliquée et il vaut parfois mieux modifier les plans qu'envisager le déplacement de certaines canalisations.

Il faut souvent faire preuve d'imagination lorsqu'on organise le cheminement des canalisations. Il faut commencer par le principal: ainsi, les conduits et les tuyaux de drainage seront plus difficiles à caser que les canalisations d'arrivée et les fils électriques. Vous pouvez faire passer de nombreuses lignes à travers ou entre les éléments de l'ossature des planchers, des plafonds et des murs. Veillez à respecter les exigences du code du bâtiment lorsque vous entaillez des solives et des poteaux, ou que vous y forez, car ces éléments doivent conserver leur intégrité. Lorsque vous ne parvenez pas à dissimuler des canalisations ou des fils dans l'ossature de la maison, essayez de les grouper pour les entourer ensuite d'un soffite ou d'un caisson vertical.

Câblage

Envisagez l'installation d'un tableau secondaire à disjoncteurs dans l'endroit à finir ou à proximité de celui-ci. Alimenté par un seul câble provenant du tableau principal, il servira de tableau satellite d'où vous pourrez faire partir les nouveaux circuits. Voici quelques éléments électriques de base que vous devez considérer lorsque vous créez votre plan de câblage.

Prises: le code national de l'électricité stipule que les prises ne doivent pas être espacées de plus de 12 pi, mais par souci de commodité, vous pouvez ne les espacer que de 6 pi. Il se peut également que vous ayez besoin de certaines prises non standard, comme des prises à disjoncteur de fuite à la terre, dans les salles de bains ou les endroits humides, et une prise de 20 A ou 240 V pour les gros électroménagers.

Éclairage: l'éclairage est un élément important de l'aménagement de chaque pièce, en particulier si celle-ci reçoit peu de lumière naturelle. La plupart des codes exigent que soient installés dans chaque pièce au moins un appareil d'éclairage commandé par interrupteur et un interrupteur près de l'entrée. Dans l'escalier, le dispositif doit éclairer chaque marche et être commandé par un interrupteur tripolaire, situé sur les paliers inférieur et supérieur de l'escalier. L'éclairage des couloirs et des placards doit également être commandé par interrupteur. L'éclairage prévu dans votre plan général doit être suffisant pour que l'on puisse exécuter efficacement toutes les tâches journalières, et il doit également répandre une lumière chaude et agréable.

CVC: vous devrez probablement équiper votre nouveau séjour de câbles électriques supplémentaires pour alimenter l'équipement auxiliaire de CVC. Les ventilateurs de salle de bains ou les ventilateurs de plafond fonctionnent normalement à l'aide d'un circuit standard de 120 V, mais la plupart des plinthes chauffantes et des appareils de climatisation installés dans les fenêtres nécessitent des circuits électriques de 240 V. Pour installer un système de chauffage par rayonnement, vérifiez auprès du fabricant quelles sont les exigences à respecter.

Câblage du réseau: le projet d'aménagement vous offre l'occasion rêvée de préparer votre maison pour l'avenir. Comme c'est le cas pour le câblage traditionnel, il est plus facile et moins coûteux d'installer des fils spéciaux pour les téléphones, les ordinateurs et les appareils de loisir au moment où vous construisez de nouveaux murs et de nouveaux planchers que plus tard. Et la faible dépense que vous engagez maintenant sera vite compensée...

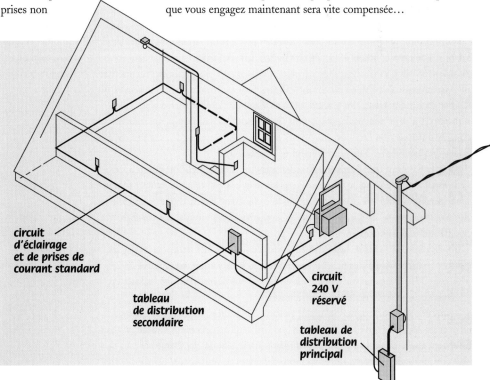

circuit d'éclairage et de prises de courant standard

tableau de distribution secondaire

circuit 240 V réservé

tableau de distribution principal

Plomberie

L'installation d'une nouvelle plomberie dans un sous-sol ou un comble sera d'autant plus facile et économique que vous installerez les appareils près des conduites existantes. Cela revient généralement à placer la salle de bain du comble juste au-dessus d'une autre salle de bain ou de la cuisine, et à placer la salle de bain ou la buanderie du sous-sol près de la colonne de ventilation principale et du drain principal de la maison.

Dans la construction de la plupart des nouvelles maisons, on prévoit, lors de la mise en place des canalisations, l'installation éventuelle d'une salle de bain au sous-sol. Si ça n'a pas été fait, il faut découper une ouverture dans la dalle du plancher afin de brancher les conduites de drainage si l'on veut installer une salle de bain au sous-sol. Cependant, dans certaines maisons, le drain principal ne passe pas sous la dalle du sous-sol; il fait un coude au-dessus du plancher et se dirige ensuite vers l'égout municipal. Dans ce cas, l'installation d'une salle de bain exige la présence d'un éjecteur d'égout qui recueillera les eaux usées de chaque appareil sanitaire et les enverra par pompage dans le drain principal. Les commerces spécialisés en plomberie vendent deux modèles d'éjecteurs, l'un à utiliser au-dessus et l'autre à utiliser en dessous du plancher, pour répondre aux différents besoins des clients.

Les codes du bâtiment autorisent normalement des plafonds de 7 pi pour les salles de bain, ce qui permet d'en construire plus facilement dans les combles exigus. Si vous avez l'intention d'installer une baignoire dans la salle de bains d'un comble, assurez-vous que le plancher est suffisamment robuste pour en supporter le poids.

Voir les pages 62 à 93 pour plus de renseignements sur la planification et l'installation de la nouvelle plomberie.

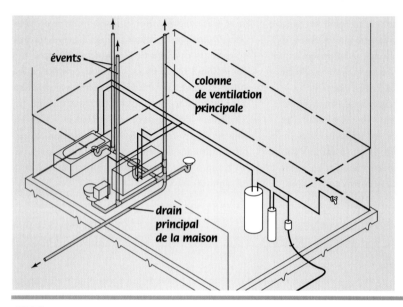

évents

colonne de ventilation principale

drain principal de la maison

CVC

Pour chauffer et climatiser votre sous-sol ou votre comble, vous devrez peut-être agrandir le système central de la maison ou ajouter un nouveau système, mais peut-être vous suffira-t-il d'installer des appareils de chauffage d'appoint et des climatiseurs.

Pour agrandir un système à air pulsé existant dans le sous-sol, il suffit généralement d'ajouter quelques conduits (voir page 311). Amener des conduits jusque dans le comble présente plus de difficultés; en effet, il est souvent plus facile de faire monter un conduit verticalement, en traversant les planchers intermédiaires. Vous pouvez dissimuler les conduits dans des placards et dans d'autres endroits peu visibles, ou les entourer d'un petit caisson. Pour agrandir un système de chauffage à eau chaude (ou à vapeur), il faut ajouter de nouveaux tuyaux et de nouveaux radiateurs; confiez ces travaux à un plombier ou à un entrepreneur en mécanique.

Vous devez avant tout déterminer si votre système central de CVC pourra supporter la charge supplémentaire. Si ce n'est pas le cas et compte tenu du fait que tenter de moderniser un appareil de chauffage ou une chaudière n'est pas une solution, il sera plus judicieux d'installer des appareils supplémentaires tels que des plinthes chauffantes et des climatiseurs.

Les climatiseurs portatifs se branchent normalement sur des prises de 240 V, les plinthes chauffantes sur des prises standard de 120 V ou sur un circuit câblé de 240 V (voir page 113). Dans un cas comme dans l'autre, vous devrez peut-être ajouter un nouveau circuit à votre tableau de distribution.

Le foyer à gaz (voir pages 336 à 342) procure une source de chaleur supplémentaire, et les appareils à ventilation directe que l'on vend actuellement s'installent dans n'importe quelle pièce. Les modèles chauffants atteignent des températures plus élevées que les modèles ordinaires, et les unités équipées de ventilateurs électriques font circuler efficacement l'air chaud dans la pièce.

Les systèmes de chauffage par rayonnement ont de plus en plus de succès. Ils chauffent les surfaces finies des murs, des plafonds et des planchers au moyen de fils électriques ou de tuyaux d'eau chaude noyés dans ces surfaces. Ces systèmes fournissent une chaleur sèche et uniforme qui peut aussi bien réchauffer le plancher carrelé d'une salle de bains (voir pages 260 à 263) qu'une dalle entière de sous-sol. Il faut toutefois confier les installations importantes à des professionnels.

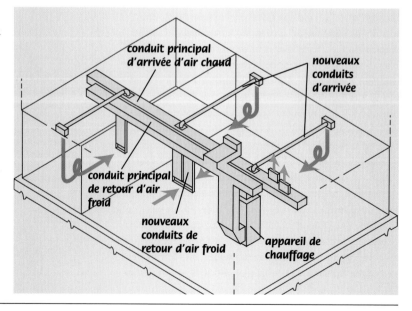

conduit principal d'arrivée d'air chaud

nouveaux conduits d'arrivée

conduit principal de retour d'air froid

nouveaux conduits de retour d'air froid

appareil de chauffage

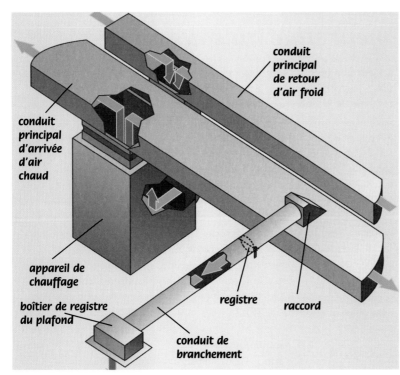

Agrandir un système à air pulsé consiste normalement à raccorder un nouveau conduit au conduit principal, à l'aide d'un raccord. Tous les branchements doivent être pourvus d'un registre qui permet de régler le débit d'air.

Systèmes à air pulsé

Un système de chauffage au gaz à air pulsé (voir ci-dessus) est normalement constitué d'un conduit principal d'arrivée qui fournit l'air chaud dans toute la maison par l'intermédiaire de conduits de raccordement. Les conduits de retour forment l'autre partie du circuit et ramènent l'air froid des pièces vers l'appareil de chauffage, ce qui assure la circulation de l'air dans toute la maison. Pour déterminer de quelle partie du circuit un conduit fait partie, il suffit de mettre l'appareil de chauffage en marche et de poser sa main sur le conduit : les conduits d'arrivée sont chauds, les conduits de retour sont froids. L'équilibre du système est maintenu grâce à des registres réglables, situés dans les conduits de raccordement et commandés par le thermostat de la maison.

Certains systèmes – appelés *systèmes à zones* – sont maintenus en équilibre par plusieurs registres automatiques. Chaque registre est commandé par son propre thermostat, qui maintient la température constante dans une zone donnée. Les systèmes à zones sont compliqués, et leur agrandissement nécessite l'intervention d'un spécialiste en CVC.

Avec les systèmes standard, le chauffage et la climatisation des locaux transformés se fait sans difficulté. Tandis que vous réfléchissez à l'emplacement des murs et des pièces, demandez à un spécialiste en CVC d'examiner votre système. Il vous indiquera la meilleure façon de distribuer l'air dans le nouveau séjour sans compromettre l'équilibre du reste de la maison.

Dans la plupart des cas, vous pourrez brancher directement les nouveaux conduits de raccordement sur le conduit d'arrivée principal ou un autre conduit de raccordement, et faire passer les conduits de retour d'air froid par les cavités de l'ossature murale à poteaux. Voici quelques conseils qui vous aideront à planifier votre projet :

Ventilation des combles

Les fenêtres et les lanterneaux assurent une ventilation passive des combles. En ouvrant les fenêtres dans la maison, on favorise la circulation naturelle de l'air froid vers les étages supérieurs. Installez autant que possible les fenêtres sur des murs opposés, pour créer un courant transversal lorsque celles-ci sont ouvertes. Les climatiseurs individuels peuvent également favoriser la ventilation d'un comble en remplaçant l'air vicié intérieur par de l'air frais provenant de l'extérieur. Cependant, un seul appareil ne suffira sans doute pas à ventiler complètement le comble. Vérifiez auprès du service local de construction quelles sont les exigences de ventilation dans votre région.

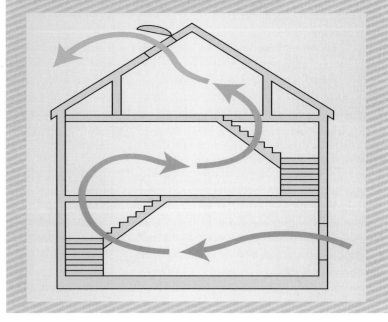

- prévoyez le moins de coudes possible dans les conduits de raccordement ; l'air se déplace plus efficacement dans les conduits courts et droits ;
- utilisez autant que possible des conduits métalliques galvanisés de section circulaire, ce sont ceux qui déplacent l'air le plus efficacement. N'utilisez des conduits flexibles qu'aux endroits où il n'est pas possible d'utiliser des conduits métalliques. Pour gagner de la place, utilisez des conduits rectangulaires aplatis qui s'insèrent entre les poteaux et entre les solives ;
- placez, si vous le pouvez, les registres d'arrivée près des murs extérieurs, en dessous ou au-dessus des fenêtres. Installez-en au moins un dans chaque pièce. Placez les entrées de retour d'air sur le mur d'en face, pour qu'elles aspirent l'air réchauffé ou refroidi à travers la pièce. N'installez pas d'entrées de retour d'air dans les salles de bains ou les cuisines, ou à moins de 10 pi d'un appareil fonctionnant au gaz naturel ;
- faites passer les conduits autant que possible dans les cavités existant entre les solives. Sinon, faites-les passer à travers les placards ou derrière les murs nains du comble, pour mieux les dissimuler ;
- servez-vous des conduits existants pour déterminer la dimension des nouveaux conduits de raccordement. Notez les dimensions et les longueurs des anciens conduits et la dimension des pièces qu'ils desservent.

CONCEPTION UNIVERSELLE

Conception d'un appartement situé au sous-sol

L'aménagement d'un appartement dans le sous-sol fait partie des projets envisagés de plus en plus fréquemment par les propriétaires de maisons. Isolé des zones principales de la maison, l'appartement de sous-sol permet à ses occupants de vivre leur vie privée en toute indépendance. C'est également la solution parfaite pour beaucoup de familles actuelles qui comptent plusieurs générations vivant sous le même toit. En intégrant les principes de la conception universelle dans votre appartement de sous-sol, il vous sera facile de l'adapter aux besoins de votre famille et de vos invités et, plus tard, il intéressera davantage les acheteurs potentiels de votre maison.

Les appartements de sous-sol sont plus qu'une commodité offerte aux invités, ce sont souvent des quartiers où vivent en quasi-permanence les enfants devenus adultes et leurs enfants, les aides familiaux résidants, les parents âgés, ou les adolescents qui désirent un endroit privé. La conception d'un appartement de sous-sol peut varier du simple aménagement d'une chambre à un lit simple et d'une salle de bain attenante, à l'aména-

gement d'un véritable appartement comprenant une cuisinette, un coin salle à manger, une salle de lecture ou de jeu, un bureau et une buanderie. Le secret de la conception d'un appartement de sous-sol réside dans l'examen des différentes utilisations possibles de l'espace, de manière à pouvoir l'adapter aux besoins de la famille, qui évolueront au fil du temps.

Il est important que n'importe qui puisse accéder facilement et en toute sécurité à l'appartement du sous-sol. L'utilisation des escaliers pouvant poser de sérieux problèmes à certaines personnes, il est bon de prévoir dès à présent la construction d'un accès sans marches, quitte à différer sa réalisation. Un monte-escalier peut fournir une bonne solution. Ou encore vous pouvez prévoir dès à présent l'installation future d'un ascenseur résidentiel en construisant deux grands placards – l'un au-dessus de l'autre – qu'il sera possible de transformer en une cage d'ascenseur.

En plus des idées proposées ici, vous aurez intérêt à intégrer, dans votre conception, les nombreux principes de conception universelle analysés dans cet ouvrage (voir page 17).

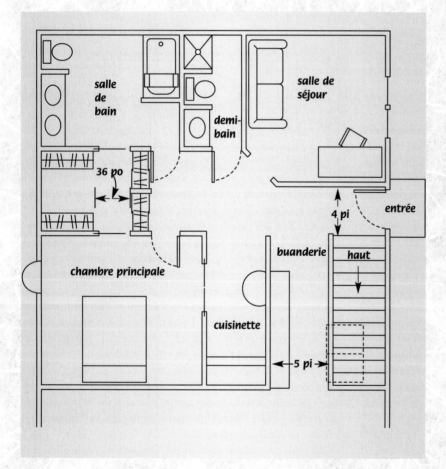

Conception générale

Le principe de la simplicité doit guider votre conception. Les dégagements et un plan d'étage ouvert permettront aux personnes handicapées de se déplacer plus facilement avec une marchette ou en fauteuil roulant. Songez aux habitudes et aux horaires de sommeil de chacun et éloignez la salle de jeu, la cuisine et la buanderie des chambres à coucher et de la salle de lecture. Aménagez si possible deux salles de bain, l'une jouxtant la chambre principale et l'autre pour les invités.

Donnez la possibilité – ou prévoyez-la – d'accéder à l'appartement sans devoir utiliser un escalier.

Prévoyez des encadrements de porte de 36 po de large, et des couloirs de 42 po de large.

Éliminez les seuils et les dénivellations de planchers; installez des pièces de raccord à faible pente entre les différents revêtements de sol.

Prévoyez un câblage que vous pourrez adapter à une gamme de besoins, au fil du temps. Les invités d'un soir, par exemple, ne sentiront pas le besoin d'utiliser un modem, contrairement aux résidents permanents. Installez autant de prises que possible, de manière qu'on n'ait pas à déplacer les appareils et les luminaires.

Maximisez l'entrée de la lumière naturelle et choisissez des appareils d'éclairage non éblouissant, les personnes âgées apprécieront cette commodité, surtout si elles ne connaissent pas votre maison.

Photo : courtoisie de Bruno Independent Living Aids, Inc.

On trouve dans le commerce différents modèles de monte-escaliers. La plupart d'entre eux se fixent aux marches de l'escalier ou aux murs qui longent celui-ci.

Placez des téléphones dans chaque pièce de l'appartement, y compris dans la salle de bain.

Envisagez l'installation d'un système intercom de communication dans l'appartement et entre l'appartement et le reste de la maison.

Assurez-vous que des personnes de toutes tailles peuvent atteindre les fenêtres, les armoires, les barres de suspension des placards, les appareils électroménagers, les accessoires, les interrupteurs et les prises électriques.

Chambres à coucher des appartements de sous-sol

La chambre à coucher d'un appartement de sous-sol doit être un endroit privé et confortable, où l'invité se sent chez lui. L'ajout d'une buanderie est également un plus ; placez-la où le bruit qu'elle produit ne dérangera personne. Ménagez suffisamment d'espace dans la chambre à coucher pour que ses occupants puissent aller et venir librement entre le lit, la salle de bains et les placards.

Cuisinettes

La présence d'une cuisine dans l'appartement est très commode pour les invités, dont elle

assure l'indépendance. Sa conception peut varier de la simple cuisinette à la cuisine complète. La mode est à la cuisinette du matin qu'on retrouve actuellement dans de nombreuses maisons. La cuisinette du matin est habituellement petite, simple et équipée d'une cafetière électrique, d'un petit évier avec robinet d'eau chaude et d'un réfrigérateur encastré. Les cuisinettes plus importantes peuvent contenir un grille-pain, un four à micro-ondes, un petit lave-vaisselle et même une petite surface de cuisson et un petit four.

La cuisinette doit comprendre au moins une section de comptoir suffisamment basse pour être utilisée par une personne assise, qui doit aussi pouvoir glisser les jambes sous le comptoir. Les personnes assises ou de petite taille doivent également pouvoir atteindre les électroménagers et les étagères. Si l'espace disponible pose problème, pensez à remplacer les armoires et les électroménagers classiques par des réfrigérateurs et des lave-vaisselle encastrés et des garde-manger étroits à portes coulissantes.

Pour trouver d'autres conseils sur la conception universelle des cuisines, consultez les pages 368 à 371.

Salles de bain

Votre appartement de sous-sol doit être équipé d'au moins une salle de bain complète, de conception universelle. Vous rendrez l'appartement plus agréable en ajoutant à celui-ci un demi-bain mais, si l'espace disponible vous limite à une seule salle de bains, assurez-vous qu'elle ait deux portes : l'une donnant sur la chambre principale et l'autre sur la salle de séjour.

Prévoyez suffisamment d'espace et de lumière ; les personnes âgées ont besoin de plus de lumière, surtout

Photo : courtoisie de U-line Corporation.

Un réfrigérateur encastré comprenant une machine à glaçons est idéal pour la cuisinette d'un appartement de sous-sol.

dans les salles de bain, où se produisent la plupart des accidents. Accordez de l'importance à la hauteur des dessus de comptoirs, aux miroirs qui doivent être placés suffisamment bas, aux revêtements de sol antidérapants et à l'accès aux étagères.

Les personnes de toutes tailles et de toutes capacités doivent pouvoir utiliser les appareils sanitaires de la salle de bain ; avant d'acheter ces appareils, renseignez-vous sur les différents produits offerts sur le marché. Certains fabricants proposent des baignoires et des baignoires d'hydromassage munies de portes pour qu'on puisse y entrer et en sortir plus facilement. On trouve également dans le commerce des douches d'accès facile.

Installez des accessoires de sécurité standard dans la salle de bain de votre appartement de sous-sol : installez des barres d'appui ou ne fixez que les supports qui vous permettront d'installer ces accessoires plus tard (voir pages 494-495). Équipez les douches de robinets mitigeurs, de même que les lavabos. Les meubles-lavabos et les lavabos placés suffisamment bas et munis de portes escamotables présentent le même aspect que les accessoires standard tout en permettant aux personnes handicapées de les utiliser.

Vous trouverez d'autres conseils sur les salles de bains et leur conception universelle aux pages 448 à 451.

Photo : courtoisie de Kohler, Co.

N'importe quel invité ou résident appréciera le luxe d'une baignoire d'hydromassage d'accès facile.

Préparation des planchers du sous-sol

Le mode de préparation du plancher en béton d'un sous-sol dépend de son état, du type de revêtement de sol que vous avez l'intention d'installer et de la sensation que vous désirez ressentir en marchant sur le plancher. Il faut suivre scrupuleusement les instructions des fabricants de revêtements de sol lorsqu'on pose leurs produits sur du béton, car les conditions de garantie sont directement liées au respect de ces instructions. La meilleure façon de procéder, c'est de choisir le revêtement de sol avant de préparer le plancher et en outre, il faut absolument résoudre les problèmes d'humidité éventuels du plancher de béton avant de le couvrir (voir pages 303 à 305).

Pour poser un revêtement de sol directement sur du béton, préparez le plancher de manière à le rendre plat et lisse. Remplissez les fissures, les trous et les joints de dilatation à l'aide d'un produit de ragréage pour planchers à base de vinyle ou de ciment. Si le plancher est particulièrement rugueux ou inégal, appliquez une pâte de nivellement – un liquide autolissant à base de ciment – qui supprimera toutes les dénivellations du plancher et séchera pour former une surface dure et lisse.

Si vous désirez que le plancher de votre sous-sol soit plus souple, vous pouvez construire un sous-plancher en bois. Pour ce faire, commencez par installer une barrière d'humidité et utilisez des morceaux de bois traité sous pression, de 2 po x 4 po, posés à plat – appelés longrines – qui serviront de solives de plancher. Il faut ancrer les longrines dans le béton et les couvrir d'une couche de contreplaqué bouveté de ³/₄ po.

Le sous-plancher du sous-sol formera une surface plate, de niveau, plus confortable à arpenter que le béton, et il servira de surface de clouage lors de l'installation de certains types de revêtements de sol. Le sous-plancher diminue la hauteur libre du sous-sol, mais vous pouvez gagner de la place en remplaçant les longrines de 2 po x 4 po par des longrines de 1 po x 4 po. Tenez compte également de l'effet qu'aura la hauteur du nouveau plancher sur les pièces de raccord de l'endroit et sur la hauteur de la première marche de l'escalier du sous-sol (voir page 302).

Avant de poser les longrines, déterminez l'emplacement des murs de séparation. Si un mur de séparation tombe entre deux longrines, ajoutez une longrine pour le supporter.

Outils : *aspirateur, ciseau de maçon, truelle, grattoir de plancher, rouleau à peinture à longs poils, brouette, râteau épandeur, niveau de 4 pi, scie circulaire, pistolet à calfeutrer, marteau cloueur à poudre, cordeau traceur, perceuse, masse.*

Matériel : *produit de ragréage pour planchers à base de vinyle, apprêt pour béton, pâte de nivellement, morceaux de 2 po x 4 po de bois traité sous pression, feuilles de polyéthylène de 6 millièmes de po, ruban adhésif d'emballage, intercalaires en cèdre, adhésif de construction, attaches pour béton, contreplaqué T & G de ³/₄ po, vis à plaques de plâtre de 2 po.*

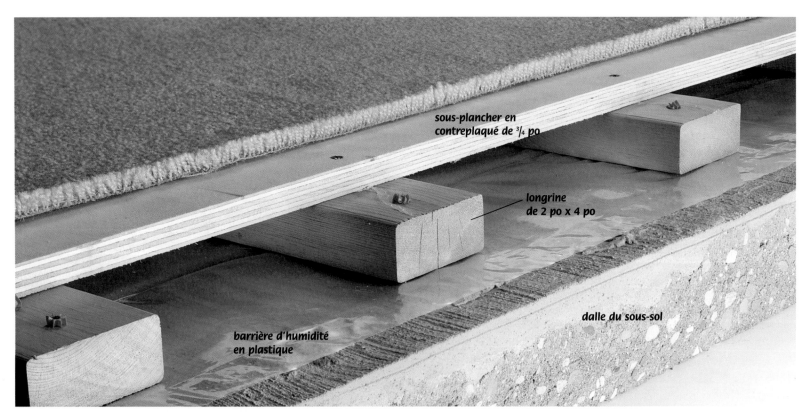

sous-plancher en contreplaqué de ³/₄ po

longrine de 2 po x 4 po

dalle du sous-sol

barrière d'humidité en plastique

La plupart des planchers des sous-sols doivent subir une certaine préparation avant de recevoir un revêtement de sol. On peut rendre lisse le béton rugueux au moyen d'un produit de ragréage et d'une pâte de nivellement, et installer un sous-plancher en bois qui constitue une nouvelle surface donnant à l'usager l'impression de marcher sur un plancher à ossature en bois.

Ragréage des planchers de béton

Nettoyez le plancher à l'aspirateur, et à l'aide d'un ciseau de maçon et d'un marteau, enlevez les particules de béton détachées et le béton qui s'écaille. Mélangez un lot de produit de ragréage pour planchers, à base de vinyle, en suivant les instructions du fabricant. Appliquez le produit au moyen d'une truelle lisse, en remplissant un peu trop la cavité. Lissez l'endroit réparé pour qu'il affleure la surface en béton.

Après avoir laissé complètement sécher le produit de ragréage, lissez les endroits réparés à l'aide d'un grattoir de plancher.

Application de la pâte de nivellement

Enlevez les particules de matériaux détachées et nettoyez complètement le béton; la surface doit être exempte de poussière, de saleté, d'huile et de peinture. À l'aide d'un rouleau à peinture à longs poils, appliquez une couche uniforme d'apprêt pour béton sur toute la surface. Laissez complètement sécher l'apprêt.

En suivant les instructions du fabricant, mélangez la pâte de nivellement avec de l'eau. Le lot préparé doit suffire à couvrir d'une couche de l'épaisseur désirée (qui peut atteindre 1 po) la surface entière du plancher. Versez la pâte de nivellement directement sur le plancher.

Répartissez uniformément la pâte de nivellement, à l'aide d'un râteau épandeur réglable. Exécutez le travail rapidement, car cette pâte commence à durcir après 15 minutes. Vous pouvez vous servir d'une truelle pour amincir les bords et rendre insensible le passage vers les endroits non recouverts de pâte. Laissez sécher la pâte de nivellement pendant 24 heures.

Installation d'un sous-plancher de sous-sol

À l'aide d'un ciseau de maçon et d'un marteau, enlevez les aspérités du béton et les morceaux de béton détachés, et nettoyez ensuite complètement le plancher à l'aide d'un aspirateur. Déroulez des bandes de polyéthylène de 6 millièmes de po jusqu'à ce qu'elles débordent de 3 po sur chaque mur. Faites chevaucher de 6 po les feuilles de polyéthylène et scellez ensuite les joints au moyen de ruban adhésif d'emballage. Collez temporairement les bords des feuilles le long des murs. Prenez garde de ne pas abîmer les feuilles.

Placez des morceaux de bois traité sous pression de 2 po x 4 po tout autour de la pièce, en laissant un espace vide de $^1/_2$ po le long des murs (mortaise).

Coupez les longrines et installez-les dans l'encadrement formé par les morceaux de 2 po x 4 po qui entourent la pièce, en laissant un espace vide de $^1/_4$ po à chaque extrémité des longrines. Placez la première longrine pour que son axe se trouve à 16 po du bord extérieur du morceau de 2 po x 4 po de l'encadrement. Ainsi, un bord des panneaux du sous-plancher couvrira le bord de l'encadrement et l'autre bord tombera au milieu d'une longrine. Placez les autres longrines en les espaçant de 16 po entre leurs axes.

Si la surface du plancher est bosselée, utilisez des intercalaires en cèdre pour éliminer ces variations. Placez un niveau de 4 pi sur des longrines voisines, perpendiculairement à celles-ci. Appliquez un peu d'adhésif de construction sur deux intercalaires de même dimension. Glissez les intercalaires l'un sur l'autre, sous la longrine, en les introduisant de part et de d'autre de celle-ci, jusqu'à ce que la longrine relevée se trouve au même niveau que ses voisines.

Fixez les morceaux de l'encadrement et les longrines au plancher, en utilisant un marteau cloueur à poudre ou des vis de maçonnerie (voir pages 323-324). Enfoncez une attache au centre de chaque longrine, tous les 16 po. Les têtes des attaches ne doivent pas dépasser la surface de longrines. Enfoncez également une attache aux endroits où se trouvent des intercalaires, en vous assurant que l'attache traverse chaque fois les deux intercalaires.

ligne de contrôle

Tracez une ligne de contrôle pour installer la première rangée de panneaux de contreplaqué, en mesurant 49 po à partir du mur et en marquant cette distance sur les deux longrines les plus éloignées. À l'aide d'un cordeau traceur, faites un trait de craie à cette distance sur toutes les longrines, perpendiculairement. Déposez un cordon d'adhésif de ¼ po de large sur les six premières longrines, en vous arrêtant juste avant la ligne de contrôle.

Placez le premier panneau de contreplaqué, en vous assurant que son extrémité se trouve à ½ po du mur et que son bord rainuré est aligné sur la ligne de contrôle. Fixez-le au moyen de vis à plaques de plâtre de 2 po, que vous enfoncerez tous les 6 po le long des bords et tous les 8 po à l'intérieur du panneau. N'enfoncez pas de vis le long du bord rainuré, avant de placer la rangée suivante de panneaux.

demi-panneau

Installez les panneaux restants de la première rangée, en conservant un espace de ⅛ po entre leurs extrémités. Commencez la deuxième rangée avec une demi-feuille (de 4 pi de long) de manière à décaler les joints d'une rangée à l'autre. Introduisez la languette de la demi-feuille dans la rainure de la feuille adjacente de la première rangée. Si nécessaire, utilisez un morceau de bois et une masse pour fermer le joint en rapprochant les deux feuilles (mortaise). Terminez l'installation de la deuxième rangée et commencez la troisième par une feuille entière; continuez ainsi jusqu'à ce que le plancher soit complètement recouvert.

Construction des planchers du comble

Avant de construire les murs qui délimiteront les pièces du comble, vous devez renforcer le plancher en conséquence. Les planchers de la plupart des combles non finis sont constitués de solives de plafond de l'étage en dessous qui sont trop fragiles pour supporter des salles de séjour.

Vous pouvez renforcer la structure du plancher de votre comble de différentes façons. La méthode la plus simple consiste à ajouter des solives identiques aux solives existantes et de les clouer à celles-ci. C'est la méthode des solives sœurs.

La méthode des solives sœurs ne s'applique pas lorsque les solives sont de dimensions inférieures à 2 po x 6 po, lorsqu'elles sont trop espacées, ou lorsqu'elles rencontrent des obstacles, tels que les clés de plâtre du plafond de l'étage en dessous. Dans ces cas-là, on peut construire un nouveau plancher en installant des solives plus grandes entre les solives existantes. En appuyant les solives sur des étrésillons de 2 po x 4 po, on évitera les obstacles et on réduira les dommages causés au plafond de l'étage en dessous. Il faut toutefois se rappeler que les étrésillons réduiront la hauteur libre de 1 ½ po, réduction qui viendra s'ajouter à celle résultant de la différence de hauteur des solives.

Pour déterminer la meilleure méthode à utiliser dans votre cas, consultez un architecte, un ingénieur, ou un entrepreneur en construction, de même que l'inspecteur des bâtiments de l'endroit. Demandez-lui quelle dimension doivent avoir les solives, et quelles options s'offrent dans votre région. La dimension des solives est basée sur la portée (c'est-à-dire la distance entre les points d'appui), l'espacement des solives (qui est normalement de 16 po ou 24 po entre axes) et le type de bois utilisé. Dans la plupart des cas, le plancher du comble doit pouvoir supporter une charge dynamique (les occupants, les meubles) de 40 livres par pi^2, et une charge statique (plaques de plâtre, revêtement de sol) de 10 livres par pi^2.

Les cavités entre les solives offrent de l'espace pour dissimuler la plomberie, les fils électriques et les conduits amenant les services dans le comble; vous devez donc considérer ces systèmes lorsque vous planifiez vos travaux. Vous devrez également prévoir l'emplacement des murs de séparation, afin de déterminer s'il faut ajouter des étrésillons entre les solives (voir pages 46-47).

Lorsque l'ossature sera terminée, que les éléments mécaniques et l'isolation seront en place et que tout aura été inspecté et approuvé, achevez le plancher en installant le contreplaqué bouveté de ¾ po. Si la transformation comprend des murs nains, vous n'êtes pas obligé d'installer le sous-plancher derrière les murs nains, mais nous vous conseillons de le faire pour les raisons suivantes: un sous-plancher complet renforce le plancher et il constitue une robuste surface de rangement.

Outils: *scie circulaire, équerre à chevrons, perceuse, pistolet à calfeutrer.*

Matériel: *bois de solive de 2 po x; clous ordinaires 8d, 10d et 16d; bois scié de 2 po x 4 po; contreplaqué T & G de ¾ po; adhésif de construction; vis à plaques de plâtre de 2 ¼ po.*

Les solives des combles reposent normalement sur les murs extérieurs et sur un mur porteur intérieur, au-dessus duquel elles s'adossent et sont clouées ensemble. Utilisez toujours une feuille de contreplaqué en guise de plateforme lorsque vous travaillez au-dessus des cavités séparant les solives.

Addition de solives sœurs

Retirez l'isolant se trouvant entre les solives et enlevez prudemment les étrésillons qui les réunissent. Alignez la longueur des solives sœurs sur celle des solives existantes. Prenez des mesures à l'extrémité extérieure de chaque solive pour déterminer la partie du coin supérieur de la solive qui a été enlevée pour pouvoir insérer la solive sous le revêtement intermédiaire du toit. **NOTE:** les solives qui reposent sur un mur porteur doivent se chevaucher sur au moins 3 po.

Avant de couper les solives, examinez-les de chant pour vérifier si elles ne sont pas bombées dans le sens de la longueur. Dessinez, le cas échéant, une flèche qui pointe dans la direction de l'arc et installez les solives le bombement vers le haut, la flèche indiquant le dessus de la solive. Coupez chaque solive à sa longueur et taillez son coin extérieur supérieur pour qu'elle coïncide avec sa solive sœur.

Placez chaque nouvelle solive contre sa solive sœur en alignant leurs extrémités. À l'aide de deux clous ordinaires 16d, clouez en biais chaque solive à la sablière de chacun de ses murs porteurs.

Clouez les solives ensemble en utilisant des clous ordinaires 10d, par rangées de trois, espacées de 12 po à 16 po. Pour réduire au minimum les dommages causés par les coups de marteau à la surface du plafond de l'étage en dessous (tels que les fissures ou le soulèvement des clous), vous pouvez utiliser un marteau cloueur pneumatique (loué dans un centre de location) ou des vis tire-fond de 3 po au lieu de clous. Installez de nouveaux étrésillons entre les solives, conformément aux exigences du code local du bâtiment.

Construction d'un nouveau plancher de comble

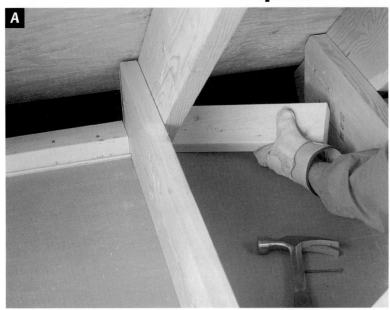

Ôtez les étrésillons reliant les solives existantes, en prenant garde de ne pas abîmer le plafond en dessous. Coupez des étrésillons en bois de 2 po x 4 po de manière qu'ils s'insèrent juste entre deux solives voisines, et placez-les à plat sur la sablière de tous les murs porteurs avant de les clouer en biais à leur place, à l'aide de clous ordinaires 16d.

Tracez les emplacements des nouvelles solives en prenant les mesures entre les faces supérieures des solives existantes et en utilisant une équerre à chevrons pour reporter ces mesures en bas, sur les étrésillons. En respectant une distance de 16 po entre les axes des solives, marquez l'emplacement de chaque nouvelle solive le long d'un mur extérieur et tracez les mêmes repères sur le mur porteur intérieur. Notez que les repères tracés sur l'autre mur extérieur seront décalés de $1\frac{1}{2}$ po en raison du chevauchement des solives à l'endroit du mur porteur intérieur.

Pour déterminer la longueur des solives, mesurez la distance entre l'extrémité extérieure du mur extérieur et l'extrémité la plus éloignée du mur porteur intérieur. Les solives doivent se chevaucher sur au moins 3 po au-dessus du mur intérieur. Avant de couper les solives, marquez le côté supérieur de chacune d'entre elles (voir étape B, page 319). Coupez les solives à la bonne longueur et taillez leur coin supérieur extérieur pour que leur extrémité s'insère juste sous le revêtement intermédiaire du toit.

Placez les solives sur les repères. Clouez en biais l'extrémité extérieure de chaque solive, à l'aide de trois clous ordinaires 8d que vous planterez dans l'étrésillon du mur extérieur.

Clouez les solives ensemble là où elles s'adossent, au-dessus du mur porteur intérieur, en utilisant chaque fois trois clous 10d. Clouez en biais les solives aux étrésillons, au-dessus du mur porteur intérieur, en utilisant des clous 8d.

Installez des étrésillons entre le solives, conformément aux exigences du code local du bâtiment. Nous vous recommandons d'installer des étrésillons au moins aux endroits suivants: aussi près que possible des extrémités extérieures des nouvelles solives et aux endroits où elles s'adossent, au-dessus du mur intérieur.

Installation du sous-plancher

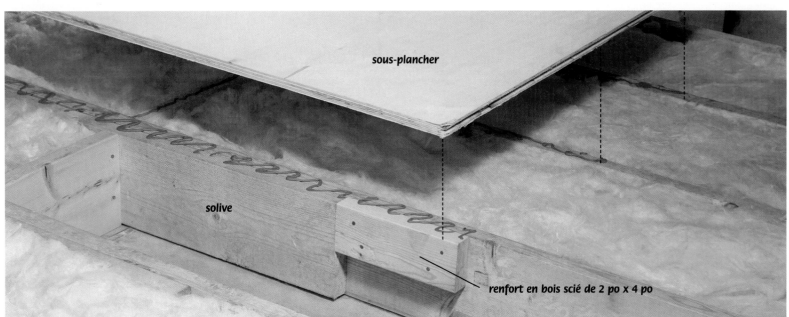

sous-plancher

solive

renfort en bois scié de 2 po x 4 po

N'**installez le sous-plancher** qu'après avoir terminé toute l'ossature, la plomberie, le câblage et l'installation des conduits, et après que le travail exécuté a été inspecté et approuvé. Installez également l'isolant et calfeutrez les endroits nécessaires pour insonoriser le comble (voir pages 194-195). Suivez les étapes F à H de la page 317 pour installer le sous-plancher. Fixez les feuilles de contreplaqué avec de l'adhésif de construction et des vis à plaques de plâtre ou des vis ordinaires de 2 po, en veillant à ce que les feuilles de contreplaqué soient perpendiculaires aux solives et à ce que leurs joints soient décalés d'une rangée à l'autre. Aux endroits où les solives s'adossent, au-dessus d'un mur porteur intérieur, ajoutez un renfort de manière à compenser le décalage de l'agencement. Clouez un morceau de bois scié de 2 po x 4 po (ou plus) sur le côté de chaque solive, qui supportera les bords des feuilles de contreplaqué à ces endroits.

Couvrir les murs de fondation

Il existe deux méthodes courantes pour couvrir les murs de fondation. La première – et la plus utilisée parce qu'elle permet de gagner de la place – consiste à fixer des bandes de clouage de 2 po x 2 po sur le mur de maçonnerie. On crée ainsi, entre les bandes, un espace d'une profondeur de 1 ½ po qui peut recevoir l'isolant et les conduites de service, et qui peut servir également d'ossature aux plaques de plâtre. L'autre méthode consiste à construire un mur complet à l'aide de poteaux de 2 po x 4 po et de l'installer contre le mur de fondation. On crée ainsi un espace de 3 ½ po de profondeur qui abritera les conduites et l'isolant, et une surface murale plane et verticale, quel que soit l'état du mur de fondation.

Déterminez la méthode qui convient le mieux à votre cas en examinant les murs de fondation de votre maison. S'ils sont relativement verticaux et plans, installez des bandes de clouage. S'ils sont ondulés ou s'ils ne sont pas verticaux, il vous sera sans doute plus facile d'appliquer la méthode du mur de poteaux. Avant de vous décider, vérifiez auprès des autorités locales si vous ne devez pas prévoir une épaisseur minimale d'isolant et utiliser certaines méthodes pour installer la tuyauterie de service le long des murs de fondation.

Un officiel de votre localité vous renseignera également sur la méthode préconisée dans votre région pour protéger les murs de fondation contre l'humidité. On utilise couramment des barrières d'humidité, composées d'un imperméabilisant pour maçonnerie qui s'applique au pinceau, et des feuilles de plastique, installées entre le mur de maçonnerie et l'ossature de bois. Le code local du bâtiment vous indiquera également si vous devez installer un pare-vapeur entre l'ossature et les plaques de plâtre (voir pages 192-193).

N'achetez le matériel qu'après avoir décidé de la manière dont vous allez fixer l'ossature de bois aux murs de fondation et au plancher. Les trois méthodes les plus courantes sont décrites aux pages 323 à 325. Si vous devez couvrir une grande surface murale, envisagez la location ou l'achat d'un marteau cloueur à poudre pour effectuer le travail.

Outils : *pistolet à calfeutrer, truelle, rouleau à peinture, scie circulaire, perceuse, marteau cloueur à poudre, fil à plomb.*

Matériel : *isolant à revêtement de papier, pâte à calfeutrer à la silicone, ciment hydraulique, imperméabilisant pour maçonnerie, bois scié de 2 po x 2 po et de 2 po x 4 po, vis à plaques de plâtre de 2 ½ po, adhésif de construction, attaches pour béton, panneaux d'isolant-mousse.*

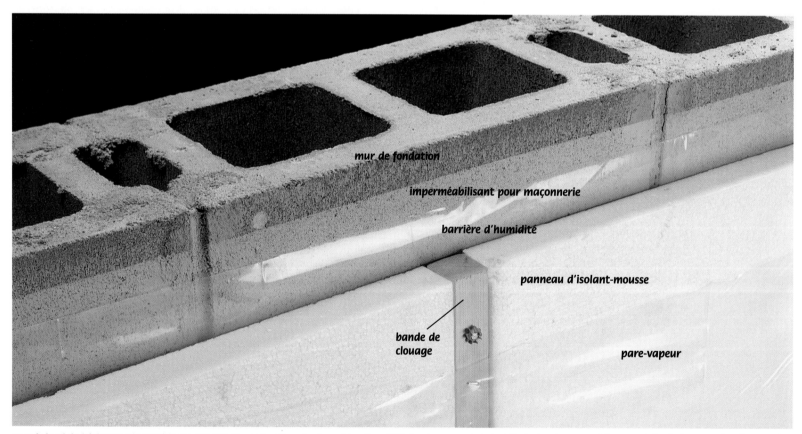

mur de fondation

imperméabilisant pour maçonnerie

barrière d'humidité

panneau d'isolant-mousse

bande de clouage

pare-vapeur

Le code local du bâtiment exige parfois que l'on installe une barrière afin d'empêcher l'humidité d'endommager le bois et l'isolant qui recouvrent les murs de fondation. Cette barrière peut être un imperméabilisant pour maçonnerie ou du plastique en feuilles, placé devant ou derrière l'ossature.

Comment sceller et préparer des murs de maçonnerie

Isolez les cavités du pourtour, entre les solives (au-dessus des murs de fondation) au moyen de coussins de fibre de verre à revêtement de papier. Veillez à ce que le papier, qui sert de pare-vapeur, soit du côté de la pièce. Appliquez de la pâte à calfeutrer à la silicone dans les joints, entre la lisse d'assise et les murs de fondation (mortaise).

Remplissez les petites fissures de ciment hydraulique ou de pâte à calfeutrer la maçonnerie et lissez l'excédent avec une truelle. Les autorités vous indiqueront s'il est obligatoire d'installer une barrière d'humidité ou d'appliquer un imperméabilisant de maçonnerie dans votre région. Si c'est le cas, appliquez l'imperméabilisant en suivant les instructions du fabricant et installez les feuilles de plastique en respectant les exigences du code du bâtiment.

Choix du mode de fixation du bois à la maçonnerie

Les clous de maçonnerie constituent le moyen le plus économique d'attacher le bois aux murs en blocs de béton. Enfoncez les clous dans les joints de mortier pour obtenir un meilleur ancrage et éviter de fendre les blocs. Forez des avant-trous dans les bandes de clouage si les clous risquent de fendre le bois. Il est difficile d'enfoncer des clous de maçonnerie dans les murs en béton coulé.

Les vis de maçonnerie autotaraudeuses tiennent bien dans les blocs de béton et dans le béton coulé, mais il faut les enfoncer dans des trous préalablement forés. Après avoir placé les morceaux de bois à l'endroit voulu, utilisez une perceuse à percussion pour forer des trous de même diamètre dans le bois que dans le béton et enfoncez les vis dans l'âme des blocs (voir page 324).

Suite à la page suivante

Choix du mode de fixation du bois à la maçonnerie (suite)

âmes

Les marteaux cloueurs à poudre constituent le moyen le plus rapide et le plus facile de fixer l'ossature de bois aux blocs de béton, au béton coulé et à l'acier. Ils utilisent des capsules individuelles de poudre – appelées charges – pour propulser un piston qui enfonce un clou en acier dur – appelé pointe – à travers le bois et dans la maçonnerie. Les charges ont une couleur codée en fonction de leur puissance, et il existe des pointes de différentes longueurs. **NOTE:** enfoncez toujours la pointe dans l'âme des blocs de béton, jamais dans les parties évidées.

Il existe des marteaux cloueurs à gâchette, comme celui qui est représenté ici – les plus faciles à utiliser – mais il en existe également qu'on percute avec un autre marteau. Vous pouvez acheter des marteaux cloueurs dans les maisonneries et les quincailleries ou les louer dans les centres de location (dans ce cas, demandez qu'on vous fasse une démonstration). Portez toujours des protège-oreilles et des lunettes de sécurité lorsque vous utilisez ces outils extrêmement bruyants.

Comment installer des bandes de clouage sur des murs de maçonnerie

A

solive

support

lisse

sablière

Coupez une sablière de 2 po x 2 po qui couvrira la longueur du mur. Indiquez, tous les 16 po, l'emplacement des bandes de clouage sur le bord inférieur de la sablière (voir étape B, page 47). Si les solives sont perpendiculaires au mur, alignez la face arrière de la sablière sur la face avant des blocs de béton et attachez la sablière aux solives, à l'aide de vis à plaques de plâtre de 2 ½ po. Si les solives sont parallèles au mur, fixez la sablière au mur de fondation, la face supérieure de la sablière se trouvant dans le même plan horizontal que la face supérieure des blocs.

CONSEIL: si les solives sont parallèles au mur, vous devez installer des supports entre la dernière solive et la lisse d'assise pour pouvoir y fixer les plaques de plâtre du plafond. Fabriquez des supports en T à l'aide de courts morceaux de 2 po x 4 po et de 2 po x 2 po. Installez-les de manière que la face inférieure de chaque morceau de 2 po x 4 po soit dans le même plan horizontal que la face inférieure des solives.

B

Installez tout le long du mur une semelle coupée dans du bois scié de 2 po x 2 po, traité sous pression. Appliquez de l'adhésif de construction à l'arrière et en dessous de la semelle et fixez-la au plancher au moyen d'un marteau cloueur. Utilisez un fil à plomb pour marquer sur la semelle les points qui correspondent à l'axe de chaque bande de clouage.

C

Coupez, dans du bois scié de 2 po x 2 po, les bandes de clouage qui doivent s'insérer entre la semelle et la sablière. Appliquez de l'adhésif de construction à l'arrière des bandes de clouage et installez-les en faisant coïncider leurs axes avec les repères marqués sur la sablière et sur la semelle. Clouez chaque bande sur toute sa longueur, en enfonçant un clou tous les 16 po.

VARIANTE: installez les bandes de clouage par paires, en laissant un espace appelé « chasse » pour pouvoir installer les fils ou les tuyaux de service, en alignant verticalement les deux éléments de chaque paire et en les espaçant de 2 po. **NOTE:** consultez les autorités de la localité pour vous assurer que l'installation des accessoires de plomberie et d'électricité est réglementaire.

D

Remplissez les espaces entre les bandes de clouage des panneaux d'isolant-mousse. Découpez les morceaux de panneau pour qu'ils soient serrés entre les éléments qui les encadrent. Pratiquez, le cas échéant, les découpes nécessaires au passage des éléments mécaniques et couvrez les chasses de plaques métalliques de protection avant de fixer la surface murale. Ajoutez un pare-vapeur en respectant les exigences du code local du bâtiment.

Conseils pour dissimuler les murs de fondation derrière un colombage

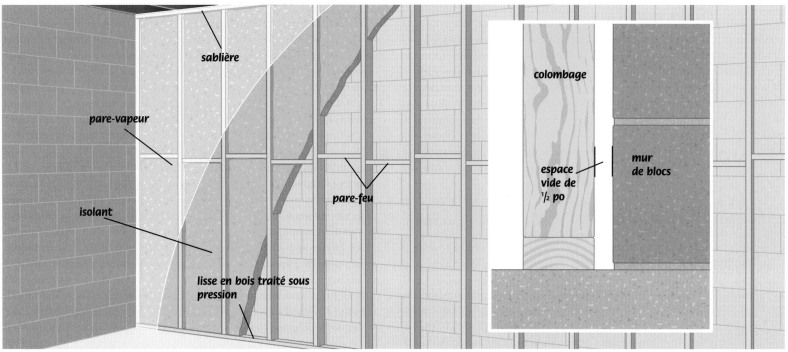

sablière

pare-vapeur

pare-feu

isolant

lisse en bois traité sous pression

colombage

espace vide de ¹/₂ po

mur de blocs

Construisez un mur de séparation standard en bois scié de 2 po x 4 po, en suivant les instructions données aux pages 46 à 49. Pour les semelles en contact avec le béton, utilisez du bois d'œuvre traité sous pression. Pour éviter les problèmes dus à l'humidité et pour pallier l'inégalité de la surface murale, laissez un espace de ¹/₂ po entre le colombage et les murs de

maçonnerie (mortaise). Isolez le colombage à l'aide de fibre de verre en matelas et installez un pare-vapeur si le code local du bâtiment l'exige. Installez tous les pare-feu exigés par le code local. Vous pouvez aussi construire le mur de séparation en utilisant des poteaux en acier pleine largeur (3 ⁵/₈ po), (voir pages 50-51).

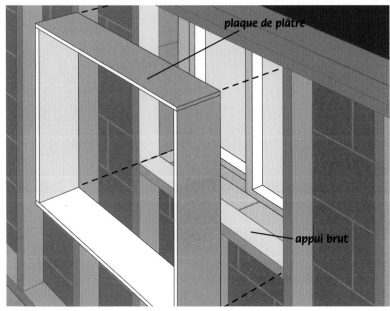

plaque de plâtre

appui brut

L'encadrement d'une fenêtre doit affleurer la maçonnerie. Installez un appui brut à la base de la fenêtre et ajoutez un linteau si nécessaire. Remplissez de fibre de verre isolante ou d'isolant-mousse rigide l'espace entre l'encadrement et la maçonnerie. Installez ensuite les plaques de plâtre de manière qu'elles butent contre l'encadrement.

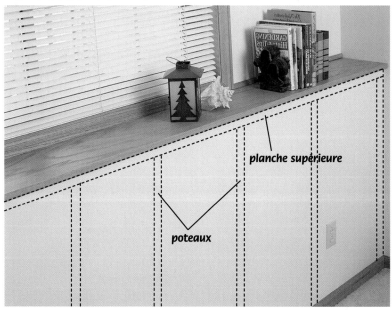

planche supérieure

poteaux

Construisez un petit colombage pour dissimuler le bas d'un mur de fondation, dans un sous-sol par exemple. Installez la planche supérieure pour qu'elle arrive au ras de l'arête supérieure du mur de fondation. Achevez le travail en recouvrant le colombage de plaques de plâtre ou d'une autre surface de finition, et fabriquez un dessus à l'aide de bois de finition ou de contre-plaqué, pour en faire une tablette décorative.

Charpentes de soffites et de caissons

Votre soubassement ou votre grenier non finis contiennent certainement des poutres, des tuyaux, des poteaux, des gaines et d'autres éléments indispensables à la maison, mais qui gênent les travaux de finition. Si vous ne pouvez pas dissimuler ces obstacles dans les murs et que les déplacer coûte trop cher, dissimulez-les dans la charpente d'un soffite ou d'un caisson et dissimulez de la même manière d'autres parties de l'installation comme le câblage ou les tuyaux d'arrivée d'eau.

Les soffites et les caissons sont faciles à faire. On construit la plupart des soffites en bois scié de 2 po x 2 po ou en poteaux d'acier de 1 ⅝ po (voir pages 50-51), car ces deux matériaux se travaillent facilement et ne coûtent pas cher. Vous pouvez également utiliser du bois scié de 2 po x 4 po s'il s'agit d'un important soffite qui doit abriter d'autres éléments, tels que des appareils d'éclairage encastrés. Construisez les caissons en bois scié de 2 po x 4 po ou en poteaux d'acier.

Dans cette section, nous vous montrons quelques techniques de base utilisées dans la construction des soffites et des caissons, mais c'est à vous de choisir la conception de leur charpente. Vous pouvez, par exemple, donner à vos soffites une allure décorative ou construire un caisson assez grand pour contenir des tablettes de rangement pour les livres. Assurez-vous seulement que la charpente est bien conforme aux exigences du code local du bâtiment. Le code limite parfois les types d'éléments mécaniques qui peuvent être groupés et peut exiger qu'on laisse un espace minimum entre la charpente et ce qui l'entoure. La plupart du temps, le code précise que les soffites, les caissons et les autres structures de la charpente doivent comprendre des pare-feu tous les 10 pi et aux intersections des soffites et des murs avoisinants. N'oubliez pas non plus que les orifices de nettoyage des drains et les vannes d'arrêt doivent demeurer accessibles; vous devrez donc installer des panneaux d'accès à ces endroits.

Outils : scie circulaire, perceuse, marteau cloueur à poudre.

Matériel : bois scié de dimensions courantes (2 po x 2 po, 2 po x 4 po), bois de 2 po x 4 po traité sous pression, adhésif de construction, plaques de plâtre, fibre de verre isolante sans recouvrement, clous, moulures en bois, contreplaqué, vis à plaques de plâtre, vis décoratives.

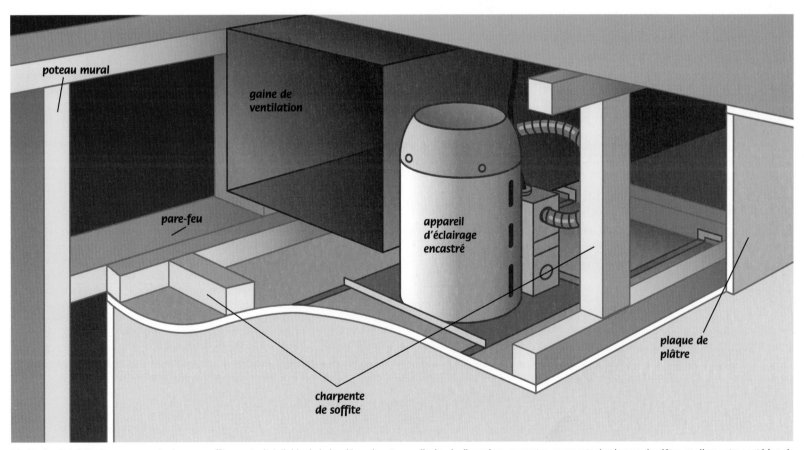

poteau mural

gaine de ventilation

pare-feu

appareil d'éclairage encastré

plaque de plâtre

charpente de soffite

Dissimulez les obstacles permanents dans un soffite construit à l'aide de bois scié ou de poteaux d'acier de dimensions courantes, recouverts de plaques de plâtre ou d'un autre matériau de finition. S'il est suffisamment grand, le soffite peut également abriter les appareils d'éclairage encastrés.

Construction des soffites

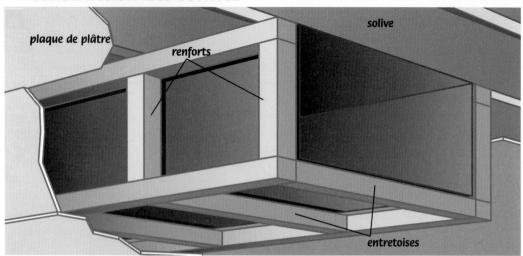

plaque de plâtre
solive
renforts
entretoises

Quand les objets à dissimuler sont perpendiculaires aux solives. À l'aide de bois scié de 2 po x 2 po standard, construisez deux cadres, ressemblant aux montants d'une échelle, qui formeront les côtés du soffite. Installez des renforts (ou « échelons ») tous les 16 ou 24 po, sur lesquels vous clouerez les plaques de plâtre ou tout autre matériau de finition. Au moyen de clous ou de vis, fixez les côtés de la charpente aux solives, de chaque côté de l'objet à dissimuler. Puis, installez sous cet objet des entretoises joignant ces deux côtés. Couvrez la charpente de plaques de plâtre, de contreplaqué ou d'un autre matériau de finition.

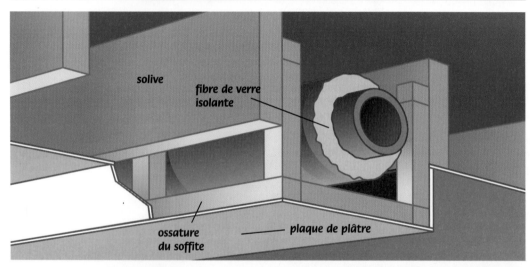

solive
fibre de verre isolante
ossature du soffite
plaque de plâtre

Quand les objets à dissimuler sont parallèles aux solives. Construisez les côtés du soffite comme on l'a expliqué pour les objets à dissimuler perpendiculaires aux solives, mais arrangez-vous pour placer ceux-ci entre les solives. Elles fourniront ainsi les surfaces de clouage nécessaires à l'installation du soffite et des matériaux de finition. Fixez les côtés aux solives, au moyen de vis, puis installez les entretoises. **NOTE:** si vous enfermez un tuyau de drainage, enveloppez-le de fibre de verre isolante sans recouvrement qui étouffera le bruit de l'eau courante.

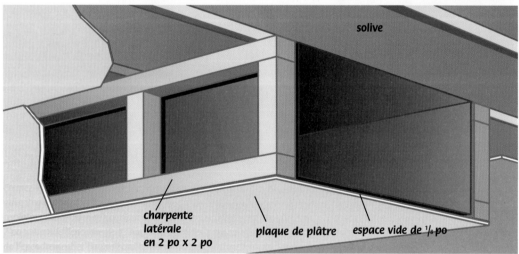

solive
charpente latérale en 2 po x 2 po
plaque de plâtre
espace vide de 1/8 po

Maximisez la hauteur libre. Dans les pièces basses de plafond, si l'objet à dissimuler a moins de 12 po de largeur et que le matériau de finition choisi est la plaque de plâtre ou le contreplaqué, construisez les flancs du soffite (voir ci-dessus) de manière qu'ils ne dépassent que de 1/8 po le point le plus bas de l'objet à dissimuler. Dans ce cas-ci, la pièce inférieure en plaque de plâtre ou en contreplaqué consolidera la structure du soffite, et il ne sera pas nécessaire d'installer des entretoises. Choisissez cette méthode de construction si vous utilisez une ossature en acier (voir pages 50-51). Les soffites à ossature en acier sont souvent plus faciles à construire sur place.

Comment construire un caisson

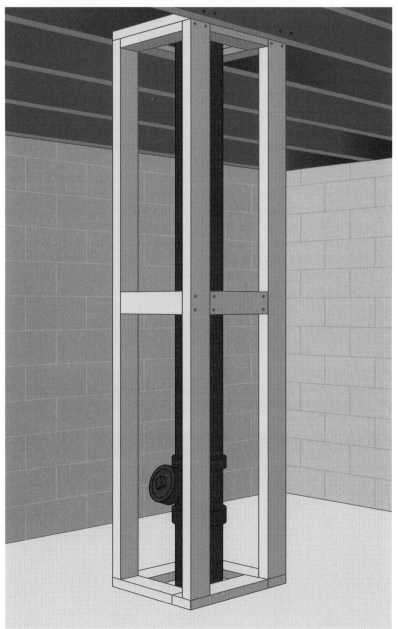

Construisez les caissons en bois scié de 2 po x 4 po ou en poteaux d'acier. Dans le cas d'une ossature en bois, utilisez du bois traité sous pression pour les semelles en contact avec les planchers de béton et fixez-les au moyen d'adhésif de construction et d'attaches plantées avec un marteau cloueur à poudre (voir page 324). Coupez les sablières dans du bois scié standard et clouez-les ou vissez-les en place. Installez les poteaux qui formeront les coins du caisson et les cales qui en assureront la stabilité. Pour diminuer le volume occupé par le caisson, pratiquez des encoches dans les semelles et les sablières, autour des objets à dissimuler, et installez les poteaux en conséquence. Si vous enfermez un tuyau de drainage vertical (en particulier l'évent principal d'évacuation et de ventilation), prévoyez l'espace nécessaire à l'installation d'isolant acoustique. Les tuyaux en plastique sont particulièrement bruyants.

Comment ménager des ouvertures d'accès

Ménagez les ouvertures d'accès après avoir installé les plaques de plâtre. Si la surface est horizontale, découpez un morceau carré de plaque de plâtre à l'endroit de l'ouverture. Enfoncez la pièce coupée dans l'ouverture et glissez-la d'un côté pour qu'elle repose sur l'intérieur du soffite. Collez les côtés biseautés d'un cadre autour de l'ouverture, de manière qu'ils dépassent de $\frac{1}{2}$ po environ à l'intérieur de l'ouverture. Placez le morceau découpé pour qu'il repose sur le cadre. Si la surface est verticale, découpez une ouverture de la même façon et collez les côtés biseautés d'un cadre autour de l'ouverture. Installez des bandes d'appui en contreplaqué derrière la plaque de plâtre, des deux côtés de l'ouverture. Fixez la partie découpée aux bandes d'appui au moyen de vis décoratives.

Attacher les éléments d'ossature à de l'acier

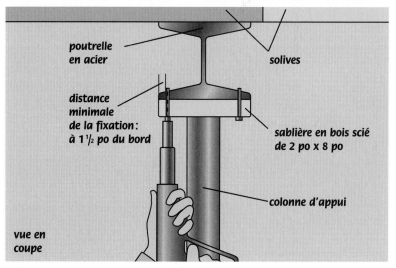

Utilisez un marteau cloueur à poudre (voir page 324) pour attacher les éléments d'ossature en bois ou en acier à des poutres en I ou à des colonnes en acier. Tenez le marteau cloueur perpendiculairement à la surface et enfoncez l'attache à 1 $\frac{1}{2}$ po minimum du bord de l'élément en acier. Utilisez l'attache et la charge appropriées à l'outil et à chaque application. Le fabricant de l'outil doit fournir, avec l'outil, un manuel, des tableaux des attaches et des tableaux des charges. Portez toujours des protège-oreilles et des lunettes de sécurité lorsque vous travaillez avec cet outil.

Construction de murs nains dans un comble

Les murs nains des combles sont des murs qui s'étendent du plancher du comble aux chevrons. Ils accentuent la dimension verticale des pièces du comble qui, sans eux, paraîtraient ramassées. Les murs nains ont habituellement 5 pi de haut, et ce, pour plusieurs raisons : c'est la hauteur de plafond minimale des surfaces de plancher utiles autorisées par la plupart des codes du bâtiment et cette hauteur rend les pièces confortables sans les amputer d'une surface de plancher trop importante. L'espace non fini se trouvant derrière le mur nain n'est pas perdu : il convient parfaitement au rangement et à la dissimulation des canalisations de service. Pour l'utiliser, il suffit de créer une ouverture encadrée dans le mur en même temps qu'on construit l'ossature, un peu comme si on créait une ouverture de porte ou de fenêtre (voir pages 52 à 54).

Les murs nains ressemblent à des murs de séparation et ne diffèrent de ceux-ci que par la coupe en biais pratiquée sur les sablières et les poteaux pour leur faire épouser la pente des chevrons. La longueur accrue de la surface de contact entre les poteaux et la sablière résultant de la coupe en biais impose l'utilisation d'une sablière de 2 po x 6 po. Avant de vous lancer dans la construction d'un mur nain, revoyez les techniques de construction des murs de séparation (voir pages 46 à 49).

Outils : scie circulaire, niveau, cordeau traceur, fausse équerre.

Matériel : bois scié de 2 po x 4 po et de 2 po x 6 po, clous ordinaires 8d et 16d.

Construire un mur nain de comble

A

Les murs nains des combles ont la hauteur idéale pour qu'on puisse y installer des tiroirs et pour servir de façade à des meubles encastrés (voir pages 350 à 353).

Créez un gabarit à l'aide d'un morceau droit de bois scié de 2 po x 4 po. Coupez-le pour qu'il soit légèrement plus long que la hauteur prévue du mur nain. Tracez ensuite, sur sa face avant, une ligne indiquant la hauteur exacte du mur nain.

À une extrémité de la pièce, placez le gabarit à plat verticalement contre le chevron d'extrémité. Le gabarit étant d'aplomb, reportez sur le bord inférieur du chevron la marque du gabarit indiquant la hauteur du mur et tracez, sur le sous-plancher, un trait longeant le bord avant du gabarit. Ces traits indiquent les endroits où doivent passer la sablière et la lisse du mur nain.

Tenez le gabarit d'aplomb et faites un trait dessus, en suivant le bord inférieur du chevron; vous aurez ainsi reporté la pente des chevrons sur la face du gabarit.

Répétez l'opération de marquage de la sablière et de la lisse à la verticale du chevron situé à l'autre extrémité de la pièce. À l'aide du cordeau traceur, faites un trait sur tous les chevrons et sur le sous-plancher. Si nécessaire, ajouter un renfort pour fixer la sablière au mur de pignon.

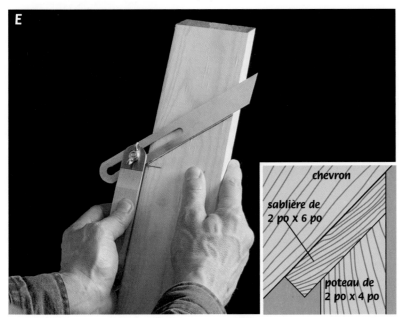

Pour couper en biais le bord de la sablière, placez un bras de la fausse équerre suivant la ligne de pente des chevrons, tracée sur le gabarit. Utilisez ensuite la fausse équerre pour régler l'angle de coupe de la lame d'une scie circulaire ou d'une scie à table et sciez en biais un des bords de la sablière de 2 po x 56 po. **NOTE:** lorsque vous placez la sablière à plat contre les chevrons, perpendiculairement à ceux-ci, son bord avant doit être perpendiculaire au plan du plancher (mortaise).

Marquez l'emplacement des poteaux sur la sablière et la lisse (voir pages 47-48). Installez la sablière et la lisse le long des lignes tracées avec le cordeau et fixez-les respectivement aux chevrons et aux solives de plancher, en utilisant des clous 16d. Mesurez et coupez chaque poteau pour pouvoir l'insérer parfaitement à sa place, l'extrémité supérieure coupée en biais arrivant au ras de la sablière. Fixez chaque poteau au moyen de clous 8d, plantés en biais.

Charpente des plafonds du comble

Les plafonds plats des combles *permettent l'installation de luminaires encastrés, d'évents et de haut-parleurs.*

entrait
retroussé

éléments
de boiserie
ajoutés

Les entraits retroussés apparents *peuvent ajouter un motif architectural à un plafond à double pente. En leur ajoutant des éléments de boiserie, on crée une enveloppe qui peut contenir des luminaires de petite taille (mortaise).*

À cause des toits pentus, il est normal que la plupart des combles aient un plafond «cathédrale». Libre à vous de conserver les pentes apparentes – et d'appliquer un revêtement de finition jusqu'au faîtage – ou d'installer un plafond horizontal et de créer ainsi une surface plane qui ressemble davantage à un plafond standard. Ne prenez votre décision qu'après avoir analysé les avantages et les inconvénients de chaque système.

Si votre comble est muni d'entraits retroussés – ces renforts horizontaux installés entre deux chevrons opposés (voir page 301) – commencez par les examiner. Sont-ils placés assez hauts pour répondre aux exigences du code en ce qui concerne la hauteur libre des combles? Si ce n'est pas le cas, consultez un architecte ou un ingénieur pour savoir si vous pouvez les déplacer de quelques pouces (ne les déplacez ou ne les enlevez qu'après avoir pris l'avis d'un professionnel). Si par contre, ils sont installés suffisamment hauts, vous pouvez les dissimuler dans un nouveau plafond ou les laisser apparents et les recouvrir d'un matériau de finition tel que de la plaque de plâtre ou du bois de finition. Ne considérerez pas les entraits retroussés comme partie de la charpente du plafond.

Le choix d'un plafond à double pente est avant tout une question d'esthétique. La hauteur de ce type de plafond agrandit la pièce, et ses angles de pente donnent une perspective intéressante dans la plupart des cas. Étant donné que le plafond cathédrale englobe l'espace compris entre les chevrons jusqu'au faîte de la maison, il est parfois nécessaire d'installer des évents supplémentaires si l'on veut que le toit soit suffisamment ventilé (voir pages 334-335).

Par contre, le plafond plat donne à la pièce un aspect plus propre, mieux fini et la fait ressembler davantage à une pièce classique, sans compter que les plafonds plats offrent un avantage certain par rapport aux plafonds inclinés: ils masquent un espace vide, idéal pour le passage des canalisations de service. Si les évents des murs pignons sont placés assez hauts, cet espace peut servir à ventiler le toit (mais n'oubliez pas, dans ce cas, d'isoler l'espace situé au-dessus du plafond). Le plafond même peut contenir des luminaires encastrés ou un ventilateur de plafond. Et si vous prévoyez d'installer des murs de séparation pleine hauteur, il est tout indiqué de couvrir le dessus des murs d'une charpente de plafond.

Lorsque vous déterminez la hauteur à laquelle vous installerez la charpente du plafond plat, n'oubliez pas de tenir compte des revêtements de finition du plancher et du plafond. Et ne perdez pas de vue que la plupart des codes du bâtiment exigent que les plafonds finis se trouvent à une hauteur minimale de 7½ pi.

Outils: niveau de 4 pi, cordeau traceur, scie circulaire.

Matériel: bois scié de 2 po x 4 po et de 2 po x 6 po, clous ordinaires 10d.

Comment construire un plafond plat de comble

Créez un gabarit dont la longueur est adaptée à la hauteur de la future charpente de plafond (voir l'étape A, page 330). À une extrémité du comble, placez le gabarit à plat, verticalement contre le chevron d'extrémité. Le gabarit étant d'aplomb, reportez sur le bord inférieur du chevron la marque du gabarit indiquant la hauteur du plafond. Répétez l'opération à l'autre extrémité du comble et, à l'aide du cordeau traceur, faites un trait de craie sur tous les chevrons intermédiaires. Ces traits indiquent le bord inférieur de la charpente du plafond.

À l'aide d'un niveau et du gabarit, reportez les traits des chevrons extrêmes sur les chevrons d'en face et faites de nouveau des traits sur les chevrons intermédiaires à cet endroit. **NOTE:** dans cette opération, le gabarit sert en réalité de règle rectifiée.

Coupez les solives de plafond de 2 po x 6 po qui relieront les chevrons opposés et taillez leurs extrémités en biais, pour qu'elles épousent la pente du toit. Vérifiez au préalable le bombement éventuel de chaque solive pour être sûr de l'installer, le cas échéant, le bord bombé vers le haut (voir l'étape B, page 319). Coupez les solives pour qu'elles aient environ $^1/_2$ po de moins que la longueur réelle, ainsi leurs extrémités ne toucheront pas le revêtement intermédiaire du toit.

Fixez les solives aux chevrons, à l'aide de trois clous ordinaires 10d, plantés aux extrémités. Conservez un écart de 16 po ou de 24 po entre les axes des solives, pour pouvoir y attacher des plaques de plâtre ou tout autre matériau de finition.

Isolation et ventilation des toits

Les effets conjugués de la ventilation et de l'isolation gardent votre platelage en bon état. Il faut ventiler les toitures pour plusieurs raisons. Lorsqu'il fait chaud, les rayons du soleil chauffent considérablement la toiture et l'écoulement de l'air sous le platelage permet de réduire la température et de donner plus de fraîcheur au comble. Lorsqu'il fait froid et en particulier dans les régions où il neige abondamment, il faut ventiler les toitures pour prévenir la formation de barrages de glace et empêcher les problèmes d'humidité. Si vous isolez le plafond de votre comble, vous devez vous assurer que le toit sera toujours bien ventilé.

Voici comment fonctionne la ventilation du toit : les prises d'air installées dans les soffites – ou orifices de ventilation de l'avant-toit – permettent à l'air extérieur de passer sous le revêtement intermédiaire du toit et de sortir par le ou les évents de la faîtière. Dans les combles non finis, où seul le plancher est isolé, l'air peut circuler librement à travers les travées ouvertes des chevrons, dans tout l'espace situé sous le toit. Il peut alors sortir par un des évents du toit ou des murs pignons. Par contre, lorsque vous aménagez votre comble, vous isolez les travées de chevrons, en tout ou en partie en installant de l'isolant et un plafond fini. Si le plafond du comble est

horizontal, un espace d'air ouvert subsiste au-dessus du plafond, mais l'écoulement d'air sera tout de même réduit. Si le plafond du comble est à double pente, les travées des chevrons sont isolées les unes des autres jusqu'à la faîtière et, à lui seul, un évent de toiture ne peut ventiler qu'une travée. Pour améliorer la ventilation, vous devrez installer des évents de toiture et de soffites supplémentaires, ou un évent de faîtière continu qui aspirera l'air de toutes les travées de chevrons.

Le système de ventilation d'un toit doit permettre à l'air de circuler librement entre les ouvertures d'entrée et de sortie d'air. C'est la raison pour laquelle la plupart des codes du bâtiment exigent que l'on conserve un espace vide de 1 po d'épaisseur entre l'isolant et le revêtement intermédiaire de la toiture. Pour que cet espace ne s'obstrue pas, il est bon d'installer des écrans de séparation dans chaque travée de chevrons. Mais vous devez aussi installer suffisamment d'isolant pour que votre toiture atteigne la résistance thermique (symbole R) recommandée dans votre région. Vous devrez donc peut-être augmenter la largeur des chevrons pour pouvoir installer l'isolant et les écrans de séparation. Vous trouverez d'autres renseignements sur le symbole R et l'installation des isolants aux pages 192 et 193.

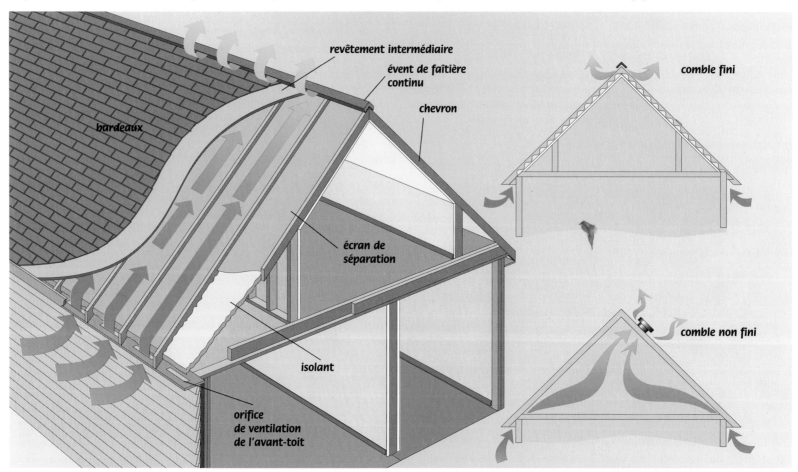

Les effets du système de ventilation du toit *s'ajoutent à ceux de l'isolation du comble : l'isolant forme une barrière thermique qui maintient l'air climatisé dans la maison, tandis que le système de ventilation utilise l'air extérieur pour maintenir le platelage froid et sec. Dans la plupart des combles non finis, tout l'espace du comble est ventilé, et on peut obtenir un écoulement d'air satisfaisant au moyen des évents de toiture et des évents des murs pignons.*

Conseils pour isoler les toits

Augmentez la largeur des chevrons pour pouvoir installer une couche plus épaisse d'isolant. Pour ce faire, fixez des morceaux de bois scié de 2 po x 2 po sur les bords inférieurs des chevrons, en utilisant des vis de 3 po à tête fraisée. Vous pouvez aussi gagner de l'espace en installant un isolant plus dense.

Utilisez des écrans de séparation pour créer un courant ininterrompu d'air derrière l'isolant. Les écrans doivent partir juste devant les sablières des murs extérieurs et aboutir aux évents de sortie. Fixez les écrans au revêtement intermédiaire du toit au moyen d'agrafes.

Placez de la fibre de verre isolante, en vous arrêtant juste avant l'ouverture de l'écran pour ne pas gêner l'écoulement d'air. L'isolant placé sur le plancher du comble doit couvrir les sablières des murs extérieurs, mais il ne doit pas s'étendre jusque dans les cavités des soffites.

Variantes pour la ventilation des toits

On utilise fréquemment les évents de toiture (de types boîte ou champignon) pour ventiler les combles non finis. Vous pouvez améliorer la ventilation en ajoutant des évents de toiture et des orifices de ventilation dans l'avant-toit (mortaise). Si les travées de chevrons sont isolées les unes des autres jusqu'à la faîtière, assurez-vous que chaque travée possède son orifice d'entrée et son évent de sortie.

Les évents de faîtière continus sont les évents de toiture les plus efficaces, car ils assurent une ventilation tout le long de la faîtière. Leur installation coûte moins cher si on l'intègre aux travaux de renouvellement de la toiture, mais on peut aussi les installer sur un toit en bon état. On tirera le meilleur rendement de ce type d'évent en utilisant conjointement des orifices d'entrée d'air continus (mortaise).

Installation d'un foyer à gaz

L'installation d'un nouveau foyer à gaz complète harmonieusement l'aménagement d'un comble ou d'un sous-sol. Dans la ventilation directe du foyer, on utilise un conduit spécial, constitué en réalité de deux tuyaux concentriques : le tuyau intérieur qui évacue les gaz de combustion dans l'atmosphère et le tuyau extérieur qui aspire l'air frais nécessaire à la combustion. On peut donner au tuyau de ventilation toutes sortes de configurations, ce qui veut dire que rares sont les pièces qui ne peuvent recevoir un foyer à gaz.

On trouve des foyers à gaz standard (décoratifs) ou chauffants. Ils ont la même apparence, mais les modèles chauffants sont conçus pour dégager plus de chaleur, qui pénètre dans la pièce soit par convection, soit par le courant d'air créé par un ventilateur électrique optionnel. Les deux modèles sont également offerts avec allumage à distance et allumage électronique.

L'installation d'un foyer à gaz constitue un projet intéressant pour le bricoleur, car celui-ci peut concevoir et construire une ossature qui correspond à ses besoins et choisir le traitement de finition qui lui plaît. Il faut commencer par planifier soigneusement les opérations. Une fois qu'on a choisi le modèle du foyer et déterminé son emplacement, il faut commander tous les tuyaux et raccords de ventilation nécessaires.

Dans le projet montré ici on a installé un foyer décoratif dans un sous-sol. Il s'agit d'une unité dont les gaz de combustion sont évacués vers le haut et à travers un mur en blocs de béton. La charpente est constituée d'une boîte rectangulaire qui s'étend du plancher au plafond et qu'on a recouverte de plaques de plâtre. Le foyer est surmonté d'un manteau en chêne manufacturé et l'ouverture est garnie d'une rangée de carreaux céramiques.

Vous pouvez installer un foyer identique ou conformer votre plan aux principales étapes de sa construction. La principale différence entre les diverses installations réside dans la ventilation. Quel que soit le type de foyer que vous choisissez, assurez-vous d'utiliser toutes les pièces requises et de suivre les instructions d'installation fournies par le fabricant et le code local du bâtiment.

Planification des travaux

NOTE: Suivez les instructions du fabricant concernant l'emplacement, les espaces libres à respecter autour du foyer et les différentes méthodes de ventilation.

Commencez la planification de votre projet par le choix de l'emplacement le plus adéquat pour recevoir un foyer. Si vous le placez près d'un mur extérieur, vous simplifierez la tuyauterie de ventilation. Dans le cas d'un foyer installé au sous-sol, il faut se souvenir que le *clapet de sortie* (à l'extrémité du tuyau d'évacuation) doit se trouver à au moins 12 po du sol. Dans ce projet-ci, le tuyau de ventilation se dresse sur 3 pi avant de faire un coude et de traverser un mur de maçonnerie. Ce mur étant incombustible, il n'est pas nécessaire d'entourer d'un écran thermique la pénétration du tuyau.

Ensuite, concevez la charpente. Ses dimensions et sa forme sont laissées à votre appréciation, pour autant que la charpente respecte les exigences en matière d'espace libre autour du foyer. La charpente doit se trouver au moins à ½ po des côtés et de l'arrière du foyer et à ¼ po (pour pouvoir placer et ajuster le foyer) au-dessus des *séparateurs*, placés sur la carcasse du foyer. Si vous voulez vous simplifier la tâche, utilisez du bois scié de 2 po x 4 po et des plaques de plâtre.

Pour terminer, organisez la disposition des tuyaux. La plupart des foyers à gaz ont une conduite d'arrivée de gaz de ½ po, raccordée directement à l'unité. Renseignez-vous auprès du service du gaz de votre localité ou du service de la construction pour connaître les caractéristiques de la tuyauterie que vous devez utiliser et le débit de gaz nécessaire pour alimenter votre modèle. Si votre foyer est équipé de dispositifs optionnels tels qu'un ventilateur ou un dispositif d'allumage à distance, vous devrez sans doute installer le câblage approprié. Après avoir construit la charpente, mettez les canalisations en place. Si vous n'êtes pas qualifié pour exécuter ces travaux, confiez-les à des professionnels.

Si vous avez besoin d'aide concernant ces questions de planification, parlez aux commerçants expérimentés de votre région. Ils vous aideront à choisir le modèle qui vous convient et à résoudre les problèmes de ventilation ou autres qui se présentent. Et n'oubliez pas que les spécifications d'installation sont régies par le code local du bâtiment: vérifiez auprès du service local de la construction si vos plans sont conformes aux règlements.

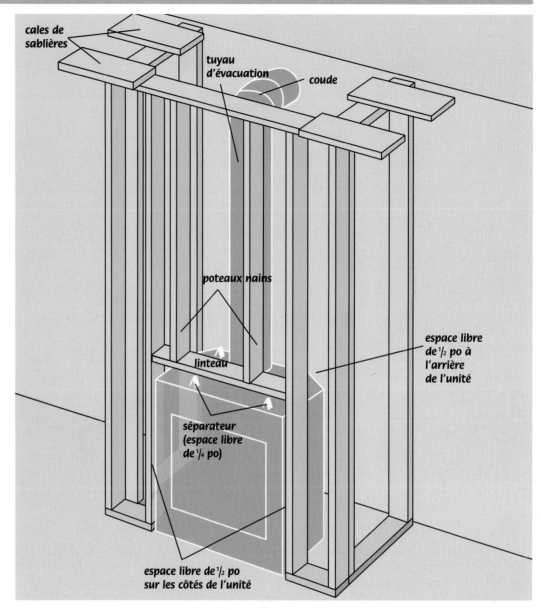

cales de sablières

tuyau d'évacuation

coude

poteaux nains

linteau

espace libre de ½ po à l'arrière de l'unité

séparateur (espace libre de ¼ po)

espace libre de ½ po sur les côtés de l'unité

Outils: *équerre de charpentier, cordeau traceur, fil à plomb, scie circulaire, perceuse, niveau de 2 pi, marteau perforateur, mèche à maçonnerie, ciseau de maçon, maillet, clé à molette, balai, chasse-clou, truelle à encoches en V, tournevis, aplanissoir, éponge.*

Matériel: *foyer à gaz, tuyaux de ventilation, clapet de sortie, tuyau en cuivre de ½ po, cales en bois de 2 po x, bois scié de 2 po x 4 po, adhésif de construction, attaches pour maçonnerie, vis à plaques de plâtre de 3 po, tôles, feuilles de plastique, contreplaqué inutilisé, vis à tôle, pâte à calfeutrer, plaques de plâtre de ⅝ po, produits de finition pour plaques de plâtre, produit de scellement résistant aux hautes températures, apprêt, peinture, manteau de foyer, produits de finition pour le bois, clous de finition 4d et 6d, bois plastique, carreaux céramiques, séparateurs de carreaux, adhésif au latex pour carreaux, ruban-cache, coulis, moulure de cimaise, bandes rapportées.*

Comment installer un foyer à gaz

A

cale de 2 po x

B

linteau

Marquez les extrémités de la charpente sur le plancher. Utilisez une équerre de charpentier pour tracer perpendiculairement au mur les lignes délimitant les parois latérales de la charpente. Portez les mesures nécessaires sur ces lignes et marquez l'emplacement de la face avant de la charpente avec un cordeau traceur. Mesurez les diagonales du tracé pour vous assurer de la perpendicularité des lignes et corrigez celles-ci si nécessaire. À l'aide d'un fil à plomb, reportez sur les solives du plafond les lignes tracées sur le plancher. Si vous constatez qu'une traverse supérieure tombe entre des solives parallèles, installez des cales de 2 po x entre les solives. Tracez la ligne qui joint les marques pour compléter le tracé des traverses supérieures.

Coupez les traverses inférieures à la bonne longueur, dans du bois scié de 2 po x 4 po. Placez les traverses à l'intérieur des lignes et fixez-les au plancher à l'aide d'adhésif de construction et de vis à maçonnerie, ou à l'aide d'un marteau cloueur à poudre (voir pages 323-324). Coupez les traverses supérieures à la bonne longueur, dans du bois scié de 2 po x 4 po. Fixez-les aux solives ou aux cales, à l'aide de vis de 3 po ou de clous 16d (forez des avant-trous pour les vis). Si vous devez fixer les traverses directement à des solives parallèles, ajoutez des entretoises pour pouvoir attacher les plaques de plâtre du plafond.

Indiquez l'emplacement des poteaux sur les traverses inférieures et reportez ces marques sur les traverses supérieures, à l'aide d'un fil à plomb. Mesurez les poteaux et coupez-les à la bonne longueur. Fixez deux poteaux contre le mur arrière, à l'aide d'adhésif de construction et de vis à maçonnerie, ou à l'aide d'un marteau cloueur à poudre. Fixez les poteaux restants aux traverses supérieures et inférieures, à l'aide de vis de 3 po ou de clous 8d.

Mesurez, à partir du plancher, la hauteur du linteau et faites un trait à cette hauteur sur chaque poteau encadrant l'ouverture frontale. Coupez le linteau à la bonne longueur et installez-le. Coupez les poteaux nains qui doivent venir entre le linteau et la traverse supérieure, mais ne les installez pas avant d'avoir installé les tuyaux d'évacuation, qui doivent rester accessibles. Ajoutez les cales qui serviront de surfaces de clouage à la moulure entourant les carreaux céramiques.

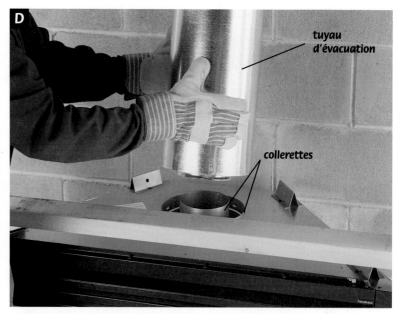

Pliez vers l'extérieur les languettes de clouage des côtés du foyer. Glissez l'unité dans l'ouverture jusqu'à ce que les languettes touchent la charpente et centrez le foyer dans son ouverture. Vérifiez si l'unité est horizontale, en plaçant un niveau d'abord parallèlement au mur, puis perpendiculairement à celui-ci. Faites les ajustements nécessaires au moyen d'intercalaires en métal. Ajoutez un peu d'adhésif de construction pour maintenir les intercalaires en place. Mesurez les espaces libres sur les côtés et à l'arrière du foyer pour vous assurer de la conformité de l'installation aux exigences de la réglementation.

Essayez les parties de la tuyauterie d'évacuation. Placez l'extrémité évasée de la première section du tuyau d'évacuation sur les collerettes se trouvant sur la partie supérieure du foyer, en faisant coïncider les tuyaux intérieur et extérieur avec leurs collerettes respectives. Poussez le tuyau vers le bas jusqu'à ce qu'il s'ajuste, avec un bruit sec, aux tenons qui garnissent l'extérieur de la collerette. Tirez légèrement le tuyau vers le haut pour être sûr qu'il est bien en place.

Installez le coude pour que son extrémité libre pointe vers le mur extérieur. **NOTE:** les parties horizontales de la tuyauterie doivent avoir une pente de ¼ po par pied. Si votre installation comprend des sections supplémentaires de tuyauterie horizontale à partir du coude, placez les sections et le coude pour qu'ils aient la pente voulue. Tracez une circonférence sur le mur à l'endroit de contact avec le coude.

Détachez la tuyauterie du foyer et déposez-la sur le côté. Couvrez le foyer de plastique en feuille et de contreplaqué inutilisé pour le protéger des débris. À l'aide d'une perceuse à percussion munie d'une mèche à maçonnerie, forez une série de trous juste à l'extérieur de la circonférence tracée plus tôt, en les espaçant le moins possible et en traversant chaque fois le mur, de part en part. Soyez patient, les cavités des blocs peuvent être remplies de béton.

Suite à la page suivante

Comment installer un foyer à gaz (suite)

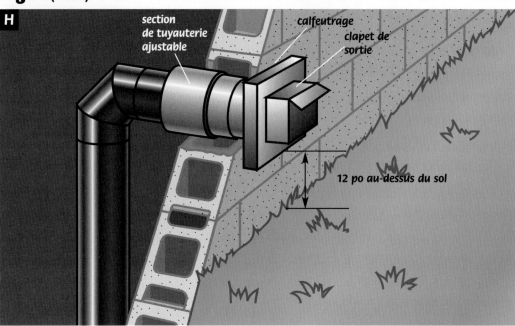

Défoncez prudemment l'intérieur du cercle au moyen d'un ciseau de maçon et d'un maillet. Travaillez de l'extérieur vers l'âme du mur, des deux côtés de celui-ci, pour que la découpe soit nette. Égalisez les bords du trou, essayez la pièce de tuyauterie horizontale qui entre dans le trou et faites les ajustements nécessaires. Découvrez le foyer et nettoyez les alentours.

Replacez la section verticale de la tuyauterie et le coude et assemblez les pièces. Préparez la section horizontale de la tuyauterie en mesurant la distance entre l'extrémité du coude et le clapet de sortie. Ajustez la longueur de la section et fixez les pièces coulissantes à l'aide de deux vis à tôle. Installez la section horizontale et le clapet de sortie en suivant les instructions du fabricant. Calfeutrez le pourtour du clapet avec une pâte à calfeutrer approuvée. Après avoir installé la tuyauterie d'évacuation, attachez le foyer à la charpente en enfonçant des vis dans les trous des languettes de clouage. Installez les poteaux nains entre le linteau et la traverse supérieure.

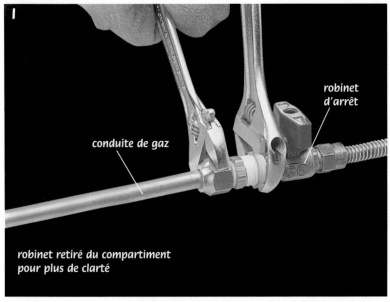

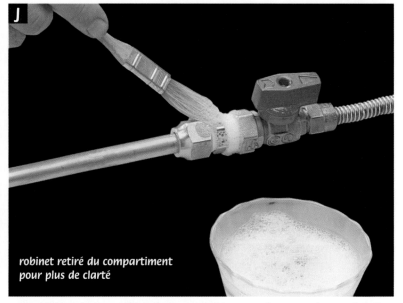

Pour brancher le gaz, enlevez la grille inférieure se trouvant à l'avant du foyer. Entrez le tuyau d'arrivée du gaz dans le trou d'accès se trouvant sur le côté du foyer et branchez-le au robinet d'arrêt manuel. Serrez le raccord à l'aide de clés à molette.

Ouvrez le robinet de gaz et vérifiez s'il n'y a pas de fuites en appliquant, sur le raccord, de l'eau savonneuse à l'aide d'un pinceau. Les bulles sont le signe d'une fuite. Dans ce cas, fermez le robinet, resserrez le raccord qui fuit et testez de nouveau l'étanchéité au gaz du raccord.

espaces de ⅛ po

Avant d'installer la plaque de plâtre, testez le foyer. Préparez et allumez le feu en suivant les instructions du fabricant. Laissez fonctionner le foyer pendant 15 à 20 minutes, tandis que vous inspectez la flamme et le conduit d'évacuation. Signalez tout problème au fabricant. Éteignez le feu et laissez refroidir le foyer. Installez des plaques de plâtre de ⅝ po sur la charpente (voir pages 196 à 200). Laissez un espace de ⅛ po tout autour du foyer pour pouvoir y déposer un cordon de produit de scellement.

Remplissez l'espace entourant l'avant du foyer d'un produit de scellement résistant aux hautes températures, fourni (ou recommandé) par le fabricant. Lissez les joints et finissez les plaques de plâtre (voir pages 201-202).

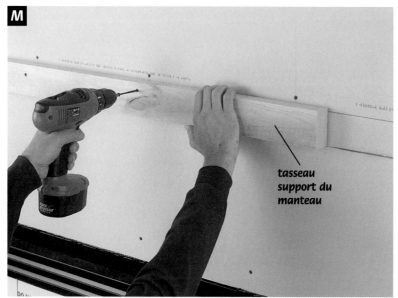

tasseau support du manteau

Pour installer le manteau, mesurez, depuis le plancher, la hauteur du tasseau qui lui servira de support et faites un trait à cette hauteur. À l'aide d'un niveau, tracez une ligne horizontale passant par ce trait. Indiquez, juste au-dessus de cette ligne, les endroits qui correspondent à l'emplacement des poteaux. Placez le tasseau sur la ligne, centré sur le foyer et forez un avant-trou à l'emplacement de chaque poteau. Fixez le tasseau aux poteaux au moyen de vis fournies par le fabricant.

Peignez les zones des plaques de plâtre qui ne seront pas recouvertes par les carreaux céramiques. Achevez de finir le manteau si nécessaire, et placez-le sur le tasseau, centré sur le foyer. Forez, dans la surface supérieure du manteau, des avant-trous pour clous de finition 6d, à environ ¾ po du mur. Attachez le manteau au tasseau au moyen de quatre clous. Enfoncez les clous à l'aide d'un chasse-clou et remplissez les trous des têtes avec du bois plastique avant de procéder aux retouches de finition.

Suite à la page suivante

Comment installer un foyer à gaz (suite)

Essayez les carreaux qui doivent entourer l'ouverture du foyer. Les carreaux peuvent couvrir la surface noire à l'avant du foyer, mais pas le verre ni une partie des grilles. Si vous utilisez des carreaux de revêtement de sol non munis de séparateurs, placez des séparateurs en plastique pour déterminer les espaces vides des joints de coulis entre les carreaux (ils doivent avoir au moins $^1/_8$ po, dans le cas de carreaux de revêtement de sol). Tracez le contour de la surface couverte par les carreaux et marquez les autres repères qui vous aideront au cours de l'installation. Coupez si possible les carreaux à l'avance.

Posez du ruban-cache sur le pourtour de l'emplacement des carreaux et, à l'aide d'une truelle à encoches en V, étalez uniformément sur le mur une couche de mastic adhésif au latex pour carreaux, juste à l'intérieur du contour. Posez les carreaux contre l'adhésif, en les alignant sur le contour tracé et pressez-les fortement pour qu'ils adhèrent bien au mur. Installez au fur et à mesure des séparateurs entre les carreaux et, à l'aide d'un petit tournevis, grattez l'excédent d'adhésif présent dans les joints de coulis. Installez tous les carreaux et laissez sécher complètement l'adhésif.

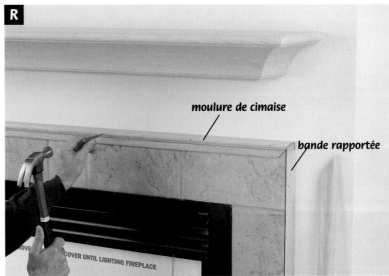

moulure de cimaise

bande rapportée

Mélangez un lot de coulis en suivant les instructions du fabricant. À l'aide d'un aplanissoir en caoutchouc, étalez le coulis sur les carreaux en le forçant dans les joints. Puis, passez l'aplanissoir en diagonale sur les joints, en l'inclinant à 45°. Passez l'aplanissoir une deuxième fois en diagonale sur les joints pour enlever l'excédent de coulis. Attendez 10 à 15 minutes et essuyez le coulis qui tache les carreaux avec une éponge humide que vous rincerez fréquemment. Laissez sécher le coulis pendant une heure et lissez ensuite les carreaux avec un linge sec. Laissez sécher complètement le coulis.

Coupez les morceaux de moulure de cimaise qui entoureront les carreaux, en biseautant leurs extrémités. Si les carreaux sont plus épais que la moulure, installez des bandes rapportées derrière la moulure, en utilisant des clous de finition. Finissez la moulure pour l'assortir au manteau. Forez des avant-trous et clouez la moulure à sa place en utilisant des clous de finition 4d. Enfoncez les clous à l'aide d'un chasse-clou. Remplissez les trous des têtes des clous avec du bois plastique et faites les retouches de finition.

Construction d'un bar

Généralement, un bar comprend quelques armoires, un dessus de comptoir et un évier, c'est-à-dire juste de quoi servir des boissons ou un casse-croûte. Mais vous pouvez développer ce concept et construire un bar qui contiendra certains éléments d'équipement d'une cuisine ; vous pourrez alors dans une salle de séjour ou dans une salle de cinéma maison, disposer d'installations vous permettant de servir non seulement des boissons, mais du maïs éclaté au four à micro-ondes ou une boisson gazeuse fraîchement sortie du frigidaire, à la mi-temps d'un match ou à l'entracte d'un film.

Dans le projet illustré ici, on vous montre comment construire un bar comprenant un dessus de comptoir, suffisamment de place pour installer des appareils électroménagers, une prise à disjoncteur de fuite à la terre, un réfrigérateur/congélateur encastré sous le comptoir, quatre armoires de dimensions respectables et un ensemble élégant d'étagères en verre. Ce bar, qui mesure 2 pi x 6 ½ pi, s'installe facilement dans un coin ou le long d'un mur. Les lampes halogènes à basse tension, placées sous les armoires, éclairent la surface du comptoir, et d'autres lampes installées au-dessus des armoires mettent le bar en valeur sans trop éclairer la pièce.

Pour planifier le projet, lisez attentivement la section «Comment préparer l'installation d'un bar» aux pages 344 et 345. Vous aurez une idée de la charpente, de la plomberie et du câblage nécessaires. En consultant la section «Techniques de base» de ce livre, vous pourrez planifier et installer plus facilement la charpente et les canalisations. Et vous trouverez dans la section «Cuisines» de nombreuses idées concernant l'achat des armoires, des dessus de comptoirs et des éviers.

Après avoir construit la charpente et installé les canalisations, suivez les instructions, étape par étape, pour installer les armoires, les étagères, le dessus de comptoir et l'évier ; terminez les travaux par la plomberie et les connexions électriques, et installez l'éclairage des armoires.

Déterminez soigneusement l'emplacement du bar, car il peut faciliter la réalisation de votre projet. Le câblage peut passer n'importe où, mais la plomberie nécessite une plus grande attention : pour gagner du temps et de l'argent, placez le bar le plus près possible des conduites existantes.

Sachez que les appareils et les configurations proposés dans ce projet ne répondent pas nécessairement aux exigences du code du bâtiment de votre région et que vous devez faire examiner les plans de votre projet par un inspecteur des bâtiments de votre localité avant de commencer les travaux.

Comment préparer l'installation d'un bar

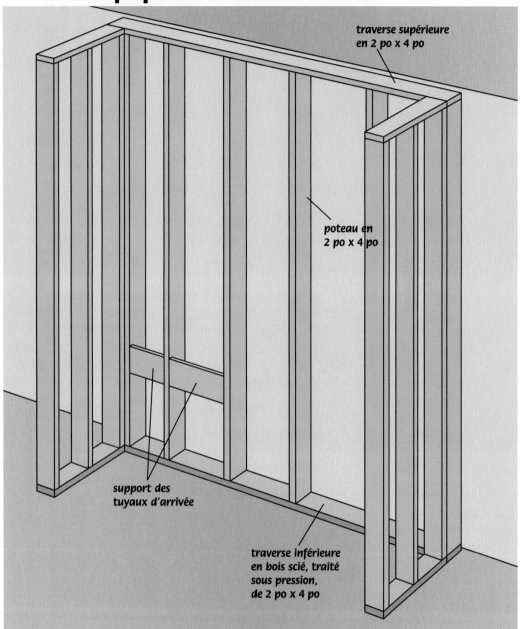

traverse supérieure en 2 po x 4 po

poteau en 2 po x 4 po

support des tuyaux d'arrivée

traverse inférieure en bois scié, traité sous pression, de 2 po x 4 po

sans doute faire passer les canalisations de service à travers cette charpente. Si le mur est porteur, veillez à respecter le code local lorsque vous entaillerez ou forerez la charpente.

Avant de réaliser la charpente, vous devez prévoir l'emplacement des canalisations et des câbles électriques. Vous devez également connaître les dimensions des appareils électroménagers pour déterminer les dimensions de la charpente. Vérifiez auprès du fournisseur, les dimensions exactes des armoires, des électroménagers, des luminaires et du dessus de comptoir que vous avez choisis. N'oubliez pas de tenir compte de l'épaisseur des plaques de plâtre lorsque vous déterminerez les dimensions de la charpente.

La construction de la charpente est simple (voir le dessin, à gauche). Construisez un mur de séparation ordinaire en bois scié de 2 po x 4 po, à simple sablière et simple lisse et dont les poteaux sont espacés de 16 po entre les axes. Utilisez du bois traité sous pression pour la lisse, si le bar se trouve dans un sous-sol.

Il est très important que la charpente du bar soit d'équerre : les parois latérales doivent être perpendiculaires au mur du fond et parallèles entre elles. L'emplacement exact des armoires et du dessus de comptoir dépend de cette perpendicularité. Les parois latérales de la charpente étant peu profondes, vous pouvez vous servir d'une équerre pour vérifier leur perpendicularité.

Dans le projet présenté ici, on a prévu de laisser un espace vide de 12 po au-dessus des armoires, ce qui est normalement le cas lorsque le plafond se trouve à 8 pi de hauteur. Vous pouvez laisser cet espace ouvert et y installer un éclairage mettant le bar en valeur, ou l'utiliser comme étagère, ou encore le fermer à l'aide d'un soffite, comme on le fait couramment dans les cuisines.

Après avoir construit la charpente, installez les canalisations et les câbles électriques (voir le dessin de la page 345). Commencez par installer la tuyauterie de drainage et de ventilation de l'évier. Installez un tuyau de 1 ½ po joignant l'évier à l'évent principal ou à un autre tuyau d'évacuation et de ventilation. Dans un

NOTE : Coupez toujours l'arrivée d'eau avant d'entreprendre des travaux de plomberie. Coupez l'alimentation électrique au tableau de distribution principal, et à l'aide d'un vérificateur de circuit, assurez-vous de l'absence de courant avant d'entreprendre des travaux d'électricité.

La charpente de votre bar sera fonction de son emplacement. Si le bar est adossé à un mur de maçonnerie, la charpente devra comprendre une paroi arrière qui supportera la plomberie et le câblage. Si le bar est adossé à un mur à charpente, vous pourrez

sous-sol, cela implique peut-être de devoir scier ou casser le plancher en béton par endroits (voir pages 462 à 467). Placez la tubulure de raccordement du drain à la hauteur requise par le code local (normalement à 19 po du plancher). N'oubliez pas que la plupart des conduites de drainage horizontales doivent avoir une pente descendante de ¼ po par pied.

La plupart des codes exigent que l'on ventile les éviers à moins de 3 ½ pi du siphon. Si le tuyau d'évacuation et de ventilation répond à cette exigence, il peut servir de drain et d'évent à l'évier. Sinon, vous devrez prévoir l'installation à la verticale d'un tuyau de ventilation qui ira rejoindre l'évent acceptable le plus proche. Ce tuyau doit se dresser verticalement jusqu'à 6 po minimum au-dessus du niveau de débordement de l'évier avant de pouvoir prendre une direction horizontale.

Pour alimenter l'évier en eau froide et en eau chaude, raccordez des tuyaux de ½ po aux conduites de distribution d'eau les plus rapprochées, à l'aide de tés de réduction de ¾ po x ½ po. Terminez chaque tubulure de raccordement par un arrêt d'équerre. Espacez les tuyaux d'arrivée d'environ 8 po.

Installez cinq boîtes électriques : une pour un interrupteur unipolaire, située à 45 po du plancher ; une pour la prise du réfrigérateur, à 12 po du plancher ; une pour la prise à disjoncteur de fuite à la terre, située au-dessus du comptoir ; et une pour chacun des deux câbles alimentant le transformateur basse tension d'éclairage, située juste au-dessus des armoires murales.

Ensuite, tirez les câbles jusqu'aux boîtes. L'éclairage du bar est assuré par un câble 14/2, branché sur un circuit d'éclairage existant de 15 A. Installez le câble jusqu'à la boîte de l'interrupteur, puis posez un câble de dérivation allant de la boîte de l'interrupteur à la boîte du premier transformateur. Installez un autre câble entre les deux transformateurs.

Pour empêcher qu'un déclenchement du circuit n'interrompe le fonctionnement du réfrigérateur, reliez les deux prises à un circuit de 20 A séparé. Installez un câble 12/2 reliant le tableau de distribution à la boîte de la prise à disjoncteur de fuite à la terre, et branchez ensuite un câble de dérivation reliant la boîte à la prise standard de 20 A.

Installez des plaques de protection métalliques aux endroits où les tuyaux et les câbles traversent des éléments de charpente. Après avoir fait inspecter et approuver la charpente et les canalisations installées, recouvrez les murs et le plafond du bar de plaques de plâtre de ½ po. Tirez les joints et achevez la finition des plaques de plâtre pour que les surfaces soient parfaitement lisses et planes (voir pages 196 à 202). Appliquez une couche d'apprêt et peignez les murs et le plafond dans la couleur de votre choix.

Achevez les connexions électriques de toutes les prises, exception faite pour les luminaires basse tension (voir page 349). Installez chaque prise dans sa boîte électrique et posez son couvercle.

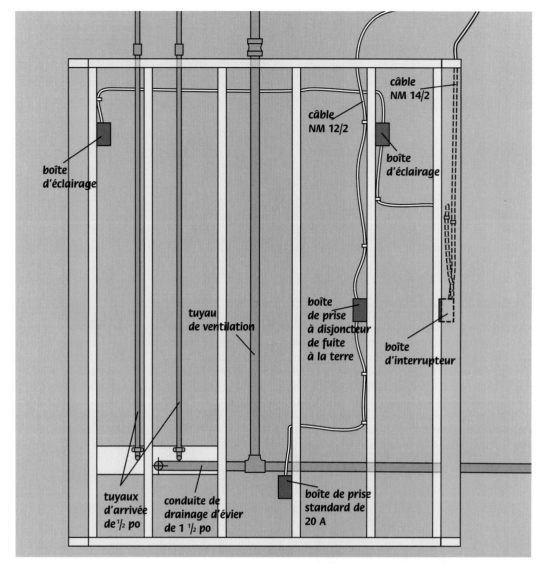

câble NM 14/2

câble NM 12/2

boîte d'éclairage

boîte d'éclairage

tuyau de ventilation

boîte de prise à disjoncteur de fuite à la terre

boîte d'interrupteur

tuyaux d'arrivée de ½ po

conduite de drainage d'évier de 1 ½ po

boîte de prise standard de 20 A

Outils : niveaux de 2 pi et de 4 pi, ciseau, perceuse, scie cylindrique, couteau universel, chasse-clou, scie circulaire, compas, ponceuse à courroie, scie sauteuse et lame pour stratifiés, pistolet à calfeutrer, pince multiprise, équerre de charpentier, outils de finition pour plaques de plâtre, pince à usages multiples (pour le câblage).

Matériel : bois scié de 2 po x 4 po, clous ordinaires 16d, tuyau de drainage et raccords de 1 ½ po, té de réduction de ¾ po x ½ po, tuyau en cuivre de ½ po, arrêts d'équerre, plaques décoratives, boîtes électriques, câble NM 12/2 et 14/2, prise à disjoncteur de fuite à la terre de 20 A, interrupteur unipolaire de 15 A, trousse d'éclairage basse tension, serre-fils, couvercles défonçables, serre-câbles, plaques de plâtre de ½ po, produits de finition pour plaques de plâtre, apprêt, peinture, armoires, ruban entoilé, vis à tôle de 2 ½ po, supports d'étagères, étagères en verre, intercalaires en cèdre, adhésif de construction, moulure de bas de comptoir, clous de finition, contreplaqué de ¾ po, vis à plaques de plâtre, ruban-cache, pâte à calfeutrer à base de silicone, évier de bar, robinet, ensemble de drainage d'évier, tubulure d'arrivée.

Comment construire un bar

A

Tracez les lignes qui délimitent les deux ensembles d'armoires. Déterminez, à l'aide d'un niveau, si le plancher est horizontal. Si ce n'est pas le cas, faites une marque sur le mur à l'endroit où le plancher est le plus haut. De ce point, mesurez 34 ½ po et marquez l'endroit qui servira de repère pour les armoires inférieures. Faites une autre marque, à 84 po, pour les armoires murales. À l'aide du niveau, tracez des lignes horizontales partant de chacune de ces marques et indiquant les bords supérieurs des quatre armoires. Indiquez aussi l'emplacement des poteaux par une marque, juste au-dessus de chaque ligne horizontale.

B

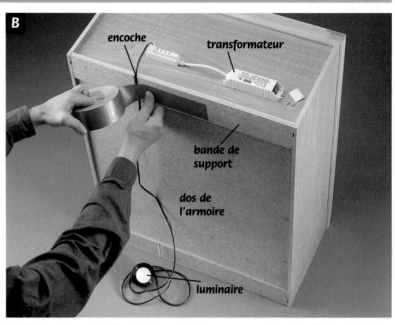

encoche

transformateur

bande de support

dos de l'armoire

luminaire

Installez les plaques des boîtes électriques d'éclairage, en passant les extrémités des câbles dans les colliers de serrage des plaques et en resserrant les colliers. Préparez les armoires murales en installant les transformateurs et les fils des luminaires. Fixez un transformateur au-dessus de chaque armoire murale, à l'aide de vis. Taillez une encoche à l'arrière de chaque bande de support, en haut et en bas de chaque armoire murale, pour laisser passer les fils du luminaire. Connectez les fils des luminaires aux transformateurs, faites-les passer dans les encoches et maintenez-les en place au moyen de ruban adhésif.

C

bande de suspension

Demandez à quelqu'un de tenir l'armoire murale contre le mur du fond et le mur latéral, en alignant son bord supérieur sur la ligne repère supérieure. Forez, de l'intérieur de l'armoire, des avant-trous à travers les bandes de suspension et les poteaux muraux. Fixez l'armoire au mur à l'aide de vis à tôle de 2 ½ po. Installez l'autre armoire murale contre le mur latéral opposé.

D

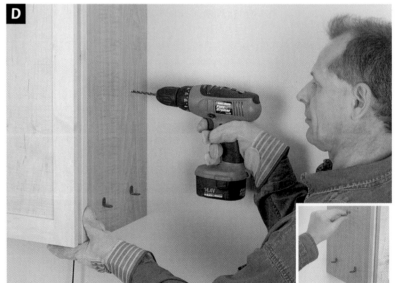

Marquez au crayon la hauteur de chaque support d'étagère à la distance voulue du bord inférieur de la face intérieure de chaque armoire murale. Assurez-vous que les marques sont de niveau. Forez les trous des supports et installez les supports. Mesurez la distance entre les supports pour déterminer la longueur des étagères en verre et commandez celles-ci chez le vitrier.

E

Pour installer l'armoire qui servira de base à l'évier, prenez les mesures des endroits où passent les éléments de la tubulure de raccordement et reportez ces mesures sur le panneau arrière de l'armoire. Découpez les trous pour faire passer les éléments de la tubulure de raccordement en utilisant une perceuse munie d'une scie cylindrique. Au besoin, servez-vous d'une scie sauteuse pour découper le trou de la tubulure de drainage.

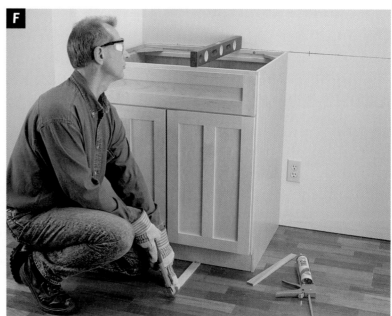

F

Mettez l'armoire de l'évier à sa place. Si nécessaire, glissez des intercalaires biseautés en cèdre sous les bords inférieurs de l'armoire jusqu'à ce que celle-ci soit alignée sur la ligne repère et qu'elle soit parfaitement horizontale. Appliquez un peu d'adhésif de construction sur les intercalaires pour les maintenir en place. Fixez l'armoire aux poteaux muraux, de la même manière que les armoires murales. Installez l'autre armoire contre le mur latéral opposé.

G

Après avoir laissé sécher l'adhésif des intercalaires, coupez ceux-ci au ras des armoires à l'aide d'un couteau universel. Installez les moulures inférieures fournies par le fabricant. Placez ces moulures au ras du plancher, leurs extrémités arrivant au ras des côtés des armoires. Forez des avant-trous à travers les moulures inférieures et fixez-les aux armoires à l'aide de clous de finition. Enfoncez les clous à l'aide d'un chasse-clou.

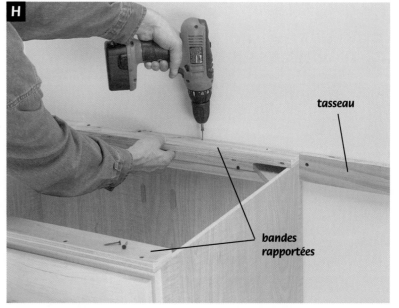

H

tasseau

bandes rapportées

Installez un tasseau en contreplaqué de ³/₄ po d'épaisseur et 2 po de large contre le mur du fond, entre les armoires, en le plaçant ³/₄ po plus haut que la ligne repère. Fixez également des bandes rapportées surépaisseur de ³/₄ po d'épaisseur et 2 po de large sur les bords avant et arrière des armoires (elles relèveront suffisamment le dessus de comptoir pour que son bord avant ne gêne pas l'ouverture des tiroirs). Forez des avant-trous et fixez les bandes pour qu'elles arrivent au ras des bords extérieurs de l'armoire, en utilisant des vis à plaques de plâtre. *Suite à la page suivante*

Comment construire un bar (suite)

Placez le dessus de comptoir sur les armoires. Vérifiez si le dosseret s'applique bien contre le mur: si vous constatez des écarts excédant par endroits ¹/₁₆ po, «trusquinez» le dosseret à l'aide d'un compas. Écartez les pointes du compas d'une distance égale à celle du plus grand écart existant entre le dosseret et le mur, puis déplacez-le tout le long du mur pour reporter le profil du mur sur le dosseret.

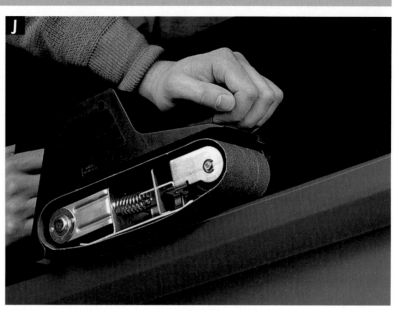

Enlevez le dessus de comptoir et poncez le bord du dosseret jusqu'à la ligne tracée au compas. Utilisez une ponceuse à courroie en la tenant parallèlement au dosseret, pour ne pas produire d'éclats.

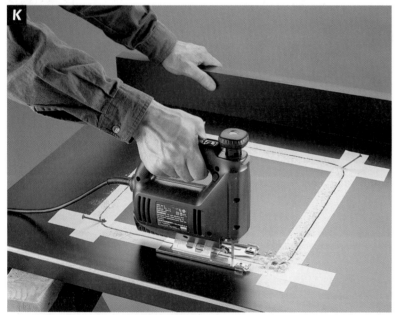

À l'aide du gabarit de l'évier, tracez le contour de l'évier sur des bandes de ruban-cache collées sur le dessus de comptoir. Collez du ruban-cache sur le pied d'une scie sauteuse pour éviter les griffes. Forez un trou d'amorçage juste à l'intérieur de la ligne de coupe et découpez le morceau suivant le contour, au moyen de la scie. Utilisez une lame à stratifiés ou une lame à coupe descendante, le dessus de comptoir étant placé face finie vers le haut. Après avoir découpé chaque coin, enfoncez une vis en biais dans le bord du morceau découpé, pour l'empêcher de tomber avant que l'opération ne soit terminée, ce qui risquerait d'abîmer la surface stratifiée.

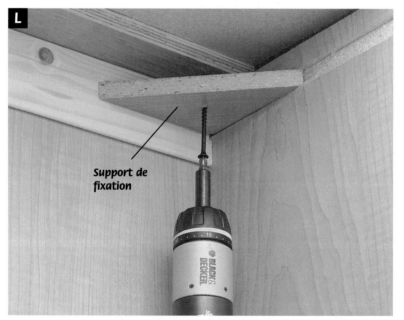

Support de fixation

Replacez le dessus de comptoir et fixez-le en enfonçant des vis à plaques de plâtre vers le haut, à travers les supports de fixation, dans les coins des armoires (et les bandes rapportées) et dans l'âme en panneau de particules du dessus de comptoir. Prenez garde de ne pas percer la surface stratifiée. Achevez l'installation du dessus de comptoir en déposant un mince cordon de pâte à calfeutrer le long de tous les joints, contre les murs.

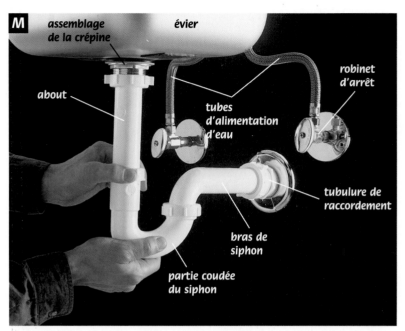

M assemblage de la crépine • évier • about • tubes d'alimentation d'eau • robinet d'arrêt • tubulure de raccordement • bras de siphon • partie coudée du siphon

N

Installez le robinet, assemblez la crépine de l'évier et installez le dessus de comptoir de l'évier en suivant les instructions du fabricant (voir aussi page 432). Branchez les tubes d'alimentation d'eau sur les robinets d'arrêt et serrez les écrous correspondants. Assemblez la tubulure de drainage de l'évier (voir page 434).

Installez les étagères en verre. Connectez les câbles du circuit aux transformateurs d'éclairage en suivant les instructions du fabricant. Allumez les luminaires et placez-les aux endroits souhaités. Éteignez les luminaires et vissez-les aux armoires. Agrafez les fils des luminaires aux panneaux, en dessous des armoires.

Comment effectuer les connexions

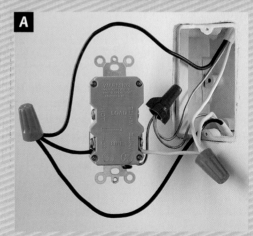

A

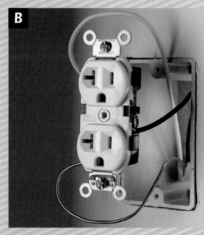

B

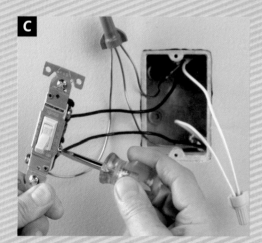

C

NOTE: avant de travailler avec des fils électriques, coupez l'alimentation électrique sur le panneau de distribution principal et utilisez un vérificateur de tension pour vous assurer que le courant est bien coupé.

Connectez la prise à disjoncteur de fuite à la terre de manière à la protéger, mais sans la connecter à la prise du réfrigérateur. Joignez les fils sous tension à un cavalier et attachez celui-ci à la borne LINE marquée HOT; joignez les fils neutres à un cavalier et attachez celui-ci à la borne LINE marquée WHITE. Joignez les fils de mise à la terre à un cavalier et attachez celui-ci à la vis de mise à la terre de la prise à disjoncteur **(photo A)**.

Connectez la prise de 20 A du réfrigérateur aux fils du câble de dérivation **(photo B)**.

Installez l'interrupteur unipolaire suivant la configuration de câblage de type intermédiaire. Attachez un fil sous tension à chaque borne et réunissez les fils neutres à l'aide d'un serre-fils. Joignez les fils de mise à la terre à un cavalier et attachez celui-ci à la vis de mise à la terre de l'interrupteur **(photo C)**.

Addition d'étagères encastrées dans les murs nains

Une bonne façon d'utiliser l'espace du comble qui se trouve derrière un mur nain c'est d'y installer des unités de rangement faites sur mesure. L'étagère encastrée montrée ici offre une surface de rangement de plus de 9 pi² sans empiéter sur la surface du plancher. Et sa fabrication est facilement réalisable à l'aide de matériaux et d'outils manuels et à commande mécanique ordinaires.

L'étagère encastrée comprend une ouverture brute encadrée (semblable à celle d'un encadrement de fenêtre), et deux socles, fabriqués en bois scié de 2 po x 4 po, en supportent la partie inférieure, derrière la charpente du mur. Il vaut mieux découper l'ouverture brute et installer les socles en même temps que vous construisez la charpente du mur nain (voir pages 330-331). La plus grande partie de l'étagère encastrée est faite de contreplaqué. Un encadrement en bois massif habille l'ouverture pratiquée dans le mur et

permet de dissimuler les espaces vides qui l'entourent. Les dessins de la page 351 vous indiquent toutes les pièces qui constituent l'unité de rangement, et la liste dimensionnelle indique les matériaux et les dimensions de chacune de ces pièces.

Le type de bois utilisé pour les tablettes dépend de la finition que vous aurez choisie. Si vous avez l'intention de peindre l'unité, construisez-la en contreplaqué A/B, dont une des faces est lisse et sans défauts. Pour l'encadrement avant, choisissez un bois tendre d'une essence telle que le pin ou le tremble, exempt de nœuds et de marques de scie.

Pour les tablettes, utilisez du contreplaqué à placage de finition si vous comptez appliquer une teinture ou une couche transparente pour conserver la couleur naturelle du bois. On trouve ces contreplaqués en pin, en bouleau et en chêne. Les cours à bois spécialisées les offrent aussi en érable, en cerisier ou fabriqués

avec d'autres essences. Vous pouvez construire l'encadrement avant en bois massif de la même essence que le placage des tablettes, ou choisir un bois différent qui s'harmonise avec la couleur et le grain du matériau utilisé pour l'étagère même.

Outils: scie circulaire, niveau de 2 pi, perceuse, équerre de charpentier, serre-joints à barre, chasse-clou.

Matériel: bois scié de 2 po x 4 po, contreplaqué de ³/₄ po et de ¹/₄ po; bois scié de 1 po x 4 po et de 1 po x 2 po; intercalaires; vis à plaques de plâtre de 3 po, 2 po et 1 po; colle à bois; clous de finition de 3 po et de 1 ¹/₂ po; papier de verre fin; pâte de bois; produits de finition.

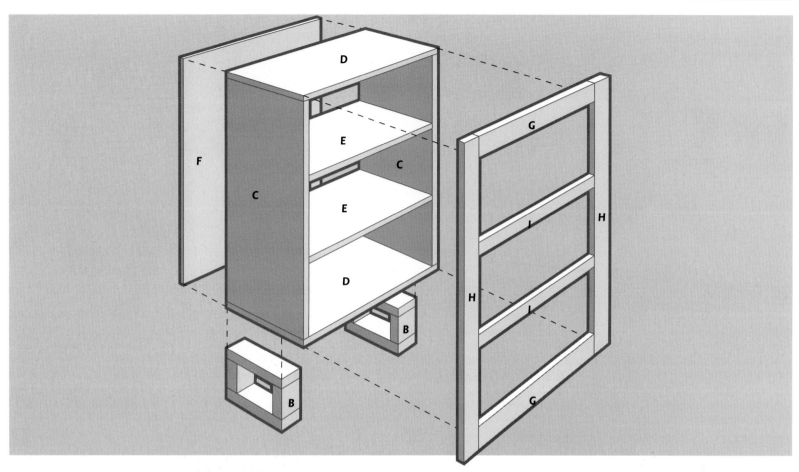

Liste dimensionnelle

Repère	Pièce	Matériau	Quantité	Dimensions
A	Linteau et seuil	2 po x 4 po	1 de chaque	30 ½ po
B	Socles	2 po x 4 po	2	14 po x 15 po
C	Côtés	Contreplaqué ¾ po	2	19 po x 28 ½ po
D	Panneaux inférieur et supérieur	Contreplaqué ¾ po	2	19 po x 30 po
E	Tablettes	Contreplaqué ¾ po	2	19 po x 28 ½ po
F	Panneau	Contreplaqué ¼ po	1	30 po x 30 po
G	Traverses	1 po x 4 po	2	28 ½ po
H	Montants	1 po x 4 po	2	35 ½ po
I	Traverses des tablettes	1 po x 2 po	2	28 ½ po

Encadrement de l'ouverture brute

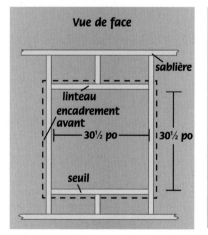

Vue de face

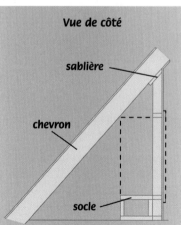

Vue de côté

Pratiquez une ouverture brute qui a ½ po de plus en largeur et en hauteur que les dimensions extérieures de l'étagère. Dans ce projet-ci, l'ouverture brute a 30 ½ po de large et 30 ½ po de haut. (Laissez un espace de quelques pouces entre le fond de l'étagère et les chevrons). Attachez les poteaux latéraux à la lisse et à la sablière du mur nain ; installez ensuite le seuil, le linteau et les poteaux d'allège centrés par rapport aux poteaux latéraux. Assurez-vous que le seuil et le linteau sont de niveau. Posez les plaques de plâtre après avoir terminé l'installation de l'encadrement.

Addition d'étagères encastrées dans les murs nains

Mesurez la distance entre le sous-plancher et le dessus du seuil pour déterminer la hauteur des socles. La profondeur des socles doit être égale à la profondeur de l'étagère, moins 4 po. Construisez les socles en bois scié de 2 po x 4 po et placez-les sur le plancher, derrière le mur, en veillant à ce que leur bord extérieur vienne au ras des côtés de l'ouverture brute et que leur dessus vienne au ras du seuil. Assurez-vous que les socles sont de niveau et corrigez leur position avec des intercalaires, si nécessaire. Attachez les socles au sous-plancher au moyen de vis à plaques de plâtre de 3 po.

Coupez les panneaux supérieur, inférieur et latéraux ainsi que les tablettes, aux dimensions données à la page 351. Si vous construisez une étagère qui doit s'adapter à une ouverture existante, mesurez la hauteur et la largeur de l'ouverture brute et coupez les panneaux latéraux pour qu'ils aient 2 po de moins que la hauteur de l'ouverture brute, coupez les panneaux supérieur et inférieur pour qu'ils aient $1/2$ po de moins que la largeur de l'ouverture brute et coupez les tablettes pour qu'elles aient 1 $1/2$ po de moins que la longueur des panneaux inférieur et supérieur. Assurez-vous que les bords des tablettes et des panneaux sont droits et d'équerre.

Marquez, à l'intérieur des panneaux latéraux, l'endroit où arrivera la face supérieure de chaque tablette. Tracez sur les faces extérieures de ces panneaux, $3/8$ po plus bas que les marques intérieures, des lignes qui indiquent le centre des tablettes et serviront à les fixer. Appliquez de la colle à bois sur les extrémités des tablettes. Placez les tablettes en vous basant sur les marques et serrez l'ensemble au moyen de serre-joints à barre. Forez des avant-trous à travers les panneaux latéraux, dans les tablettes, et fixez celles-ci au moyen de vis à plaques de plâtre de 2 po.

Appliquez de la colle à bois sur les extrémités des panneaux latéraux. Placez les panneaux inférieur et supérieur contre les extrémités des panneaux latéraux et serrez-les en place à l'aide de serre-joints à barre. Forez des avant-trous à travers les panneaux inférieur et supérieur, dans les panneaux latéraux, et assemblez le tout à l'aide de vis.

Coupez aux dimensions voulues le panneau arrière en contreplaqué de ¹/₄ po. Ses dimensions doivent coïncider avec les dimensions extérieures de l'étagère. Posez le panneau arrière pour que ses bords affleurent les panneaux de l'étagère. Pour vous assurer que l'unité est d'équerre, ajustez-la de manière que ses bords viennent toujours au ras des bords du panneau arrière pendant que vous fixez celui-ci. Forez des avant-trous et attachez le panneau arrière aux panneaux inférieur et supérieur ainsi qu'aux tablettes, à l'aide de vis à plaques de plâtre de 1 po (n'utilisez pas de colle).

Coupez les montants et les traverses en bois scié de 1 po x 4 po à la bonne longueur. Appliquez de la colle sur les traverses et les traverses des tablettes et assemblez l'encadrement comme il est indiqué à la page 351 (placez les bords supérieurs des traverses d'étagères pour qu'ils affleurent les faces supérieures des tablettes). Serrez l'encadrement au moyen de serre-joints à barre et mesurez ses deux diagonales. Si l'encadrement n'est pas d'équerre, serrez l'outil d'un côté jusqu'à ce que les diagonales aient la même longueur. Forez des avant-trous et clouez en biais les extrémités des traverses aux montants. Laissez sécher la colle.

Appliquez de la colle sur les faces avant de l'étagère. Placez l'encadrement avant sur l'étagère, de manière que ses bords intérieurs affleurent les panneaux inférieur, supérieur et latéraux. Forez des avant-trous et attachez l'encadrement à l'étagère au moyen de clous de finitions de 1 ¹/₂ po, plantés tous les 8 po. Achevez d'enfoncer les clous à l'aide d'un chasse-clou. Laissez sécher la colle, poncez les surfaces exposées, à l'aide de papier de verre fin et finissez l'unité comme bon vous semble.

Placez l'unité dans le mur et centrez-la dans l'ouverture brute. Ancrez l'unité en forant des avant-trous et en enfonçant des clous de finition de 3 po dans l'encadrement avant et les poteaux muraux, le linteau et le seuil. Espacez uniformément les clous et achevez de les enfoncer avec un chasse-clou. Remplissez de pâte de bois les trous laissés par les têtes des clous et faites les retouches nécessaires à la finition.

Construction de boîtes d'éclairage

Les boîtes d'éclairage peuvent dispenser un éclairage généreux dans une pièce sans empiéter sur la hauteur utile ou la surface de plancher. Qui plus est, on peut les fabriquer sur mesure et les équiper de tubes de 2, de 4 ou de 6 pi. Et on peut en ajouter partout où l'espace disponible entre des solives le permet.

Voici comment on les construit : on installe deux étrésillons entre deux solives du plancher supérieur pour former une boîte (voir page 355). Le câblage venant d'un interrupteur mural entre dans la boîte dont on garnit ensuite l'intérieur de morceaux de plaque de plâtre de ¼ po d'épaisseur. Une fois les morceaux de plaque de plâtre installés et peints, on installe un tube fluorescent sur chacun des longs côtés de la boîte et on fait les connexions nécessaires. Puis on coupe à la longueur voulue une moulure couronnée et une entretoise pour les installer en dessous de chaque tube. On applique du ruban réfléchissant à l'intérieur de la moulure, on peint les moulures et les entretoises et on les installe dans la boîte, le long des côtés.

Lorsqu'on construit une boîte d'éclairage, il est important de trouver la bonne combinaison moulure-entretoise. La moulure doit s'écarter suffisamment de la paroi pour dissimuler le tube mais laisser assez de place pour qu'on puisse changer celui-ci. Normalement, en utilisant une entretoise coupée dans un morceau de bois scié de 2 po x et une moulure de 5 ou 6 po, on obtient l'effet recherché. On peut

aussi se passer d'entretoises dans la fabrication de la boîte d'éclairage (voir page 357).

Les schémas de câblage de la page 355 vous montrent les éléments de connexion d'un luminaire et le principe de câblage lorsqu'il y a plusieurs boîtes d'éclairage. Consultez la section de ce livre sur le câblage (voir pages 94 à 139) pour savoir comment installer les fils, et effectuer les connexions. Assurez-vous de faire approuver tous les travaux d'électricité par un inspecteur des bâtiments.

Outils : *équerre combinée, scie circulaire, perceuse, couteaux à plaques de plâtre, pinceau, chasse-clou, pistolet à calfeutrer.*

Matériel : *bois scié de 2 po x, vis à plaques de plâtre de 3 po, câble 14/2 NM, agrafes pour câbles, interrupteur unipolaire, boîte électrique, serre-fils, tubes fluorescents, plaques de plâtre de ¼ po, baguettes d'angle, ruban et pâte à plaques de plâtre, peinture, moulures de couronnement, ruban adhésif en feuil, clous de finition, pâte à calfeutrer, pâte de bois.*

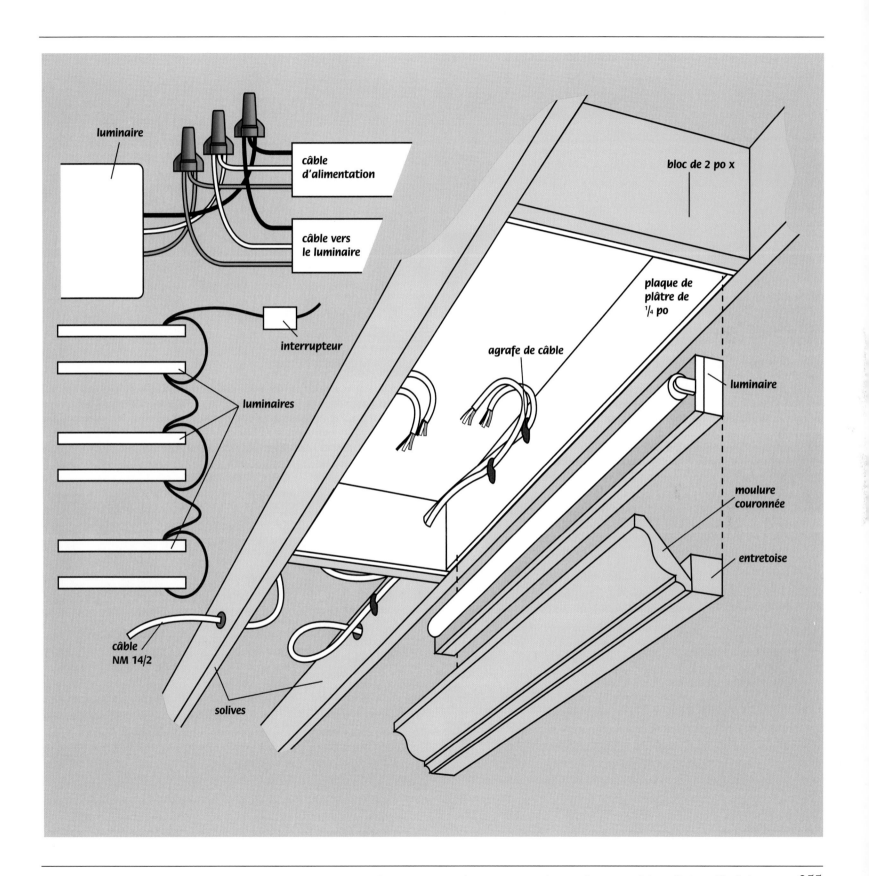

luminaire

câble
d'alimentation

câble vers
le luminaire

bloc de 2 po x

plaque de
plâtre de
¹/₄ po

interrupteur

agrafe de câble

luminaires

luminaire

moulure
couronnée

entretoise

câble
NM 14/2

solives

Construction des boîtes d'éclairage

Marquez l'emplacement de la boîte en faisant des X sur les faces inférieures des solives, à l'endroit des entretoises. L'intérieur de la boîte doit avoir environ 2 po de plus que la longueur des luminaires. À l'aide d'une équerre combinée, tracez, sur les faces intérieures des solives, les lignes qui délimitent la boîte. Coupez les petits côtés de la boîte à la longueur voulue, dans des morceaux de bois scié de la même dimension que les solives. Placez-les le long des lignes tracées et fixez-les à l'aide de vis à plaques de plâtre de 3 po. Forez des trous de $^5/_8$ po à travers les petits côtés, pour faire passer les câbles d'alimentation des luminaires (voir le schéma de la page 355).

Recouvrez de plaques de plâtre de $^1/_4$ po toutes les surfaces intérieures de la boîte. Terminez l'installation des plaques de plâtre sur la surface principale du plafond, à l'aide de plaques de plâtre de $^1/_2$ po ou de $^5/_8$ po, et achevez les arêtes extérieures de la boîte à l'aide de baguettes d'angle (voir pages 196 à 202). Posez du ruban sur les arêtes intérieures de la boîte et finissez ces endroits. Appliquez une peinture au latex semi-brillante, de couleur pâle, sur la surface intérieure de la boîte.

Installez les luminaires dans chaque boîte, en les plaçant de manière que le tube éclaire le centre de la boîte. Centrez les luminaires entre les petits côtés de la boîte et fixez-les aux solives à l'aide de vis. Connectez le câblage des luminaires aux câbles du circuit, en suivant les instructions du fabricant.

Coupez les moulures de couronnement pour qu'elles entrent tout juste entre les petits côtés de la boîte. Peignez la face extérieure de chaque moulure avec la même peinture que celle utilisée à l'intérieur de la boîte. Recouvrez de ruban adhésif en feuil la surface intérieure de chaque moulure.

Déterminez la dimension des entretoises en plaçant un morceau de moulure sous un luminaire contenant un tube. Éloignez la moulure du côté de la boîte jusqu'à ce que vous trouviez la position qui convient. Mesurez alors la distance entre la moulure et le côté de la boîte, ce qui vous donnera l'épaisseur de l'entretoise. Coupez des entretoises dans du bois scié de 2 po x. Forez des avant-trous dans les faces extérieures de chaque entretoise, puis poncez les entretoises et peignez-les de la même couleur que les moulures.

Attachez les entretoises à l'intérieur des boîtes, à l'aide de vis à plaques de plâtre. Assurez-vous que les entretoises sont toutes de niveau et fixées à la même hauteur. Fixez les moulures couronnées aux faces extérieures des entretoises, à l'aide de clous de finition enfoncés dans des avant-trous. Achevez d'enfoncer les clous avec un chasse-clou et remplissez de pâte de bois les trous laissés par les têtes. Utilisez de la pâte à calfeutrer peinturable pour boucher les espaces éventuels, aux extrémités des moulures, et faites les retouches nécessaires à l'endroit des joints et des clous.

Variantes de moulures

Si la moulure est assez large pour couvrir le luminaire, vous pouvez éviter de placer des entretoises et fixer directement la moulure à la paroi de la boîte **(A)**. Vous pouvez aussi ajouter des moulures aux extrémités de la boîte, en assemblant les pièces par des joints à contre-profil **(B)**. Pour donner aux boîtes un aspect plus linéaire, vous pouvez remplacer les moulures couronnées par des garnitures rectilignes en bois scié de 1 po x. Installez des bandes de clouage dans les boîtes et fixez-y les garnitures **(C)**. Ce système a une plus belle apparence lorsque les extrémités de la boîte sont laissées ouvertes **(D)**.

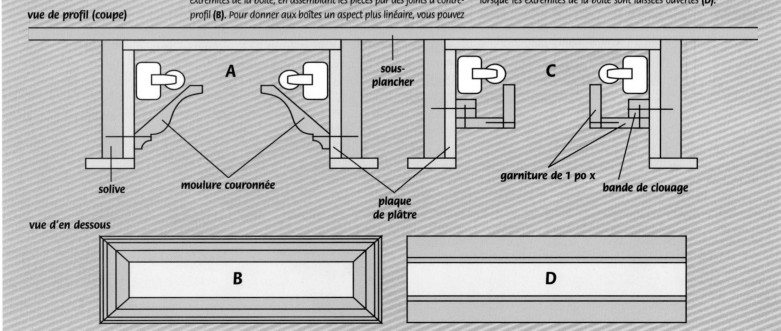

vue de profil (coupe)

A — sous-plancher — C

solive   moulure couronnée   plaque de plâtre   garniture de 1 po x   bande de clouage

vue d'en dessous

B   D

RÉNOVATION D'UNE

CUISINE

Planification du projet **360**

    Détermination des besoins **360**

    Choix des éléments de la cuisine . . **362**

    Conception de la cuisine **364**

    La cuisine de conception universelle **368**

Tuyautage d'une cuisine **372**

Câblage d'une cuisine rénovée **384**

Peinture des armoires **396**

Garnissage des armoires **398**

Installation de nouvelles armoires . . . **400**

Installation d'un dessus de comptoir postformé **412**

Construction d'un dessus de comptoir en stratifié **416**

Bords d'un dessus de comptoir en bois **424**

Construction d'un dessus de comptoir en carreaux céramiques . . **426**

Installation d'un évier de cuisine **432**

Installation d'un robinet et d'un dispositif d'évacuation d'évier . . **433**

Installation d'un dispositif d'épuration de l'eau **435**

Installation d'un broyeur à déchets . . . **436**

Installation d'une hotte de cuisine . . . **438**

Planification du projet

Pour que le projet de réaménagement de votre cuisine soit couronné de succès, il faut qu'il allie avec bonheur les aspects esthétique et fonctionnel, car si vous souhaitez avoir une belle cuisine, vous souhaitez aussi qu'elle réponde à vos besoins.

Commencez par déterminer ce que vous avez l'intention de réaliser. Comptez-vous vous limiter à des changements superficiels, tels que la pose d'un nouveau papier peint, le renouvellement de la peinture, des dessus de comptoirs, des appareils électroménagers ou du revêtement de sol? Ou souhaitez-vous plutôt réaménager la cuisine au complet ou même l'agrandir?

Réfléchissez à l'usage que vous faites de votre cuisine. Prenez le temps de déterminer vos besoins. Lorsque vous travaillez dans votre cuisine, dressez la liste de ses inconvénients. Consignez les éventuelles améliorations qui vous faciliteraient la vie. Pensez à l'endroit où vous déposez les sacs d'épicerie quand vous passez la porte, à l'endroit où vous empilez les assiettes sales. Demandez-vous si vous pouvez bavarder avec les membres de votre famille ou vos amis pendant que vous préparez le dîner et que vous rangez la cuisine, après les repas.

C'est également le moment de considérer le va-et-vient habituel dans la cuisine et les pièces qui l'entourent. L'accès de la salle à manger serait-il facilité par le déplacement d'une porte? L'éclairage serait-il amélioré ou la communication avec les occupants de la salle de séjour serait-elle plus facile si on abattait un mur?

Une fois que vous aurez dressé la liste de vos souhaits, établissez un budget réaliste et un ordre de priorités. Placez les points les plus importants en tête de liste. Si vous devez absolument disposer de plus d'espace de rangement ou d'un endroit où les enfants peuvent faire leurs devoirs, ne lésinez pas; vous pourrez restreindre vos dépenses dans d'autres domaines.

Considérez ensuite le style de votre maison. Votre nouvelle cuisine doit en rehausser l'allure. Prêtez particulièrement attention aux armoires: c'est surtout elles qui détermineront le style de votre cuisine.

Après avoir établi toutes vos listes, pensez à consulter un spécialiste en équipement de cuisine. Ces professionnels vous aideront à concevoir de nouvelles armoires, à optimiser l'espace de votre cuisine et ils vous feront des suggestions qui vous faciliteront la vie.

Jugez avec réalisme la quantité de travail dont vous êtes capable et celle que vous êtes disposé à fournir. Vous pouvez réaliser des économies en effectuant vous-même le travail, en tout ou en partie, mais n'oubliez pas que, pendant la construction, votre cuisine sera inutilisable; vous devrez donc trouver un endroit de remplacement pendant son réaménagement.

Détermination des besoins

Selon l'objectif que vous vous fixez, le réaménagement de votre cuisine tombera probablement dans une des cinq catégories suivantes; il sera simple ou compliqué, selon que vous projetez un changement superficiel ou un réaménagement complet, incluant l'enlèvement ou la construction de murs intérieurs et extérieurs.

Catégorie 1: changement superficiel

Le changement superficiel est le premier niveau de réaménagement, c'est-à-dire le plus simple, car vous ne faites que remplacer des surfaces, sans toucher à la disposition des éléments de la cuisine. D'ordinaire, dans ce type de changement on se contente de rafraîchir les murs ou de renouveler le plancher, les armoires et les dessus de comptoirs en conservant la plus grande partie des appareils électroménagers et autres existants.

La cuisine montrée ici peut paraître entièrement neuve, à première vue, mais il n'en est rien. Le seul changement dans la disposition provient de l'ajout de la petite armoire, dans le coin, près de la cuisinière. On a modernisé la cuisine en rafraîchissant la finition des appareils électroménagers, en repeignant les armoires, en remplaçant le dessus de comptoir et la quincaillerie des armoires, en posant un nouveau papier peint et en changeant la garniture des fenêtres.

après

avant

Catégories 2 à 5 : changement de l'agencement de la cuisine

Pour réaliser la cuisine de vos rêves, vous devrez sans doute effectuer plus que des changements superficiels, et vous pouvez y arriver de différentes manières. Vous pouvez simplement changer la disposition des électroménagers et du coin à manger, ou déplacer les portes et créer un îlot qui modifiera la circulation. Vous pouvez entreprendre un réaménagement plus important et agrandir la cuisine en empiétant sur d'autres pièces ou en construisant carrément une extension, vers l'extérieur.

Le croquis de gauche représente une cuisine type avant son réaménagement. Celle-ci manque de plans de travail, la circulation y est difficile et les aires de travail sont mal disposées. Les différents aménagements qui suivent reflètent différentes façons de régler ces problèmes.

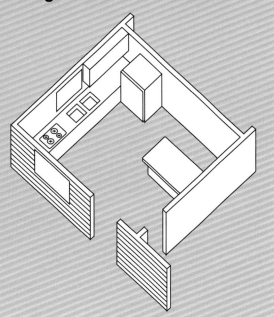

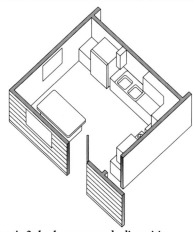

Catégorie 2 : le changement de disposition

Dans ce réaménagement, on a conservé le plan de base de la cuisine, mais on a changé l'emplacement des appareils électroménagers et autres, et celui du coin à dîner, de manière à tirer le maximum de profit de l'espace disponible. (On a augmenté la surface des plans de travail en créant une surface en L). Ce type de projet peut demander du travail de menuiserie, d'électricité et de plomberie, mais il donne pour résultat une cuisine plus rationnelle, obtenue sans avoir nécessité des transformations importantes.

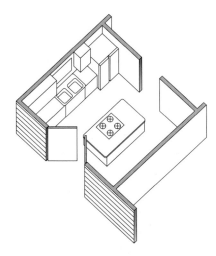

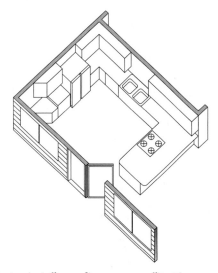

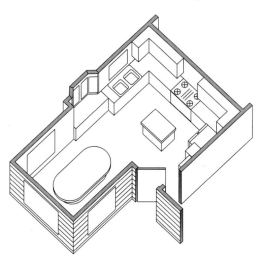

Catégorie 3 : le changement de circulation

En modifiant davantage la disposition des éléments, on peut changer le tracé de la circulation dans la cuisine. Ce changement exige souvent l'addition ou le déplacement d'une porte dans un mur de séparation, et la modification du plan de base de la cuisine. Il en résulte une cuisine qui paraît plus grande, qui communique mieux avec les pièces adjacentes et qui offre plus d'espace de rangement grâce à l'îlot et à une plus grande surface de comptoirs.

Catégorie 4 : l'agrandissement vers l'intérieur

Si votre cuisine est tout simplement trop petite, vous pouvez l'agrandir en empiétant sur les pièces adjacentes. Ce projet implique le déplacement ou l'enlèvement de murs de séparation, en plus du changement de l'agencement des électroménagers et des armoires. Résultats : une plus grande cuisine, un comptoir-repas, un espace de rangement nettement plus vaste et un accès direct à la pièce adjacente.

Catégorie 5 : l'agrandissement vers l'extérieur

La transformation la plus importante d'une cuisine consiste à l'agrandir vers l'extérieur. Il s'agit d'un gros travail, qui requiert habituellement l'intervention de nombreux professionnels, dont un entrepreneur général. Le résultat peut répondre à toutes vos attentes, mais le travail peut aussi nécessiter des transformations intérieures et extérieures. Ce type de transformation peut complètement modifier, fonctionnellement, votre cuisine et le va-et-vient dans celle-ci.

Choix des éléments de la cuisine

©Roger Turk

©Karen Melvin/Knapp Cabinetry & Woodworking

Dessus de comptoirs

La plupart des propriétaires choisissent pour leur cuisine des dessus de comptoirs en stratifié, en carreaux céramiques ou encore des comptoirs massifs, mais beaucoup d'autres matériaux peuvent également servir à fabriquer des dessus de comptoirs : le bois, la pierre naturelle, l'acier inoxydable, etc.

Considérez les avantages et les inconvénients de chaque type de matériau et dites-vous que vous n'êtes pas obligé de vous limiter à un seul d'entre eux. Vous pouvez choisir des surfaces en stratifié pour la plupart des dessus de comptoirs et vous payer le luxe d'une petite section en bloc de boucher ou en marbre, par exemple.

Tenez également compte du coût de chaque matériau et de la facilité avec laquelle il se travaille. En général, les stratifiés offrent le maximum de souplesse au moindre coût et les dessus de comptoirs massifs, la moindre polyvalence et des prix élevés.

Le matériau que vous choisissez pour vos dessus de comptoirs influe sur le style de votre cuisine. Sa couleur, sa texture et sa forme créent un certain effet. Si vous voulez réaménager votre cuisine en lui donnant un certain style, choisissez vos dessus de comptoirs en conséquence. N'oubliez pas qu'il existe des dessus de comptoirs aux bords moulés, dans différentes couleurs, ou recouverts d'un revêtement en bois.

Finalement, choisissez des dessus de comptoirs durables et beaux, car votre cuisine joue un rôle important dans l'aspect esthétique et fonctionnel de votre maison.

Armoires

C'est habituellement la décision de remplacer les armoires qui fait la différence entre un changement superficiel et un réaménagement important de la cuisine. Les armoires constituent normalement l'investissement le plus important du projet de réaménagement d'une cuisine.

Si vos armoires actuelles offrent suffisamment d'espace de rangement, vous pouvez vous contenter d'en rafraîchir les devants ou de les peindre, plutôt que de les remplacer. Mais si ce n'est pas le cas, vous avez sans doute intérêt à en installer de nouvelles.

Les nouvelles armoires transformeront radicalement l'aspect de votre cuisine. De nombreux styles peuvent satisfaire vos goûts, et les possibilités de satisfaire vos besoins de rangement sont nombreuses également. Les styles de portes, les essences et les finis joueront un rôle important dans la détermination du style de votre cuisine. Choisissez un style qui s'harmonise au style du reste de la maison, surtout si votre cuisine s'ouvre sur les pièces qui l'entourent.

Étudiez les possibilités de rangement. Il n'est pas nécessaire de couvrir un mur d'armoires pour gagner de la place. Il existe d'autres possibilités : un îlot, un garde-manger, des cloisons et des paniers coulissants ou superposés.

L'agencement de vos armoires a autant d'importance que les armoires elles-mêmes. Réfléchissez au dégagement nécessaire à l'ouverture des portes des armoires et des tiroirs, à la hauteur des étagères et à l'emplacement des électroménagers, si vous voulez que votre cuisine réponde à vos attentes.

Éclairage

Lorsqu'on planifie l'éclairage, dans la conception de la cuisine, il faut tenir compte à la fois de l'éclairage artificiel et de l'éclairage naturel.

Dans une cuisine confortable et fonctionnelle, on combine la lumière naturelle et artificielle pour bien éclairer les plans de travail et pour créer une atmosphère conviviale afin que les membres de la famille et les amis aiment s'y réunir.

Une cuisine bien éclairée assure votre sécurité lorsque vous manipulez des casseroles chaudes, des couteaux affûtés et des ustensiles mouillés.

Les fenêtres et les lanterneaux constituent les principales sources de lumière naturelle de la cuisine, mais ils remplissent également d'autres fonctions. La conception et l'ornementation d'une fenêtre peuvent ajouter personnalité et charme à la pièce, tandis que la forme et l'emplacement de l'ouverture vous permettent de diriger judicieusement la lumière. Lorsque vous choisissez des fenêtres, tenez compte de leur effet à la fois sur l'intérieur et sur l'extérieur de la maison.

©David Livingston

©David Livingston

Accessoires de plomberie et électroménagers

Si vos électroménagers et accessoires de plomberie importants ont plus de 15 ans, ils atteignent probablement la fin de leur durée de vie utile et vous devriez profiter de votre projet de réaménagement pour les remplacer.

Les améliorations courantes dans ce domaine comprennent le remplacement des vieux robinets par des nouveaux, l'addition d'un système de filtration de l'eau et le remplacement d'un four à micro-ondes de comptoir par un modèle encastré dans une armoire faite sur mesure.

En plus de remplacer vos électroménagers importants, vous pouvez penser à acquérir certains petits appareils vendus dans le commerce, tels que les compacteurs de déchets ménagers, les tiroirs chauffants, les robinets à eau chaude instantanée, les ouvre-boîtes à fixer aux

armoires et les télévisions et systèmes stéréophoniques encastrés.

Même si vos électroménagers sont récents, il peut s'avérer intéressant de les remplacer. Pendant la planification du réaménagement de votre cuisine, examinez les différents modèles sur le marché pour déterminer s'ils vous permettraient de réaliser des économies d'énergie à long terme.

De nombreux propriétaires remplacent leurs accessoires de plomberie et leurs électroménagers seulement pour des raisons esthétiques. Pourtant, si vous possédez un électroménager éconergétique de première qualité qui n'a que quelques années, vous avez peut-être intérêt à y ajouter simplement un panneau décoratif pour le moderniser.

Revêtement de sol

Le plancher de votre cuisine sert de base à tous les éléments qui s'y trouvent. Si vous avez l'intention d'ajouter de nouveaux électroménagers, de nouveaux comptoirs, ou de nouvelles armoires, il peut s'avérer utile de changer le plancher pour conserver à l'ensemble de la cuisine une certaine harmonie.

Vous pouvez soit remplacer l'ancien plancher, soit le rafraîchir, votre investissement sera toujours rentable au regard du réaménagement de votre cuisine.

Mais pour transformer une cuisine, rien de tel que de remplacer le revêtement de sol, car le plancher est généralement la plus grande surface de la pièce. En plus d'être un lieu de passage qu'on entretient, il a une

importante fonction décorative dont les concepteurs et les décorateurs tirent souvent profit pour transformer l'aspect d'une pièce. Un plancher spécialement conçu attire le regard et, en planifiant quelque peu votre travail, vous pouvez atteindre cet effet.

Finalement, considérez les avantages et les inconvénients des différents matériaux offerts. Dans la plupart des maisons, le plancher de la cuisine est plus utilisé – et plus souvent nettoyé – que n'importe quel autre plancher. Il est donc important de choisir un revêtement de sol durable et facile à nettoyer. En outre, si vous comptez installer le plancher vousmême, tenez compte de son mode d'installation.

Photo : courtoisie de Florida Tile Industries, Inc.

Conception de la cuisine

Normes de conception

La conception d'une cuisine doit viser avant tout à faciliter le travail du cuisinier et, si possible, à permettre à d'autres personnes de jouir de l'endroit sans déranger qui que ce soit. Informez-vous des normes de conception des cuisines : cela vous indiquera si le plan de votre cuisine actuelle répond à vos besoins ou si vous devez modifier radicalement votre cuisine ou l'agrandir.

Le triangle de travail

Le *triangle de travail* schématise l'agencement des trois principales zones de travail de la cuisine – le rangement (réfrigérateur), la préparation de la nourriture (four et surface de cuisson) et le nettoyage (évier et lave-vaisselle). Sur le schéma, chaque zone de travail représente un *sommet* du triangle, et la distance entre deux sommets est appelée *côté*. De nombreuses sources d'information proposent des semblants de règles à suivre pour respecter le triangle de travail, mais le concept est davantage un outil de planification permettant d'équilibrer les zones ou les différents sommets.

D'après les lignes directrices fournies par la National Kitchen and Bath Association (NKBA) des États-Unis, chaque côté du triangle doit avoir entre 4 et 9 pi, et le total des trois côtés ne doit pas dépasser 26 pi. La disposition des sommets – ou zones de travail – doit décourager les occupants de circuler à travers le triangle.

Il doit exister autant que possible un corridor de 4 pi de large entre les éléments fixes, comme le bord des comptoirs et un îlot ; tout corridor de moins de 3 pi de large entraîne une perte de rendement.

Évidemment, toutes les cuisines ne correspondent pas au triangle de travail idéal ni même à un triangle de travail, tout simplement. Certaines cuisines ont quatre zones de travail plutôt que trois, d'autres, comme les cuisines en longueur, sont conçues de manière que tous les postes de travail se trouvent l'un à côté de l'autre, le long d'un mur.

Les croquis ci-dessous montrent quatre agencements de cuisines parmi les plus courants. L'important n'est pas de suivre à la lettre un ensemble de lignes directrices, mais de créer un plan qui vous permette de travailler efficacement dans votre cuisine.

Dessus de comptoirs

Le manque de plans de travail est un des reproches les plus fréquents faits par les utilisateurs des cuisines. Mais la surface de travail adéquate n'est pas directement liée à son étendue, car les endroits les plus utiles des comptoirs sont ceux qui entourent les principales zones de travail et les électroménagers. Le tableau 1 (voir page 365) donne la liste des principaux électroménagers et la surface de comptoir adjacente minimum. Les dimensions des électroménagers mentionnées dans le tableau sont des dimensions standard, mais les dimensions réelles de vos électroménagers ne devraient rien changer à l'estimation de l'étendue de la surface de travail nécessaire.

En plus des surfaces de comptoir indiquées dans le tableau, une cuisine doit avoir au moins une surface de comptoir continue de 3 pi de long dans la zone de préparation de la nourriture. Pour calculer la surface de travail totale, suivez les recommandations que voici : si votre cuisine a moins de 150 pi², elle doit avoir au moins 11 pi linéaires de comptoirs ; si elle a plus de 150 pi², tâchez de prévoir au moins 16 $\frac{1}{2}$ pi linéaires de comptoirs.

Utilisez le tableau 2 (voir page 365) pour calculer la surface dont vous avez besoin pour les zones de repas. On place la plupart des zones de repas à 30, 36 ou 42 po du plancher. La largeur à prévoir par convive varie en fonction de la hauteur de la zone et du type de repas.

Électroménagers

Lorsque vous concevez le plan de votre cuisine, vous devez décider de l'emplacement des principaux électroménagers et prévoir suffisamment de place pour pouvoir les utiliser en toute sécurité et travailler confortablement. Si vous achetez un nouvel électroménager dont vous ne connaissez pas les dimensions, vous pouvez utiliser les dimensions standard

Formes usuelles des cuisines

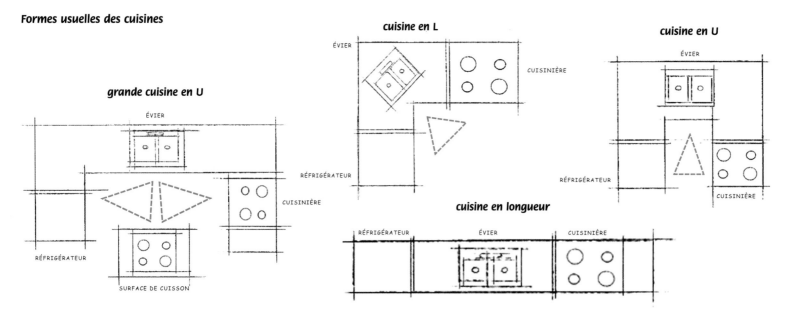

grande cuisine en U

cuisine en L

cuisine en U

cuisine en longueur

données dans le tableau 1 ci-dessous. N'oubliez pas qu'il existe le plus souvent différents modèles et différentes dimensions d'électroménagers; vous n'êtes donc pas limité aux dimensions indiquées.

Lorsque vous dessinez vos électroménagers sur le plan de votre cuisine, prévoyez une surface d'au moins 30 po x 48 po en face de chacun d'entre eux: cela vous permettra d'y accéder facilement. Placez également chaque électroménager de manière que sa porte s'ouvre en dehors des zones de circulation et de la place occupée par d'autres électroménagers. La colonne *Commentaires* du tableau 1 contient des recommandations relatives à l'emplacement de chaque électroménager.

Armoires

La plupart des gens aimeraient disposer d'un espace maximum pour y loger des armoires, mais ce n'est pas toujours le cas, et la plupart des cuisines n'offrent même qu'un espace limité. Pour les cuisines de moins de 150 pi^2, prévoyez un minimum de 13 pi linéaires pour les armoires sur plancher, de 12 pi linéaires pour les armoires murales et de 10 pi linéaires pour les tiroirs ou les tablettes coulissantes. Pour les cuisines de plus de 150 pi^2, prévoyez un minimum de 16 pi linéaires pour les armoires sur plancher, de 15 $\frac{1}{2}$ pi pour les armoires murales et de 13 $\frac{3}{4}$ pi pour les tiroirs et les tablettes coulissantes. Lorsque vous

calculez l'espace occupé par les armoires, ne tenez pas compte des coins, souvent inutilisables.

La dimension des armoires sur plancher est relativement constante d'un fabricant à l'autres et, à moins que vous ne fassiez fabriquer vos armoires sur mesure, ceux-ci respecteront probablement les normes qui figurent au tableau de la page 366. (Si vous avez déjà choisi vos nouvelles armoires, consultez les catalogues de ces produits pour en connaître les dimensions réelles). La figure 1 de la page 366 donne les dimensions générales que l'on peut utiliser pour dessiner ou choisir des armoires sur plancher ou des armoires murales standard.

Tableau 1 : dimensions standard des électroménagers

Électroménagers	Dimensions standard (largeur)	Largeur de comptoir minimale	Commentaires
Réfrigérateur	30 à 36 po	15 po du côté de l'ouverture	12 pi^3 pour une famille de 4 personnes; 2 pi^3 par personne supplémentaire
Évier	Simple: 27 po Double: 36 po	24 po d'un côté 18 po de l'autre	Largeur de comptoir minimum de 3 po entre l'évier et le bord de l'armoire sur plancher
Cuisinière	30, 36 po	15 po d'un côté 9 po de l'autre	Si la cuisinière est surmontée d'une fenêtre, le bord inférieur de l'encadrement de la fenêtre doit se trouver à au moins 24 po de la surface de cuisson
Surface de cuisson	30, 36, 42, 48 po	15 po d'un côté 9 po de l'autre	
Four mural	24, 27, 30 po	15 po de chaque côté	Le bas du four doit se trouver entre 24 et 48 po au-dessus du plancher
Micro-ondes	19, 24, 30 po	15 po de chaque côté	S'il est encastré, placez-le sur le panneau inférieur d'une armoire murale ou attachez-le sous le comptoir

Tableau 2 : normes des surface de repas

	Hauteur de la surface de repas		
	30 po	36 po	42 po
Largeur minimum 30 po par convive assis	30 po	24 po	24 po
Profondeur minimum par convive assis	19 po	15 po	12 po
Largeur minimum pour les genoux	19 po	15 po	12 po

Suite à la page suivante

Conception de la cuisine (suite)

Dimensions normalisées des armoires

Armoires sur plancher (sans comptoir)

hauteur: 34 ½ po

profondeur: 23 à 24 po

largeur: 9 à 48 po, par paliers de 3 po

Armoires murales

hauteur: 12, 15, 18, 24, 30, 33, 42 po

profondeur: 12 po

largeur: 9 à 48 po, par paliers de 3 po

Armoires de fours encastrés

hauteur: 84, 96 po

profondeur: 24 po

largeur: 27, 30, 33 po

Armoires utilitaires

hauteur: 84 po

profondeur: 12, 24 po

largeur: 18, 24, 36 po

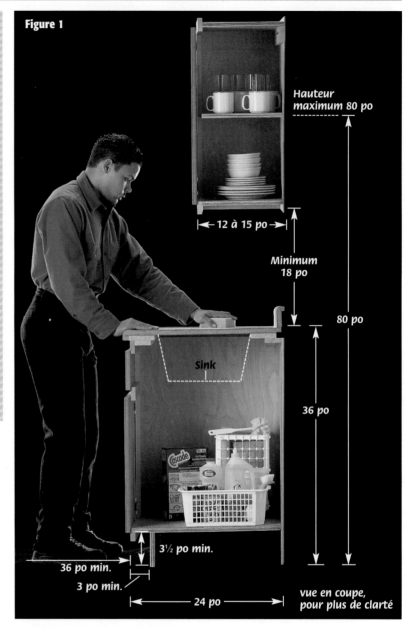

Figure 1

Hauteur maximum 80 po

12 à 15 po

Minimum 18 po

80 po

Sink

36 po

3½ po min.

36 po min.

3 po min.

24 po

vue en coupe, pour plus de clarté

Codes du bâtiment

Si le réaménagement de votre cuisine comprend d'autres transformations que le simple remplacement des surfaces de travail, vous devrez probablement tenir compte des exigences de certains codes. Le fait de connaître les grandes lignes des codes vous aidera à planifier les différentes installations qui rendent une cuisine fonctionnelle. N'oubliez pas que les règles énoncées ici ne sont que des lignes directrices générales. Vous pourrez obtenir la plus récente liste complète des codes et des règlements en vigueur dans votre région auprès de votre service de la construction.

Construction de base

La plupart des codes du bâtiment exigent qu'une cuisine ait au moins une fenêtre dont la surface vitrée soit de 10 pi² minimum. Dans certaines localités, on admet les cuisines sans fenêtre pour autant qu'elles soient suffisamment ventilées. Ces cuisines sont toutefois moins attrayantes que celles avec des fenêtres ou d'autres ouvertures sur l'extérieur. Les concepteurs recommandent les cuisines dont la surface vitrée totale, c'est-à-dire celle des fenêtres, des portes et des lanterneaux, représente au moins 25 % de la surface totale du plancher.

Certaines cuisines doivent avoir au moins deux entrées (sans oublier que la circulation entre elles ne doit pas empiéter sur le triangle de travail). En règle générale, les portes d'entrée donnant sur l'extérieur doivent avoir au moins 3 pi de large et les portes intérieures entre la cuisine et les autres pièces, au moins 2 ½ pi de large.

Installation électrique et éclairage

Presque tous les projets de réaménagement des cuisines comportent l'une ou l'autre modification de l'installation électrique. Votre cuisine est peut-être alimentée par un seul circuit de 120 V, alors qu'il est courant aujourd'hui d'utiliser jusqu'à sept circuits individuels dans les grandes cuisines. Dans certains cas, la charge supplémentaire peut vous obliger à renforcer l'installation électrique principale de la maison.

Vous pourrez vous faire une idée de l'importance des améliorations à apporter à l'installation électrique de la cuisine en comparant votre installation actuelle aux lignes directrices énoncées dans l'estimation des besoins en électricité (ci-contre, à droite). S'il s'agit d'un projet important, vous devrez sans doute demander à un électricien d'examiner votre installation actuelle et les changements que vous envisagez.

En ce qui concerne l'éclairage, le Code national de l'électricité exige qu'un interrupteur mural commande l'éclairage général de la cuisine (120 V, 15 A), indépendamment des circuits qui commandent les électroménagers et les prises de courant destinées aux comptoirs. Pour des raisons de sécurité, de confort et d'esthétique, vous envisagerez peut-être d'ajouter toute une série de dispositifs d'éclairage des aires de travail, comprenant des lampes suspendues, des luminaires fixés sous les armoires murales ou des luminaires encastrés, sans oublier les spots, mettant en valeur de jolies armoires ou d'autres objets.

Plomberie

Si votre nouvel agencement comprend le déplacement de l'évier, ou si vous ajoutez un évier ou un lave-vaisselle, vous devrez modifier l'arrivée d'eau, le drainage et la tuyauterie de l'évent.

Il est généralement facile et peu coûteux de modifier la tuyauterie, mais ce n'est pas toujours le cas. Par exemple, si vous installez un évier d'îlot, la tuyauterie devra passer sous le plancher, ce qui coûtera plus cher que si vous installez un évier contre le mur.

Si votre plomberie a plus de 25 ans et si la tuyauterie existante est vétuste ou est en mauvais état, le coût de la transformation risque d'augmenter. Il est bon de la vérifier et, même si la nouvelle cuisine entraîne des frais importants de remplacement de la tuyauterie, il vaut mieux inclure ces travaux dans les travaux de réaménagement que de vous exposer à un désastre plus tard. (Les siphons et les évents des vieilles installations ne répondent parfois plus aux exigences des codes actuels, et votre plombier vous recommandera de les remplacer.)

Chauffage, ventilation et climatisation (CVC)

Si vous vous limitez à des changements superficiels ou à de simples changements d'agencement, vous pourrez sans doute continuer d'utiliser les registres et les radiateurs existants. Mais si votre nouvelle cuisine est nettement plus grande que l'ancienne ou si la proportion de surface vitrée est sensiblement plus importante, vous devrez renforcer votre réseau de chauffage/refroidissement. Cette modification peut consister à prolonger certains conduits de quelques pieds ou engendrer des travaux plus compliqués, par exemple installer un nouvel appareil de chauffage pour climatiser l'espace supplémentaire.

Pour déterminer les besoins en CVC de votre cuisine, consultez un professionnel. Même si les exigences du code sont relativement simples, les entrepreneurs en CVC utilisent des formules compliquées pour déterminer l'équipement qui répondra à ces exigences.

Pour une ventilation adéquate, votre surface de cuisson doit être équipée d'une hotte aspirante électrique, qui évacuera les fumées et les vapeurs de cuisson. La capacité de l'évent étant régie par le code, ne choisissez pas une hotte sans avoir consulté un inspecteur du bâtiment. Beaucoup de surfaces de cuisson d'îlots utilisent une aspiration vers le bas par des conduits traversant le plancher, ce qui rend le travail d'installation plus compliqué et plus coûteux.

Estimation des besoins en électricité

Le Code national du bâtiment exige que toutes les cuisines répondent aux lignes directrices suivantes en matière d'électricité:

- Les prises murales ne doivent pas être espacées de plus de 12 pi.
- Les prises destinées aux comptoirs ne doivent pas être espacées de plus de 4 pi.
- Toutes les prises destinées aux comptoirs doivent être des prises à disjoncteur de fuite à la terre.
- La cuisine doit être alimentée par au moins deux circuits de 120 V, 20 A: un pour alimenter le réfrigérateur, et l'autre pour alimenter les électroménagers de comptoirs.
- Chaque électroménager important doit posséder son propre circuit: un circuit de 120 V, 20 A pour un four à micro-ondes encastré, un circuit de 15 A pour un lave-vaisselle et un broyeur à déchets, et un circuit spécial de 240 V, 50 A pour une cuisinière électrique, une surface de cuisson ou un four mural.

Après avoir estimé l'installation électrique nécessaire à votre nouvelle cuisine, comparez-la à l'installation existante en examinant le panneau de distribution. Si celui-ci comprend un certain nombre de fusibles non utilisés, votre électricien pourra facilement ajouter des circuits. Dans le cas contraire, l'installation de votre nouvelle cuisine nécessitera l'agrandissement de votre panneau de distribution.

Les **surfaces de cuisson** doivent être équipées d'évents évacuant les vapeurs et la fumée provenant de la cuisson. Les meilleurs systèmes de ventilation évacuent l'air de la cuisine vers l'extérieur, ils ne le recyclent pas dans la cuisine après l'avoir filtré ou traité.

La cuisine de conception universelle

Étant donné que la cuisine constitue le centre de l'activité dans la plupart des maisons, en transformant la vôtre en cuisine universelle, vous faites plus que préparer votre maison pour l'avenir ; grâce à la conception universelle, vous améliorez la circulation dans votre cuisine, vous rendez les membres de votre famille plus indépendants et vous réduisez au minimum l'effort requis par les tâches journalières.

Les idées de conception universelle sont le plus souvent des idées de bon sens. Ainsi, pourquoi rester toujours debout pendant qu'on prépare le repas ? En prévoyant une section de comptoir basse, au-dessus d'une partie creuse, vous pourrez vous asseoir lorsque vous mélangerez des aliments, battrez des œufs ou couperez des légumes. Le réfrigérateur à compartiments juxta-posés est muni d'étagères basses qui permettent aux enfants de se servir eux-mêmes, tandis que le réfrigérateur à congélateur inférieur les empêche de manger un morceau ou de boire un jus de fruit sans l'aide des parents.

À mesure que la conception universelle se répand, les concep-teurs et les fabricants de cuisines réagissent en créant des produits améliorés, axés sur l'utilisation universelle ; et le consommateur dispose d'un plus grand choix de produits issus de meilleures idées. Les lignes directrices et les suggestions qui suivent vous aideront à rendre votre cuisine durable.

Agencement et planification de l'installation
L'agencement de votre cuisine doit respecter les normes de conception de base des cuisines et répondre aux exigences du code (voir pages 364 à 367), mais pour créer un espace universel, il est indispensable de disposer de plus de surface de plancher et de plus d'aires de travail.

Dans une cuisine, deux personnes doivent pou-voir travailler sans se gêner ni être gênées par la circulation. Vous concevrez donc votre cuisine autour d'une surface circulaire d'au moins 5 pi de diamètre, de sorte qu'un fauteuil roulant puisse s'y déplacer et que des personnes puissent la traverser sans déranger ceux qui préparent les repas.

Pour permettre à plusieurs personnes de tra-vailler dans la cuisine, prévoyez un îlot et des sur-faces de comptoirs à différents niveaux. Un passe-plat entre la cuisine et la salle à manger raccourcit la distance que vous devez parcourir avec les plats, au moment des repas.

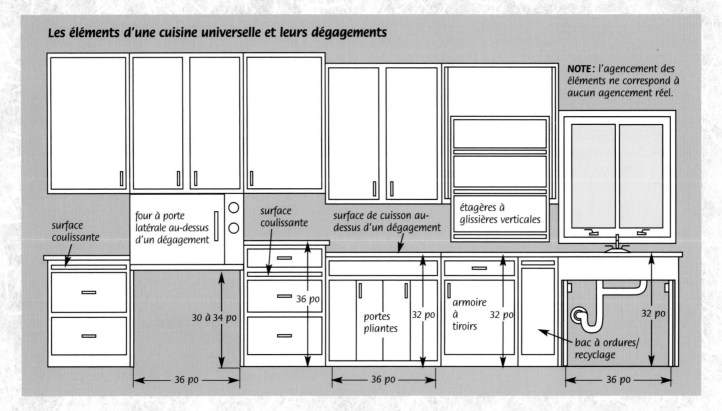

Les éléments d'une cuisine universelle et leurs dégagements

NOTE : l'agencement des éléments ne correspond à aucun agencement réel.

surface coulissante

four à porte latérale au-dessus d'un dégagement

surface coulissante

surface de cuisson au-dessus d'un dégagement

étagères à glissières verticales

30 à 34 po

36 po

portes pliantes

32 po

armoire à tiroirs

32 po

bac à ordures/ recyclage

32 po

36 po

36 po

36 po

Armoires

Lorsque vous planifiez l'agencement de vos armoires, n'oubliez pas que la hauteur des comptoirs est déterminée par la hauteur des armoires. Voici quelques points à considérer lorsque vous choisissez des armoires murales, ou sur plancher, ou des garde-manger.

- Choisissez des armoires à tiroirs, qui permettent d'atteindre plus facilement les objets qui se trouvent au fond.
- Choisissez une armoire d'évier qui s'ouvre, munie de portes pliantes, pour qu'une personne puisse s'asseoir devant l'évier.
- Choisissez des armoires sur plancher à hautes plinthes, offrant l'espace nécessaire aux repose-pieds des fauteuils roulants.
- Choisissez de nouvelles armoires à poignées annulaires et remplacez les boutons des armoires existantes par des poignées annulaires.
- Installez au moins une armoire mobile que vous pourrez retirer pour dégager le dessous d'un comptoir bas devant lequel on pourra s'asseoir pour cuisiner.

- Équipez les armoires de coin et (ou) les garde-manger de carrousels.
- Prévoyez un espace haut et étroit muni d'encoches dans lesquelles vous pourrez ranger verticalement les plaques à biscuits et les plateaux.
- Achetez des armoires murales munies d'étagères à glissières verticales.
- Installez les armoires murales entre 12 et 15 po du comptoir plutôt qu'à la hauteur standard de 18 po. (Assurez-vous toutefois de pouvoir insérer les électroménagers en dessous des armoires les plus basses).
- Choisissez des garde-manger munis d'étagères dans les portes et d'étagères peu profondes, ajustables.

Dessus de comptoirs

Planifiez soigneusement les dessus de comptoirs; leur surface doit être suffisante et ils doivent se trouver à différentes hauteurs pour que tous les occupants de la maison puissent les utiliser.

En plus des dessus de comptoirs, prévoyez des surfaces de travail amovibles, coulissantes qu'on peut sortir des armoires.

- Installez les dessus de comptoirs à différentes hauteurs : 36 po pour les utilisateurs qui restent debout, 30 à 32 po cour ceux qui s'asseyent, et 42 po pour les utilisateurs de grande taille; prévoyez aussi des dessus de comptoirs ajustables.
- Prévoyez au moins un dessus de comptoir dont la surface de travail se trouve à une hauteur de 32 po et dont le dessous est dégagé, pour permettre à quelqu'un de l'utiliser assis.
- Finissez le plancher dans le dégagement en dessous de ces comptoirs, pour qu'il soit facile d'y manœuvrer un fauteuil roulant.
- Installez des surfaces fixes ou coulissantes, résistantes à la chaleur près du four, du four à micro-ondes, de la surface de cuisson, de l'évier et du réfrigérateur.
- Réfléchissez aux caractéristiques des dessus de comptoirs : un bord de couleur contrastée permet aux malvoyants de distinguer les limites du comptoir; un bord relevé empêche les déversements sur le plancher et des bords arrondis sont moins dangereux que les bords tranchants.

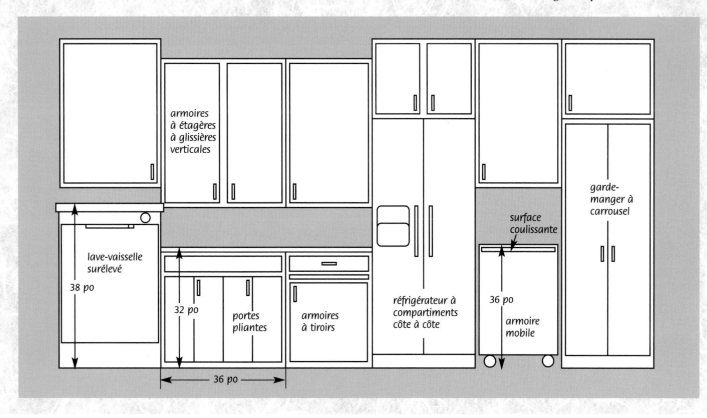

CONCEPTION UNIVERSELLE

La cuisine de conception universelle

Électricité et éclairage

Dans toutes les cuisines bien conçues, on combine l'éclairage naturel, l'éclairage par plafonnier et l'éclairage artificiel des aires de travail, de manière à créer un espace sûr et accueillant; mais les besoins particuliers en éclairage varient en fonction de la dimension de la cuisine, de ses couleurs et des surfaces qu'elle présente. Par exemple, une cuisine dont les murs et les armoires sont pâles doit être moins éclairée qu'une cuisine dont les surfaces sont foncées. Les surfaces brillantes réfléchissent la lumière, mais elles sont souvent éblouissantes. Il est important de doser correctement l'éclairage.

Installez l'éclairage de tous les centres de travail et évitez de créer des zones d'ombre. Les luminaires fixés sous les armoires facilitent les tâches à accomplir sur les dessus de comptoirs et permettent d'éliminer les ombres.

Une cuisine sûre et pratique contient de nombreuses prises de courant d'accès facile. Si vous installez quelques prises supplémentaires au-dessus des comptoirs (sur les dosserets), vous ne devrez pas constamment déplacer les petits appareils électroménagers pour pouvoir vous en servir. Mais les prises de dosseret sont parfois difficiles à atteindre par les utilisateurs assis; considérez donc également d'autres endroits pour leur installation, tels que l'extrémité d'un îlot, l'arrière d'un faux devant de tiroir, ou le dessous d'une

armoire murale. Vérifiez les prescriptions du code local du bâtiment quant à l'emplacement des prises et n'oubliez pas que les enfants peuvent avoir accès aux prises placées à certains endroits.

Évier et bac à ordures

On trouve dans le commerce de nombreux éviers et robinets qui répondent aux critères de la cuisine universelle. Un évier peu profond, par exemple, permet à l'utilisateur de laver une salade ou des assiettes tout en étant assis. Un robinet à levier est plus facile à utiliser par toute la maisonnée et permet à celui qui cuisine et qui a les mains sales de faire couler l'eau en actionnant le dispositif avec le coude.

- Installez l'évier à une hauteur de 32 po, ou installez un évier à hauteur réglable.
- Installez une armoire amovible ou des portes coulissantes sous l'évier, pour créer un dégagement assez large, de 32 po – ou mieux, de 36 po – à l'intention d'un utilisateur qui doit rester assis. Isolez les tuyaux d'eau chaude et installez un panneau de protection pour éviter les brûlures aux jambes et aux genoux.
- Envisagez l'installation d'un évier peu profond (de 5 à 6 ½ po de profondeur, au lieu des 7 ou 8 po standard), qui laisse de la place pour les genoux sous le comptoir et permet d'atteindre plus facilement la vaisselle.
- Choisissez un évier dont l'orifice de drainage est situé à l'arrière. Ainsi, vous conserverez un espace libre maximum pour les genoux (vérifiez si cette caractéristique exige une tuyauterie spéciale).
- Installez une douchette pour que l'on puisse remplir d'eau une casserole se trouvant sur la surface de cuisson.
- Choisissez un robinet à levier unique ou mains-libres.
- Placez le robinet et l'interrupteur du bac à ordures à moins de 21 po du bord du comptoir.

Photos : courtoisie de Dura Supreme, Inc.

Cette cuisine compacte possède des dégagements en dessous de l'évier et de la surface de cuisson, cachés par des portes pliantes.

Photo : courtoisie de KraftMaid Cabinetry, Inc.

Les surfaces coulissantes fournissent des aires de travail temporaires plus basses que les dessus de comptoirs, qui conviennent parfaitement aux utilisateurs assis.

Photo : courtoisie de Frigidaire.

Un four à porte latérale assure un accès facile et sûr à tous les utilisateurs.

• Placez l'évier près du lave-vaisselle et de la surface de cuisson pour faciliter le transfert de la vaisselle et des casseroles pleines d'eau chaude.

Four et surface de cuisson

Choisissez soigneusement, pour des raisons de sécurité et de commodité, le four et la surface de cuisson que vous allez installer. Il est important de pouvoir ouvrir le four sans risque, et de pouvoir retirer facilement les lourdes casseroles de la surface de cuisson. Tous les utilisateurs doivent pouvoir atteindre les commandes de ces deux appareils électroménagers.

• Installez un four mural de telle sorte que sa base arrive à une hauteur de 30 à 34 po.

• Choisissez un four à porte latérale, qui vous évitera de vous pencher au-dessus d'une porte chaude pour retirer les plats chauds.

• Prévoyez une surface dégagée de 30 po x 48 po devant le four.

• Installez des aires de travail coulissantes à proximité du four et de la surface de cuisson, pour pouvoir y déposer les plats chauds.

• Choisissez un four et une surface de cuisson dont les commandes sont disposées à l'avant ou sur le côté, et à 21 po maximum du bord. Si votre famille comprend de jeunes enfants, les commandes latérales sont préférables. Tous les cadrans doivent porter des indications claires, faciles à lire, et les commandes doivent être faciles à manier.

• Envisagez l'achat de surfaces de cuisson lisses, qui facilitent la pose et l'enlèvement des ustensiles.

• Donnez la préférence aux surfaces de cuisson à brûleurs décalés, qui ne forcent pas l'utilisateur à se pencher au-dessus d'un brûleur pour en utiliser un autre.

• Installez un miroir basculant au-dessus de la surface de cuisson, pour que l'utilisateur de petite taille puisse voir les aliments pendant la cuisson.

Autres appareils électroménagers

Les appareils tels que les réfrigérateurs, les lave-vaisselle et les fours à micro-ondes sont très utiles, à condition qu'ils soient bien conçus et placés aux bons endroits. Les utilisateurs, qu'ils soient petits ou grands, doivent pouvoir atteindre les produits réfrigérés ; et chaque occupant de la maison doit pouvoir vider le lave-vaisselle sans difficulté.

• Considérez l'achat d'un réfrigérateur à compartiments côte à côte, qui permet aux personnes de petite taille d'utiliser les clayettes inférieures et aux personnes de grande taille d'utiliser la partie supérieure de l'appareil.

• Fixez votre choix sur les modèles de réfrigérateur munis de clayettes coulissantes ou de carrousels, et équipés de distributeurs d'eau et de glace extérieurs.

• Envisagez l'addition de tiroirs réfrigérés de manière à placer des aliments frais à proximité des aires de travail.

• Choisissez un four à micro-ondes de comptoir, à porte et à commandes latérales clairement

Photo : courtoisie de Frigidaire.

Les commandes installées à l'avant rendent cette surface de cuisson d'un usage facile et sûr, et sa surface lisse simplifie le nettoyage.

Photo : courtoisie de G.E.

Les réfrigérateurs/congélateurs à compartiments côte à côte offrent des rangements à différentes hauteurs.

indiquées et faciles à manier ; dans les modèles encastrés dans les armoires murales, l'utilisateur doit déposer les aliments plus haut que sa tête, ce qui est peu pratique et même dangereux.

• Placez le four à micro-ondes sur un comptoir de 32 po de haut pour que tout le monde y ait accès, y compris les enfants et les personnes assises.

Installez votre four à micro-ondes près d'une surface coulissante ou d'un comptoir sur lesquels on peut déposer des plats lourds et chauds.

Installez le lave-vaisselle entre l'évier et un dessus de comptoir qui offre un dégagement, pour qu'une personne assise puisse charger directement la vaisselle de l'évier dans le lave-vaisselle et décharger directement la vaisselle pour la ranger dans les armoires.

Envisagez d'installer le lave-vaisselle 6 po plus haut que la hauteur standard, pour que les utilisateurs aient à se pencher le moins possible et que la plinthe du lave-vaisselle soit assez haute ; les cuisines ayant suffisamment de surface de comptoir à 32 et à 36 po de haut sont celles qui se prêtent le mieux à ce type d'installation.

Tuyautage d'une cuisine

Le tuyautage d'une cuisine rénovée est relativement simple si celle-ci ne comprend qu'un évier mural. Toutefois, le travail se complique s'il faut installer un évier d'îlot.

L'installation d'un évier d'îlot présente une difficulté due à l'absence d'un mur adjacent dans lequel faire passer le tuyau d'évent. Il faut donc recourir à une configuration de tuyauterie spéciale parfois appelée «évent bouclé».

Chaque cas d'évent bouclé est différent; la configuration de votre installation dépendra de la position des colonnes d'évacuation et d'évent existantes, de l'orientation des solives du plancher ainsi que des dimensions et de la position de la base de l'îlot.

Pour la conception de votre évent bouclé, demandez conseil à l'inspecteur en bâtiment de votre localité. Dressez un plan de plomberie détaillé qui vous guidera dans votre travail et vous aidera à obtenir le permis dont vous aurez besoin.

Le schéma de notre projet de cuisine, montré ci-dessous, comprend un évier mural double et un évier d'îlot. Le tuyau d'évacuation de 1 ½ po de l'évier mural est raccordé à une colonne d'évacuation et d'évent existante faite d'un tuyau galvanisé

de 2 po; puisque le siphon ne se trouve pas à plus de 3 ½ pi de la colonne, un tuyau d'évent n'est pas requis. L'évacuation de l'évier d'îlot, configurée en évent bouclé, est raccordée à une colonne d'évacuation et d'évent secondaire située dans le sous-sol. N'oubliez pas que, dans votre cas particulier, le diamètre des tuyaux et des raccords, la disposition des appareils sanitaires et les parcours de tuyaux seront probablement différents de ceux du schéma.

Nous avons divisé notre projet en trois phases:
- Installation de tuyaux d'évacuation et d'évent pour un évier mural (pages 375 à 377)
- Installation de tuyaux d'évacuation et d'évent pour un évier d'îlot (pages 377 à 381)
- Installation de nouveaux tuyaux d'alimentation en eau (pages 382-383)

Les conseils donnés aux pages 373 et 374 sont d'ordre général; ils vous aideront à planifier votre projet de tuyauterie de cuisine. Reportez-vous aux pages 62 à 93 pour trouver de plus amples renseignements sur le matériel de plomberie, les techniques d'installation et les exigences réglementaires.

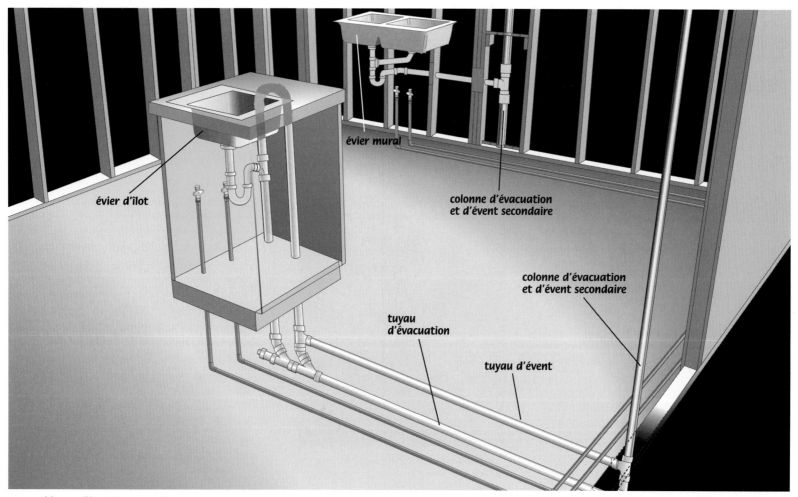

évier d'îlot

évier mural

colonne d'évacuation et d'évent secondaire

colonne d'évacuation et d'évent secondaire

tuyau d'évacuation

tuyau d'évent

Notre cuisine modèle obéit à une configuration de tuyauterie courante pour un évier mural double et un évier d'îlot. Tous deux sont reliés à une colonne d'évacuation et d'évent secondaire.

Conseils sur le tuyautage d'une cuisine

Isolez les murs extérieurs si vous habitez dans une région où il gèle l'hiver. Si possible, faites courir les tuyaux d'alimentation en eau dans les planchers ou les murs intérieurs, plutôt que dans les murs extérieurs.

Utilisez les colonnes d'évacuation et d'évent existantes pour raccorder les nouveaux tuyaux d'évacuation et d'évent. En plus de la colonne de chute, la plupart des maisons possèdent dans la cuisine une ou plusieurs colonnes d'évacuation et d'évent secondaires auxquelles peuvent se brancher ces nouveaux tuyaux.

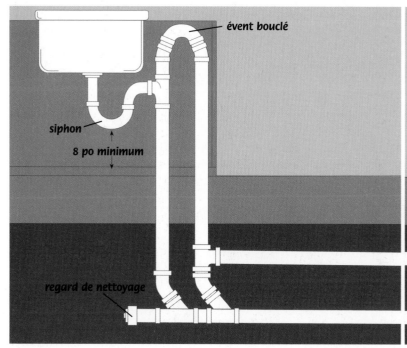

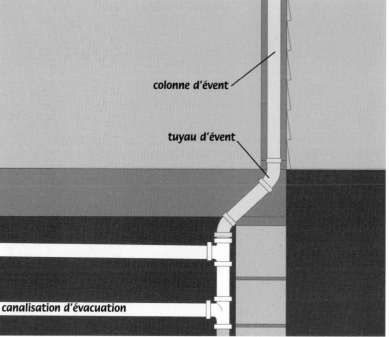

L'**évent bouclé** permet de mettre à l'air libre un évier lorsqu'il n'y a pas de mur à proximité dans lequel faire courir le tuyau. Le tuyau d'évacuation est mis à l'air libre par une boucle de tuyau qui décrit un arc sous le plan de travail de l'îlot avant de traverser le plancher. Le tuyau d'évent court alors horizontalement pour ensuite se raccorder à un tuyau d'évent existant.

Dans notre projet, nous avons raccordé l'évent de l'îlot à un tuyau d'évent provenant d'une cuve de service située dans le sous-sol. **NOTE:** L'évent bouclé est soumis à des contraintes réglementaires à l'échelle locale. Demandez toujours conseil à l'inspecteur en bâtiment à ce sujet.

Conseils sur le tuyautage d'une cuisine (suite)

Utilisez des poteaux de 2 po x 6 po pour la charpente des murs de la cuisine qui contiendront les tuyaux. Ces poteaux de plus grande profondeur laissent plus d'espace aux tuyaux d'évacuation et aux colonnes de chute, ce qui en facilite l'installation.

Installez des robinets d'isolement aux points de jonction des nouveaux tuyaux d'alimentation secondaires et des tuyaux d'alimentation principaux. Vous pourrez ainsi travailler sur les tuyaux secondaires sans devoir couper l'alimentation en eau de la maison.

Tenez compte de l'emplacement des armoires lorsque vous planifiez la position des abouts d'alimentation et d'évacuation. Consultez la notice d'installation fournie avec chaque appareil sanitaire, puis tracez en conséquence les parcours d'alimentation et d'évacuation.

Prévoyez des panneaux de service de manière à avoir accès aux raccords et robinets d'arrêt cachés dans les murs. Pratiquez une ouverture entre deux poteaux, installez-y un cadre fait de moulures de bois. Fermez l'ouverture à l'aide d'un panneau de contreplaqué amovible, de la même épaisseur que le panneau mural, puis finissez-en la surface pour qu'il se fonde dans le reste du mur.

Installation de tuyaux d'évacuation et d'évent pour un évier mural

Déterminez l'emplacement du tuyau d'évacuation de l'évier en marquant sur le sol la position de l'évier et de la base de l'îlot. Faites un point sur le plancher qui indiquera l'emplacement de l'ouverture d'évacuation de l'évier. Ce point vous servira de repère pour l'alignement de l'about d'évacuation.

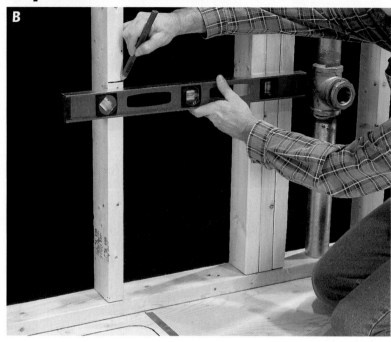

Marquez sur les poteaux situés derrière l'armoire de l'évier mural le parcours que suivra le nouveau tuyau d'évacuation. Ce tuyau doit décrire une pente de $^1/_4$ po par pied en direction de la colonne d'évacuation et d'évent.

Servez-vous d'une perceuse droite et d'une scie-cloche pour pratiquer les ouvertures destinées au passage du tuyau d'évacuation (voir le diamètre des trous, page 90). Dans le cas des poteaux non porteurs, comme ceux se trouvant sous une fenêtre, vous pouvez faire une entaille avec la scie alternative pour simplifier l'installation du tuyau. Dans le cas des poteaux porteurs, vous devez faire passer le tuyau dans les ouvertures pratiquées avec la scie-cloche et vous servir de raccords pour joindre les divers tronçons de tuyau.

Mesurez et coupez un tuyau d'évacuation horizontal qui reliera la colonne d'évacuation et d'évent à l'about sortant du sol. Avec un coude à 45° et un tronçon de 6 po d'un tuyau de 1 $^1/_2$ po de diamètre, fabriquez l'about auquel se raccordera le tuyau d'évacuation de l'évier. **NOTE:** Si le siphon doit se trouver à plus de 3 $^1/_2$ pi de la colonne, vous devrez installer un raccord en T d'évacuation, faire monter un tuyau d'évent dans le mur et raccorder celui-ci à la colonne à au moins 6 po de hauteur par rapport au bord de l'évier.

Suite à la page suivante

Installation de tuyaux d'évacuation et d'évent pour un évier mural (suite)

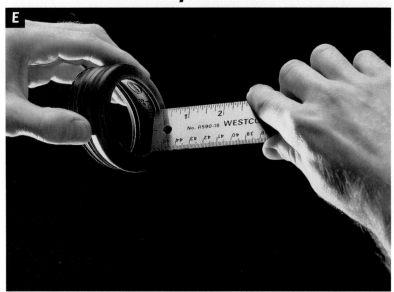

Enlevez le manchon de néoprène d'un raccord à colliers ; ensuite, repliez-en le bord vers l'arrière pour mesurer l'épaisseur de la bague séparatrice.

Joignez deux tronçons de tuyau de 2 po de diamètre et d'au moins 4 po de longueur aux ouvertures supérieure et inférieure d'un raccord en T d'évacuation dont les diamètres d'ouverture sont de 2 po, de 2 po et de 1 $\frac{1}{2}$ po. Placez le raccord le long de la colonne, puis marquez sur celle-ci les lignes de découpe, en tenant compte de l'épaisseur de la bague séparatrice des raccords à colliers.

Servez-vous de fixations de colonne et de blocs de bois de 2 po x 4 po pour soutenir la colonne au-dessus et au-dessous du point de raccordement au nouveau tuyau d'évacuation. À l'aide d'une scie alternative munie d'une lame à métaux, découpez la colonne le long des lignes tracées à l'étape F.

Glissez les raccords à colliers sur les extrémités de la colonne et relevez le bord des manchons de néoprène. Mettez en place le raccord en T assemblé, puis déroulez le bord des manchons sur les tuyaux de plastique.

Glissez les colliers métalliques sur les manchons de néoprène et serrez les colliers avec une clé à douille à cliquet ou avec un tournevis.

Avec de la colle à solvant, raccordez le tuyau d'évacuation, à partir de la colonne. Utilisez un coude à 90° et un court tronçon de tuyau pour créer un about qui dépassera du mur d'environ 4 po et auquel sera raccordé le tuyau d'évacuation de l'évier.

Installation de tuyaux d'évacuation et d'évent pour un évier d'îlot

Placez l'îlot selon le plan de votre cuisine. Marquez-en la position sur le sol avec du ruban-cache, puis mettez-le de côté.

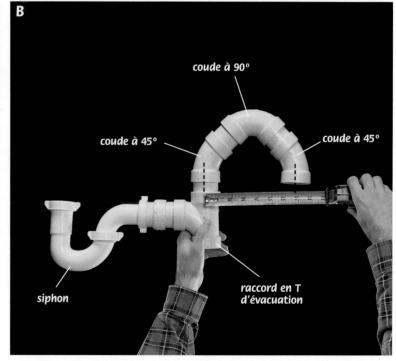

Construisez le début du tuyau d'évacuation et de l'évent bouclé en joignant, avec des tronçons de tuyau de 2 po de longueur et sans les coller, un siphon, un raccord en T d'évacuation, deux coudes à 45° et un coude à 90°. Mesurez la largeur de la boucle entre les centres des deux raccords.

Suite à la page suivante

Installation de tuyaux d'évacuation et d'évent pour un évier d'îlot (suite)

C

ligne de repère

Perpendiculairement au mur, tracez une ligne sur laquelle vous vous guiderez pour la mise en place des tuyaux d'évacuation. Un gabarit de carton représentant l'évier peut vous aider à mettre en place la boucle à l'intérieur du périmètre dessiné sur le sol.

D

Placez sur le sol la boucle assemblée et servez-vous-en pour marquer les endroits où seront pratiquées les ouvertures. Veillez à placer la boucle de manière que les ouvertures ne soient pas situées au-dessus de solives.

E

Pour pratiquer dans le sous-plancher les ouvertures marquées, utilisez une scie-cloche dont le diamètre est légèrement supérieur à celui des tuyaux. Déterminez la position des ouvertures en mesurant avec soin les distances à partir du tracé du bord de l'îlot fait au ruban-cache. Ces mesures vous aideront à trouver les endroits où pratiquer les ouvertures correspondantes dans la base de l'îlot.

F

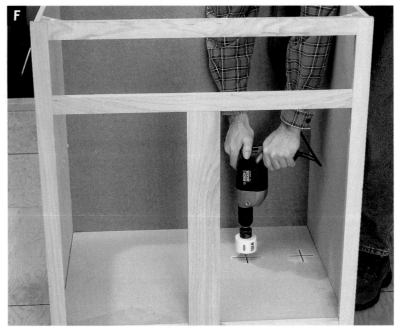

Remettez l'îlot en place et marquez sur le fond de celui-ci les endroits où passeront les tuyaux d'évacuation et d'évent. (Dans vos mesures, n'oubliez pas de tenir compte de l'épaisseur des côtés de l'îlot.) Utilisez la scie-cloche pour pratiquer dans le fond de l'îlot des ouvertures situées directement au-dessus de celles du sous-plancher.

G

Mesurez, coupez et montez la boucle créée à l'étape B. Déposez une planche sur le dessus de l'îlot et fixez-y la boucle avec du ruban adhésif. Prolongez ensuite les tuyaux d'évacuation et d'évent qui traverseront les ouvertures pratiquées dans le fond de l'îlot. Le raccord en T d'évacuation doit se trouver à environ 18 po au-dessus du plancher, tandis que les deux tuyaux doivent s'élever à environ 2 pi du sol.

H

Dans le sous-sol, planifiez le parcours du tuyau d'évent de l'îlot jusqu'à un tuyau d'évent existant. (Dans notre projet, nous l'avons raccordé à la colonne secondaire d'une cuve de service.) Tenez un long tronçon de tuyau entre la colonne et le tuyau d'évent et marquez les endroits où se trouveront les raccords en T. Coupez sur la marque le tuyau d'évent en plastique et installez le raccord sans le coller.

I

Placez un raccord en T d'évacuation contre la colonne d'évent et marquez le tuyau d'évent horizontal à la bonne longueur. Insérez le tuyau horizontal dans le raccord, puis fixez-le contre la colonne avec du ruban adhésif. Le tuyau d'évent devrait décrire une pente de ¼ po par pied en direction du tuyau d'évacuation.

J

Insérez un tronçon de tuyau de 3 po de longueur dans l'ouverture inférieure du raccord en T attaché au tuyau d'évent. Marquez le tuyau d'évent et le tuyau d'évacuation à l'endroit où seront installés les coudes à 45°. Tranchez les tuyaux sur les marques et fixez-y les coudes sans les coller.

Suite à la page suivante

Installation de tuyaux d'évacuation et d'évent pour un évier d'îlot (suite)

Prolongez les tuyaux d'évacuation et d'évent en insérant dans les coudes, sans les coller, des tronçons de tuyau de 3 po de longueur et des raccords en Y. À l'aide d'un niveau à bulle, veillez à ce que le tuyau d'évent décrive une pente de ¼ po par pied jusqu'à la colonne. Mesurez et coupez un court tronçon de tuyau qui reliera les deux raccords en Y.

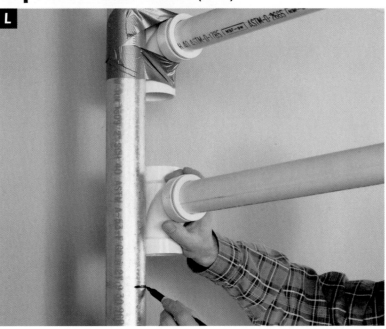

Découpez un tuyau d'évacuation horizontal qui reliera le raccord en Y d'évent à la colonne d'évacuation et d'évent secondaire. Attachez un raccord en T d'évacuation à l'extrémité du tuyau d'évacuation, puis placez-le contre la colonne, en lui faisant décrire une pente de ¼ po par pied. Tracez sur la colonne les lignes de découpe au-dessus et au-dessous des raccords.

Tranchez la colonne sur les lignes de découpe. Avec des raccords en T et de courts tronçons de tuyau, montez un ensemble de tuyau de plastique qui s'insérera entre les extrémités tranchées de la colonne. Cet ensemble doit mesurer environ ½ po de moins que la partie enlevée à la colonne.

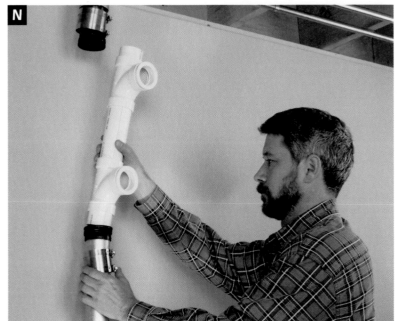

Glissez des raccords à colliers sur les extrémités de la colonne, puis insérez-y l'ensemble de tuyau de plastique. Placez les manchons et les colliers sur les extrémités des tuyaux; serrez faiblement les colliers.

Insérez un regard de nettoyage dans l'ouverture libre du raccord en Y du tuyau d'évacuation.

Joignez avec de la colle à solvant tous les tuyaux et les raccords du sous-sol, en commençant par l'ensemble de plastique inséré dans la colonne d'évacuation et d'évent existante. Ne collez pas les tuyaux d'évacuation et d'évent verticaux montant jusqu'à l'îlot. Resserrez les colliers des raccords de la colonne. Soutenez les tuyaux horizontaux à intervalles de 4 pi à l'aide de courroies clouées aux solives, puis détachez les deux tuyaux montant jusqu'à l'îlot. Le raccordement final de la boucle et de l'évacuation sera réalisé durant les autres phases du projet de rénovation de la cuisine.

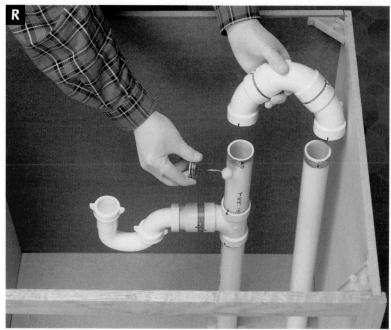

Après avoir posé le recouvrement de sol et les deux planchettes de la base de l'îlot, découpez le recouvrement pour découvrir les ouvertures destinées au passage des tuyaux.

Installez la base de l'îlot, faites passer les deux tuyaux dans les ouvertures du fond de l'îlot, et assemblez les pièces avec de la colle à solvant.

Installation de nouveaux tuyaux d'alimentation en eau

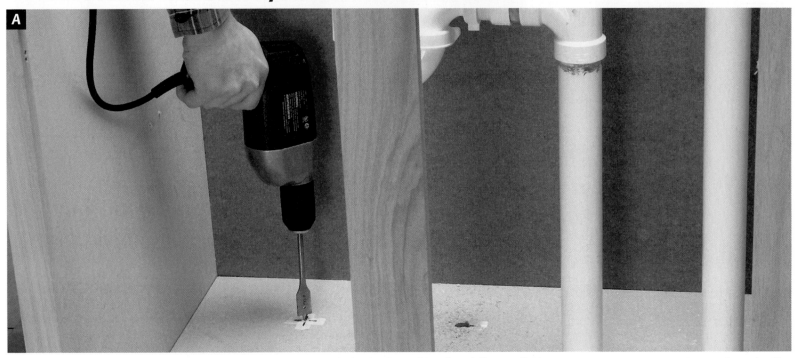

A

Dans le fond de l'îlot et dans le sous-plancher, pratiquez deux ouvertures de 1 po de diamètre, à 6 po d'écart l'une de l'autre. Veillez à ce que ces ouvertures ne se trouvent pas au-dessus de solives. Faites de même dans le fond de l'armoire de l'évier mural.

B

Coupez l'eau au robinet principal et laissez les tuyaux se vider. Avec une scie à métaux ou un coupe-tuyau, enlevez tous les vieux tuyaux d'alimentation en eau qui gênent le passage des nouveaux. Dans notre projet, nous avons enlevé les vieux tuyaux jusqu'à l'endroit où il était commode de faire partir les nouveaux.

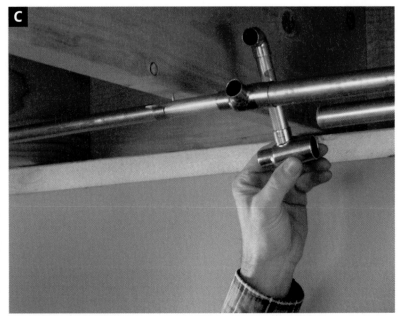

C

Installez sans les braser des raccords en T sur chacun des tuyaux d'alimentation (nous avons utilisé des raccords en T de réduction à diamètres d'ouverture de $^3/_4$ po, $^1/_2$ po et $^1/_2$ po). Servez-vous de coudes et de tronçons de tuyau de cuivre pour amorcer les nouveaux parcours de tuyau qui alimenteront l'îlot et l'évier mural. L'écart entre les deux tuyaux parallèles doit se situer entre 3 po et 6 po.

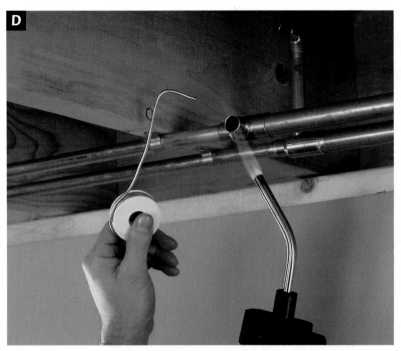

Brasez les tuyaux et les raccords, en commençant par les raccords en T. Soutenez les tuyaux horizontaux à intervalles de 4 pi à l'aide de courroies clouées aux solives.

Prolongez les tuyaux jusque sous les ouvertures de l'îlot et de l'armoire de l'évier mural. Servez-vous de coudes et de tronçons de tuyau pour fabriquer les conduites verticales qui doivent dépasser d'au moins 12 po dans l'armoire et l'îlot. Avec un petit niveau, assurez-vous que les tuyaux sont parfaitement verticaux, puis marquez les endroits où couper les tuyaux horizontaux.

Joignez les tuyaux verticaux aux tuyaux horizontaux et brasez-les. Installez des entretoises entre les solives et fixez les tuyaux verticaux aux entretoises à l'aide de courroies.

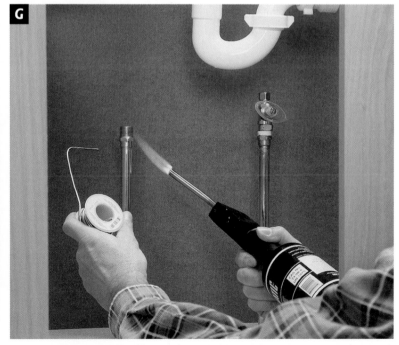

Brasez des adaptateurs mâles filetés sur les extrémités supérieures des tuyaux verticaux, puis vissez-y les robinets d'arrêt filetés.

Câblage
d'une cuisine rénovée

Dans la plupart des cas, la cuisine répondra mieux à vos besoins si vous y ajoutez des circuits durant les rénovations. Dans la présente section, vous apprendrez à planifier les nouveaux circuits que nécessite une cuisine moderne ainsi qu'à installer les circuits et les appareils électriques destinés aux luminaires encastrés, aux luminaires montés sous les armoires et à un plafonnier commandé par des interrupteurs tripolaires. Vous verrez aussi comment installer les prises et les circuits d'une cuisinière, d'un four à micro-ondes, d'un lave-vaisselle et d'un broyeur à déchets. Des méthodes d'installation de deux circuits pour petits appareils sont également proposées. Même si votre projet de rénovation n'est pas identique à celui qui est décrit ici, les méthodes et les concepts expliqués s'appliquent à tout projet de câblage d'une cuisine, quel que soit le nombre de circuits.

Sur l'illustration de droite, vous pouvez voir le câblage de sept circuits, et la position des interrupteurs, des prises de courant et des luminaires. Le nombre et l'ampleur des circuits ainsi que les caractéristiques particulières de notre projet ont été établis en fonction d'une cuisine de 170 pi^2.

Quatre des circuits illustrés sont réservés : un circuit de 50 A pour la cuisinière, un circuit de 20 A pour le four à micro-ondes et deux circuits de 15 A pour le lave-vaisselle et le broyeur. Deux autres circuits de 20 A pour petits appareils alimentent les prises du plan de travail et de l'aire des repas. Enfin, un circuit d'éclairage de base de 15 A est destiné au plafonnier, aux luminaires encastrés et aux luminaires montés sous les armoires. Le raccordement final de ces circuits est expliqué aux pages 390 à 395.

Du fait que toutes les cuisines sont différentes, vous devrez préparer un schéma de câblage pour votre projet. Avant le début des travaux d'électricité, tous les gros travaux de construction et de plomberie doivent être terminés et avoir été inspectés. Vous trouverez utile de diviser le projet en étapes et de terminer chacune de celles-ci avant de passer à la suivante. Pour obtenir de plus amples renseignements sur les méthodes et les techniques élémentaires de câblage, reportez-vous aux pages 94 à 139.

circuit 7 :
câble 14/2

circuits 1
et 2 :
câble 12/3

circuit 4 :
câble 12/2

circuit 3 :
câble 6/3

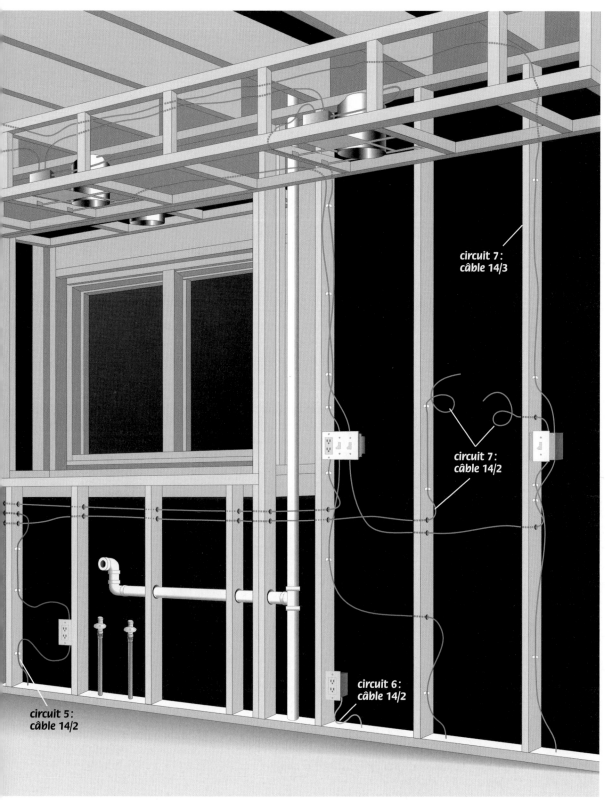

**circuit 7 :
câble 14/3**

**circuit 7 :
câble 14/2**

**circuit 6 :
câble 14/2**

**circuit 5 :
câble 14/2**

1 et 2 : Circuits pour petits appareils. *Deux circuits de 20 A, 120 V, destinés aux petits appareils du plan de travail et de l'aire des repas. Toutes les prises d'usage général doivent faire partie de ces circuits, tous deux composés d'un câble 12/3 raccordé à un disjoncteur bipolaire de 20 A. Dans ces circuits, une boîte électrique est partagée avec le circuit du broyeur (5), et une autre avec le circuit d'éclairage de base (7).*

3 : Circuit de la cuisinière. *Circuit réservé de 50 A, 120/240 V, destiné à la cuisinière et composé d'un câble 6/3.*

4 : Circuit du four à micro-ondes. *Circuit réservé de 20 A, 120 V, destiné au four à micro-ondes et composé d'un câble 12/2. Si la puissance du four est inférieure à 300 W, vous pouvez l'installer dans un circuit de 15 A ou le brancher dans le circuit pour petits appareils.*

5 : Circuit du broyeur à déchets. *Circuit réservé de 15 A, 120 V, destiné au broyeur et composé d'un câble 14/2. Certains codes permettent le branchement du broyeur et du lave-vaisselle au même circuit.*

6 : Circuit du lave-vaisselle. *Circuit réservé de 15 A, 120 V, destiné au lave-vaisselle et composé d'un câble 14/2. Certains codes permettent le branchement du broyeur et du lave-vaisselle au même circuit.*

7 : Circuit d'éclairage de base. *Circuit de 15 A, 120 V, alimentant le plafonnier, les luminaires encastrés et les luminaires installés sous les armoires. Des câbles 14/2 et 14/3 relient les appareils et les interrupteurs du circuit. Chacun des luminaires installés sous les armoires est commandé par un interrupteur intégré.*

Planification des circuits

Si c'est dans la cuisine que se consomme le plus d'électricité, c'est que c'est dans cette pièce que se trouvent le plus grand nombre de luminaires et d'appareils. Bien entendu, leur disposition dépendra de vos besoins. Veillez toutefois à ce que les principales aires de travail de votre cuisine soient bien éclairées et qu'un nombre adéquat de prises s'y trouvent. Essayez de prévoir vos besoins futurs. Par exemple, durant les rénovations, pourquoi ne pas installer une prise pour cuisinière électrique, même si votre cuisinière actuelle est au gaz? Il sera plus difficile et plus coûteux d'installer cette prise plus tard.

Avant la planification, communiquez avec les services du bâtiment de votre localité, dont les exigences pourraient différer de celles du code canadien de l'électricité. N'oubliez pas que le code ne contient que des exigences minimales relatives à la sécurité. Travaillez de concert avec les inspecteurs, afin de mettre au point un plan qui soit sûr et qui réponde à vos besoins.

Pour mieux situer les prises, planifiez avec soin la disposition des armoires et des électroménagers. Les prises des appareils installés à l'intérieur d'armoires, comme le broyeur à déchets et le four à micro-ondes, doivent être placées selon les instructions du fabricant de ces appareils. Dans l'aire des repas, installez au moins une prise à la hauteur de la table

pour faire fonctionner un petit appareil.

Au plafond, la source d'éclairage principale doit être installée au centre de la cuisine, sauf si votre cuisine comporte un coin repas, dans lequel cas vous voudrez peut-être placer le luminaire au-dessus de la table. Installez les luminaires encastrés et les luminaires montés sous les armoires aux endroits où ils éclaireront le mieux vos aires de travail.

Avant de dessiner les schémas de câblage et de demander un permis, évaluez la puissance de votre branchement actuel, afin d'être sûr qu'il fournira assez de courant pour alimenter les circuits que vous vous proposez d'installer. Si ce n'est pas vous, demandez à un maître électricien d'augmenter la puissance de votre branchement, avant de commencer les travaux.

Lorsque vous demanderez un permis à l'inspecteur, munissez-vous du schéma de câblage et de la liste du

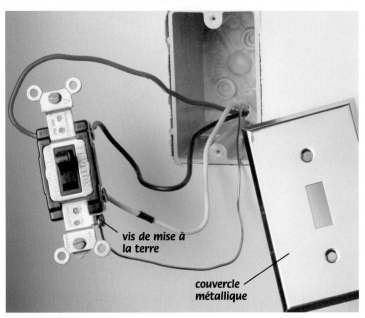

vis de mise à la terre

couvercle métallique

L'inspecteur pourrait exiger l'installation d'interrupteurs avec vis de mise à la terre dans la cuisine et la salle de bain. Le code l'exige lorsqu'on utilise un couvercle métallique avec une boîte en plastique.

matériel. S'il propose d'apporter des améliorations à votre schéma, suivez ses conseils. Il peut vous faire épargner temps et argent.

maximum de 4 pi

Selon le code, l'intervalle maximal entre les prises installées au-dessus du plan de travail doit être de 4 pi. Réduisez cet intervalle aux endroits où plusieurs petits appareils doivent être branchés. Une prise doit être installée au-dessus de toute section du plan qui mesure plus de 12 po de largeur. (Les parties du plan de travail qui sont séparées par une cuisi-nière, un évier ou un réfrigérateur sont considérées comme des sections de plan.) Toutes les prises accessibles de la cuisine et des salles de bain doivent être de type à disjoncteur de fuite à la terre. Sur les murs où il n'y a pas de plan de travail, l'écart maximal entre les prises doit être de 12 pi.

Conseils pour la planification des circuits de la cuisine

Vous pouvez créer deux circuits de 20 A pour petits appareils avec un seul câble 12/3 (photo du haut) au lieu d'utiliser deux câbles 12/2 (photo du bas), pour épargner temps et argent. Dans un câble 12/3, le fil noir alimente les prises du premier circuit (la première, la troisième, etc.), et le fil rouge, celles du second circuit (la deuxième, la quatrième, etc.). Le fil blanc est le fil neutre des deux circuits. Pour des raisons de sécurité, il doit être raccordé à chaque prise au moyen d'un fil de liaison et non pas directement à la borne. Ces circuits doivent comporter toutes les prises d'usage général de la cuisine, du garde-manger, de l'aire des repas ou de la salle à manger. On ne peut y raccorder aucun luminaire ni aucune prise d'une autre pièce.

Deux circuits alimentés par un câble à trois fils.

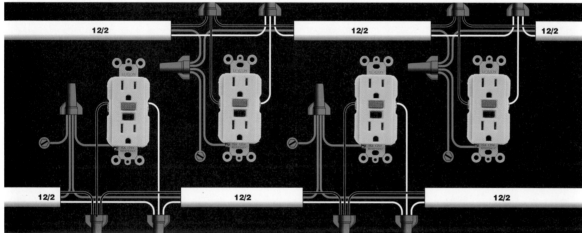

Deux circuits alimentés par un câble à deux fils.

*Les **aires de travail** situées près de l'évier et de la cuisinière doivent être bien éclairées pour votre commodité et votre sécurité. Installez-y un luminaire commandé par un interrupteur.*

*La **cuisinière** requiert un circuit réservé de 40 A ou de 50 A, 120/240 V, (ou deux circuits distincts s'il s'agit d'un four et d'une plaque de cuisson séparés).*

*Le **lave-vaisselle** et le **broyeur à déchets** requièrent chacun un circuit réservé de 15 A, 120 V, selon la plupart des codes. Certains inspecteurs permettent d'installer ces deux appareils sur le même circuit.*

Câblage brut de la cuisine

Une fois délivré le permis de travail, vous pouvez commencer à installer les boîtes électriques qui logeront les interrupteurs, les prises et les appareils. Montez toutes les boîtes et tous les cadres d'appareils encastrés (ventilateurs et luminaires encastrés, par exemple) avant de couper et d'installer les câbles. Cependant, certains appareils montés en saillie, tels les luminaires à installer sous les armoires, sont munis de boîtes de raccordement. Ces appareils seront installés après la finition des murs et la mise en place des armoires.

Commencez par décider de l'endroit où seront installées les boîtes situées au-dessus du plan de travail (page 389). Une fois leur hauteur déterminée, installez toutes les autres boîtes murales visibles à la même hauteur. Les boîtes qui seront cachées derrière des électroménagers ou dans des armoires doivent être installées selon les instructions du fabricant de l'électroménager. Par exemple, la prise du lave-vaisselle ne doit pas être installée directement derrière l'appareil; pour y avoir facilement accès, on la place souvent dans l'armoire de l'évier.

Utilisez toujours la plus grande boîte qui convient à votre travail, afin de mieux répondre aux exigences du code relatives au format des boîtes et de simplifier la connexion des fils.

Une fois installés les boîtes et les appareils encastrés, vous êtes prêt à mesurer et à couper les câbles. Commencez par installer les câbles d'alimentation qui partent du tableau de distribution et se rendent à la première boîte de chaque circuit. Coupez et installez ensuite les câbles qui compléteront les circuits.

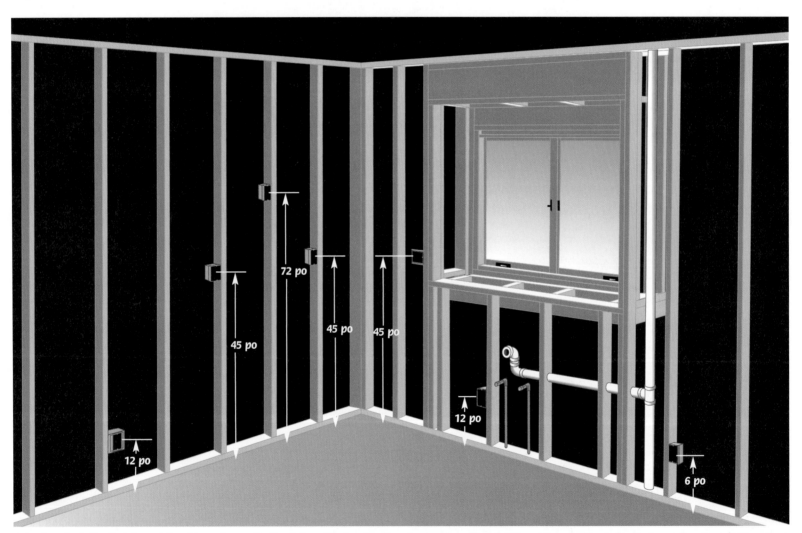

La **hauteur des boîtes électriques** de la cuisine variera en fonction de leur utilisation. Dans le projet de rénovation illustré ci-dessus, le centre des boîtes situées au-dessus du plan de travail se trouve à 45 po du sol, au milieu des dosserets de 18 po qui s'étendent du plan de travail jusqu'aux armoires. Toutes les boîtes d'interrupteurs muraux sont également installées à cette hauteur. Le centre de la boîte qui logera la prise du four à micro-ondes se trouve à 72 po du sol, entre deux armoires. Le centre des boîtes qui logeront les prises de la cuisinière et du broyeur à déchets se situe à 12 po du sol, mais, dans le cas de la prise du lave-vaisselle, il se trouve à 6 po du sol, près de l'endroit qu'occupera l'appareil.

Conseils pour le câblage brut de la cuisine

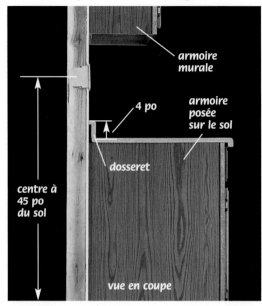

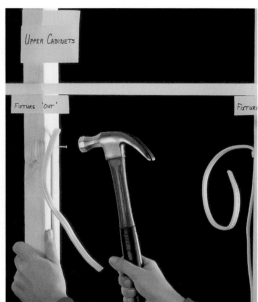

Installez les boîtes électriques au-dessus du plan de travail, au centre du mur, à 45 po du sol. Si le dosseret mesure plus de 4 po (hauteur standard), ou si la distance entre le plan de travail et la partie inférieure des armoires murales est inférieure à 18 po, placez les boîtes à distance égale du plan et des armoires murales.

Placez les câbles qui alimenteront les luminaires à installer sous les armoires de manière à les aligner avec les débouchures des boîtes de raccordement des luminaires (ces boîtes se montent après la finition des murs et l'installation des armoires). Ces câbles devront être tirés dans des trous de ⁵/₈ po de diamètre (voir page 395); il est donc essentiel de les poser au bon endroit.

Choisissez le type de luminaire encastré qui convient à votre projet. Il en existe deux types: celui qui peut être installé dans un isolant (à gauche), et celui qui doit l'être à au moins 3 po de l'isolant (à droite). Un interrupteur thermique intégré coupe le courant si l'appareil s'échauffe. Un luminaire encastré doit être installé à une distance minimale de ¹/₂ po de tout matériau combustible.

Installation d'un luminaire encastré

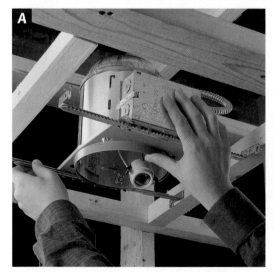

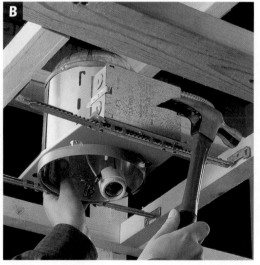

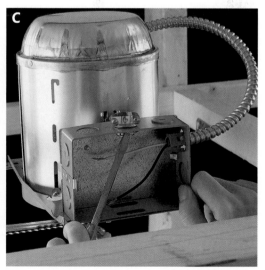

A Étirez jusqu'aux éléments de charpente les supports de montage de l'appareil. Réglez la position du luminaire sur ses supports de montage de manière qu'il se trouve au bon endroit.

B Alignez le bord inférieur des supports avec la face inférieure des éléments de charpente. Clouez ou vissez les supports de montage sur les éléments de charpente.

C Ôtez le couvercle de la boîte de raccordement et ouvrez une débouchure pour chacun des câbles qui entreront dans la boîte. Installez une bride de câble sur chaque débouchure; serrez l'écrou de blocage à l'aide d'un tournevis, en poussant sur les ergots.

Raccordement final

Effectuez le raccordement final des prises, des interrupteurs et des appareils lorsque la première inspection aura été faite. Procédez d'abord au raccordement final des appareils encastrés (plus facile à exécuter avant l'installation des panneaux muraux). Finissez ensuite les murs et le plafond, montez les armoires et effectuez les raccordements finaux qui restent. Pour vous guider dans ces raccordements, regardez les photos des pages suivantes. La dernière étape consiste à raccorder les circuits au tableau de distribution (vous préférerez sans doute confier ce travail à un maître électricien). Une fois exécutés tous les raccordements, votre travail peut subir l'inspection finale.

Circuits 1 et 2

Deux circuits de 20 A, 120 V, pour petits appareils

• Sept prises à disjoncteur de fuite à la terre
• Disjoncteur bipolaire de 20 A

NOTE : Dans notre projet, deux des prises à disjoncteur sont installées dans des boîtes qui contiennent aussi des interrupteurs appartenant à d'autres circuits (voir page 391).

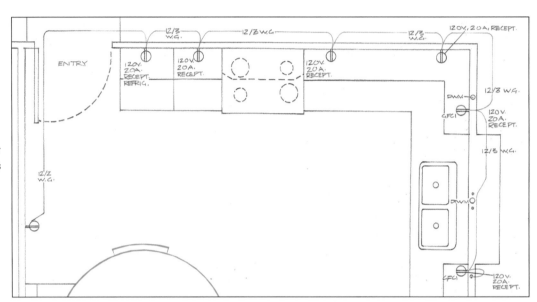

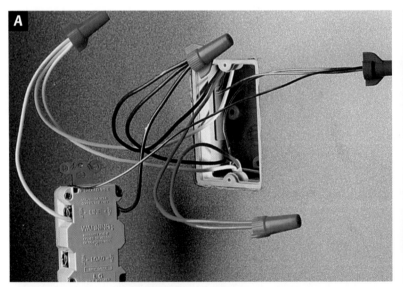

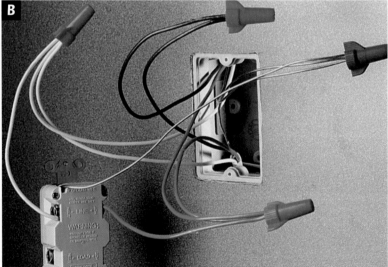

Raccordement des prises pour petits appareils (en alternance dans deux circuits de 20 A formés d'un seul câble 12/3) : Aux prises «impaires» (première, troisième, etc.) du parcours de câble, attachez un fil de liaison noir à l'une des bornes de laiton de la prise marquées LINE et aux fils noirs des deux câbles. Attachez un fil de liaison blanc à l'une des bornes argentées (LINE) et aux deux fils blancs. Attachez un fil de liaison de mise à la terre à la vis de mise à la terre et aux deux fils de mise à la terre. Attachez ensemble les deux fils rouges. Poussez les fils dans la boîte ; fixez la prise à la boîte et mettez le couvercle.

Aux autres prises du parcours, attachez un fil de liaison rouge à une borne de laiton marquée LINE et aux fils rouges des câbles. Attachez un fil de liaison blanc à une borne argentée (LINE) et aux deux fils blancs. Attachez un fil de liaison de mise à la terre à la vis de mise à la terre et aux deux fils de mise à la terre. Attachez ensemble les deux fils noirs. Poussez les fils dans la boîte ; fixez la prise à la boîte et mettez le couvercle. (Voir à la page 387 l'autre méthode de câblage faisant appel à deux câbles 12/2 distincts, un pour chaque circuit.)

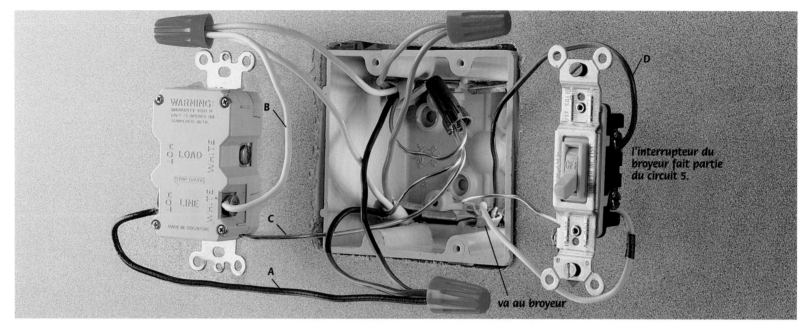

l'interrupteur du broyeur fait partie du circuit 5.

va au broyeur

Installation d'une prise à disjoncteur de fuite à la terre et d'un interrupteur de broyeur: Attachez un fil de liaison noir (A) à la borne de laiton marquée LINE de la prise et aux fils noirs des câbles à trois fils. Attachez un fil de liaison blanc (B) à la borne argentée marquée LINE et aux fils blancs des câbles à trois fils. Attachez un fil de liaison de mise à la terre (C) à la vis de mise à la terre de la prise et aux fils de mise à la terre des câbles à trois fils. Attachez ensemble les deux fils rouges. Raccordez le fil noir du câble à deux fils (D) à l'une des bornes de l'interrupteur. Attachez le fil blanc à l'autre borne et codez-le avec du ruban noir pour indiquer qu'il est sous tension. Attachez le fil de mise à la terre à la vis de mise à la terre de l'interrupteur. Poussez les fils dans la boîte, fixez l'interrupteur et la prise à la boîte, puis mettez le couvercle.

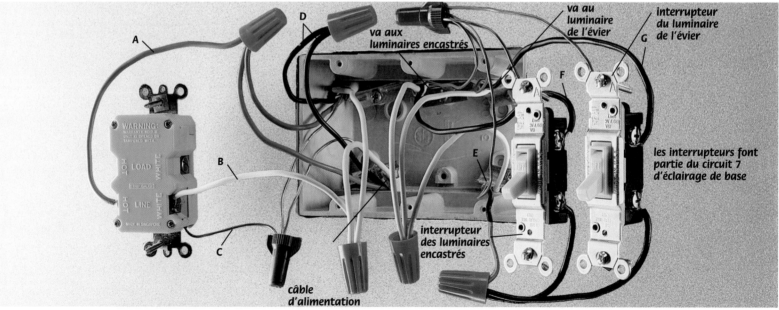

va aux luminaires encastrés

va au luminaire de l'évier

interrupteur du luminaire de l'évier

les interrupteurs font partie du circuit 7 d'éclairage de base

interrupteur des luminaires encastrés

câble d'alimentation

Installation d'une prise à disjoncteur de fuite à la terre et de deux interrupteurs de luminaires encastrés: Attachez un fil de liaison rouge (A) à la borne de laiton marquée LINE de la prise et aux fils rouges des câbles à trois fils. Attachez un fil de liaison blanc (B) à la borne argentée marquée LINE et aux fils blancs des câbles à trois fils. Attachez un fil de liaison de mise à la terre (C) à la vis de mise à la terre et aux fils de mise à la terre des câbles à trois fils. Attachez ensemble les deux fils noirs des câbles à trois fils (D). Raccordez un fil de liaison noir à l'une des bornes de chacun des interrupteurs et au fil noir du câble d'alimentation à deux fils (E). Attachez le fil noir (F) du câble à deux fils allant jusqu'aux luminaires encastrés à la borne restante de l'interrupteur de ces luminaires. Attachez le fil noir (G) du câble à deux fils allant jusqu'au luminaire de l'évier à la borne restante de l'interrupteur de ce luminaire. Attachez ensemble tous les fils blancs des câbles à deux fils. Attachez des fils de liaison de mise à la terre aux vis de mise à la terre des interrupteurs et à tous les fils de mise à la terre des câbles à deux fils. Poussez les fils dans la boîte, fixez à la boîte les interrupteurs et la prise, puis mettez le couvercle.

Suite à la page suivante

Raccordement final (suite)

◼ Circuit 3

Circuit de 50 A, 120/240 V, alimentant la cuisinière

- Prise de 50 A pour cuisinière
- Disjoncteur bipolaire de 50 A

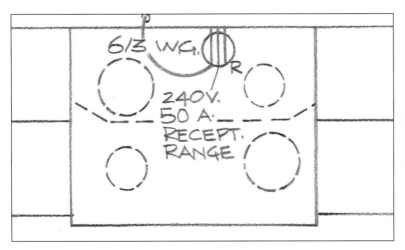

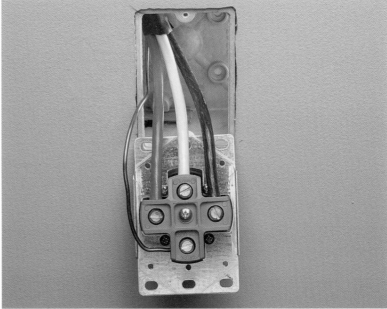

Installation d'une prise de 120/240 V pour cuisinière: Attachez le fil blanc à la borne neutre, et le fil noir et le fil rouge aux bornes restantes. Puisque le fil blanc neutre assure la mise à la terre de ce circuit, poussez au fond de la boîte le fil de mise à la terre en cuivre nu du câble. Poussez le reste des fils dans la boîte. Fixez la prise à la boîte; mettez le couvercle.

◼ Circuit 4

Circuit de 20 A, 120 V, pour le four à micro-ondes

- Prise double de 20 A
- Disjoncteur unipolaire de 20 A

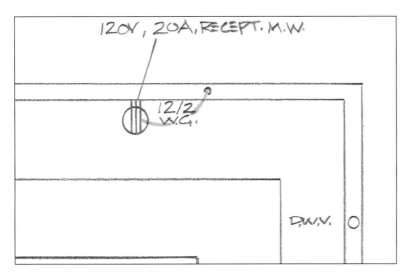

Installation d'une prise pour four à micro-ondes: Attachez le fil noir du câble à une borne de laiton de la prise. Attachez le fil blanc à une borne argentée de la prise, et le fil de mise à la terre à la borne de mise à la terre de la prise. Poussez les fils dans la boîte; fixez la prise à la boîte; mettez le couvercle.

Circuit 5

Circuit de 15 A, 120 V, alimentant le broyeur à déchets

- Prise double de 15 A
- Interrupteur unipolaire
- Disjoncteur unipolaire de 15 A

NOTE : Le raccordement final de l'interrupteur unipolaire commandant le broyeur est expliqué à la page 391.

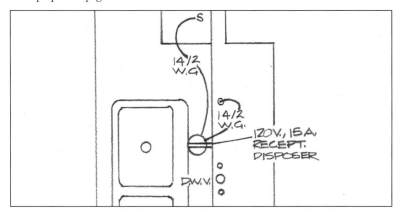

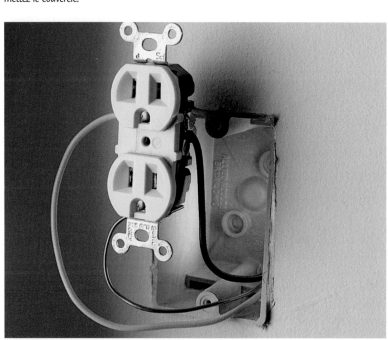

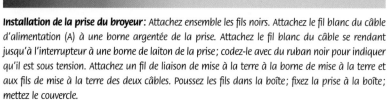

Installation de la prise du broyeur : Attachez ensemble les fils noirs. Attachez le fil blanc du câble d'alimentation (A) à une borne argentée de la prise. Attachez le fil blanc du câble se rendant jusqu'à l'interrupteur à une borne de laiton de la prise ; codez-le avec du ruban noir pour indiquer qu'il est sous tension. Attachez un fil de liaison de mise à la terre à la borne de mise à la terre et aux fils de mise à la terre des deux câbles. Poussez les fils dans la boîte ; fixez la prise à la boîte ; mettez le couvercle.

Circuit 6

Circuit de 15 A, 120 V, alimentant le lave-vaisselle

- Prise double de 15 A
- Disjoncteur unipolaire de 15 A

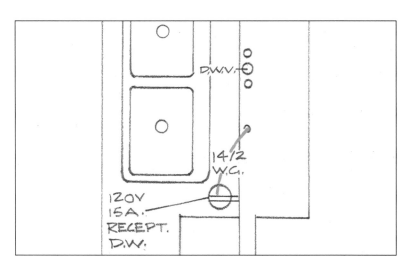

Installation de la prise du lave-vaisselle : Attachez le fil noir à une borne de laiton. Attachez le fil blanc à une borne argentée. Attachez le fil de mise à la terre à la borne de mise à la terre. Poussez les fils dans la boîte. Fixez la prise à la boîte ; mettez le couvercle.

Suite à la page suivante

Raccordement final (suite)

Circuit 7

Circuit d'éclairage de base de 15 A pour la cuisine

- Deux interrupteurs tripolaires munis de bornes de mise à la terre
- Deux interrupteurs unipolaires munis de bornes de mise à la terre
- Un plafonnier
- Six luminaires encastrés
- Quatre luminaires à lampes fluorescentes à monter sous les armoires
- Disjoncteur unipolaire de 15 A

NOTE: Le raccordement final des interrupteurs unipolaires est expliqué à la page 391.

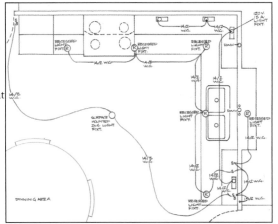

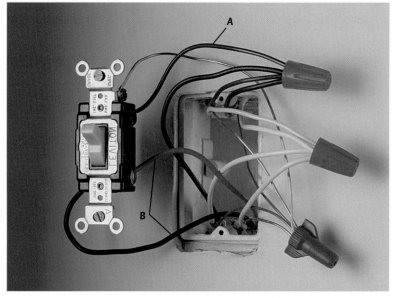

Installation du premier interrupteur tripolaire: *Attachez un fil de liaison noir à la borne commune de l'interrupteur (A) et aux fils noirs des câbles à deux fils. Raccordez le fil rouge et le fil noir du câble à trois fils aux bornes de liaison (B) de l'interrupteur. Joignez ensemble les fils blancs de tous les câbles entrant dans la boîte. Attachez un fil de liaison de mise à la terre à la borne de mise à la terre de l'interrupteur et à tous les fils de mise à la terre de la boîte. Poussez les fils dans la boîte. Fixez l'interrupteur à la boîte; mettez le couvercle.*

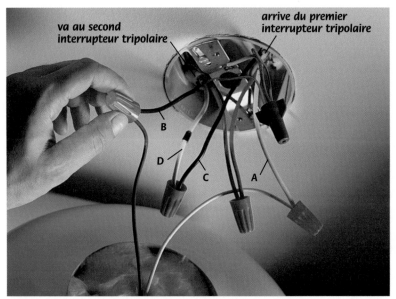

Raccordement du plafonnier monté en saillie: *Raccordez le fil de liaison blanc du plafonnier au fil blanc (A) du premier interrupteur tripolaire. Raccordez le fil de liaison noir du plafonnier au fil noir (B) du second interrupteur tripolaire. Raccordez le fil noir (C) du premier interrupteur au fil blanc (D) du second; codez ce dernier avec du ruban noir pour indiquer qu'il est sous tension. Joignez ensemble les fils rouges des deux interrupteurs. Joignez ensemble tous les fils de mise à la terre. Installez le plafonnier conformément aux instructions du fabricant.*

Installation du second interrupteur tripolaire: *Attachez le fil noir du câble à la borne commune de l'interrupteur (A). Raccordez le fil rouge à l'une des bornes de liaison (B) de l'interrupteur; raccordez le fil blanc à l'autre borne de liaison et codez-le avec du ruban noir pour indiquer qu'il est sous tension. Attachez le fil de mise à la terre à la borne de mise à la terre de l'interrupteur. Poussez les fils dans la boîte. Fixez l'interrupteur à la boîte; mettez le couvercle.*

Raccordement d'un luminaire encastré

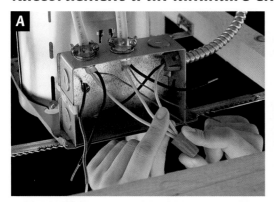

Faites le raccordement avant l'installation des panneaux muraux, puisque ce travail aussi doit être inspecté. Attachez les fils blancs des câbles au fil de liaison blanc du luminaire.

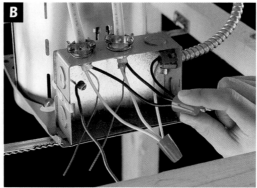

Raccordez les fils noirs au fil de liaison noir du luminaire.

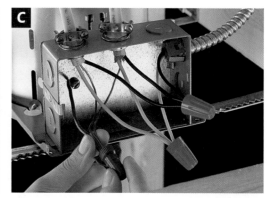

Attachez un fil de liaison de mise à la terre à la borne de mise à la terre du luminaire, puis à tous les autres fils de mise à la terre. Poussez les fils dans la boîte de raccordement; remettez le couvercle.

Raccordement d'un luminaire à lampe fluorescente installé sous une armoire

Pratiquez des trous de ⁵/₈ po dans le mur et dans l'armoire aux endroits qui correspondent aux débouchures du luminaire, puis tirez sur les extrémités des câbles (page 389).

Enlevez le panneau d'accès du luminaire. Ouvrez une débouchure pour chacun des câbles devant entrer dans le boîtier du luminaire; installez des brides de câble.

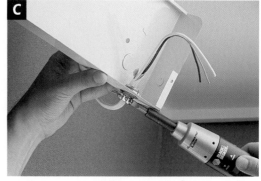

Dénudez sur 8 po l'extrémité de chacun des câbles. Insérez l'extrémité dans une bride de câble, en laissant pénétrer dans le boîtier du luminaire environ ¹/₄ po d'enveloppe.

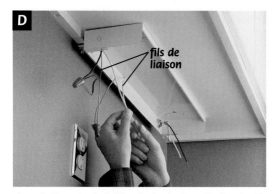

Vissez à l'armoire le boîtier du luminaire. Attachez les fils THHN/THWN (voir page 102) de liaison noir, blanc et vert aux fils de l'un des câbles entrant dans le boîtier. Les fils de liaison doivent être assez longs pour rejoindre le câble de l'autre extrémité du boîtier.

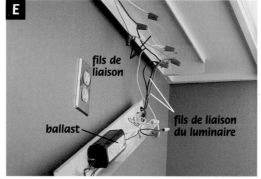

Raccordez le fil de liaison noir et le fil de circuit noir au fil de liaison noir du luminaire, et les blancs au blanc. Raccordez le fil de liaison vert et le fil de circuit en cuivre nu au fil de mise à la terre vert attaché au boîtier du luminaire.

Poussez les fils dans le boîtier; faites courir les fils THHN/THWN de liaison du même côté du ballast. Réinstallez le panneau d'accès du luminaire ainsi que le diffuseur.

Peinture des armoires

La peinture des armoires, offre un moyen de renouveler à peu de frais l'apparence de votre cuisine. Les armoires servent beaucoup et elles subissent constamment les effets du frottement; il faut donc les peindre avec une peinture-émail brillante, résistante, plus durable que la peinture mate utilisée pour peindre les murs. La plupart des armoires demandent deux couches de peinture; poncez légèrement les surfaces entre les couches.

Utilisez des pinceaux à poils naturels pour les peintures alkydes (peintures à l'huile) et des pinceaux à poils synthétiques pour les peintures au latex (peintures à l'eau).

Vous pouvez peindre les armoires vernies si vous préparez convenablement la surface. Utilisez un dégraissant liquide pour enlever l'éclat du vernis et recouvrez toutes les surfaces d'un apprêt. Les peintures alkydes sont celles qui donnent les meilleurs résultats lorsqu'il faut peindre des armoires vernies. Il ne faut pas peindre les armoires recouvertes de plastique stratifié.

Si vous décidez de vernir vos armoires, préparez-les en décapant le bois, en remplissant les trous ou les éraflures et en scellant le bois. Appliquez ensuite le vernis, en ponçant légèrement les surfaces entre chaque couche. Le pistolet chauffant permet d'accélérer le décapage, mais prenez garde de ne pas abîmer ni de roussir les surfaces qui entourent les armoires. Utilisez un décapant chimique pour le décapage localisé.

Outils: *tournevis, lampe de travail, bac à peinture, pinceau en biseau, pinceau à boiseries, grattoir, papier de verre, rouleaux à poils courts.*

Matériel: *décapant pour peinture, détergent doux, pâte de bois, apprêt/scellant, peinture-émail brillante.*

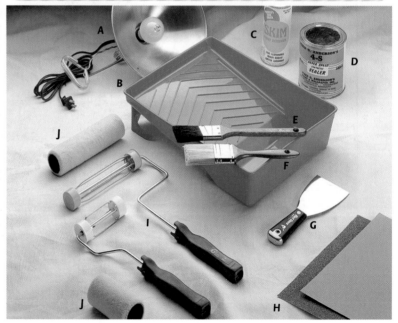

Les outils et les produits spécialisés *utilisés pour peindre les armoires comprennent: la lampe de travail (A), le bac à peinture (B), le décapant de peinture (C), l'apprêt/scellant (D), le pinceau en biseau (E), le pinceau à boiseries (F), le grattoir (G), le papier de verre (H), les rouleaux (I), les rouleaux de rechange (J).*

Peinture des armoires

Commencez par vider les armoires de leur contenu. Retirez les portes, les tiroirs, les étagères amovibles et ôtez la quincaillerie. Si la quincaillerie doit être repeinte, enlevez l'ancienne peinture en trempant les objets dans un décapant pour peinture.

Nettoyez les armoires à l'aide d'un détergent doux. Grattez la peinture détachée. Remplissez de pâte de bois les éraflures, les entailles et les fentes. Poncez toutes les surfaces de l'armoire. Essuyez la poussière du ponçage et couvrez les endroits mis à nu d'apprêt scellant.

Commencez par peindre l'intérieur dans l'ordre suivant: 1) fond, 2) dessus, 3) côtés et 4) dessous. Terminez en peignant les dessous, les dessus et les bords des étagères.

Utilisez ensuite un rouleau à poils courts pour peindre les grandes surfaces extérieures. Progressez de haut en bas.

Peignez les deux côtés des portes, en commençant par les surfaces intérieures. Peignez d'abord les panneaux en relief, puis les traverses et finalement les montants.

Peignez l'avant des tiroirs en dernier lieu. Laissez sécher les portes et les tiroirs pendant plusieurs jours avant de réinstaller la quincaillerie et les portes.

Garnissage des armoires

Les trousses de garnissage d'armoires existantes permettent de changer le style, la couleur et la décoration de votre cuisine à un prix bien inférieur à celui du remplacement des armoires.

Les trousses standard de garnissage des armoires comprennent de nouvelles portes, des devants de tiroirs et de la feuille de bois autocollante qui vous permettent de recouvrir les encadrements et les côtés des armoires. D'autres trousses comprennent de la quincaillerie de remplacement et de rangement, des charnières, des tiroirs, des carrousels, des moulures et des cantonnières.

Outils : *perceuse, couteau universel, règle rectifiée, rouleau à revêtements muraux, scie manuelle.*

Matériel : *pâte de bois au latex, grattoir à peinture, papier de verre 150, trousse de garnissage, teinture et polyuréthane (si nécessaire), blocs de bois, quincaillerie d'armoires.*

A

Enlevez les anciennes portes, les charnières, les cliquets et autres pièces de quincaillerie. Peignez l'intérieur des armoires, si nécessaire (voir pages 396-397). Grattez ou pelez le fini existant. Remplissez les trous et les entailles d'un produit de ragréage au latex. Laissez sécher et poncez ensuite légèrement les côtés, les devants et les bords des armoires avec du papier de verre 150.

B

Enlevez les feuilles de bois de leur emballage et étalez-les à plat sur une surface lisse. Mesurez la surface de chaque armoire à recouvrir et ajoutez ¼ po pour le chevauchement. Coupez les morceaux de feuille de bois avec un couteau universel et une règle rectifiée.

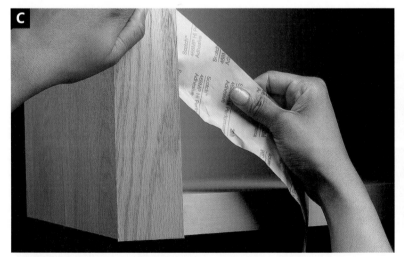

C

Commencez par appliquer les feuilles de bois sur les parties verticales des encadrements. Décollez un coin de l'adhésif. Alignez la feuille de bois sur le bord de l'encadrement et pressez légèrement sur le coin pour qu'il adhère bien. Enlevez graduellement la pellicule adhésive et faites sortir les bulles d'air en les poussant du bout des doigts. Coupez ce qui dépasse de l'encadrement avec un couteau universel.

D

Ensuite, appliquez les feuilles de bois sur les surfaces horizontales de l'encadrement, en faisant chevaucher les bords intérieurs des parties verticales. Utilisez une règle rectifiée et un couteau universel pour couper les feuilles au ras des bords intérieurs des parties verticales. Appliquez les feuilles de bois sur les côtés des armoires et, à l'aide d'un couteau universel, coupez ce qui dépasse.

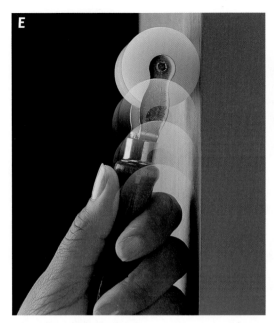

Faites adhérer les feuilles de bois en passant toute la surface au rouleau à revêtements muraux.

Teintez les nouvelles portes et les nouveaux devants de tiroirs s'ils ne sont pas finis. Teintez les feuilles de bois qui ne sont pas assorties. Appliquez trois couches de fini à base d'uréthane, en ponçant légèrement les surfaces entre les couches, avec du papier de verre 150.

Installez les charnières des portes, en suivant les instructions du fabricant. Fixez les portes aux armoires, en les alignant soigneusement sur l'encadrement qu'elles doivent recouvrir de la même manière sur tout le pourtour, et en veillant à ce que les portes soient équidistantes. Installez la quincaillerie des portes.

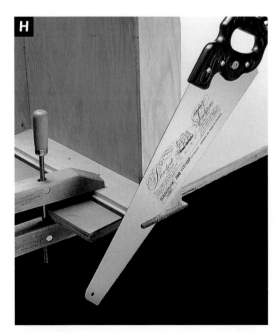

Rognez les devants de tiroirs massifs (en une pièce) existants. Si les devants de tiroirs sont faits de deux morceaux, ôtez les vis et jetez les panneaux décoratifs frontaux.

Attachez les nouveaux devants des tiroirs en forant des avant-trous et en enfonçant des vis de l'intérieur des tiroirs. Assurez-vous que les devants des tiroirs chevauchent pareille-ment les tiroirs sur tout le pourtour. Installez la quincaillerie.

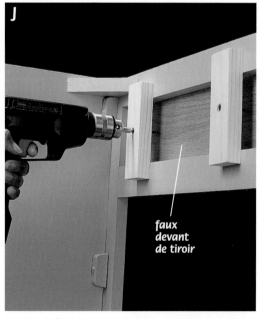

Attachez de faux devants de tiroirs aux armoires du lavabo et de la surface de cuisson, en les vissant sur des blocs de bois fixés, à l'intérieur des armoires, aux longerons qui séparent les ouvertures des tiroirs.

Installation de nouvelles armoires

Les armoires ont plus d'influence que tout autre élément sur le style et la fonctionnalité d'une cuisine. Elles représentent également une part importante des dépenses de réaménagement d'une cuisine. Pour toutes ces raisons et aussi parce que vos nouvelles armoires sont peut-être destinées à durer des décennies, leur achat constitue sans doute la décision la plus importante que vous aurez à prendre au sujet du réaménagement de votre cuisine, et le résultat peut être des plus satisfaisants.

L'installation des armoires est relativement simple ; la plupart des bricoleurs peuvent les installer avec succès s'ils sont aidés d'une ou deux personnes. Le facteur le plus important de l'installation est la préparation des murs qui doivent être parfaitement planes et lisses, et le marquage des lignes de référence qui doivent être parfaitement horizontales et verticales.

©Karen Melvin/Knapp Cabinetry & Woodworking.

Le choix des armoires

Les armoires de cuisine se divisent généralement en trois classes, basées sur leur mode de construction. Ces classes donnent une indication de la qualité, sans plus. Le meilleur test de qualité consiste à inspecter soigneusement les armoires.

• Les *armoires de série* sont fabriquées en usine, aux dimensions standard, et sont normalement en stock dans les maisonneries. Les largeurs vont de 9 à 48 po, par paliers de 3 po. Les armoires de cette classe sont les moins chères, mais elles ne sont offertes que dans quelques modèles. Elles sont généralement de moins bonne qualité, mais lorsqu'elles sont bien fabriquées, elles peuvent constituer un achat intéressant. Si vous devez les commander, vous devrez sans doute attendre quelques jours ou quelques semaines avant de les recevoir.

• Les *armoires semi-personnalisées* sont également fabriquées en usine, dans des dimensions standard, mais l'éventail des dimensions, des finitions, des caractéristiques et des matériaux est plus étendu que celui des armoires de série. On les trouve dans les salles d'exposition, et leur prix se situe entre ceux des armoires de série et ceux des armoires faites sur mesure. Elles constituent le meilleur choix pour les propriétaires qui veulent obtenir la meilleure qualité et un grand choix de

caractéristiques particulières, sans pour autant payer le prix élevé du produit fait sur mesure. Leur livraison prend généralement de 3 à 8 semaines.

• Les *armoires sur mesure* offrent un plus, en termes de qualité et de choix. Chaque armoire est faite sur mesure pour votre cuisine. Il vaut mieux rendre visite à quelques fournisseurs avant de choisir un fabricant d'armoires sur mesure, car les prix peuvent différer considérablement de l'un à l'autre. Si vous optez pour des armoires sur mesure, attendez-vous à un délai de livraison de 6 à 10 semaines.

Les armoires sont de deux types : *avec encadrement* ou *sans encadrement* (*style européen*). Celles du premier type ont un encadrement en bois massif qui entoure le devant de la boîte de l'armoire, ou *carcasse*. Les portes de ces armoires se montent sur l'encadrement, et leurs charnières sont donc toujours apparentes. Leur aspect est plus classique.

Dans les armoires sans encadrement, les portes couvrent toute la largeur de la carcasse et sont montées sur des charnières invisibles, à boîtier. Leur style plus dépouillé leur donne un cachet moderne.

Les deux types d'armoires existent en unités modulaires, dont les panneaux latéraux sont finis et qu'on

Les brochures de spécifications *donnent toutes les dimensions des armoires et des pièces de garniture. Dessinez le plan du plancher de la cuisine sur du papier millimétré et, à l'aide de ces brochures, dessinez l'agencement de votre cuisine.*

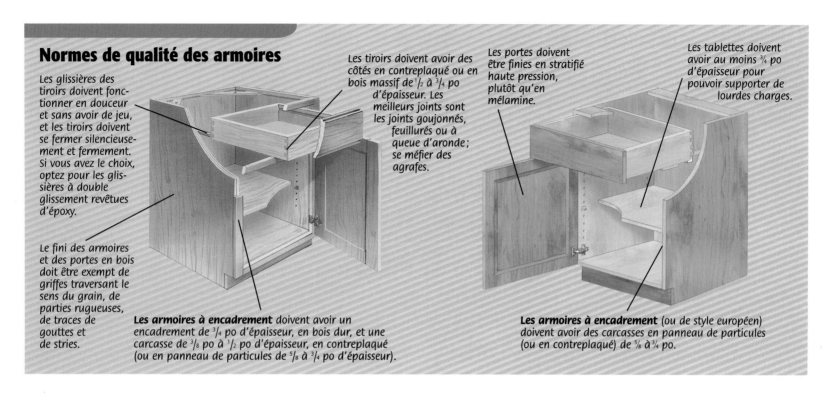

Normes de qualité des armoires

Les glissières des tiroirs doivent fonctionner en douceur et sans avoir de jeu, et les tiroirs doivent se fermer silencieusement et fermement. Si vous avez le choix, optez pour les glissières à double glissement revêtues d'époxy.

Le fini des armoires et des portes en bois doit être exempt de griffes traversant le sens du grain, de parties rugueuses, de traces de gouttes et de stries.

Les tiroirs doivent avoir des côtés en contreplaqué ou en bois massif de $1/2$ à $3/4$ po d'épaisseur. Les meilleurs joints sont les joints goujonnés, feuillurés ou à queue d'aronde; se méfier des agrafes.

Les portes doivent être finies en stratifié haute pression, plutôt qu'en mélamine.

Les tablettes doivent avoir au moins $3/4$ po d'épaisseur pour pouvoir supporter de lourdes charges.

Les armoires à encadrement doivent avoir un encadrement de $3/4$ po d'épaisseur, en bois dur, et une carcasse de $3/8$ po à $1/2$ po d'épaisseur, en contreplaqué (ou en panneau de particules de $5/8$ à $3/4$ po d'épaisseur).

Les armoires à encadrement (ou de style européen) doivent avoir des carcasses en panneau de particules (ou en contreplaqué) de $5/8$ à $3/4$ po.

peut installer de toutes sortes de façons dans une cuisine. Les portes des armoires modulaires peuvent être installées pour s'ouvrir d'un côté ou de l'autre et elles sont spécialement conçues pour être installées par un bricoleur.

Aucun des deux types ne présente un avantage particulier. Cependant, du fait qu'elles n'ont pas d'encadrement, le deuxième type d'armoires offre un espace de rangement légèrement plus grand que le premier, et les tiroirs de ces armoires sont légèrement plus larges, pour la même raison.

Inspectez toutes les parties importantes des armoires que vous achetez si vous voulez être certain d'en avoir pour votre argent.

Matériaux de base

La plupart des carcasses des armoires sont fabriquées en contreplaqué ou en panneau de particules. À épaisseur égale, le contreplaqué est plus solide que le panneau de particules, mais ce n'est pas une raison pour rejeter ce dernier. Si l'armoire est fabriquée en panneau de particules, assurez-vous qu'il a $5/8$ à $3/4$ po d'épaisseur. Ses surfaces intérieures doivent aussi être revêtues d'une couche de vinyle ou de mélamine qui les protège contre l'humidité. La plupart des armoires sans encadrement (y compris les portes) sont fabriquées en panneau de particules.

Si les armoires ont des surfaces finies en bois naturel, vérifiez si le grain et les couleurs des différentes parties sont les mêmes.

Tiroirs

Le tiroir est un bon indicateur de la qualité d'une armoire. Les meilleurs tiroirs sont fabriqués en contreplaqué ou en bois massif, et leurs parties sont assemblées par des joints solides (à queue d'aronde, goujonnés ou feuillurés). Méfiez-vous des tiroirs assemblés au moyen d'agrafes. De même, les tiroirs à quatre côtés, dont le côté avant est fixé au devant de tiroir sont plus solides et durables que ceux à trois côtés, plus un quatrième qui sert de devant de tiroir.

Les glissières du tiroir doivent être douces et silencieuses et avoir peu de jeu latéral. Vous pouvez également vérifier la charge nominale des glissières, qui ne doit pas être inférieure à 75 livres.

Portes

Si le reste de l'armoire est de bonne qualité, la porte l'est probablement, et votre décision se réduira à une question de goût. Mais les portes des armoires sont continuellement sollicitées et elles doivent être revêtues d'un fini durable qui les protégera pendant de nombreuses années. Les portes planes, en panneau de particules, couramment installées sur les

armoires sans encadrement, peuvent être revêtues d'une couche de plastique stratifié, semblable au matériau utilisé pour les dessus de comptoirs. Il s'agit d'un matériau durable, lavable, qui devrait durer très longtemps; assurez-vous seulement que ce recouvrement est bien un stratifié, non pas une simple couche de mélamine, revêtement beaucoup moins durable.

Si vous désirez des portes en bois à fini teinté ou transparent, assurez-vous que le placage a bel aspect et que les variations de grain et de couleurs sont attrayantes. Vérifiez si le fini ne présente pas de défauts courants tels qu'un manque d'uniformité, des parties rugueuses, des traces de gouttes ou des marques de ponçage traversant le sens des fibres. Vous aurez peut-être des raisons particulières de vouloir des portes en pin ou fabriquées dans un autre bois mou, mais n'oubliez pas que les bois durs tels que l'érable, le chêne et le cerisier sont plus durables.

La porte à placage en vinyle est une solution de remplacement de la porte traditionnelle en panneau de bois. Fabriquée à l'aide de panneaux de fibres à densité moyenne (MDF) et de feuil résistant en vinyle, ces portes ont l'aspect des portes en bois teinté, mais leur fini est plus résistant. Elles ont aussi l'avantage de moins se dilater et se contracter que les portes en bois, ce qui diminue le risque de fissuration de la peinture sur les bords des panneaux.

Préparation des murs

Il est plus facile d'installer de nouvelles armoires dans une pièce lorsque celle-ci est complètement vide. Enlevez les anciennes armoires, détachez la plomberie, coupez le courant électrique, et enlevez temporairement les appareils électroménagers. Si vous devez apporter des changements à l'installation électrique ou à la plomberie, ou si vous devez remplacer le plancher c'est le moment de le faire.

Il faut installer les armoires d'aplomb et de niveau. À l'aide d'un niveau, tracez une ligne de référence sur le mur, pour indiquer l'emplacement des armoires. Si le plancher est inégal, trouvez le point le plus haut de la partie qui sera recouverte par les armoires et mesurez la hauteur à partir de ce point jusqu'à la ligne de référence.

Outils: niveau, truelle, détecteur de poteaux, perceuse.

Matériel: morceau bois scié de 2 po x 4 po droit, de 6 à 8 pi de long, pâte à plaques de plâtre, papier de verre, bois scié de 1 po x 3 po, vis à plaques de plâtre de 2 ½ po.

À l'aide d'un long morceau droit de bois scié de 2 po x 4 po, repérez les endroits bombés et les endroits creusés sur les murs. Poncez les murs pour les aplanir aux endroits des bosses.

À l'aide d'une truelle et de pâte à plaques de plâtre, remplissez les parties creusées des murs et poncez l'endroit lorsque la pâte est sèche.

À l'aide d'un détecteur électronique de poteaux, trouvez les poteaux et marquez leur emplacement sur les murs. Les armoires pendront à des vis enfoncées dans les poteaux, à travers le fond des armoires.

point haut

Trouvez le point haut le long du plancher, dans la zone qui sera couverte par les armoires sur plancher. Vérifiez si le plancher est de niveau en déplaçant un niveau posé sur un long morceau droit de bois scié de 2 po x 4 po. Si le plancher est inégal, marquez son point le plus haut.

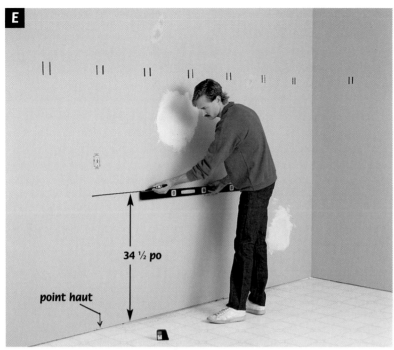

Mesurez 34 ¹⁄₂ po à partir du point haut. À l'aide d'un niveau, tracez une ligne de référence sur les murs. Les armoires sur plancher seront installées de manière que leur bord supérieur arrive au ras de cette ligne.

Mesurez 84 po à partir du point haut et tracez une deuxième ligne de référence. Lorsqu'elles seront installées, les armoires murales devront avoir leur bord supérieur au ras de cette ligne.

À partir de la ligne de référence des armoires murales, mesurez 30 po vers le bas et tracez une troisième ligne de référence qui indiquera la hauteur des bords inférieurs des armoires murales. Installez des lattes temporaires à cette hauteur.

Installez les lattes temporaires en bois scié de 1 po x 3 po, de manière que leur bord supérieur arrive au ras de la ligne de référence. Fixez les lattes à l'aide de vis à plaques de plâtre de 2 ¹⁄₂ po, enfoncées dans un poteau sur deux. Marquez l'emplacement des poteaux sur les lattes. Les armoires reposeront sur les lattes pendant l'installation.

Installation des armoires

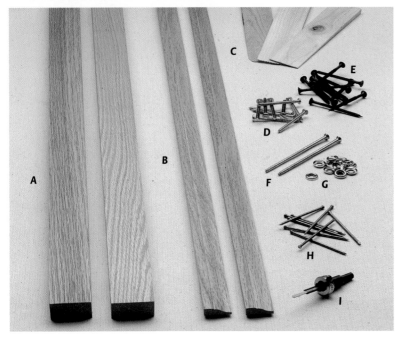

Les outils et les accessoires spéciaux comprennent: des bandes rapportées (A), des moulures décoratives (B), des intercalaires en bois (C), des vis à métaux de 2 ½ po n° 8 (D), des vis à plaques de plâtre de 3 po (E), des vis à bois de 4 po n° 10 (F), des rondelles de finition (G), des clous de finition 6d (H), une mèche de chambrage n° 9 (I).

Les armoires doivent être solidement accrochées aux poteaux muraux et elles doivent être d'aplomb et de niveau pour que les portes et les tiroirs fonctionnent aisément. Dans les vieilles maisons, où les murs et les planchers ne sont pas d'équerre, il faut souvent, pour pouvoir les pendre, qu'on redresse les armoires à l'aide d'intercalaires.

Pour protéger le fini de vos nouvelles armoires, conservez-les dans leur emballage protecteur jusqu'au moment où vous êtes prêt à les installer. Numérotez les armoires et indiquez leur position sur le mur. Juste avant de les installer, démontez les portes et les tiroirs, et numérotez-les pour pouvoir les replacer facilement, le moment venu.

Avant de commencer à fixer les armoires au mur, assurez-vous que l'alimentation électrique de la zone est coupée. Si vous avez à installer des armoires murales et des armoires sur plancher, commencez par les armoires murales. Si les armoires doivent couvrir deux murs adjacents, commencez dans un coin; autrement, commencez à l'une des extrémités. Il est facile d'installer les armoires adjacentes si les armoires de coin ont été bien installées.

Outils: scie circulaire ou scie à onglets, serres à main, couteau universel, mètre à ruban, perceuse avec mèche hélicoïdale de ³⁄₈ po, chasse-clou, scie sauteuse munie d'une lame à couper le bois, mèche de chambrage n° 9, crayon, tournevis, détecteur de poteaux.

Matériel: armoires, moulure décorative, clous de finition, bois scié de 1 po x 3 po, carton, bois scié de 2 po x 4 po.

Outils et accessoires spéciaux: voir photo à gauche.

Ajustage des armoires de coin

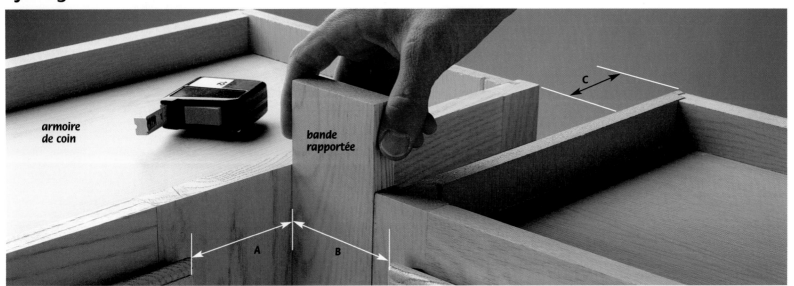

Avant d'installer toutes les armoires, essayez l'armoire de coin et l'armoire contiguë pour vérifier si les poignées ne gênent pas le mouvement des portes. Si nécessaire, augmentez le jeu en écartant de 4 po maximum l'armoire de coin du mur de côté. Pour conserver un espacement égal entre les bords des portes et le coin des armoires (A, B), coupez une bande rapportée et fixez-la à l'armoire contiguë. Mesurez la distance (C): elle vous servira de référence lorsque vous installerez l'armoire de coin contre le mur.

Comment installer les armoires murales

Placez l'armoire de coin sur la latte. Forez des avant-trous de ³/₁₆ po dans les poteaux, à travers les bandes de fixation se trouvant à l'arrière de l'armoire. Fixez l'armoire au mur à l'aide de vis à métaux de 2 ¹/₂ po. Ne serrez pas complètement les vis tant que toutes les armoires ne sont pas installées.

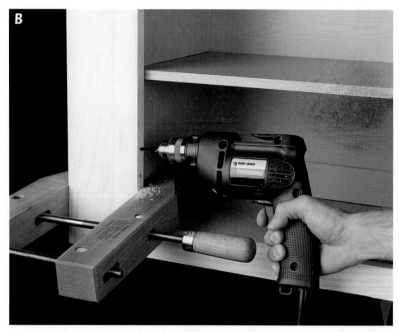

Attachez la bande rapportée à l'armoire contiguë, le cas échéant (voir page 404). À l'aide d'un serre à main, immobilisez la bande rapportée et forez des avant-trous à travers le cadre avant de l'armoire, près des charnières, au moyen d'une mèche de chambrage. Fixez la bande rapportée à l'armoire en utilisant des vis à métaux de 2 ¹/₂ po. **NOTE**: les serres à main n'endommageront pas les cadres avant des armoires.

Placez l'armoire contiguë sur la latte, contre l'armoire de coin. Vérifiez si le cadre avant de l'armoire est d'aplomb. Forez des avant-trous de ³/₁₆ po dans les poteaux muraux, à travers les bandes de fixation se trouvant à l'arrière de l'armoire. Fixez l'armoire au moyen de vis à métaux. Ne serrez pas complètement les vis tant que toutes les armoires ne sont pas installées.

À l'aide de serres à main installées en bas et en haut des armoires, pressez l'une contre l'autre l'armoire de coin et l'armoire contiguë.

Suite à la page suivante

Comment installer des armoires murales (suite)

E

De l'intérieur de l'armoire de coin, attachez celle-ci à l'armoire contiguë. Forez des avant-trous à travers les cadres avant et assemblez les armoires à l'aide de vis à métaux.

F

Installez et fixez les autres armoires. À l'aide de serres à main, immobilisez les cadres avant, pressés l'un contre l'autre, et forez des avant-trous à travers les côtés des cadres. Assemblez les armoires au moyen de vis à métaux. Forez des avant-trous de $3/16$ po dans les bandes de fixation et fixez les armoires aux poteaux muraux à l'aide de vis à métaux.

VARIANTE: assemblez les armoires sans cadre avant, à l'aide de vis à bois de 1 $1/4$ po n° 8 et de rondelles de finition. Chaque paire d'armoires doit être assemblée à l'aide de quatre vis au moins.

G

Cachez l'espace existant entre une armoire et un mur à l'aide d'une bande rapportée. Coupez la bande aux dimensions voulues et immobilisez-la en place au moyen d'intercalaires en bois. Forez des avant-trous dans le côté du cadre avant de l'armoire et fixez la bande au moyen de vis à métaux.

H

Enlevez la latte temporaire. Vérifiez si la rangée d'armoires est d'aplomb et réglez-la si nécessaire en introduisant des intercalaires en bois derrière les armoires, près des poteaux. Serrez complètement les vis murales. À l'aide d'un couteau universel, coupez les intercalaires qui dépassent.

I

Utilisez des moulures pour remplir les espaces existant entre les armoires et les murs. Peignez-les ou teintez-les pour qu'elles soient assorties aux armoires.

J

Fixez une moulure décorative au-dessus de l'évier. À l'aide d'un serre à main, immobilisez-la contre le bord du cadre avant de l'armoire et forez des avant-trous chambrés à travers le cadre de l'armoire, dans l'extrémité de la moulure. Fixez la moulure au moyen de vis à métaux.

K

Installez les portes des armoires et réglez les charnières pour que les portes soient droites et d'aplomb.

Comment installer les armoires sur plancher

Commencez par installer l'armoire de coin, de manière que son bord supérieur suive la ligne de référence. Assurez-vous que l'armoire est d'aplomb et de niveau. Si nécessaire, corrigez sa position au moyen d'intercalaires de bois, placés sous l'armoire. (Prenez garde de ne pas abîmer le revêtement de sol). Forez des avant-trous de $3/16$ po à travers les bandes de fixation, dans les poteaux muraux. Fixez les armoires à l'aide de vis à métaux que vous ne serrerez pas complètement.

Fixez une bande rapportée à l'armoire contiguë, si nécessaire (voir pages 404-405). Maintenez en place la bande au moyen de serres à main, et forez des avant-trous chambrés à travers les côtés du cadre avant. Fixez la bande rapportée à l'aide de vis à métaux.

Placez l'armoire contiguë contre l'armoire de coin et immobilisez-la au moyen de serres à main. Vérifiez si l'armoire est d'aplomb et forez des avant-trous à travers le cadre avant de l'armoire de coin, dans la bande rapportée (voir page 406, étape E). Assemblez les armoires à l'aide de vis à métaux. Forez des avant-trous de $3/16$ po à travers les bandes de fixation, dans les poteaux muraux. Fixez les armoires à l'aide de vis à métaux que vous ne serrerez pas complètement

Utilisez une scie sauteuse pour pratiquer, dans les armoires, les ouvertures nécessaires au passage de la plomberie, des fils électriques et des gaines de chauffage.

Placez successivement les autres armoires et assemblez-les, en vous assurant que leurs cadres sont alignés. Pour ce faire, maintenez-les ensemble avec des serres à main et forez des avant-trous à travers les côtés des cadres avant. Assemblez les armoires avec cadre avant au moyen de vis à métaux, et les armoires sans cadre avant, au moyen de vis à bois de 1 ¼ po n° 8 et de rondelles de finition (voir page 406).

Vérifiez si toutes les armoires sont de niveau. Si c'est nécessaire, corrigez leur position en introduisant des intercalaires sous les armoires. Là où vous trouvez un vide, placez des intercalaires en bois derrière les armoires, près des poteaux muraux. Serrez les vis murales et, à l'aide d'un couteau universel, coupez les intercalaires au ras des armoires.

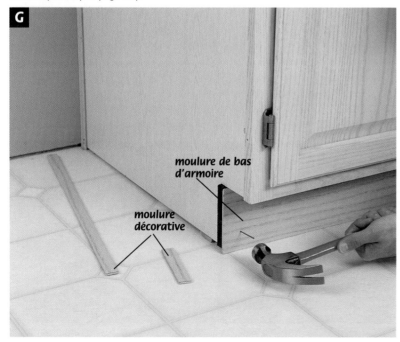

moulure de bas d'armoire

moulure décorative

Utilisez des moulures décoratives pour dissimuler les vides entre les armoires et les murs ou le plancher. On recouvre souvent le bas des armoires d'une bande de vinyle ou de bois dur assortis aux armoires.

Si un coin présente un vide non recouvert par des armoires, vissez des tasseaux de bois de 1 po x 3 po sur les murs arrière, au ras de la ligne de référence. Ils supporteront le dessus de comptoir à cet endroit.

Comment installer des armoires pendues aux solives de plafond

Découpez un gabarit en carton aux dimensions de la surface supérieure de l'armoire. Utilisez ce modèle pour marquer le contour de l'armoire sur le plafond. Indiquez également l'emplacement du cadre avant de l'armoire sur le contour.

Trouvez l'emplacement des solives au moyen d'un détecteur de poteaux. Si elles sont parallèles à l'armoire, installez des étrésillons entre les solives, auxquels vous pendrez l'armoire (voir plus bas). Déterminez la position des solives et marquez sur le cadre de l'armoire les endroits où enfoncer les vis.

Demandez à un ou plusieurs aides de tenir l'armoire à sa place contre le plafond. Forez des avant-trous de ³/₁₆ po à travers les traverses supérieures, dans les solives de plafond. Fixez l'armoire à l'aide de vis à bois de 4 po et de rondelles de finition (à droite).

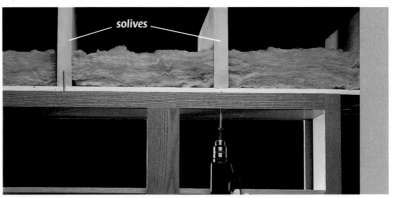

Vue en coupe : l'armoire est attachée aux solives au moyen de vis à bois et de rondelles de finition.

Comment attacher à des étrésillons une armoire pendue au plafond (les solives doivent être accessibles)

Achevez l'étape A expliquée au début de cette page. Forez des trous de référence à travers le plafond, dans chaque coin du contour de l'armoire. Installez, au-dessus du plafond et entre les solives, des étrésillons en bois scié de 2 po x 4 po. Vous pouvez les clouer en extrémité ou en biais.

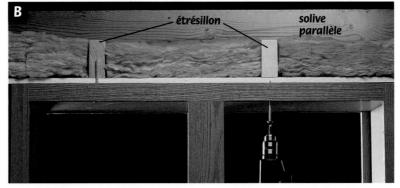

Mesurez la distance entre chaque étrésillon et les trous de référence et marquez sur le cadre de l'armoire les endroits où enfoncer les vis de fixation. Forez des avant-trous et fixez l'armoire aux étrésillons, à l'aide de vis à bois de 4 po et de rondelles de finition, comme le montre la vue en coupe (ci-dessus).

Comment installer un îlot d'armoires sur plancher

A

Posez l'armoire sur plancher, à l'emplacement prévu, et tracez légèrement le contour de l'armoire sur le plancher. Enlevez l'armoire.

B

Fixez sur le plancher, dans deux coins opposés du contour, une cale en L, fabriquée en bois scié de 2 po x 4 po. Installez ces cales $3/4$ po à l'intérieur du contour, pour tenir compte de l'épaisseur des parois de l'armoire. Fixez les cales au plancher au moyen de vis à plaques de plâtre de 3 po.

C

Déposez l'armoire à sa place; vérifiez si elle est de niveau et placez des intercalaires si nécessaire.

D

Fixez l'armoire aux cales au moyen de clous de finition 6d. Forez des avant-trous et noyez les têtes des clous à l'aide d'un chasse-clou. Remplissez de pâte de bois d'une couleur assortie aux armoires les trous des têtes des clous.

Installation d'un dessus de comptoir postformé

On fabrique un dessus de comptoir postformé en chauffant et en moulant un stratifié autour d'un panneau de particules courbé, en vue de créer une unité de comptoir avec dosseret. Les fabricants et les fournisseurs de dessus de comptoirs offrent des sections dans toute une gamme de couleurs et de finis, comprenant différents types de bords. La plupart des maisonneries ne gardent qu'un nombre limité de styles en stock.

On fabrique des dessus de comptoirs de série qui ont 25 ½ po de large, en longueurs de 6 à 12 pi. Il existe des sections biseautées pour pouvoir installer des comptoirs en deux ou trois pièces, qui soient ininterrompus dans les coins. Les fabricants fournissent également des garnitures de bout en stratifié et des dosserets de bout assortis aux dessus de comptoirs. Si le dessus de comptoir a une extrémité visible, vous devez prévoir un ensemble de garniture de bout, qui comprend une bande préformée en stratifié assorti.

Si vous devez raccorder deux sections de dessus de comptoir à une section droite ou biseautée, vous pouvez faire couper ces extrémités par le fabricant ou le fournisseur, afin que le joint soit parfait. Pour prévenir les dommages dus à l'eau, éloignez autant que possible les joints des éviers et autres zones humides.

Le bord avant de la plupart des dessus de comptoirs postformés se termine par une lèvre le long du bord inférieur. Si vous installez le dessus de comptoir juste au-dessus d'une armoire, cette lèvre risque de gêner le fonctionnement des tiroirs. Pour prévenir cette situation, installez des bandes rapportées sur le bord supérieur des armoires.

Pour que le comptoir soit bien installé, il faut que son dosseret épouse les déformations du mur du fond, ce qu'on obtient en *chantournant* le dosseret. Soyez toujours prudent lorsque vous coupez ou fixez un élément en stratifié, car il est impossible de réparer les cassures, les éclats et les griffes profondes qui peuvent se produire dans ce matériau.

Outils : scie circulaire, perceuse, équerre de charpentier, règle rectifiée, serre-joints, niveau, ponceuse à courroie, pistolet à calfeutrer, scie sauteuse.

Matériel : sections de dessus de comptoirs postformés, vis à plaques de plâtre de 1 ¼ po.

Outils et accessoires spéciaux : voir photo, à droite.

Les outils et les accessoires spéciaux comprennent des intercalaires de bois (A), des boulons de tension (B), des vis à plaques de plâtre (C), des clous à tête perdue de 1 ¼ po (D), un fer à repasser (E), des garnitures de bout en stratifié (F), des couvre-joints de bout (G), de la pâte à calfeutrer à base de silicone (H), une lime (I), une clé anglaise (J), de la colle de menuisier (K), un compas (L).

Comment installer un dessus de comptoir postformé

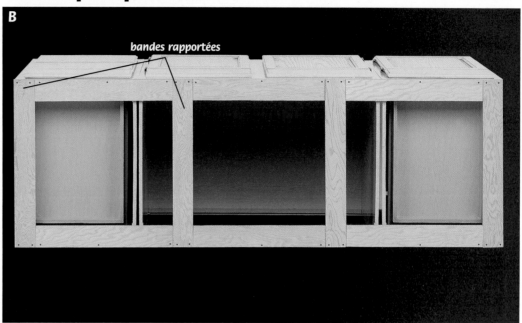

bandes rapportées

Mesurez la longueur des armoires sur plancher, du coin au bord extrême de la dernière armoire. Comme les murs ne sont pas nécessairement d'équerre, mesurez le long du mur du fond et le long des devants d'armoires. Ajoutez 1 po pour le dépassant si l'extrémité est visible, et soustrayez-en ¹/₁₆ po là où il borde un appareil électroménager.

Coupez des bandes rapportées de 3 po de large dans du contreplaqué ou du panneau de particules de ³/₄ po. À l'aide de vis à plaques de plâtre de 1 ¹/₄ po, attachez les bandes, tous les 24 po, sur le périmètre des armoires et à l'endroit de chaque joint. Si une extrémité du comptoir doit être recouverte d'un couvre-joint de bout (voir étape D), vous n'aurez peut-être pas besoin de bande rapportée à cette extrémité de l'armoire.

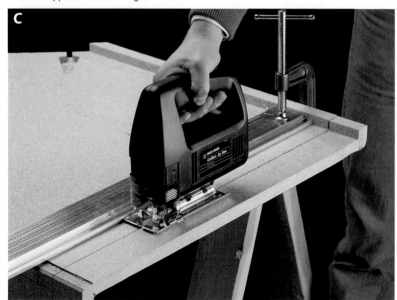

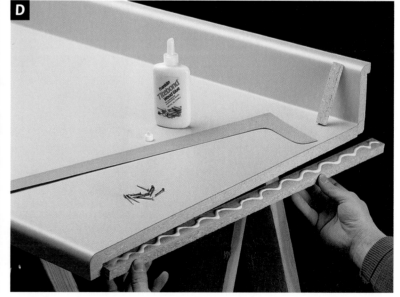

Pour couper un dessus de comptoir, tracez à l'aide d'une équerre de charpentier, une ligne de coupe sur l'envers du dessus de comptoir. Utilisez une scie sauteuse pour couper le dessus de comptoir, en la guidant au moyen d'une règle rectifiée attachée au dessus de comptoir à l'aide de serre-joints. Il existe des lames spéciales pour couper les dessus de comptoirs en stratifié sans abîmer la surface. Si vous utilisez ce type de lame, sciez le dessus de comptoir placé à l'endroit.

À l'aide de colle de menuisier et de petits clous à tête perdue, collez et clouez en place le couvre-joint contenu dans la trousse de la garniture de bout. Poncez les irrégularités de surface avec une ponceuse à courroie.

Suite à la page suivante

Comment installer un dessus de comptoir postformé (suite)

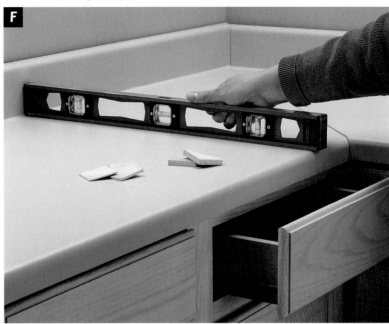

Tenez la garniture de bout en stratifié autocollant contre l'extrémité du comptoir, en la laissant légèrement dépasser des arêtes du dessus de comptoir. Pressez la garniture en place à l'aide d'un fer à repasser moyennement chaud qui ramollira l'adhésif. Refroidissez-la ensuite à l'aide d'un chiffon mouillé et limez les bords à ras des arêtes du dessus de comptoir.

Installez le dessus de comptoir sur les armoires, en vous assurant que le bord avant est parallèle aux faces avant des armoires. Vérifiez si le dessus de comptoir est de niveau. Assurez-vous que les tiroirs et les portes s'ouvrent et se ferment aisément. Si nécessaire, utilisez des intercalaires en bois pour redresser le dessus de comptoir.

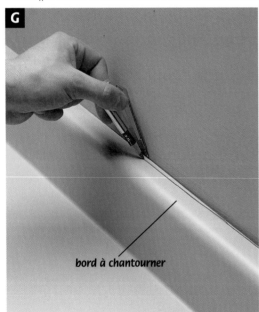

bord à chantourner

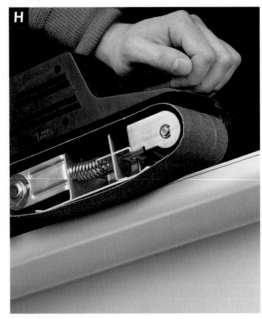

Utilisez un compas pour reproduire le profil du mur sur le bord à chantourner du dosseret. Réglez les branches du compas sur la distance maximale entre le dosseret et le mur. Puis, tracez le contour du mur sur le bord à chantourner. Si le stratifié est trop foncé, collez une bande de ruban-cache sur le bord à chantourner du dosseret et tracez la ligne sur ce ruban.

Enlevez le dessus de comptoir. Utilisez une ponceuse à courroie munie d'une courroie à gros grains pour poncer le dosseret jusqu'à la ligne tracée sur le bord à chantourner. Pour éviter de produire des éclats de stratifié, tenez la ponceuse parallèlement au bord du dosseret. Biseautez légèrement le bord vers l'intérieur. Essayez le dessus de comptoir.

Pour tracer la découpe d'un évier de comptoir à bord intégré, placez l'évier à l'envers sur le dessus de comptoir et tracez-en le contour au crayon. Enlevez l'évier et tracez une ligne de coupe à 5/8 po à l'intérieur du contour.

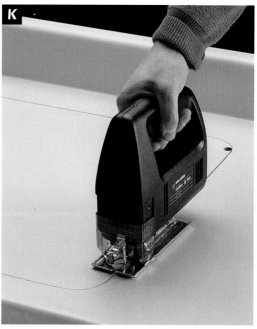

Marquez la découpe d'une surface de cuisson au moyen de son cadre. Placez le cadre métallique sur le dessus de comptoir et tracez le contour en suivant le bord de la bride verticale.

Forez un trou d'amorçage juste à l'intérieur de la ligne de coupe et découpez l'ouverture avec une scie sauteuse à lame descendante. Soutenez la découpe pour qu'elle n'abîme pas l'armoire en tombant, ce qui risquerait en plus de produire des éclats de stratifié.

Appliquez de la pâte à calfeutrer à base de silicone sur les surfaces du joint biseauté. Pressez les surfaces l'une contre l'autre.

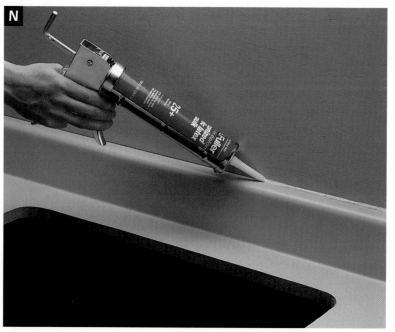

De l'intérieur de l'armoire, installez les boulons de tension et serrez-les. Placez le dessus de comptoir tout contre le mur et attachez-le aux armoires, en serrant les vis à plaques de plâtre qui traversent les supports de montage pour s'enfoncer dans le corps du dessus de comptoir (voir page 428). Assurez-vous que les vis sont assez longues pour bien ancrer le dessus de comptoir mais pas trop pour ne pas percer la surface en stratifié.

Déposez un cordon de pâte à calfeutrer à base de silicone entre le dosseret et le mur. Passez un doigt humecté sur la surface du cordon pour l'égaliser. Essuyez l'excédent de pâte.

Construction d'un dessus de comptoir en stratifié

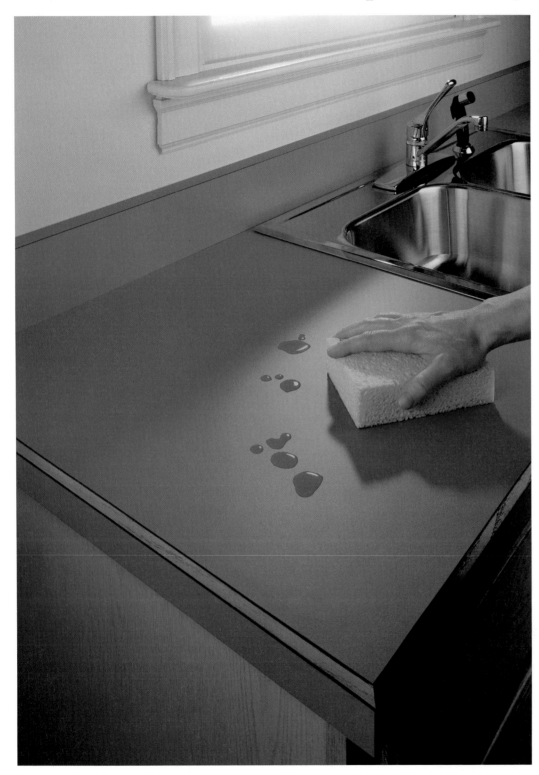

Construisez vous-même un beau dessus de comptoir durable au moyen de feuilles de stratifié, dont il existe des centaines de couleurs, de styles et de textures. On peut adapter les dessus de comptoirs en stratifié à n'importe quel endroit.

On trouve dans le commerce des feuilles de stratifié de 6, 8, 10 et 12 pi de long, de différentes épaisseurs. Leur largeur varie entre 30 et 48 po. Vos dessus de comptoirs seront plus résistants et plus souples si vous choisissez des feuilles épaisses.

On fabrique la plupart de ces feuilles de stratifié en faisant adhérer une mince couche superficielle de plastique coloré à une âme en résines durcies. Certaines feuilles de stratifié ont toute l'épaisseur de la même couleur. Les dessus de comptoirs fabriqués dans cette qualité de stratifié ont l'avantage de ne pas présenter de lignes foncées sur les bords coupés; mais ces feuilles s'écaillent plus facilement que les feuilles classiques, et leur choix de couleurs est plus limité.

On habille fréquemment les dessus de comptoirs en stratifié de bords en bois dur (voir pages 424-425). Cette opération nécessite un peu de planification: certaines bordures doivent être installées avant qu'on ne colle le stratifié, d'autres après. Les bords en bois doivent être formés à la toupie avant l'installation du dosseret. De plus, le dosseret doit être moins long pour ne pas recouvrir le bord exposé du comptoir (voir la photo de la page 417).

Lorsque vous fabriquez un dessus de comptoir en stratifié, choisissez un adhésif de contact ininflammable, ventilez amplement le lieu de travail et méfiez-vous des arêtes tranchantes, non limées.

Outils : *équerre de charpentier, scie circulaire, crayon, perceuse, règle rectifiée, serre-joints, toupie, ponceuse à courroie, pistolet à calfeutrer, serre-joints à barre.*

Matériel : *panneaux de particules de $^3/_4$ po, stratifié en feuilles, vis à plaques de plâtre de 2 po et de 1 $^1/_4$ po, bois inutilisé de $^1/_4$ po d'épaisseur, contreplaqué de $^1/_4$ po.*

Outils et accessoires spéciaux : *voir photo, page 417.*

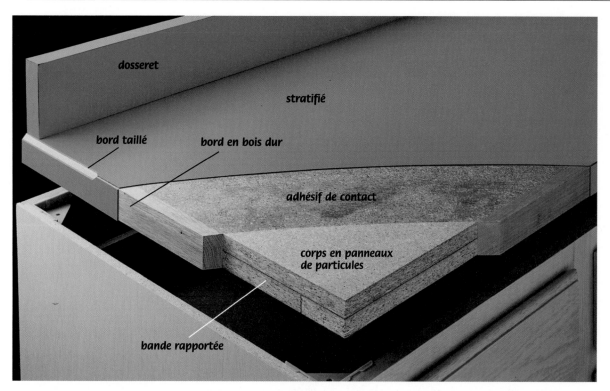

dosseret

stratifié

bord taillé

bord en bois dur

adhésif de contact

corps en panneaux de particules

bande rapportée

Dessus de comptoir en stratifié: le corps du dessus de comptoir est constitué de panneaux de particules de $^3/_4$ po d'épaisseur. Le périmètre est constitué de bandes rapportées de panneaux de particules, vissées à la partie inférieure de l'âme. Les bords peuvent être décorés de bandes de bois dur, attachées à l'âme. Les feuilles de stratifié sont collées sur le dessus de comptoir à l'aide d'adhésif de contact. Les bords sont coupés et façonnés à l'aide d'une toupie.

Les outils et les accessoires spéciaux utilisés dans la fabrication des dessus de comptoirs en stratifié comprennent: le diluant d'adhésif de contact (A), l'adhésif de contact (B), la pâte de bois au latex (C), la colle de menuisier (D), le rouleau de peintre (E), le rouleau en J (F), la boîte à onglets (G), les vis à plaques de plâtre (H), la fraise de toupie à coupe droite (I), la fraise de toupie à coupe en biseau à 15° (J), la fraise de toupie droite (K), la fraise de toupie à arrondir les coins (L), la mèche à cavet (M), la pâte à calfeutrer à base de silicone (N), la lime (O), l'outil à entailler (P), le compas (Q), les serre-joints à trois vis (R).

Comment construire un dessus de comptoir en stratifié

A

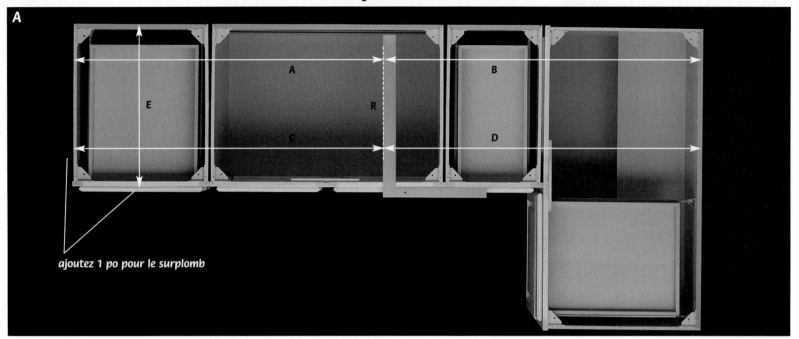

ajoutez 1 po pour le surplomb

Déterminez les dimensions du dessus de comptoir en prenant les mesures le long du dessus des armoires sur plancher. Si les coins ne sont pas d'équerre, utilisez une équerre de charpentier pour tracer une ligne de référence (R) près du milieu des armoires, perpendiculairement au devant de celles-ci. Prenez quatre mesures (A, B, C, D), de la ligne de référence aux bords des armoires.

Ajoutez 1 po de surplomb à la longueur de chaque bord apparent et 1 po à la largeur (E). Si une extrémité borde un appareil électroménager, soustrayez ¹/₁₆ po de la longueur pour éviter que le comptoir ne griffe l'appareil.

B

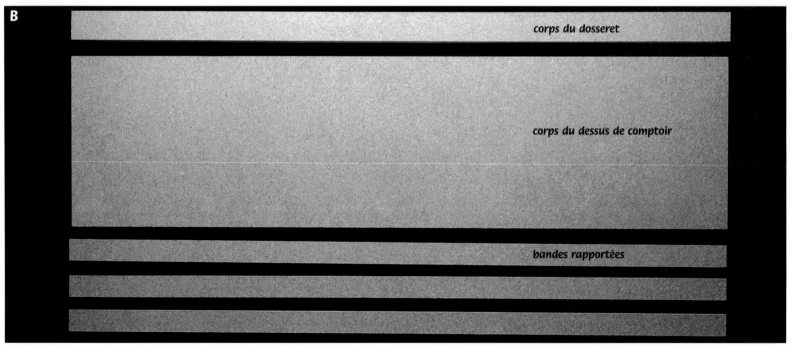

corps du dosseret

corps du dessus de comptoir

bandes rapportées

Avec une équerre de charpentier, reportez les mesures prises à l'étape A, pour établir une ligne de référence. À l'aide d'une scie circulaire et d'une règle rectifiée attachée au moyen de serre-joints, sciez le corps du dessus de comptoir aux dimensions voulues. Sciez des bandes de 4 po de panneau de particules pour former le dosseret et les couvre-joints des sections adjacentes du dessus de comptoir. Sciez des bandes de 3 po qui serviront de bords rapportés.

C

couvre-joint

Retournez les parties du corps du dessus de comptoir, assemblez-les et fixez un couvre-joint en panneau de particules de 4 po, à l'endroit du joint, à l'aide de colle de menuisier et de vis à plaques de plâtre de 1 $\frac{1}{4}$ po.

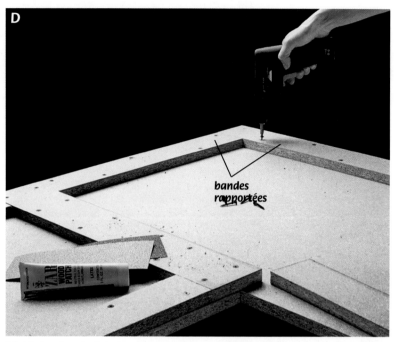

D

bandes rapportées

À l'aide de colle et de vis à plaques de plâtre de 1 $\frac{1}{4}$ po, fixez, sur l'envers du dessus de comptoir, des bandes rapportées de 3 po, le long des bords. Remplissez de pâte de bois au latex les espaces vides sur les bords extérieurs, et poncez-les ensuite au moyen d'une ponceuse à courroie. (Pour l'installation de bords décoratifs, voir page 424).

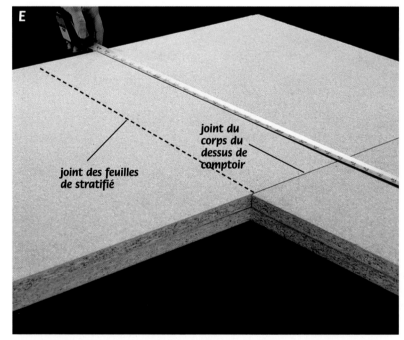

E

joint des feuilles de stratifié

joint du corps du dessus de comptoir

Prenez les mesures du corps du dessus de comptoir en vue de déterminer les dimensions de la surface de stratifié. Placez le joint des feuilles de stratifié perpendiculairement au joint de coin des sections du corps. Ajoutez, à la longueur et à la largeur de chaque partie, une marge de $\frac{1}{2}$ po, que vous rognerez plus tard. Mesurez le stratifié nécessaire pour fabriquer le devant et les bords du dosseret et les bords visibles du corps du dessus de comptoir. Ajoutez $\frac{1}{2}$ po à chaque mesure.

F

Coupez le stratifié en l'entaillant, puis en le cassant. Tracez une ligne de coupe et incisez ensuite la surface à l'aide d'un outil à entailler, en utilisant une règle rectifiée comme guide. Après deux passes de l'outil, vous devriez pouvoir casser nettement la feuille de stratifié.

Suite à la page suivante

Comment construire un dessus de comptoir en stratifié (suite)

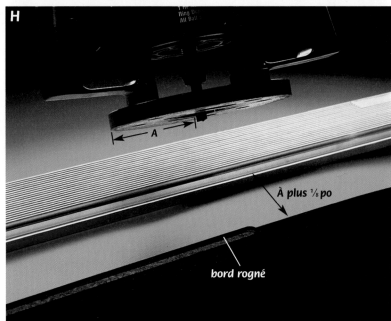

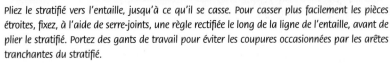

Pliez le stratifié vers l'entaille, jusqu'à ce qu'il se casse. Pour casser plus facilement les pièces étroites, fixez, à l'aide de serre-joints, une règle rectifiée le long de la ligne de l'entaille, avant de plier le stratifié. Portez des gants de travail pour éviter les coupures occasionnées par les arêtes tranchantes du stratifié.

Pour que les joints des morceaux de stratifié ne soient pas apparents, utilisez une toupie munie d'une fraise droite pour rogner les bords que vous assemblez. Mesurez la distance (A) entre l'arête coupante de la fraise et le bord de la plaque de base de la toupie. Placez le stratifié sur une planche de bois et alignez les bords. Pour guider la toupie, fixez une règle rectifiée sur le stratifié, au moyen de serre-joints, à une distance de A plus ⅛ po du bord du stratifié et rognez celui-ci.

Appliquez des bandes de stratifié en commençant par les côtés du dessus de comptoir. À l'aide d'un rouleau à peinture, appliquez deux couches d'adhésif de contact sur le côté du dessus de comptoir, et une couche au dos de la bande de stratifié. Laissez sécher l'adhésif conformément aux instructions du fabricant. Placez la bande à sa place, avec précaution, et pressez-la ensuite contre le côté du dessus de comptoir au moyen d'un rouleau en J.

Utilisez une toupie munie d'une fraise à coupe droite pour rogner les bords supérieur et inférieur de la bande de stratifié, au ras des surfaces du dessus de comptoir. Dans les endroits que la toupie ne peut atteindre, rognez l'excédent de stratifié au moyen d'une lime. Appliquez des bandes de stratifié sur les autres bords et rognez-les avec la toupie.

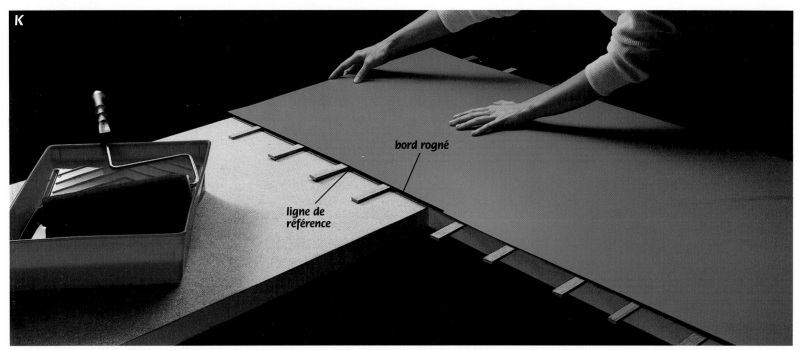

bord rogné

ligne de
référence

Essayez le dessus en stratifié sur le corps du dessus de comptoir. Vérifiez si le stratifié surplombe tous les bords. Aux endroits des joints du stratifié, tracez une ligne de référence sur le corps. Enlevez le stratifié. Assurez-vous que toutes les surfaces sont exemptes de poussière et appliquez une couche d'adhésif de contact au dos du stratifié et deux couches sur le corps du dessus de comptoir. Placez des lattes d'espacement en bois de 1/4 po d'épaisseur, à travers le dessus du comptoir, tous les 6 po. Comme les surfaces revêtues d'adhésif de contact collent instantanément, il faut utiliser ces lattes d'espacement pour pouvoir placer très précisément la feuille de stratifié au-dessus du corps, avant de la coller. Alignez le stratifié sur la ligne de référence. En commençant à une extrémité, enlevez les lattes d'espacement les unes après les autres et pressez le stratifié contre le corps du dessus de comptoir.

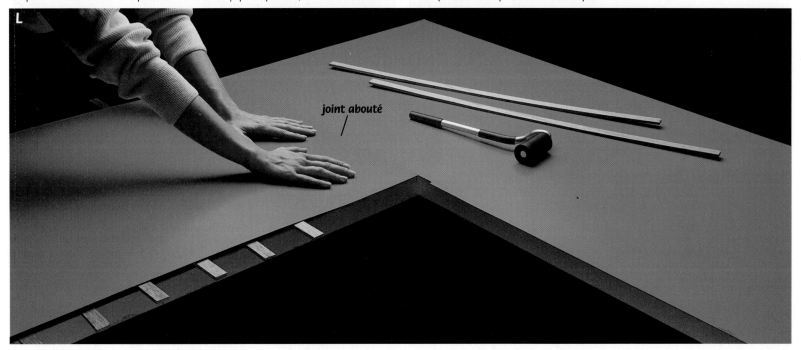

joint abouté

Appliquez l'adhésif de contact sur le reste du corps et sur l'autre feuille de stratifié. Laissez sécher l'adhésif, placez le stratifié sur les lattes d'espacement et alignez soigneusement le stratifié sur le joint. En commençant à l'endroit du joint, enlevez successivement toutes les lattes d'espacement et pressez le stratifié contre le corps du dessus de comptoir.

Suite à la page suivante

Comment construire un dessus de comptoir en stratifié (suite)

À l'aide d'un rouleau en J, appuyez sur toute la surface pour lier le stratifié au corps. Essuyez l'excédent d'adhésif de contact au moyen d'un chiffon doux imbibé de diluant à adhésif de contact.

Enlevez l'excédent de stratifié au moyen d'une toupie munie d'une fraise à coupe droite. Dans les endroits que la toupie ne peut atteindre, utilisez une lime pour rogner l'excédent de stratifié. Le dessus de comptoir est alors prêt pour le rognage final en biseau.

Effectuez le rognage de finition des bords à l'aide d'une toupie munie d'une fraise à biseau de 15°. Réglez la profondeur de coupe de manière à ne biseauter que la couche supérieure de stratifié. La fraise ne doit pas entailler la surface verticale de stratifié.

Limez tous les bords pour qu'ils soient parfaitement lisses. Donnez des coups de lime vers le bas, pour ne pas faire éclater le stratifié.

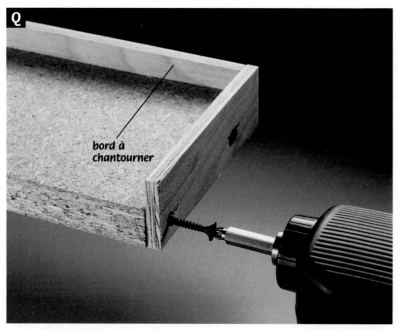

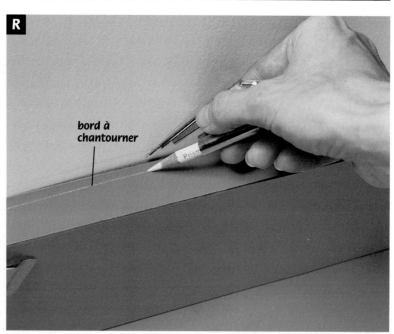

Coupez des bandes de 1 ¹/₄ po de large en contreplaqué de ¹/₄ po, qui serviront à fabriquer le bord à chantourner du dosseret. À l'aide de colle et de vis à plaques de plâtre de 1 ¹/₄ po, fixez le dessus et les côtés au corps du dosseret. Coupez des bandes de stratifié et collez-les sur les côtés aparents, sur le dessus et sur le devant du dosseret. Rognez chaque bande.

Essayez le dessus de comptoir et le dosseret. Comme la surface des murs est souvent irrégulière, utilisez un compas pour tracer le contour du mur sur le bord à chantourner du dosseret. À l'aide d'une ponceuse à courroie, poncez le dosseret jusqu'à la ligne du bord à chantourner (voir page 414).

Déposez un cordon de pâte à calfeutrer à base de silicone sur le bord inférieur du dosseret.

Placez le dosseret sur le dessus de comptoir et immobilisez-le à sa place au moyen de serre-joints à barre. Essuyez l'excédent de pâte à calfeutrer et laissez sécher le tout complètement.

Enfoncez des vis à plaques de plâtre de 2 po dans le corps du dosseret, à travers le dessus de comptoir. Assurez-vous que les têtes des vis sont entièrement noyées pour que le dessus de comptoir adhère bien à l'armoire sur plancher. Pour installer le dessus de comptoir, voir pages 414 et 415.

Bords d'un dessus de comptoir en bois

bord en bois dur massif

bord concave

bord arrondi

Pour donner, à votre dessus de comptoir, un cachet particulier, ajoutez des bords en bois dur – chêne, érable, caryer, ou cerisier – et façonnez-les au moyen d'une toupie. Façonnez les bords avant de fixer le dosseret au dessus de comptoir.

Fixez les bords au dessus de comptoir au moyen de colle de menuisier et de clous de finition. Vous pouvez teindre le bois apparent si vous le désirez. Pour prévenir les dommages dus à l'humidité, appliquez sur toutes les surfaces apparentes des bords plusieurs couches de vernis de finition, comme le polyuréthane.

Outils: *perceuse, chasse-clou, serre-joints à 3 vis, clous de finition, ponceuse à courroie munie d'une courroie de papier de verre n° 120, toupie et fraises de toupie.*

Matériel: *bandes de bois dur de 1 po x 2 po, colle à bois, colle de menuisier, papier de verre n° 220, teinture (le cas échéant), matériel de finition du bois.*

Comment construire des bords en bois dur massif

A

corps en panneaux de particules

bord en bois dur

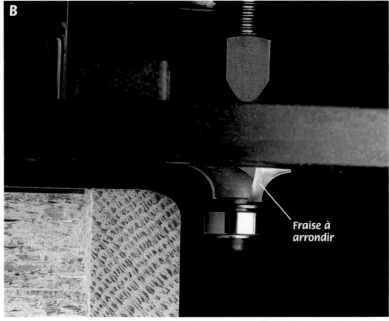

B

Fraise à arrondir

Recouvrez de stratifié (voir pages 416 à 423) le dessus de comptoir avant de fixer les bandes de bordure. Attachez la bande au ras de la surface de stratifié, au moyen de colle de menuisier et de clous de finition (voir les étapes A et B, page 425).

Façonnez le dessus et le dessous des bandes de bordure à l'aide d'une toupie munie d'une fraise à arrondir, si vous le désirez. Teintez et finissez le bois apparent selon vos goûts.

Comment construire des bordures convexes en bois dur

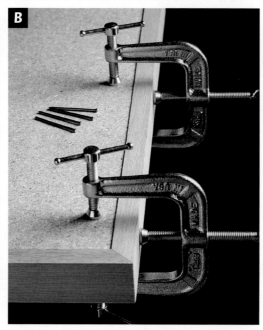

Coupez des bandes de bois dur de 1 po x 2 po aux dimensions du dessus de comptoir. Poncez-les pour qu'elles soient lisses. Biseautez les bandes des coins extérieurs et intérieurs.

À l'aide de colle de menuisier, collez les bandes de bordure au dessus de comptoir et immobilisez-les au moyen de serre-joints à 3 vis. Forez des avant-trous et fixez les bandes à l'aide de clous de finition. Noyez les têtes des clous à l'aide d'un chasse-clou.

À l'aide d'une ponceuse à courroie et de papier de verre n° 120, poncez les bandes pour qu'elles arrivent au ras de la surface du dessus de comptoir.

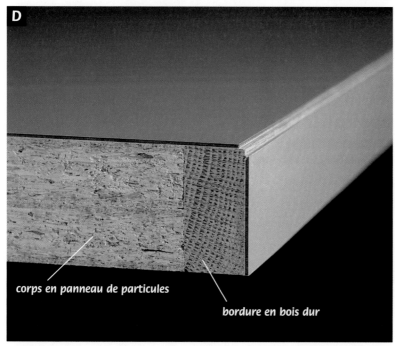

corps en panneau de particules

bordure en bois dur

mèche à cavet guidée

Appliquez le stratifié sur le dessus de comptoir et la bordure en bois dur après avoir poncé la bordure en bois dur jusqu'au ras du dessus de comptoir (voir pages 416 à 423).

Faites une rainure concave dans la bordure au moyen d'une toupie munie d'une mèche à cavet guidée par un pivot monté sur roulement à billes. Poncez la rainure concave à l'aide de papier de verre n° 220. Limez les arêtes de stratifié pour les arrondir. Teintez et finissez le bois apparent selon vos goûts.

Construction d'un dessus de comptoir en carreaux céramiques

Le carreau céramique est un matériau populaire pour les dessus de comptoirs et les dosserets et ce, pour quelques bonnes raisons. Il en existe de toutes les dimensions, de tous les styles et de toutes les couleurs; leur durabilité est excellente et on peut les réparer; et leur prix est en général raisonnable. En planifiant bien le travail, on peut les installer facilement, et la construction d'un dessus de comptoir sur mesure, en carreaux céramiques, constitue un projet emballant pour le bricoleur.

Le carreau céramique émaillé est le plus approprié à la plupart des dessus de comptoirs. Sa résistance aux taches est meilleure que celle du carreau non émaillé, et le carreau de plancher convient mieux que le carreau mural, car il est souvent fabriqué en vue d'un usage résidentiel et commercial léger, et il possède une dureté nominale de classe 3 ou supérieure. Le carreau de porcelaine convient également aux dessus de comptoirs, car il est très solide et possède une excellente durabilité, mais il coûte généralement beaucoup plus cher que le carreau céramique.

L'émaillage protège le carreau contre les taches, mais le coulis qui garnit les joints des carreaux est vulnérable, car il est très poreux. Pour éviter qu'il ne se tache, utilisez un coulis contenant un additif à base de latex, ou mélangez à la poudre de coulis un additif liquide au latex au lieu d'utiliser de l'eau. Lorsque le coulis posé est complètement sec, appliquez une couche de bonne peinture d'impression pour coulis (qui peut entrer en contact avec les aliments) et recommencez cette opération tous les ans.

Dans ce projet-ci, le corps du dessus de comptoir est constitué de contreplaqué de ³/₄ po pour extérieur, coupé et fixé aux armoires. Le contreplaqué est recouvert d'une couche de plastique (qui sert de barrière d'étanchéité) et d'une couche de

fibragglo-ciment de ¹/₂ po, un excellent support pour les carreaux, car il ne risque pas de se fragmenter si l'eau parvenait à traverser la couche de carreaux. Les carreaux sont collés au panneau de fibragglo-ciment au moyen d'un adhésif à prise rapide (voir page 265) qui résiste également au contact prolongé de l'eau. L'épaisseur totale du comptoir fini atteint 1 ¹/₂ po environ. Si vous désirez un dessus de comptoir plus épais, rajoutez une couche de contreplaqué (de l'épaisseur de votre choix) au corps du comptoir.

Lorsque vous disposez les carreaux du dessus de comptoir, tenez compte de l'emplacement d'éléments tels que l'évier ou la surface de cuisson. Il faut soigner particulièrement les endroits où les carreaux rencontrent des accessoires, ainsi que les bords des comptoirs. Si vous installez un évier dont le pourtour affleure les carreaux, assurez-vous que l'épaisseur des carreaux correspond à celle du bord de l'évier, pour que la transition se fasse en douceur.

Outils : scie circulaire, perceuse, couteau universel, agrafeuse, couteau à plaques de plâtre, équerre de charpentier, truelle dentelée, coupe-carreaux, morceau de 2 po x 4 po enveloppé de moquette, aplanissoir en caoutchouc pour coulis, éponge, pinceau en mousse, pistolet à calfeutrer.

Matériel de base : carreaux céramiques, contreplaqué de ³/₄ po pour extérieur (CDX), feuille de polyéthylène de 4 millièmes de po, ruban adhésif d'emballage, panneaux de fibragglo-ciment de ¹/₂ po, vis galvanisées de 1 ¹/₄ po, ruban maillé en fibre de verre pour plaques de plâtre, mortier à prise rapide, coulis, pâte à calfeutrer, peinture d'impression pour coulis à base de silicone.

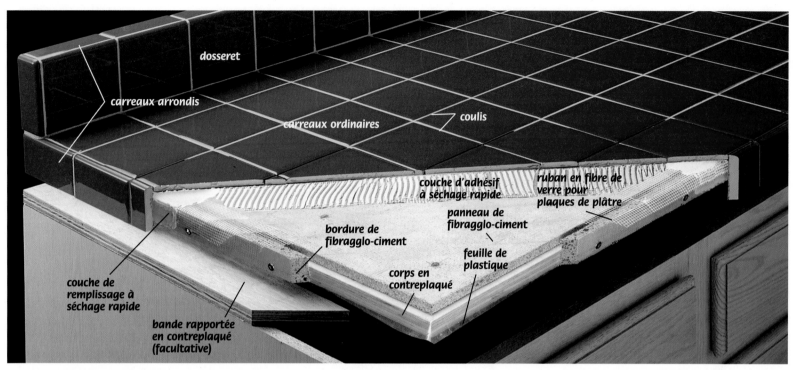

Pour construire un dessus de comptoir en carreaux céramiques, on commence par fabriquer un corps en contreplaqué de ³/₄ po pour extérieur, que l'on recouvre d'une membrane imperméable, constituée d'une feuille de polyéthylène de 4 millièmes de po d'épaisseur. On pose un panneau de fibragglo-ciment de ¹/₂ po sur le contreplaqué et on recouvre les bords de bandes de fibragglo-ciment que l'on finit au moyen de ruban de fibre de verre maillée et de mortier à prise rapide. Les carreaux de la bordure et du dosseret peuvent être des carreaux arrondis ou des carreaux d'un autre style (voir ci-dessous).

Solutions pour les dosserets et les bords des dessus de comptoirs

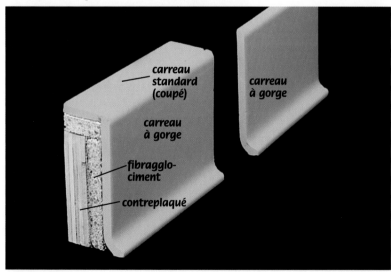

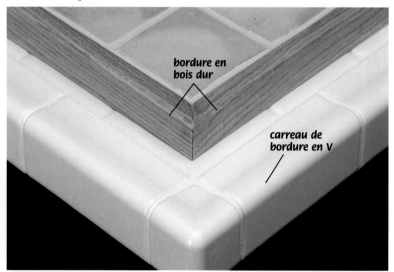

On peut construire les dosserets en collant des carreaux à gorge (à droite) au mur, à l'arrière du dessus de comptoir. On peut n'utiliser que des carreaux ou, si l'on construit un dosseret de type banquette (à gauche), utiliser le même principe de construction que pour le dessus de comptoir. Attachez le dosseret en contreplaqué au corps en contreplaqué du dessus de comptoir. Entourez de fibragglo-ciment le devant et les bords du dosseret en contreplaqué, avant d'installer les carreaux.

Les bordures possibles comprennent le carreau de bordure en V et la bande de bois dur. Les carreaux de bordure en V ont des coins arrondis et un bord relevé qui crée un renflement tout autour du dessus de comptoir, empêchant les déversements et l'eau de s'écouler par terre. Il faut couper les carreaux en V à l'aide d'une scie à carreaux, et donner aux bandes de bois dur un traitement de préfinition en leur appliquant au moins trois couches de polyuréthane. Attachez les bandes au corps en contreplaqué, de manière que le bord supérieur du bois affleure la surface des carreaux.

Comment construire un dessus de comptoir en carreaux céramiques

A

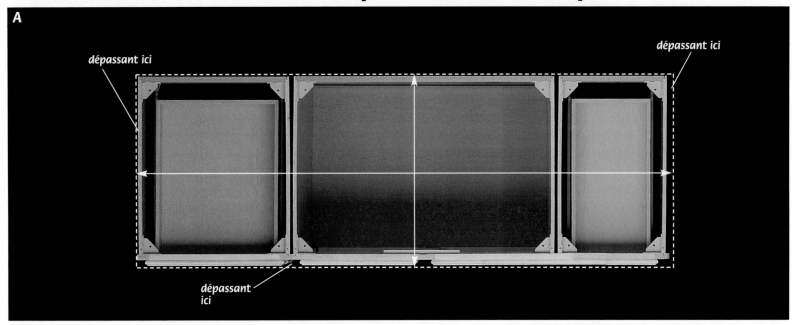

dépassant ici

dépassant ici

dépassant ici

Déterminez la dimension que doit avoir le corps en contreplaqué, en mesurant la largeur des armoires. Le comptoir fini doit dépasser les devants de tiroirs d'au moins ¹/₄ po. Assurez-vous de prendre en compte l'épaisseur du panneau de fibragglo-ciment, de l'adhésif et des carreaux lorsque vous décidez de la largeur à donner au dépassant. Coupez le corps du dessus de comptoir à la dimension voulue, dans du contreplaqué de ³/₄ po, à l'aide d'une scie circulaire. Faites également les découpes nécessaires à la pose des éviers et autres accessoires.

B

support de coin

C

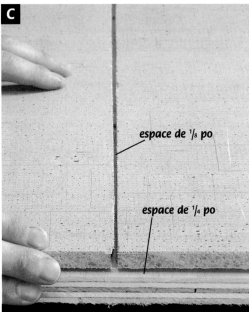

espace de ¹/₈ po

espace de ¹/₄ po

Placez le corps du comptoir sur les armoires et fixez-le au moyen de vis enfoncées à travers les supports de coin des armoires. Les vis doivent être assez courtes pour ne pas percer la surface supérieure du corps en contreplaqué.

Coupez les morceaux de panneaux de fibragglo-ciment et essayez-les en les plaçant, côté rugueux vers le haut, contre le corps en contreplaqué. Laissez un espace de ¹/₈ po entre chaque panneau de fibragglo-ciment et de ¹/₄ po le long du périmètre.

CONSEIL: coupez le fibragglo-ciment à l'aide d'une règle rectifiée et d'un couteau universel ou d'un couteau à fibragglo-ciment muni d'une pointe de carbure. Tenez la règle rectifiée le long de la ligne de coupe et incisez plusieurs fois le panneau au moyen du couteau. Pliez le morceau vers l'arrière pour le casser le long de l'entaille. Achevez de le couper par l'arrière

Posez la feuille de plastique imperméable sur le corps en contreplaqué, en la laissant pendre le long des bords. Agrafez-la à quelques endroits. Faites chevaucher les joints de 6 po et scellez-les au moyen de ruban adhésif d'emballage.

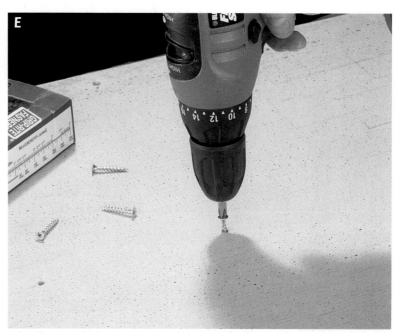

Placez les morceaux de fibragglo-ciment, côté rugueux vers le haut, sur le contreplaqué, et fixez-les au moyen de vis galvanisées de 1 ¹/₄ po, enfoncées tous les 6 po. Si nécessaire, forez des avant-trous dans le fibragglo-ciment, à l'aide d'une mèche de maçonnerie. Assurez-vous que toutes les têtes de vis affleurent la surface. Entourez les bords du dessus de comptoir de bandes de fibragglo-ciment de 1 ¹/₄ po de large et vissez-les au corps du comptoir.

Recouvrez de ruban en fibre de verre maillée pour plaques de plâtre tous les joints de fibragglo-ciment. Appliquez-en trois couches le long du bord avant, là où les panneaux de fibragglo-ciment rencontrent les bordures de fibragglo-ciment.

Remplissez les espaces vides et recouvrez tout le ruban d'une couche de mortier à prise rapide. À l'aide d'un couteau à plaques de plâtre, aplanissez le mortier jusqu'à obtention d'une surface lisse et horizontale.

Suite à la page suivante

Comment construire un dessus de comptoir en carreaux céramiques (suite)

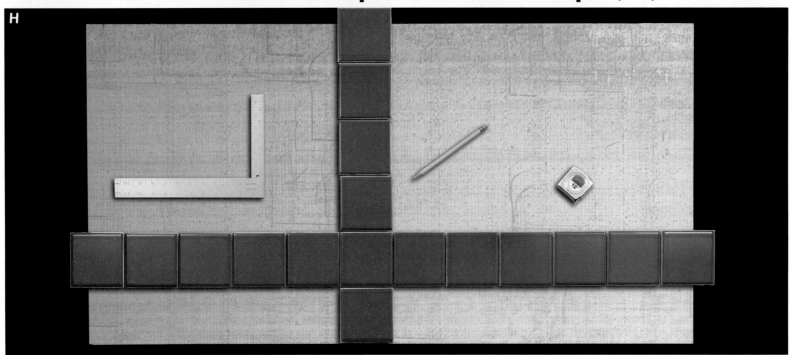

Essayez les carreaux sur le dessus de comptoir pour déterminer le meilleur agencement. Si les bords des carreaux ne sont pas munis de séparateurs, utilisez des séparateurs en plastique pour établir les espaces réservés au coulis entre les carreaux. Une fois l'agencement réalisé, faites des marques le long des rangées horizontale et verticale. Tracez les lignes de référence passant par les marques en utilisant une équerre de charpentier de manière qu'elles soient bien perpendiculaires.

Installez les carreaux de bordure en appliquant, à l'aide d'une truelle dentelée, une couche de mortier à prise rapide, à l'arrière du carreau et sur les bords du dessus de comptoir. Placez les carreaux en les faisant légèrement osciller. Ajoutez des séparateurs en plastique si nécessaire. À l'aide de carreaux propres, placés sur le dessus de comptoir, déterminez la hauteur que doivent atteindre les carreaux de bordure.

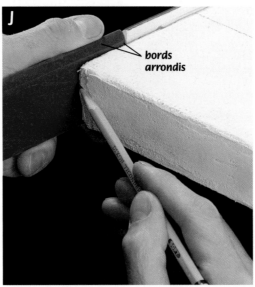

bords arrondis

Utilisez un carreau de coin arrondi (après avoir installé les carreaux arrondis adjacents) pour finir les coins du dessus de comptoir. Placez un carreau propre, côté émaillé contre le bord du comptoir, marquez-le à l'endroit du coin et coupez-le pour que le bord arrondi arrive jusqu'au coin. Installez le morceau de carreau à l'aide de mortier à prise rapide. Pour couper le carreau, voir pages 266 et 267.

Installez les carreaux ordinaires sur la surface horizontale après avoir laissé sécher le mortier des carreaux de bordure. Étalez une couche de mortier à prise rapide sur le panneau de fibragglo-ciment, le long des lignes de référence, et installez deux rangées de carreaux perpendiculaires. Assurez-vous que l'espacement des carreaux est correct et utilisez une équerre de charpentier pour vérifier de temps en temps votre travail.

Pour tracer la ligne de coupe sur les carreaux de bordure, placez un carreau contre le mur du fond en laissant la place nécessaire pour les carreaux du dosseret ou le mortier. Placez un autre carreau (A) sur le dernier carreau entier ordinaire et placez ensuite un troisième carreau (B) sur le carreau A en l'appuyant contre le carreau du fond. Tracez la ligne de coupe sur le carreau A, coupez-le et installez-le, la tranche coupée vers le mur.

À mesure que vous installez de petites sections de carreaux, placez un bloc de bois scié de 2 po x 4 po enveloppé de moquette sur les carreaux et frappez légèrement sur le bloc à l'aide d'un maillet ou d'un marteau. Passez votre main sur les carreaux pour vous assurer qu'ils sont bien tous au même niveau. Enlevez les séparateurs en plastique et grattez soigneusement l'excédent d'adhésif apparaissant dans les joints à coulis. Laissez complètement sécher l'adhésif.

Mélangez un lot de coulis avec de l'additif au latex et appliquez-en, dans les joints, à l'aide d'un aplanissoir en caoutchouc, suivant un mouvement de balayage (voir page 270). Essuyez l'excédent de coulis avec une éponge humide. Attendez une heure et essuyez la poudre qui reste. Laissez complètement sécher le coulis.

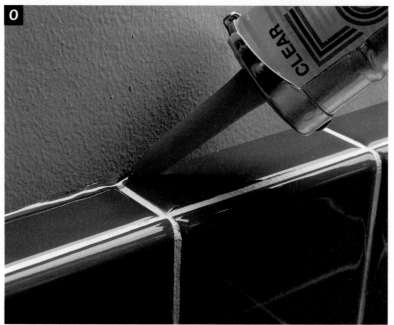

Scellez le bord du dosseret et les espaces entourant les pénétrations en déposant un mince cordon de pâte à calfeutrer à base de silicone. Lissez le cordon en passant un doigt humide sur la surface. Lorsque le coulis est complètement sec, recouvrez-le d'un produit de scellement à base de silicone, à l'aide d'un pinceau en mousse. Laissez sécher le produit et appliquez-en une seconde couche.

Installation d'un évier de cuisine

Les éviers destinés à être installés par un bricoleur sont faits d'acier inoxydable, d'acier émaillé ou de fonte émaillée.

Les éviers de fonte sont lourds, durables et relativement faciles à installer. La plupart ne comportent pas de cadre et ne requièrent pas de ferrures de fixation.

Les éviers d'acier inoxydable et d'acier émaillé, moins lourds que ceux de fonte, nécessitent parfois l'utilisation d'un cadre métallique et de supports de fixation. Un bon évier d'acier inoxydable est fait d'acier au nickel d'épaisseur 18 ou 20, qui résiste bien à l'usage quotidien. L'acier plus mince, dont le numéro de jauge est supérieur à 20, se bosselle trop facilement.

Certains éviers haut de gamme, faits de porcelaine ou d'un revêtement massif, sont généralement installés par des professionnels.

Lorsque vous choisissez un nouvel évier, assurez-vous que les ouvertures destinées aux robinets conviendront.

Pour ce qui est de la découpe du plan de travail en vue de l'installation de l'évier, reportez-vous aux pages 414-415.

Outils : *pistolet à calfeutrer, tournevis.*

Matériel : *évier, cadre d'évier, agrafes de fixation, mastic adhésif, scellant à la silicone.*

Installation d'un évier sans cadre

A Après avoir découpé le plan de travail, appliquez un cordon de $1/4$ po de scellant à la silicone ou de mastic adhésif sur le pourtour inférieur du collet d'évier.

B En le tenant par les ouvertures de vidange, placez la partie avant de l'évier dans la découpe du plan de travail, puis laissez la partie arrière s'appuyer sur le plan. Appuyez sur l'évier pour que le joint soit étanche ; essuyez l'excédent de scellant ; laissez sécher le scellant.

Installation d'un évier à cadre

A Mettez le cadre de l'évier à l'envers. Appliquez un cordon de $1/4$ po de scellant à la silicone ou de mastic adhésif sur les deux côtés de l'arête verticale.

B languettes du cadre

Placez l'évier à l'envers dans le cadre. Repliez les languettes du cadre qui retiennent l'évier. Installez ensuite soigneusement l'évier dans l'ouverture du plan de travail ; appuyez sur l'évier pour créer un joint étanche.

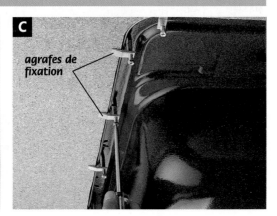

C agrafes de fixation

Sous le plan de travail, attachez autour du cadre les agrafes de fixation, à intervalles de 6 po à 8 po. Serrez les vis de montage. Essuyez l'excédent de scellant autour du cadre.

Installation d'un robinet et d'un dispositif d'évacuation d'évier

La plupart des nouveaux robinets de cuisine sont munis d'un levier de commande unique et sont de type « sans rondelle ». Les robinets haut de gamme, plus chers, présentent des caractéristiques supplémentaires, comme un fini émaillé, une douchette amovible, voire un thermomètre à affichage numérique.

Raccordez le robinet aux canalisations d'eau chaude et d'eau froide à l'aide de tuyaux d'alimentation souples faits de vinyle ou d'acier tressé.

Lorsque le code le permet, utilisez des tuyaux de plastique, peu coûteux et faciles à installer, pour le raccordement d'évacuation.

Une vaste gamme d'allonges et de raccords à angle vous permettent de raccorder facilement n'importe quelle configuration d'évier. Vous trouverez sur le marché des trousses contenant tous les raccords dont vous aurez besoin pour le branchement d'un broyeur à déchets ou d'un lave-vaisselle

au dispositif d'évacuation de l'évier. Pour l'installation des robinets d'arrêt, reportez-vous à la page 77.

Outils : pince multiprise, clé pour lavabo (au besoin), scie à métaux.

Matériel : robinet, tuyaux d'alimentation souples en vinyle ou en acier tressé, composants du dispositif d'évacuation, mastic adhésif, scellant à la silicone.

Installation d'un robinet de cuisine

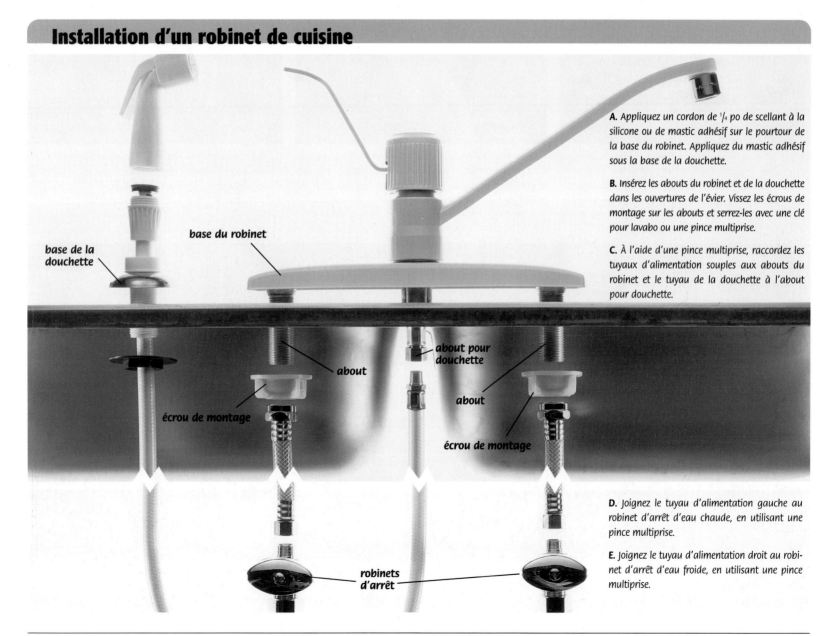

base de la douchette

base du robinet

about

about pour douchette

about

écrou de montage

écrou de montage

robinets d'arrêt

A. Appliquez un cordon de $\frac{1}{4}$ po de scellant à la silicone ou de mastic adhésif sur le pourtour de la base du robinet. Appliquez du mastic adhésif sous la base de la douchette.

B. Insérez les abouts du robinet et de la douchette dans les ouvertures de l'évier. Vissez les écrous de montage sur les abouts et serrez-les avec une clé pour lavabo ou une pince multiprise.

C. À l'aide d'une pince multiprise, raccordez les tuyaux d'alimentation souples aux abouts du robinet et le tuyau de la douchette à l'about pour douchette.

D. Joignez le tuyau d'alimentation gauche au robinet d'arrêt d'eau chaude, en utilisant une pince multiprise.

E. Joignez le tuyau d'alimentation droit au robinet d'arrêt d'eau froide, en utilisant une pince multiprise.

Raccordement du tuyau d'évacuation à l'évier

A

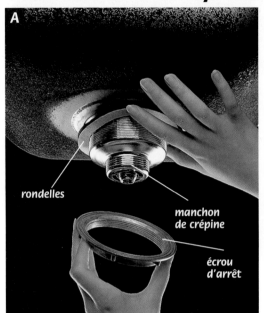

rondelles

manchon
de crépine

écrou
d'arrêt

B

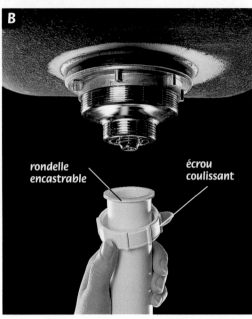

rondelle
encastrable

écrou
coulissant

C

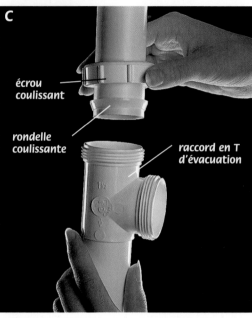

écrou
coulissant

rondelle
coulissante

raccord en T
d'évacuation

Installez un manchon de crépine dans chacune des ouvertures d'évacuation de l'évier. Appliquez un cordon de ¹/₄ po de mastic adhésif sous la collerette du manchon. Insérez le manchon dans l'ouverture d'évacuation. Posez les rondelles de caoutchouc et de fibre sur le col du manchon. Vissez l'écrou d'arrêt sur le col et serrez-le à l'aide d'une pince multiprise.

Installez l'about d'évacuation sur le manchon. Placez une rondelle encastrable dans l'extrémité évasée de l'about, puis fixez ce dernier en vissant un écrou coulissant sur le manchon. Au besoin, raccourcissez l'about à l'aide d'une scie à métaux.

Si l'évier comporte deux bassins, utilisez un raccord en T d'évacuation pour joindre les abouts. Fixez le raccord à l'aide de rondelles et d'écrous coulissants. La face biseautée des rondelles doit être orientée vers la partie filetée des tuyaux.

D

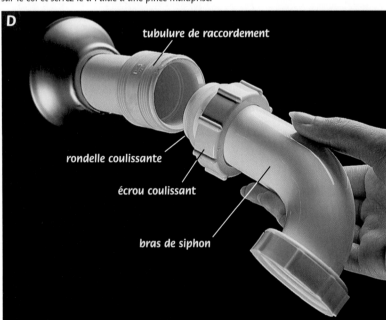

tubulure de raccordement

rondelle coulissante

écrou coulissant

bras de siphon

E

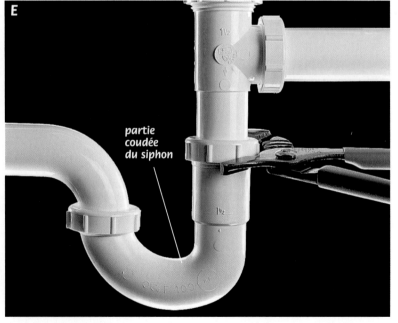

partie
coudée
du siphon

À l'aide d'une rondelle et d'un écrou coulissants, joignez le bras de siphon à la tubulure de raccordement. La face biseautée de la rondelle doit être orientée vers la tubulure filetée. Au besoin, raccourcissez le bras de siphon à l'aide d'une scie à métaux.

Installez la partie coudée du siphon en utilisant des rondelles et des écrous coulissants. La face biseautée des rondelles doit être orientée vers la partie coudée du siphon. Resserrez tous les écrous à l'aide d'une pince multiprise.

Installation d'un dispositif d'épuration de l'eau

Il existe deux types de dispositifs d'épuration de l'eau : celui qui s'installe au point d'entrée, qui traite l'eau de toute la maison, et celui qui s'installe au *point d'utilisation*. Le premier type réduit efficacement la quantité de sédiments et de chlore de l'eau. Quant au second type, généralement utilisé pour améliorer le goût de l'eau potable, il réduit la concentration du plomb, du chlore, des bactéries, de la rouille et des autres contaminants de l'eau.

Le dispositif d'épuration au point d'utilisation s'installe facilement sous l'évier. Même si la plupart des dispositifs s'installent de manière identique, suivez toujours les instructions du fabricant. Notre installation comprend un filtre et un tuyau supplémentaires destinés à l'alimentation de la machine à glaçons du réfrigérateur ; ce filtre et ce tuyau sont facultatifs. Si vous décidez de ne pas les installer, vous raccorderez le filtre principal directement au robinet d'eau potable.

Outils : perceuse (pour le robinet), pince multiprise.

Matériel : tuyau souple de ¼ po en vinyle tressé, robinet-vanne à étrier, raccords à compression en laiton, raccord en T, dispositif de filtration de l'eau au point d'utilisation, filtre pour machine à glaçons du réfrigérateur (facultatif).

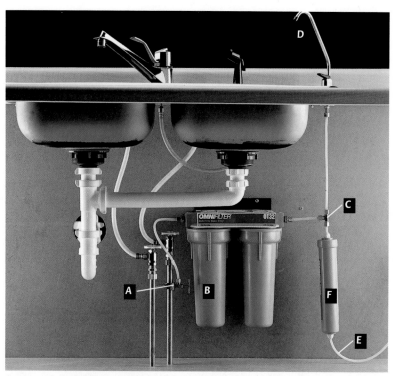

Éléments du dispositif d'épuration de l'eau au point d'utilisation : robinet-vanne à étrier (A), filtre (B), raccord en T (C), robinet d'eau potable (D), tuyau destiné à la machine à glaçons du réfrigérateur (E), filtre supplémentaire (F) pour la machine à glaçons.

Installation d'un dispositif d'épuration au point d'utilisation

Montez le filtre sous l'évier selon les instructions du fabricant. Fermez le robinet d'alimentation principal de la maison ; installez ensuite un robinet-vanne à étrier sur le tuyau d'alimentation en eau froide (voir page 67), en veillant à ce que ce robinet soit fermé. Raccordez un tuyau souple en vinyle tressé au point d'entrée du filtre et au robinet-vanne. Raccordez-en un autre au point de sortie du filtre. Si vous installez un filtre pour la machine à glaçons, attachez un raccord en T à l'extrémité libre de ce tuyau.

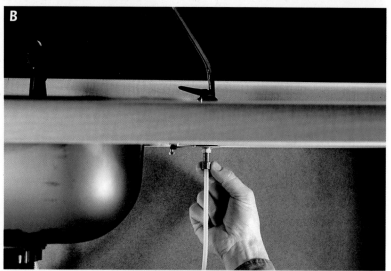

En suivant les instructions du fabricant, installez sur le plan de travail ou sur l'évier le robinet d'eau potable. Raccordez un tuyau souple en vinyle tressé à l'about du robinet et à l'ouverture supérieure du raccord en T (ou directement au filtre, si vous n'installez pas de filtre pour la machine à glaçons). Raccordez le filtre de la machine à glaçons à l'autre sortie du raccord en T, puis installez le tuyau souple se rendant à la machine à glaçons. Rouvrez le robinet d'arrêt principal de la maison, puis le robinet-vanne à étrier. Vérifiez l'étanchéité de tous les raccordements.

Installation d'un broyeur à déchets

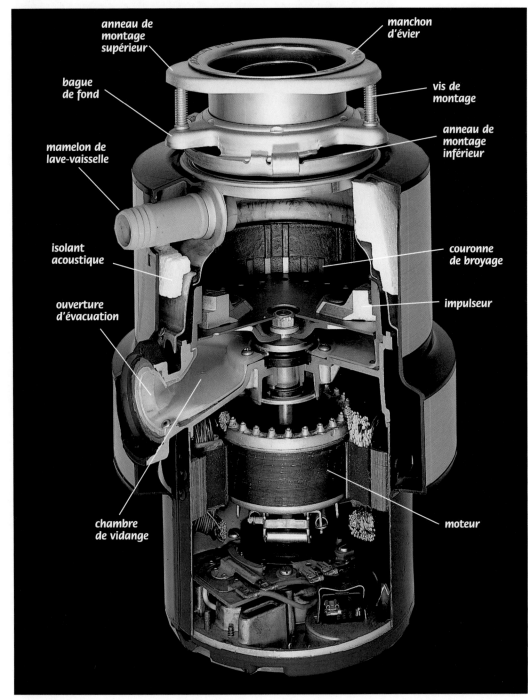

anneau de montage supérieur

bague de fond

mamelon de lave-vaisselle

isolant acoustique

ouverture d'évacuation

chambre de vidange

manchon d'évier

vis de montage

anneau de montage inférieur

couronne de broyage

impulseur

moteur

Le **broyeur à déchets** pulvérise les déchets alimentaires qui, liquéfiés, sont ensuite chassés dans le dispositif d'évacuation de l'évier. Un bon broyeur est équipé d'un moteur de ¹/₂ HP ou plus à auto-inversion. Cherchez un modèle muni d'un isolant acoustique, d'une couronne de broyage en fonte, de pièces résistant à la corrosion et d'un interrupteur automatique de surcharge qui protège le moteur en cas de surchauffe. Les fabricants offrent une garantie de 5 ans sur leurs meilleurs broyeurs.

Choisissez un broyeur équipé d'un moteur d'une puissance de ¹/₂ HP ou plus; il sera moins susceptible de se bloquer. Les meilleurs modèles comportent une caractéristique d'auto-inversion, qui prévient le blocage et prolonge la vie utile du moteur.

Certains codes exigent que le broyeur soit branché dans une prise de courant mise à la terre et commandée par un interrupteur installé au-dessus de l'évier.

Outils : *tournevis, pince à usages multiples, scie à métaux, pince multiprise.*

Matériel : *cordon électrique de calibre 12 avec fiche mise à la terre, serre-fils, mastic adhésif, collier de serrage, tuyau d'évacuation, scellant à la silicone.*

Installation d'un broyeur à déchets

A

Retirez la plaque inférieure du broyeur. À l'aide d'une pince à usages multiples, dénudez chacun des fils du cordon sur environ ¹/₂ po. Avec des serre-fils, attachez ensemble les fils blancs, ensuite les fils noirs. Attachez le fil gainé vert à la vis de mise à la terre verte de l'appareil. Poussez doucement sur les fils pour les insérer dans le boîtier; remettez la plaque inférieure.

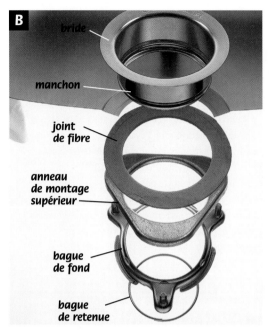

B

bride

manchon

joint
de fibre

anneau
de montage
supérieur

bague
de fond

bague
de retenue

Appliquez un cordon de ¼ po de mastic adhésif sous la bride du manchon. Insérez le manchon dans l'ouverture de l'évier; glissez sur le manchon le joint de fibre et l'anneau de montage supérieur. Placez sur le manchon la bague de fond et glissez dans la rainure la bague de retenue

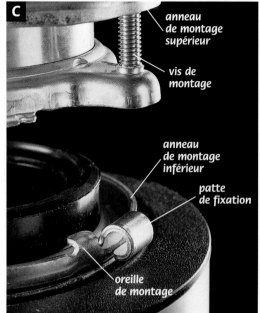

C

anneau
de montage
supérieur

vis de
montage

anneau
de montage
inférieur

patte
de fixation

oreille
de montage

Serrez les trois vis de montage. Tenez le broyeur contre la bague de fond de manière que les pattes de fixation de l'anneau de montage inférieur se trouvent directement sous les vis de montage. Faites tourner l'anneau de montage inférieur dans le sens des aiguilles d'une montre, jusqu'à ce que le broyeur soit solidement retenu par le dispositif de montage.

D

tuyau
d'évacuation

Attachez le tuyau d'évacuation à l'ouverture d'évacuation située sur le côté du broyeur, en utilisant la rondelle de caoutchouc et la bride métallique.

E

mamelon de
lave-vaisselle

collier de
serrage

Si vous avez l'intention de raccorder au broyeur un lave-vaisselle, prenez un tournevis et faites sauter le bouchon du mamelon de lave-vaisselle. À l'aide d'un collier de serrage, attachez au mamelon le tuyau d'évacuation du lave-vaisselle.

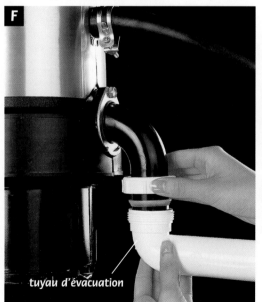

F

tuyau d'évacuation

Attachez le tuyau d'évacuation du broyeur au dispositif d'évacuation de l'évier à l'aide d'une rondelle et d'un écrou coulissants. Au besoin, raccourcissez le tuyau d'évacuation du broyeur avec une scie à métaux. La face biseautée de la rondelle doit être orientée vers les filets du tronçon de tuyau d'évacuation que vous brancherez au raccord en T du dispositif d'évacuation de l'évier.

G

patte de fixation

anneau
de montage
inférieur

Verrouillez le broyeur. Pour ce faire, insérez un tournevis ou la clé du broyeur dans l'une des pattes de fixation de l'anneau de montage inférieur et faites tourner ce dernier dans le sens des aiguilles d'une montre jusqu'à ce que les oreilles de montage soient verrouillées. Avec une pince multiprise, resserrez tous les écrous coulissants du dispositif d'évacuation.

Installation d'une hotte de cuisine

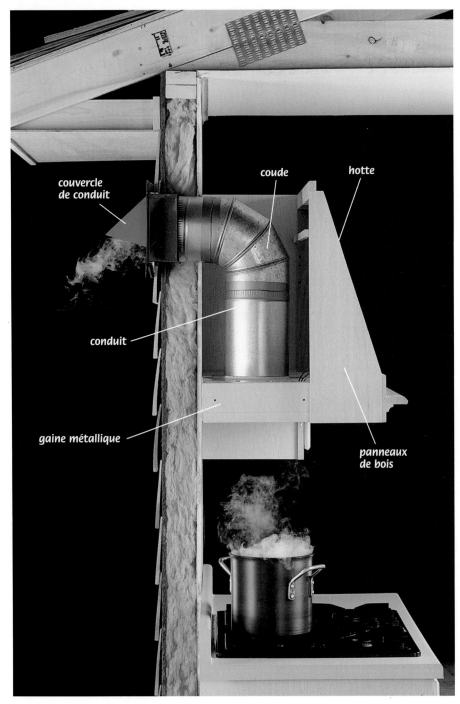

La hotte murale (vue en coupe) est installée entre deux armoires murales. La hotte est attachée à une gaine métallique fixée aux armoires. Les conduits et le coude évacuent les vapeurs de cuisson vers l'extérieur jusqu'au couvercle de conduit. La hotte et les conduits sont recouverts de panneaux de bois ou de stratifié de même couleur que les armoires.

Une hotte évacue de la cuisine la chaleur, l'humidité et les odeurs de cuisson. Elle comporte un ventilateur électrique muni d'un ou de plusieurs filtres, ainsi qu'un système de conduits métalliques qui dirige l'air vicié vers l'extérieur. Ce type de hotte est plus efficace que celui qui ne comporte pas de conduits vers l'extérieur, puisque ce dernier filtre l'air et le remet en circulation sans l'évacuer. La NKBA (National Kitchen and Bath Association) recommande que la puissance d'évacuation d'une hotte de cuisine soit d'au moins 150 pi^3/min.

Les conduits métalliques de la hotte peuvent être circulaires ou rectangulaires. Des coudes et des raccords de transition, offerts pour les deux types de conduits, vous permettent de donner un angle au système de conduits et de joindre des conduits de forme ou de dimensions différentes.

Outils: perceuse, détecteur de poteau, compas, tournevis.

Matériel: pièces de bois de 1 po x 4 po, vis à panneau mural de 1 ¼ po, conduits, coude réglable, couvercle de conduit, vis à tôle de 1 ½ po.

Outils et matériel spécialisés: voir la photo ci-dessous.

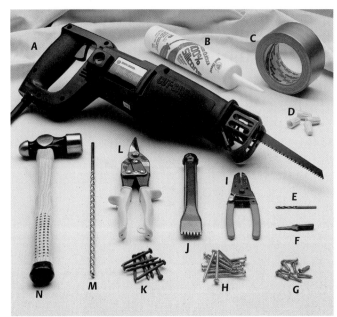

Outils et matériel spécialisés requis pour l'installation de la hotte: scie alternative avec lame à bois grossière (A), scellant à la silicone (B), ruban adhésif en toile (C), serre-fils (D), mèche hélicoïdale de ⅛ po (E), mèche conique n° 9 (F), vis à tôle de ¾ po (G), vis à tôle de 2 ½ po (H), pince à usages multiples (I), ciseau à maçonnerie (J), clous à maçonnerie de 2 po (K), cisaille (L), foret à maçonnerie (M), marteau à panne ronde (N).

Installation d'une hotte de cuisine

À l'aide de vis à panneau mural de 1 ¼ po, fixez sur le côté de chaque armoire une pièce de bois de ³/₄ po x 4 po x 12 po. Veillez à ce que les vis ne soient pas longues au point de dépasser à l'intérieur des armoires. Suivez les instructions du fabricant relativement à l'écart à conserver entre la hotte et la surface de cuisson.

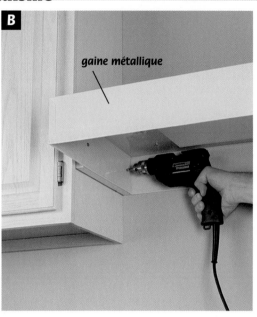

gaine métallique

Placez la gaine métallique entre les pièces de bois et fixez-la avec des vis à tôle de ³/₄ po.

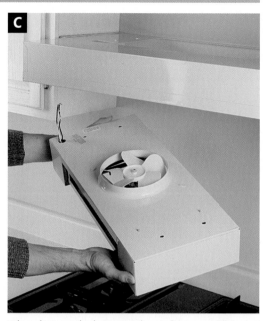

Enlevez le couvercle des compartiments lampes, ventilateur et connexions électriques, selon les instructions du fabricant. Placez la hotte dans la gaine et attachez-la en serrant des écrous sur les boulons de montage se trouvant dans le compartiment lampes.

emplacement du poteau

À l'aide d'un détecteur de poteau, repérez les poteaux du mur que traversera le conduit. À l'aide d'un compas, indiquez l'endroit où pratiquer l'ouverture, dont le diamètre doit être de ½ po supérieur à celui du conduit. Coupez le courant dans la zone. Assurez-vous qu'il n'y a pas de tuyaux ou de câbles dans le mur. Découpez le mur à l'aide d'une scie alternative ou d'une scie à découper. Enlevez l'isolant du mur. Pratiquez un avant-trou dans le mur extérieur (voir étape F, page 440).

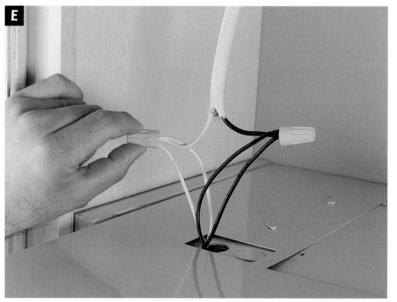

Avec une pince à usages multiples, dénudez chacun des fils du circuit sur environ ½ po. Raccordez les fils noirs avec un serre-fils, ensuite les fils blancs. Poussez doucement les fils dans la boîte électrique. Remettez le couvercle des compartiments lampes et ventilateur.

Suite à la page suivante

Installation d'une hotte de cuisine (suite)

Découpez le mur extérieur. S'il s'agit d'un mur de maçonnerie, pratiquez une série de trous le long du tracé à découper, à l'aide d'un foret à maçonnerie. Enlevez la maçonnerie avec un ciseau à maçonnerie et un marteau à panne ronde. Si le parement est en bois, découpez-le avec une scie alternative.

bride de sortie

Installez le premier conduit en en faisant glisser le bord non ondulé sur la bride de sortie de la hotte. Servez-vous d'une cisaille pour couper le conduit à la bonne longueur.

Avec une mèche hélicoïdale de ¹/₈ po, pratiquez trois ou quatre avant-trous dans les deux couches de métal (bride et conduit). Attachez le conduit avec des vis à tôle de ³/₄ po. Scellez le raccordement avec du ruban adhésif en toile métallisée.

Ajoutez d'autres sections de conduit en en faisant glisser l'extrémité lisse sur l'extrémité ondulée du conduit installé. Servez-vous d'un coude réglable si le conduit doit changer de direction. Attachez les conduits avec des vis à tôle; scellez les joints avec du ruban adhésif en toile métallisée.

Installez le couvercle de conduit sur le mur extérieur. Sur la bride du couvercle, appliquez un épais cordon de scellant à la silicone. Glissez le couvercle sur l'extrémité du conduit.

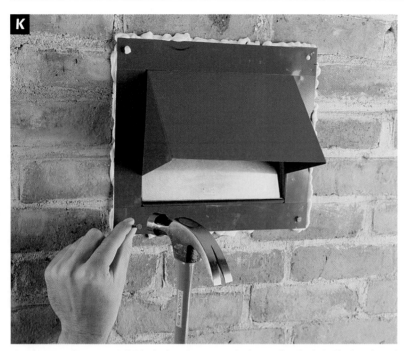

Fixez le couvercle au mur à l'aide de clous à maçonnerie de 2 po (ou de vis à tôle de 1 ½ po si le parement est en bois). Essuyez l'excédent de scellant.

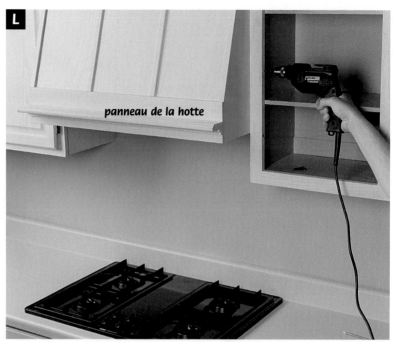

panneau de la hotte

Glissez le panneau décoratif entre les armoires. Avec une mèche conique, pratiquez des avant-trous dans le cadre avant de l'armoire. Attachez le panneau de la hotte aux armoires à l'aide de vis à tôle de 2 ½ po.

Variantes

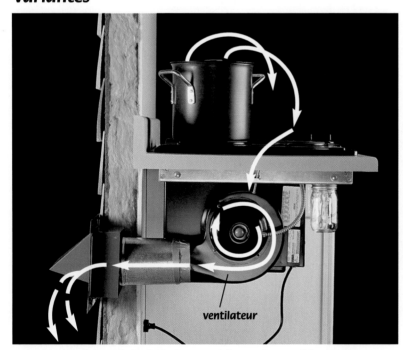

ventilateur

Le plan de cuisson à ventilation intégrée est muni d'un ventilateur qui évacue les vapeurs par l'arrière ou par le bas d'une armoire de sol. C'est le choix idéal d'appareil pour îlot de cuisine.

La hotte attachée à une armoire est fixée à la partie inférieure d'une armoire murale de 12 po ou 18 po de hauteur. Le conduit métallique court à l'intérieur de cette armoire.

Planification du projet **444**

    Évaluation des besoins. **444**

    Conception de la salle de bain. . . . **446**

    **La salle de bain de
    conception universelle** **448**

Tuyautage d'un cabinet de toilette . . .**452**

**Tuyautage d'une salle de bain
principale** **454**

**Tuyautage d'une salle de bain de
sous-sol** **462**

Construction d'une douche **468**

Installation d'une baignoire **471**

**Installation d'une baignoire
à remous** **476**

Installation de robinets et de becs . . .**482**

**Installation d'un meuble-lavabo
et d'un lavabo** **484**

Installation d'une toilette **488**

**Installation d'un ventilateur de
salle de bain** **490**

Installation de barres d'appui **494**

Planification du projet

La rénovation d'une salle de bain est l'un des projets qui figurent sur la liste des priorités de nombreux propriétaires. Qu'il s'agisse de réparer un robinet qui fuit, de repenser la disposition des appareils sanitaires ou de tout démolir et de repartir à zéro, le projet de rénovation devrait rendre votre salle de bain plus pratique et plus confortable. Cependant, avant de vous précipiter au magasin pour acheter de nouveaux appareils ou un revêtement de sol, vous devez réfléchir à trois aspects de votre nouvelle salle de bain: le type, le style et la couleur.

Le type de salle de bain, d'abord. Il existe trois types de base: la salle de bain familiale (petite ou grande), la salle de bain des parents (ou de luxe) et le cabinet de toilette (ou cabinet des invités). Chacun a ses exigences pour ce qui est des dimensions, des appareils sanitaires, de l'aménagement et de la couleur. Pour vous aider à déterminer quel type de salle de bain choisir, posez-vous les questions suivantes: qui utilisera la pièce et à quelle fréquence? où sera-t-elle située? quelles sont les caractéristiques auxquelles vous tenez absolument? doit-elle être accessible à une personne handicapée?

En deuxième lieu, réfléchissez au style de salle de bain que vous voulez. Puisque c'est l'une des pièces les plus fréquentées de la maison, elle doit s'harmoniser avec le style de votre demeure. Pour vous inspirer, feuilletez des revues de décoration, allez à des expositions consacrées à la rénovation ou à la décoration, et visitez des maisons modèles. Vous y trouverez sûrement des idées.

Songez ensuite à la couleur. Le type et le style de la salle de bain influeront sur le choix de la couleur. Tenez compte du style général de votre maison lorsque vous choisirez la couleur des appareils sanitaires, du revêtement de sol et de l'éclairage. N'oubliez pas que vos enfants grandiront. N'oubliez pas non plus que vous risquez de vous lasser des modes passagères. Demandez-vous quelle sera l'utilisation de la salle de bain dans quelques années. Il pourrait être judicieux de choisir des couleurs neutres pour les appareils et le sol, et de donner une touche de couleur à la pièce avec le papier peint, la peinture ou les serviettes.

Notez vos idées dans un calepin. La rénovation d'une salle de bain requiert une planification soigneuse; vous devez absolument savoir ce que vous voulez avant de vous lancer. Dans la plupart des cas, la nature du projet de rénovation est déterminée non seulement par le goût et les désirs du propriétaire, mais aussi par son budget et par l'espace dont il dispose.

Il se peut que vous souhaitiez construire une salle de bain de luxe, avec baignoire à remous et sauna, mais que votre budget ne vous permette que de rénover votre grande salle de bain actuelle. Avant de renoncer à votre rêve d'une salle de bain idéale, examinez toutes les options s'offrant à vous. Il est parfois possible de gagner de l'espace en empiétant sur une pièce adjacente ou en sacrifiant un placard. Vous pouvez également faire des économies en réutilisant certains éléments de votre salle de bain actuelle, par exemple, les tablettes, les armoires de rangement ou les luminaires. Vous pouvez également créer l'impression d'une nouvelle salle de bain en améliorant la disposition des appareils pour rendre la pièce plus pratique. Un décorateur spécialisé dans les salles de bain (voir page 22) peut vous aider à voir d'un œil nouveau l'espace dont vous disposez.

Évaluation des besoins

Avant de pouvoir coucher vos plans sur papier, vous devez évaluer vos besoins. Une salle de bain se divise en trois aires d'activité: la toilette, le lavabo et la baignoire ou douche. Un aménagement réussi tiendra compte de la relation existant entre ces aires, dans une perspective d'accessibilité et de sécurité. Le type de salle de bain choisi influera sur toutes vos décisions concernant la disposition, les appareils et l'espace.

Cabinet de toilette

Le cabinet de toilette, généralement petit, est destiné aux invités et aux visiteurs. D'habitude, il ne comporte qu'une toilette et un lavabo. Lorsqu'on le conçoit pour les invités, on y ajoute parfois une douche et on le situe près de la chambre d'amis. Bien entendu, la pièce doit être plus grande si on veut y installer une douche.

Le cabinet de toilette est souvent situé près du hall d'entrée ou de la salle de divertissement. La plupart du temps, mieux vaut que la porte de ce cabinet donne dans un corridor plutôt que dans la salle à manger, le salon ou une aire d'usage général.

©Karen Melvin

Puisque le cabinet de toilette est petit, les appareils sanitaires et les matériaux utilisés peuvent être de meilleure qualité. En général, il comporte un lavabo sur pied, des miroirs muraux et peu d'espace de rangement.

Salle de bain familiale

La salle de bain familiale est une pièce très fréquentée, la plupart du temps située près des chambres. Si plus d'un membre de la famille l'utilise, on y trouvera des espaces de rangement pour les produits de beauté et d'hygiène, les serviettes et les produits de nettoyage. Cette salle de bain comporte au moins un lavabo, une toilette, une baignoire et une douche.

Une pièce de 5 pi x 7 pi peut suffire à l'installation d'une salle de bain familiale ; mais, dans une pièce plus grande, on pourra installer un lavabo double ou une cabine de douche séparée, de manière que deux personnes puissent utiliser la salle de bain en même temps. Si la pièce est petite, on peut gagner de l'espace en combinant la baignoire et la douche, en encastrant les étagères, et en utilisant des appareils sanitaires et des armoires de rangement de faible encombrement. Les appareils et les revêtements doivent être durables et nécessiter peu d'entretien ; on privilégiera donc les carreaux de céramique et les appareils sanitaires émaillés.

La salle de bain des enfants doit répondre à certains critères particuliers de sécurité et pouvoir être transformée à mesure que grandiront les enfants. Ceux-ci doivent pouvoir l'utiliser sans surveillance. Parmi les caractéristiques qui rendent l'hygiène quotidienne plus facile et plus sécuritaire pour les enfants, on compte le robinet à manette unique muni d'un dispositif prévenant les brûlures, la pomme de douche réglable, les bouchons de sécurité, la toilette de dimensions réduites, le lavabo de hauteur réduite et le meuble-lavabo à marchepied intégré.

Salle de bain des parents

La salle de bain des parents constitue un sanctuaire pour les propriétaires de la maison. Elle est généralement reliée à la chambre principale. On peut y trouver des aires d'activité distinctes, par exemple une baignoire à remous, une cabine de douche, une enceinte fermée pour la toilette et des lavabos.

Il s'agit généralement d'une grande pièce, qui présente des caractéristiques de luxe, tel un sauna. On y trouve des carreaux de céramique et des appareils sanitaires haut de gamme, ainsi que des armoires et des meubles faits sur mesure.

©Christian Korab

©Karen Melvin

Conception de la salle de bain

Du fait que la salle de bain est un tout petit espace dans lequel se déroulent de nombreuses activités, sa planification et sa conception requièrent le plus grand soin. La NKBA américaine (National Kitchen and Bath Association) publie une liste des normes de conception des salles de bain qui peuvent vous aider à planifier une salle de bain sécuritaire et accessible à tous. Certaines des normes fondamentales sont énumérées sur le tableau de droite. Vous trouverez aux pages 448 à 451 des normes spécifiques à la conception universelle.

Votre salle de bain ne sera probablement pas conforme à toutes les normes recommandées; toutefois, celles-ci vous orienteront dans votre planification générale. Votre plan doit répondre à toutes les exigences du code du bâtiment de votre localité. Les principales exigences réglementaires sont énumérées à la page 447.

Voici les principales étapes de la phase suivante de votre projet: le tracé des plans et l'obtention des permis.

Esquissez un plan

Dessinez à l'échelle le plan de votre salle de bain actuelle, en indiquant les dimensions des murs (voir pages 18-19). Achetez ou fabriquez un gabarit pour représenter les appareils sanitaires actuels et futurs, et expérimentez divers aménagements de la pièce. Rappelez-vous que vous devez planifier la position des appareils et celle des tuyaux.

Sachez que le déplacement des tuyaux d'évacuation des appareils peut augmenter considérablement le coût et le degré de difficulté du projet. Vous réaliserez des économies en plaçant les nouveaux tuyaux près des conduits d'évacuation et d'évent actuels.

Consultez le code du bâtiment de votre localité

En ce qui a trait à tous les aspects de votre projet, plus particulièrement aux dégagements réglementaires à ménager autour des appareils, consultez le code du bâtiment de votre localité. Si vous manquez d'espace, songez à recourir à des appareils compacts et à des meubles encastrés. La superficie dont vous aurez besoin dépendra surtout du type et du nombre d'appareils sanitaires que vous voulez installer.

Dressez un plan à l'échelle et une liste du matériel

Détaillez votre plan initial, en y indiquant toutes les dimensions et tous les appareils de votre future salle de bain. Faites-y figurer toute la tuyauterie, le câblage et les raccordements au système CVCA. Une fois le plan préparé, dressez la liste du matériel, arrêtez un calendrier des travaux et décidez de ceux que vous exécuterez et de ceux que vous confierez à un spécialiste.

Faites examiner votre plan

Faites examiner votre plan par un inspecteur du service du bâtiment de votre localité. En recevant dès le début du projet ses conseils et recommandations, vous gagnerez plus tard du temps et économiserez de l'argent. L'inspecteur vérifiera votre plan et votre liste de matériel, et vous recommandera des modifications. Vous devrez également obtenir un ou plusieurs permis, lesquels requièrent des inspections. En règle générale, l'inspecteur examinera votre travail une première fois après la construction de la charpente et l'installation brute de la plomberie et du câblage, et une dernière fois lorsque les travaux seront terminés.

Normes de conception d'une salle de bain

- Planifier les entrées de manière que, du côté où l'on pousse la porte, le dégagement soit égal à la largeur de celle-ci et que, du côté où on la tire, il soit plus grand. NOTE: Dans la salle de bain, les dégagements divers peuvent se chevaucher.

- Pour les enceintes de toilette, prévoir une superficie minimale de 36 po x 66 po et une porte coulissante escamotable (ou une porte pivotant vers l'extérieur de l'enceinte).

- Installer le distributeur de papier hygiénique à 26 po du sol, à l'avant de la cuvette.

- Placer les douches et les baignoires de manière que les robinets soient accessibles de l'extérieur de celles-ci. Munir la baignoire et le lavabo de robinets à pression équilibrée (obligatoire dans la douche).

- Si possible, il ne doit pas y avoir de marche autour des douches et des baignoires.

- Installer des barres d'appui dans la douche et sur le rebord de la baignoire.

- Installer la porte de la cabine de douche de manière qu'elle pivote vers l'extérieur de la cabine.

- Utiliser du verre trempé ou un autre type de verre de sécurité pour les portes et les cloisons de verre.

- Prévoir un support pour les articles de salle de bain (savon, serviettes, etc.), lequel sera placé à une hauteur de 15 po à 48 po du sol et sera accessible à la personne se trouvant dans la douche ou la baignoire.

- Ménager une ouverture d'éclairage naturel dont la superficie correspondra à au moins 10% de celle du plancher.

- Éclairer toutes les aires d'activité de la salle de bain au moyen de luminaires d'éclairage directionnel et général.

- Laisser un écart minimal de 15 po entre le centre du lavabo et tout mur latéral. Lorsqu'il y a deux lavabos, l'écart minimal entre le centre de chacun doit être de 30 po.

- Ménager des panneaux de service donnant accès à tous les raccords d'électricité, de plomberie et de CVCA.

- Installer un ventilateur dont le taux de renouvellement d'air sera de 8 à l'heure.

- Choisir des surfaces d'armoires et de meubles dont le bord soit lisse, recouvert ou roulé.

Réglementation

Voici quelques-unes des règles s'appliquant généralement à la salle de bain. Consultez le service du bâtiment de votre localité pour obtenir la liste de toutes celles qui sont en vigueur dans votre région.

• La hauteur minimale du plafond est de 7 pi. (La superficie de la salle de bain est déterminée par les dégagements à prévoir autour des appareils sanitaires.)

• Le dégagement minimal entre le lavabo et un mur latéral est de 4 po; il est de 21 po à l'avant du lavabo.

• Le dégagement minimal entre un lavabo et une toilette (ou un second lavabo) est de 4 po, et de 2 po par rapport à une baignoire.

• Le dégagement minimal entre la ligne médiane d'une toilette et un mur latéral ou une baignoire latérale est de 15 po; il est de 21 po à l'avant d'une toilette.

• Une toilette nouvelle ou de remplacement doit être de type à faible chasse.

• La cabine de douche doit mesurer au moins 30 po x 30 po; le dégagement minimal devant l'ouverture de la cabine est de 24 po.

• Toute marche doit avoir une profondeur minimale de 10 po et une hauteur maximale de 7 $\frac{1}{4}$ po.

• Le robinet d'une douche ou d'une baignoire-douche doit être muni d'un dispositif de protection contre les changements soudains de température de l'eau.

• Un tuyau d'eau de $\frac{1}{2}$ po de diamètre suffit à alimenter un appareil sanitaire, ou un lavabo et une toilette. Il faut un tuyau de $\frac{3}{4}$ po de diamètre pour alimenter deux appareils ou davantage.

• Les tuyaux d'égout et d'évacuation doivent décrire une pente de $\frac{1}{4}$ po par pied en direction de la colonne de chute (cela facilite l'écoulement de l'eau et prévient l'obstruction du tuyau).

• La salle de bain doit être câblée à l'aide d'au moins un circuit réservé de 15 A. Seuls les luminaires, les prises et les ventilateurs sans élément chauffant peuvent être alimentés par ce circuit.

• Toutes les prises doivent être à disjoncteur de fuite à la terre.

• La salle de bain doit comporter au moins un luminaire fixe commandé par un interrupteur mural.

• Les interrupteurs muraux doivent se trouver à au moins 60 po de la douche et de la baignoire.

• Toutes les aires (toilette, douche, lavabo et autres) doivent être adéquatement éclairées.

• Les luminaires situés au-dessus de la baignoire ou de la douche doivent être imperméables à la vapeur et être homologués pour les aires humides.

• Il est interdit d'utiliser des luminaires à prise de courant intégrée.

• Le moteur d'une baignoire à remous doit être alimenté par un circuit réservé à disjoncteur de fuite à la terre.

• Les conduits de ventilation doivent se terminer à une distance horizontale minimale de 10 pi et à une distance verticale minimale de 3 pi par rapport à un puits de lumière.

*Durant la planification de la disposition des appareils sanitaires, **respectez les exigences relatives aux dimensions et aux dégagements minimaux.** Un accès facile aux appareils est essentiel au confort et à la sécurité.*

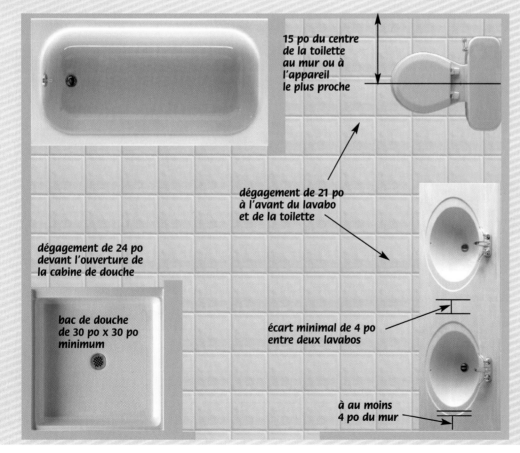

15 po du centre de la toilette au mur ou à l'appareil le plus proche

dégagement de 21 po à l'avant du lavabo et de la toilette

dégagement de 24 po devant l'ouverture de la cabine de douche

bac de douche de 30 po x 30 po minimum

écart minimal de 4 po entre deux lavabos

à au moins 4 po du mur

CONCEPTION UNIVERSELLE

La salle de bain de conception universelle

La sécurité et l'utilisation optimale de l'espace, éléments essentiels de la salle de bain de conception universelle, doivent demeurer les deux préoccupations majeures de quiconque rénove une salle de bain. Celle-ci doit être de grandeur suffisante, l'éclairage et le revêtement de sol doivent être adéquats et, bien entendu, les appareils doivent être accessibles et ne présenter aucun danger. L'installation d'un second lavabo et d'un plan horizontal au dessous ouvert peut rendre la salle de bain accessible à tout le monde.

La salle de bain de conception universelle présente quelques caractéristiques fondamentales. Son aménagement permet à une personne en fauteuil roulant de s'y déplacer et, éventuellement, à deux personnes de l'utiliser en même temps. Le revêtement de sol est antidérapant et l'éclairage est abondant. Les appareils sanitaires sont bien dégagés, de préférence des deux côtés. Les personnes en fauteuil roulant peuvent facilement accéder aux appareils sanitaires, aux armoires, aux miroirs, aux interrupteurs et aux prises de courant.

Aujourd'hui, bon nombre d'appareils sanitaires offerts sur le marché sont de conception universelle, mais ils ne constituent pas encore la norme. Consultez donc les détaillants, afin de trouver les produits qui satisferont le mieux vos besoins.

La barre d'appui est une caractéristique de sécurité essentielle à la salle de bain de conception universelle. Si les éléments de charpente du mur de votre salle de bain doivent être exposés durant la rénovation, profitez-en pour les consolider, en y posant un renfort ou des traverses, en vue de l'installation de barres d'appui. Vous trouverez aux pages 494-495 des détails sur l'installation des barres d'appui. Parmi les caractéristiques de sécurité supplémentaires, on compte les robinets à pression équilibrée pour la douche et le lavabo, ainsi que la présence d'un poste téléphonique pour les cas d'urgence.

Durant la planification, n'oubliez pas qu'une maison adaptée à tous les âges de la vie doit comporter au moins une salle de bain complète située au centre de chaque étage; cela est essentiel aux personnes à mobilité réduite.

Aménagement de la salle de bain

Les aires d'accès (hachurées) et les dégagements indiqués tiennent compte de la réglementation américaine et des recommandations de spécialistes de la conception universelle.

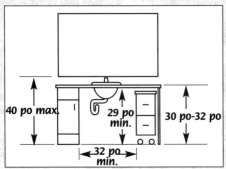

lavabo et meuble-lavabo

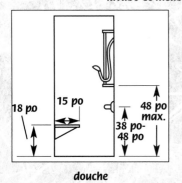

douche

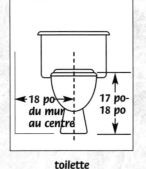

toilette

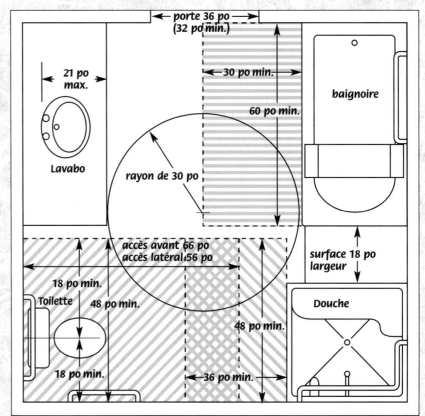

plan de la salle de bain

Planification de l'espace

Planifiez l'aménagement de la salle de bain autour d'un cercle libre de 5 pi de diamètre : c'est l'espace nécessaire au demi-tour d'un fauteuil roulant. Si cela est impossible, prévoyez un espace libre minimal de 30 po x 48 po devant la porte ; cet espace ne suffit pas au demi-tour d'un fauteuil roulant, mais en permet le passage. Pour rendre les appareils sanitaires accessibles à tous, prévoyez les aires d'accès suivantes, en vous rappelant qu'elles peuvent se chevaucher :

- Lavabo : aire de 30 po de largeur et de 48 po de profondeur à l'avant.
- Toilette : aire de 48 po de largeur et de 66 po de profondeur pour l'accès avant, et de 48 po x 56 po pour l'accès latéral ; installez la toilette de manière que son centre se trouve à 18 po de tout mur, appareil ou meuble situé d'un côté ou de l'autre.
- Baignoire : aire de 30 po x 60 po le long de celle-ci ; prévoyez une surface de 18 po de largeur à l'une des extrémités de la baignoire, de préférence aux deux, pour que l'utilisateur puisse s'y asseoir et projeter ses jambes dans la baignoire.
- Douche : aire de 48 po de largeur et de 36 po de profondeur devant l'ouverture de la cabine.

Éclairage et électricité

- Prévoyez une combinaison d'éclairage naturel et de lumière artificielle, en vous rappelant que les personnes de petite taille ou en fauteuil roulant doivent pouvoir ouvrir la fenêtre.
- En plus de l'éclairage général, prévoyez plusieurs sources d'éclairage localisé, par exemple au-dessus et à côté du lavabo et du miroir, au-dessus et à proximité de la baignoire et de la douche. Ce sont des endroits où peuvent se produire des accidents. Évitez de créer de grandes aires mal éclairées ; celles-ci peuvent présenter des difficultés aux malvoyants.
- Songez à installer des luminaires commandés par le mouvement ou par la voix.
- Installez les prises murales à une hauteur minimale de 18 po par rapport au sol. Installez les prises du meuble-lavabo à une distance maximale de 21 po par rapport au bord avant de celui-ci.

Cette élégante baignoire-douche comporte des barres d'appui intégrées, un siège, une pomme de douche réglable et des commandes déportées.

- Installez le plus de prises possible pour prévenir l'enchevêtrement des cordons et éliminer le besoin de déplacer les petits appareils électriques.

Revêtement de sol

- Étudiez tous les revêtements antidérapants offerts sur le marché avant d'arrêter votre choix. Les matériaux intéressants sont les carreaux de céramique à relief, le tapis intérieur/extérieur et le vinyle antidérapant.
- Demandez à votre détaillant de revêtements le coefficient de frottement de chaque type de revêtement (minimum : 0,6).

- Évitez les carreaux luisants et les autres types de revêtement à surface polie.

Portes

- Veillez à ce que l'ouverture libre des portes soit d'au moins 32 po de largeur, de préférence 36 po.
- Installez les portes à charnières de manière qu'elles s'ouvrent vers l'extérieur ; il sera ainsi plus facile de porter secours à quelqu'un se trouvant dans la salle de bain.
- Songez à installer une porte coulissante escamotable : elle est facile à utiliser et peut vous faire gagner beaucoup d'espace.

La salle de bain de conception universelle

Baignoire et douche

La sécurité est sans contredit la caractéristique principale d'une salle de bain de conception universelle. Il doit être facile d'entrer dans une baignoire ou une douche et d'en sortir; on devrait pouvoir s'asseoir dans la douche. Tous les accessoires et les commandes devraient être faciles d'accès. Beaucoup de baignoires et de douches offertes sur le marché répondent aux normes d'accessibilité universelle; examinez-en plusieurs avant d'arrêter votre choix.

• Installez des poignées ou des barres d'appui dans la baignoire et la douche et à proximité de celles-ci.

• Décentrez les commandes d'eau de manière qu'elles soient facilement accessibles de l'extérieur et de l'intérieur.

• Choisissez une baignoire munie d'un siège d'au moins 15 po de profondeur, intégré ou escamotable, en tenant compte des besoins d'une personne en fauteuil roulant.

• Songez à choisir des options pour la baignoire, par exemple une porte qui facilite l'entrée et la sortie de l'utilisateur, ou un siège intégré à réglage hydraulique.

• Choisissez une baignoire aux surfaces et arêtes douces.

Le lavabo de conception universelle a un robinet mains libres; il est plus facile d'accès grâce à son bord avant droit.

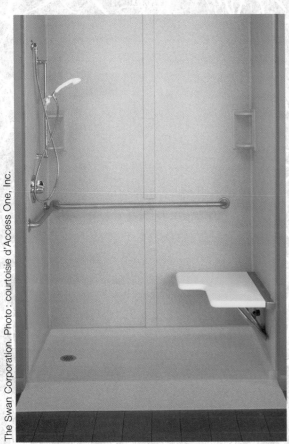

• Installez un rideau sur tringle.

• Songez à installer une cabine de douche sans seuil ou à seuil amovible. Munie d'un siège rabattable, elle convient à la plupart des incapacités fonctionnelles. La faible pente du bac garantira l'écoulement de l'eau vers l'orifice d'évacuation.

• Installez le siège fixe ou rabattable de la cabine à 18 po du sol. Sa profondeur minimale doit être de 15 po.

• Choisissez une cabine de douche dont l'ouverture mesure au moins 36 po, et le bac 36 po de côté.

• Installez les commandes d'eau à une hauteur de 38 po à 48 po; décentrez-les vers l'extérieur de la cabine.

Une cabine de douche sans obstacles munie d'un siège rabattable peut être utilisée par tout le monde. Certaines cabines peuvent être installées dans le même espace qu'une baignoire ordinaire de 30 po x 60 po.

• Installez une pomme de douche à main dont on peut régler la hauteur en la faisant coulisser sur un poteau vertical. L'extrémité inférieure de ce poteau doit être à une hauteur maximale de 48 po par rapport au sol.

Lavabo et meuble-lavabo

L'installation de meubles-lavabos de diverses hauteurs et à armoires inférieures amovibles peut rendre votre salle de bain beaucoup plus fonctionnelle. N'oubliez pas que les personnes en fauteuil roulant doivent avoir accès aux miroirs et à la pharmacie.

• Installez des plans de diverses hauteurs: de 34 po à 36 po pour les utilisateurs debout; de 30 po à 32 po pour les utilisateurs assis. Les plans bas doivent être ouverts à la base ou être munis d'une armoire inférieure amovible sur roulettes.

• Sous les meubles-lavabos et les plans destinés aux utilisateurs assis, prévoyez un dégagement de 29 po de hauteur, et de 32 po à 36 po de largeur.

• Si possible, installez un lavabo à une hauteur de 30 po à 32 po pour les utilisateurs assis.

Photo : courtoisie de Kohler, Co.

Photo : courtoisie d'Access One, Inc.

Des plans à hauteur réglable et des armoires amovibles rendent ces meubles-lavabos polyvalents. On peut s'appuyer sur les mains courantes, qui servent aussi de porte-serviette.

De chaque côté de cette toilette de 17 po de hauteur ont été installées des barres d'appui rabattables.

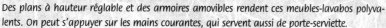

- Finissez le sol sous les armoires amovibles.

- Choisissez des lavabos moins profonds à l'avant qu'à l'arrière ; ils laissent plus d'espace pour les jambes d'un utilisateur assis, mais sont assez profonds pour qu'on y rince des vêtements.

- Sous les lavabos, isolez les tuyaux apparents.

- Choisissez des robinets à pression équilibrée à levier unique (mains libres) ou à boutons-poussoirs. Veillez à ce que l'obturateur d'évacuation soit accessible et facile d'utilisation.

- Installez les robinets à 21 po maximum du bord avant du meuble-lavabo.

- Placez les miroirs de manière que leur bord inférieur se trouve à une hauteur maximale de 40 po par rapport au sol. Songez à installer des miroirs basculants ou réglables.

- Remplacez les boutons des tiroirs et armoires par des poignées en forme d'anneaux.

- Songez à installer des tablettes coulissantes dans le meuble-lavabo ; veillez à ce que les personnes de petite taille ou en fauteuil roulant disposent d'espaces de rangement suffisants.

Toilette
En règle générale, le choix de toilettes de conception universelle est moins vaste que celui des autres appareils sanitaires. La sécurité et la facilité d'utilisation sont les deux critères d'achat. La hauteur de la cuvette doit convenir à tous les utilisateurs, notamment aux personnes en fauteuil roulant.

N'oubliez pas d'installer des barres d'appui de chaque côté de la toilette.

- Une toilette standard de 15 po de hauteur pourrait être trop basse pour les personnes dont les jambes manquent de force ou pour celles qui se déplacent en fauteuil roulant ; celle de 19 po de hauteur risque d'être trop haute pour une personne de petite taille. Une toilette de 17 po ou 18 po de hauteur convient à la plupart des utilisateurs.

- Il existe des toilettes à hauteur réglable ainsi que des sièges de toilette surélevés à poser sur des cuvettes de hauteur normale.

- On peut aussi choisir une toilette murale, que l'on peut installer à n'importe quelle hauteur, et qui a l'avantage de libérer le sol et d'être facile à nettoyer.

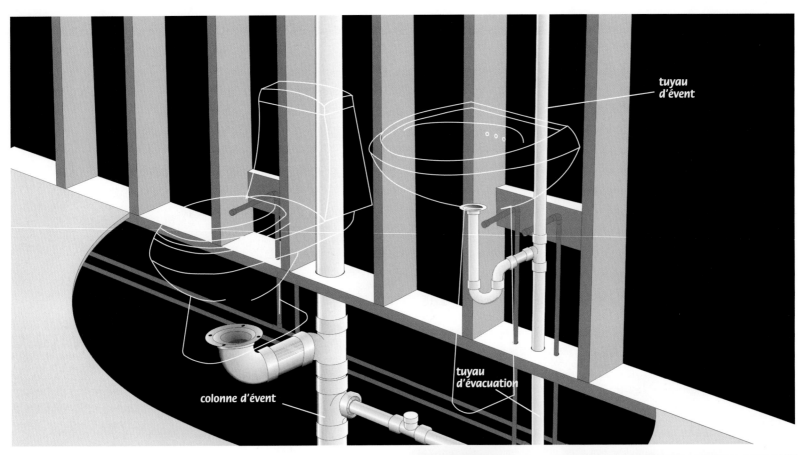

tuyau
d'évent

colonne d'évent

tuyau
d'évacuation

Tuyautage d'un cabinet de toilette

Il est facile d'installer un cabinet de toilette avec lavabo au rez-de-chaussée, près de la cuisine ou d'une salle d'eau, car vous pouvez tirer parti des tuyaux d'alimentation et d'évacuation existants. Il est possible d'en installer un à l'étage ou à un endroit éloigné de la tuyauterie actuelle, mais le projet de construction devient alors beaucoup plus complexe et coûteux.

Veillez à ce que les nouveaux appareils sanitaires disposent d'un évent adéquat. Dans notre projet, nous avons assuré l'évent du lavabo sur pied au moyen d'un tuyau qui monte dans le mur sur quelques pieds avant de décrire un angle et de rejoindre horizontalement la colonne d'évent. Cependant, s'il y a à un niveau plus élevé des appareils qui s'évacuent dans la colonne de chute, vous devrez faire monter le tuyau d'évent à au moins 6 po au-dessus de l'appareil le plus élevé avant de le raccorder à la colonne d'évent ou à un tuyau d'évent existant. Lorsque la toilette est située à 6 pi ou moins de la colonne, comme dans notre projet, elle ne requiert pas de tuyau d'évent supplémentaire.

Les techniques de tuyautage d'un cabinet de toilette avec lavabo sont semblables à celles d'une salle de bain principale. Reportez-vous à l'information détaillée des pages 454 à 461.

Dans notre cabinet de toilette, la toilette et le lavabo sont situés près de la colonne de chute, ce qui facilite l'installation, mais la distance séparant les deux appareils est conforme aux normes. Vérifiez si le code de votre localité n'établirait pas d'exigences particulières à ce sujet. En règle générale, l'écart minimal est de 15 po entre le centre de l'ouverture d'évacuation de la cuvette et le mur latéral ou un autre appareil, et de 21 po entre le bord avant de la cuvette et le mur y faisant face.

Tuyautage d'un cabinet de toilette

Dans le mur où passent les tuyaux, cherchez la colonne de chute; enlevez le panneau mural situé derrière l'emplacement prévu. Découpez dans le sol une ouverture de 4 ½ po destinée à la bride de toilette (pour la plupart des toilettes, le centre de l'ouverture se situe à 12 po du mur). Pratiquez deux trous de ¾ po dans la sablière pour le passage des tuyaux d'alimentation du lavabo, et un seul pour le tuyau d'alimentation de la toilette. Pratiquez une ouverture de 2 po pour l'évacuation du lavabo.

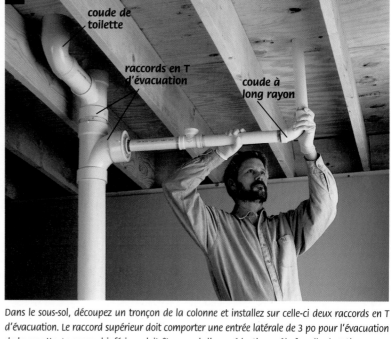

Dans le sous-sol, découpez un tronçon de la colonne et installez sur celle-ci deux raccords en T d'évacuation. Le raccord supérieur doit comporter une entrée latérale de 3 po pour l'évacuation de la cuvette. Le raccord inférieur doit être muni d'une réduction mâle-femelle de 1 ½ po pour l'évacuation du lavabo. Installez un coude de toilette et un tuyau d'évacuation de 3 po. Pour le lavabo, installez un tuyau d'évacuation de 1 ½ po et un coude à long rayon.

Installez sur les canalisations de distribution d'eau des raccords en T de réduction de ¾ po à ½ po, puis faites courir des tuyaux d'alimentation en cuivre de ½ po, par les trous de la sablière, jusqu'au lavabo et à la toilette. Soutenez les tuyaux à intervalles de 4 pi au moyen de supports fixés aux solives.

Fixez des coudes de montage sur les extrémités des tuyaux d'alimentation et attachez ces tuyaux à la pièce de bois installée entre les poteaux. Attachez-y aussi le tuyau d'évacuation, puis, à partir du raccord en T d'évacuation, faites courir dans le mur un tuyau d'évent vertical jusqu'à un point situé à au moins 6 po de hauteur par rapport à l'appareil sanitaire le plus élevé qui est raccordé à la colonne. Ensuite, faites courir le tuyau d'évent pour le joindre à la colonne d'évent avec un raccord en T d'évent.

Tuyautage d'une salle de bain principale

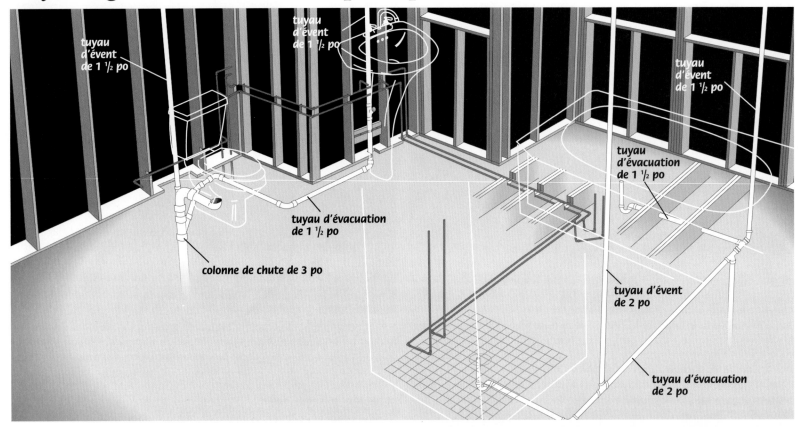

tuyau
d'évent
de 1 ½ po

tuyau
d'évent
de 1 ½ po

tuyau
d'évent
de 1 ½ po

tuyau
d'évacuation
de 1 ½ po

tuyau d'évacuation
de 1 ½ po

colonne de chute de 3 po

tuyau d'évent
de 2 po

tuyau d'évacuation
de 2 po

Une grande salle de bain comprend un plus grand nombre d'appareils et consomme plus d'eau que toute autre pièce de la maison. C'est pourquoi son tuyautage doit satisfaire à des exigences particulières.

Pour construire les murs qui renfermeront les tuyaux, servez-vous de poteaux de 2 po x 6 po. Vous pourrez ainsi facilement y installer des tuyaux et des raccords de 3 po de diamètre. Si votre salle de bain comprend une lourde baignoire à remous, vous devrez renforcer le plancher en installant sous celle-ci des solives « sœurs » le long des solives actuelles.

Toute modification apportée à un plancher ou à un mur porteur – y compris l'ajout de solives sœurs, l'installation de rives ainsi que l'exécution d'entailles ou de trous dans des éléments de charpente – doit être conforme aux exigences du code du bâtiment. Vous trouverez sur le tableau de la page 90 les dimensions générale-ment admissibles des trous et des entailles pratiqués dans les éléments de charpente.

Par souci de clarté, nous avons divisé le projet en quatre parties :
- Installation des tuyaux d'évacuation et d'évent de la toilette et du lavabo (pages 455 à 457)
- Installation des tuyaux d'évacuation et d'évent de la baignoire et de la douche (pages 458-459)
- Raccordement des tuyaux d'évacuation et d'évent à la colonne de chute et d'évent (page 460)
- Installation des tuyaux d'alimentation en eau (page 461)

Notre salle de bain modèle est une salle de bain principale située à l'étage. Nous installerons un premier tuyau d'évacuation vertical de 3 po de diamètre, pour la toilette et le lavabo sur pied, ainsi qu'un second de 2 po de diamètre, pour la baignoire et la douche. Le diamètre des tuyaux d'éva-cuation secondaires du lavabo et de la baignoire est de 1 ½ po ; celui du tuyau d'évacuation de la douche est de 2 po. À chaque appareil sanitaire correspond un tuyau d'évent qui se rend au gre-nier, où tous ces tuyaux sont reliés ensemble et raccordés à la colonne d'évent.

Installation des tuyaux d'évacuation et d'évent de la toilette et du lavabo

Avec du ruban-cache, indiquez sur le sous-plancher et les murs la position des appareils et des parcours de tuyau. Sur la lisse du mur situé derrière la toilette, marquez l'endroit où passera le tuyau d'évacuation vertical de 3 po de diamètre. Sur le sous-plancher, tracez un cercle de 4 ½ po de diamètre pour l'évacuation de la cuvette.

À l'aide d'une scie à découper, pratiquez l'ouverture destinée à la vidange de la cuvette. Autour de la future toilette, marquez et ensuite découpez du sous-plancher un morceau d'une grandeur qui permettra d'installer les tuyaux d'évacuation de la cuvette et du lavabo. Servez-vous d'une scie circulaire et réglez-en la lame en fonction de l'épaisseur du sous-plancher.

Si l'installation du tuyau d'évacuation de la cuvette est gênée par une solive de plancher, découpez une courte section de cette solive. Autour de l'ouverture, installez un chevêtre jumelé (deux solives clouées ensemble). Consultez le code du bâtiment pour connaître les exigences applicables à la construction et à la fixation des chevêtres jumelés. L'ouverture doit être juste assez grande pour permettre l'installation des deux tuyaux d'évacuation (toilette et lavabo).

Afin de créer un passage pour le tuyau d'évacuation vertical de 3 po de diamètre, découpez une tranche de 4 ½ po x 12 po dans la lisse du mur situé derrière la toilette. Découpez de même la lisse double installée sous les solives de plancher. Dans le sous-sol, repérez le point situé directement sous cette découpe en prenant des mesures par rapport à un point de référence, par exemple la colonne de chute.

Sur le plafond du sous-sol, tracez un cercle à l'endroit où passera le tuyau d'évacuation vertical de 3 po et pratiquez au centre de ce cercle un avant-trou de 1 po de diamètre. Dirigez le faisceau d'une lampe de poche dans ce trou; retournez dans la salle de bain et regardez dans la cavité murale. Si vous voyez la lumière, retournez dans le sous-sol et pratiquez un trou de 4 ½ po de diamètre ayant pour centre le premier trou.

Suite à la page suivante

Installation des tuyaux d'évacuation et d'évent de la toilette et du lavabo (suite)

raccord d'évent courbe à 90°

raccord en Y

Mesurez et découpez un tronçon de tuyau d'évacuation de 3 po de diamètre, qui, à partir de la cavité du sol de la salle de bain, se rendra à la hauteur de la face inférieure des solives de plafond au sous-sol. Avec de la colle à solvant, fixez au bout supérieur du tuyau un raccord en Y (3 po, 3 po, 1 ½ po) ; au-dessus de ce raccord, fixez un raccord d'évent courbe à 90°. L'ouverture libre du raccord en Y doit être orientée vers l'endroit où se trouvera le lavabo. L'ouverture antérieure du raccord d'évent courbe doit être orientée vers l'avant. Descendez avec soin le tuyau dans la cavité murale.

Descendez le tuyau de manière qu'il glisse dans l'ouverture pratiquée dans le plafond du sous-sol. Retenez le tuyau à l'aide d'une bride de vinyle passée autour du raccord d'évent courbe et vissée aux éléments de charpente.

Utilisez un tronçon de tuyau de 3 po de diamètre et un coude de réduction (4 po, 3 po) pour prolonger le tuyau d'évacuation jusqu'à l'endroit où se trouvera la cuvette. Veillez à imprimer au tuyau une pente descendante vers le mur d'au moins ⅛ po par pied, puis soutenez-le avec un support à tuyau fixé aux solives. Insérez un petit bout de tuyau dans le coude de manière qu'il s'élève à au moins 2 po du sous-plancher. Après l'essai de pression des tuyaux d'évacuation, ce bout de tuyau sera tranché au ras du sous-plancher et muni d'une bride de toilette.

raccord en T
d'évacuation

coude à 90°
à long rayon

Sous le futur lavabo, découpez la lisse et le sous-plancher. Coupez un bout de tuyau d'évacuation en plastique de 1 ¹/₂ po de diamètre; avec de la colle à solvant, fixez-y un raccord en T d'évacuation en haut et, en bas, un coude à 90° à long rayon. **NOTE:** La distance séparant le sous-plancher du centre du raccord en T doit être de 14 po à 18 po. La dérivation du raccord en T doit être orientée vers l'avant, et la sortie du coude vers l'endroit où se trouvera la toilette. Placez le tuyau de manière que la partie supérieure du coude touche presque la partie inférieure de la lisse. Avec une bride, fixez le tuyau sur une planche de ³/₄ po d'épaisseur, clouée entre les poteaux.

Installez sans les coller des bouts de tuyau d'évacuation de 1 ¹/₂ po de diamètre et des coudes, de manière à relier le tuyau d'évacuation du lavabo au tuyau de 3 po situé derrière la toilette. Utilisez une perceuse droite pour pratiquer des trous dans les solives, si nécessaire. Donnez au tuyau d'évacuation horizontal une pente descendante d'au moins ¹/₄ po par pied vers le tuyau vertical. Joignez les éléments avec de la colle à solvant et soutenez le tuyau d'évacuation à l'aide de courroies de vinyle clouées aux solives.

tuyau
d'évent
de la
toilette

Dans la sablière des murs situés derrière le lavabo et la toilette, pratiquez des trous de ¹/₂ po débouchant dans le grenier. Insérez des crayons dans les trous, et faites-les tenir avec du ruban adhésif. Repérez dans le grenier les crayons, repoussez l'isolant et découpez les ouvertures de 2 po de diamètre par lesquelles passeront les tuyaux d'évent verticaux. Installez des tuyaux d'évent de 1 ¹/₂ po de diamètre qui partiront des ouvertures d'évacuation de la toilette et du lavabo et qui s'élèveront à au moins 1 pi dans le grenier.

Installation des tuyaux d'évacuation et d'évent de la baignoire et de la douche

Avec du ruban-cache, en suivant votre plan de plomberie, indiquez sur le sous-plancher la position de la baignoire et de la douche, de leurs tuyaux d'alimentation et de leurs ouvertures d'évacuation. Avec une scie à découper, pratiquez une ouverture carrée de 12 po de côté pour chacune des deux ouvertures d'évacuation. Pratiquez un trou de 1 po de diamètre pour chacune des colonnes montantes d'alimentation.

Si vous avez l'intention d'installer une lourde baignoire à remous, découpez le sous-plancher pour exposer sur toute leur longueur les solives qui seront situées sous celle-ci. À chacune des solives, clouez, vissez ou boulonnez une deuxième solive, appelée sœur. Les deux extrémités de chaque solive doivent reposer sur un mur porteur. (Vous trouverez aux pages 318-319 des détails sur l'installation des solives sœurs.)

entrée
d'évacuation
de 2 po
pour la douche

entrée
d'évacuation
de 1 ½ po
pour la baignoire

Dans un mur proche de la baignoire, planifiez le passage d'un tuyau vertical d'évacuation et d'évent de 2 po de diamètre, qui partira du sous-sol et se rendra au grenier. Ce tuyau ne doit pas se trouver à plus de 3 ½ pi du siphon de la baignoire. Marquez ensuite le parcours du tuyau d'évacuation horizontal reliant l'ouverture de vidange de la baignoire au tuyau d'évacuation et d'évent. Au centre des solives, pratiquez les trous de 3 po de diamètre dans lesquels passera le tuyau d'évacuation de la baignoire.

Coupez et installez un tuyau d'évacuation vertical de 2 po de diamètre, qui part du sous-sol et se rend entre les solives situées à proximité de la baignoire. Recourez à la même technique que pour l'évacuation de la toilette (étapes D-F, pages 455-456). À l'extrémité supérieure du tuyau d'évacuation, utilisez divers raccords pour créer trois entrées: deux pour l'évacuation de la baignoire et de la douche, et une (supérieure) de 1 ½ po de diamètre, à laquelle se raccordera le tuyau d'évent se rendant au grenier.

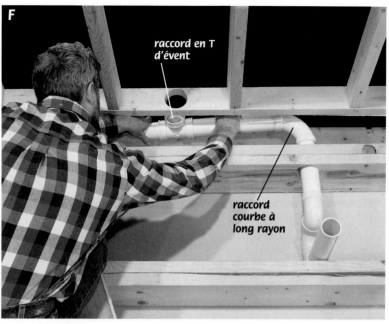

Installez sans le coller un tuyau d'évacuation de 1 ½ po entre l'évacuation de la baignoire et le tuyau d'évacuation et d'évent situé dans le mur. Imprimez au tuyau d'évacuation horizontal une pente descendante d'au moins ¼ po par pied vers le mur. Si l'installation vous satisfait, joignez-en les éléments avec de la colle à solvant et soutenez le tuyau d'évacuation à l'aide de courroies de vinyle fixées aux solives.

Installez sans le coller un tuyau d'évacuation de 2 po entre l'évacuation de la douche et le tuyau d'évacuation et d'évent vertical situé près de la baignoire. Fixez le siphon de la douche avec de la colle à solvant; pratiquez un trou dans la lisse et installez un raccord en T d'évent (2 po, 2 po, 1 ½ po) à 5 pi maximum du siphon. Imprimez au tuyau d'évacuation une pente descendante de ¼ po par pied à partir de l'évacuation de la douche. Si l'installation vous satisfait, joignez tous les éléments avec de la colle à solvant.

Coupez et installez les tuyaux d'évent verticaux de la baignoire et de la douche; ils traverseront la sablière et s'élèveront à au moins 1 pi dans le grenier, où ils seront raccordés à la colonne de chute et d'évent. Dans notre projet, le diamètre du tuyau d'évent est de 2 po pour la douche, et de 1 ½ po pour la baignoire.

Raccordement des tuyaux d'évacuation à la colonne de chute

Dans le sous-sol, tranchez la colonne de chute et installez-y les raccords nécessaires pour y joindre le tuyau d'évacuation de 3 po du lavabo et de la toilette ainsi celui de 2 po de la baignoire-douche. Dans notre projet, nous avons fabriqué un ensemble composé de deux courts tronçons de tuyau et d'un raccord en T d'évacuation muni d'une entrée latérale supplémentaire. Nous avons inséré cet ensemble dans la colonne et l'avons fixé à l'aide de raccords à colliers (voir pages 84-85). Placez le raccord en T de manière à imprimer aux tuyaux d'évacuation une pente descendante adéquate vers la colonne. **NOTE:** Si la colonne de chute est en fonte, installez les supports avant de la trancher (voir page 84).

Faites un essai de montage (sans colle) des raccords en Y avec coudes à 45° sur les tuyaux verticaux de 3 po et de 2 po. Placez les tuyaux horizontaux contre les raccords et marquez-les en vue de la coupe. Lorsque l'installation vous satisfait, joignez les tuyaux avec de la colle à solvant et soutenez-les à intervalles de 4 pi à l'aide de courroies de vinyle. Avec de la colle à solvant, fixez des bouchons de nettoyage sur les entrées ouvertes des raccords en Y.

Raccordement des tuyaux d'évent à la colonne d'évent

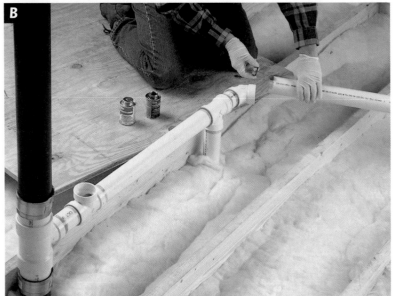

Dans le grenier, tranchez la colonne d'évent et installez-y un raccord en T d'évent retenu par des raccords à colliers. La sortie latérale du raccord en T doit être orientée en direction du nouveau tuyau d'évent de 2 po qui descend vers la salle de bain. Attachez un raccord en T d'essai au raccord en T d'évent. **NOTE:** Si la colonne d'évent est en fonte, veillez à ce qu'elle soit solidement soutenue avant de la couper (voir page 84).

Servez-vous de coudes, de raccords en T d'évent, de réductions et de tronçons de tuyau pour relier les nouveaux tuyaux d'évent au raccord en T d'essai de la colonne de chute. Vous pouvez faire passer les tuyaux d'évent là où vous le voulez, mais imprimez-leur une faible pente descendante pour y prévenir l'accumulation d'humidité. Installez des supports à tuyau à intervalles de 4 pi.

Installation des tuyaux d'alimentation en eau

Après avoir coupé l'eau, découpez les tuyaux d'alimentation existants et installez-y les raccords en T des nouvelles dérivations. Faites des entailles dans les poteaux muraux et acheminez les tuyaux vers la toilette et le lavabo. Servez-vous d'un coude et d'un raccord femelle fileté pour fabriquer la sortie d'alimentation de la toilette. Lorsque vous êtes satisfait de l'installation, brasez les joints.

Faites des entailles de 1 po x 4 po dans les poteaux et prolongez les tuyaux d'alimentation jusqu'au lavabo. Installez des raccords en T de réduction et des raccords femelles filetés qui serviront de sorties d'alimentation pour les robinets du lavabo. Ces sorties doivent se trouver à 8 po l'une de l'autre et à 18 po du sol. Lorsque vous êtes satisfait de l'installation, brasez les joints; insérez ensuite une planche de 3/4 po d'épaisseur derrière les sorties et fixez-y celles-ci à l'aide de brides.

Prolongez les tuyaux d'alimentation jusqu'à la baignoire et à la douche. Dans notre projet, nous avons enlevé le sous-plancher et pratiqué des entailles dans les solives pour faire courir les tuyaux de 3/4 po du lavabo jusqu'à la baignoire à remous puis à la douche. Nous avons utilisé des raccords en T de réduction et des coudes pour fabriquer les tuyaux verticaux de 1/2 po montant jusqu'aux robinets de la baignoire. Brasez les couvercles sur ces tuyaux. Une fois le sous-plancher remis en place, les couvercles seront enlevés et remplacés par des robinets d'arrêt.

Pour la douche, servez-vous de coudes pour fabriquer les tuyaux verticaux à l'endroit où se trouve le mur dans lequel sera cachée la tuyauterie. Ces tuyaux doivent s'élever à au moins 6 po du sol. Soutenez-les au moyen d'une planche de 3/4 po d'épaisseur fixée entre les solives. Brasez les couvercles sur ces tuyaux. Une fois la cabine de douche construite, les couvercles seront enlevés et remplacés par des robinets d'arrêt.

Tuyautage d'une salle de bain de sous-sol

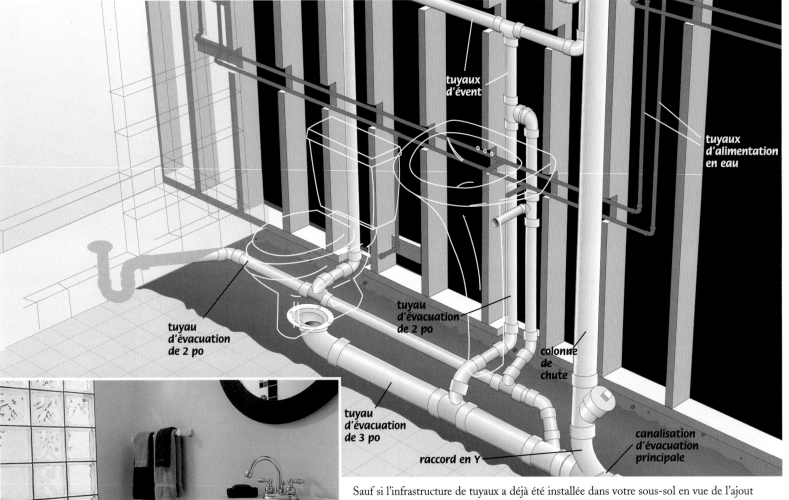

tuyaux d'évent

tuyaux d'alimentation en eau

tuyau d'évacuation de 2 po

tuyau d'évacuation de 2 po

colonne de chute

tuyau d'évacuation de 3 po

raccord en Y

canalisation d'évacuation principale

L'infrastructure de notre modèle de salle de bain comprend un tuyau d'évacuation de 2 po qui sera raccordé à la douche et au lavabo, et un de 3 po pour la toilette. Ces tuyaux convergeront vers un raccord en Y installé sur la canalisation d'évacuation principale. La douche, la toilette et le lavabo seront munis de tuyaux d'évent individuels qui se rencontreront dans le mur. À partir de ce point, un tuyau d'évent unique rejoindra le grenier, où il sera raccordé à la colonne d'évent.

Sauf si l'infrastructure de tuyaux a déjà été installée dans votre sous-sol en vue de l'ajout d'une salle de bain, il vous faudra briser le béton du sol et creuser une tranchée afin d'y installer les tuyaux d'évacuation de la toilette et de la douche ou de la baignoire. Pour simplifier ce travail laborieux, mieux vaut aligner les appareils sanitaires le long d'un même mur. Vous devez aussi déterminer où construire la salle de bain. Les appareils doivent être suffisamment proches du point de branchement à la canalisation d'évacuation principale pour que les tuyaux d'évacuation des appareils décrivent une pente descendante de $1/4$ po par pied.

Dans certains sous-sol, la canalisation d'évacuation principale ne se prolonge pas dans le sol, mais décrit une courbe au-dessus du sol avant de traverser le mur de la maison et de rejoindre le réseau d'égout municipal. Dans ce cas, la salle de bain de sous-sol requerra un expulseur qui recevra les eaux usées de chacun des appareils et les pompera vers cette canalisation.

Dans notre projet, les tuyaux d'évacuation enfouis sont raccordés à la canalisation d'évacuation principale et à un tuyau d'évent relié dans le grenier à la colonne d'évent. Pour qu'on puisse y brancher les nouveaux tuyaux d'évacuation, la canalisation d'évacuation principale et la colonne d'évent sont tranchées et des raccords y sont installés. Notre projet prévoit également la construction en poteaux de 2 po x 6 po du mur qui contiendra les tuyaux.

Tuyautage d'une salle de bain de sous-sol

A

Tracez sur le béton du sol la tranchée de 24 po de largeur dans laquelle courront les tuyaux d'éva-cuation qui seront raccordés à la canalisation d'évacuation principale. (Dans notre projet, la tranchée, parallèle au mur, est séparée du mur extérieur par une bordure de 6 po sur laquelle sera construit le mur renfermant les tuyaux.) Servez-vous d'un ciseau à maçonnerie et d'un maillet pour briser le béton autour de la colonne de chute.

B

À l'aide d'une scie circulaire munie d'une lame à maçonnerie, découpez le béton le long du tracé. Avec un marteau-piqueur, brisez le béton en morceaux. Enlevez le reste du béton à l'aide du ciseau et du maillet. Creusez la tranchée à une profondeur de 2 po sous la canalisation d'éva-cuation principale. Aux endroits où se trouveront les évents de la douche et de la toilette, faites des entailles de 3 po dans le béton, jusqu'au mur.

C

Découpez les poteaux de 2 po x 6 po du mur dans lequel courront les tuyaux. Pour la lisse, uti-lisez du bois traité sous pression. Faites des entailles de 3 po dans la lisse ; fixez celle-ci au béton à l'aide de colle mastic et de clous à maçonnerie (voir pages 323-324). Installez la sablière, puis fixez les poteaux.

D

Assemblez un tuyau d'évacuation horizontal de 2 po pour le lavabo et la douche, et un autre de 3 po pour la toilette. Celui de 2 po comprend un siphon pour la douche fixé avec de la colle à solvant, un raccord en T d'évent et un raccord en T d'évacuation pour le lavabo. Celui de 3 po est composé d'un coude de cuvette et d'un raccord en T d'évent. Servez-vous de coudes et de tron-çons de tuyau pour prolonger les tuyaux d'évacuation et d'évent jusqu'au mur. Veillez à ce que les raccords d'évent forment un angle ascendant d'au moins 45° avec les tuyaux d'évacuation.

Suite à la page suivante

Tuyautage d'une salle de bain de sous-sol (suite)

Utilisez une courroie de vinyle retenue par deux pieux (mortaise) pour maintenir les tuyaux d'évacuation dans la bonne position. Ces tuyaux doivent être installés selon une pente descendante de 1/4 po par pied vers la canalisation d'évacuation principale.

Assemblez les raccords requis pour relier les nouveaux tuyaux d'évacuation à la canalisation principale. Dans notre projet, nous allons enlever de la colonne de chute le raccord courbe à long rayon et le regard de nettoyage afin d'installer le raccord en Y qui recevra les deux nouveaux tuyaux d'évacuation.

Soutenez la colonne de chute avant de la trancher. Si la colonne est en plastique, servez-vous d'un poteau de 2 po x 4 po; si elle est en fonte, utilisez une fixation de colonne montante (voir page 84). Avec une scie alternative (ou un coupe-tuyau à chaîne pour la fonte), tranchez la canalisation le plus près possible de la colonne.

Tranchez la colonne de chute au-dessus du regard de nettoyage, et enlevez le tuyau et les raccords. Portez des gants de caoutchouc et ayez à portée de la main un seau et des sacs de plastique, car l'intérieur des vieux tuyaux et raccords est souvent recouvert de boue.

raccord en Y de réduction 3 po, 3 po, 2 po

Installez temporairement sur la canalisation d'évacuation l'ensemble du raccord en Y de réduction et du regard de nettoyage. Si l'installation vous satisfait, fixez-en les éléments avec de la colle à solvant. Pour supporter le poids de la colonne, ajoutez du sable sous le raccord en Y, mais laissez un bon dégagement autour de son extrémité afin de pouvoir raccorder les nouveaux tuyaux d'évacuation.

En partant du raccord en Y de réduction, joignez les tuyaux ensemble avec de la colle à solvant. Veillez à imprimer aux tuyaux une pente adéquate durant l'opération. Assurez-vous que les bouts de tuyau verticaux destinés à l'évacuation de la cuvette et de la douche s'élèvent à au moins 2 po du sol.

Vérifiez l'étanchéité de l'installation en versant de l'eau propre dans chacun des nouveaux tuyaux d'évacuation. S'il n'y a pas de fuite, mettez un couvercle sur l'ouverture des tuyaux ou bouchez-les avec des chiffons pour empêcher le gaz d'égout de se dégager dans votre aire de travail.

Suite à la page suivante

Tuyautage d'une salle de bain de sous-sol (suite)

Installez dans le mur les tuyaux d'évent de 2 po reliés à la canalisation d'évacuation. Faites des entailles dans les poteaux, installez un tuyau d'évent horizontal, puis joignez-y les tuyaux d'évent verticaux à l'aide d'un coude et d'un raccord en T d'évent. Si vous êtes satisfait de l'installation, joignez tous les éléments avec de la colle à solvant.

Faites courir le tuyau d'évent du mur jusqu'à un point situé sous une cavité murale qui est ouverte du sous-sol au grenier. **NOTE:** S'il y a déjà un tuyau d'évent dans le sous-sol, vous pouvez y raccorder votre nouveau tuyau d'évent plutôt que de le faire courir jusqu'au grenier.

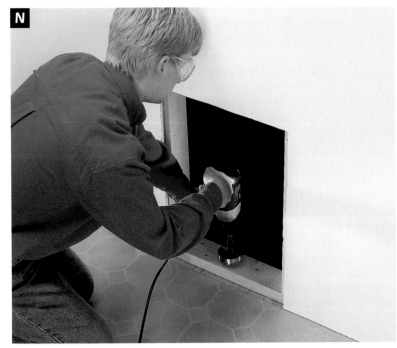

Dans le cas d'une maison à étages, retirez des sections de panneau mural au besoin pour pratiquer dans les lisses et les sablières les trous requis pour le passage du tuyau d'évent. Insérez le tuyau dans la cavité murale à partir du sous-sol.

Retenez le tuyau d'évent en le calant, le temps d'y coller les raccords. À chaque étage, supportez le tuyau à l'aide de courroies de vinyle. Ne refermez pas les murs avant la visite de l'inspecteur.

Dans le grenier, tranchez la colonne d'évent et installez-y un raccord en T d'évent. (S'il s'agit d'une colonne de fonte, servez-vous de raccords à colliers et veillez à bien supporter la colonne au-dessus et au-dessous des coupes, de la manière indiquée à la page 84.) Fixez un raccord en T d'essai au raccord en T d'évent, puis joignez le nouveau tuyau d'évent à la colonne à l'aide de coudes et de bouts de tuyau droits, au besoin.

Fermez l'alimentation en eau de la maison. Le plus près possible de la nouvelle salle de bain, sciez les tuyaux d'alimentation en eau et installez-y les raccords en T. Installez sur chaque tuyau un robinet de commande à passage intégral, puis faites courir les tuyaux d'alimentation secondaires de ³/₄ po dans le mur, après avoir pratiqué des entailles dans la sablière. Faites des entailles dans les poteaux pour la partie horizontale du parcours des tuyaux d'alimentation.

Servez-vous de raccords en T de réduction pour faire courir jusqu'aux appareils sanitaires des tuyaux d'alimentation de ¹/₂ po se terminant par un adaptateur femelle fileté. Installez entre les poteaux des entretoises auxquelles vous fixerez les tuyaux avec des brides. Clouez des protecteurs métalliques sur les entailles des poteaux, afin de protéger les

tuyaux. Une fois votre travail approuvé par l'inspecteur, remplissez les espaces autour des tuyaux d'évacuation avec du sable ou de la terre, puis recouvrez la tranchée de béton. Aplanissez la surface du béton et laissez-la sécher pendant trois jours avant d'installer les appareils sanitaires.

Construction d'une douche

Les dimensions et la configuration de la douche varient, mais ses éléments de base restent les mêmes: un système d'alimentation, un système d'évacuation et une enceinte.

Système d'alimentation: Un coude relie au tuyau d'alimentation le bras de douche sortant du mur. Ce tuyau s'élève à partir du corps du robinet de douche, lequel est alimenté par des tuyaux d'eau chaude et d'eau froide. Pour prévenir les brûlures, la plupart des codes exigent que les robinets de douche soient équipés d'un mitigeur thermostatique ou à pression contrôlée (page voir 483).

Système d'évacuation: Le couvercle de l'orifice d'évacuation est attaché à l'about d'évacuation. Le joint d'étanchéité en caoutchouc de l'about glisse sur le tuyau de renvoi raccordé au siphon et à la canalisation d'évacuation.

Enceinte de la douche: L'enceinte est constituée de poteaux de 2 po x 4 po qui entourent le bac de la douche ainsi que d'entretoises sur lesquelles seront fixés les éléments de plomberie. Le bac de douche repose sur une base de mortier, et des panneaux hydrofuges ou des panneaux de béton forment les murs de l'enceinte.

Le moyen le plus facile de revêtir les murs de l'enceinte consiste à y poser des panneaux de douche préfabriqués. Pour personnaliser le revêtement, choisissez des carreaux de céramique. Même si les panneaux hydrofuges sont normalement utilisés comme base des panneaux préfabriqués, vérifiez toujours les recommandations du fabricant. Les carreaux de céramique doivent être posés sur des panneaux de béton (voir pages 204-205). Certains codes exigent l'installation d'une membrane à l'épreuve de l'eau entre les poteaux et les panneaux hydrofuges (ou les panneaux de béton).

Le choix du bac de douche et du revêtement mural déterminera l'ordre d'installation. Certains bacs doivent être installés après les panneaux muraux, d'autres avant. Si votre bac doit être installé après les panneaux muraux, tenez compte de l'épaisseur du revêtement mural dans la construction de la charpente du mur de l'enceinte.

Outils: scie circulaire, perceuse, outils de plomberie, scie à métaux, pince multiprise, truelle, niveau.

Matériel: pièces de bois de 2 po x 4 po et de 1 po x 4 po, clous 16d et 8d, fournitures de plomberie, bac de douche, chiffon, mortier sec, savon liquide.

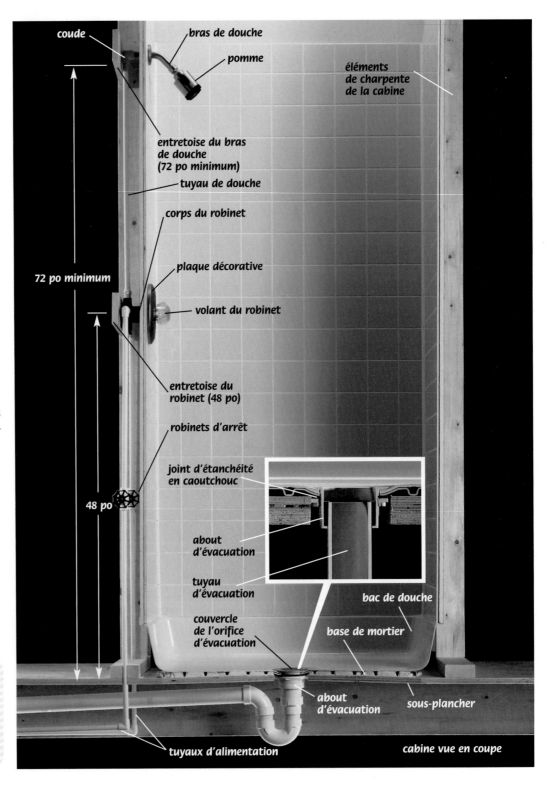

coude
bras de douche
pomme
éléments de charpente de la cabine
entretoise du bras de douche (72 po minimum)
tuyau de douche
corps du robinet
plaque décorative
72 po minimum
volant du robinet
entretoise du robinet (48 po)
robinets d'arrêt
joint d'étanchéité en caoutchouc
48 po
about d'évacuation
tuyau d'évacuation
bac de douche
couvercle de l'orifice d'évacuation
base de mortier
about d'évacuation
sous-plancher
tuyaux d'alimentation
cabine vue en coupe

Charpente de l'enceinte

Mesurez le bac de douche et reportez-en les mesures sur le sous-plancher, en vous servant du centre du tuyau d'évacuation comme point de repère, de manière que l'orifice d'évacuation se trouve au centre de l'enceinte. Installez des traverses entre les poteaux du mur existant afin de pouvoir y fixer les murs de l'enceinte.

Avec des pièces de bois de 2 po x 4 po, construisez les murs de l'enceinte juste à l'extérieur des lignes tracées au sol. Fixez ces murs au mur existant et au sous-plancher. Au besoin, pratiquez des ouvertures ou des entailles dans la lisse pour le passage des tuyaux.

Sur les deux poteaux entre lesquels passera le tuyau de douche, marquez des points de référence, à 48 po du sol pour le robinet, et à 72 po pour le bras de douche et la pomme. Les utilisateurs de grande taille peuvent installer plus haut le bras de douche.

Entre les deux poteaux, fixez les entretoises de 1 po x 4 po auxquelles seront attachés le robinet et le bras de douche. Centrez les entretoises en fonction des points de référence marqués ; placez-les de niveau avec la surface arrière des poteaux, afin de laisser l'espace requis par le corps du robinet (mortaise) et par les raccords du bras de douche.

En suivant les instructions du fabricant, assemblez les tuyaux et fixez aux entretoises le corps du robinet ainsi que le raccord du bras de douche (pour l'installation de tuyaux de plastique, voir pages 78 à 81).

Installation du bac de douche

A

Tranchez le tuyau d'évacuation à la hauteur recommandée par le fabricant (généralement au niveau du sol ou un peu plus haut). Bouchez le tuyau avec un chiffon, que vous enlèverez lorsque vous serez prêt à effectuer les raccordements d'évacuation.

B

joint d'étanchéité
écrou de retenue
about d'évacuation

Préparez l'about d'évacuation de la douche selon les instructions du fabricant et attachez-le à l'orifice du bac (voir mortaise, page 468). Serrez fermement l'écrou de retenue sur l'about pour que l'ajustement soit étanche.

C

Préparez le mortier; appliquez-en une couche de 1 po sur le sous-plancher, sur toute la zone que recouvrira le bac de douche. La base de mortier sert à stabiliser ce dernier et à le mettre de niveau.

D

Appliquez du savon liquide sur l'extérieur du tuyau d'évacuation (dans le plancher) et sur l'intérieur du joint d'étanchéité de l'about. Déposez le bac sur le tuyau d'évacuation; exercez lentement une pression verticale sur le bac jusqu'à ce que le joint d'étanchéité de l'about soit correctement glissé sur le tuyau d'évacuation.

E

Appuyez sur le bac pour le pousser contre le mortier, en prenant soin de le mettre de niveau. Si le fabricant le préconise, fixez le bac à l'aide de vis enfoncées dans le rebord de fixation et les poteaux. Laissez sécher le mortier de 6 à 8 heures. Une fois mis en place le revêtement mural intérieur, installez le volant du robinet et la pomme de douche.

Installation d'une baignoire

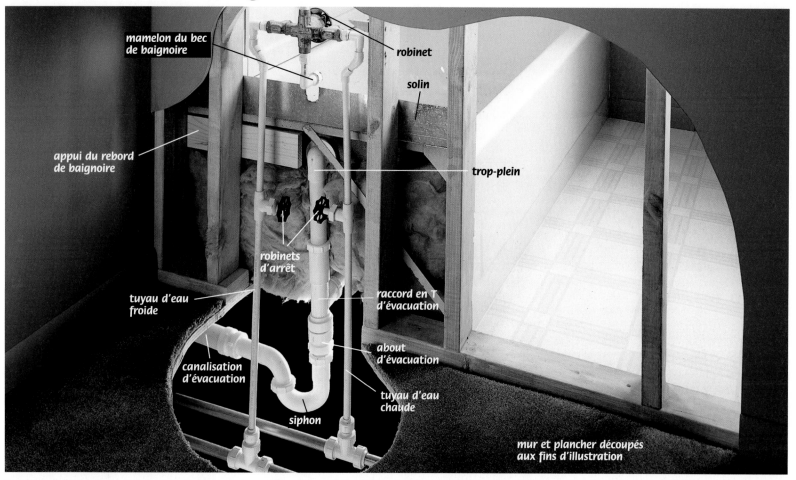

mamelon du bec
de baignoire

robinet

solin

appui du rebord
de baignoire

trop-plein

robinets
d'arrêt

tuyau d'eau
froide

raccord en T
d'évacuation

about
d'évacuation

canalisation
d'évacuation

tuyau d'eau
chaude

siphon

mur et plancher découpés
aux fins d'illustration

Le système d'alimentation de la baignoire se compose des tuyaux d'eau chaude et d'eau froide, des robinets d'arrêt, des robinets de baignoire et d'un bec. Les raccordements d'alimentation peuvent être faits avant ou après l'installation de la baignoire. Le système d'évacuation et de trop-plein de la baignoire comprend le tuyau de trop-plein, le raccord en T d'évacuation, le siphon et la canalisation d'évacuation. Le dispositif de trop-plein est attaché à la baignoire avant l'installation de celle-ci.

Avec le perfectionnement des plastiques et des techniques de construction est née une nouvelle génération de baignoires solides, légères et faciles à nettoyer. Même si votre ancienne baignoire en fibre de verre ou en fonte est encore en bon état, songez à la remplacer par un nouveau modèle qui résiste à la corrosion et aux taches.

Soyez prudent durant la manutention de la nouvelle baignoire, car c'est au moment de l'installation qu'elle risque le plus d'être endommagée. Si l'intérieur de la baignoire est protégé par une pellicule de plastique, n'enlevez cette dernière qu'après l'installation. De plus, installez dans la baignoire une couche de carton qui offrira au fini une protection supplémentaire durant votre travail.

Dans notre projet, nous installons une baignoire ordinaire dans une enceinte. Si vous devez construire une nouvelle enceinte, suivez les instructions du fabricant relativement aux dimensions de celle-ci. Comme pour une enceinte de douche, vous pouvez finir celle de la baignoire avec des carreaux de céramique ou des panneaux préfabriqués (voir page 468).

Fabriquez un panneau de service à l'arrière des robinets d'alimentation et des raccords d'évacuation de la baignoire, afin d'y avoir facilement accès en cas de réparations ou de modifications ultérieures.

Si vous installez une nouvelle baignoire devant servir aussi de douche, achetez un robinet combiné baignoire-douche, lequel est muni sur le dessus d'une ouverture destinée au raccordement du tuyau de douche. La plupart des codes exigent que ces robinets soient munis d'un dispositif de prévention des brûlures (voir page 483).

Outils: *outils de plomberie, pince multiprise, scie à métaux, niveau, scie circulaire, perceuse, tournevis, clé à molette.*

Matériel: *fournitures de plomberie, carton pour protéger la baignoire, ensemble d'évacuation et de trop-plein, cales, pièces de bois (1 po x 3 po, 1 po x 4 po et 2 po x 4 po), vis galvanisées, mastic adhésif, mortier sec, truelle, savon liquide, clous de toiture galvanisés de 1 po, chaperon de toiture galvanisé de 4 po de largeur; scellant pour baignoire et carrelage.*

Conseils pour l'installation d'une baignoire

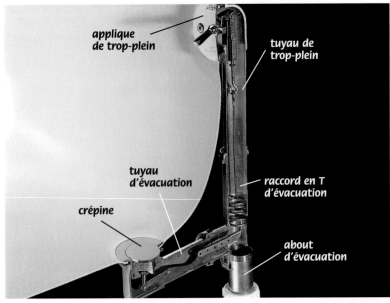

L'ensemble d'évacuation et de trop-plein, avec la tringlerie d'obturation, doit être acheté séparément et fixé à la baignoire avant l'installation de celle-ci (voir pages 473-474). Offerts en laiton ou en plastique, la plupart des ensembles comprennent une applique de trop-plein, un tuyau de trop-plein à hauteur réglable, un about et un raccord en T d'évacuation, un tuyau d'évacuation ainsi qu'une crépine qui se visse dans l'about.

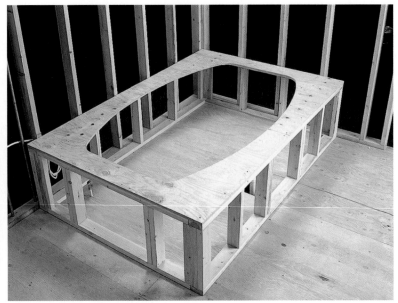

Construisez une plate-forme pour la baignoire à encastrer ou la baignoire à remous (voir pages 478 à 481). Surtout utilisées pour les baignoires à remous, la plupart des plates-formes sont finies avec des panneaux de béton et du carrelage une fois la baignoire installée.

Installation d'une baignoire dans une enceinte

Attachez le corps du robinet et le bras de douche aux tuyaux d'alimentation en eau ; fixez ensuite le tout à des entretoises de 1 po x 4 po, avant d'installer la baignoire. Coupez le tuyau d'évacuation à la hauteur prescrite par le fabricant de l'ensemble d'évacuation et de trop-plein.

Protégez le fond de la baignoire (servez-vous de l'emballage de carton que vous aurez découpé). Glissez la baignoire dans l'enceinte pour voir si elle s'y adapte, en la laissant reposer sur le sous-plancher et en l'appuyant contre les poteaux des murs.

À l'aide d'un niveau, vérifiez si la baignoire est de niveau; si elle ne l'est pas, glissez des cales en dessous. Sur chacun des poteaux, faites un trait le long de la bride de clouage. Retirez la baignoire de l'enceinte.

mesurez cette distance

Mesurez la distance séparant le dessus de la bride de clouage et le dessous du rebord de la baignoire (mortaise). Soustrayez cette mesure des marques que vous avez faites sur les poteaux et tracez sur ceux-ci une nouvelle ligne à la hauteur obtenue.

Dans une pièce de bois de 1 po x 4 po, coupez des appuis pour rebord de baignoire et, avec des vis galvanisées, fixez-les aux poteaux, juste au-dessous des lignes correspondant au rebord de baignoire (étape D). Vous devrez peut-être installer les appuis en sections, pour tenir compte des supports structuraux parfois situés aux extrémités de la baignoire.

Réglez la position de l'ensemble d'évacuation et de trop-plein (généralement vendu en prêt-à-monter) en fonction des ouvertures de trop-plein et d'évacuation. Posez les joints d'étanchéité et les rondelles selon les instructions du fabricant, puis placez l'ensemble contre les ouvertures de la baignoire. Au besoin, faites reposer la baignoire sur des pièces de bois de 2 po x 4 po.

Suite à la page suivante

Installation d'une baignoire dans une enceinte (suite)

Appliquez un cordon de mastic adhésif sous la bride de la crépine, puis faites passer cette dernière dans l'ouverture d'évacuation de la baignoire. Vissez la crépine dans l'about d'évacuation et serrez-la. Insérez le clapet d'obturation.

Insérez la tringlerie du clapet d'obturation dans l'ouverture de trop-plein ; fixez l'applique de trop-plein avec de longues vis enfoncées dans la bride de montage du tuyau de trop-plein. Réglez la tringlerie du clapet selon les instructions du fabricant.

Appliquez à la truelle une couche de mortier de ¹/₂ po d'épaisseur sur toute la surface du sous-plancher sur laquelle reposera la baignoire.

Déposez en travers de l'enceinte des pièces de bois de 1 po x 4 po, enduites de savon, en les appuyant sur la lisse du fond. Ces pièces vous permettront de faire glisser la baignoire dans l'enceinte sans altérer la couche de mortier.

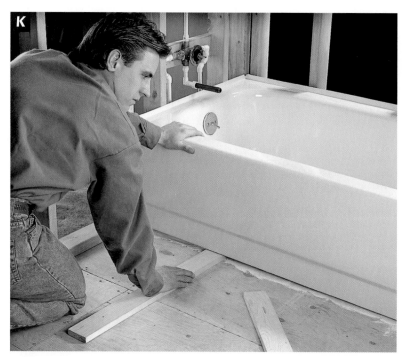

Faites glisser la baignoire sur les pièces de bois. Lorsqu'elle est dans la bonne position, enlevez les pièces pour qu'elle s'enfonce dans le mortier. Appuyez uniformément sur le rebord de la baignoire jusqu'à ce que celui-ci repose sur les appuis fixés aux poteaux.

Avant que ne sèche le mortier, clouez aux poteaux la bride de la baignoire. Vous pouvez fixer la bride de deux façons: en faisant passer les clous de toiture galvanisés dans des trous déjà pratiqués dans la bride (photo du haut), ou bien en enfonçant les clous dans les poteaux de manière que les têtes de clous recouvrent la bride (photo du bas). Une fois la bride fixée aux poteaux, laissez sécher le mortier de 6 à 8 heures.

Pour prévenir les infiltrations d'eau dans le mur, clouez par-dessus la bride de baignoire des bandes de chaperon de toiture galvanisé d'une largeur de 4 po. Laissez un jeu de dilatation de 1/4 po entre le chaperon et le rebord de la baignoire. Clouez le chaperon à chaque poteau avec des clous de toiture galvanisés de 1 po.

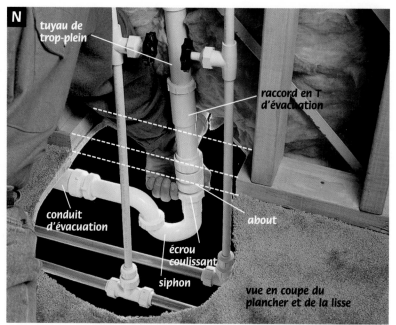

Placez l'about d'évacuation de manière qu'il puisse se raccorder au siphon (vous devrez peut-être le couper avec une scie à métaux). Faites ce raccord avec un écrou coulissant. Installez les panneaux muraux, puis les volants de robinets et le bec de baignoire (voir pages 482-483). Enfin, appliquez autour de la baignoire un cordon de scellant pour baignoire et carrelage.

Installation d'une baignoire à remous

Une fois achevés les travaux de plomberie brute, la baignoire à remous s'installe à peu près de la même façon qu'une baignoire ordinaire. Cependant, il faut prévoir un circuit électrique distinct pour le moteur de la pompe. Certains codes exigent qu'un maître électricien exécute le raccordement électrique de la baignoire ; informez-vous auprès de l'inspecteur en bâtiment de votre localité.

Choisissez votre baignoire à remous avant de procéder aux travaux de plomberie brute, car les exigences d'installation varient d'un modèle à un autre. Pour l'installation dans une salle de bain existante, où l'espace risque d'être réduit, bon nombre de fabricants proposent des baignoires à profil aminci et de hauteurs diverses.

Le meilleur moyen de choisir la baignoire idéale, c'est de vous rendre chez le détaillant et vous asseoir dans plusieurs modèles de baignoires. Vous devez pouvoir y entrer et en sortir facilement, et vous devez y être assis confortablement. Vérifiez si la baignoire est munie de barres d'appui qui vous aideront à y entrer et à en sortir.

Choisissez un robinet assorti à la trousse d'accessoires de la baignoire. Veillez à ce que le bec du robinet soit assez long pour dépasser du rebord de la baignoire. La plupart des baignoires à remous requièrent un robinet à écartement large, dont le bec est séparé des volants. Ces volants peuvent être installés loin du bec, voire du côté opposé de la baignoire. Vous trouverez dans la plupart des maisonneries des tuyaux souples de diverses longueurs servant à raccorder le bec et les volants d'un robinet.

Outils : *équerre de charpentier, scie circulaire, perceuse et forets à trois pointes, scie à découper, scie à métaux, truelle, tournevis, agrafeuse, règle rectifiée, couteau universel, outils pour revêtement de carreaux, pistolet à calfeutrer.*

Matériel : *pièces de bois de 2 po x 4 po, clous 10d, contreplaqué de ³/₄ po de catégorie «extérieur», vis galvanisées, mortier sec, blocs-espaceurs en bois de 12 po, fil gainé de calibre 8, raccord de mise à la terre, isolant en fibre de verre revêtu de papier, panneaux de béton, fournitures pour carreaux de céramique, scellant pour baignoire et carrelage.*

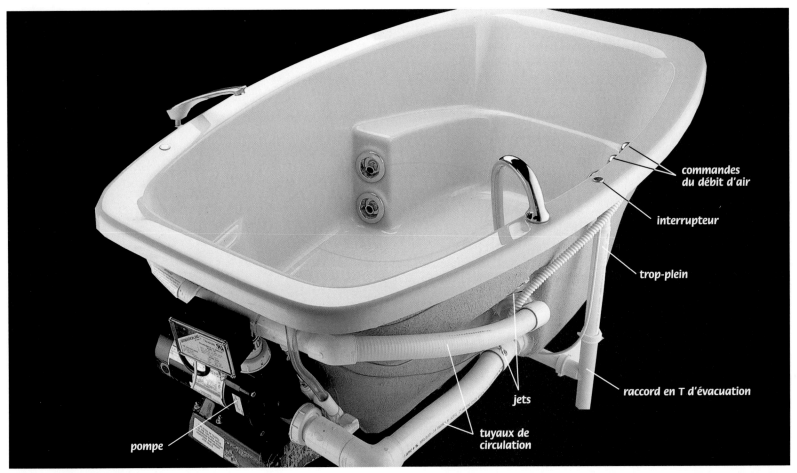

commandes du débit d'air

interrupteur

trop-plein

raccord en T d'évacuation

jets

tuyaux de circulation

pompe

*Dans une **baignoire à remous**, l'air et l'eau sont propulsés par des hydrojets situés dans le corps de la baignoire. La pompe de la baignoire peut déplacer jusqu'à 200 litres d'eau à la minute pour créer un effet d'hydromassage relaxant. La pompe, les tuyaux, les hydrojets et la plupart des commandes sont installés à l'usine, ce qui simplifie l'installation de la baignoire à la maison.*

Accessoires facultatifs

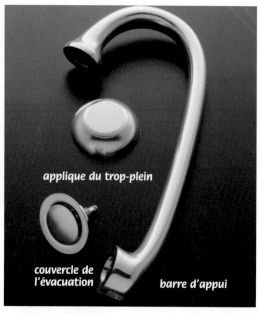

Les **lampes d'ambiance** sont des accessoires facultatifs installés en usine qu'offrent beaucoup de fabricants. La plupart comportent plusieurs filtres qui vous permettent de régler la couleur de l'éclairage selon votre humeur. Il s'agit d'appareils à basse tension alimentés par un transformateur de 12 V. Ne raccordez pas ces lampes, ni aucun autre accessoire, au circuit électrique alimentant le moteur de la pompe.

Les **trousses d'accessoires** se commandent au moment de l'achat de la baignoire. Ces accessoires, offerts en divers finis, sont habituellement tous installés en usine, sauf l'applique du trop-plein et la barre d'appui.

Raccordement électrique

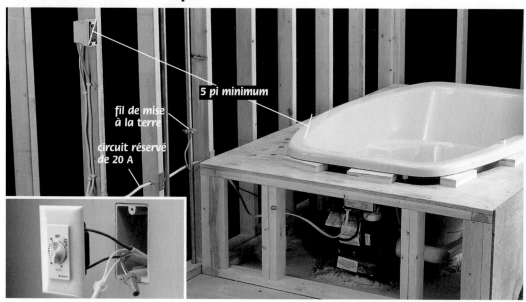

L'**alimentation électrique** d'une baignoire à remous doit être assurée par un circuit réservé de 115-120 V et 20 A. Le moteur de la pompe doit être mis à la terre séparément, la plupart du temps par raccordement à un tuyau métallique d'alimentation en eau froide. La plupart des baignoires sont raccordées au circuit par un câble NM de calibre 12 à deux fils, mais certains codes exigent l'installation d'un tube protecteur. Une minuterie (mortaise) installée à au moins 5 pi de la baignoire est exigée par certains codes, même pour les baignoires à minuterie intégrée.

Un **disjoncteur de fuite à la terre** doit être installé dans le tableau de distribution principal pour la baignoire à remous. Confiez toujours à un maître électricien le soin de raccorder un nouveau circuit au tableau de distribution, même si vous vous chargez de l'installation du câble du circuit.

Installation d'une baignoire à remous

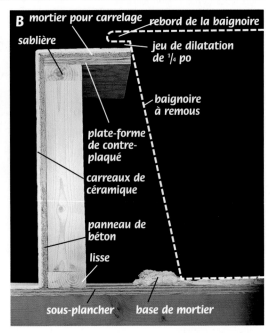

Tracez sur le sous-plancher le cadre de la plate-forme à l'endroit précis où celui-ci se trouvera. Servez-vous des tuyaux comme points de référence dans vos mesures. Avant de commencer la construction de la plate-forme, vérifiez les dimensions réelles de la baignoire pour confirmer qu'elles correspondent aux dimensions mentionnées dans les instructions du fabricant. **NOTE:** Planifiez votre plate-forme de manière qu'elle mesure au moins 4 po de largeur sur tout le pourtour de la baignoire.

Découpez les sablières, les lisses et les poteaux de la plate-forme. La hauteur du cadre doit inclure ³/₄ po pour la plate-forme de contreplaqué, ¹/₄ po de jeu de dilatation entre la plate-forme et le rebord de la baignoire, et 1 po pour le panneau de béton, le carrelage et le mortier.

Assemblez le cadre de la plate-forme. Prévoyez des ouvertures pour le panneau de service du moteur de la pompe et pour celui du dispositif d'évacuation. Clouez le cadre aux solives du plancher et aux poteaux des murs (ou aux entretoises) avec des clous 10d.

Recouvrez le cadre de la plate-forme avec une feuille de contreplaqué de ³/₄ po de catégorie «extérieur» et fixez-la avec des vis galvanisées à intervalles de 12 po. À l'aide du gabarit de découpe de la baignoire (généralement fourni avec la baignoire), tracez la ligne de découpe. Si le gabarit n'est pas fourni, faites-vous-en un avec le carton d'emballage. (La partie découpée sera légèrement plus petite que le périmètre extérieur du rebord de la baignoire.)

E Pratiquez un avant-trou à l'intérieur de la ligne de découpe; découpez ensuite le contreplaqué à l'aide d'une scie à découper.

F Mesurez et marquez les endroits où se trouveront les ouvertures destinées aux abouts des robinets et du bec en suivant les instructions du fabricant du robinet. Faites les trous à l'aide d'une scie-cloche ou d'une perceuse munie d'un foret à trois pointes.

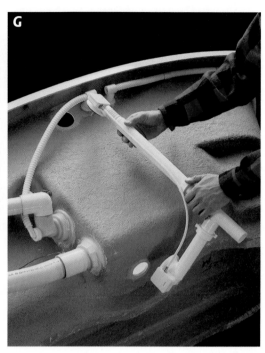

G Attachez aux sorties de trop-plein et d'évacuation de la baignoire (voir pages 473-474) le dispositif d'évacuation et de trop-plein (fourni avec la plupart des baignoires). Avec une scie à métaux, coupez à la bonne hauteur le tuyau d'évacuation sortant du sol.

H Appliquez une couche de mortier sec sur le sous-plancher, à l'endroit où reposera la baignoire à remous. Préparez des blocs-espaceurs de 12 po, d'une épaisseur de 1 ¼ po (voir l'étape B). Placez les blocs autour de l'ouverture découpée dans la plate-forme.

I En vous faisant aider, soulevez la baignoire par le rebord et déposez-la dans l'ouverture de la plate-forme. Appuyez sur le rebord de la baignoire pour qu'elle s'enfonce dans le lit de mortier, jusqu'à ce que le rebord repose sur les blocs placés autour de l'ouverture. Durant la dépose de la baignoire, alignez l'about du dispositif d'évacuation et de trop-plein et le siphon. Évitez de faire bouger la baignoire une fois que vous l'avez mise en place et laissez le mortier durcir de 6 à 8 heures avant de procéder au raccordement de la baignoire.

Suite à la page suivante

Installation d'une baignoire à remous (suite)

Modifiez si nécessaire la longueur de l'about du dispositif d'évacuation et de trop-plein, puis raccordez-le au siphon à l'aide d'un écrou coulissant.

Inspectez les raccordements des tuyaux et des boyaux installés en usine. Si vous constatez qu'un raccordement est lâche, demandez conseil à votre détaillant. Si vous tentez de réparer vous-même le raccordement, vous risquez d'annuler la garantie de la baignoire.

Après avoir coupé le courant, retirez le couvercle de la boîte de câblage du moteur de la pompe. Faites-y entrer les fils de circuit provenant de la source de courant ou de la minuterie murale et raccordez-les en suivant les instructions imprimées sur le moteur.

Attachez un fil gainé de calibre 8 à la borne de mise à la terre du moteur.

Avec un raccord de mise à la terre, attachez l'autre extrémité de ce fil gainé à un tuyau d'eau froide courant dans le mur. Vérifiez le fonctionnement du disjoncteur de fuite à la terre.

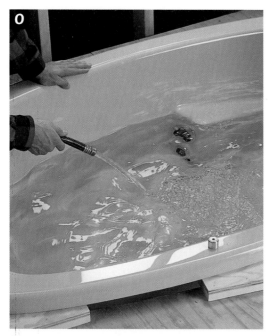

Nettoyez la baignoire, puis remplissez-la jusqu'à ce que le niveau d'eau dépasse d'au moins 3 po le plus haut des hydrojets.

Mettez la pompe en marche et laissez-la fonctionner pendant au moins 20 minutes tandis que vous vérifiez l'étanchéité de tous les raccords. En cas de fuite, consultez votre détaillant.

Aux poteaux du cadre, agrafez une nappe d'isolant de fibre de verre revêtu de papier. Le revêtement de l'isolant doit se trouver à l'intérieur, pour que les fibres n'atteignent pas le moteur. Laissez 6 po d'écart entre l'isolant et la pompe, le réchauffeur et les lampes.

Attachez les panneaux de béton aux côtés et au dessus de la plate-forme si vous avez l'intention de la recouvrir de carreaux de céramique. (Voir les instructions pour l'installation des panneaux de béton aux pages 428-429.) Utilisez du contreplaqué de 3/4 po de catégorie «extérieur» pour fabriquer les panneaux de service.

Posez le recouvrement de la plate-forme et des côtés, puis installez la barre d'appui, les volants et le bec de robinet. Vous trouverez aux pages 426 à 431 les instructions relatives à l'installation du carrelage. Avec du scellant pour baignoire et carrelage, remplissez les joints entre le sol et la plate-forme, et entre le rebord de la baignoire et la surface de la plate-forme.

Installation de robinets et de becs

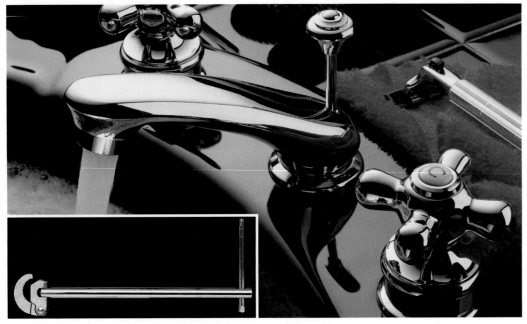

Les robinets de lavabo sont offerts dans toute une gamme de modèles, de matériaux et de prix. Les meilleurs sont faits de laiton, les moins chers le sont d'autres métaux chromés.

C'est surtout le type de volant ou de levier qui distingue les robinets. On trouve sur le marché des robinets à un ou à deux volants, de même que des robinets où un capteur électronique remplace les volants. La plupart des types de robinets sont offerts dans de nombreux styles, allant de l'antique au futuriste.

Si possible, installez le robinet avant le lavabo. Il vous sera ainsi plus facile de procéder au raccordement.

Outils : clé pour lavabo, tournevis.

Matériel : mastic adhésif, ruban d'étanchéité, écrous de raccordement, pâte à joints.

*Les **robinets de lavabo** sont offerts en divers styles parmi lesquels vous ferez un choix en fonction de la décoration de votre salle de bain. La clé pour lavabo (mortaise) vous permet de rejoindre les écrous de retenue des robinets se trouvant dans le meuble-lavabo.*

Installation d'un robinet en une seule pièce

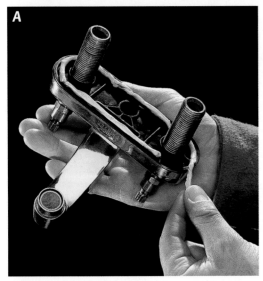

Appliquez un cordon de mastic adhésif sur la base du corps du robinet. (Certains robinets comportent un joint d'étanchéité et ne requièrent pas de mastic adhésif. Lisez attentivement les instructions du fabricant.)

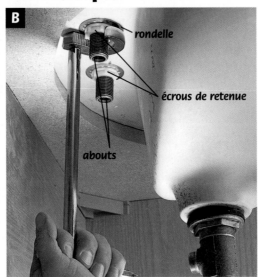

Insérez les abouts dans les ouvertures du lavabo ou du meuble-lavabo. En travaillant sous le lavabo, glissez sur les abouts les rondelles puis les écrous de retenue, et serrez ces derniers avec une pince multiprise ou avec une clé pour lavabo.

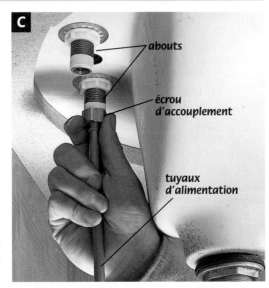

Enroulez du ruban d'étanchéité autour des filets des abouts, puis coupez les tuyaux d'alimentation à la bonne longueur (voir page 77). Attachez aux abouts les écrous d'accouplement des tuyaux d'alimentation. Avec une pince multiprise, serrez les écrous. Installez la tringlerie d'évacuation (voir page 485), les volants de commande et les capuchons décoratifs.

Installation des robinets de baignoire et de douche

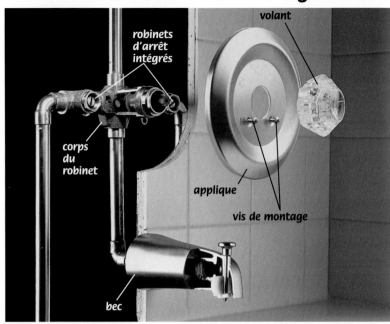

Système à robinet unique: À l'aide d'un tournevis, ouvrez les deux robinets d'arrêt intégrés. Fixez l'applique sur le corps du robinet au moyen des vis de montage. Posez le volant, puis le bec (voir ci-dessous) et le capuchon décoratif. **NOTE:** Le corps du robinet doit être installé avant la finition du mur (voir page 469).

Le **mitigeur thermostatique ou à pression contrôlée** est un dispositif de protection contre les changements soudains de température de l'eau. La plupart des codes en exigent l'installation dans les douches et dans les baignoires-douches. Une fois installé, ce mitigeur spécial ressemble à n'importe quel autre mitigeur (médaillon).

Installation d'un bec de baignoire

A

B

Avant de raccorder le bec, appliquez de la pâte à joints sur l'extrémité filetée du mamelon de bec sortant du mur ou enroulez-y du ruban d'étanchéité.

Vissez le bec sur le mamelon en utilisant un long tournevis comme levier. Certains becs sont munis à leur base d'une vis de pression qu'il faut serrer.

Installation d'un meuble-lavabo et d'un lavabo

Aujourd'hui, on choisit de plus en plus souvent le dessus-lavabo monobloc fait de marbre synthétique ou d'un autre matériau à surface solide, parce qu'il est facile à installer et aussi à nettoyer, étant donné qu'il n'y a pas de joint entre le bord du lavabo et le plan qui l'entoure. Cependant, vous préférerez peut-être un plan recouvert de stratifié ou de carrelage dans lequel vous installerez un lavabo à encastrer ou à montage inférieur.

Le lavabo sur pied est un appareil sanitaire simple qui n'est pas entouré d'un plan.

Outils : *niveau, perceuse, chevalet de sciage, clé pour lavabo ou pince multiprise, pistolet à calfeutrer, scie circulaire, clé à douille à cliquet, scie à découper avec lame à stratifié.*

Matériel : *cales de bois, vis de 2 ¹/₂ po pour panneaux muraux, garnitures, clous à finir, ruban d'étanchéité, mastic adhésif, robinet, scellant pour baignoire et carrelage, dispositif d'évacuation, carton, pièces de bois de 2 po x 4 po, clous à charpente, panneaux hydrofuges, tire-fond et rondelles.*

*Les **meubles préfabriqués** sont peu coûteux et faciles à installer. La plupart des fabricants offrent plusieurs types de meubles de même style et de même fini. Lorsque vous comparez les prix des meubles préfabriqués, n'oubliez pas que les robinets et les dessus-lavabos sont vendus séparément.*

Installation d'un meuble

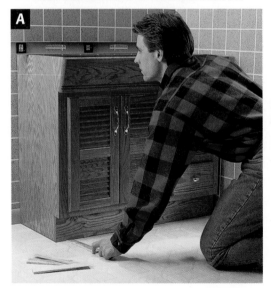

A Insérez des cales sous le meuble jusqu'à ce qu'il soit de niveau. La face arrière du meuble doit s'appuyer contre le mur. Si la surface du mur est inégale, placez le meuble de manière qu'il touche au mur en au moins un point et que la traverse arrière du meuble soit parallèle au mur.

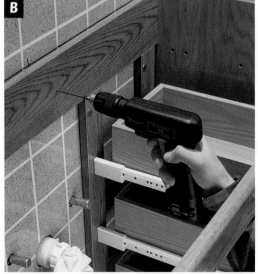

B Repérez les poteaux du mur; enfoncez des vis de 2 ¹/₂ po au centre et aux deux extrémités de la traverse arrière du meuble jusque dans les poteaux du mur.

C Fixez les garnitures requises pour masquer les interstices entre le meuble et le mur, et entre le meuble et le sol. (Les petits interstices peuvent être bouchés avec du scellant.) Pour installer deux meubles ou davantage, voir les pages 402 à 409.

Installation d'un dessus-lavabo

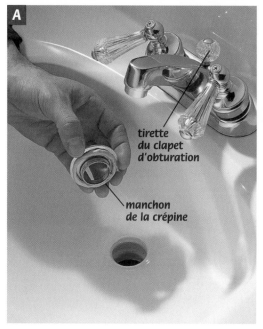

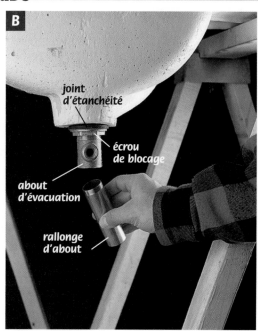

joint
d'étanchéité

écrou
de blocage

about
d'évacuation

rallonge
d'about

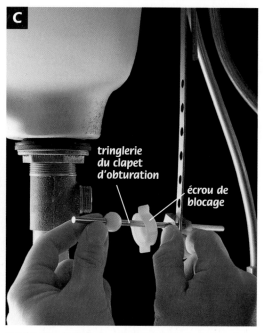

tringlerie
du clapet
d'obturation

écrou de
blocage

tirette
du clapet
d'obturation

manchon
de la crépine

Déposez le dessus-lavabo sur des chevalets de sciage. Installez le robinet (voir page 482); glissez la tirette du clapet dans le corps du robinet. Appliquez un cordon de mastic adhésif autour du manchon de la crépine et insérez-la dans l'ouverture d'évacuation.

Enfilez l'écrou de blocage et le joint d'étanchéité sur l'about d'évacuation. Insérez l'about dans l'ouverture d'évacuation et vissez-le sur le manchon de crépine. Avec une pince multiprise, serrez l'écrou de blocage. Fixez la rallonge d'about.

Attachez la tringlerie du clapet à l'about du lavabo. Serrez l'écrou de blocage pour bien fixer la tringlerie.

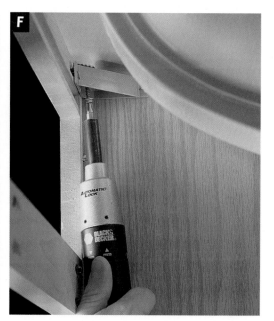

Appliquez une couche de scellant pour baignoire et carrelage (ou d'un adhésif, selon les instructions du fabricant du dessus-lavabo) sur les bords supérieurs du meuble et sur les équerres, s'il y en a.

Centrez le dessus-lavabo sur le meuble de manière qu'il dépasse sur une même longueur de chaque côté et que le dosseret touche au mur. Appuyez uniformément sur le dessus-lavabo pour qu'il entre en contact avec le scellant.

Si le meuble est muni d'équerres, enfoncez une vis de montage dans chacune de celles-ci jusque dans le dessus-lavabo. Dans le cas des dessus en marbre synthétique ou en matériau à surface solide, des trous doivent avoir été faits à l'usine. Utilisez des manchons à vis en plastique.

Suite à la page suivante

Installation d'un dessus-lavabo (suite)

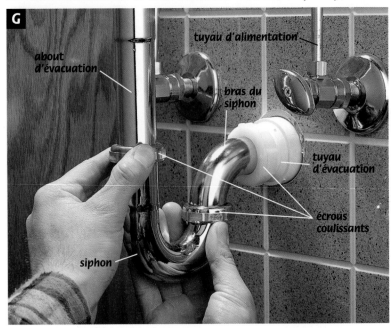

G

about d'évacuation

tuyau d'alimentation

bras du siphon

tuyau d'évacuation

écrous coulissants

siphon

H

À l'aide d'un écrou coulissant, attachez le bras du siphon au tuyau d'évacuation sortant du mur. Avec des écrous coulissants, raccordez l'une des extrémités du siphon au bras du siphon, et l'autre à l'about d'évacuation du lavabo. Raccordez les tuyaux d'alimentation aux abouts du robinet (voir page 482).

Avec du scellant pour baignoire et carrelage, bouchez l'interstice séparant le dosseret du mur.

Installation d'un lavabo à encastrer

A

B

C

Pour tracer la ligne de découpe du plan, utilisez un gabarit mesurant $\frac{1}{2}$ po de moins que le lavabo. Faites un trou de départ de $\frac{3}{8}$ po ; avec une scie à découper, suivez le tracé du gabarit (voir page 348). Pour les robinets installés sur le plan, pratiquez les ouvertures destinées aux abouts, en suivant les instructions du fabricant des robinets.

Appliquez un cordon de mastic adhésif autour de l'ouverture découpée. Avant de déposer le lavabo dans l'ouverture, installez le corps du robinet sur le plan ou sur le lavabo (voir page 482). Installez le manchon de la crépine et le dispositif d'obturation (voir page 485).

Déposez le lavabo dans l'ouverture et appuyez dessus pour le faire pénétrer dans le mastic adhésif. Installez les raccords d'évacuation et d'alimentation (étape G ci-dessus), puis appliquez un scellant autour du lavabo.

Installation d'un lavabo sur pied

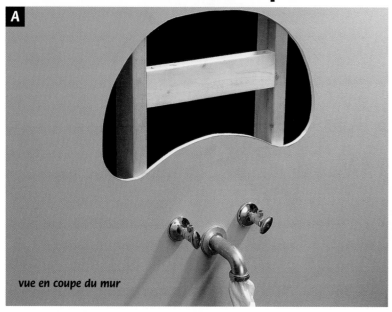

A

vue en coupe du mur

Installez une traverse de 2 po x 4 po entre les poteaux du mur, à l'endroit où se trouvera le lavabo. Recouvrez le mur d'un panneau hydrofuge (voir page 205).

B

Mettez le lavabo et son pied dans la bonne position, en supportant le lavabo à l'aide de pièces de bois de 2 po x 4 po. Tracez sur le mur une marque correspondant à la hauteur du lavabo ; sur le sol, tracez le pourtour du pied. Marquez des points de repère sur le mur et sur le sol en faisant passer un crayon par les ouvertures pratiquées au dos du lavabo et sur la base du pied.

C

Mettez de côté le lavabo et son pied. Pratiquez des avant-trous dans le mur et dans le sol, aux points de repère. Replacez le pied et ancrez-le au sol à l'aide de tire-fond.

D

Installez le robinet (voir page 482) ; placez le lavabo sur le pied. Alignez les trous de montage de l'arrière du lavabo et les avant-trous pratiqués dans le mur. À l'aide d'une clé à douille à cliquet, vissez les tire-fond avec rondelles dans la traverse murale. Ne serrez pas trop les tire-fond.

E

Branchez les raccords d'alimentation et d'évacuation (voir pages 482 et 486). Appliquez un cordon de scellant pour obturer le joint entre le lavabo et le mur.

Installation d'une toilette

Dans les nouvelles constructions et les rénovations, les codes du bâtiment exigent l'installation de toilettes à faible chasse qui économisent l'eau. Celles-ci, qui consomment environ 7 litres d'eau par chasse, sont offertes en modèles à chasse par gravité et à pression de renfort.

La toilette à chasse par gravité fonctionne à peu près comme la toilette traditionnelle, mais avec un débit d'eau plus efficace. La toilette à pression de renfort fait appel à de l'air et à de l'eau sous pression pour évacuer la cuvette. Les prix, les styles et les modes de fonctionnement des toilettes sont nombreux; examinez-en plusieurs modèles avant d'arrêter votre choix. En outre, mesurez la distance séparant le mur des boulons retenant la bride de toilette au sol pour savoir si vous devez acheter une toilette à déport de 12 po ou de 14 po.

Comme c'est le cas des toilettes ordinaires, les toilettes à faible chasse sont offertes en modèles à réservoir intégré à la cuvette ou séparé. Les toilettes à réservoir séparé, en porcelaine vitrifiée, sont les plus économiques à l'achat, et les toilettes à chasse par gravité coûtent moins cher que les modèles à pression de renfort.

Outils : *clé à molette, clé à douille à cliquet ou clé à lavabo, sécateur pour tuyau de plastique, tournevis.*

Matériel : *bague de cire et manchon, mastic adhésif, boulons de réservoir et rondelles de caoutchouc, tuyau d'alimentation, boulons d'abattant et écrous de montage.*

Installation d'une toilette : *fixez la cuvette au sol avant d'y monter le réservoir. Les appareils de porcelaine sont fragiles ; manipulez-les avec soin.*

Installation d'une toilette

A

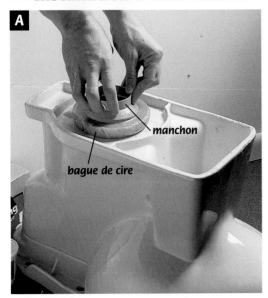

manchon

bague de cire

Mettez la cuvette à l'envers et installez sur la corne d'évacuation une nouvelle bague de cire et un manchon. Appliquez un cordon de mastic adhésif sur le bord inférieur de la base de la cuvette.

B

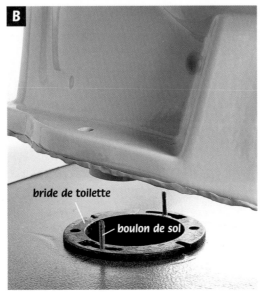

bride de toilette

boulon de sol

Placez la cuvette au-dessus de la bride de toilette de manière que les boulons de sol puissent passer dans les ouvertures de la base de la cuvette. La bride doit être propre, et les boulons doivent être bien droits.

C

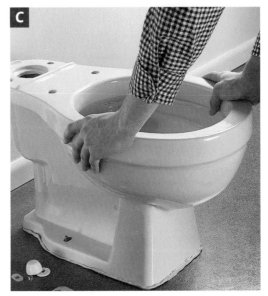

Appuyez sur la cuvette afin de comprimer la bague de cire et le mastic adhésif. Posez les rondelles et les écrous sur les boulons de sol ; serrez les écrous, pas trop, à l'aide d'une clé à molette. Installez les cache-vis.

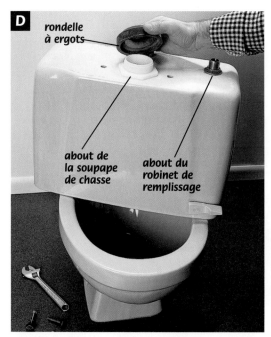

D rondelle à ergots

about de la soupape de chasse

about du robinet de remplissage

Mettez le réservoir à l'envers et installez la rondelle à ergots sur l'about de la soupape de chasse. Remettez le réservoir à l'endroit. **NOTE:** Pour certaines toilettes, vous devrez acheter séparément la manette de chasse, le robinet de remplissage et la soupape de chasse.

E

Placez le réservoir sur la cuvette en prenant soin de centrer la rondelle à ergots sur l'ouverture d'entrée d'eau située près du bord arrière de la cuvette.

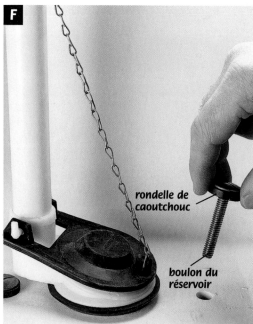

F rondelle de caoutchouc

boulon du réservoir

Déplacez légèrement le réservoir jusqu'à ce que les ouvertures pour boulons du réservoir soient alignées sur les ouvertures pour boulons de la cuvette. Placez des rondelles de caoutchouc sur les boulons; insérez les boulons dans les ouvertures du réservoir.

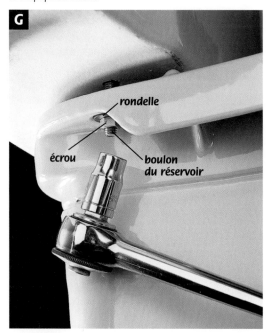

G rondelle

écrou

boulon du réservoir

Sous le bord de la cuvette, installez des rondelles et des écrous sur les boulons du réservoir; serrez les écrous, pas trop, à l'aide d'une clé à molette ou d'une clé à lavabo.

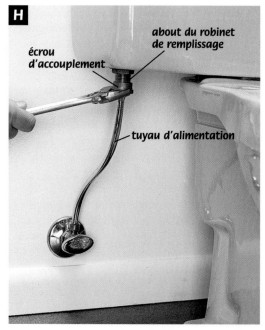

H écrou d'accouplement

about du robinet de remplissage

tuyau d'alimentation

Coupez le tronçon de tuyau qui reliera le robinet d'arrêt à l'about du robinet de remplissage du réservoir, et installez-le. À l'aide d'une clé à molette, serrez les écrous d'accouplement.

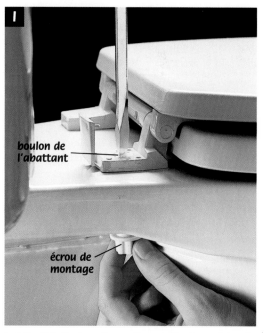

I boulon de l'abattant

écrou de montage

Installez l'abattant sur la cuvette en insérant vers le bas les boulons de l'abattant dans les ouvertures de la cuvette et en y vissant les écrous de montage.

Installation d'un ventilateur de salle de bain

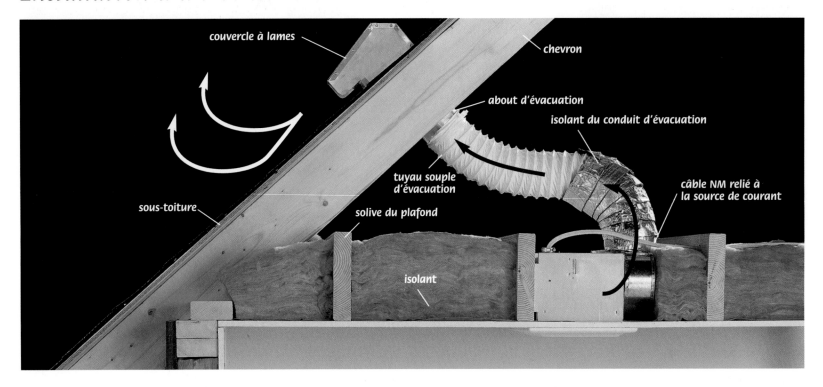

couvercle à lames

chevron

about d'évacuation

isolant du conduit d'évacuation

tuyau souple d'évacuation

câble NM relié à la source de courant

sous-toiture

solive du plafond

isolant

La rénovation de la salle de bain est pour vous l'occasion idéale d'installer un ventilateur d'évacuation ou d'en remplacer un ancien par un nouveau modèle plus silencieux et plus efficace. La plupart des codes du bâtiment exigent qu'une salle de bain sans ventilation naturelle soit équipée d'un tel ventilateur. Les ventilateurs simplement équipés d'un luminaire peuvent être branchés sur le circuit électrique principal de la salle de bain, mais ceux qui sont munis d'une lampe chauffante ou d'une soufflerie requièrent un circuit distinct.

La plupart des ventilateurs sont installés au centre du plafond ou au-dessus de la toilette. N'installez pas le vôtre au-dessus de la baignoire ou de la douche, sauf s'il est protégé par un disjoncteur de fuite à la terre et homologué pour utilisation dans les endroits humides.

Si le ventilateur que vous choisissez ne s'accompagne pas d'un nécessaire de montage, achetez-en un qui contient un tuyau d'évacuation, un about d'évacuation et un couvercle extérieur à lames.

Le parcours du tuyau d'évacuation varie selon le fabricant, mais, habituellement, le tuyau traverse la toiture ou le soffite. Dans le premier cas (celui de notre projet), le tuyau d'évacuation traverse le grenier et débouche sur le toit. Il faut isoler le tuyau pour éviter

la condensation de l'humidité, qui pourrait s'écouler dans le moteur. Installez avec soin un solin autour du couvercle d'évacuation pour prévenir une fuite de la toiture.

Pour l'installation d'un tuyau d'évacuation qui doit déboucher dans le soffite (face inférieure du débord de toit), consultez les instructions du fabricant.

Pour prévenir les dommages causés par l'humidité, faites toujours déboucher le tuyau d'évacuation à l'extérieur de la maison, jamais dans le grenier ni dans le sous-sol.

Vous pouvez installer le ventilateur lorsque les éléments de charpente sont encore exposés, ou bien procéder à une installation de rattrapage, comme dans notre projet. Reportez-vous à la section «Câblage» du présent ouvrage pour connaître la manière d'installer le câble du circuit et la boîte électrique, et savoir comment exécuter les raccordements électriques de base.

Lisez l'étiquette du ventilateur. Choisissez un ventilateur dont la capacité nominale est supérieure d'au moins 5 pi³/min à la superficie de votre salle de bain. L'intensité subjective du bruit produit par l'appareil est exprimée en unités appelées sones, dont l'échelle s'étend de 1 à 7 (plus le nombre de sones est faible, plus le ventilateur est silencieux).

Outils : perceuse, scie à découper, pince à usages multiples, tournevis, pistolet à calfeutrer, scie alternative, levier.

Matériel : vis pour panneaux muraux, boîte électrique double de rattrapage, câble NM (14/2 et 14/3), bride de câble, colliers pour tuyaux, isolant pour tuyau, ciment de toiture, clous de toiture autoscellants, bardeaux, serre-fils, interrupteurs.

capacité du ventilateur (en pi³/min)

70 C.F.M. AT .10 WG

sonie nominale

4.0

C-K3285 SONES

Installation d'un ventilateur de salle de bain

A Placez l'appareil contre une solive du plafond. Tracez le pourtour de l'appareil sur le plafond. Retirez l'appareil, puis pratiquez des avant-trous aux coins du tracé. Découpez le plafond le long du tracé, à l'aide d'une scie à découper ou d'une scie pour panneaux muraux.

B Retirez la grille de l'appareil; placez l'appareil contre la solive. Laissez un écart de $1/4$ po entre le bord de l'appareil et la surface finie du plafond (pour que la grille soit de niveau avec le plafond). Fixez l'appareil à la solive à l'aide de vis pour panneaux muraux.

VARIANTE: Lorsque le ventilateur est muni d'une lampe chauffante ou d'un luminaire, certains fabricants recommandent de poser des traverses entre les solives, des deux côtés de l'appareil, afin de garder l'isolant à au moins 6 po de l'appareil.

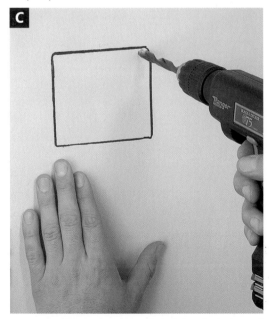

C Marquez et découpez dans le mur (près de la poignée de porte) l'ouverture requise pour l'interrupteur. Faites courir un câble NM 14/3 de cette ouverture jusqu'à l'appareil. Faites courir un câble NM 14/2 de la source de courant jusqu'à cette ouverture.

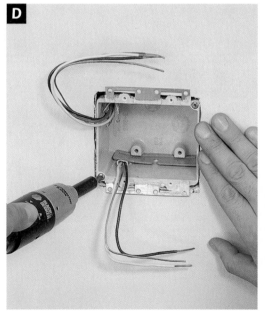

D Dénudez sur 10 po les extrémités des câbles; insérez-les dans la boîte électrique double de manière qu'au moins $1/2$ po de gaine pénètre dans la boîte. Avec des brides, fixez les câbles dans la boîte. Serrez les vis de montage de la boîte jusqu'à ce que celle-ci soit solidement retenue.

E Près de l'appareil, dénudez sur 10 po l'extrémité du câble; attachez une bride au câble avant d'insérer ce dernier dans l'appareil. À l'intérieur de l'appareil, vissez un écrou de retenue sur l'extrémité filetée de la bride de câble.

Suite à la page suivante

Installation d'un ventilateur de salle de bain (suite)

Marquez sur le toit, près d'un chevron, l'endroit d'où sortira le tuyau d'évacuation, puis pratiquez-y un avant-trou. À l'aide d'une scie alternative, découpez dans la toiture l'ouverture destinée à l'about d'évacuation.

Enlevez quelques bardeaux autour de l'ouverture, en laissant intact le papier goudronné, de manière à dégager la zone sur laquelle reposera la bride du couvercle d'évacuation.

Attachez un collier au chevron situé près de l'ouverture, à environ 1 po de la sous-toiture (photo du haut). Insérez l'about dans l'ouverture en le faisant passer dans le collier, puis serrez la vis du collier (photo du bas).

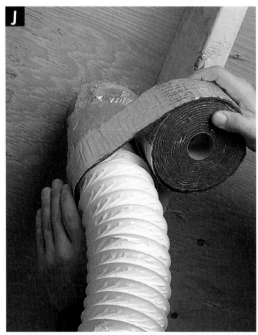

Glissez l'une des extrémités du tuyau souple sur l'about, et l'autre sur la sortie du ventilateur. Glissez sur chacune des extrémités du tuyau souple un collier ou une courroie, que vous serrez ensuite.

Enroulez un ruban isolant sur le tuyau souple, afin d'empêcher l'air humide qui y circule de se condenser et de s'écouler dans le moteur du ventilateur.

Appliquez du ciment de toiture sur la face inférieure de la bride du couvercle; glissez le couvercle sur l'about. Fixez la bride à l'aide de clous de toiture galvanisés autoscellants, puis posez des bardeaux autour du couvercle.

L

fil de liaison
du luminaire

fils neutres

fil de liaison
du moteur

fil de circuit de
l'interrupteur
mural

fil de circuit
neutre

fil de liaison de
mise à la terre

fil de circuit
de la minuterie

M

Dans la boîte de raccordement du ventilateur, raccordez à l'aide de serre-fils les fils suivants : le fil de liaison du moteur et le fil de circuit noir provenant de la minuterie ; le fil de liaison du luminaire et le fil de circuit rouge provenant de l'interrupteur unipolaire (voir l'étape N) ; le fil de liaison neutre et le fil de circuit blanc ; le fil de liaison de mise à la terre et le fil de mise à la terre du circuit. Une fois les connexions faites, remettez le couvercle sur la boîte de raccordement.

Branchez la fiche du moteur dans la prise de courant intégrée à la boîte de raccordement. Installez la grille sur le cadre à l'aide des agrafes fournies avec l'appareil. **NOTE :** Si vous avez enlevé le revêtement du plafond et du mur en vue de l'installation du ventilateur, posez un nouveau revêtement avant de franchir la présente étape.

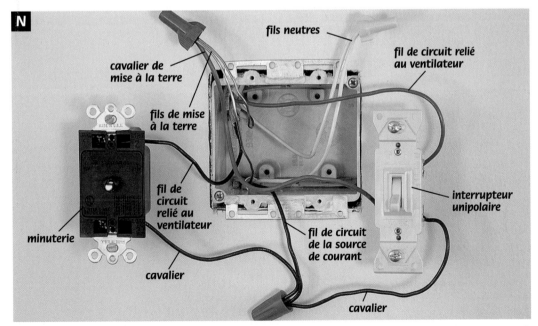

N

fils neutres

cavalier de
mise à la terre

fil de circuit relié
au ventilateur

fils de mise
à la terre

fil de
circuit
relié au
ventilateur

interrupteur
unipolaire

minuterie

fil de circuit
de la source
de courant

cavalier

cavalier

O

Dans la boîte de l'interrupteur, attachez un cavalier noir à l'une des bornes de la minuterie, et un autre à l'une des bornes de l'interrupteur. Attachez un cavalier vert de mise à la terre à la borne de mise à la terre de l'interrupteur. Raccordez aux cavaliers noirs le fil de circuit noir provenant de la source de courant, et à la borne restante de la minuterie le fil de circuit noir provenant du ventilateur. Raccordez ensuite le fil de circuit rouge provenant du ventilateur à la borne restante de l'interrupteur. Reliez les fils blancs à l'aide d'un serre-fils, et les fils de mise à la terre à l'aide d'un serre-fils vert.

Repoussez les fils dans la boîte. Fixez à la boîte l'interrupteur et la minuterie. Installez le couvercle de la boîte et le bouton de la minuterie. Rétablissez le courant.

Installation de barres d'appui

L'installation de barres d'appui dans la salle de bain est l'un des meilleurs moyens de rendre le foyer plus sécuritaire. En plus de prévenir les chutes et les faux pas, la barre d'appui aide l'utilisateur à garder son équilibre dans la douche et à se glisser dans la baignoire, lui permettant ainsi d'être autonome dans la salle de bain, où l'intimité est particulièrement appréciée.

Déjà installées dans de nombreuses maisons, les barres d'appui se présentent dans toute une gamme de couleurs, de formes et de styles. Certaines ont même un fini grenu facilitant la préhension. Le diamètre d'une barre d'appui devrait être de 1 ¼ po à 1 ½ po et ne pas dépasser du mur sur plus de 1 ½ po. Comme elle est censée supporter un poids de 250 lb, il est essentiel de l'ancrer solidement.

Le moyen le plus facile d'installer une barre d'appui consiste à la visser dans les poteaux du mur ou dans des traverses fixées aux poteaux. La plupart des barres d'appui requièrent trois vis à chacune de leurs extrémités. Pour fixer une barre à des poteaux, utilisez des vis nº 12 en acier inoxydable. Enfoncez au centre du poteau deux des trois vis de chacune des extrémités de la barre. Fixez la troisième vis de chaque extrémité à l'aide d'une cheville ordinaire pour mur creux. Pour les cas où il n'y a pas d'éléments de charpente à utiliser, il existe des dispositifs d'ancrage spéciaux (voir page 495). Dans les douches et les baignoires, scellez toujours les brides des barres d'appui pour empêcher l'eau d'entrer dans le mur. Vérifiez la solidité de l'installation en tirant sur la barre.

◁ Où installer les barres d'appui

Les suggestions suivantes tiennent compte de certaines dispositions de la loi américaine et des recommandations faites par des spécialistes de la conception universelle. Bien entendu, vous pouvez installer des barres d'appui supplémentaires à d'autres endroits.

Douche et baignoire

Barre verticale (18 po de longueur) à l'entrée de la baignoire; extrémité inférieure de la barre à une distance de 32 po à 38 po du sol.
• Barre horizontale (24 po de longueur) sur le mur des robinets; à une distance de 34 po à 38 po du sol.
• Barre horizontale (32 po à 48 po de longueur) sur le mur du fond; à une distance de 34 po à 38 po du sol (douche seulement) ou de 6 po à 10 po du rebord de la baignoire (baignoire seulement).
• Barre diagonale (24 po de longueur); extrémité inférieure à une distance de 6 po à 10 po du rebord de la baignoire (non requise dans une cabine de douche).

Toilette

• Barre horizontale latérale (longueur minimale de 42 po); à 12 po maximum du mur arrière, et à une distance de 33 po à 36 po du sol.
• Barre horizontale arrière (longueur minimale de 24 po); à 6 po maximum du mur latéral, et à une distance de 33 po à 36 po du sol.

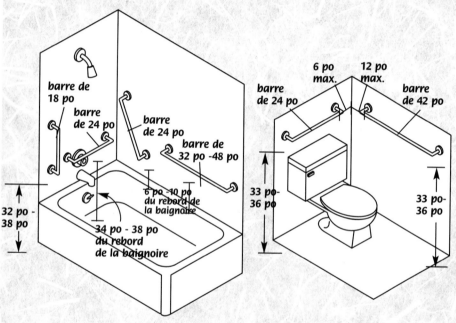

Installation de traverses ou d'un contreplaqué de renfort ▷

Si vous rénovez votre salle de bain et devez exposer la charpente du mur, ou si vous construisez un nouveau mur, installez des traverses ou un contreplaqué de renfort pour y fixer les barres d'appui. Les traverses constituent un bon choix si vous savez où seront posées les barres. Pour avoir le loisir de modifier légèrement la position des barres, servez-vous de pièces de bois de 2 po x 6 po ou de 2 po x 8 po que vous attacherez aux poteaux à l'aide de clous 16d. Notez l'emplacement des traverses.

Vous pouvez également recouvrir tout le mur d'une feuille de contreplaqué de ¾ po, ce qui vous permettra d'installer les barres d'appui à peu près n'importe où. Vissez la feuille de contreplaqué à l'ossature du mur.

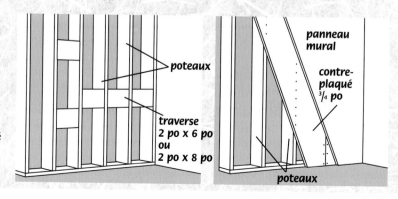

Dispositifs d'ancrage des barres d'appui

Il existe plusieurs types de dispositifs d'ancrage. Assurez-vous que ceux que vous choisirez peuvent supporter un poids de 250 lb (consultez le fabricant des barres d'appui pour connaître le dispositif d'ancrage recommandé). Installez les dispositifs d'ancrage en suivant les instructions du fabricant.

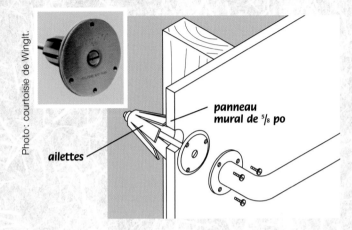

panneau mural de ⁵/₈ po

ailettes

◄ *WingIt*ᴹᴰ : dispositif d'ancrage robuste pour mur creux, destiné aux barres d'appui qui ne peuvent être fixées à la charpente du mur ni à un contreplaqué de renfort. Installé dans un mur composé d'un panneau mural de ½ po recouvert de carrelage ou dans un entourage de baignoire de ¼ po en fibre de verre, ce dispositif peut supporter un poids maximal de 1 000 lb (450 lb maximum dans un panneau mural simple de ⁵/₈ po, et 250 lb maximum dans un panneau mural simple de ½ po). Une fois le dispositif installé, ses ailettes se déploient dans un cercle de 3 po de diamètre. Vous devez donc poser la barre d'appui à un endroit où des poteaux ne gêneront pas le déploiement des ailettes.

Le dispositif sera préparé en vue de son insertion dans le mur et temporairement monté sur la barre d'appui, puis inséré dans un trou de 1 ¼ po. Une bague adhésive étanche retiendra le dispositif, puis la barre en sera détachée. Un coup frappé sur le boulon central provoquera le déploiement des ailettes, puis le boulon sera serré de manière que les ailettes s'appuient contre la face arrière du panneau mural. Il suffira alors de fixer avec des vis d'acier inoxydable la barre d'appui à la plaque de montage du dispositif d'ancrage.

➤ *Toggler*® : dispositif de type SnapToggleᴹᴰ destiné à fixer une barre d'appui à un poteau d'acier. Son utilisation est essentielle, car les filets des vis nues peuvent s'user ou les vis s'arracher de l'acier de faible épaisseur. À chaque extrémité de la barre on se sert de ce dispositif pour fixer au poteau la partie supérieure de la bride de montage. En ce qui concerne les deux autres vis de chaque extrémité, l'une sera enfoncée dans le poteau, si possible, tandis que l'autre sera fixée au mur avec un SnapToggle ou un autre dispositif.

Le bout en acier du dispositif sera inséré dans un trou de ½ po pratiqué au centre du poteau. Un collet sera glissé sur les pattes du dispositif de manière que le bout en acier du dispositif s'appuie contre la face arrière du poteau. On cassera ensuite les pattes et on insérera un boulon d'acier nᵒ 20 de ¼ po dans la bride de la barre d'appui, puis on vissera le boulon dans le dispositif d'ancrage.

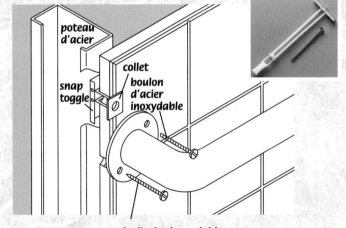

poteau d'acier

snap toggle

collet
boulon d'acier inoxydable

vis d'acier inoxydable

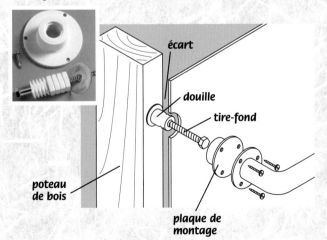

écart

douille

tire-fond

poteau de bois

plaque de montage

◄ *Solid Mount*ᴹᴰ : dispositif destiné à fixer une barre d'appui dans un entourage de baignoire en fibre de verre. L'installation de la barre y est difficile vu l'écart séparant l'entourage et la charpente du mur. Ce dispositif comprend une douille filetée en plastique qui fait le pont entre l'entourage et le poteau. Cette douille sera fixée à l'aide d'un tire-fond enfoncé dans le poteau. Une fois le centre exact du poteau localisé, on pratiquera dans l'entourage de fibre de verre un trou de 2 po de diamètre (dont le centre est au centre du poteau). La douille du Solid Mount sera tranchée à la bonne longueur (en fonction de l'écart ci-dessus), puis fixée au poteau à l'aide d'un tire-fond de ⁵/₁₆ po. Enfin, la plaque de montage du dispositif sera vissée sur la douille, et la barre d'appui sera fixée à la plaque à l'aide de vis d'acier inoxydable.

Index

A

ABS, tuyaux en, 64, 65, 78-79, 80
Acrylique, 278
Additif au latex, 431
Adhésif de contact, 420-421
Agencements
cuisine, 361, 368-369
salle de bain, 448
sous-sol, 306-307
Aluminium, fil d'103
American Light Association, 363
Amiante, 236, 242, 299
Antibélier, 90
Aplomb, vérifier l'407-408
Appareils d'éclairage encastrés, 327, 367, 389, 391, 395
Appareil de chauffage, 306
Appareils sanitaires, 62, 388-389
diamètre des siphons, 91
Appartements de sous-sol, 312-313, 444-445
Armoires, 362, 365, 369
dimensions, 366
garnissage, 398-399
installations de nouvelles, 400 à 415
peinture, 396-397
sélection, 400-401
voir aussi armoires à encadrement; armoires sans encadrement (de style européen)
Armoires à encadrement, 400-401
Armoires de série, 400
Armoires sans encadrement (de style européen), 400-401
Armoires semi-personnalisées, 400
Attaches de maçonnerie, 165

B

Bac à ordures, 370, 391
Baignoire à remous, 447, 454, 458, 476-481

Baignoires, 447, 450
Baignoires, 449, 458-459, 483, 494
Bande de remplissage, 405-406, 408
Bandes à griffes, 285-286, 294-295
Bandes de clouage, 32
Bar, 343 à 349
charpente, 344
préparer l'installation d'un, 344-345
Barres d'appui, 313, 448, 450-451, 494-495
Bas de porte, 194
Bec de baignoire, 482-483
Besoins en électricité, estimation, 367
Bleus, 18, 298, 306
Boîte à onglets, 80
Boîte de jonction, 132-133
Boîtes électriques, 94, 96, 100-101, 388-389
installation, 116-123, 261, 345
Bombage, 319, 333
Bordures en bois dur, 416, 424-425, 427
Bornes à vis, 124, 127
Bornes autobloquantes, 124-125
Borne de mise à la terre, 126
Bouchons, 66B
Brasage des tuyaux et robinets, 72-75, 383
Broyeur à déchets, 384-385, 387, 393, 436-437
« Bulkhead », descente de cave de type, 299

C

Cabinet de toilette, 444-445, 452-453
Câblage, 13, 94-139
cuisine, 384-395
plan, 104
planification du projet, 104-107, 309, 343
Câblage électrique, 13
Câble armé, 96

Câble coaxial, 102
Câble de gros appareils électroménagers, 102, 309
Cadre de plate-forme, 472, 478
Câble NM, 96, 100, 102, 116
Câble téléphonique, 102
Câble THHN/THWN, 102
Câble UF, 102
Câbles, 102-103, 105
acheminement, 138
installation, 116-123
sertissage des fiches, 138
Câbles des circuits, 103
Caissons, 327 à 329
Cales, ou étrésillons, 10, 46-47, 318, 321, 410, 494
Calfeutrage, 431
Calibre des fils, tableau, 103
Caméras de télévision en circuit fermé, 134
Canalisations de gaz, 82
Carreau de bordure en V, 427
Carreaux à gorge, 427
Carreaux céramiques
coupe, 266
dessus de comptoirs en, 426 à 431
foyer en, 342
murs en, 204 à 211
outils et matériel, 265
planchers, 234, 237, 240, 264 à 271, 310
Carreaux autocollants, 250, 257 à 259
Carreaux de parquet, 272
Carreaux de vinyle, 234, 238, 240, 250, 256 à 259
Carreaux sans adhésif, 250, 259
Casse-vide, 90
Centre de distribution, 135-137
Chalumeau au propane, 72
Changement superficiel, 360
Charnières invisibles à boîtier, 400
Chantournage, 61, 412, 414, 423

Charpente à claire-voie, 8-9, 36, 39
  encadrement d'une ouverture de
    porte, 56 à 58
Charpente de maison, 8-9
Charpente de type à plateforme, 8-9, 36
    à 38
  encadrer d'une ouverture de porte, 53
    à 56
  enlever un mur, 42-43
  installer une sablière permanente, 44-
    45
Charpente métallique, 50-51, 326, 328-
    329
Charpenterie brute, 26 à 61
Chauffe-eau, 306
Chevrons, 10
  charpente de, 300-301
  liens de, 300
  travée de, 334
Chevrons principaux, 176 à 178
Cimaise, 212
Ciment hydraulique, 323
Circuit d'alimentation en eau, 62-63
Circuit d'évacuation, 12, 62-64, 70, 84, 91
  essai, 93
Circuit pour petits appareils, 385, 387,
    390
Circuits, 95, 384
  calcul des charges, 106
  planification de la cuisine, 386-387
  plans de circuit, 108-115
  schéma de câblage, 98, 104, 107-115
Cisaille type aviation, 50, 51, 440
Ciseau à maçonnerie, 463
Clapet d'obturation, 474
Clapet de sortie, 337
Climatisation, 367
  centrale, 303
  locale, 309-311
Clou en acier dur, 324
Clouage dissimulé, 212, 216
Clouage en extrémité, 320-321
Clous de maçonnerie, 323
Code national de la plomberie, 88
Code national de l'électricité, 105, 367,
    386

Codes du bâtiment, 14-17, 22
Coins des charpentes, 49, 51, 406
Collier à conduit, 492
Collier de mise à la terre, 78
Colonne de chute, 373-373, 375-377,
    379-381, 453, 458-460, 462, 464
Combles, 49, 298 à 357
  évaluation, 300-301
  murs nains des, 330-331
  plafonds des, 332-333
  planchers des, 318 à 321
  projets de planification des, 298 à 301
Compteur électrique, 94
Concepteurs professionnels, 20-21
Conception universelle, 17
Condensation, 303-304
Conduits, 310-311, 490
Conduits flexibles, 311
Conduits en galvanisé, 311
Connecteur-série, 138-139
Connecteur-série (vidéo), 134
Connexions, 349
Contreplaqué, 247, 272, 317, 350, 353,
    401, 478
Contreplaqué de renfort, 494
Cote NSF, 79
Coudes, 66, 68-69, 339, 377, 382, 438,
    453, 457
Coulis, 204, 211, 342, 431
Coup de genou, 277, 282-283, 293, 295
Coupe-carreaux, 208, 266-267
Coupe en onglet, 226
Coupe transversale, 273
Coupe-tuyau à chaîne, 84
Coupe tuyau et sécateur pour tuyau de
    plastique, 72, 80, 382
Court-circuit, 95, 96
Croix de St-André, 10
Cuisines, 360 à 441
  de sous-sol, 313
  planification et conception, 360 à 371
  plomberie, 372 à 395, 432 à 441
Cuisinière, 385, 387, 392. *Voir aussi*
  surface de
Cuivre chromé, tuyau en, 65
Cuivre, tuyaux de, 64, 70-75, 76

CVC, 13, 309, 310, 367. *Voir aussi*
  Climatisation

D

Débit d'air, réduire le, 195
Dénudeur de câble, 99
Descentes pluviales, 304
Dessus de comptoirs, 362, 364, 369
  bords de, 424-425
  de salle de bains, 485-486
  en carreaux céramiques, 426 à 431
  en stratifié, 416-423, 424
  postformés, 412-415
Détecteurs de fumée, 124, 131
Détecteur de poteaux, 27, 225, 402
Déshumidificateur, 303
Démolition, 27 à 35
Dimensions, pièce, 15
Dispositif antisiphon, 90
Dispositif Solid Mount, 495
Dispositif d'ancrage Wingit, 495
Dispositif d'épuration au point d'utilisa-
    tion, 435
Dispositif d'épuration de l'eau au point
    d'entrée, 435
Dispositifs d'ancrage, 495
Dispositifs électriques,
  identification, 103
  installation, 124-131
Dosserets, 427
Double circuit de prises, 112
Douche, enceinte de, 468-469, 471
Douches, 447, 449-450, 458-459, 468 à
    470, 483, 494
Drain d'évier, 349
  cuisine, 370, 372, 375-381, 432-437
  îlot, 372, 377-381
  mural, 372, 375-377
Drains de fondation, 305
Drain principal, 310

E

Écrans de séparation, 335
Électroménagers, 62, 363, 365, 371
  dimensions, 365

Éléments de charpente (trous et entailles), 90
Ensemble d'évacuation et de trop-plein, 472-473, 479-480
Escalier, 299, 302
    pose de la moquette sur un, 294-295
Étagères encastrées dans les murs nains, 350-353
Étanchéité, vérification de, 465, 481
Éjecteurs d'égout, 310
Entamer la coupe, 273
Entrait retroussé, 219, 300-301, 332
Entrées de retour d'air, 311
Entrepreneurs, généraux, 20 à 22
Équerre de menuisier, 413
Évents, 334
Évent bouclé, 372-373, 378-379É
Évent mouillé, 92
Évent secondaire, 92
Évents de faîtière, 335
Évents de pignon, 301, 332, 334
Évents de toiture, 335
Évier à cadre, 432
Évier sans cadre, 432
Éviers et lavabos
    outils et matériel, 99
    salle de bain, 447, 449-450, 455-457, 484-487

F

Fausse équerre, 331
Fenêtres
    charpente des, 11, 52 à 61, 326
    de sous-sol, 299, 301, 306 à 308, 326
    encadrements de, 224, 230-231
    enlèvement des, 146-147
    installation d'une fenêtre en baie, 166 à 175
    installation d'une nouvelle fenêtre, 158 à 165
    installation d'un lanterneau, 176 à 185
    quincaillerie des, 143
    sélection des, 142-143
Fenêtre à guillotine, 143
Fenêtres à battants, 143

Fenêtres coulissantes, 143
Fenêtres en baie, 166-175
Fenêtres de secours ou d'évacuation, 299, 301, 307, 308
Fermes, 10, 300
Feuilles de bois, 398-399
Feuilles de stratifié, 416
Fer galvanisé, tuyau en, 64-65, 67, 82-83
Fer noir, tuyau de, 65, 82
Fer à joints, installation des moquettes, 290
Fibre de verre isolante, 192-193, 323, 335, 481
Fiches et connecteurs-série
    raccordement, 139
    sertissage, 138
Fil, 102-103
    acheminement, 138
Fil de mise à la terre, 94-96, 101, 108, 126, 128-130, 349, 390-395
Fils de liaison, 124, 125-126, 128-130
Fils téléphoniques, installation, 132-133
Fini à base d'uréthane, 399
Fixation de colonne montante, 84, 376
Fondations, réparation des fissures dans les, 305
Fonte, tuyaux en, 64-65, 67, 84-85
Four, 370-371
Four micro-ondes, 371, 384-385, 392
Fourrures, 196, 322, 324-325
Foyers à gaz, 310, 336-342
    planification, 337

G

Gabarit, 205 à 207, 330-331
Gouttières, 304
Grattoir de plancher, 315

H

Hauteur de contremarche, 302
Hauteur libre, 298-300, 302, 328
Horizontaux, 91
    brasage, 72-75
    essai d'étanchéité d'une nouvelle tuyauterie, 93
    intervalle des supports, 91

Hotte attachée à une armoire, 441
Hotte de ventilation, 367, 438 à 441

I

Îlot d'armoires sur plancher, 411
Indice de transmission acoustique (STC), 194
Infiltration, 303-304
Insonorisation, 194-195
Installation électrique, 13, 78, 94-98, 370, 449, 447
Intensité nominale, 105-106
Interrupteur quadripolaire, 115, 127
Interrupteurs, 94, 124
    installation, 126-127, 388
Interrupteurs tripolaires, 114-115, 127, 302, 309, 384, 394
Interrupteurs/prises, 109, 111
Interrupteurs unipolaires, 110, 126, 345, 349, 394, 493
Isolant à recouvrement, 192
Isolant à revêtement de papier, 192
Isolant enveloppé, 192
Isolation, 192-193
    baignoires d'hydromassage, 481
    murs, 373
    sous-sols et combles, 323, 334-335
    toits, 334-335
    tuyaux, 303

J

Joints. *Voir* joints aboutés ; joints à contre profil
Joints à contre profil, 225, 227, 357
Joints aboutés, 201
Joints biseautés, 217-218, 225, 415
Joints brasés, 71-72
Joints de moquette, 281-282, 289

L

Laine, 278
Laiton, robinets de, 75
Laiton, tuyaux de, 64
Laiton chromé, tuyau en, 64-65

Lampes d'ambiance, 477
Lanterneaux, 176 à 185, 311
Lattes de fixation de tapis, en métal, 285
Lambrissage, 212 à 215
Lavabo à encastrer, 486
Lavabo sur pied, 487
Lave-vaisselle, 371, 384-385, 387, 393
Lignes de référence, tracé des, 256-257, 262, 264, 268, 403
Linteau en acier, 308
Lisses, 47
Longrines, 314, 316-317
Lumière, naturelle, 16, 301, 308
Luminaires, 109-110, 114-115, 124, 309, 327, 331
    boîtes d'éclairage, 354 à 357
    cuisine, 363, 367, 370, 385 à 387
    installation, 131, 388-389
    salle de bain, 447, 449
Luminaire à lampe fluorescente installé sous une armoire, 395

M

Manchons, 66
Manchon de crépine, 434
Manteau, 336, 441
Marques imprimées sur les tuyaux, 70-79
Marteau cloueur à poudre, 317, 325, 329, 338
Mastic adhésif, 437, 474, 482
Membrane isolante, 249
Méthode à encollage complet du plancher, 234, 250, 255
Méthode à encollage périphérique, 234, 238, 250, 252 à 254
Meuble-lavabo, 450, 484-485
Modules de distribution, 135
Moisissure, 303
Monte-escaliers, 312-313
Moquette, 276 à 295
Moquette, 235, 237-238
    achat et estimation, 278-281
    découpage et raccords, 280-281, 288 à 291
    escaliers, 294-295

enlèvement, 241
installation, 276 à 295
outils et matériel d'installation, 282-283
production, 279
raccords, 284-285
tension, 276, 282-283, 292 à 295
thibaudes, 286-287, 295
Moquette à dossier en mousse, 276, 279
Moquette à poil bouclé, 235, 279, 288
Moquette à poil coupé, 235
Moquette à velours saxe, 279
Moulure décorative, 407
Moulure extérieure, 32
Moulures, 407, 409
    clouage des, 227
    coupe des, 226-227
    installation de moulures intérieures, 224 à 231
Moulures décoratives, 219
Moulures, 224 à 231. *Voir aussi* moulures couronnées
Moulures couronnées, 226 à 229, 354, 356-357
Moulure couronnée en polymère, 224, 226 à 229
Moulures synthétiques, 224
Moulures en bois, 224
Mortiers, 265, 430, 470, 474-475, 479
Mosaïque de carreaux céramiques, 267
Moustiquaires, 152
Murs de maçonnerie, 323 à 326
Murettes d'encadrement de soupirail, 304, 308
Murs
    carreaux céramiques, 204 à 211
    comment texturer les, 203
    charpente, 11, 47 à 51, 306-307
    enlèvement, 40 à 45
    extérieurs, 55 à 58, 186 à 189, 373
    fondations, revêtement des murs des, 322 à 326
    insonorisation, 194
    non portants, 11. 53-54
    plaques de plâtre sur les, 200
    poteaux muraux, 38, 326
    préparation, 402-403

reconnaissance des murs portants, 11, 36, 41
    réparation, 186 à 189
    séparation, 46 à 49, 50, 53-54, 330, 332
Murs de pignon, 332
Murs nains, 318, 330-331
    étagères encastrées dans les, 350 à 353

N

Nettoyage des drains, orifices de, 91, 327
Niveau, vérification du, 408-409
Normes des surfaces de repas, 365
Nylon, 278

O

Oléfine, 278
Outils à double isolation, 96
Ouvertures, 15. *Voir aussi* portes ; fenêtres

P

Pannes (de charpente), 300-301
Panneaux bouvetés, 212, 216, 314, 318
Panneau de fibres, 272
Panneau de fibre de densité moyenne (MDF), 401
Panneau de particules, 401, 417
Panneaux d'accès, 374, 471
Panneaux de fibragglo-ciment, 204-205, 428-429, 481
Panneautage des plafonds, 216 à 219
Pare-vapeur, 192-193, 322-323, 326
Parement de bois, 187
Parement de bois,
    coupe d'un, 34
    enlèvement d'un, 32
    réparation d'un, 186-187
Parement en vinyle,
    installation, 186
    enlèvement, 32
Parement en métal
    enlèvement, 32
    réparation, 186

Parements
    réparation, 186-189
    enlèvement, 33 à 35
    Voir aussi parements en métal ; surfaces
        en stuc ; parements en vinyle ; pare-
        ments de bois
Pâte à calfeutrer la maçonnerie, 323
Patrons (ou gabarits)
    encadrement d'une ouverture de
        fenêtre, 61
    installation des revêtements de sol,
        250-251
Peintures alkydes, 396
Peinture-émail brillante, 396
Peinture texturée, 203
Pente du terrain, 303-304
Permis, 14 à 17, 22
    de plomberie, 88 à 92
Pince arrache-fusible, 99
Pince à usages multiples, 99
Plancher flottant en bois, 275
Produit à aplanir, 245, 314-315
Plans d'étage, 18-19, 22, 306-307,
    446
Plancher résilient, 237, 239. *Voir aussi*
    Vinyle
    charpente, 10
    choix d'un revêtement, 234-235, 363,
        449
    enlèvement des revêtements, 238 à
        241
    installation, 250 à 259, 264 à 295,
        318 à 321
    préparation, 236-237, 314 à 317
    sous-couche, 236 à 238, 242-243,
        247, 264
    Voir aussi moquette ; revêtements de
    sol en bois dur ; revêtements en feuil
    sous-planchers, 236-237, 244-245,
        302, 314, 316 à 318, 321, 455
Plafonds
    charpente, 10, 332-333
    insonorisation, 194
    installation, 248, 260
    moulures, 225
    panneautage, 216 à 219

plaques de plâtre, installation au, 199
    suspendus, 220 à 223, 299
    texturés, 203
Plafonds suspendus, 220 à 223
Plafonnier monté en saillie, 394
Plan du terrain, 88
Plan de cuisson à ventilation intégrée,
    441
Plan du réseau d'alimentation en eau,
    80
Plan du réseau d'évacuation et d'évent,
    88
Planchers de béton, 315 à 317, 344, 462
    à 467
Plaques de plâtre,
    aux plafonds, 199, 329
    joints aboutés, 201
    coupe des, 197-198
    des coins, 201-202
    enlèvement, 28-29
    installation et finition, 196 à 203
    sur les murs, 200
Plaques protectrices, 196
Plâtre, enlèvement, 30-31
Plinthe
    chauffante, 113, 120, 309-310
    moulure de, 225, 227
Plomberie, 12, 62-93, 310, 367
    baignoires et douches, 458-459, 488-
        470
    codes et permis, 88-92
    cuisine, 372-395
    essai, 93
    éviers et lavabos, 455-457, 484-485
    évacuation, siphon et évent, 490-493
    installation d'une nouvelle tuyauterie,
        86-93
    salle de bain, 452-281
    outils, 64-65
    plan, 86-87
    robinets 482-483
    toilettes, 455-457, 488-489
Polarisation, 96
Polyester, 278
Ponçage, 202, 399
Ponceuse à courroie, 348, 414, 419

Portes
    charpente, 11, 52 à 61
    encadrements de, 224, 230-231
    enlèvement, 146-147
    installation, 144-145, 148 à 157
    sélection, 142-143, 313, 449
    voir aussi portes d'entrée ; portes
        intérieures ; portes coulissantes
Portes à charnières, 142
Portes à placage en vinyle, 401
    installation, 250 à 259
Portes coulissantes, 142, 153
Portes d'entrée, 148 à 151
Portes de patio, 152 à 157
Portes intérieures, 144-145
Portes pliantes, 313
Portes prémontées, 144-145
Portes va-et-vient, 142
Poteaux, détection, 27, 225, 402
Poteaux en acier, 50-51, 326, 328-329
Poteaux nains, 37-38
Poutres en bois, 41
Prise à deux fentes, 129
Prise de démarcation, 132
Prise de réfrigérateur, 345, 349
Prise fractionnée, 111
Prise intermédiaire, 128
Prise modulaire, 133
Prise pour appareil, 112-113, 385
Prise terminale, 128
Prise voix-données (RJ45), 134, 139
Prises, 94, 124, 309
    câblage, 108-115, 386-387
    installation, 128-130, 386-395
    intensité nominale, 105-106
    vérification de tension, 98-99, 104
Prises à disjoncteur de fuite à la terre, 105,
    109, 112, 260, 309, 349, 386, 447, 477
        installation, 130, 345, 390-391, 480
Prises audio, 134
Prises doubles, 108, 110-111, 115, 129
Prises d'air, 334
Prises multimédias, 135, 137
Problèmes d'humidité, 298, 303 à 305
Produit à aplanir, 236, 246
Produit de ragréage, 314-315

Professionnels, 20-21
Profilés acoustiques, 194
Protection-incendie, 16
Puissance nominale, 106
Puits de lanterneau, 176, 182 à 185
PU, tuyaux de, 64-65, 78, 80
PVC, tuyaux de, 64-65, 78-79, 80
PVCC, tuyaux en, 63-65, 78-79, 80

Q

Quincaillerie de portes à charnières, 142

R

Raccord de transition, 67, 438
Raccord en T d'évacuation, 379, 437, 453, 457
Raccord en T, 435
Raccord en Y, 66, 68-69, 380, 460, 462
Raccord union, 82
Raccords à collet conique, 70-71
Raccord à colliers, 84, 376, 380-181, 467
Raccord à compression, 70-71, 76-77, 79
Raccords à emboîtement, 84
Raccords brasés, 70-71
Raccords collés, 79, 81
Raccords, 66-69
Raccords en T, 66, 68-69, 345, 379-380
Raccords, moquette, 284-285
Raccords spécialisés, 69
Radon, 299
Rampe d'escalier, 302
Réductions, 66
Réfrigérateur, 371
Regard de nettoyage, 381
Registres d'entrée, 311
Règles de sécurité (électricité), 98
Remplacer complètement une fenêtre, 158
Remplacement d'un châssis, 158
    trousses de, 158 à 161
Remplacement d'une fenêtre dans son logement, 158
Ressort à cintrer, 70
Revêtement à encollage complet, 255, 276

Revêtement de sol en bois, 235
Revêtement de sol en bois dur, 237
Revêtements de sol en bois stratifié, 272 à 275
Revêtement de vinyle en feuilles, 234, 239
Revêtement en feuil résistant au feu, 192
Robinet-vanne à étrier, 435
Robinets d'arrêt, 327
Robinets d'isolement, 374
Robinets, 363, 433-434, 447
    installation, 482-483
    mitigeur thermostatique, 313, 448, 450, 468, 471, 483
Robinets, 66-69
    brasage, 75
    exigences, 89
    installation d'un robinet d'arrêt, 77
Ruban adhésif réfléchissant, 354
Ruban d'étanchéité, 482

S

Sablières, supporter les, 46
Sablières ou linteaux, 41, 52, 54 à 58, 60, 308
    composés, 52
    dimensions des, 41
    installation permanente, 44-45
Salles de bain, 444-495
    conception, 446-451
    planification, 444-445
    pour invités, 313
    sous-sol, 310, 462-467
    ventilateurs, 490-493
Salle de bain familiale, 445
Salle de bain principale, 445, 454-461
Sécurité, 98
Schéma de câblage, 104, 107, 354-355, 384
Scie à carreaux, 266
Scie à métaux, 80, 382
Scie à onglets combinée, 216, 226
Scie à onglets manuelle, 80, 226
Scie circulaire, 98-99

Scie sauteuse, 348, 408, 455, 479
Scie-cloche, 378
Scies à commande mécanique, 266
Serre-fils, 124, 389
Siphon, 344, 468, 479
Siphons, 63, 78-79
    diamètre minimum, 91
Soffite, 50, 167
    charpente de, 327 à 329, 344
    évents de, 334, 335, 490
Solives sœurs, 301, 318-319, 454, 458
Solives, 10, 410
    étrésillons entre, 10, 46-47, 318, 321
    voir aussi solives principales
Solives d'enchevêtrure, 176, 178, 184-185
Solives principales, 183-184
Sorties, 15, 299, 308
Sous-couche, 236-238, 242-243, 264
    installation, 247
Sous-plancher, 236-237, 455
    comble, 318, 321
    réparation, 244-245
    sous-sol, 302, 314, 316-317
Sous-sol, 298 à 357
    évaluation du, 298-299
    humidité du, 298, 303 à 305
    planchers du, 314 à 317
    planification de projets dans le, 298 à 302, 306, 307
    salles de bain dans le, 310, 462 à 467
Sous-traitants, 20 à 22
Stratifié de bois, 272
Stratifiés de plastique, 272
Support de montage, 139
Supports, temporaires, 36 à 39, 57
Surface de cuisson, 370-371
Surfaces en stuc
    enlèvement, 32, 35
    réparation, 186, 188-189
Surfaces extérieures
    charpente, 55 à 58
    enlèvement, 32 à 35
    réparation, 186 à 189
Surfaces intérieures
    enlèvement, 27 à 31
    installation des garnitures, 224 à 231

Symboles de plomberie normalisés, 87
Système à air pulsé, 13, 310-311
    agrandissement, 311
Système à zones, 311
Système de chauffage radiant, 310
Système de chauffage ; Ventilation
Systèmes de chauffage, 13, 367. *Voir aussi* système de chauffage central ; système de chauffage radiant
Système de chauffage central, 13, 310
Système de drainage, 305
Système de filtration d'eau, 363
Système de mise à la terre, 108
Système de réseaux résidentiels, 94-98, 134-139
    planification, 136, 309
Système intercom, 313
Systèmes de puisards, 305

T

Tableau de distribution, 13, 94, 97, 104
Tableau de distribution, 97, 309, 477
Tableau de distribution de 60 A à fusibles, 97
Tableau secondaire, 309
Tableau des symboles électriques, 107
Teinture, 399
Téléphone dans la salle de bain, 313, 448
Tendeur à levier, 277, 282-283, 292-293
Test de pression, 86, 93
Tête de branchement, 94
Thermostat, 113
Thibaude, de moquette, 286-287, 295
Toilettes, 449, 451, 455-457…
Toilette à chasse par gravité, 488
Toilettes à faible chasse, 488
Toits,
    charpente, 10
    isolation et ventilation, 334-335
Toupie, 420, 424-425
Transformation, planifier une, 22-23
Triangle de travail, 364
Tringlerie du clapet d'obturation, 485
Trousse de garniture de bout, 413-414

Tubes (tuyaux) d'alimentation
    diamètre, 89
    installation, 77
Tubulure de raccordement, 344-345, 347
Tuyau de cuivre rigide, 65, 70-71, 76
Tuyau de cuivre souple, 65, 70-71, 76
Tuyau de plastique rigide, 80-81
Tuyaux
    coupe, 72-75
    cuivre, 64, 70-75, 76
    diamètre des tuyaux d'évacuation verticaux et
    fer galvanisé, 64-65, 67, 82-83
    fonte, 64-65, 67, 84-85
    isolation, 303
    outils et matériaux, 64-65
    plastique, 78-81
Tuyaux d'alimentation, 372, 382-383
Tuyaux d'alimentation en eau, 12, 63, 78-79, 82, 93, 461
Tuyaux d'évacuation, 12, 63, 78-79, 82, 92, 344, 380-381, 433-434, 455-457, 460, 463-464, 470
    diamètre, 91
Tuyaux d'évents, 68, 92, 336, 339-341, 345, 378-381, 460, 466-467
Tuyaux de dérivation, 465, 468
    diamètre, 89
Tuyaux de distribution d'eau, diamètre des, 89
Tuyaux du circuit d'évacuation, 66, 68-69, 344, 372-373
    essai, 93
    instalation, 375-381, 452, 455-459
Tuyaux de plastique, 78-81
    coupe et raccordement, 80-81
    marques imprimées, 79
Tuyau souple de ventilateur, 492

U

Unités de rangement, encastrées, 330, 350 à 353

V

Valeur R, 192-193, 334
Valeur de la résistance, 261
Velours, de moquette, 279-280
Ventilateurs câblés, 309, 446-447, 490 à 493
Ventilateurs de plafond, 332
Vérificateur de tension, 98-99
Vérificateur de tension, 98-99
    dénudage, 123
    installation, 118-123
Ventilation, 16, 301, 303, 306, 367
    d'un comble, 311, 332, 334-335
    des toitures, 334-335
Vérificateur de continuité, 99
Vernis, 396
Vides sanitaires, 303
Vinyle en feuilles, 234, 239, 250, 252 à 254
Vis de maçonnerie, 317, 323-324
Vis de mise à la terre, 108, 390-395
Visseuse à œilletons, 222
Vues de face, 18-19, 22

Photos

Christian Korab
Minneapolis, MN
© Christian Korab: p. 445 (en haut)

David Livingston
www.davidduncanlivingston.com
© David Livingston: p. 363 (gauche),
p. 363 (en haut, à droite)

Karen Melvin
Architectural Stock Images, Inc.
Minneapolis, MN
© Karen Melvin: p. 216, Tim Hartigan,
p. 362 (en bas), Knapp Cabinetry &
Woodworking, p. 444, William Beson,
p. 445 (en bas)

Melabee M. Miller
Hillside, NJ
© Melabee M. Miller:
p. 360, Geraldine Kaupp Interiors

Robert Perron
Branford, CT
© Robert Perron: p. 332

Roger Turk
Northlight Photography, Inc.
Southworth, WA
© Roger Turk: p. 362 (en haut)

Déjà parus

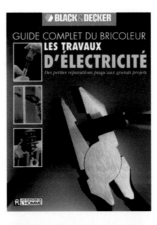

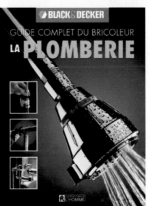

Achevé d'imprimer au Canada
en avril 2002
sur les presses de l'imprimerie Interglobe Inc.

Forets

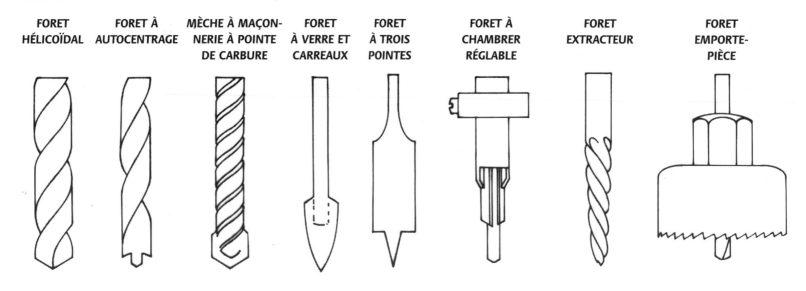

FORET HÉLICOÏDAL **FORET À AUTOCENTRAGE** **MÈCHE À MAÇONNERIE À POINTE DE CARBURE** **FORET À VERRE ET CARREAUX** **FORET À TROIS POINTES** **FORET À CHAMBRER RÉGLABLE** **FORET EXTRACTEUR** **FORET EMPORTE-PIÈCE**

Diamètre du logement de tête, du trou de dégagement et de l'avant-trou

FORMAT DE LA VIS	DIAMÈTRE DU LOGEMENT DE LA TÊTE DE VIS NOYÉE	TROU DE DÉGAGEMENT DE LA TIGE DE VIS	DIAMÈTRE DE L'AVANT-TROU	
			BOIS DUR	**BOIS TENDRE**
n° 1	0,146 ($^9/_{64}$)	$^5/_{64}$	$^3/_{64}$	$^1/_{32}$
n° 2	$^1/_4$	$^3/_{32}$	$^3/_{64}$	$^1/_{32}$
n° 3	$^1/_4$	$^7/_{64}$	$^1/_{16}$	$^3/_{64}$
n° 4	$^1/_4$	$^1/_8$	$^1/_{16}$	$^3/_{64}$
n° 5	$^1/_4$	$^1/_8$	$^5/_{64}$	$^1/_{16}$
n° 6	$^5/_{16}$	$^9/_{64}$	$^3/_{32}$	$^5/_{64}$
n° 7	$^5/_{16}$	$^5/_{32}$	$^3/_{32}$	$^5/_{64}$
n° 8	$^3/_8$	$^{11}/_{64}$	$^1/_8$	$^3/_{32}$
n° 9	$^3/_8$	$^{11}/_{64}$	$^1/_8$	$^3/_{32}$
n° 10	$^3/_8$	$^3/_{16}$	$^1/_8$	$^7/_{64}$
n° 11	$^1/_2$	$^3/_{16}$	$^5/_{32}$	$^9/_{64}$
n° 12	$^1/_2$	$^7/_{32}$	$^9/_{64}$	$^1/_8$